Advanced Russian

From Reading to Speaking, Book 1

От текста к речи

Sophia Lubensky
Irina Odintsova

Advanced Russian
From Reading to Speaking

Book 1

Texts
Assignments
Dictionary

Editorial Assistance by
Richard L. Leed

Interactive Multimedia Disk by
Slava Paperno

Bloomington, Indiana, 2010

SLAVICA

ISBN: 978-0-89357-375-1 (Book 1)
 978-0-89357-376-8 (Book 2)
 978-0-89357-374-4 (Set of two books plus two DVD-ROM disks)

Cover design by Tracey Theriault

Library of Congress Cataloging-in-Publication Data

Advanced Russian : from reading to speaking / by Sophia Lubensky and Irina Odintsova.
 2 v. p. cm.
ISBN 978-0-89357-374-4
1. Russian language--Usage. 2. Russian language—Composition and exercises. 3.
Russian language—Conversation and phrase books. I. Lubensky, Sophia. II. Odintsova, I.
V. (Irina Vladimirovna). III. Paperno, S.
PG2445
491.782
 2009018477

Slavica Publishers
Indiana University
2611 E. 10th St.
Bloomington, IN 47408-2603
USA

[Tel.] 1-812-856-4186
[Toll-free] 1-877-SLAVICA
[Fax] 1-812-856-4187
[Email] slavica@indiana.edu
[www] http://www.slavica.com/

BOOKS 1 & 2

СОДЕРЖАНИЕ   CONTENTS

ДИСК

Stories: **М. Мишин. Счастливый:** 1-1А, исп. Р. Галич; 1-1В, исп. Д. Хухлаев. **М. Веллер.**
   Мимоходом: 1-2А, исп. Р. Галич; 1-2В, исп. И. Афанасьев.
Films: 1-1, «Курьер»: Старина; 1-2, «День полнолуния»: Хочешь, сходим в ресторан?; 1-3, «День
   полнолуния»: Возьми на такси; 1-4, «Москва слезам не верит»: Если я был виноват...; 1-5,
   «Звонят, откройте дверь»: Влюблённость.
Songs: 1-1, Ю. Визбор. «Ты у меня одна»: из фильма «Вершина Визбора». Ю. Визбор. «Телефон»:
   1-2А, исп. В. Пахомов; 1-2В, исп. автор.

СОДЕРЖАНИЕ   CONTENTS

ДИСК
Stories: **М. Мишин. История:** 2-1А, исп. Г. Черняховский; 2-1В, исп. Д. Хухлаев. **М. Веллер. Тест:** 2-2А, исп. И. Афанасьев; 2-2В, исп. Д. Хухлаев.
Films: 2-1, «Курьер»: Почему вы решили стать педагогом?; 2-2, «Курьер»: Актрисой хотела стать?; 2-3, «Добряки»: Неуч, свистулька, гусь лапчатый!; 2-4, «Москва слезам не верит»: Не поступила; 2-5, «Служебный роман»: Конец рабочего дня.
Interviews: М. Мишин. Из выступлений по телевидению. 2-1: О детстве; 2-2: «Я их перевёл...»; 2-3: О чувстве юмора.

СОДЕРЖАНИЕ   CONTENTS

ДИСК

Stories: **С. Довлатов. Сергей Довлатов о времени и о себе:** 3-1А, исп. Г. Черняховский; 3-1В, исп. И. Афанасьев. **С. Довлатов. Предисловие к книге Холодильник:** 3-2А, вариант 1, исп. И. Афанасьев; 3-2В, вариант 2, исп. И. Афанасьев; 3-2С, исп. Г. Черняховский. **С. Довлатов. Остров:** 3-3А, исп. Г. Черняховский; 3-3В, исп. И. Афанасьев.

Films: 3-1, «Вершина Визбора»: Московские дворы; 3-2, «Осенний марафон»: Коридор ЛГУ; 3-3, «Послушай, не идёт ли дождь»: Куда вы хотите поехать?; 3-4, «Осенний марафон»: Надо отметить знакомство; 3-5, «На Дерибасовской хорошая погода...»: Прогулка по Брайтону; 3-6, «Мой сосед Серёжа Довлатов»: Не печатали (Часть 1-ая); 3-7, «Мой сосед Серёжа Довлатов»: Не печатали (Часть 2-ая); 3-8, «Мой сосед Серёжа Довлатов»: Не принимали всерьёз; 3-9, «Мой сосед Серёжа Довлатов»: Фотографии.

Songs: 3-1, Вероника Долина. «Эмиграция», исп. автор; 3-2, Катя Яровая. «Чужбина», исп. автор.

Interviews: Из интервью с С. Довлатовым. 3-1: Я не считаю себя писателем; 3-2: Мы увлекались американской литературой; 3-3: Люди, которые пишут коротко; 3-4: О русской церкви; 3-5: О гласности и перестройке; 3-6: Об экономической системе; 3-7: О двойном опыте; 3-8: Злоключения искусствоведа. 3-9: Из телепередачи Аллы Кигель «Урок достоинства».

СОДЕРЖАНИЕ   CONTENTS

ДИСК

Stories: **А. Геласимов. Нежный возраст:** 4-1, исп. В. Кроль. **А. Геласимов. Продолжение дневника:** 4-2, исп. В. Кроль. **А. Геласимов. Письмо...:** 4-3, исп. Е. Успенская и В. Кроль.

Films: 4-1, «Доживём до понедельника»: Ворона; 4-2, «Курьер»: А ты ничего!; 4-3, «Курьер»: Современная молодёжь (Часть 1-ая); 4-4, «Курьер»: Не люблю французские; 4-5, «Курьер»: Жил на свете козёл; 4-6, «Курьер»: У тебя есть мечта?; 4-7, «Курьер»: Современная молодёжь (Часть 2-ая); 4-8, «Курьер»: Я хочу быть красивой; 4-9, «Курьер»: Два лица; 4-10, «День полнолуния»: Летят перелётные птицы; 4-11, «Тема»: Разговор по телефону; 4-12, «Зависть богов»: Я тебе изменила.

Songs: 4-1, В. Высоцкий. «Я не люблю», исп. автор; 4-2, Катя Яровая. «Песня про моё поколение», исп. автор; 4-3, Катя Яровая. «Отец мой, ты меня недолюбил...», исп. автор.

Interviews: Из интервью с А. Геласимовым. 4-1: Вопрос личного мужества; 4-2: Зона отчаяния; 4-3: Об ответственности.

СОДЕРЖАНИЕ   CONTENTS

ДИСК

Stories: Д. Рубина. Концерт по путёвке...: 5-1А, исп. Е. Успенская; 5-1В, исп. автор.

Films: 5-1, «Курьер»: Я́ вышла на сцену; 5-2, «Олигарх»: Помнишь, у Галича?; 5-3, «День полнолуния»: Ты выпил и ничего не помнишь?; 5-4, «Калина красная»: Концерт для заключённых; 5-5, «Охота на лис»: Волейбол в колонии; 5-6, «Республика ШКИД»: Ах, зачем я на свет появился?; 5-7, «Республика ШКИД»: А у меня отца нет; 5-8, «Пацаны»: Человека ударишь?; 5-9, «Пацаны»: Что такое «добрый человек»?; 5-10, «Пацаны»: Дайте поменьше; 5-11, «Охота на лис»: Саданули меня; 5-12, «Охота на лис»: Вопрос к подсудимому Стрижаку.

Songs: А. Галич. «Облака». 5-1А, исп. автор; 5-1В, исп. В. Пахомов. 5-2, В. Высоцкий. «Охота на волков», исп. автор; 5-3, Катя Яровая. «Афганистан», исп. автор; 5-4. Вероника Долина. «Январь имени Высоцкого», исп. автор; 5-5. Вероника Долина. «Былое нельзя воротить...», исп. автор.

Interviews: 5-1. Из интервью с В. Высоцким. Кто пишет ваши песни?
Из интервью и выступлений Д. Рубиной. 5-2: Я начала публиковаться...; 5-3: Мои первые рассказы; 5-4: Рассказ от первого лица; 5-5: Старая учительница; 5-6: Музыкальная пьеса «Ожидание».

СОДЕРЖАНИЕ   CONTENTS

ДИСК

Stories: **Л. Улицкая. Явление природы:** 6-1А, исп. Е. Соловей; 6-1В, исп. С. Чернова. 6-1С. **Л. Улицкая. «Явление природы»:** Из телевизионного фильма.

Films: 6-1, «Начало»: Оставлю свой след в искусстве; 6-2, «Курьер»: Я сочиняю стихи; 6-3, «Служебный роман»: В молодости я писал стихи; 6-4, «Благословите женщину»: Мама умерла.

Poems: А. Ахматова. Широк и жёлт вечерний свет... 6-1А, исп. Л. Паперно; 6-1В, исп. П. Шур; 6-1С, исп. Р. Галич.

М. Цветаева. Имя твоё - птица в руке... 6-2А, исп. Л. Паперно; 6-2В, исп. П. Шур; 6-2С, исп. Р. Галич.

Interviews: Из интервью и выступлений Л. Улицкой. 6-1: О первой книжке; 6-2: Я пришла из науки; 6-3: Важно быть честным; 6-4: Чтение — отказ от реальности; 6-5: О читателях; 6-6: О жанрах: романы и рассказы.

6-7: М. Мишин. Из выступления по телевидению. Вы пишете стихи?

СОДЕРЖАНИЕ CONTENTS

НАШИ АВТОРЫ

ACKNOWLEDGMENTS and CREDITS

From start to finish, the authorial team--Sophia Lubensky and Irina Odintsova (the textbook), and Slava Paperno (the DVD-ROM and three video DVDs)-- has drawn unwavering support from several organizations as well as a great many colleagues and friends.

We wish to express our gratitude to the U.S. Department of Education for a generous grant awarded to this project and thank its anonymous reviewers. Our work has been supported by the University at Albany-State University of New York, Cornell University, and M.V. Lomonosov Moscow State University. We extend our special thanks to Margaret O'Brien from the Office for Research, University at Albany, for her highly appreciated assistance.

At the heart of this project are the short stories by Sergei Dovlatov, Andrei Gelasimov, Mikhail Mishin, Dina Rubina, Ludmila Ulitskaya and Mikhail Veller, which are included both in the textbook proper and on the DVD-ROM, and Victor Pelevin's story included on the DVD-ROM. We appreciate their talents, and we also thank them for graciously facilitating the challenging process of obtaining permissions. We are indebted to Elena Dovlatova, who has been helping us along the way.

Our thanks go to photographers Mark Serman, Nina Alovert, and Basso Cannarsa, who kindly allowed us to feature their excellent work in this publication.

The English text (Explanatory Notes, grammar, and exercise assignments) for Chapters 1 & 2 of the textbook was edited by Marjorie J. McShane, and we are grateful for her insights and suggestions. Richard L. Leed edited Chapters 3 through 6, Comments on Style for all six chapters, and the Russian-English Dictionary for the textbook as well as all of the English notes, comments, and other texts on the DVD-ROM. He is one of the authors of *The Russian Dictionary Tree* included on the disc, and he edited thirty-eight hundred new entries added to *The Tree* for this publication. In addition, he has formatted the textbook. His contribution to this project is invaluable.

The Russian Dictionary Tree has been an excellent source for Sophia Lubensky, when she was creating a learner's Russian-English dictionary for this textbook, and she is most grateful to its authors, Richard L. Leed and Slava Paperno.

Special recognition is due to Timothy D. Sergay, who did the prose translations of the numerous songs and poems for this project.

Several colleagues—Lynne deBenedette (Brown University), Erika Haber (Syracuse University), Anna Kudyma (UCLA), Lisa Little (Berkeley), and Alla Smyslova (Columbia University)—conducted classroom testing of the textbook and the related video DVDs. We have benefited from their comments and suggestions, and we offer them and their students our deepest thanks. In addition, several chapters of the textbook and the video DVDs were piloted by the textbook authors at their respective institutions—twice with Advanced Russian students at the University at Albany by Sophia Lubensky, and several times with international students at Moscow State University by Irina Odintsova. The interactive DVD-ROM and video DVDs were piloted and subsequently used by Slava Paperno and Victoria Tsimberov at Cornell University. We thank our students for their active participation.

We wish to thank Henryk Baran (UAlbany) for his help in testing the DVD-ROM on computers in Russia. Thanks also go to colleagues and friends who were there for us to answer difficult questions: Wayles Brown (Cornell), Judith Hehir (UAlbany), Alla Smyslova (Columbia), Nelly Zhuravlyova (UAlbany).

The creators of *Advanced Russian: From Reading to Speaking* are grateful to the authors and copyright owners of the included short stories, songs, photographs, feature films, and other materials—ranging from such web sites as www.krugosvet.ru and www.bards.ru to home videos and to such polished productions as Pyotr Shteyn's TV film «Сквозная линия» and Dominique Rabourdin's documentary *Vivre et ecrire en Russie*—for their permission to use their valuable work in this publication. Their generous contribution will be appreciated by generations of learners of the Russian language and culture. Special thanks go to the people who helped us in many ways in the process of selecting, finding, and obtaining copies of these materials and permissions for their use: Alyona Aleksandrovna Galich, Valeria Korennaya, Mark Kuznetsov, Vera Raskin, Ellendea Teasley, Nina Filimonovna Tikhonova, Ludmila Ulitskaya, Nikita Vladimirovich Vysotsky, Cori Weiner, Tatyana Yamrom, and Elena Yarovaya.

The DVD-ROM and video DVDs feature highly professional performances by Igor Afanasyev, Snezhana Chernova, Garii Chernyakhovsky, Roustem Galitch, Dmitry Huhlaev, Vadim Krol, Elena Ouspenskaia, and Elena Solovey, staged specifically for this publication. Dina Rubina's inimitable reading of her story at a concert at Cornell university is also proudly featured. Lora Paperno and Paulina Shur recorded two poems for this project, and Vladimir Pakhomov performed two songs. We wish to thank them all.

We are grateful for being allowed by the artists and copyright owners to include on the discs the first-rate performances by Veronika Dolina, Aleksandr Galich, Yuri Vizbor, Vladimir Vysotsky, and Katya Yarovaya. Larry Pismenny kindly contributed excerpts from his documentary «Мой сосед Серёжа Довлатов».

We offer our thanks to the Director of Slavica Publishers, George Fowler, and Managing Editor, Vicki Polansky, for their support and encouragement. Special appreciation goes to George for his advice on a variety of issues and for formatting the end-of-book dictionary.

The textbook has been authored by Sophia Lubensky and Irina Odintsova, and the DVD-ROM and a set of three video DVDs) have been created by Slava Paperno. The three authors collaborated on many aspects of the project.

Chapters 1, 3, 4, & 5 and accompanying grammar were written by Irina Odintsova and Chapters 2 & 6 and their grammar by Sophia Lubensky. After the drafts of the chapters were written, the authors revised and edited them together. Sophia Lubensky, with an input from Irina Odintsova, wrote linguistic and cultural notes for three of the principal texts and collaborated with Slava Paperno on the rest of the notes. She also wrote Comment on Style for all chapters, with substantial editorial input from Slava Paperno. Irina Odintsova created the layout of the textbook. Sophia Lubensky and Irina Odintsova selected the stories and most of the excerpts from films, television broadcasts, and home videos on this disc.

Slava Paperno arranged, directed, recorded, and edited the readings of all stories by professional actors. The videos include Dina Rubina's reading of her story at a concert, also recorded and edited by Slava. The interactive DVD-ROM includes a unique series of notes and exercises called Guided Reading. These exercises are based on "Nika," a short story by Viktor Pelevin. Guided Reading was created by Slava Paperno with significant editorial contribution from Sophia Lubensky.

While we are pleased to express our gratitude to those who helped us to carry out this project, we want to stress that we alone bear the responsibility for the project's content. S. Lubensky and I. Odintsova share the responsibility for the printed materials, except for the dictionary, for which S. Lubensky alone is responsible. S. Paperno, who did all filming, video and audio editing, and programming, is responsible for the video DVDs and DVD-ROM.

Sophia Lubensky   Irina Odintsova   Slava Paperno

INTRODUCTION

Advanced Russian: From Reading To Speaking is intended for English-speaking learners of Russian with at least two years of Russian language study at the college level. The course was designed with a broad range of advanced learners in mind and, as such, can be used:
-- in college courses for English-speaking students;
-- by independent learners studying the language outside the classroom setting;
-- by heritage learners who need practice and review in reading and speaking grammatically and stylistically correct Russian.

With its strong emphasis on internalizing vocabulary in context, the course aims to help students overcome speaking inhibitions, increase fluency, and advance their lexicon and grammar to a significantly more sophisticated level. The book's Grammar Supplement brings into focus important topics and structures generally underused by advanced English-speaking students.

The complete package includes:
- *Advanced Russian* **TEXTBOOK** (Book 1): stories, assignments, writers' biographies, and dictionary.
- *Advanced Russian* **GRAMMAR SUPPLEMENT** (Book 2): grammar exposition and exercises, answer keys for Book 1 assignments, and answer keys for the grammar exercises.
- An interactive multimedia DVD-ROM for use on Windows® and Macintosh®.
- A set of three video DVDs entitled *Russian Stories on Your Screen* that can be played on any DVD player.

These components complement each other and are most effective when used together. Because the DVD-ROM comes with a detailed introduction, we are focusing here on the printed materials and how best to integrate the components of the package.

FLEXIBILITY

The package can be used as a complete course or in conjunction with other materials. Each chapter is structured around an individual story. The arrangement of chapters in the textbook reflects a progression in length, linguistic challenge, and general complexity of the stories. We recommend that the chapters be used in sequence. However, any chapters or supplementary reading can be used separately. In the same way, assignments accompanying the stories and exercises provided in the grammar supplement may be used selectively.

Our approach to vocabulary management is much the same. Words or phrases selected for active learning in early chapters are often reactivated in subsequent chapters. This allows instructors to select those chapters that are best suited to a given group of students while avoiding lexical dependence on preceding chapters.

THE TEXTBOOK STRUCTURE

Advanced Russian **TEXTBOOK** contains six chapters. All of the stories in the chapters are written by well-known contemporary Russian authors and none are simplified. With the writers' permission, some have been abridged slightly while preserving the original language. All principal and supplementary texts are identical in the book and on the disc. When selecting the texts, we looked for stories that

- o engage the reader;
- o center on a single topic, with each story representing a different topic;
- o contain important and frequently used lexical items;
- o reflect culturally significant situations and phenomena;
- o exhibit a variety of styles.

Each chapter offers one or more texts for additional reading. These additional texts either supplement or develop the theme of the main story and are not necessarily written by the same author. In the last two chapters, the principal texts are supplemented by songs (Chapter 5) and poems (Chapter 6) that contribute to a deeper understanding of the story and its cultural context.

CHAPTER STRUCTURE

All chapters are identical in structure: each is built around the principal story and consists of six segments with supplementary reading material. The number and length of assignments per segment varies according to the length and complexity of the story.

Segment 1, **СЛОВО И ТЕКСТ**, offers pre-reading activities designed to help students understand the general direction of a story, develop reading strategies, and become familiar with some of the new vocabulary.

The story itself appears in Segment 2, **ТЕКСТ**. For convenience, each story is divided into excerpts (indicated by numbers in the margins). In addition to the story itself, Segment 2 offers *Explanatory Notes,* which provide cultural comments, historical background, and linguistic explanations; *Idioms and Phrases* occurring in the story along with their English equivalents; and *Comment on Style,* which highlights the stylistic distinctiveness of the story. *Explanatory Notes* and *Comment on Style* are presented in English.

Segment 3, **ТЕКСТ И ЕГО СМЫСЛ**, contains post-reading assignments designed to assess comprehension of the story. Here we have in mind not only global understanding, but also the details and sequence of events in the story.

Segment 4, **СЛОВО И КОНТЕКСТ**, incorporates a variety of techniques to promote active lexical acquisition with the goal of bringing students to a level where the use of newly acquired vocabulary items becomes automatic.

In Segment 5, **ТЕКСТ И РЕЧЬ**, which is entirely in Russian, we use vocabulary that is not limited to the story alone. This segment aims to bring students closer to near-native fluency. It features an array of creative assignments intended primarily for stronger students. They can easily be used selectively, however, at the discretion of the instructor who wishes to adapt them for students of any level. With their focus on in-depth analysis and text interpretation, these assignments challenge students to work with the details of the excerpts and offer their own interpretation of story events, characters' motives, and even the authors' choice of words. The assignments were designed with an eye to helping students develop conversation strategies.

Segment 6, **АКТИВНАЯ ЛЕКСИКА**, is a list of words and phrases selected for active mastery. Students may wish to use these lists for self-checking, while instructors are likely to find them helpful when preparing tests. The lists in Segment 6 present verbs as aspectual pairs. Verbs and predicatives are given with basic government information. Prepositional government and short-form adjectives are also provided where warranted. The entries are not glossed, but the glosses-- together with examples--can be found in the end-of-book dictionary.

Answer Keys are provided for all assignments in Segments 1, 3, & 4 except for those that are open-ended. In the case of Segment 5, where almost all assignments are open-ended, Answer Keys suggest the textbook authors' interpretation of the story--its developments, characters, and language.

Supplementary reading texts, which are included in each chapter, are not accompanied by assignments. They are recommended for reading and discussion both on their own and in conjunction with the principal texts. They can also be used as sources of topics for additional essays.

METHODOLOGY AND VOCABULARY LEARNING

We carefully selected vocabulary items for active learning, providing ample opportunity for repeated encounters with each item. Listed in Segment 6, these items are recycled several times within the chapter. Initially, they are introduced in passive assignments, such as the pre-reading activities (Segment 1) and assignments emphasizing understanding of the text (Segment 3). They are later reinforced as learners are required to match words with their synonyms and antonyms as well as with their meanings. Finally, new phrases and words recur in active assignments where students are required to use them in speech within various contexts that are not limited to the story itself. For additional reinforcement, the vocabulary items marked for active learning have been incorporated in the grammar exercises.

Vocabulary items for active learning include a large number of multiword units--set phrases and idiomatic expressions. An idiom or phrase is marked in the text by small dots (as in: ·На самом деле· всё было проще). Some of the idioms and phrases selected for activization are consistently introduced in pre-reading assignments in Segment 1. Initially, students are to read the story and try to understand the gist of it without looking up words or idioms. Prior to and/or during their second reading, they may scan *Idioms and Phrases*, concentrating on items which are entirely unfamiliar and rereading the excerpt in which a given phrase occurs. Not all idioms and phrases are selected for active use, but learners are encouraged to expand the list of active ones, relying on the context of a given story for correct contextual application.

Synonyms and antonyms are generally presented in assignments as phrases rather than individual words. This approach allows students to see a word in context and helps them avoid grammatically correct but non-idiomatic collocations.

Ideally, students should read the story in its entirety at least twice before tackling the first group of assignments, which address global comprehension of the story (Segment 3). They should then reread it, this time more closely--excerpt by excerpt--before moving to the assignments that focus on comprehension of story details and the sequence of events.

The assignments in Segments 3 and 4 are presented in a sequence that alternates passive and active assignments to help learners reach a level of active communication. Passive assignments are better suited for homework, while active assignments, particularly those that are open-ended, are likely to prove more beneficial in the classroom setting. Many of the active assignments take the form of dialogues, which students can do in pairs. While essays and compositions are obviously intended as homework, a great many assignments--especially those in segments 1 and 3--can be handled either way, i.e., as homework or class work.

Many assignments afford the instructor the opportunity to follow up with additional questions that serve to connect the assignment and new vocabulary items to the students' world-- their tastes and preferences, books they have read, films they have seen, and so on.

Assignments in Segment 5 should be covered in the sequence in which they are presented. Depending on the students' level, the instructor may opt to use some of these assignments as independent work--as outlines for class presentations, for example. In addition to writing compositions and essays, students might also be asked to submit audio recordings of oral reports on related topics. The Answer Keys to the assignments in Segment 5 suggest only one of several possible interpretations of the story, a sample that the instructor might use as a learning tool. Students may or may not agree with the textbook authors' interpretation of the story. They should be encouraged to provide supporting statements, whether they choose to reiterate the main points of the suggested interpretation or come up with an interpretation of their own.

THE END-OF-BOOK DICTIONARY & THE RUSSIAN DICTIONARY TREE

The end-of-book dictionary, which includes lexical items occurring in the principal texts, is designed to play a larger role in the learning process than a simple glossary. The dictionary goes beyond glossing only those meanings of multiple-meaning words that occur in the stories: it is a learner's dictionary that offers a balanced picture of word meanings with examples of typical usage. When a word occurs in a story in its peripheral meaning, this peripheral meaning is presented together with its principal meaning(s). Dictionary entries include the grammatical information necessary to use a given item in speech. Numerous Russian examples are provided together with their English equivalents. The majority of examples are linked to the vocabulary of the stories. (See additional information on approach and labels in the introduction to the dictionary.)

For the vocabulary encountered in Segment 5, supplementary readings, and some of the examples, students will need to supplement the end-of-book dictionary with a standard dictionary, e.g. Kenneth Katzner's *English-Russian Russian-English Dictionary*.

The disc provides clickable links to complete dictionary entries for all the words in all texts on the disc. The dictionary entries are included in *The Russian Dictionary Tree* by Richard L. Leed and Slava Paperno--complete with exhaustive grammar information and numerous examples. Innovative terms introduced by the authors of *The Russian Dictionary Tree* and gratefully borrowed for the end-of-book dictionary include *pfv-begin*, *pfv-once*, and *pfv-awhile* (their meaning is explained in the introduction to the dictionary).

GRAMMAR SUPPLEMENT

Grammar Supplement offers a detailed treatment of selected grammar topics along with numerous exercises for each topic. Each chapter includes two to four grammar topics. We chose to present topics that a) are relevant to a given story; b) pose a challenge to English speakers; c) are rarely covered at length in English-language grammars of Russian; and d) play an important role in the development of advanced communicative skills. The detailed treatment of grammar topics we offer in the *Grammar Supplement* is reinforced in many of the assignments that deal with reading comprehension and vocabulary building.

The examples featured in grammar explanations are either taken directly from the stories or are based on the vocabulary of the stories. In order to avoid distracting students from the Russian text with side-by-side English translations, examples are presented only in Russian.

Similarly, grammar exercises are based on the lexicon of the related story. For the most part, they are microtexts reflecting the situations in the story or, in some cases, going beyond them. Because they are based on the active vocabulary of the story, work with the *Grammar Supplement* should begin only after students have learned active vocabulary and started to internalize it, i.e., not before Segment 4. The grammar supplement includes *Answer Keys to Grammar Exercises*.

THE TEXTBOOK, DVD-ROM, and VIDEO DVDS

The textbook, DVD-ROM, and video DVDs are most effective when used together. Complementing each other, they help students master all four language skills while enriching knowledge of Russian culture and history. The video DVDs are appropriate for both group and individual viewing of the stories performed by professional actors. They include no glosses, comments, or assignments. The DVD-ROM is to be used for viewing video recordings as well as reading, translating, and preparing assignments. Some of the segments in the book and on the disc present the same material, though not always in the same way; other segments are included only in the book or on the disc, and still other segments approach similar material differently-- and, in some cases, in different languages. Cultural and linguistic notes, contributed by different authors for the book and the disc, may highlight different aspects of the same phenomenon or reflect different points of view.

A detailed description of the similarities and differences between the book and the discs can be found on the DVD-ROM in the section entitled "The book and the discs." What follows is a brief summary of that description.

BOTH THE BOOK AND THE DVD-ROM:
-- Principal and supplementary texts, which are identical in the book and on the disc.
-- Cultural and linguistic comments (*Explanatory Notes*) that follow the principal text in the textbook, and linguistic and background notes on the disc. Some background notes on the disc are presented in Russian.

THE BOOK ONLY:
-- A great number of varied assignments for developing communicative competence.
-- Answer keys for communicative competence assignments and samples of answers for open-ended assignments.
-- Writers' biographies with photographs.
-- End-of-book dictionary containing entries for all vocabulary in the principal texts. While this dictionary is less inclusive than the dictionary on the disc, its examples are closely linked to the vocabulary of the stories.
-- A detailed treatment of select grammar topics.
-- Exercises for each grammar topic.
-- Answer keys to grammar exercises.

THE DVD-ROM ONLY:
-- Clickable links to complete dictionary entries for all words in all texts.
-- A variety of annotated multimedia materials, including video recordings of professional readings of all texts along with their transcripts, video excerpts from interviews, short video excerpts from Russian feature films, recordings of songs related to the text, and annotated photographs of some of the authors.
-- Assignments for supplementary readings and assignments related to the video that do not duplicate any of the work in the book and are typically based on the recording.
-- The onscreen dictionary covering the vocabulary of multimedia materials.
-- Guided Reading: a unique series of notes and exercises based on V. Pelevin's story "Nika."

THE VIDEO DVDs:
-- High quality video recordings of all texts made by professional actors (also included on the DVD-ROM) that can be viewed on large-screen TVs.

М. МИШИН

СЧАСТЛИВЫЙ

GRAMMAR

1. The Historic Present
2. Predicate: Indefinite Personal Construction
3. Complement Clauses; Conjunctions **что** & **чтобы**
4. Direct and Indirect Speech

СЛОВО И ТЕКСТ

FROM WORDS TO SENTENCES

NOTE: For activities that require a pattern, the first sentence of an activity is the pattern.

1. Read the words below. They will help you to guess about the plot of the story you are going to read. Make up a short story with these words.

Безотве́тная любо́вь
выходи́ть/вы́йти за́муж **за** + *acc.*   (Ма́ша вы́шла за́муж за Са́шу.)
быть замужем **за** + *instr.*   (Ма́ша за́мужем за Са́шей.)
жени́ться **на** + *prep.* [*pfv. and impfv.*]:   (Са́ша жени́лся на Ма́ше.)
жена́т(ы) (**на** + *prep.*)   (Са́ша жена́т. Са́ша и Ма́ша жена́ты.
          Са́ша жена́т на Ма́ше.)

пожени́ться [*pfv. only*]   (Са́ша и Ма́ша пожени́лись.)
сча́стлив, -а, -ы   (Са́ша и Ма́ша не́ были сча́стливы.)
разводи́ться/развести́сь **с** + *instr.*   (Са́ша и Ма́ша развели́сь. Са́ша развёлся с
          Ма́шей. Ма́ша развела́сь с Са́шей.)

2. Read each pair of sentences. The second sentence of each pair contains a word or phrase that means the same as the bold-faced text in the first sentence.
   a)   Underline that word or phrase.
   b)   Replace the bold-faced words from the first sentence by the words you underlined in the second sentence and vice versa. Make syntactic changes where necessary.

1.   Подошла́ официа́нтка, и я **попроси́л её принести́** буты́лку вина́ и мясно́й сала́т.
     Мой дру́г сказа́л, что ему́ нельзя́ пить вино́, и заказа́л минера́льную во́ду.
     заказа́л
     _____*Подошла́ официа́нтка, и я заказа́л буты́лку вина́ и мясно́й сала́т. Мой дру́г сказа́л, что ему́ нельзя́ пить вино́, и попроси́л (официа́нтку) принести́ минера́льную во́ду._____*

2.   Мой сосе́д давно́ влюблён в одну́ де́вушку, но бои́тся **сказа́ть ей, что лю́бит её**.
     Вчера́ он наконе́ц реши́лся призна́ться ей в любви́, и она́ согласи́лась вы́йти за него́ за́муж.

3.   Когда́ мне сказа́ли, что он уе́хал из Москвы́ навсегда́, я снача́ла не пове́рил, но оказа́лось, что э́то **была́ пра́вда**. Это бы́ло действи́тельно так.

4.   Когда́ хоро́шая пого́да, **мне хо́чется** на у́лицу. А когда́ идёт до́ждь, меня́ тя́нет на мой люби́мый дива́н.

5.   Мой друг **на́чал акти́вно занима́ться матема́тикой**: у него́ ско́ро экза́мен. Он взя́лся серьёзно за матема́тику, и я уве́рен, что он прекра́сно сдаст экза́мен.

6.   Мой лу́чший друг всегда́ **расска́зывает мне обо всём**. И я то́же всем с ним делю́сь.

7.   В про́шлом году́ у нас в го́роде откры́лся теа́тр, кото́рый **прорабо́тал** всего́ полго́да. Теа́тр просуществова́л так недо́лго, потому́ что наш го́род ма́ленький, и в теа́тре всегда́ бы́ло ма́ло зри́телей.

8.   Ме́сяц наза́д я написа́л дру́гу письмо́, но он **не отве́тил**. Стра́нно, что он не откли́кнулся.

3. Check (✓) the item that is close in meaning to the bold-faced word or phrase and could be used to replace it.

1.   Мой друг Ю́ра был до́лго влюблён в одну́ де́вушку. А **она́** была́ влюблена́ в друго́го и **на Ю́ру** ника́к **не реаги́ровала**.
     a)   _____ она́ не встреча́лась с Ю́рой
     b)   _____ она́ не слы́шала о Ю́ре
     c)   __✓____ она́ не замеча́ла Ю́ру

2.   Я беру́ кни́гу. У меня́ ма́ло вре́мени, поэ́тому я то́лько **листа́ю её**.
     a)   _____ чита́ю её
     b)   _____ бы́стро просма́триваю её
     c)   _____ перечи́тываю не́которые страни́цы

3.   Вре́мя идёт, **седины́ у меня́ прибавля́ется**.
     a)   _____ седины́ у меня́ стано́вится ме́ньше
     b)   _____ седины́ у меня́ стано́вится бо́льше
     c)   _____ я становлю́сь соверше́нно седы́м

4.   **Моя́ ма́ма волну́ется**, что я всё ещё не жена́т.
     a)   _____ Мое́й ма́ме не нра́вится
     b)   _____ Моя́ ма́ма недово́льна
     c)   _____ Моя́ ма́ма беспоко́ится

5. Моя́ подру́га выхо́дит за́муж. Её бу́дущий муж — како́й-то вое́нный. **Вро̀де моря́к.**

    a) _____ Коне́чно,

    b) _____ Мне ка́жется, что

    c) _____ Я уве́рена, что

6. Её муж вое́нный. Ра́ньше он служи́л в Москве́, а пото́м **его́ перевели́** на Се́вер.

    a) _____ его́ отпра́вили

    b) _____ его́ пригласи́ли рабо́тать

    c) _____ ему́ захоте́лось пое́хать

7. Мой друг — счастли́вый челове́к: он встре́тил де́вушку и полюби́л её. И я чу́вствую **раздраже́ние**, потому́ что у меня́ никого́ нет.

    a) _____ ра́дость

    b) _____ недово́льство, злость

    c) _____ страх, у́жас

4. A word may have several meanings. When working with a bilingual dictionary, you have to select a meaning that fits the given context. Below are several entries from K. Katzner's dictionary and a number of microtexts. Find an appropriate English equivalent for each bold-faced word in the microtexts.

> **бра́ться** _v.r.impfv._ [_pfv._ **взя́ться**; _pres._ **беру́сь, берёшься**; _past_ **бра́лся, брала́сь, брало́сь** _or_ **бра́лось, брали́сь** _or_ **брали́сь**] **1,** (_with_ **за** + _acc._) to take hold of; grasp. **2,** (_with_ **за** + _acc._) to begin; take up; undertake. **3,** (_with inf._) to take it upon oneself (to); dare (to); presume (to). **4,** to come (from): Отку́да же они́ беру́тся?, where on earth do they come from? —**бра́ться за́ руки**, to join hands. —**бра́ться за ору́жие**, to take up arms. —**бра́ться за ум**, _colloq._ to come to one's senses.

> **встря́хивать** _v.impfv._ [_pfv._ **встряхну́ть**] to shake; shake out; shake up. —**встря́хиваться**, _refl._ **1,** to shake oneself off. **2,** _fig., colloq._ to cheer up; pull oneself together.

> **дели́ть** _v.impfv_ [_pfv._ **раздели́ть** _or_ **подели́ть**; _pres._ **делю́, де́лишь**] **1,** to divide. **2,** to share. —**дели́ться** _refl._ **1,** [_pfv._ **раздели́ться**] to divide; be divided. **2,** [_impfv. only_] (_with_ **на** + _acc_) _math._ to be divisible (by). **3,** [_pfv._ **подели́ться**] (_with instr._) to share: дели́ться с ке́м-нибудь куско́м хле́ба, to share a piece of bread with someone. **4,** [_pfv._ **подели́ться**] (_with_ **с** + _instr._) to confide in.

> **издева́ться** _v.r.impfv._ (_with_ **над**) **1,** to mock; taunt. **2,** to harass.

> **плева́ть** _v.impfv._ [_pfv._ **плю́нуть**; _pres._ **плюю́, плюёшь**] **1,** to spit. **2,** (_with_ **на** + _acc._) _colloq._ to ignore, shrug off; brush off. **3,** _colloq._ not to give a damn: Ему́ наплева́ть на э́то, he doesn't give a damn about it.

> Kenneth Katzner. _English-Russian Russian-English Dictionary._

    1. ___ _плева́ть 2_ ___ Мой друг влюби́лся. Да как! Не спит ноча́ми, не ест. А она́ на него́ и не смо́трит. Я ему́ говорю́: «Плюнь ты на неё! Она́ э́того не сто́ит. Смотри́, ско́лько круго́м де́вушек!» Но он меня́ не слу́шает.

    2. _____ Ты о́чень уста́л. Посмотри́, како́й ты бле́дный! Тебе́ на́до **встряхну́ться.** Сходи́ в кино́, в клуб, познако́мься с де́вушкой. А ещё лу́чше — поезжа́й куда́-нибудь отдохну́ть.

    3. _____ Моя́ подру́га прекра́сно зна́ет жи́вопись. А я не зна́ю, с како́й стороны́ к карти́не подойти́. Мне о́чень сты́дно. На́до бу́дет **взя́ться** за жи́вопись. Всё! Куплю́ кни́ги, бу́ду ходи́ть на ле́кции.

4. _____ Мы с братом всё рассказываем друг другу. У нас нет секретов. Мы **делимся друг с другом** всем: и плохим и хорошим.

5. _____ У вас не́ было в шко́ле ма́льчика, над кото́рым все смея́лись в кла́ссе? И не про́сто смея́лись, а **издева́лись**. У нас тако́й был. Ему́ то мышь в портфе́ль поло́жат, то во́ду холо́дную на́ голову вы́льют. Да, де́ти мо́гут быть о́чень злы́ми.

5. Read the following idiomatic expressions and their English equivalents; then read the microtexts, paying particular attention to the bold-faced words. Add idioms to the microtexts (you can either replace a non-idiomatic phrase with an idiom or just add the idiom to the context). You may use more than one idiom in a microtext if the context permits. Read the microtexts with the idioms you selected, then try to make up your own microtexts for each idiom.

1)	стре́ляный воробе́й	wise old bird; no novice
2)	чи́стой воды́ (лицеме́рие)	(hypocrisy) of the first order; sheer (hypocrisy)
3)	свет кли́ном не сошёлся **на** + *prep.* (на нём, на ней и т. п.)	there are plenty of other fish in the sea; he (she, etc.) is not the only pebble on the beach;
	свет кли́ном сошёлся **на** + *prep.* (на нём, на ней и т. п.)	he (she, etc.) is everything (to someone); he (she, etc.) is the whole world (to someone)
4)	позво́лить себе́ *infin.* or *acc.*	to allow oneself; to be able to afford
5)	встре́титься взгля́дами: Мы встре́тились взгля́дами.	Our eyes met.
6)	друго́е де́ло	quite a different matter; something else entirely

1. __6), 1)__ Ива́н соверше́нно не уме́ет разгова́ривать с де́вушками. Не зна́ет, как сесть, что сказа́ть. А вот Андре́й... О! Он о́пытный челове́к! Три ра́за был жена́т. С любо́й де́вушкой заговори́т да́же на у́лице.

_____ *Ива́н соверше́нно не уме́ет разгова́ривать с де́вушками. Не зна́ет, как сесть, что сказа́ть. А вот Андре́й. . . О! Андре́й — друго́е де́ло. Он о́пытный челове́к! Стре́ляный воробе́й. Три ра́за был жена́т. С любо́й де́вушкой заговори́т да́же на у́лице.* _____

2. _____ Мой друг лю́бит одну́ же́нщину. Лю́бит давно́. Я уж не по́мню, ско́лько лет. За э́то вре́мя я жени́лся, развёлся. А он всё оди́н. И никто́ ему́ не ну́жен — то́лько она́.

3. _____ Са́ша де́лает вид, что лю́бит жи́вопись. Но э́то соверше́нно не так. Он действи́тельно хо́дит в музе́и, но не потому́, что лю́бит жи́вопись, а потому́ что влюблён в де́вушку из Акаде́мии худо́жеств.

4. _____ Я был вчера́ на дискоте́ке. Когда́ я вошёл в зал, Ната́ша танцева́ла с молоды́м челове́ком. Наве́рное, она́ почу́вствовала, что кто́-то смо́трит на неё: она́ огляну́лась и уви́дела меня́.

5. _____ Ле́на ест о́чень ма́ло, а вот Ди́ма лю́бит вку́сно пое́сть. Но он студе́нт, стипе́ндия у него́ небольша́я, а рабо́тать он не хо́чет. Ходи́ть в рестора́ны для него́ до́рого, поэ́тому обе́дает он всегда́ в Макдо́нальдсе.

ТЕКСТ

READING THE TEXT

Михаил МИШИН

СЧАСТЛИВЫЙ

1 — Да плюнь ты! — говорю́ я ему́. — Плюнь!

Я беру́ буты́лку и разлива́ю.

— Дава́й! — Я кива́ю ему́, и мы выпива́ем не чо́каясь.

Мы сиди́м в кафе́ и пьём «Гурджаа́ни».

2 Ско́лько вре́мени прошло́ с на́шей после́дней встре́чи, не по́мню. Мо́жет, год, а мо́жет, два. Э́то ·не име́ет значе́ния·. Потому́ что и про́шлый раз, и позапро́шлый мы так же сиде́ли здесь, в э́том кафе́, и ра́ньше, когда́ тут ещё не́ было кафе́, а была́ обыкнове́нная столо́вая. Мы сиде́ли ·друг про́тив дру́га·, и я разлива́л во́дку, или портве́йн, или не по́мню уж что́, и так же говори́л ему́:

—Да плюнь, стари́к², плюнь!

3 …Лет де́сять наза́д. Мы сиди́м в столо́вой. Вокру́г едя́т, разгова́ривают, разлива́ют под сто́ликами³.

Он де́ржит в рука́х кни́гу.

— Понима́ешь, — засте́нчиво говори́т он, — она́ сказа́ла, что не знать про импрессиони́стов сты́дно. Вот, я купи́л….

Я беру́ у него́ кни́гу, листа́ю.

— Стари́к, она́ права́, — говорю́ я. — Импрессиони́стов, стари́к, на́до знать…

·С мое́й стороны́· э́то ·чи́стой воды́· лицеме́рие. Всё, что я зна́ю сам про импрессиони́стов, — э́то что там бы́ли два худо́жника, с одина́ковыми фами́лиями, то́лько оди́н чѐрез «а», а друго́й — чѐрез «о»⁴. ·Кро́ме того́·, Ван-Го́г⁵ отре́зал себе́ у́хо — про э́то я то́же слы́шал…

— Ну во́т, — обра́дованно говори́т он. — И она́ так сказа́ла…

И тепе́рь, я́сно, он возьмётся за жи́вопись. Он бу́дет чита́ть кни́ги, ходи́ть в музе́и и посеща́ть ле́кции. Чѐрез ме́сяц он уже́ смо́жет писа́ть диссерта́цию об импрессиони́зме, а заодно́ о куби́зме, о передви́жниках⁶ и наска́льных рису́нках.

Над ним все издева́лись ещё в институ́те. Все, кро̀ме неё. А она́ на него́ вообще́ не реаги́ровала. Ника́к. Снача́ла я то́же над ним подсме́ивался. А пото́м он стал со мной всем э́тим дели́ться. И я стал сове́товать ему́ плю́нуть.

4 Прохо́дит не́сколько лет. Мы уже́ зако́нчили институ́т, распредели́лись⁷. И сно́ва мы с ним сиди́м за тем же сто́ликом. На небелосне́жной ска́терти стои́т полупуста́я буты́лка. Я разлива́ю и говорю́:

— Стари́к, э́то уже́ про́сто смешно́. ·Ско́лько мо́жно·? Плюнь! Пора́!

— Я ей письмо́ посла́л, — говори́т он.

— Ну? — спра́шиваю я.

— Не отве́тила, — говори́т он и ·пожима́ет плеча́ми·.

— Мо́жет, не получи́ла? — говорю́ я у́мную вещь.

— Получи́ла, — серьёзно говори́т он.

— Слу́шай, стари́к, — энерги́чно говорю́ я. — Пора́ с э́тим конча́ть. ·Что тако́е·, ·чёрт подери́·? Езжа́й на юг! Мо́ре, со́лнце! Кипари́сы, абрико́сы![8]

Я налива́ю, мы пьём. Я чу́вствую себя́ ·стре́ляным воробьём·. И действи́тельно, ря́дом с ним…

— Я всё понима́ю, — говори́т он. — Идио́тство, коне́чно…

— Во̀т-во́т! — подхва́тываю я. — Идио́тство! В на́ше вре́мя… Чтоб ·свет кли́ном·… Чтоб сто́лько лет… Вот я, наприме́р…

— Ты — ·друго́е де́ло·, — говори́т он.

Он прав. Я — друго́е де́ло. Говоря́т, у меня́ в глаза́х есть что́-то тако́е…[9] Что́-то тако́е в глаза́х, и ещё во́лосы с про́седью. ·В о́бщем·, я́-то могу́ позво́лить себе́ плю́нуть…

5 Ещё год и́ли два. ·Ме́сто де́йствия· — ·то же·.[10] Стуча́т ло́жки, звеня́т рю́мки, ша́ркают мѐжду сто́ликами официа́нтки. За пы́льными о́кнами — у́лица. Он смо́трит в окно́ и говори́т:

— Она́ ·за́муж выхо́дит·.

«·Сла́ва бо́гу·», — ду́маю я.

— Он како́й-то вое́нный. Вро̀де, моря́к…

«За тех, кто в мо́ре»[11], — хо́чется мне сказа́ть, но я говорю́:

— Стари́к, пове́рь, э́то ·к лу́чшему·. Ты наконе́ц посмо́тришь вокру́г и уви́дишь, как прекра́сен э́тот мир, по́нял? Смотри́, каки́е де́вочки пошли́! По́нял? Всё, стари́к! Встряхни́сь!

— Да, — отклика́ется он. — Наве́рное, так лу́чше.

— Дава́й, — говорю́ я, и мы пьём.

— А как Ли́ля? — спра́шивает вдруг он.

Я не сра́зу вспомина́ю, что про́шлый раз, когда́ мы встре́тились, со мной была́ де́вушка Ли́ля из консервато́рии. Э́то был пери́од, когда́ вы́яснилось, что Шу́ман, Шу́берт и Шопе́н[12] бы́ли соверше́нно ра́зными людьми́…

— Норма́льно, — говорю́ я. — Давно́ не ви́дел.

Мы допива́ем оста́тки вина́, выхо́дим на у́лицу.

— Пока́, — говори́т он.

— Звони́, — отвеча́ю я.

И мы расхо́димся.

6 Вре́мя идёт, седины́ у меня́ прибавля́ется. Сле́довательно, чего́-то тако́го во мне всё бо́льше…

Ма́ма, пра́вда, волну́ется, говори́т, что в моём во́зрасте уже́ пора́ име́ть норма́льную семью́. Я хоро́ший сын. Я попро́бовал име́ть семью́, она́ оказа́лась норма́льной — просуществова́ла четы́ре ме́сяца.

Про него́ я узнаю́ чѐрез о́бщих знако́мых. Он вро̀де то́же жени́лся. Пото́м вро̀де то́же развёлся. Пото́м вро̀де куда́-то уезжа́л. Пото́м вро̀де верну́лся.

7 Верну́лся он не вро̀де, а то́чно, потому́ что мы ста́лкиваемся с ним у вхо́да в э́ту са́мую столо́вую, то́лько она́ тепе́рь уже́ не столо́вая, а кафе́.

— Ну вот, — говори́т. — ·Вот таки́е дела́·.

А дела́ таки́е, что уезжа́л он куда́-то на Се́вер. А уезжа́л он потому́, что её му́жа перевели́ на Се́вер, и, я́сно, его́ то́же потяну́ло к по́люсу.

— Вы ви́делись? — спра́шиваю я.

Он не отвеча́ет. Подхо́дит официа́нтка, я зака́зываю буты́лку «Гурджаа́ни».

— А я жена́т был, — говори́т он. — Не слы́шал?

— Слы́шал, — говорю́ я.

— Вот таки́е дели́шки, — говори́т он и замолка́ет.

Официа́нтка прино́сит буты́лку, ста́вит на сто́лик.

— Ну, дава́й, — говорю́ я.

— А зна́ешь, — говори́т он вдруг. — У неё де́вочка. Больша́я уже́.

И он смо́трит на у́лицу.

8 Я беру́ буты́лку, наполня́ю бока́лы и сно́ва, сно́ва хочу́ сказа́ть ему́ привы́чное «Плюнь!» Но в э́тот моме́нт он повора́чивается, и мы ·встреча́емся взгля́дами·. И в его́ глаза́х я ви́жу что́-то тако́е, что тру́дно объясни́ть, а мо́жно то́лько почу́вствовать. И я э́то чу́вствую. И ещё я чу́вствую про́тив него́ раздраже́ние, злость и оби́ду и не могу́ себе́ призна́ться — отчего́. Не могу́, потому́ что в за́висти — не признаю́тся.

И поэ́тому я ничего́ не говорю́ ему́, а пью мо́лча.

ПРИМЕЧАНИЯ   EXPLANATORY NOTES

[1] **«Гурджаа́ни»** — rather expensive good-quality wine produced in Georgia.

[2] **стари́к** *colloquial* a friendly form of address, usu. between younger men, especially popular in the 1960s and 1970s.

[3] **развива́ют под сто́ликами** — the action takes place at a time when drinking alcohol in cafes, diners, etc., was prohibited. However, one could bring vodka or wine and pour it into glasses secretly, on the sly, 'under the table' so that no one would notice.

[4] **там бы́ли два худо́жника, с одина́ковыми фами́лиями, то́лько оди́н чѐрез «а», а друго́й — чѐрез «о»** — a reference to the French painters Edouard Manet (1832–1883) and Claude Monet (1840–1926).

[5] **Ван-Го́г отре́зал себе́ у́хо — про э́то я то́же слы́шал. . .** — a reference to Vincent Van Gogh (1853–1890), the Dutch painter. In late 1888, when he already suffered from mental illness, Van Gogh cut off the lobe of his ear. In January 1889, between two stays in the hospital, he painted *Self-portrait with Bandaged Ear.*

[6] **передви́жники** 'The Wanderers', progressive Russian painters of the second half of the 19th century. In 1870, The Wanderers founded the first society of professional artists independent of the Imperial Academy of Arts. This society, called the Association of Traveling Art Exhibitions, was headed by Ivan Kramskoy. Their annual exhibitions in Moscow, St. Petersburg, and other cities helped to establish the new national Realist School. The most talented and best known artist of the Realist School was Ilya Repin.

[7] **распредели́лись** *colloquial* (said of college graduates) received job assignments upon graduation. In the former Soviet Union, college graduates had to work for three years wherever they were assigned. Acceptance of job assignments was mandatory in most institutions of higher learning, especially technological institutes.

[8] **Кипари́сы, абрико́сы!** ('Cypresses, apricots!') When attempting to talk his friend into going to a seaside resort in the South, the narrator first mentions the most obvious temptations (Мо́ре, со́лнце!), then adds to them this rather playful, nearly perfect anagram that implies that the resort will be a pleasure for the eyes and the palate as well.

[9] **Говоря́т, у меня́ в глаза́х есть что́-то тако́е…** 'They say, my eyes have that certain something…' The narrator is obliquely referring to his own sex appeal, his spark and attractiveness to women, as perceived by other people.

[10] **Ещё год или два. Ме́сто де́йствия — то́ же.** 'A year or two later. Same place.'

[11] **«За тех, кто в мо́ре!»** "To Those at Sea!" — the title of a play by B. Lavrenev (published in 1945 and

made into a movie two years later) became a commonly used cliché, especially popular among seamen. It was further popularized thanks to Andrei Makarevich's widely known song of the same title (considered one of the best songs of 1979–85), with its refrain «Я пью до дна за тех, кто в мо́ре…». The cliché is commonly used as a toast.

[12] **Шу́ман, Шу́берт и Шопе́н** — a reference to the German composer, critic, and conductor Robert Schumann (1810–1856); Austrian composer Franz Schubert (1797–1828); and Polish composer and pianist Frédéric Chopin (1810–1849).

ИДИОМАТИЧЕСКИЕ ВЫРАЖЕНИЯ   IDIOMS AND PHRASES

[2] **име́ть значе́ние** to be of considerable significance; **э́то не име́ет значе́ния** it is of no significance/importance; it makes no difference; it doesn't matter

дру̀г дру́га (дру̀г о дру́ге, дру̀г про̀тив дру́га и т. п.) (to/about/against, etc.) each other; (to/about/against, etc.) one another. («Друг» is the short form of the adjective «другой».)

[3] **с мое́й (твое́й, его́…) стороны́; со стороны́** *with gen.* for/on s.o.'s part; on the part of; of you/him/her, etc.

чи́стой воды́ *что-либо (as in* **чи́стой воды́ лицеме́рие**) of the first order; of the first water; sheer; …, pure and simple

кро́ме того́ *parentetical* besides (that); furthermore; moreover

[4] **пожима́ть/пожа́ть плеча́ми** to shrug one's shoulders

что тако́е *colloquial* what's the matter?; what's going on?

чёрт подери́! *highly colloquial* (God) damn it!; (god)dammit!; what the hell!

стре́ляный воробе́й wise old bird; old hand; no novice

свет не кли́ном сошёлся на + *prep.* he/she/it, etc., is not the only…in the world; there are plenty of other fish in the sea; **свет кли́ном сошёлся на** + *prep.* [used without negation to convey the opposite meaning] he/she/it, etc., is everything/the whole world to s.o.; (one thinks) the sun rises and sets on s.o.

друго́е де́ло (quite) another matter; (quite) a different matter; (quite) another story

в о́бщем *often parenthetical* on the whole; all in all; by and large; in general

[5] **ме́сто де́йствия** scene (of action); place (of action)

то́т же the same; the very same; that very

выходи́ть/вы́йти за́муж за + *acc. (said of a woman)* to marry; to get married (to)

сла́ва бо́гу (сла́ва Бо́гу) thank God; thank goodness

к лу́чшему for the better

[7] **(Вот) таки́е дела** so it goes; that's how it is/goes.

[8] **встреча́ться/встре́титься взгля́дами** **мы встре́тились взгля́дами** our eyes met

ЗАМЕТКИ О СТИЛЕ   COMMENTS ON STYLE

This story, short as it is, abounds in allusions to Western cultural icons that were known to the educated urbanites of the nineteen-sixties and seventies: music (Schumann, Schubert, and Chopin), fine arts (Monet, Manet, and Van Gogh), and literature (the clichés that became popular after the publication of the Russian translations of works by the German author Erich Maria Remarque--the use of «старик» as a mode of address among young people--and Kurt Vonnegut--«такие дела»). These allusions are in line with the narrator's habitual use of clichés and quotations («место действия», «За тех, кто в море»). It is also worth noting that the so-called Запад--Western Europe and, in the XX century also the US--looms large in Russian literature as a whole, and in every educated Russian's consciousness. There is hardly a major nineteenth century Russian novel where the West is not an important part of the message. It may be the European materialism vs. the Russian spiritual superiority, or the European practicality vs. the Russian poetic worldview, or any number of similar comparisons. In the twentieth century, official Soviet literary works showed the West as the epitome of all evil while unofficial authors mostly spoke of Europe and America with envy and admiration, often founded on a lack of real knowledge and understanding.

* * * * *

This story is written in the first person, in a relaxed conversational tone. At times, it reads as if the narrator were delivering his story to the listener(s) orally. Sentences are for the most part short, and on the whole, the story abounds with typical features of the informal conversational style.

The narrator's story is interspersed with **dialogues**, as in real-life conversations. In fact, it begins with a dialogue, which brings the reader right into the plot:

> — Да плюнь ты! — говорю я ему. — Плюнь!
> Я беру́ буты́лку и разлива́ю.
> — Дава́й! — Я кива́ю ему́, и мы выпива́ем не чо́каясь.
>
> (1-ый отры́вок)

The story contains informal conversational constructions, such as

- **sentences** in which one or more elements are implied rather than specified:
  > — А как Ли́ля? — спра́шивает вдруг он…
  > — Норма́льно, — говорю́ я. — **Давно́ не ви́дел** (5-ый отры́вок).
  > [= Я её давно не видел];
- **utterances that are left unfinished**, often to avoid spelling out what is obvious; the omitted part can be easily reconstructed from the context:
  > Я чу́вствую себя́ стре́ляным воробьём. **И действи́тельно, ря́дом с ним…** (4-ый отры́вок).
  > — Идио́тство! **В на́ше вре́мя… Чтоб свет кли́ном… Чтоб сто́лько лет… Вот я, наприме́р…** (4-ый отры́вок);
- **repetition of the same words or phrases in neighboring sentences**:
  > Он **вро́де** то́же жени́лся. Пото́м **вро́де** то́же развёлся. Пото́м **вро́де** куда́-то уезжа́л. Пото́м **вро́де** верну́лся (6-ой отры́вок); and
- **syncopated rhythm** when words and phrases are made into separate **sentences** for a special emphasis:
  > Над ним все издева́лись ещё в институ́те. **Все, кро́ме неё.** А она́ на него́ вообще́ не реаги́ровала. **Ника́к** (3-ий отры́вок).

(Compare neutral word order: Все, кро́ме неё, издева́лись над ним ещё в институ́те, а она́ на него́ вообще́ ника́к не реаги́ровала.)

The selection of vocabulary contributes to the story's conversational ring. There is widespread use of

- **words that are generally used as rejoinders** and therefore occur predominantly in dialogues:
  > — Ну ? — спра́шиваю я (4-ый отры́вок);
  > — Во̀т-во́т ! — подхва́тываю я (4-ый отры́вок);
  > — Ну во́т! (3-ий отры́вок);
- **conversational exclamatives**:
  > — Что тако́е, чёрт подери́! (4-ый отры́вок);
  > — Идио́тство! (4-ый отры́вок); and
- **colloquial parentheticals**:
  > Ско́лько вре́мени прошло́ с на́шей после́дней встре́чи, не по́мню. **Мо́жет**, год, а **мо́жет**, два (2-ой отры́вок);
  > И тепе́рь, **я́сно**, он возьмётся за жи́вопись.

ТЕКСТ И ЕГО СМЫСЛ

UNDERSTANDING THE TEXT

The characters have no names in this story. We will call them **Андре́й** (the narrator), **Ю́ра** (his friend), and **На́стя** (the young woman Yura is in love with).

6. **Как вы по́няли основно́е содержа́ние расска́за?**

Read the whole story. Then read the following pairs of sentences and put a checkmark in front of the one you think is true.

1. a) __✓__ Андре́й, Ю́ра и На́стя вме́сте учи́лись в институ́те.
   b) _____ Андре́й, Ю́ра и На́стя учи́лись в ра́зных институ́тах.

2. a) _____ Ю́ра влюби́лся в На́стю, когда́ они́ ещё учи́лись в институ́те.
   b) _____ Ю́ра влюби́лся в На́стю ещё в шко́ле.

3. a) _____ На́стя никогда́ не люби́ла Ю́ру.
   b) _____ На́стя люби́ла Ю́ру.

4. a) _____ Ю́ра жени́лся на На́сте.
   b) _____ Ю́ра никогда́ не́ был жена́т на На́сте.

5. a) _____ На́стя вы́шла за́муж за Андре́я.
   b) _____ На́стя вы́шла за́муж за моряка́.

6. a) _____ Ю́ра пое́хал на Се́вер, потому́ что туда́ пое́хала На́стя.
   b) _____ Ю́ра пое́хал на Се́вер, потому́ что нашёл там рабо́ту.

7. a) _____ Во вре́мя после́дней встре́чи Андре́й по́нял, что Ю́ра несча́стлив.
   b) _____ Во вре́мя после́дней встре́чи Андре́й по́нял, что Ю́ра сча́стлив.

7. **Так, как в расска́зе, или не так?**

Do you agree or disagree? Your instructor will read you statements from Exercise 6 in random order.
If you agree with the statement, say:

> **Да, э́то ве́рно. ...действи́тельно...**
> **Да, вы пра́вы. ...действи́тельно...**
> **Да, действи́тельно, ...**

and repeat the statement. If you disagree, say:

> **Нет, э́то неве́рно. Наско́лько я по́мню, ...**
> **Мне ка́жется, э́то неве́рно. Наско́лько я по́мню, ...**
> **По-мо́ему, э́то не так. Наско́лько я по́мню, ...**

and provide a correct statement that reflects what happens in the story.

1. Андре́й, Ю́ра и На́стя вме́сте учи́лись в институ́те.

_____ *Да, э́то ве́рно. Андре́й, Ю́ра и На́стя действи́тельно вме́сте учи́лись в институ́те.*

ИЛИ _____ *Да, вы пра́вы. Андре́й, Ю́ра и На́стя действи́тельно вме́сте учи́лись в институ́те.*

ИЛИ _____ *Да, действи́тельно, Андре́й, Ю́ра и На́стя вме́сте учи́лись в институ́те.___*

Андре́й, Ю́ра и На́стя учи́лись в ра́зных институ́тах.

_____ *Нет, э́то неве́рно. Наско́лько я по́мню, они́ учи́лись в одно́м институ́те.*

ИЛИ _____ *Мне ка́жется, э́то неве́рно. Наско́лько я по́мню, они́ учи́лись в одно́м институ́те.*

ИЛИ _____ *По-мо́ему, э́то не так. Наско́лько я по́мню, они́ учи́лись в одно́м институ́те.___*

8. **Всё ли вы поняли в расска́зе?**

Check if you understood the details of the story. Select the correct answer.

1. Друзья́ обы́чно выпива́ли и разгова́ривали о жи́зни
   a) _____ в институ́те.
   b) ___✓___ в кафе́.
   c) _____ у о́бщих знако́мых.

2. Ю́ра и Андре́й встреча́ются в одно́м и то́м же ме́сте
   a) _____ всю жи́знь.
   b) _____ лет де́сять.
   c) _____ год или два.

3. Ю́ра купи́л кни́гу об импрессиони́стах,
   a) _____ потому́ что он пи́шет диссерта́цию об импрессиони́зме.
   b) _____ потому́ что он лю́бит жи́вопись.
   c) _____ потому́ что он лю́бит На́стю, а На́стя лю́бит импрессиони́стов.

4. Андре́й по́льзуется успе́хом у де́вушек,
   a) _____ так как у него́ что́-то тако́е есть в глаза́х, что нра́вится де́вушкам.
   b) _____ так как у него́ мно́го де́нег.
   c) _____ так как он мно́го чита́л и мно́го зна́ет.

5. Ка́к-то, когда́ Андре́й и Ю́ра встре́тились, Андре́й пришёл
   a) _____ с На́стей.
   b) _____ с о́бщей знако́мой Ю́ры и Андре́я.
   c) _____ с де́вушкой, кото́рую зва́ли Ли́ля.

6. Во вре́мя после́дней встре́чи Андре́й узна́л о том, что
   a) _____ Ю́ра жени́лся и живёт с жено́й на Се́вере.
   b) _____ Ю́ра жени́лся, развёлся и жени́лся второ́й раз.
   c) _____ Ю́ра жени́лся, а пото́м развёлся.

7. Муж На́сти
   a) _____ худо́жник.
   b) _____ моря́к.
   c) _____ музыка́нт.

8. Андре́й узна́л о том, что Ю́ра был жена́т,
   a) _____ от о́бщих знако́мых.
   b) _____ от Ю́ры.
   c) _____ от На́сти.

9. Андре́й во вре́мя после́дней встре́чи почу́вствовал раздраже́ние про̀тив Ю́ры,
   a) _____ так как Ю́ра ему́ надое́л.
   b) _____ так как уви́дел в глаза́х Ю́ры что́-то тако́е, что нельзя́ объясни́ть.
   c) _____ так как ему́ бы́ло неинтере́сно слу́шать Ю́рины расска́зы.

10. Когда́ Андре́й по́нял, что Ю́ра счастли́вый челове́к, он
    a) _____ запла́кал.
    b) _____ сказа́л Ю́ре: «Плюнь, стари́к!»
    c) _____ пе́рвый раз вы́пил мо́лча.

9. Поговори́те дру́г с дру́гом.

Working with a classmate, make questions out of sentences in Activity 8 and have your classmate answer them without looking into the text.

1. Друзья́ обы́чно выпива́ли и разгова́ривали о жи́зни
   - a) _____ в институ́те.
   - b) __✓__ в кафе́.
   - c) _____ у о́бщих знако́мых.

   _____ _Где друзья́ обы́чно выпива́ли и разгова́ривали о жи́зни?_ ___

10. Что бы́ло ра́ньше, что по́зже?

Turn each group of sentences into a microtext by arranging the sentences in their logical sequence.

1. _____ _b), a), c)_ _____
   - a) Пото́м Ю́ра стал дели́ться с ним свои́ми пробле́мами.
   - b) Снача́ла Андре́й подсме́ивался над Ю́рой.
   - c) И Андре́й стал сове́товать ему́ плю́нуть.

2. _____
   - a) Андре́й то́же почти́ ничего́ не знал об импрессиони́стах.
   - b) И он призна́лся в э́том Андре́ю.
   - c) Ю́ра ничего́ не знал об импрессиони́стах.
   - d) Но он не призна́лся в э́том Ю́ре.

3. _____
   - a) И Андре́й, и Ю́ра бы́ли жена́ты о́чень недо́лго.
   - b) И Ю́ра то́же был жена́т.
   - c) Андре́й был жена́т.

4. _____
   - a) Но Ю́ра на юг не пое́хал, а пое́хал на Се́вер.
   - b) Андре́й сове́товал Ю́ре пое́хать на юг.
   - c) И, сле́довательно, Ю́ру то́же потяну́ло на Се́вер.
   - d) Туда́ пое́хала На́стя.

5. _____
   - a) Поэ́тому пе́рвый раз за мно́го лет Андре́й вы́пил мо́лча.
   - b) Но в за́висти не признаю́тся.
   - c) И он почу́вствовал к Ю́ре за́висть.
   - d) Во вре́мя после́дней встре́чи Андре́й уви́дел в глаза́х Ю́ры что́-то тако́е, что тру́дно объясни́ть.

11. Ско́лько ра́з встреча́лись геро́и?

In the story, Ю́ра and Андре́й meet several times, but their meetings are not always presented in their chronological order, and one meeting may be described in several excerpts. Which excerpt describes their first (second, etc.) meeting? Why do you think so? Can you support your opinion by facts from the text? How many times did the characters meet?

СЛОВО И КОНТЕКСТ

USING WORDS IN CONTEXT

12. **Слова́ и выраже́ния, бли́зкие по значе́нию.**

Read the items in the left column. For each, find a matching item (i.e., a word or expression that is close to it in meaning) in the right column.

1.	_16)_ не име́ть значе́ния		1)	с ра́достью говори́т
2.	——— посеща́ть ле́кции		2)	не о́чень чи́стая ска́терть
3.	——— чи́стой воды́ лицеме́рие		3)	мы расстаёмся
4.	——— обра́дованно говори́т		4)	о́коло вхо́да
5.	——— пы́льные о́кна		5)	замолча́ть
6.	——— небелосне́жная ска́терть		6)	попыта́ться име́ть семью́
7.	——— вы́яснить, что...		7)	ходи́ть на ле́кции
8.	——— вы́пить мо́лча		8)	зна́чит
9.	——— соверше́нно ра́зные		9)	поня́тно
10.	——— мы расхо́димся		10)	настоя́щее лицеме́рие
11.	——— прибавля́ется седины́		11)	вы́пить без слов
12.	——— сле́довательно		12)	абсолю́тно разли́чные
13.	——— попро́бовать име́ть семью́		13)	в э́то вре́мя
14.	——— у вхо́да		14)	стано́вится бо́льше седины́
15.	——— я́сно		15)	узна́ть, что...
16.	——— замо́лкнуть		16)	не игра́ть ро́ли
17.	——— в э́тот моме́нт		17)	гря́зные о́кна

13. **Слова́ и выраже́ния, бли́зкие по значе́нию.**

Read the sentences. Find words and expressions close in meaning to the bold-faced words and expressions and underline them.

1. Это **не име́ет значе́ния**.

   непоня́тно / <u>не игра́ет ро́ли</u> / неве́рно / <u>нева́жно</u> / неинтере́сно

2. Это была́ **обыкнове́нная** столо́вая.

   хоро́шая / друга́я / та́ же / обы́чная / отли́чная

3. Про импрессиони́стов **на́до** знать.

   ну́жно / ва́жно / необходи́мо / хо́чется / не́зачем

4. И тепе́рь, **мне я́сно**, он возьмётся за жи́вопись.

   я уве́рен / я слы́шал / я не сомнева́юсь / мне ка́жется /я зна́ю

5. **Над ни́м** все **издева́лись** ещё в институ́те.

   с ним дружи́ли / ему́ зави́довали / с ним дели́лись / над ним смея́лись / его́ люби́ли

6. **У меня́** в глаза́х есть что́-то тако́е, и ещё **во́лосы с про́седью**.

   у меня́ в волоса́х мно́го седины́ / у меня́ в волоса́х чуть-чу́ть седины́ / у меня́ седы́е во́лосы / я седо́й

7. «**Наве́рное**, так лу́чше», — говори́т он.

   мне ка́жется / я не сомнева́юсь / я счита́ю, что… / мо́жет быть / я уве́рен

8. Вре́мя идёт, **седины́ у меня́ приба́вилось**.

   седины́ у меня́ ста́ло ме́ньше / седины́ у меня́ ста́ло бо́льше / я стал соверше́нно седы́м / я ещё немно́го поседе́л

9. Мы ста́лкиваемся с ним **у вхо́да в кафе́**.

   в само́м кафе́ / ря́дом со вхо́дом в кафе́ / недалеко́ от кафе́ / о́коло вхо́да в кафе́ / далеко́ от вхо́да в кафе́

10. **Её му́жа**, вое́нного, **перевели́** на Се́вер.

    её му́жа отпра́вили / её муж реши́л пое́хать / её му́жу захоте́лось пое́хать / её муж получи́л приглаше́ние пое́хать

14. Пряма́я речь или бесе́да?

All the verbs below are related to speech, but not all of them can introduce direct speech. Put a colon and quotation marks after those verbs that can introduce direct speech.

1. _____*Я отве́тила: « »*_____
2. Они́ побесе́довали _____
3. Мы поговори́ли _____
4. Я сказа́л _____
5. Он доба́вил _____
6. Она́ заме́тила _____
7. Он кри́кнул _____
8. Они́ предложи́ли _____
9. Он приказа́л _____
10. Мы попроси́ли _____
11. Вы разгова́ривали _____
12. Я посове́товал _____
13. Они́ поспо́рили _____
14. Он спроси́л _____
15. Мы потре́бовали _____
16. Она́ сообщи́ла _____
17. Он поинтересова́лся _____

15. Информа́ция? Вопро́с? Прика́з?

Working with the verbs from Exercise 14 that can introduce direct speech, show which ones can be used with declarative sentences, with interrogative sentences, and with imperative sentences. Write each verb in the infinitive, providing both aspects. Underline the verbs that can be used with more than one type of sentence.

Words that can introduce direct speech:		
declarative sentences	interrogative sentences	imperative sentences
___*говори́ть/сказа́ть*___		

16. Други́ми слова́ми.

The story you have read contains a lot of direct speech used with different verbs of speaking/reporting. Find and underline verbs that are close in meaning to the bold-faced verbs.

1. — Понима́ешь — засте́нчиво **говори́т** он, — она́ сказа́ла, что не знать про импрессиони́стов сты́дно. Вот, я и купи́л…
   предлага́ет / <u>замеча́ет</u> / про́сит / интересу́ется

2. Я беру́ буты́лку и разлива́ю.
   — Дава́й, — **говорю́** я, и мы пьём.
   добавля́ю / предлага́ю / сове́тую / расска́зываю

3. — Стари́к, пове́рь, э́то к лу́чшему. Ты наконе́ц посмо́тришь вокру́г и уви́дишь, как прекра́сен мир, по́нял?…
   — Да, — **откли́ка́ется** он. — Наве́рное, так лу́чше.
   говори́т / добавля́ет / отвеча́ет / сообща́ет

4. — Дава́й, — говорю́ я.
   — А как Ли́ля? — **спра́шивает** вдруг он.
   отвеча́ет / интересу́ется / говори́т / про́сит

5. — Слу́шай, стари́к. Езжа́й на юг, — **говорю́** я.
   сове́тую / отвеча́ю / сообща́ю / предлага́ю

6. — А я жена́т был, — говори́т он.
   — Слы́шал, — говорю́ я.
   — Вот таки́е дели́шки, — **говори́т** он и замолка́ет.
   сообща́ет / добавля́ет / отвеча́ет / про́сит

7. — Вы ви́делись? — спра́шиваю я.
   Он не отвеча́ет.
   — А я жена́т был, — **говори́т** он и замолка́ет.
   расска́зывает / сообща́ет / отвеча́ет / интересу́ется

8. — Пока́, — говори́т он.
   — Звони́, — **отвеча́ю** я.
   говорю́ / сообща́ю / добавля́ю / прошу́

17. От 3-его лица́.

Imagine that Andrei's mother has a brother. Read the following dialogue, which could take place between Andrei's mother and his uncle (let's call her Ве́ра Анто́новна and him Влади́мир Анто́нович).

a) Using appropriate verbs from Exercise 15 that can introduce direct speech, add a reporting clause to each remark in the dialogue (more than one variant may be given, if applicable).

1. Влади́мир Анто́нович: Ве́ра, почему́ ты така́я гру́стная?
   ___*Влади́мир Анто́нович спроси́л: «Ве́ра, почему́ ты така́я гру́стная?»*___

2. Ве́ра Анто́новна: Меня́ о́чень беспоко́ит, что у Андре́я всё ещё нет семьи́.

3. Влади́мир Анто́нович: Почему́ э́то тебя́ беспоко́ит?

4. Ве́ра Анто́новна: Андре́й не стано́вится моло́же.

5. Все его́ друзья́ уже́ давно́ жена́ты.

6. Влади́мир Анто́нович: А сейча́с у Андре́я есть де́вушка?

7. Ве́ра Анто́новна: Не зна́ю, но ду́маю, что есть.

8. Влади́мир Анто́нович: Хо́чешь, я поговорю́ с Андре́ем?

9.	Вера Антоновна:	Если ты поговоришь с ним, это будет замечательно.
10.		Поговори с ним как мужчина с мужчиной.
11.	Владимир Антонович:	Я попробую.
12.	Вера Антоновна:	Володя, скажи Андрею, что в его возрасте пора иметь семью.
13.	Владимир Антонович:	Андрей может не захотеть говорить на эту тему.
14.		Вера, давай познакомим его с хорошей девушкой.
15.	Вера Антоновна:	У него были очень хорошие девушки, но он всё ещё не женат.
16.	Владимир Антонович:	Вера, не нервничай!
17.		Я обязательно поговорю с ним.

b) Turn the dialogue into indirect speech. Add the name of the addressee where appropriate.

1. Владимир Антонович: Вера, почему ты такая грустная?

   ___*Владимир Антонович спросил Веру Антоновну, почему она такая грустная.*___

18. Уверенность или неуверенность, сомнение?

Separate those words used to express confidence from those used to express a lack of confidence.

безусловно	наверное
вероятно	несомненно
возможно	у меня нет сомнений
действительно	я сомневаюсь
конечно	я уверен
мне кажется	я не уверен
может быть	

Уверенность	Неуверенность, сомнение
___безусловно___	

19. Уверенность или неуверенность, сомнение?

Express confidence or a lack of confidence. Read the sentences and express your reaction to what is stated. Try to substantiate your judgment. Use words and expressions from Exercise 18.

1. Юра женится второй раз.

   ___**Я уверен (у меня нет сомнений)**, что Юра женится второй раз. **Мне кажется**, что он встретит девушку, похожую на Настю, влюбится и женится.___

   ___А **я не уверен (я сомневаюсь)**, что Юра женится второй раз. Юра — однолюб. Он не сможет полюбить ещё раз и поэтому, **наверное**, никогда не женится.____

2. Настя знала, что Юра любит её.

3. Юра ездил на Север, чтобы поговорить с Настей.

4. Настя была счастлива со своим мужем.

5. Юра поедет на юг и там встретит девушку, в которую влюбится.

6. У Юры хорошая работа. Работа ему нравится, и он хорошо зарабатывает.

7. У Андре́я хоро́шая рабо́та. Рабо́та ему́ нра́вится, и он хорошо́ зараба́тывает.

8. Андре́й же́нится ещё два ра́за. У него́ бу́дет тро́е дете́й.

9. Андре́й всегда́ бу́дет жить вдвоём со свое́й ма́мой.

10. Андре́й и Ю́ра бу́дут дружи́ть всю жизнь.

20. **Скажи́те ина́че.**

Replace the bold-faced words with words from the story. Change the syntactic structure where appropriate.

Не по́мню, ско́лько прошло́ лет с на́шей после́дней встре́чи. Мо́жет, год, а, мо́жет, два. Э́то **нева́жно**. Мы сиди́м в кафе́ и разгова́риваем.

— Да плюнь ты! — **сове́тую** я ему́. — Плюнь!

Лет де́сять наза́д мы сиде́ли тут же. Ю́ра держа́л в рука́х кни́гу про импрессиони́стов. Он интересова́лся импрессиони́стами, потому́ что На́стя сказа́ла, что про импрессиони́стов **необходи́мо** знать. Я про импрессиони́стов почти́ ничего́ не знал. То́лько по́мнил, что там бы́ли два худо́жника с одина́ковыми фами́лиями. Но я не сказа́л Ю́ре об э́том. Тепе́рь, **коне́чно**, он **начнёт изуча́ть** жи́вопись: бу́дет чита́ть кни́ги, **ходи́ть на ле́кции**. Над ним **смея́лись** ещё в институ́те. Все, кро́ме неё. А она́ на него́ вообще́ **не обраща́ла внима́ния**. Снача́ла я то́же над ним подсме́ивался. А пото́м он стал **расска́зывать мне о свое́й любви́**.

Прошло́ ещё не́сколько лет. И **опя́ть** мы сиде́ли за тем же сто́ликом. Я разлива́л вино́. Как и **пре́жде**, я сове́товал ему́ плю́нуть на всё. Но он меня́ да́же не слу́шал. Он сказа́л, что **отпра́вил** На́сте письмо́, но она́ на него́ не отве́тила. Я посове́товал ему́ пое́хать на юг, отдохну́ть, с ке́м-нибудь познако́миться, но он на э́то ничего́ **не сказа́л**. Ря́дом с ним я чу́вствую себя́ **о́чень о́пытным**. Говоря́т, у меня́ в глаза́х есть что́-то тако́е… и **в волоса́х седина́**. В о́бщем, я могу́ позво́лить себе́ плю́нуть.

Че́рез год и́ли два мы опя́ть выпива́ли в той же столо́вой. Ю́ра сказа́л, что На́стя выхо́дит за́муж и что её муж — вое́нный, **ка́жется**, моря́к. Я сказа́л, что э́то к лу́чшему, и он **отве́тил**, что, наве́рное, так лу́чше. Пото́м Ю́ра **поинтересова́лся**, как Ли́ля. А я да́же забы́л, кто э́то така́я. Мы посиде́ли ещё немно́го и **пошли́ по дома́м**.

Прошло́ ещё не́сколько лет. Седины́ у меня́ **ста́ло бо́льше**. Моя́ ма́ма **беспоко́ится**, что у меня́ нет норма́льной семьи́. Я жени́лся. Но семья́ моя́ просуществова́ла всего́ четы́ре ме́сяца.

Сего́дня мы столкну́лись с ним о̀коло вхо́да в ту же са́мую столо́вую. То́лько тепе́рь э́то не **обы́чная** столо́вая, а кафе́. Ю́ра уезжа́л куда́-то на Се́вер. Он е́здил на Се́вер, потому́ что туда́ **пое́хал служи́ть муж На́сти**. Ю́ра сказа́л, что он был жена́т, но **разошёлся** с жено́й. Пото́м помолча́л и сказа́л, что у На́сти де́вочка. Уже́ больша́я. Я взял буты́лку, напо́лнил бока́лы и сно́ва хоте́л сказа́ть ему́ привы́чное «Плюнь». Но я уви́дел в его́ глаза́х что́-то тако́е, что тру́дно вы́разить слова́ми, поэ̀тому я вы́пил **ничего́ не сказа́в**.

21. **Что обы́чно де́лают…?**

a) Read the list of options quickly and cross out those verbs that are less likely to be used as an answer.

b) Answer the questions, using the verbs that can be used in the given context.

c) Try to think of situations in which the verbs that you crossed out could be used.

1. Что́ обы́чно де́лают в кафе́?
   В кафе́ …
   a) *выпива́ют / танцу́ют / ~~рабо́тают~~ / разгова́ривают / знако́мятся / зака́зывают асс.*
   b) ___ *В кафе́ обы́чно танцу́ют, разгова́ривают, знако́мятся. Когда́ подхо́дит официа́нтка, зака́зывают еду́, выпива́ют.___*
   c) ___*Обы́чно в кафе́ не рабо́тают. Но иногда́ я рабо́таю и в кафе́. Беру́ с собо́й компью́тер, зака́зываю ча́шку ко́фе и рабо́таю.* ___

2. Что́ обы́чно де́лают, когда́ разгова́ривают с официа́нткой?
   Когда́ разгова́ривают с официа́нткой, …
   выбира́ют *асс.* / зака́зывают *асс.* / выясня́ют *асс.* / ду́мают о + *prep.* / танцу́ют / издева́ются над + *instr.*

3. Что́ обы́чно де́лают в институ́те?
   В институ́те …
   же́нятся / чита́ют *асс.* / слу́шают *асс.* / занима́ются / спят / выпива́ют

4. Что́ обы́чно де́лают на ю́ге ?
   На ю́ге …
   купа́ются / пьют *асс.* / волну́ются / едя́т *асс.* / гуля́ют / деру́тся / не спят ноча́ми

5. Ка́к обы́чно веду́т себя́ лю́ди, когда́ влюбля́ются?
   Когда́ влюбля́ются, обы́чно
   не спят ноча́ми / мно́го ку́рят / смею́тся / де́лают глу́пости / смо́трят *асс.* / признаю́тся в *prep.*

22. Ва́ши расска́зы.
Think up situations/contexts in which one or more words from each line could be used.

1. Он посове́товал…
   жени́ться / встряхну́ться / поговори́ть / познако́миться / пое́хать
   мне / своему́ дру́гу / больно́му / сы́ну / администра́ции
   по-дру́жески / серьёзно / в шу́тку / по-отцо́вски
   ___ *У меня́ есть друг де́тства — Са́ша. Я с ним делю́сь все́ми свои́ми пробле́мами. Ка́к-то мы сиде́ли у него́ до́ма, выпива́ли. Я жа́ловался ему́ на жизнь. От меня́ то́лько что ушла́ моя́ де́вушка. Са́ша **по-дру́жески мне посове́товал встряхну́ться**. «Плюнь на всё, — сказа́л он, — **поезжа́й к мо́рю. Познако́мься** с хоро́шей де́вушкой. На твое́й На́де свет кли́ном не сошёлся». Я так и сде́лал. На ю́ге я **познако́мился** с Ва́рей и чѐрез не́сколько ме́сяцев **жени́лся** на не́й. Вот така́я исто́рия.* ___

2. Он чу́вствует (почу́вствовал)…
   не́нависть / любо́вь / жа́лость / уваже́ние
   к ма́тери / к свое́й де́вушке / к врагу́ / к дру́гу
   иногда́ / неожи́данно / постоя́нно / о́стро / вдруг

3. Де́вушка издева́ется…
   над молоды́м челове́ком / над соба́кой / надо мно́й / над ма́терью / над собо́й
   иногда́ / ча́сто / с удово́льствием / мо́лча / ка́ждый ве́чер

4. Мой бра́т взя́лся…
   за матема́тику / за импрессиони́стов / за рабо́ту / за своего́ дру́га / за компью́тер
   акти́вно / ве́село / сно́ва / с ра́достью / с удово́льствием / без ра́дости / без удово́льствия

5. Моя́ подру́га де́лится…

свои́ми пробле́мами / свое́й ра́достью / свои́м сча́стьем / свои́ми бе́дами
со мно́й / с ма́терью / с преподава́телем / с подру́гами / с сестро́й
иногда́ / неохо́тно / всегда́ / с ра́достью

6. Подхо́дит официа́нтка…

бы́стро / ве́село / ме́дленно / с улы́бкой / неохо́тно
краси́вая / вчера́шняя / ста́рая / бы́вшая
к сто́лику / к ба́ру / к моряку́ / к танцу́ющим / к нам

7. Он призна́лся…

отцу́ / о́бщим знако́мым / де́вушке / худо́жнику / официа́нтке
в любви́ / в свое́й глу́пости / в свое́й оши́бке / в том, что он бе́ден / в том, что он
влюблён
волну́ясь / с волне́нием / с раздраже́нием / со зло́стью / неожи́данно

8. Дру́г жени́лся…

на замеча́тельной де́вушке / на официа́нтке / на знако́мой / на краса́вице
мой хоро́ший / мой весёлый / наш о́бщий / мой ста́рый
уда́чно / бы́стро / вро̀де / то́чно / неуда́чно
вчера́ / уже́ / давно́ / сего́дня / неда́вно

23. Подро́бнее, ещё подро́бнее, ещё подро́бнее…

Write a story, using the vocabulary of group (1), then expand it by adding the bold-faced vocabulary from group (2), expand it again, using the bold-faced words from group (3), and again, using the bold-faced words from group (4).

(1) влюби́ться в…
боя́ться сказа́ть ей о свое́й любви́
люби́ть её мно́го лет

(2) влюби́ться в…
не обраща́ть внима́ния на…
жени́ться на друго́й
вы́йти за́муж за…
люби́ть её мно́го лет
боя́ться сказа́ть ей о свое́й любви́

(3) **учи́ться вме́сте в институ́те**
влюби́ться в…
не обраща́ть внима́ния на…
боя́ться сказа́ть ей о свое́й любви́
дели́ться с дру́гом…
не слу́шать сове́тов дру́га
вы́йти за́муж за…
люби́ть её мно́го лет
жени́ться на друго́й
уе́хать на Се́вер

(4) учи́ться вме́сте в институ́те
влюби́ться в…
де́вушка, кото́рая люби́ла жи́вопись…
относи́ться к её слова́м серьёзно
не обраща́ть внима́ния на…
никого́ не ви́деть, кро́ме неё
боя́ться сказа́ть ей о свое́й любви́
всегда́ ду́мать о ней
не слу́шать сове́тов дру́га
вы́йти за́муж за…
у неё родила́сь де́вочка
люби́ть её мно́го лет
жени́ться на друго́й
развести́сь
не в состоя́нии разлюби́ть её
дели́ться с дру́гом…
уе́хать на Се́вер

ТЕКСТ И РЕЧЬ

FROM READING TO SPEAKING

Андре́й и Ю́ра прия́тели. Но как не похо́жи они́ дру̀г на дру́га! Что же в хара́ктере Андре́я и Ю́ры де́лает их таки́ми ра́зными? Попро́буем поня́ть э́то.

Пусть те́кст лежи́т у вас пѐред глаза́ми. Отвеча́йте на вопро́сы, подтвержда́йте свои́ отве́ты цита́тами из те́кста.

24. Хроноло́гия собы́тий.

    1. Как меня́лось ме́сто, где друзья́ выпива́ли и разгова́ривали о жи́зни?

        Пе́рвая встре́ча (3-ий отры́вок) …

        Втора́я встре́ча (4-ый отры́вок) …

        Тре́тья встре́ча (5-ый отры́вок) …

        Четвёртая встре́ча (7-о́й, 8-о́й, 1-ый и 2-о́й отры́вки) …

    2. Ско́лько лет прошло́ с пе́рвой встре́чи Андре́я и Ю́ры, опи́санной в расска́зе?

    3. Что измени́лось в жи́зни Андре́я и Ю́ры?

    4. Что произошло́ в жи́зни На́сти?

25. Как описа́ть челове́ка.

Ле́ксика, кото́рая помо́жет при характери́стике Андре́я и Ю́ры.

25 А. Прочита́йте слова́, кото́рые мо́жно испо́льзовать при характери́стике челове́ка. Незнако́мые слова́ посмотри́те в словаре́.

беззабо́тный	пре́данный друг (това́рищ)
без чу́вства ю́мора	просто́й
беспе́чный	разгово́рчивый
ве́рный друг (това́рищ)	серьёзный
весёлый	си́льный челове́к (хара́ктер)
жизнера́достный	скро́мный
засте́нчивый	ску́чный
ирони́чный	сла́бый челове́к (хара́ктер)
лёгкий челове́к (хара́ктер)	сло́жный
легкомы́сленный	счастли́вый
молчали́вый	с чу́вством ю́мора
неинтере́сный	ти́хий
неразгово́рчивый	тяжёлый челове́к (хара́ктер)
несерьёзный	уве́ренный в себе́
несча́стный	эгоисти́чный

25 B. Подбери́те слова́, противополо́жные по значе́нию.

1.	___4)___	сло́жный	1)	тяжёлый
2.	_____	уве́ренный в себе́	2)	без чу́вства ю́мора
3.	_____	си́льный	3)	серьёзный
4.	_____	лёгкий	4)	просто́й
5.	_____	легкомы́сленный	5)	молчали́вый
6.	_____	разгово́рчивый	6)	сла́бый
7.	_____	ску́чный	7)	неуве́ренный в себе́
8.	_____	с чу́вством ю́мора	8)	весёлый

25 C. Подбери́те слова́, бли́зкие по значе́нию.

1.	___4)___	скро́мный	1)	жизнера́достный
2.	_____	легкомы́сленный	2)	пре́данный
3.	_____	беспе́чный	3)	несерьёзный
4.	_____	ве́рный	4)	ти́хий
5.	_____	молчали́вый	5)	неинтере́сный
6.	_____	весёлый	6)	беззабо́тный
7.	_____	с чу́вством ю́мора	7)	неразгово́рчивый
8.	_____	ску́чный	8)	ирони́чный

25 D. Каки́е лю́ди вам нра́вятся? Каки́м, по ва́шему мне́нию, до́лжен быть идеа́льный друг (подру́га), идеа́льный молодо́й челове́к (де́вушка), идеа́льный муж (жена́)? Вы́берите из слов в зада́нии № 26 слова́, кото́рые вам подхо́дят, и впиши́те их в табли́цу. Доба́вьте слова́, кото́рых, по ва́шему мне́нию, не хвата́ет в этом спи́ске.

Испо́льзуйте сле́дующие моде́ли:

Он (*како́й*)... Она́ (*кака́я*)...

Он до́лжен быть (*каки́м*)... Она́ должна́ быть (*како́й*)...

Идеа́льный друг до́лжен быть (*каки́м*)… Идеа́льная подру́га должна́ быть (*како́й*)…	Идеа́льный друг не до́лжен быть (*каки́м*)… Идеа́льная подру́га не должна́ быть (*како́й*)…

Идеа́льный муж до́лжен быть (*каки́м*)… Идеа́льная жена́ должна́ быть (*како́й*)…	Идеа́льный муж не до́лжен быть (*каки́м*)… Идеа́льная жена́ не должна́ быть (*како́й*)…

25 Е. Какие люди вам не нравятся и почему? Ответьте на вопросы, следуя образцу:

____*Мне нравятся застенчивые, молчаливые люди. Я себя хорошо чувствую в их обществе.*____

____*А мне такие люди не нравятся. Они скучные, тихие. Я люблю людей, которые уверены в себе, у которых есть чувство юмора...*____

26. Андрей: какой он?

Выпишите из задания 25 слова, с помощью которых вы сможете охарактеризовать Андрея.

Андрей — какой он?
____*Андрей уверенный в себе человек*____

27. Андрей: его отношение к жизни.

Чтобы лучше понять, какой Андрей человек, попробуйте объяснить небольшие отрывки из текста.

1. Андрей говорит о себе: *Я чувствую себя стреляным воробьём* (4-ый отрывок). Что хотел сказать Андрей этими словами?

2. Когда Андрей предлагает Юре плюнуть на всё и встряхнуться, Юра отвечает: *Ты — другое дело.* И Андрей соглашается: *Он прав. Я — другое дело.* Что значат слова: *Я — другое дело...* (4-ый отрывок)?

3. Андрей критикует Юру за то, что он так постоянен в своей любви к Насте. Он говорит: *Идиотство! В наше время... Чтоб свет клином... Чтоб столько лет... Вот я, например...* (4-ый отрывок). Как вы можете продолжить незаконченные предложения из этого отрывка?

4. Андрей говорит о себе: *Говорят, у меня в глазах есть что-то такое...Что-то такое в глазах, и ещё волосы с проседью* (4-ый отрывок). Как вы понимаете эти слова?

5. Андрей говорит о себе: *В общем, я-то могу позволить себе плюнуть...*(4-ый отрывок). Что Андрей хочет сказать этими словами?

6. Прошло несколько лет после первой встречи друзей в кафе. Андрей говорит о себе: *Время идёт, седины у меня прибавляется. Следовательно, чего-то такого во мне всё больше...* (6-ой отрывок). Как вы думаете, что имеет в виду Андрей?

7. Вы помните, что Андрей был женат всего четыре месяца. Что он имеет в виду, когда называет свою семью *нормальной* (6-ой отрывок)? Почему он говорит о своём браке с иронией?

8. Как вы понимаете такие слова: *Но в этот момент он поворачивается, и мы встречаемся взглядами. И в его глазах я вижу что-то такое, что трудно объяснить, а можно только почувствовать. И я это чувствую* (8-ой отрывок). Как вы думаете, что чувствует Андрей?

9. Андрей увидел в глазах Юры что-то такое, что трудно объяснить. И почувствовал *против него раздражение, злость и обиду* (8-ой отрывок). Почему он это почувствовал?

28. **Андре́й: его́ отноше́ние к жи́зни.**

Вы́скажите мне́ние об Андре́е, объедини́в информа́цию предложе́ний а) и b).
Испо́льзуйте констру́кции:

Я та́к счита́ю, потому́ что... (потому́, что...)

...поэ́тому мо́жно сказа́ть, что...

1. а) Андре́й — уве́ренный в себе́ челове́к
   b) Андре́й всегда́ зна́ет, как себя́ вести́, что́ де́лать.

   а) _____ *Андре́й — уве́ренный в себе́ челове́к.* ***Я так счита́ю потому́, что*** *он всегда́ зна́ет, как себя́ вести́, что́ де́лать.* (***Я так счита́ю, потому́ что*** *он всегда́ зна́ет, как себя́ вести́, что́ де́лать.*)_____

   b) _____ *Андре́й всегда́ зна́ет, как себя́ вести́, что́ де́лать,* ***поэ́тому мо́жно сказа́ть, что*** *он уве́ренный в себе́ челове́к.*_____

2. а) Андре́й — легкомы́сленный челове́к.
   b) Андре́й легко́ знако́мится с де́вушками и легко́ расстаётся с ни́ми.

3. а) Андре́й самоуве́ренный челове́к.
   b) Андре́й всегда́ у́чит Ю́ру, как на́до жить.

4. а) Андре́й жизнера́достный челове́к.
   b) Андре́й лю́бит получа́ть удово́льствие от жи́зни: встреча́ться с де́вушками, пить хоро́шее вино́.

5. а) Андре́й ирони́чен по отноше́нию к себе́.
   b) Андре́й, хотя́ он зна́ет, что нра́вится де́вушкам, говори́т об э́том с лёгкой иро́нией.

29. **Андре́й: его́ отноше́ние к жи́зни.**

О хара́ктере челове́ка мо́жно суди́ть по его́ посту́пкам, слова́м, отноше́нию к други́м лю́дям и к себе́. Вот не́сколько тем для обсужде́ния. Вы́скажите своё мне́ние по по́воду ка́ждой из них. Подтверди́те свой отве́т приме́рами из те́кста.

1. Отноше́ние Андре́я к де́вушкам.
2. Отноше́ние Андре́я к семье́.
3. Отноше́ние Андре́я к му́зыке и жи́вописи.
4. Отноше́ние Андре́я к себе́.
5. Поведе́ние Андре́я: как его́ хара́ктер проявля́ется в его́ поведе́нии.
6. Отноше́ние Андре́я к Ю́ре. (Обрати́те внима́ние на то, как Андре́й говори́т с Ю́рой.)
7. После́дняя встре́ча друзе́й. Что измени́лось в отноше́нии Андре́я к Ю́ре во вре́мя их после́дней встре́чи? Чем э́та встре́ча отлича́ется от други́х их встреч? Измени́ла ли э́та встре́ча отноше́ние Андре́я к самому́ себе́?

30. **Андре́й: его́ отноше́ние к жи́зни.**

Напиши́те об Андре́е, а пото́м расскажи́те о нём, не гля́дя в свой текст. Обобщи́те всё то, о чём вы говори́ли ра́ньше. Аргументи́руйте свой отве́т. Ни́же мы приво́дим констру́кции, кото́рые помо́гут вам организова́ть ваш отве́т.

1. **Нача́ло изложе́ния (расска́за):**

   Пре́жде всего́, я хочу́ (мне хо́чется, мне хоте́лось бы) сказа́ть...
   Снача́ла я хочу́ (мне хоте́лось бы) сказа́ть...

2. **Продолже́ние изложе́ния:**

   Кро́ме того́, мне хоте́лось бы сказа́ть (рассказа́ть)...

3. **Сопоставле́ние одного́ аргуме́нта с други́м:**

   Зато́ …

   С одно́й стороны́… С друго́й (же) стороны́…

4. **Поясне́ние, уточне́ние:**

   Други́ми слова́ми… *parenthetical*

   Я хочу́ сказа́ть, что…

   Я име́ю в виду́ то, что …

5. **Выделе́ние гла́вного:**

   Гла́вное…

   Де́ло в том, что…

6. **Возвраще́ние к чему́-то, о чём уже́ говори́лось:**

   Как я уже́ говори́л(а)…

   Как я (уже́) говори́л(а) ра́ньше…

   Я уже́ говори́л(а), что…

7. **Цита́та, ссы́лка на приме́ры и цита́ты:**

   Вот приме́р (цита́та) из расска́за (из те́кста)…

   Вот цита́та, из кото́рой поня́тно (я́сно), что…

   Наприме́р… (К приме́ру…) *parenthetical*

8. **Указа́ние на то, что расска́з подхо́дит к концу́:**

   В конце́ мне хо́чется (хоте́лось бы) сказа́ть…

   И после́днее:…

9. **Ито́г, вы́вод, результа́т:**

   Таки́м о́бразом… *parenthetical*

   В результа́те…

31. Ю́ра: како́й он?

А тепе́рь поговори́м о Ю́ре. Что за челове́к Ю́ра?

Вы́пишите из зада́ния 25 слова́, с по́мощью кото́рых вы смо́жете охарактеризова́ть Ю́ру.

Ю́ра — како́й он?
___Ю́ра неуве́ренный в себе́ челове́к___

32. Ю́ра́: его́ отноше́ние к жи́зни.

Что́бы лу́чше поня́ть, како́й Ю́ра челове́к, попро́буйте объясни́ть небольши́е отры́вки из те́кста.

1. …*Уезжа́л он куда́-то на Се́вер. А уезжа́л он потому́, что её му́жа перевели́ на Се́вер, и, я́сно, его́ то́же потяну́ло к по́люсу.* Объясни́те, почему́ *его́ то́же потяну́ло к по́люсу* (7-о́й отры́вок).

2. Во вре́мя после́дней встре́чи, когда́ Ю́ра и Андре́й встре́тились взгля́дами, Андре́й в его́ глаза́х *уви́дел что́-то тако́е, что тру́дно объясни́ть, а мо́жно то́лько почу́вствовать* (8-о́й отры́вок). Как вы ду́маете, что уви́дел Андре́й в глаза́х Ю́ры?

3. Что мо́жно сказа́ть о Ю́ре, е́сли проследи́ть по те́ксту, как вво́дится пряма́я речь Ю́ры в расска́зе? Вот не́сколько приме́ров:

   — *Понима́ешь,* — **засте́нчиво говори́т он**, — она́ сказа́ла, что не знать про импрессиони́стов сты́дно (3-ий отры́вок).

Когда́ Андре́й подтвержда́ет слова́ На́сти, что не знать про импрессиони́стов сты́дно, Юра реаги́рует так: — *Ну во́т, — обра́дованно говори́т он. — И она́ так сказа́ла...* (3-ий отры́вок).

Юра говори́т Андре́ю, что он посла́л На́сте письмо́, но она́ не отве́тила. Когда́ Андре́й выска́зывает предположе́ние, что, мо́жет быть, На́стя не получи́ла его письма́: — *Получи́ла, — серьёзно говори́т он* (4-ый отры́вок).

Андре́й говори́т Юре, что, по его́ мне́нию, заму́жество На́сти — э́то к лу́чшему. *Да, — откликáется он. — Наве́рное, так лу́чше* (5-ый отры́вок).

Во вре́мя после́дней встре́чи (7-о́й отры́вок) Юра говори́т, что он был жена́т: *Вот таки́е дели́шки, — говори́т он и замолка́ет.*

Юра сказа́л Андре́ю о свое́й жени́тьбе. Официа́нтка принесла́ буты́лку «Гурджаа́ни», Андре́й приглаша́ет Юру вы́пить. — *А зна́ешь, — говори́т он вдруг. — У неё де́вочка. Больша́я уже́. — И он смо́трит на у́лицу* (7-о́й отры́вок).

33. Юра́: его́ отноше́ние к жи́зни.
Вы́скажите мне́ние о Юре, объедини́в информа́цию предложе́ний a) и b).
Испо́льзуйте констру́кции:
    поэ́тому, я ду́маю, ...
    потому́ что, как мне ка́жется, ...

1 a) Юра засте́нчивый.
   b) Юра так и не сказа́л На́сте о свое́й любви́.
      a) ___ *Юра о́чень засте́нчивый, **поэ́тому, я ду́маю,** он так и не сказа́л На́сте о свое́й любви́.*
      b) ___*Юра так и не сказа́л На́сте о свое́й любви́, **потому́ что, как мне ка́жется,** он о́чень засте́нчивый.___*

2. a) Юра не о́чень уве́рен в себе́.
   b) Юра никогда́ не нау́чится знако́миться с де́вушками так же легко́, как Андре́й.

3. a) Юра ко всему́ отно́сится сли́шком серьёзно, у него́ нет чу́вства ю́мора.
   b) Юра не нра́вится де́вушкам.

4. a) Юра — однолю́б, то́ есть челове́к, кото́рый лю́бит оди́н раз в жи́зни.
   b) Юра никогда́ не разлю́бит На́стю.

5. a) Юра ску́чный челове́к.
   b) На́стя никогда́ не обраща́ла на него́ внима́ния.

34. Юра́: его́ отноше́ние к жи́зни.
Вот не́сколько вопро́сов, кото́рые помо́гут вам лу́чше поня́ть Юру и рассказа́ть о нём.
Подтверди́те свой отве́т приме́рами из те́кста.

1. Почему́ над Юрой все издева́лись в институ́те?

2. Почему́ Юра на́чал дели́ться свои́ми пробле́мами и́менно с Андре́ем?

3. Как На́стя отно́сится к Юре?

4. Как Юра отно́сится к жи́зни?

5. Заче́м Юра жени́лся? Че́стно ли э́то по отноше́нию к де́вушке, на кото́рой он жени́лся?

6. Почему́ Юра не отве́тил на вопро́с Андре́я, ви́делся ли он с На́стей на Се́вере?

35. Юра́: его́ отноше́ние к жи́зни.

Напиши́те о Ю́ре, а пото́м расскажи́те о нём, не гля́дя в свой текст. Обобщи́те всё то, о чём вы говори́ли ра́ньше. Аргументи́руйте свой отве́т. Испо́льзуйте в своём отве́те констру́кции из зада́ния № 30.

36. Ю́ра и Андре́й.

Сравни́те Андре́я и Ю́ру, сравни́те их посту́пки, хара́ктеры. Испо́льзуйте сле́дующие констру́кции:

ВЫРАЖЕНИЕ ОТЛИЧИЯ

Констру́кция	Приме́ры
а	У Ю́ры была́ в жи́зни настоя́щая любо́вь, **а** у Андре́я её никогда́ не́ было и, наве́рное, не бу́дет.
же	Ю́ра всю жизнь люби́л одну́ де́вушку, у Андре́я **же** бы́ло мно́го де́вушек.
отлича́ться (от + *gen.* & *instrum.*)	Ю́ра **отлича́ется от** Андре́я отноше́нием к жи́зни. Ю́ра **отлича́ется от** Андре́я тем, что он серьёзно отно́сится к жи́зни.
в отли́чие (от + *gen.*)	**В отли́чие от** Андре́я, Ю́ра серьёзно отно́сится к жи́зни.

ВЫРАЖЕНИЕ СХОДСТВА

Констру́кция	Приме́ры
и (то́же)	Андре́й люби́л вино́ «Гурджаа́ни», **и** Ю́ра **(то́же)** люби́л «Гурджаа́ни».
и...и...	**И** Андре́й, **и** Ю́ра люби́ли вино́ «Гурджаа́ни».
ка́к и	Ю́ра, **как и** Андре́й, люби́л «Гурджаа́ни».
не то́лько..., но́ и...	«Гурджаа́ни» люби́л **не то́лько** Андре́й, **но и** Ю́ра.

37. А тепе́рь пофантази́руйте.

1. Из расска́за непоня́тно, ви́делся ли Ю́ра с На́стей на Се́вере. На вопро́с Андре́я, ви́делись ли они́, Ю́ра не отве́тил. Предста́вьте, что Ю́ра ви́делся с На́стей, что они́ разгова́ривали. Соста́вьте диало́г и разыгра́йте его́ со свои́м партнёром.

2. Предста́вьте, что муж На́сти узна́л о любви́ Ю́ры к свое́й жене́. Соста́вьте диало́г мѐжду На́стей и её му́жем и разыгра́йте его́ со свои́м партнёром.

3. А тепе́рь соста́вьте диало́г мѐжду му́жем На́сти и Ю́рой. Разыгра́йте его́ со свои́м партнёром.

4. Предста́вьте, что Ю́ра и Андре́й встре́тились чѐрез 10 лет по̀сле их после́дней встре́чи в расска́зе. Соста́вьте диало́г и разыгра́йте его́ со свои́м партнёром.

5. Предста́вьте, что чѐрез 10 лет по̀сле де́йствия расска́за встре́тились Ю́ра и На́стя. Соста́вьте диало́г мѐжду ни́ми и разыгра́йте его́ со свои́м партнёром.

6. Предста́вьте, что прошло́ 20 лет. Ю́ра, Андре́й и На́стя приезжа́ют на встре́чу выпускнико́в институ́та. Како́й разгово́р мог бы произойти́ мѐжду ни́ми?

38. **Напиши́те сочине́ние**.

Вы́берите одну́ из тем.

1. Почему́ расска́з называ́ется «Счастли́вый».

2. Éсли бы я хоте́л(а) име́ть дру́га, я бы вы́брал(а) Андре́я (ИЛИ: Ю́ру).

3. Я предпочла́ бы име́ть свои́м му́жем Андре́я, а не Ю́ру (ИЛИ: Ю́ру, а не Андре́я).

4. Ка́к да́льше сложи́лась жи́знь Ю́ры и Андре́я.

6 АКТИВНАЯ ЛЕКСИКА

ACTIVE VOCABULARY

СЛОВА   WORDS

бра́ться / взя́ться за + *acc.*

волнова́ться / заволнова́ться (*pfv-begin*)

вро́де

встря́хиваться / встряхну́ться

выпива́ть / вы́пить *acc.*

выясня́ться / вы́ясниться

действи́тельно

дели́ться / подели́ться с + *instr. & instr.*

диссерта́ция

жени́ться (*impfv. & pfv.*) на + *prep.*

за́висть

зака́зывать / заказа́ть *acc.*

замолка́ть / замо́лкнуть

злость

издева́ться (*impfv. only*) над + *instr.*

листа́ть / пролиста́ть *acc.*

лицеме́рие

налива́ть / нали́ть *acc.*

оби́да

обыкнове́нный

одина́ковый

отклика́ться / откли́кнуться на + *acc.*

переводи́ть / перевести́ *acc. & в/на + acc.*

пить / вы́пить *acc.*

плева́ть / плю́нуть на + *acc.*

подсме́иваться (*impfv. only*) над + *instr.*

позволя́ть / позво́лить *dat. & acc.* or *infin.*

пора́ *dat.& infin.*

посеща́ть / посети́ть *acc.*

прибавля́ться / приба́виться

признава́ться / призна́ться *dat. & в + prep.*

про́бовать / попро́бовать *acc.* or *infin.*

про́седь

разводи́ться / развести́сь с + *instr.*

раздраже́ние

разлива́ть / разли́ть *acc.*

расходи́ться / разойти́сь с + *instr.*

реаги́ровать / отреаги́ровать на + *acc.*

седина́

соверше́нно

сове́товать / посове́товать *dat. & infin.*

существова́ть / просуществова́ть

тяну́ть / потяну́ть (*impers.*) *acc. & в/на + acc.* or к + *dat.*

чу́вствовать / почу́вствовать *acc.*

я́сно

ВЫРАЖЕНИЯ   IDIOMS AND PHRASES

в о́бщем

(Вот) таки́е дела́

встреча́ться/встре́титься взгля́дами

выходи́ть/вы́йти за́муж за + *acc.*

дру̀г дру́га (дру̀г о дру́ге...)

друго́е де́ло

име́ть значе́ние

к лу́чшему

кро́ме того́

ме́сто де́йствия

ме́сто де́йствия

пожима́ть/пожа́ть плеча́ми

свет кли́ном сошёлся / свет не кли́ном

сошёлся на + *prep.*

Ско́лько мо́жно!

сла́ва бо́гу (Бо́гу)

с мое́й (твое́й, его́...) стороны́

стре́ляный воробе́й

Чёрт подери́!

чи́стой воды́ (*as in* чи́стой воды́ лицеме́рие)

ДОПОЛНИТЕЛЬНОЕ ЧТЕНИЕ

SUPPLEMENTARY READING

М. Веллер

МИМОХОДОМ

— Здра́вствуй, — не сра́зу сказа́л он.

— Мы не ви́делись ты́сячу лет, — она́ улыбну́лась. — Здра́вствуй.

— Как дела́?

— Ничего́. А ты?

— Норма́льно. Да...

Лю́ди проходи́ли по дли́нному коридо́ру, смотре́ли.

— Ты торо́пишься?

Она́ взгляну́ла на его́ часы́:

— У тебя́ есть сигаре́ты?

— А тебе́ мо́жно?

Махну́ла руко́й:

— Мо́жно.

Они́ отошли́ к окну́. Закури́ли.

— Хо́чешь ко́фе? — спроси́л он.

— Нет.

Стря́хивали пе́пел за батаре́ю.

— Так кто у тебя́? — спроси́л он.

— Де́вочка.

— Ско́лько?

— Четы́ре ме́сяца.

— Как звать?

— О́льга. О́льга Алекса́ндровна.

— Вот та́к вот... Послу́шай, мо́жет быть, ты всё-таки хо́чешь ко́фе?

— Нет, — она́ вздохну́ла. — Не хочу́.

На ней была́ бе́лая вя́заная ша́почка.

— А ры́жая ты была́ лу́чше.

Она́ пожа́ла плеча́ми:

— А му́жу бо́льше нра́вится так.

Он отверну́лся. Засне́женный двор и ни́зкое зи́мнее со́лнце над кры́шами.

— Са́шка мой так хоте́л сы́на, — сказа́ла она́. — Он был в экспеди́ции, когда́ О́ленька родила́сь, так да́же на телегра́мму мне не отве́тил.

— Ну, есть ещё вре́мя.

— Нет уж, хва́тит пока́.

По коридо́ру, вспуши́в по́днятый хвост, гуля́ла бере́менная ко́шка.

— Ты бы отказа́лся от аспиранту́ры?

— На что мне она?..

— Я думала, мой Сашка один такой дурак.

— Я второй, — сказал он. — Или первый?

— Он обогатитель... Он хочет ехать в Мирный. А я хочу жить в Ленинграде.

— Что ж. Выходи замуж за меня.

— Тоже идея, — сказала она. — Только ведь ты всё будешь пропивать.

— Ну что ты. Было бы кому нести. А мне некому нести. А если б было кому нести, я бы и принёс.

— Ты-то?

— Конечно.

— Пойдём на площадку, — она взяла его за руку...

На лестничной площадке сели в ободранные кресла у перил.

— А с тобой, наверно, было бы легко, — улыбнулась она. — Мой Сашка точно так же: есть деньги — спустит, нет — выкрутится. И всегда весёлый.

— Вот и дивно.

— Жениться тебе нужно.

— На ком?

— Ну! найдёшь.

— Я бреюсь на ощупь, а то смотреть противно.

— Не напрашивайся на комплименты.

— Да серьёзно.

— Брось.

— А за что ей, бедной, такую жизнь со мной.

— Это дело другое.

— Бродяга я, понимаешь?

— Это точно, — сказала она.

Зажглось электричество.

— Ты гони меня, — попросила она.

— Сейчас.

— Верно; мне пора.

— Посиди.

— Я не могу больше.

— Когда ещё будет следующий раз.

— Я не могу больше!

Одетые люди спускались мимо по лестнице.

— Дай тогда две копейки — позвонить, — она смотрела перед собой.

— Ну конечно, — он достал кошелёк. — Держи.

М. МИШИН

ИСТОРИЯ

GRAMMAR

1. Modification of Nouns
2. Modification by Relative Clauses

СЛОВО И ТЕКСТ

FROM WORDS TO SENTENCES

NOTE: For activities that require a pattern, the first sentence of an activity is the pattern.

1. Read the words below. They will help you to guess about the plot of the story you are going to read.

> Ещё в шко́ле люби́ть/полюби́ть исто́рию
> не люби́ть матема́тику
> поступа́ть/поступи́ть на математи́ческий факульте́т
> де́лать/сде́лать прекра́сную карье́ру
> продолжа́ть люби́ть исто́рию.

2. Read each pair of sentences. The second sentence of each pair contains a word or phrase that means the same as the bold-faced text in the first sentence.

    a) Underline that word or words.

    b) Replace the bold-faced words from the first sentence by the words you underlined in the second sentence and vice versa. Make syntactic changes where necessary.

   1. В шко́ле я не люби́л матема́тику, и **меня́ соверше́нно не интересова́л Архиме́**д. Мо́жно сказа́ть, что на Архиме́да мне бы́ло наплева́ть.
> _на Архиме́да мне бы́ло наплева́ть_
>
> _____В шко́ле я не люби́л матема́тику, и_ **на Архиме́да мне бы́ло наплева́ть.** _Мо́жно сказа́ть, что_ **меня́ соверше́нно не интересова́л Архиме́**д._____

2. Я полюби́л исто́рию и **о́чень хоте́л** стать исто́риком. Я мечта́л быть исто́риком и никогда́ бо́льше не занима́ться матема́тикой.

3. Ма́ма боя́лась, что **я не сдам экза́мены** на истори́ческий факульте́т. Она́ ду́мала, что я провалю́сь на экза́менах.

4. Она́ ду́мала так, потому́ что на истори́ческий факульте́т **хоте́ли поступи́ть 300 челове́к, а приня́ть могли́ то́лько 30 челове́к.** На истори́ческий был большо́й ко́нкурс.

5. Моя́ учи́тельница счита́ла, что **я бу́ду занима́ться матема́тикой.** И она́, и дире́ктор шко́лы говори́ли мое́й ма́ме, что моё бу́дущее свя́зано с матема́тикой.

6. Все те, с кем я рабо́тал, люби́ли свою́ рабо́ту. А я не люби́л её, но не хоте́л, чтобы мои́ сослужи́вцы зна́ли об э́том.

7. **Мне станови́лось пло́хо,** когда́ я ду́мал о пла́нах и зада́ниях. Меня́ от них тошни́ло.

8. Когда́ меня́ бра́ли на рабо́ту, мне показа́лось, что я **понра́вился нача́льнику.** По́зже мне сказа́ли, что я действи́тельно произвёл на нача́льника хоро́шее впечатле́ние.

9. Мой нача́льник сказа́л, что хотя́ те́ма мое́й диссерта́ции тру́дная, я **смогу́ написа́ть хоро́шую рабо́ту.** Он уве́рен, что я спра́влюсь.

3. Check (✓) the item that is close in meaning to the bold-faced phrase and could be used to replace it.

1. Я **восхища́лся** гре́ческим исто́риком Геродо́том.
   a) _____ интересова́лся гре́ческим исто́риком Геродо́том
   b) _____ переводи́л гре́ческого исто́рика Геродо́та
   c) __✓__ счита́л гре́ческого исто́рика Геродо́та замеча́тельным исто́риком

2. Ма́ма хоте́ла, чтобы я поступи́л в политехни́ческий институ́т. Я люби́л исто́рию, но я поступи́л в политехни́ческий, потому́ что не хоте́л **огорча́ть ма́му.**
   a) _____ причиня́ть ма́ме бо́ль
   b) _____ беспоко́ить ма́му
   c) _____ спо́рить с ма́мой

3. В институ́те я **прогу́ливал ле́кции.**
   a) _____ не ходи́л на ле́кции
   b) _____ спал на ле́кциях
   c) _____ не запи́сывал ле́кции

4. Я **с отвраще́нием занима́лся** а́лгеброй и геоме́трией.
   a) _____ люби́л занима́ться
   b) _____ ка́ждый день занима́лся
   c) _____ ненави́дел занима́ться

5. По́сле оконча́ния политехни́ческого **я получи́л назначе́ние в нау́чно-иссле́довательский институ́т.**
   a) _____ я иска́л рабо́ту в нау́чно-иссле́довательском институ́те
   b) _____ я хоте́л рабо́тать в нау́чно-иссле́довательском институ́те
   c) _____ меня́ посла́ли на рабо́ту в нау́чно-иссле́довательский институ́т

6. Я рабо́таю в э́том институ́те уже́ давно́, и меня́ здесь **о́чень це́нят.**
   a) _____ счита́ют о́чень хоро́шим специали́стом
   b) _____ счита́ют сре́дним специали́стом
   c) _____ счита́ют плохи́м специали́стом

7. Когда́ дире́ктор институ́та ушёл на другу́ю рабо́ту, **меня́ назна́чили** дире́ктором.
   a) _____ меня́ не сде́лали
   b) _____ мне обеща́ли, что меня́ сде́лают
   c) _____ меня́ сде́лали

8. **Мне напоминáют**, что сегóдня мне нáдо быть на собрáнии.
    a) _____ Я вспоминáю
    b) _____ Мне говорят, чтòбы я не забы́л
    c) _____ Мне кáжется

9. Когдá у меня мнóго рабóты, я ухожý к себé в кабинéт, **запирáюсь** и не отвечáю на телефóнные звонки́.
    a) _____ прикрывáю дверь
    b) _____ закрывáю дверь на ключ
    c) _____ говорю́, что меня нет, когдá стучáт в дверь

4. A word may have several meanings. When working with a bilingual dictionary, you have to select a meaning that fits the given context. Below are several entries from K. Katzner's dictionary and a number of microtexts. Find an appropriate English equivalent for each bold-faced word in the microtexts.

вызывáть *v.impfv.* [*pfv.* **вы́звать**] **1,** to call. **2,** to summon. **3,** to challenge. **4,** to cause: вы́звать кри́зис, to cause a crisis. Катастрóфа былá вы́звана (+ *instr.*), the disaster was caused by... **5,** to arouse; evoke (an emotion). —**вызывáть в пáмяти**, to bring (call, recall) to mind. —**вызывáть к жи́зни**, to give rise to.

заменять *v.impfv.* [*pfv.* **замени́ть**] **1,** (*with instr. or* на + *acc.*) to replace (with). **2,** to replace; take the place of; substitute for.

направлять *v.impfv.* [*pfv.* **напрáвить**] **1,** to direct; aim (a blow); point (a weapon); direct (one's gaze). **2,** to direct (efforts, energies, criticism, attention, etc.). **3,** to send; assign. **4,** to send; refer (to a doctor, lawyer, etc.). **5,** to send; address; dispatch (a letter, greetings, etc.). **6,** *fig.* to steer (a conversation); direct (thoughts); aim (a policy). **7,** *fig., usu. passive,* to intend; design (to achieve a certain purpose). **8,** *in* направлять свои́ шаги́ *or* стопы́, to make *or* wend one's way; head for. —**направляться**, *refl. (with* в, на, *or* к) **1,** to head for; make for. **2,** [*impfv. only*] to be headed for; be bound for.

опрáвдывать *v.impfv.* [*pfv.* **оправдáть**] **1,** to justify. **2,** to excuse. **3,** to acquit. **4,** to live up to; come up to (expectations). **5,** *in* оправдáть себя, to prove its worth; prove worthwhile. —**опрáвдываться**, *refl.* **1,** to justify oneself; justify one's actions. **2,** to justify itself; be justified. **3,** to (try to) prove one's innocence. **4,** to prove to be correct. **5,** to be realized; materialize; come true.

основáние *n.* **1,** founding. **2,** foundation; base. **3,** *fig.* basis. **4,** reason; grounds; cause. Имéть основáния дýмать, что..., to have reason to think that... На какóм основáнии?, on what grounds? Нет основáний для тревóги, there is no cause for alarm. **5,** *chem.; math.* base. —**до основáния** to the ground; to its foundations: разру́шить (чтó-нибудь) до основáния, to raze to the ground. —**на основáнии** (+ *gen.*), on the basis of; on the strength of.

утверждáть *v.impfv.* [*pfv.* **утверди́ть**] **1,** [*impfv. only*] to maintain; assert; claim; contend. **2,** to approve; confirm. Утверди́ть резолю́цию, to approve a resolution. Утверди́ть когó-нибудь в дóлжности (+ *gen.*), to approve/confirm someone for the post of... **3,** to establish firmly. **4,** (*with* в + *prepl.*) to reinforce someone's belief (that). Утверди́ть когó-нибудь в намéрении (+ *inf.*), to reinforce someone's intention to... —**утверждáться**, *refl.* **1,** to become firmly established. **2,** (*with* в + *prepl.*) to become firm in (one's views, intentions, etc.).

Kenneth Katzner. *English-Russian Russian-English Dictionary.*

1. ___*утверждать 2*___ Когда наш старый директор ушёл из института, директором выбрали профессора Ильченко. К сожалению, в министерстве его не **утвердили**.

2. _____ Когда директор прочитал мою статью, он **вызвал** меня к себе, чтобы поговорить о моих научных планах.

3. _____ Директор сказал, что моя статья ему очень понравилась, что он ждёт от меня многого и уверен, что я **оправдаю** его надежды.

4. _____ Это талантливый мальчик. Он ещё учится в школе, но уже решает математические задачи из университетской программы. Есть все **основания** надеяться, что он станет крупным учёным.

5. _____ После университета меня послали на работу в институт, а после двух лет работы в институте меня **направили** на специальные компьютерные курсы.

6. _____ Наш директор уходит на другую работу, и у нас в институте нет никого, кто мог бы его **заменить**.

5. Read the following idiomatic expressions and their English equivalents; then read the microtexts, paying particular attention to the bold-faced words. Add idioms to the microtexts (you can either replace a non-idiomatic phrase with an idiom or just add the idiom to the context). You may use more than one idiom in a microtext if the context permits. Read the microtexts with the idioms you selected, then try to make up your own microtexts for each idiom.

1)	стиснув зубы	gritting one's teeth
2)	с жаром сказать, заговорить, ответить…; спорить, возражать, обсуждать…	(to say sth., answer) fervently; with ardor; ardently; (to argue, object, debate sth.) heatedly; with a passion; vehemently
3)	как можно больше (чаще, реже, *etc.*)	as much (often, rarely, *etc.*) as possible; as much (often, rarely *etc.*) as one can
4)	возлагать (большие) надежды **на** + *acc.*	to place one's hope in (on) someone; to set (pin, put) one's hopes on someone
5)	сходить/сойти с ума	1. to go (be) mad (crazy, out of one's mind); 2. to go berserk (nuts)
6)	со школьной скамьи	from one's school/schoolroom days; from childhood; since one was a schoolboy/ schoolgirl

1. ___*4)*___ Мои учителя считали, что у меня есть способности к математике. Им очень хотелось, чтобы один из их учеников стал известным учёным.

   _____ *Мои учителя считали, что у меня есть способности к математике. **Они возлагали на меня большие надежды.** Им очень хотелось, чтобы один из их учеников стал известным учёным.*_____

2. _____ Может быть, мои учителя были правы и у меня действительно были способности к точным наукам. Но я никогда не любил математику. Я её возненавидел ещё в школе.

3. _____ Мой лу́чший друг люби́л матема́тику и компью́теры, а я всегда́ люби́л литерату́ру. Мы с ним не раз спо́рили, кака́я специа́льность лу́чше.

4. _____ Несмотря́ на свою́ любо́вь к литерату́ре, я реши́л поступа́ть в политехни́ческий институ́т. Весь после́дний год в шко́ле я стара́лся о́чень мно́го занима́ться матема́тикой, потому́ что спосо́бности у меня́, мо́жет быть, и бы́ли, но зна́ний не́ было.

5. _____ В институ́те мне пе́рвый год бы́ло о́чень тру́дно. Я переста́л ходи́ть в кино́ и смотре́ть телеви́зор. Я занима́лся нелюби́мой матема́тикой у́тром, днём и ве́чером.

6. _____ Наконе́ц я по́нял, что не смогу́ всю жизнь занима́ться матема́тикой, кото́рую ненави́жу. Я по́нял, что е́сли я не бро́шу матема́тику, э́то пло́хо ко́нчится. И я ушёл из политехни́ческого.

2

ТЕКСТ

READING THE TEXT

Михаил МИШИН

ИСТОРИЯ

1   Я не люблю́ свою́ рабо́ту...

·Со шко́льной скамьи́· я мечта́л быть исто́риком. На матема́тике и фи́зике я чита́л кни́жку про во́йны госуда́рства Ура́рту[1] с могу́щественной Асси́рией[2]. Я восхища́лся Геродо́том[3], а на Архиме́да[4] мне бы́ло наплева́ть. Но одна́жды матема́тичка сказа́ла мое́й ма́ме, что у меня́ спосо́бности к логи́ческому мышле́нию, а ма́ма в э́то пове́рила, а я никогда́ не огорча́л ма́му. До конца́ шко́лы кни́жка остава́лась недочи́танной. Я с отвраще́нием зубри́л аксио́мы, теоре́мы и пра́вило бура́вчика[5].

Вруча́я мне ·аттеста́т зре́лости·, дире́ктор шко́лы сказа́л, что мои́ несомне́нные скло́нности к ·то́чным нау́кам· ·даю́т ему́ основа́ние· ви́деть моё бу́дущее свя́занным с э́тими нау́ками. А я ви́дел себя́ исто́риком. Но я ви́дел ху́же, чем дире́ктор. Ина́че я бы разгляде́л, что на истори́ческий — ко́нкурс три́дцать челове́к на ме́сто[6], а лу́чший друг моего́ па́пы — дека́н политехни́ческого, а э́то даёт дополни́тельную уве́ренность ма́ме, кото́рая обеща́ла ·сойти́ с ума́·, е́сли я провалю́сь, поступа́я на истори́ческий...

Я не провали́лся. Я поступи́л в политехни́ческий.

2   В институ́те я ненави́дел все предме́ты. Тут, пра́вда, была́ исто́рия, но её прогу́ливали всей гру́ппой, да и исто́рия тут была́ не того́ вре́мени... В

часы́ ле́кций по исто́рии други́е сиде́ли в кино́, а я учи́л сопрома́т[7], опра́вдывая наде́жды дека́на, кото́рый сказа́л, что возлага́ет на меня́ наде́жды, а он был лу́чшим дру́гом моего́ па́пы, а э́то вы уже́ зна́ете.

На распределе́нии[8] я получи́л назначе́ние в нау́чно-иссле́довательский институ́т, о рабо́те в кото́ром мечта́ли все. Все, кро́ме меня́. Рабо́ту свою́ я возненави́дел сра́зу и бесповоро́тно. Меня́ тошни́ло от ви́да криво́, кото́рые черти́ли, а пото́м с жа́ром обсужда́ли мои́ сослужи́вцы, — я ти́хо сиде́л и чита́л про приготовле́ния к но́вому похо́ду Асси́рии на Ура́рту.

3 Но одна́жды меня́ подозва́л нача́льник и сказа́л, что свое́й вду́мчивостью я произвёл на него́ хоро́шее впечатле́ние, и что он хо́чет предложи́ть мне интере́сную диссертацио́нную те́му, и он уве́рен, что я спра́влюсь, и не́чего благодари́ть, потому́ что он то́лько рад помо́чь, е́сли ви́дит, что челове́к рабо́тает с жела́нием.

— Пра́вда, зна́ний по матема́тике, полу́ченных в ву́зе, бу́дет недоста́точно, — сказа́л он, — но мы напра́вим вас на специа́льные ку́рсы...

Три го́да, сти́снув зу́бы, я слу́шал ле́кции по матема́тике. Пото́м, преодолева́я отвраще́ние, писа́л диссерта́цию[9]. На защи́те сказа́ли, что то́лько челове́к, бесконе́чно влюблённый в своё де́ло, мог написа́ть таку́ю блестя́щую рабо́ту.

К э́тому вре́мени я был уже́ замести́телем своего́ нача́льника. Я реша́л вопро́сы, я уча́ствовал в заседа́ниях, совеща́ниях, сове́тах... Я с тоско́й произноси́л слова́ о пла́не, внедре́нии и улучше́нии пара́метров.

А в я́щике моего́ стола́ лежа́ла кни́жка, и там борода́тые ассири́йские во́ины уже́ приближа́лись к вра́жеским грани́цам...

4 Когда́ нача́льник отде́ла уходи́л на пе́нсию, он объяви́л руково́дству, что никто́ на све́те не заме́нит его́ с бо́льшим успе́хом, чем я. И я был назна́чен нача́льником. Что́бы как мо́жно ре́же ходи́ть на слу́жбу, я клал в портфе́ль кни́жку и говори́л, что бу́ду рабо́тать в библиоте́ке. По институ́ту пошёл слух, что я пишу́ до́кторскую[10]. Меня́ вы́звал дире́ктор.

— Дорого́й мой, — сказа́л он. — Заче́м э́ти секре́ты? Вы же зна́ете, как мы вас це́ним! Я даю́ вам академи́ческий о́тпуск. Пиши́те, ва́ша рабо́та обогати́т нау́ку и произво́дство!

Я пил серде́чные ка́пли и писа́л, писа́л э́ту прокля́тую до́кторскую. Как я её ненави́дел!.. На банке́те по́сле защи́ты про моё беззаве́тное служе́ние нау́ке говори́ли таки́е прекра́сные слова́, сло́вно чита́ли некроло́г...

5 Сейча́с я уже́ член-корреспонде́нт[11]. Я издаю́ распоряже́ния, нака́зываю и поощря́ю, осуществля́ю си́нтез нау́ки и произво́дства. У меня́ о́чень ма́ло свобо́дного вре́мени — заседа́ния, конфере́нции, симпо́зиумы...

Но иногда́ выпада́ет свобо́дная мину́та, я запира́юсь в кабине́те и достаю́ потрёпанную кни́жку. И как раз в тот моме́нт, когда́ гро́зный царь Ашшурбанипа́л[12] уже́ гото́в торжествова́ть побе́ду, звони́т телефо́н и мне напомина́ют, что сего́дня меня́ бу́дут утвержда́ть на до́лжность замести́теля мини́стра. И я закрыва́ю кни́жку, и выхожу́ из кабине́та, и ду́маю, что всё бы́ло бы ина́че, е́сли бы лу́чший друг моего́ па́пы был дека́ном истори́ческого...

ПРИМЕЧАНИЯ   EXPLANATORY NOTES

[1] **Ура́рту** — Urartu, an ancient state located in Southwest Asia, around Lake Van (present-day Turkey). At the peak of its power, it stretched from northern Mesopotamia through parts of present-day Armenia up to Lake Sevan. Urartu particularly flourished in the end of the 9th through the 8th century B.C. It constantly waged prolonged wars with Assyria. The earliest information about Urartu was brought forth by excavations carried out by Russian archaeologists in 1911 and 1916. Later, more excavations were carried out by an expedition led by Academician Boris Piotrovsky, a world-famous archaeologist who later served as the director of the Hermitage Museum in St. Petersburg (1964-1990). The Hermitage Museum exhibits artifacts found during those excavations.

[2] **Асси́рия** — Assyria, an ancient empire in the upper valley of the Tigris in West Asia, the territory where Iraq is now located. Assyria's power peaked in the 9th-7th centuries B.C. Its military victories and invasions of neighboring countries made it one of the greatest ancient empires.

[3] **Геродо́т** — Herodotus (5th cent. B.C.), a Greek historian, called "the Father of History," as his history is universally considered to be the starting point of secular historical writing. His history, while focusing on the Persian Wars (i.e., wars between Greek states and the Persian Empire), provides rich information not only on the Persian kingdom and Greece, but also on Babylon and Egypt. He is admired for his extensive and accurate information, critical eye, and captivating style.

[4] **Архиме́д** — Archimedes, 287-212 B.C., famous Greek mathematician, physicist, engineer, and inventor; a native of Syracuse (Sicily). Archimedes is widely regarded as one of the greatest mathematicians of all time and is often called the "father of integral calculus." He initiated such fields of science as hydrostatics and static mechanics. Among his many inventions are the Archimedean screw (a hydraulic device for raising water from a lower to a higher level), the catapult, the lever, compound pulley systems, and war machines. When Syracuse was besieged by the Roman armies, machines invented by Archimedes made it possible to hold off the Romans for three years.

[5] **пра́вило бура́вчика** — Literally, бура́вчик is "gimlet" (a small tool, which has a cross handle and a spiraled shaft with a screw point, and is used for boring holes). However, the English equivalent of the phrase пра́вило бура́вчика is "the corkscrew rule" (a gimlet looks and works exactly like a simple corkscrew). In physics, the corkscrew rule is a mnemonic rule that helps one to remember the relationship between the direction of current and the polarity of the magnetic field around a current-carrying conductor.

[6] **ко́нкурс три́дцать челове́к на ме́сто** — one applicant in thirty is accepted (i.e., the acceptance rate at the university's history department was supposedly 3.3%).

[7] **сопрома́т** — the colloquial acronym for **сопро**тивле́ние **мат**ериа́лов ("strength of materials" in engineering, *a required course in most engineering colleges in the U.S.S.R*). This is called a "stump compound" since it is formed from the truncated forms ("stumps") of both words.

[8] **распределе́ние** — the distribution of job assignments upon graduation. In the former Soviet Union, college graduates had to work for three years wherever they were assigned. Acceptance of job assignments was mandatory in most institutions of higher learning, especially technological institutes.

[9] **диссерта́ция** — used here in reference to кандида́тская диссерта́ция, which is the central requirement for earning the degree of кандида́т нау́к (more or less equivalent to a Ph.D.), the second-to-highest academic degree in Russia.

[10] **до́кторская** = до́кторская диссерта́ция — the substantivized adjective до́кторская refers to a doctoral dissertation, a requirement for the doctoral degree, the highest earned academic degree in the U.S.S.R. and post-Soviet Russia. This was the second dissertation written and defended by the hero of the story--the first one, which is not specified in the story, was кандида́тская диссерта́ция (see footnote 9). There is no analogous degree in the U.S., although in some cases a full professor with major accomplishments in his or her field may be said to have achieved a similar status.

[11] **член-корреспонде́нт** — Росси́йская акаде́мия нау́к, or РАН, has two tiers of members: corresponding members (чле́ны-корреспонде́нты) and full members (акаде́мики, ог действи́тельные чле́ны). Members are elected by a general meeting of РАН for life. The academic title of "corresponding member" was introduced in the 2nd half of the 18th century and was historically associated with members who lived far from St. Petersburg (the original seat of the Academy) and therefore corresponded rather than attending meetings in person. The current usage of the term does not retain those original implications. Unlike РАН, the American Academy of Arts and Sciences and the National Academies have only one category of members (except for foreign honorary members).

[12] **Ашшурбанипа́л** — Assurbanipal (or Ashurbanipal), 669-626 B.C.: the last of the great Assyrian kings. Under Assurbanipal, Assyria reached its full military glory and cultural splendor. The magnificent bas-reliefs in the royal palace at the Assyrian capital Nineveh were created during Assurbanipal's reign. The cuneiform tablets from his library, which was uncovered in 1848-54, are the main sources of knowledge about ancient Mesopotamia.

ИДИОМАТИЧЕСКИЕ ВЫРАЖЕНИЯ   IDIOMS AND PHRASES

[1] **со шко́льной скамьи́** [*used as adverbial*] from one's school/schoolroom days; from childhood; since one was a schoolboy/schoolgirl

аттеста́т зре́лости high school diploma; secondary-school diploma

то́чные нау́ки sciences, hard sciences (*as contrasted with social sciences, humanities, and the arts*)

дава́ть/дать основа́ние *with dat. (& infin.)* to give s.o. reason or grounds (to do sth.)

сходи́ть/сойти́ с ума́ to go crazy/mad; to go out of one's mind; to lose one's mind

[2] **опра́вдывать/оправда́ть наде́жды** *with gen.* to live up to s.o.'s expectations

возлага́ть наде́жды *with* **на** + *acc.* [*impfv. only*] to set/pin/put one's hopes on s.o.; to place (one's) hope in/on s.o.

с жа́ром heatedly; fervently; with ardor/ enthusiasm; with a passion

[3] **производи́ть/произвести́ впечатле́ние** *with* **на** + *acc.* to make an impression on/upon s.o

сти́снув зу́бы gritting one's teeth

[4] **уходи́ть/уйти́ на пе́нсию** to retire

...на све́те [*used to intensify the negative pronoun that precedes it*] **никто́ на све́те** no one at all; not a single soul in the world; absolutely no one; **ничто́ на све́те** nothing at all; absolutely nothing; [*as part of the idiom*] **ни за что́ на све́те** not for anything in the world; not for (all) the world

как мо́жно... + *compar. form of adv.* **как мо́жно ре́же/ча́ще/гро́мче...** as rarely/often/loudly as possible; as rarely/often/loudly as one can

академи́ческий о́тпуск research leave (*for a scholar*); medical leave (*for a student*)

[5] **как ра́з** [*used to emphasize the word or phrase to which it refers*] exactly; precisely; right (when/then, *etc.*); **как ра́з в то́т моме́нт, когда́...** at the very moment when...

ЗАМЕТКИ О СТИЛЕ   COMMENTS ON STYLE

It is hard to define humor: after all, the reader either laughs or does not laugh, and if he does not laugh, no explanation will help. Yet regardless of whether the reader laughs hard or barely smiles, it is always interesting to look at the techniques used for humorous effect. What does the author of «Исто́рия» do to make the story humorous? In the story, the factual situations and development of the events are for the most part quite plausible. Let us take a close look at some of them. There is indeed increased likelihood that an applicant will be accepted to a university if his father's best friend is an important administrator at that university—and willing to help (things certainly worked that way in the former Soviet Union). It is true that students who worked hard could get excellent job assignments upon graduation. It is also undeniable that a person who, in the opinion of his supervisor, works well, *с желáнием*, stands a good chance to be promoted. And of course talented scientists write dissertations and successfully defend them. Perhaps the pinnacle of the narrator's two careers—academic and administrative—when he gets elected a Corresponding Member of the Academy of Sciences and is on the verge of becoming a Deputy Minister is too good to be true, but that does not happen until the very end of the story. The narrator's emotional reactions to each event in his life, if taken in isolation from the plot, are quite plausible, too: one can hate a wrongly chosen profession, loathe one's job, and be bored with administrative duties, to mention just a few. But these two lines—factual and emotional—are on the opposite sides of the plot spectrum, and when they go side by side it creates a wide discrepancy. And the absurdity of this glaring discrepancy is funny.

The title, «Истóрия», is already telling. Does it mean a story? Does it mean history? Does it mean both—a story about history, (hi)story? The author turns accepted standards and common logic upside down. He brings together situations, reactions, and notions that do not belong together. Here is an example of how he does it when narrating the hero's brilliant career. The reader learns that the hero—the narrator—hated his job and felt nauseous from the very sight of the curves his colleagues were drawing. Then his chief told him that *...своéй вдýмчивостью я произвёл на негó хорóшее впечатлéние.* Could it be that the narrator did indeed hate his job, but his chief failed to notice it? After all, things like that can happen, and the situation is not entirely unrealistic. Still, it is more likely that the narrator, who actually worked really well, *с желáнием*, grossly exaggerated his negative emotions or even made them up so that the incompatibility of facts and feelings would make the reader laugh. Each new career step, whether it is yet another promotion or a scientific accomplishment, is presented in a similar two-edged way, thus raising the level of absurdity.

* * * * *

Here are a few more examples of what Mikhail Mishin does with the language:

- **Unexpected contrast, which emphasizes absurdity.** When contrasting situations and events in the narrator's life and career, which seem to be realistic and quite possible, with his emotional attituded and reactions, the author chooses charged words that express strong feelings: *я с отвращéнием зубрúл аксиóмы, теорéмы...*; *рабóту свою я возненавúдел срáзу и бесповорóтно; меня тошнúло от вúда кривы́х*; and many more.

- **Use of words unexpected in the given context.** In addition to direct negative characterizations, the narrator's irreverent and disrespectful attitude is occasionally expressed through subtler means. For example, the narrator refers to his job as *слýжба* (*Чтóбы как мóжно рéже ходúть на слýжбу...* 4-ый отры́вок). *Слýжба* in this sense ("job" or "place of work") is somewhat old-fashioned and is predominantly used in reference to a monotonous, tedious job, often a low-level office job. By applying this word to his job at a scientific research institute, the narrator supposedly demonstrates his complete lack of interest in his job. Likewise, in the above example *я с отвращéнием зубрúл аксиóмы, теорéмы...*, the openly negative *с отвращéнием* is followed by the colloquial verb *зубрúть*. While not openly negative, *зубрúть* "to learn through numerous mechanical repetitions, by rote," is typically used in reference to subjects that the doer considers devoid of interest, boring.

39

● **Jocular tone when talking about serious things**. The way the narrator describes his study at the polytechnic institute can hardly be understood as a serious account of a serious subject matter:...*я учил сопромáт, опрáвдывая надéжды декáна, котóрый сказáл, что возлагáет на меня надéжды, а он был лýчшим дрýгом моегó пáпы, а э́то вы ужé знáете*. A general jocular effect is reached through the mixture of different stylistic registers, such as students' lingo (*сопромáт*), children's and teenagers' speech (*пáпа* rather than *отéц*), bookish idioms—*возлагáть надéжды* and *опрáвдывать надéжды*—placed in the logically reversed order, and two colloquial clauses (*а он был лýчшим дрýгом моегó пáпы, а э́то вы ужé знáете*), which are obviously added for humorous effect. A similar tone is present in the earlier description of the chain of events that led to his enrolling in the polytechnic institute: ...*однáжды математи́чка сказáла моéй мáме, что у меня спосóбности к логи́ческому мышлéнию, а мáма в э́то повéрила, а я никогдá не огорчáл мáму.*

● **Play on words and their different senses**. When the narrator cites the school principal: ...*мои́ несомнéнные склóнности к тóчным наýкам даю́т емý основáние ви́деть моё бýдущее свя́занным с э́тими наýками* and his own immediate reaction: *А я ви́дел себя истóриком*, in both cases the verb *ви́деть* is used in exactly the same meaning, "to imagine, visualize." But in the very next sentence—*Но я ви́дел хýже, чем дирéктор*,—the verb *ви́дел*, while partially preserving that meaning, at the same time regains its main meaning, to have the ability to see. This play on different meanings of the verb *ви́деть* is supported by the verb *разглядéть* in the sentence that follows it: *Инáче я бы разглядéл.*

Now, how do we interpret the story?

If the narrator was indeed a talented scientist, do you really believe that he hated the science that enabled his talent to blossom? Did he, an able administrator, really hate the job where he was so greatly valued? The reader who thinks this is highly unlikely, will probably not take the narrator's sentiments at face value.

On the other hand, what if his sentiments were true? Would he have been able to conceal them so expertly that throughout his entire career he managed to fool all his colleagues and co-workers? The reader who thinks this is highly unlikely, will probably question his brilliant career.

On yet another hand, he is already an academician, he has accomplished a great deal and is still on his way up. In his account, he is looking back on his life. He feels that something is missing: a dream. He narrates his life not the way it was but the way it might have been, exaggerating both his love for history and his hatred for everything related to his vocation. The history book he has been reading all his life aptly symbolizes his exaggerated love for history: the book *оставáлась недочи́танной* in his high school days.

ТЕКСТ И ЕГО СМЫСЛ

UNDERSTANDING THE TEXT

The narrator has no name in this story. We will refer to him as **Вади́м** when talking about his childhood and youth, and **Вади́м Алексе́евич** as he grows older.

6. Как вы по́няли основно́е содержа́ние расска́за?

Read the whole story. Then read the following pairs of sentences and put a checkmark in front of the one you think is true.

1. a) __✓__ Вади́м ещё в шко́ле хоте́л стать исто́риком.
   b) _____ Вади́м ещё в шко́ле полюби́л матема́тику.

2. a) _____ Лу́чший друг отца́ Вади́ма был дека́ном политехни́ческого институ́та.
   b) _____ Лу́чший друг отца́ Вади́ма был дека́ном истори́ческого факульте́та.

3. a) _____ Вади́м поступи́л в политехни́ческий институ́т.
   b) _____ Вади́м поступи́л на истори́ческий факульте́т университе́та.

4. a) _____ По̀сле оконча́ния институ́та Вади́м поступи́л в аспиранту́ру.
   b) _____ По̀сле оконча́ния институ́та Вади́ма посла́ли на рабо́ту в нау́чно-иссле́довательский институ́т.

5. a) _____ Вади́м никогда́ не занима́лся нау́чной рабо́той.
   b) _____ Вади́м стал занима́ться нау́чной рабо́той и написа́л диссерта́цию.

6. a) _____ Вади́м Алексе́евич сде́лал блестя́щую нау́чную карье́ру.
   b) _____ Вади́м Алексе́евич всю жизнь рабо́тал инжене́ром.

7. a) _____ Когда́ Вади́м Алексе́евич стал замести́телем мини́стра, он переста́л интересова́ться исто́рией.
   b) _____ Когда́ Вади́м Алексе́евич стал замести́телем мини́стра, он продолжа́л интересова́ться исто́рией.

7. Так, как в расска́зе, или не так?

Your classmate will read you statements from Exercise 6 in random order.
If you think that the statement is correct, say:

Да, действи́тельно...

Да, э́то так. ...действи́тельно...

Да, в расска́зе (действи́тельно) говори́тся, что…

and repeat the statement. If you think that it is incorrect, say:

Нет, э́то не так. В расска́зе говори́тся, что...

По-мо́ему, ты ошиба́ешься. В расска́зе говори́тся, что…

Нет, э́то не так. На са́мом де́ле...

and provide a correct statement that reflects what happens in the story.

1. a) __✓__ Вади́м ещё в шко́ле хоте́л стать исто́риком.
   b) _____ Вади́м ещё в шко́ле полюби́л матема́тику.

41

Express agreement:

Вади́м ещё в шко́ле хоте́л стать исто́риком.

_____ *Да, действи́тельно, Вади́м ещё в шко́ле хоте́л стать исто́риком.*

ИЛИ _____ *Да, э́то так. Вади́м ещё в шко́ле хоте́л стать исто́риком.*

ИЛИ _____ *Да, в расска́зе действи́тельно говори́тся, что Вади́м ещё в шко́ле хоте́л стать исто́риком.*_____

Express disagreement:

Вади́м ещё в шко́ле полюби́л матема́тику.

_____ *Нет, э́то не так. В расска́зе говори́тся, что Вади́м ещё в шко́ле полюби́л исто́рию.*

ИЛИ _____ *По-мо́ему, ты ошиба́ешься. В расска́зе говори́тся, что Вади́м ещё в шко́ле ненави́дел матема́тику.*

ИЛИ _____ *Нет, э́то не так. На са́мом де́ле он полюби́л не матема́тику, а исто́рию.*_____

8. Всё ли вы по́няли в расска́зе?

Check if you understood the details of the story. Select the correct answer.

1. Вади́м хоте́л стать
   a) _____ матема́тиком.
   b) _____ фи́зиком.
   c) __✓__ исто́риком.

2. Вади́м чита́л кни́гу
   a) _____ по исто́рии Асси́рии.
   b) _____ по исто́рии Евро́пы.
   c) _____ по исто́рии А́нглии.

3. По слова́м дире́ктора шко́лы, у Вади́ма бы́ли спосо́бности
   a) _____ к гуманита́рным нау́кам.
   b) _____ к социа́льным нау́кам.
   c) _____ к то́чным нау́кам.

4. Вади́м мечта́л поступи́ть
   a) _____ в политехни́ческий институ́т.
   b) _____ на истори́ческий факульте́т университе́та.
   c) _____ на математи́ческий факульте́т университе́та.

5. В политехни́ческом институ́те дека́ном был
   a) _____ оте́ц Вади́ма.
   b) _____ дя́дя Вади́ма.
   c) _____ лу́чший друг отца́ Вади́ма.

6. В институ́те Вади́м ненави́дел
   a) _____ все предме́ты.
   b) _____ ру́сский язы́к.
   c) _____ исто́рию.

7. Во вре́мя ле́кций по исто́рии Вади́м
   a) _____ ходи́л в кино́ с други́ми студе́нтами.
   b) _____ учи́л сопрома́т.
   c) _____ слу́шал и запи́сывал ле́кции.

8. По́сле оконча́ния институ́та Вади́м на́чал рабо́тать
   a) _____ в политехни́ческом институ́те.
   b) _____ в университе́те.
   c) _____ в нау́чно-иссле́довательском институ́те.

9. Вади́м произвёл хоро́шее впечатле́ние
   a) _____ на дире́ктора институ́та.
   b) _____ на своего́ нача́льника.
   c) _____ на сослужи́вцев.

10. Нача́льник Вади́ма был рад помо́чь ему́,
    a) _____ потому́ что Вади́м был молоды́м специали́стом.
    b) _____ потому́ что оте́ц Вади́ма был его́ лу́чшим дру́гом.
    c) _____ потому́ что Вади́м рабо́тал с жела́нием.

11. Вади́м Алексе́евич стал нача́льником отде́ла,
    a) _____ когда́ нача́льник ушёл на пе́нсию.
    b) _____ когда́ нача́льник ушёл на другу́ю рабо́ту.
    c) _____ когда́ нача́льник у́мер.

12. Вади́ма Алексе́евича назна́чили нача́льником отде́ла,
    a) _____ потому́ что он писа́л до́кторскую диссерта́цию.
    b) _____ потому́ что он акти́вно уча́ствовал в конфере́нциях и симпо́зиумах.
    c) _____ потому́ что уходи́вший на пе́нсию нача́льник отде́ла рекомендова́л его́ руково́дству институ́та.

13. В я́щике стола́ у Вади́ма Алексе́евича лежа́ла
    a) _____ кни́га по матема́тике.
    b) _____ его́ диссерта́ция.
    c) _____ кни́га по исто́рии.

14. Дире́ктор институ́та предложи́л Вади́му Алексе́евичу
    a) _____ писа́ть до́кторскую диссерта́цию.
    b) _____ иска́ть но́вую рабо́ту.
    c) _____ вы́ступить на симпо́зиуме.

15. На банке́те по́сле защи́ты до́кторской диссерта́ции говори́ли
    a) _____ о любви́ Вади́ма Алексе́евича к исто́рии.
    b) _____ о беззаве́тном служе́нии Вади́ма Алексе́евича нау́ке.
    c) _____ о си́нтезе нау́ки и произво́дства.

16. Когда́ выпада́ет свобо́дная мину́та, Вади́м Алексе́евич достаёт кни́жку
    a) _____ о гро́зном царе́ Ашшурбанипа́ле.
    b) _____ по матема́тике.
    c) _____ о том, как писа́ть диссерта́ции.

17. (Звони́т телефо́н.) Вади́му Алексе́евичу напомина́ют о том,
    a) _____ что его́ в э́тот день бу́дут утвержда́ть на до́лжность мини́стра.
    b) _____ что его́ в э́тот день бу́дут утвержда́ть на до́лжность замести́теля мини́стра.
    c) _____ что ему́ в э́тот день ну́жно вы́ступить на конфере́нции.

18. Закрыва́я кни́гу, Вади́м Алексе́евич ду́мает
    a) _____ о том, что всё бы́ло бы ина́че, е́сли бы друг его́ отца́ был дека́ном истори́ческого факульте́та.
    b) _____ о свое́й рабо́те.
    c) _____ о том, что он ско́ро бу́дет мини́стром.

9. Поговори́те дру̀г с дру́гом!

Working with a classmate, make questions out of sentences in Activity 8 and have your classmate answer them without looking into the text.

1. Вади́м хоте́л стать
    a) _____ матема́тиком.
    b) _____ фи́зиком.
    c) __✓__ исто́риком
    ____ *Кем Вади́м хоте́л стать?* _____

10. Что бы́ло ра́ньше, что по́зже?

Turn each group of sentences into a microtext by arranging the sentences in their logical sequence.

1. _____ *d), b), c), a)* _____
    a) В институ́те Вади́м ненави́дел все предме́ты.
    b) Но ма́ма Вади́ма не хоте́ла, что̀бы он поступа́л на истори́ческий.
    c) И Вади́м поступи́л в политехни́ческий институ́т.
    d) Вади́м мечта́л поступи́ть на истори́ческий факульте́т.

2. _____
    a) По̀сле оконча́ния политехни́ческого его напра́вили на рабо́ту в нау́чно-иссле́довательский институ́т.
    b) Свою́ рабо́ту Вади́м возненави́дел сра́зу.
    c) Когда́ Вади́м учи́лся в политехни́ческом, у него́ не́ было вре́мени слу́шать ле́кции по исто́рии.
    d) Во вре́мя ле́кций по исто́рии он учи́л сопрома́т.

3. _____
    a) Вади́м не знал, как к нему́ отно́сится нача́льник.
    b) Кро́ме того́, он предложи́л Вади́му интере́сную те́му для диссерта́ции.
    c) Он сказа́л, что Вади́м произвёл на него́ хоро́шее впечатле́ние свое́й вду́мчивостью.
    d) Но одна́жды нача́льник подозва́л его́.

4. _____
    a) И Вади́ма напра́вили на специа́льные ку́рсы.
    b) Он писа́л её с отвраще́нием, но написа́л блестя́щую рабо́ту.
    c) Три го́да он, сти́снув зу́бы, слу́шал ле́кции по матема́тике.
    d) Нача́льник сказа́л, что зна́ний по матема́тике, полу́ченных в ву́зе, недоста́точно.
    e) Пото́м он на́чал писа́ть диссерта́цию.

5. _____
    a) Вади́м стал ре́дко приходи́ть на рабо́ту, и по институ́ту пошёл слух, что он пи́шет до́кторскую диссерта́цию.
    b) И ему́ действи́тельно пришло́сь писа́ть до́кторскую диссерта́цию.
    c) Когда́ нача́льник отде́ла ушёл на пе́нсию, Вади́ма Алексе́евича назна́чили нача́льником.
    d) Дире́ктор предложи́л ему́ академи́ческий о́тпуск для рабо́ты над диссерта́цией.
    e) Тогда́ его́ вы́звал дире́ктор институ́та.

СЛОВО И КОНТЕКСТ

USING WORDS IN CONTEXT

11. **Слова́ и выраже́ния, бли́зкие по значе́нию.**
Read the items in the left column. For each, find a matching item (i.e., a word or expression that is close to it in meaning) in the right column.

1.	_8)_	аттеста́т зре́лости	1)	зна́ний сли́шком ма́ло
2.	_____	провали́ться на экза́мене	2)	прекра́сная рабо́та
3.	_____	как ра́з в тот моме́нт, когда́...	3)	начали́сь разгово́ры о том, что...
4.	_____	прогу́ливать ле́кции	4)	рабо́тать с интере́сом
5.	_____	то́чные нау́ки	5)	институ́т, где занима́ются нау́чными иссле́дованиями
6.	_____	говори́ть с жа́ром	6)	де́лать ма́ме бо́льно
7.	_____	как мо́жно ре́же	7)	мне станови́лось пло́хо от чертёжей
8.	_____	возлага́ет на меня́ больши́е наде́жды	8)	докуме́нт об оконча́нии сре́дней шко́лы
9.	_____	зна́ний недоста́точно	9)	говори́ть горячо́, темпера́ментно
10.	_____	огорча́ть ма́му	10)	не сдать экза́мен
11.	_____	нау́чно-иссле́довательский институ́т	11)	не ходи́ть на ле́кции, кото́рые обя́зан(а) посеща́ть
12.	_____	пошёл слух, что...	12)	нау́ки, в осно́ве кото́рых лежа́т математи́ческие ме́тоды
13.	_____	рабо́тать с жела́нием	13)	и́менно в тот моме́нт, когда́...
14.	_____	академи́ческий о́тпуск	14)	о́чень ре́дко
15.	_____	меня́ тошни́ло от чертёжей	15)	ждёт от меня́ больши́х успе́хов
16.	_____	блестя́щая рабо́та	16)	о́тпуск для нау́чной рабо́ты

12. Слова́ и выраже́ния, бли́зкие по значе́нию.

Read the sentences. Find words and expressions close in meaning to the bold-faced words and expressions and underline them.

1. **Я восхища́лся Геродо́том.**

Геродо́т мне совсе́м не нра́вился. / Я счита́л произведе́ния Геродо́та замеча́тельными. / Геродо́т меня́ совсе́м не интересова́л. / Я был в восхище́нии от Геродо́та.

2. **На Архиме́да мне бы́ло наплева́ть.**

К Архиме́ду я относи́лся равноду́шно. / Я соверше́нно не интересова́лся Архиме́дом. / Мне бы́ло интере́сно чита́ть об Архиме́де. / Архиме́д меня́ совсе́м не интересова́л.

3. **Я мечта́л стать** исто́риком.

Мне о́чень хоте́лось стать / Я знал, что ста́ну / У меня́ бы́ло си́льное жела́ние стать / Я не сомнева́лся, что ста́ну

4. Но я боя́лся, что ма́ма **сойдёт с ума́,** е́сли я не сдам экза́мены.

переста́нет спать / заболе́ет психи́чески / бу́дет о́чень волнова́ться / о́чень огорчи́тся

5. В институ́те я **ненави́дел все предме́ты.**

интересова́лся все́ми предме́тами / не интересова́лся ни одни́м предме́том / посеща́л заня́тия по всем предме́там / относи́лся ко всем предме́там с не́навистью

6. Я **с отвраще́нием** учи́л аксио́мы и теоре́мы.

с ра́достью / с интере́сом / с не́навистью / с трудо́м

7. **Я получи́л назначе́ние** в нау́чно-иссле́довательский институ́т.

Меня́ посла́ли учи́ться / Меня́ посла́ли рабо́тать / Меня́ посла́ли слу́шать ле́кции / Меня́ посла́ли сдава́ть экза́мены

8. Рабо́ту свою́ я возненави́дел **сра́зу.**

пото́м / с пе́рвой мину́ты / че́рез не́которое вре́мя / как то́лько я на́чал рабо́тать

9. Че́рез не́которое вре́мя **меня́ напра́вили** на специа́льные ку́рсы.

меня́ посла́ли / меня́ пригласи́ли / меня́ вы́звали / я реши́л поступи́ть

10. Мне да́ли тру́дное зада́ние, но я был уве́рен, что **никто́ на све́те не вы́полнит э́то зада́ние лу́чше, чем я.**

абсолю́тно никто́ не вы́полнит э́то зада́ние лу́чше, чем я / не́которые вы́полнят э́то зада́ние лу́чше, чем я / я вы́полню э́то зада́ние лу́чше всех / ни оди́н челове́к не вы́полнит э́то зада́ние лу́чше, чем я

11. **Я с э́тим зада́нием спра́вился.**

я сде́лал э́то зада́ние хорошо́ / я сде́лал э́то зада́ние пло́хо / я не смог сде́лать э́то зада́ние / я не захоте́л де́лать э́то зада́ние

12. **По институ́ту пошёл слух,** что я рабо́таю над до́кторской диссерта́цией.

В институ́те не ве́рили / В институ́те все бы́ли уве́рены / В институ́те начали́сь разгово́ры / В институ́те ста́ли говори́ть

13. Я действи́тельно написа́л до́кторскую диссерта́цию, о кото́рой говори́ли, что э́то **блестя́щая рабо́та.**

неплоха́я рабо́та / прекра́сная рабо́та / хоро́шая рабо́та / отли́чная рабо́та

14. Но я ча́сто ду́маю, что **всё бы́ло бы ина́че,** е́сли бы друг моего́ па́пы не́ был дека́ном политехни́ческого институ́та.

всё бы́ло бы по-друго́му / ничего́ бы не измени́лось / всё бы́ло бы то́чно так же / моя́ жизнь сложи́лась бы по-друго́му

13. Так или не так?

a) Replace the bold-faced words with words from the story, changing the syntactic structure where appropriate. You can draw upon assignments 11 and 12.

b) Read your transformed versions of the sentences to your classmate, who will respond by confirming the information then commenting on it in some way — for example, providing a hypothetical reason for the situation, an example of an analagous situation, an opinion about such situations on the whole, etc.

1. Ещё в шко́ле Вади́м **был в восхище́нии от Геродо́та**.

     _____ a) *Ещё в шко́ле Вади́м восхища́лся Геродо́том.*

     b) — *Ещё в шко́ле Вади́м восхища́лся Геродо́том.*

     — *Да, э́то ве́рно, Вади́м действи́тельно восхища́лся Геродо́том. Ведь Вади́м ещё в шко́ле полюби́л исто́рию, а Геродо́т был замеча́тельным исто́риком.*

     ИЛИ: — *Да, Вади́м действи́тельно восхища́лся Геродо́том. Ведь Вади́м ещё в шко́ле полюби́л исто́рию, он прочита́л мно́го книг по исто́рии, он да́же прочита́л Геродо́та. Вади́м знал исто́рию лу́чше всех в кла́ссе.* _____

2. **Вади́м соверше́нно не интересова́лся Архиме́дом.**

3. **Вади́му станови́лось пло́хо** от аксио́м и теоре́м.

4. Мать Вади́ма боя́лась, что он **не сдаст экза́мены**, поступа́я на истори́ческий факульте́т.

5. Вади́му **не хоте́лось де́лать ма́ме бо́льно.**

6. В политехни́ческом, куда́ поступи́л Вади́м, он **относи́лся ко всем предме́там с не́навистью.**

7. Други́е студе́нты **не посеща́ли ле́кций по исто́рии** — они́ вме́сто ле́кций ходи́ли в кино́.

8. А Вади́м учи́л сопрома́т, потому́ что он знал, что дека́н **ждёт от него́ больши́х успе́хов.**

9. По́сле оконча́ния институ́та Вади́м получи́л назначе́ние в **институ́т, где занима́лись нау́чными иссле́дованиями.**

10. Он **с пе́рвой мину́ты** возненави́дел свою́ рабо́ту.

11. Нача́льнику Вади́ма каза́лось, что Вади́м рабо́тает **с интере́сом.**

12. Он предложи́л Вади́му интере́сную те́му для диссерта́ции и сказа́л, что **Вади́м разрабо́тает э́ту те́му хорошо́.**

13. Ещё он сказа́л, что зна́ний по матема́тике, полу́ченных в ву́зе, **сли́шком ма́ло**, поэ́тому Вади́ма пошлю́т на специа́льные ку́рсы.

14. Когда́ нача́льник уходи́л на пе́нсию, он сказа́л руково́дству, что **абсолю́тно никто́** не смо́жет замени́ть его́, кро́ме Вади́ма Алексе́евича.

15. Но Вади́м Алексе́евич не люби́л свою́ рабо́ту и стара́лся быва́ть на рабо́те **о́чень ре́дко.**

16. **В институ́те на́чали говори́ть**, что он, наве́рное, пи́шет до́кторскую.

17. Дире́ктор дал ему́ **о́тпуск для нау́чной рабо́ты.**

18. Он написа́л **отли́чную** рабо́ту и стал до́ктором нау́к, а пото́м и чле́ном-корреспонде́нтом.

19. Иногда́ он ду́мает о том, что всё бы́ло бы **по-друго́му**, е́сли бы лу́чший друг его́ отца́ был дека́ном истори́ческого.

14. **Слова́, и выраже́ния, противополо́жные по значе́нию.**

Read the items in the left column. For each, find a word or expression of the opposite meaning in the right column.

1.	__5)__	провали́ться на экза́мене	1)	то́чно так же
2.	_____	огорча́ть	2)	ничего́ не ждал от меня́
3.	_____	мне на э́то наплева́ть	3)	с удово́льствием
4.	_____	уве́ренность	4)	как мо́жно ча́ще
5.	_____	ненави́деть	5)	сдать экза́мен
6.	_____	прогу́ливать ле́кции	6)	произвести́ плохо́е впечатле́ние
7.	_____	рабо́тать с жела́нием	7)	с ра́достью
8.	_____	возлага́л на меня́ наде́жды	8)	говори́ть без вся́кого энтузиа́зма
9.	_____	произвести́ хоро́шее впечатле́ние	9)	провали́ться (при поступле́нии в институ́т)
10.	_____	как мо́жно ре́же	10)	неуве́ренность, сомне́ние
11.	_____	с отвраще́нием	11)	о́чень сла́бая статья́
12.	_____	моё бу́дущее	12)	рабо́тать без вся́кого интере́са
13.	_____	поступи́ть (в институ́т)	13)	доста́точно
14.	_____	ина́че	14)	посеща́ть ле́кции
15.	_____	с тоско́й	15)	ра́довать
16.	_____	недоста́точно	16)	люби́ть
17.	_____	блестя́щая статья́	17)	мне э́то не безразли́чно
18.	_____	говори́ть с жа́ром	18)	моё про́шлое

15. **Так или не так?**

Your classmate will read the following sentences to you. Express disagreement, using the words from the story and changing the syntactic structure where appropriate. Then provide a correct statement that reflects what happens in the story and also some comment, opinion, explanation, etc. You can draw upon the antonyms listed in assignment 14.

1. — Вади́м зубри́л аксио́мы и теоре́мы **с удово́льствием.**

    _____ — *По-мо́ему, э́то совсе́м не так. (В расска́зе говори́тся, что) Вади́м зубри́л аксио́мы и теоре́мы* **с отвраще́нием.** *Ведь он не люби́л матема́тику.* _____

2. Дире́ктор шко́лы счита́л, что бу́дущее Вади́ма свя́зано **с гуманита́рными нау́ками.**

3. Вади́м **провали́лся при поступле́нии** в политехни́ческий институ́т.

4. В институ́те Вади́м **люби́л** все предме́ты.

5. Все студе́нты **посеща́ли ле́кции** по исто́рии.

6. Дека́н **ничего́ не ждал от Вади́ма.**

7. Вади́м сра́зу **полюби́л** свою́ рабо́ту.

8. Его́ сослужи́вцы говори́ли о свое́й рабо́те **без вся́кого энтузиа́зма.**

9. А **Вади́ма ра́довал вид кривы́х**, кото́рые черти́ли его́ сослужи́вцы.

10. Нача́льник Вади́ма сказа́л, что **Вади́м произвёл на него́ плохо́е впечатле́ние.**

11. Нача́льник ви́дел, что Вади́м рабо́тает **неохо́тно.**

12. Вади́м написа́л **о́чень плоху́ю** диссерта́цию.

13. Когда́ Вади́м Алексе́евич стал нача́льником, он стара́лся **проводи́ть на рабо́те как мо́жно бо́льше вре́мени**.

14. Иногда́ ему́ ка́жется, что всё бы́ло бы **то́чно так же**, е́сли бы лу́чший друг его́ отца́ был дека́ном истори́ческого.

16. Контра́сты.

Following the content of the story, make sentences about Vadim, the hero of the story, contrasting the two words/phrases in two different ways. Use the expressions: **...а не...** and **не..., а...** Where there is a common element in both phrases, omit it in the second part of your sentences:

1. спосо́бности к то́чным нау́кам — спосо́бности к гуманита́рным нау́кам

   _____ *Дире́ктор шко́лы счита́л, что у Вади́ма бы́ли спосо́бности к то́чным нау́кам, **а не** к гуманита́рным.*
   *Дире́ктор шко́лы счита́л, что у Вади́ма бы́ли спосо́бности **не** к гуманита́рным нау́кам, а к то́чным._____*

2. исто́рия — матема́тика
3. истори́ческий факульте́т — политехни́ческий институ́т
4. назначе́ние в нау́чно-иссле́довательский институ́т — назначе́ние в шко́лу
5. ле́тний семина́р — специа́льные ку́рсы
6. ле́кции по матема́тике — ле́кции по исто́рии
7. предложи́ть те́му для диссерта́ции — предложи́ть те́му для статьи́
8. с удово́льствием — с отвраще́нием
9. дать академи́ческий о́тпуск — дать обы́чный о́тпуск
10. блестя́щая рабо́та — про́сто хоро́шая рабо́та

17. Характери́стика челове́ка, предме́та, явле́ния.

The story you have read contains a number of words related to teaching, learning, university life, professions, and research. Modify the words in the left column, using the words/phrases in the right column and adding your own.

1.	студе́нт	хоро́ший, _____*серьёзный, лени́вый...*_____ университе́та пе́рвого ку́рса
2.	спосо́бности	больши́е к матема́тике
3.	заня́тия	регуля́рные, ежедне́вные му́зыкой, матема́тикой по исто́рии, по ру́сскому языку́
4.	ле́кция	интере́сная, плоха́я профе́ссора Ники́тина, изве́стного учёного для студе́нтов, для преподава́телей по матема́тике, по исто́рии о поэ́зии Бро́дского, о Геродо́те
5.	экза́мен	тру́дный, пи́сьменный по матема́тике, по ру́сскому языку́

6.	экза́мены	вступи́тельные, выпускны́е
		в университе́т, в консервато́рию
		в университе́те, в консервато́рии
		на истори́ческий факульте́т, на ку́рсы
		на истори́ческом факульте́те, на ку́рсах
		за сре́днюю шко́лу, за семе́стр
7.	оце́нка (отме́тка)	отли́чная, удовлетвори́тельная
		«отли́чно», «удовлетвори́тельно»
		по фи́зике, по ру́сскому языку́
		за контро́льную рабо́ту, за отве́т
		за́ год (в сре́дней шко́ле), за пе́рвый семе́стр
8.	курс	интере́сный, но́вый
		профе́ссора Ники́тина, Ири́ны Влади́мировны
		по исто́рии Асси́рии, по тво́рчеству Бро́дского
		(пе́рвый, второ́й...курс) университе́та
9.	ку́рсы	хоро́шие, подготови́тельные, вече́рние
		иностра́нных языко́в, вожде́ния
		по подгото́вке чертёжников, по изуче́нию кли́мата
		при университе́те, при факульте́те иностра́нных языко́в
10.	нау́ка	мирова́я, передова́я
		о языке́, об о́бществе
11.	нау́ки	гуманита́рные, есте́ственные
12.	институ́т	политехни́ческий, моско́вский

18. Ва́ши расска́зы.

Drawing on the items in assignment 17, create short stories on these topics:

1. Серьёзный студе́нт.

_____ *Мой друг Са́ша сдал вступи́тельные экза́мены в университе́т на «отли́чно», и сейча́с он студе́нт университе́та. У него́ больши́е спосо́бности к языка́м. Он хо́дит на заня́тия по францу́зскому языку́ и на ле́кции по литерату́ре. Вчера́ он слу́шал ле́кцию о францу́зской поэ́зии. _____*

2. Хоро́ший преподава́тель.

3. Экза́мен по ру́сскому языку́.

4. Но́вый курс.

5. Политехни́ческий институ́т.

19. Занима́ться, учи́ться, учи́ть.

a) Review the patterns illustrating the use of verbs of studying, learning, and teaching (more information about these verbs can be found in the end-of-book glossary).

LEARNING

занима́ться / *pfv.*-awhile позанима́ться 1. to study (= *to be engaged in studying something*); 2. *pfv*-begin заня́ться to study (*a certain subject*), to learn; 3. to attend an educational institution, to study (*at a specified school or grade*); 4. *pfv*-begin заня́ться to engage in (*some activity*); [*pfv*-begin] to take up something

	STUDENT	ACTION	OBJECT, GOAL	ADVERBIAL of place	TEACHER
1.	А́нна	занима́ется	—	—	—
	А́нна	занима́ется	—	в библиоте́ке (до́ма...)	
2.	А́нна	занима́ется	англи́йским языко́м	—	
	А́нна	занима́ется	англи́йским языко́м	—	с учи́телем
	А́нна	занима́ется	англи́йским языко́м	до́ма	с учи́телем
3.	А́нна	занима́ется	—	в университе́те (на ку́рсах...)	—
4.	А́нна	занима́ется	люби́мым де́лом (би́знесом...)	—	—

учи́ть / вы́учить 1. to study, to learn; 2. to memorize, to learn by heart
  (see also under TEACH, below)

	STUDENT	ACTION	OBJECT, GOAL	ADVERBIAL of place	TEACHER
1.	А́нна	у́чит	англи́йский язы́к	—	—
	А́нна	у́чит	англи́йский язы́к	до́ма	
	А́нна	у́чит	англи́йский язы́к	—	с ма́мой
	А́нна	у́чит	англи́йский язы́к	до́ма	с ма́мой
2.	А́нна	вы́учила	стихотворе́ние	—	—

учи́ться 1. *pfv.*-awhile поучи́ться to attend an educational institution, to study (*at a specified school or grade*); 2. *pfv.* научи́ться *or* вы́учиться to study something, to acquire knowledge or skill

	STUDENT	ACTION	OBJECT, GOAL	ADVERBIAL of place	ADVERBIAL of manner
1.	А́нна	учи́лась	—	в университе́те	—
	А́нна	учи́лась	—	—	о́чень хорошо́
	А́нна	учи́лась		в университе́те	о́чень хорошо́
2.	А́нна	у́чится	пла́вать (пла́ванию)	—	—
	А́нна	у́чится	пла́вать (пла́ванию)	в спорти́вном клу́бе	—
	А́нна	у́чится	пла́вать (пла́ванию)	—	у Андре́я
	А́нна	у́чится	пла́вать (пла́ванию)	в спорти́вном клу́бе	у Андре́я

изуча́ть / изучи́ть to study something (usually some discipline) in depth; [*pfv*] to learn, to master (*some area of knowledge*)

STUDENT	ACTION	OBJECT, GOAL	ADVERBIAL of place	TEACHER
А́нна	изуча́ет	филосо́фию	—	—
А́нна	изуча́ет	филосо́фию	в аспиранту́ре	—

TEACHING

преподава́ть (*impfv. only*) 1. to teach, to work as a teacher (lecturer, instructor, etc.); 2. to teach a subject

	TEACHER	ACTION	OBJECT, GOAL	STUDENT	ADVERBIAL of place
1.	Макси́м	преподаёт	—	—	—
	Макси́м	преподаёт	—	—	в на́шем университе́те
2.	Макси́м	преподаёт	филосо́фию	—	—
	Макси́м	преподаёт	—	аспира́нтам	—
	Макси́м	преподаёт	филосо́фию	аспира́нтам	—
	Макси́м	преподаёт	филосо́фию	—	в на́шем университе́те
	Макси́м	преподаёт	филосо́фию	аспира́нтам	в на́шем университе́те

учи́ть / научи́ть *to teach, to instruct, to train*

TEACHER	ACTION	STUDENT	OBJECT, GOAL	ADVERBIAL of place
Андре́й	учи́л	А́нну	—	—
Андре́й	учи́л	А́нну	пла́вать (пла́ванию)	—
Андре́й	учи́л	А́нну	пла́вать (пла́ванию)	в спорти́вной шко́ле

b) Using the patterns presented in the tables as a guide, complete the sentences below by inserting appropriate verbs of teaching and learning. Pay attention to the tense forms.

Мы с Ма́шей дру́жим с де́тства. Мы с ней как сёстры. Мы обе__*у́чимся*__ в Моско́вском университе́те. Мы _____ на математи́ческом факульте́те. Пѐред экза́менами мы _____ вме́сте. Обы́чно мы _____ в библиоте́ке, но пѐред экза́меном по францу́зскому языку́ мы _____ у меня́ и́ли у Ма́ши до́ма. Мы чита́ем вслух те́ксты и _____ стихи́. Ма́ша о́чень хорошо́ _____ в шко́ле, и по̀сле университе́та она́ наде́ется поступи́ть в аспиранту́ру.

В на́шем университе́те _____ Ма́шин оте́ц. Он _____ фи́зику аспира́нтам и руководи́т их диссерта́циями. Его́ аспира́нты говоря́т, что он _____ замеча́тельно. А он говори́т, что ему́ помога́ет то, что он всю жизнь не то́лько _____ други́х, но и _____ сам. Он лю́бит литерату́ру и исто́рию: сейча́с он серьёзно _____ Геродо́та и други́х гре́ческих исто́риков. Он говори́т, что он мно́гому у них _____ .

Ма́ша с де́тства _____ му́зыкой. Она́ счита́ет, что все, кто _____ матема́тикой, должны́ _____ и му́зыке, _____игра́ть на како́м-нибудь инструме́нте. Действи́тельно, средѝ матема́тиков мно́го хоро́ших музыка́нтов. Я

никогда́ не _____ му́зыкой, но Ма́шин брат Ди́ма обеща́л _____ меня́
игра́ть на гита́ре. Музыка́нтом я уже́ не бу́ду, но зато́ я хорошо́ пла́ваю и игра́ю в
те́ннис — ведь я _____ спо́ртом мно́го лет. Ма́ша о́чень хо́чет
_____ игра́ть в те́ннис, но я её _____ не могу́. Я непло́хо игра́ю сама́,
но совсе́м не уме́ю _____ други́х Ма́ше ну́жно _____ у
профессиона́льного тре́нера.

20. Ва́ши расска́зы.

Make up three stories about yourself, using the words and phrases below as well as other vocabulary from the story and from exercises 17 and 18.

1. **Моя́ учёба в шко́ле**

   учи́ться в хоро́шей шко́ле
   занима́ться матема́тикой (фи́зикой, францу́зским языко́м...)
   спосо́бности **к** + *dat.*
   учи́ть слова́ (пра́вила, теоре́мы...) с удово́льствием
   кни́ги по исто́рии (иску́сству...)
   занима́ться те́ннисом (бале́том...)
   игра́ть в баскетбо́л
   занима́ться му́зыкой **в** + *prep.* and/or **с** + *instr.*
   аттеста́т зре́лости

2. **Моё поступле́ние в университе́т**

   мечта́ть быть/стать *instr.*
   боя́ться провали́ться (на экза́менах)
   большо́й ко́нкурс
   зубри́ть/вы́зубрить *acc.*
   сдава́ть/сдать экза́мены
   поступа́ть/поступи́ть **в/на** + *acc.*
   люби́ть/полюби́ть *acc.*
   ненави́деть/возненави́деть *acc.*
   занима́ться *instr.* с удово́льствием/с отвраще́нием
   дека́н
   возлага́ть наде́жды **на** + *acc.*
   аспиранту́ра

3. **Каки́м я ви́жу своё бу́дущее**

   зака́нчивать/зако́нчить университе́т
   занима́ться нау́чной рабо́той
   писа́ть/написа́ть диссерта́цию
   защища́ть/защити́ть диссерта́цию
   преподава́ть *acc.* & **в/на** + *prep.*
   е́здить на конфере́нции и симпо́зиумы
   брать/взять академи́ческий о́тпуск
   писа́ть нау́чные статьи́
   осуществи́ть (свой) пла́ны (наде́жды...)
   стать нача́льником (дире́ктором, мини́стром...)

21. Иначе говоря.

For each context, select the appropriate idiom from the list below. Use contextual clues as well as the definitions in the right column to help you make the right choice.

1) аттеста́т зре́лости
2) возлага́ть больши́е наде́жды **на** + *acc.*
3) как мо́жно ре́же
4) как ра́з
5) никто́ на све́те
6) пошёл слух

7) оправда́ть наде́жды *gen.*
8) произвести́ о́чень хоро́шее впечатле́ние **на** + *acc.*
9) с жела́нием
10) со шко́льной скамьи́
11) сти́снув зу́бы
12) тошни́ть *acc.* **от** + *gen.*

1. __10)__ Ната́ша — моя́ са́мая бли́зкая подру́га. Мы зна́ем дру̀г дру́га мно́го лет и дру́жим *со шко́льной скамьи́* .   (со вре́мени учёбы в шко́ле)

2. Ната́ша всегда́ люби́ла литерату́ру, сама́ пи́шет стихи́, и когда́ она́ зако́нчила шко́лу и получи́ла _____ , бы́ло я́сно, куда́ она́ бу́дет поступа́ть.   (докуме́нт об оконча́нии сре́дней шко́лы)

3. Ната́ше ну́жно бы́ло написа́ть эссе́ для поступле́ния в университе́т, и она́ написа́ла эссе́ в стиха́х, кото́рое _____ на коми́ссию.   (о́чень понра́виться)

4. В университе́те преподава́тели ча́сто говори́ли Ната́ше, что _____ .   (ждать **от** + *gen.* больши́х успе́хов)

5. И Ната́ша _____ : она́ зако́нчила университе́т и ста́ла литерату́рным кри́тиком.   (доби́ться успе́хов, кото́рых от тебя́ ожида́ли)

6. Я то́же поступи́ла в университе́т, на геологи́ческий факульте́т, но не могу́ сказа́ть, что я занима́лась _____ .   (с больши́м интере́сом)

7. На ле́кциях мне бы́ло ску́чно, меня́ от них _____ .   (стано́вится пло́хо *dat.*)

8. Я прогу́ливала ле́кции, стара́лась ходи́ть на них _____ .   (о́чень ре́дко)

9. По факульте́ту _____ , что я собира́юсь бро́сить университе́т.   (На факульте́те начали́сь разгово́ры)

10. Но _____ в тот моме́нт, когда́ я реши́ла бро́сить университе́т и пойти́ рабо́тать, ко мне пришла́ Ната́ша.   (и́менно)

11. Она́ помогла́ мне поня́ть, что мне на́до зако́нчить университе́т, и я, _____ , продолжа́ла занима́ться.   (несмотря́ на боль, каки́е-либо тру́дности и т. д.)

12. _____ не смог бы э́того сде́лать — то́лько Ната́ша.   (абсолю́тно никто́)

22. Други́ми слова́ми.

Rewrite the following sentences to express the same idea in a different way. Using the vocabulary from the story, paraphrase the sentences so that they are written in the 1st person with the subject **я** (some sentences may be paraphrased in more than one way).

1. Матема́тика не была́ мои́м люби́мым предме́том.

    _____ *Я не люби́л матема́тику* _____

2. Мои́м са́мым люби́мым предме́том была́ исто́рия.

3. Меня́ приводи́л в восхище́ние Геродо́т, а не Архиме́д.

4. (Но ма́ма боя́лась, что) меня́ не при́мут на истори́ческий.

5. Но меня́ при́няли — то́лько не на истори́ческий, а в политехни́ческий институ́т.

6. В институ́те все предме́ты вызыва́ли у меня́ не́нависть.

7. По́сле оконча́ния политехни́ческого меня́ посла́ли на рабо́ту в нау́чно-иссле́довательский институ́т.

8. Вско́ре меня́ сде́лали замести́телем нача́льника

9. Рабо́та над диссерта́цией вызыва́ла у меня́ отвраще́ние.

10. Но всё же диссерта́ция была́ зако́нчена.

11. Пото́м была́ защи́та диссерта́ции.

12. (Когда́ нача́льник отде́ла ушёл на пе́нсию,) меня́ назна́чили нача́льником.

13. Мне да́ли академи́ческий о́тпуск.

14. Начала́сь рабо́та над до́кторской диссерта́цией.

15. На защи́те мне говори́ли мно́го прекра́сных слов.

16. Неда́вно меня́ избра́ли чле́ном-корреспонде́нтом.

23. От ча́стного к о́бщему.

Using the vocabulary from the story, make up sentences that show the connection between each pair of words/phrases. For each pair, make up two sentences:

a) the first should reflect relevant information from the story;
b) the second should provide a general statement.

1. матема́тика и фи́зика — политехни́ческий институ́т

    _____ a) *У Вади́ма бы́ли спосо́бности к матема́тике и фи́зике, и он поступи́л в политехни́ческий институ́т.*

    b) *В политехни́ческом институ́те изуча́ют матема́тику и фи́зику. ИЛИ: Студе́нты политехни́ческого институ́та изуча́ют матема́тику и фи́зику._____*

2. истори́ческий факульте́т — большо́й ко́нкурс
3. оконча́ние институ́та — назначе́ние в нау́чно-иссле́довательский институ́т
4. диссерта́ция — отвраще́ние
5. диссерта́ция — защи́та
6. банке́т по́сле защи́ты — прекра́сные слова́
7. замести́тель нача́льника — нача́льник
8. до́кторская (диссерта́ция) — библиоте́ка
9. член-корреспонде́нт — мини́стр

24. Кото́рый, кото́рого, кото́рому...

Add additional information to the underlined part of each sentence, using a relative clause introduced by the conjunction **кото́рый**, **где**, **куда́**, or **отку́да**.

1. a) Дире́ктор шко́лы сказа́л <u>мое́й ма́ме</u>, что у меня́ больши́е спосо́бности к матема́тике.
   Дире́ктор шко́лы сказа́л мое́й ма́ме,___ *кото́рая всегда́ ему́ ве́рила,*___ что у меня́ больши́е спосо́бности к матема́тике.

   b) Дире́ктор шко́лы сказа́л мое́й ма́ме, что у меня́ больши́е спосо́бности <u>к матема́тике</u>.

   c) Дире́ктор <u>шко́лы</u> сказа́л мое́й ма́ме, что у меня́ больши́е спосо́бности к матема́тике.

2. a) Я получи́л назначе́ние <u>в нау́чно-иссле́довательский институ́т</u>, а мой лу́чший друг — в сре́днюю шко́лу где́-то на Се́вере.

   b) Я получи́л назначе́ние в нау́чно-иссле́довательский институ́т, а <u>мой лу́чший друг</u> — в сре́днюю шко́лу где́-то на Се́вере.

   c) Я получи́л назначе́ние в нау́чно-иссле́довательский институ́т, а мой лу́чший друг — <u>в</u> <u>сре́днюю шко́лу где́-то на Се́вере</u>.

3. a) По̀сле <u>специа́льных ку́рсов</u> я на́чал рабо́тать над диссерта́цией.

   b) По̀сле специа́льных ку́рсов я на́чал рабо́тать над <u>диссерта́цией</u>.

4. a) Когда́ я зако́нчил <u>диссерта́цию</u>, была́ защи́та, и по̀сле защи́ты был банке́т.

   b) Когда́ я зако́нчил диссерта́цию, была́ <u>защи́та</u>, и по̀сле защи́ты был банке́т.

   c) Когда́ я зако́нчил диссерта́цию, была́ защи́та, и по̀сле защи́ты был <u>банке́т</u>.

5. a) А у меня́ на столе́ ря́дом с телефо́ном лежи́т <u>потрёпанная кни́жка о войне́ Асси́рии с</u> <u>Ура́рту</u>.

   b) А у меня́ на столе́ ря́дом с <u>телефо́ном</u> лежи́т потрёпанная кни́жка о войне́ Асси́рии с Ура́рту.

25. Скажи́те ина́че.

Replace the bold-faced words with words from the story. Change the syntactic structure where appropriate.

Я вам расскажу́ о моём дру́ге Вади́ме. Вади́м и я вме́сте учи́лись в шко́ле. Мы дружи́ли **с де́тства**. Вади́м **хоте́л стать исто́риком**. Он **был в восхище́нии от Геродо́та**, а до Архиме́да **ему́ не́ было никако́го де́ла**. Учителя́ говори́ли, что у Вади́ма спосо́бности **к фи́зике и матема́тике**. Его́ ма́ма в это пове́рила, и Вади́м, кото́рый никогда́ **не причиня́л ма́ме огорче́ний**, реши́л **пода́ть заявле́ние** в политехни́ческий институ́т. Мѐжду про́чим, дека́ном политехни́ческого был **са́мый бли́зкий** друг его́ отца́.

Вади́м стал студе́нтом политехни́ческого. Меня́ то́же **при́няли** в политехни́ческий. В институ́те Вади́м **чу́вствовал не́нависть ко всем предме́там**. Там, пра́вда, была́ исто́рия, но студе́нты **не ходи́ли на ле́кции по исто́рии**. Вади́м мно́го занима́лся — он знал, что дека́н **ожида́ет от него́ больши́х успе́хов**.

По̀сле оконча́ния и меня́, и Вади́ма посла́ли рабо́тать в нау́чно-иссле́довательский институ́т. В этом институ́те **хоте́ли** рабо́тать все — все, **но то́лько не Вади́м**. Он **с пе́рвой мину́ты** возненави́дел свою́ рабо́ту. **Ему́ станови́лось пло́хо** от ви́да кривы́х, а на́ши **колле́ги** их **горячо́** обсужда́ли.

Ка́к-то нача́льник Вади́ма предложи́л ему́ интере́сную те́му для диссерта́ции. Нача́льник **не сомнева́лся**, что э́та те́ма не бу́дет для Вади́ма **сли́шком тру́дной**. Вади́ма **посла́ли** на специа́льные ку́рсы. По̀сле ку́рсов Вади́м написа́л диссерта́цию, о кото́рой говори́ли, что это **замеча́тельная рабо́та**.

В институ́те Вади́м стал **пе́рвым помо́щником** своего́ нача́льника, а когда́ его́ нача́льник ушёл на пе́нсию, он **стал нача́льником. В институ́те начали́сь разгово́ры,** что он пи́шет до́кторскую. В институ́те о **нём бы́ли о́чень высо́кого мне́ния,** и ему́ да́ли **о́тпуск для нау́чной рабо́ты.**

Сейча́с Вади́м уже́ член-корреспонде́нт. **У меня́ нет сомне́ний,** что он ско́ро бу́дет мини́стром. Но когда́ он **запира́ет дверь** своего́ кабине́та **на ключ,** все ду́мают, что он рабо́тает, а я зна́ю, что он **вынима́ет** из я́щика своего́ стола́ кни́жку о госуда́рстве Ура́рту и чита́ет её.

26. Подро́бнее, ещё подро́бнее, ещё подро́бнее...

Write a story, using the vocabulary of group (1), then expand it by adding the bold-faced vocabulary from group (2), expand it again, using the bold-faced words from group (3), and again, using the bold-faced words from group (4).

(1) мечта́ть стать исто́риком...

    ненави́деть матема́тику

    поступи́ть в политехни́ческий

    рабо́тать в нау́чно-иссле́довательском институ́те

    написа́ть диссерта́цию, кото́рую называ́ли блестя́щей

(2) **люби́ть исто́рию со шко́льной скамьи́**

    мечта́ть стать исто́риком...

    ненави́деть матема́тику

    зубри́ть аксио́мы и теоре́мы

    поступи́ть в политехни́ческий

    получи́ть зави́дное назначе́ние

    рабо́тать в нау́чно-иссле́довательском институ́те

    учи́ться три го́да на специа́льных ку́рсах

    написа́ть диссерта́цию, кото́рую называ́ли блестя́щей

    полюби́ть матема́тику, но не разлюби́ть исто́рию

(3) люби́ть исто́рию со шко́льной скамьи́

    мечта́ть стать исто́риком...

    ненави́деть матема́тику

    испо́льзовать дру́жбу па́пы с дека́ном политехни́ческого институ́та

    зубри́ть аксио́мы и теоре́мы

    поступи́ть в политехни́ческий

    с отвраще́нием зубри́ть сопрома́т

    получи́ть зави́дное назначе́ние

    возненави́деть свою́ рабо́ту

    рабо́тать в нау́чно-иссле́довательском институ́те

    произвести́ хоро́шее впечатле́ние на нача́льника

    написа́ть диссерта́цию, кото́рую называ́ли блестя́щей

    стать нача́льником отде́ла

(4) люби́ть исто́рию со шко́льной скамьи́

    мечта́ть стать исто́риком...

    ненави́деть матема́тику

    испо́льзовать дру́жбу па́пы с дека́ном политехни́ческого институ́та

    не хоте́ть огорча́ть ма́му

    зубри́ть аксио́мы и теоре́мы

поступить в политехнический

ненавидеть все предметы

прогуливать лекции

с отвращением зубрить сопромат

оправдывать надежды декана

получить завидное назначение

возненавидеть свою работу

работать в научно-исследовательском институте

произвести хорошее впечатление на начальника

учиться три года на специальных курсах

написать диссертацию, которую называли блестящей

стать начальником отдела

полюбить математику, но не разлюбить историю

ТЕКСТ И РЕЧЬ

FROM READING TO SPEAKING

В рассказе «История» речь идёт о таких серьёзных вещах, как выбор профессии, поступление в институт, научная карьера. И всё же вы, наверное, отнеслись к событиям, описанным в рассказе, не очень серьёзно. И правильно сделали, потому что рассказ юмористический. На первый взгляд, ни одно из событий в рассказе не противоречит действительности. Почему же они кажутся нам абсурдными? И как автор создаёт такой эффект?

ВАДИМ И ЕГО КАРЬЕРА

27. Путь наверх.

Представьте себе, что вы должны рассказать слушателям о жизни и работе Вадима — Вадима Алексеевича. Перед вами план рассказа. Выпишите из текста слова и выражения, которые нужны для рассказа. Указывайте номера отрывков.

1. Школа: ____*учёба в школе; способности к логическому мышлению; склонности к точным наукам (1-ый отрывок)*____ .

2. Окончание школы:

3. Институт:

4. Распределение и работа:

5. Научная работа:

6. Административные обязанности:

7. Блестящая карьера:

28. Член-корреспондент и заместитель министра.

Укажите, какие события в жизни Вадима относятся к его научной карьере, а какие — к административной:

Научная карьера	Административная карьера
_____ _На распределении Вадим получил назначение в научно-исследовательский институт. (2-ой отрывок)_ _____	

29. Член-корреспондент и заместитель министра.

Расскажите об административной и научной карьере Вадима Алексеевича, пользуясь материалом упражнений 27 и 28.

РЕАЛЬНОСТЬ ИЛИ АБСУРД?

30. Работа Вадима и его отношение к ней.

Рассказ построен на контрасте реальных событий в жизни Вадима и его отношения к ним. В задании названы реальные факты из жизни Вадима. Скажите, как на самом деле Вадим относился к тому, что с ним происходило.

1. Учителя Вадима считали, что у него склонности к точным наукам.
   _____ _Но Вадим точные науки не любил. Он говорил, что зубрил аксиомы и теоремы с отвращением (1-ый отрывок)._ _____

2. Директор школы считал, что будущее Вадима связано с точными науками.

3. Вадим поступил в Политехнический институт.

4. После окончания института Вадим получил назначение в научно-исследовательский институт, о работе в котором мечтали все.

5. Потом Вадима послали на специальные курсы по математике, чтобы он мог написать интересную диссертацию.

6. Вадим написал кандидатскую диссертацию, которую называли блестящей.

7. Вадим Алексеевич стал заместителем своего начальника, он участвовал в заседаниях и совещаниях.

8. Когда начальник Вадима Алексеевича ушёл на пенсию, его назначили начальником.

9. Вадиму Алексеевичу дали академический отпуск для работы над докторской диссертацией.

10. На банкете после защиты говорили прекрасные слова про его беззаветное служение науке.

11. Вадим Алексеевич стал членом-корреспондентом, и в тот день, когда кончается рассказ, его будут утверждать на должность заместителя министра.

31. Работа Вадима и его отношение к ней.

Расскажите, как Вадим относился к своей работе и научной работе. В дополнение к словам и выражениям из рассказа, используйте такие слова и выражения:

Выраже́ние отвраще́ния:	мне (ему́...) проти́вно + *infin.*
	тошнотво́рный
	меня́ (его́...) мути́т **от** +*gen.*
Выраже́ние не́нависти:	чу́вствовать (пита́ть) не́нависть **к** + *dat.*
	не выноси́ть + *gen.* (or *acc. for inanimate nouns*)
	терпе́ть не могу́ (не мо́жет и т. п.) + *acc.* or *gen.* (or *infin.*)
Преодоле́ние нежела́ния:	чѐрез си́лу
	чѐрез не могу́

32. Быва́ет ли так?

Поговори́м о том, наско́лько реа́льны ситуа́ции, опи́санные в расска́зе. Отвеча́я на вопро́сы, аргументи́руйте свою́ то́чку зре́ния.

1. Вади́м получи́л назначе́ние в нау́чно-иссле́довательский институ́т. Сравни́те, как относи́лся к рабо́те Вади́м и как относи́лись его́ сослужи́вцы.

2. Как развива́лись отноше́ния мѐжду Вади́мом и его́ нача́льником? Почему́ у нача́льника сложи́лось впечатле́ние, что Вади́м рабо́тает с жела́нием?

3. Ви́дите ли вы каки́е-нибудь противоре́чия мѐжду ситуа́цией на рабо́те у Вади́ма и ситуа́цией, кото́рая могла́ бы сложи́ться в реа́льной жи́зни? Аргументи́руйте свой отве́т.

4. Вади́м говори́т, что он писа́л диссерта́цию, преодолева́я отвраще́ние. Но написа́л он блестя́щую рабо́ту. В чём тут противоре́чие, и как бы вы объясни́ли э́то противоре́чие?

5. Расскажи́те, как относи́лись к Вади́му лю́ди, рабо́тавшие с ним. Каки́м о́бразом он суме́л сде́лать таку́ю блестя́щую карье́ру? Быва́ет ли так в реа́льной действи́тельности?

33. Что э́то зна́чит?

Что̀бы лу́чше поня́ть, почему́ а́втор расска́за выбира́ет то и́ли ино́е сло́во, дава́йте проанализи́руем не́сколько отры́вков из те́кста. Прѐжде чем де́лать э́то зада́ние, перечита́йте примеча́ния и «Заме́тки о сти́ле» по̀сле те́кста.

1. В нача́ле расска́за чита́тель узнаёт: *...одна́жды математи́чка сказа́ла мое́й ма́ме, что у меня́ спосо́бности к логи́ческому мышле́нию...* И да́льше: *Вручая́ мне аттеста́т зре́лости, дире́ктор шко́лы сказа́л, что мои́ несомне́нные скло́нности к то́чным нау́кам даю́т ему́ основа́ние ви́деть моё бу́дущее свя́занным с э́тими нау́ками* (1-ый отры́вок). Как вы ду́маете, заче́м ну́жно сло́во *несомне́нные,* наско́лько оно́ ва́жно?

2. Геро́й сра́внивает свои́ ша́нсы поступи́ть на истори́ческий факульте́т и в политехни́ческий институ́т: *...на истори́ческий — ко́нкурс три́дцать челове́к на ме́сто, а лу́чший друг моего́ па́пы — дека́н политехни́ческого, а э́то даёт дополни́тельную уве́ренность ма́ме...* (1-ый отры́вок). Как вы ду́маете, почему́ здесь говори́тся о *дополни́тельной* уве́ренности? Что ещё дава́ло уве́ренность ма́ме геро́я?

3. Ма́ма Вади́ма повлия́ла на реше́ние вопро́са о поступле́нии:*...лу́чший друг моего́ па́пы — дека́н политехни́ческого, а э́то даёт дополни́тельную уве́ренность ма́ме, кото́рая обеща́ла сойти́ с ума́, е́сли я провалю́сь, поступа́я на истори́ческий...* (1-ый отры́вок). Как вы понима́ете выраже́ние *обеща́ла сойти́ с ума́*? Возмо́жно ли э́то?

4. В политехни́ческом институ́те у геро́я была́ возмо́жность слу́шать ле́кции по исто́рии: *Тут, пра́вда, была́ исто́рия, но её прогу́ливали всей гру́ппой, да и исто́рия тут была́ не того́ вре́мени...* (2-о́й отры́вок). Как вы понима́ете выраже́ние *не того́ вре́мени?*

5. Геро́й получи́л назначе́ние в нау́чно-иссле́довательский институ́т, где все мечта́ли рабо́тать: *Рабо́ту свою́ я возненави́дел сра́зу и бесповоро́тно* (2-о́й отры́вок). Как вы понима́ете сло́во *бесповоро́тно?*

6. Вот расска́з геро́я о рабо́те в нау́чно-иссле́довательском институ́те: *...я ти́хо сиде́л и чита́л про приготовле́ния к но́вому похо́ду Асси́рии на Ура́рту* (2-о́й отры́вок). *Но одна́жды меня́ подозва́л нача́льник и сказа́л, что свое́й вду́мчивостью я произвёл на него́ хоро́шее впечатле́ние...* (3-ий отры́вок). Как вы понима́ете сло́во *вду́мчивость?*

7. Предложи́в геро́ю интере́сную те́му для диссерта́ции, нача́льник сказа́л, что *...он то́лько рад помо́чь, е́сли ви́дит, что челове́к рабо́тает с жела́нием* (3-ий отры́вок). Как вы понима́ете выраже́ние *с жела́нием?*

8. Геро́й защища́ет кандида́тскую диссерта́цию: *На защи́те сказа́ли, что то́лько челове́к, бесконе́чно влюблённый в своё де́ло, мог написа́ть таку́ю блестя́щую рабо́ту* (3-ий отры́вок). *Челове́к, влюблённый в своё де́ло* — э́то уже́ о́чень я́ркая характери́стика отноше́ния к рабо́те, к нау́ке. Что зна́чит сло́во *бесконе́чно?* Каку́ю фу́нкцию оно́ выполня́ет?

9. Вы по́мните, как Вади́м Алексе́евич стал нача́льником? *Когда́ нача́льник отде́ла уходи́л на пе́нсию, он объяви́л руково́дству, что никто́ на све́те не заме́нит его́ с бо́льшим успе́хом, чем я. И я был назна́чен нача́льником* (4-ый отры́вок). Как вы понима́ете выраже́ние *никто́ на све́те не заме́нит его́ с бо́льшим успе́хом, чем я?*

10. Геро́й защити́л втору́ю диссерта́цию — до́кторскую: *На банке́те по̀сле защи́ты про моё беззаве́тное служе́ние нау́ке говори́ли таки́е прекра́сные слова́, сло́вно чита́ли некроло́г...* (4-ый отры́вок). Что тако́е *некроло́г?* Заче́м ну́жно сра́внивать слова́, произнесённые на банке́те, с некроло́гом?

11. За кра́тким сообще́нием о том, что геро́й стал чле́ном-корреспонде́нтом Акаде́мии Нау́к (а э́то больша́я честь для учёного), сле́дует описа́ние того́, что́ он де́лает: *Сейча́с я уже́ член-корреспонде́нт. Я издаю́ распоряже́ния, нака́зываю и поощря́ю, осуществля́ю си́нтез нау́ки и произво́дства* (5-ый отры́вок). Как вам ка́жется, есть ли каки́е-нибудь несоотве́тствия мѐжду высо́ким нау́чным положе́нием геро́я и его́ расска́зом о том, чем он занима́ется?

ВЫ́БОР ПРОФЕ́ССИИ

34. **Что влия́ет на вы́бор профе́ссии.**

Ни́же на́званы фа́кторы, кото́рые обы́чно влия́ют или мо́гут повлия́ть на вы́бор профе́ссии. Обсуди́те, каки́е из них повлия́ли на вы́бор Вади́ма и каки́е повлия́ли на ваш вы́бор.

1. Спосо́бности (наприме́р, спосо́бности к то́чным нау́кам, к гуманита́рным нау́кам, к социа́льным нау́кам...).

2. Индивидуа́льные скло́нности к каки́м-либо заня́тиям.

3. Чёткое представле́ние не то́лько о свои́х спосо́бностях, но и о возмо́жностях (включа́я состоя́ние здоро́вья).

4. Мне́ние и влия́ние роди́телей и ро́дственников (кото́рые безусло́вно жела́ют своему́ сы́ну или до́чери то́лько хоро́шего).

5. Вы́бор профе́ссии отца́ или ма́тери из жела́ния «продо́лжить дина́стию».

6. Влия́ние друзе́й, однокла́ссников.

7. Мне́ние и сове́ты учителе́й.

8. Стремле́ние попа́сть в тако́й институ́т, в кото́ром, по ва́шим представле́ниям, легко́ учи́ться.

9. Информа́ция о том, како́й обы́чно ко́нкурс в институ́те или на факульте́те, куда́ вы хоти́те попа́сть.

10. Свя́зи, т.е. лю́ди (вро́де «лу́чшего дру́га па́пы»), кото́рые мо́гут и хотя́т помо́чь вам, среди́ администра́ции того́ или ино́го уче́бного заведе́ния.

11. Жела́ние доби́ться больши́х успе́хов, призна́ния.

12. Жела́ние приноси́ть по́льзу лю́дям.

13. Жела́ние разбогате́ть любы́ми сре́дствами.

14. Информи́рованность о той или ино́й профе́ссии, о её плю́сах и ми́нусах.

15. Жела́ние име́ть «мо́дную» или «прести́жную» профе́ссию.

16. Прогно́з на бу́дущее: наско́лько легко́ бу́дет найти́ хоро́шую рабо́ту в и́збранной ва́ми о́бласти.

35. **Что влия́ет на вы́бор профе́ссии.**

Прочита́йте текст, взя́тый из Интерне́та. Обсуди́те отве́т молодо́го челове́ка на вопро́с корреспонде́нта газе́ты. Сравни́те с тем, как выбира́л профе́ссию геро́й расска́за и как выбира́ли её вы. Е́сли вы не зна́ете, каковы́ фу́нкции вое́нных ка́федр при институ́тах, найди́те объясне́ние в Интерне́те.

— Почему́ вы вы́брали свою́ профе́ссию ?

— (1) Ну, я, во-пе́рвых, был практи́чески уве́рен, что до́лжен стать техна́рём: и оте́ц, и ма́ма — инжене́ры.

(2) Во-вторы́х, сравни́тельно недалеко́ от до́ма.

(3) В-тре́тьих, институ́т серьёзный, а для дальне́йшей карье́ры э́то поле́зно.

(4) В-четвёртых, я уже́ два го́да как ходи́л туда́ в фи́зико-математи́ческую шко́лу.

(5) В-пя́тых, у отца́ на одно́й из ка́федр там ро́дственник рабо́тал.

(6) В-шесты́х, там была́ вое́нная ка́федра.

36. **Что влия́ет на вы́бор профе́ссии.**

На не́которых са́йтах ру́сского интерне́та вы́бор профе́ссии представля́ют в ви́де треуго́льника:

Хочу́ — э́то интере́сы и скло́нности, жела́ние занима́ться тем, что нра́вится.

Могу́ — э́то нали́чие («не могу́» — отсу́тствие) спосо́бностей к той или ино́й профе́ссии.

На́до — э́то потре́бность о́бщества в определённых специа́льностях.

По́льзуясь э́той моде́лью, расскажи́те о том, как выбира́л профе́ссию Вади́м и как выбира́ли её вы.

37. **Что влияет на выбор профессии.**

Пользуясь моделью задания 36 (**могу — хочу — надо**), дайте подробные ответы на вопросы и проанализируйте описанные ситуации:

1. При выборе профессии можно совершить ряд ошибок. Какие ошибки, по вашему мнению, сделал Вадим? Как вам кажется, каких ошибок избежали вы?

2. Вы хотите учиться вместе со своим близким другом. Он хочет быть лётчиком и будет поступать в Военно-воздушную Академию. Но вы с ним очень разные: он любит риск, опасность, а вы — нет. Что вы будете делать?

3. Вы восхищаетесь известным врачом, который успешно делает сложные операции. Он спас многих людей. Вы тоже хотите спасать людей. Вы знаете, что врачи всегда и везде нужны. Но... вам становится плохо при виде крови. Что делать?

4. Вы любите и умеете всё делать руками. Все говорят, что у вас золотые руки. Но ваши родители, профессора университета, настаивают на том, чтобы вы выбрали «интеллектуальную» профессию. Они надеются, что вам понравится заниматься наукой. Вы будете не раз обсуждать этот вопрос с родителями. Какие аргументы будут приводить ваши родители и какие аргументы будете приводить вы?

5 Ваши учителя хвалят вас, гордятся вами. Хвалят они вас за успехи в литературе, за ваши прекрасные эссе. И хотя вы по-настоящему любите литературу, вы всё же собираетесь стать программистом, потому что программисту легче найти работу. Ваш друг считает, что вы делаете большую ошибку. Аргументируйте его точку зрения и свою.

6. Вам хочется успеха, хочется стать актёром (актрисой). Вам кажется, что быть актёром (актрисой) легко: ведь вы сыграли довольно большую роль в школьном спектакле, родители и учителя вас хвалили. Но вы не уверены, есть ли у вас способности, чтобы стать профессиональным актёром (актрисой). Что вы будете делать?

38. **Интервью.**

Представьте себе, что после защиты кандидатской диссертации Вадим решил уйти на другую работу. Его приглашают на собеседование. Как, по вашему мнению, он ответил бы на вопросы? Найдите в тексте информацию, которую он должен использовать, и информацию, которую ему лучше скрыть.

1. Расскажите немного о себе.
2. Чем Вас привлекает работа в нашем институте?
3. В чём Ваши преимущества перед другими кандидатами на должность руководителя проекта?
4. Почему Вы решили переменить место работы?
5. Получали ли Вы какие-нибудь другие предложения?
6. Как Вы повышаете свою профессиональную квалификацию?
7. Каковы Ваши сильные стороны?
8. Каковы Ваши слабые стороны?
9. Каковы Ваши научные планы?
10. Как Вы представляете своё положение через пять (десять) лет?
11. Кто может дать отзыв о Вашей работе?
12. На какую зарплату Вы рассчитываете?
13. Когда Вы могли бы приступить к новой работе?
14. Чем Вы любите заниматься в свободное время?
15. Есть ли у Вас какие-нибудь вопросы?

39. Что было бы, если бы...

А теперь пофантазируйте.

1. Вы — талантливый молодой учёный. Вы закончили аспирантуру и хотите попасть на работу в известный научно-исследовательский институт, где работает Вадим Алексеевич. Он будет вас интервьюировать. Составьте диалог — возможные вопросы и ваши ответы — и разыграйте его со своим партнёром.

2. Представьте себе, что после окончания политехнического Вадим, который не очень хорошо учился, получил назначение в среднюю школу где-то в Сибири. Проработав в школе два года, Вадим приехал на конференцию учителей. Что он мог бы рассказать о своей работе в школе? Подготовьте его рассказ и вопросы, которые могли бы ему задать участники конференции.

3. Представьте себе, что Вадим не поступил в политехнический, несмотря на поддержку декана — «лучшего друга папы». После этого он весь год готовился к вступительным экзаменам на исторический факультет. При поступлении ему нужно пройти собеседование. Составьте диалог — вопросы, которые задаёт преподаватель, и возможные ответы Вадима — и разыграйте его со своим партнёром.

4. Представьте себе, что Вадим поступил на исторический факультет. Он прекрасно занимался, сделал несколько научных докладов и закончил университет с отличием. Как могла бы сложиться его карьера?

40. В Стране Чудес.

Прочитайте два перевода известного отрывка из сказки Льюса Кэрролла «Приключения Алисы в Стране Чудес». Представьте себе, что разговор между Алисой и Чеширским Котом — это разговор о выборе профессии. Предложите свою интерпретацию этого разговора.

— Скажите, пожалуйста, куда мне отсюда идти?
— Это во многом зависит от того, куда ты хочешь прийти,— ответил Кот.
— Да мне почти всё равно,— начала Алиса.
— Тогда всё равно, куда идти,— сказал Кот.
— Лишь бы попасть куда-нибудь,— пояснила Алиса.
— Не беспокойся, куда-нибудь ты обязательно попадёшь, — сказал Кот, — конечно, если не остановишься на полпути.

(Перевод Б. Заходера)

— Скажите, пожалуйста, куда мне отсюда идти?
— А куда ты хочешь попасть? — ответил Кот.
— Мне всё равно... — сказала Алиса.
— Тогда всё равно, куда и идти, — заметил Кот.
— ...только бы попасть куда-нибудь, — пояснила Алиса.
— Куда-нибудь ты обязательно попадёшь, — сказал Кот. — Нужно только достаточно долго идти.

(Перевод Н. Демуровой)

41. Напишите сочинение.

Выберите одну из тем.
1. Что было бы, если бы Вадим поступил на исторический факультет.
2. Характер и человеческие качества Вадима Алексеевича.
3. Как я выбирал(а) профессию.

АКТИВНАЯ ЛЕКСИКА

ACTIVE VOCABULARY

СЛОВА   WORDS

банке́т

блестя́щий

бу́дущее *adj. used as noun*

влюблённый (*short-form* влюблён, -ена́, -ы́)

восхища́ться / восхити́ться *instr.*

вуз

вызыва́ть / вы́звать *acc.*

госуда́рство

гре́ческий

дека́н

диссерта́ция

до́лжность

достава́ть / доста́ть *acc.*

заменя́ть / замени́ть *acc.*

замести́тель (нача́льника, мини́стра...)

запира́ться / запере́ться

защи́та (диссерта́ции, дипло́ма...)

звони́ть / зазвони́ть (*pfv.-begin*)

зубри́ть / вы́зубрить *acc.*

ина́че

ко́нкурс

мечта́ть **о** + *prep.* or *infin.*

мини́стр

мышле́ние

назнача́ть / назна́чить *acc. & instr.*

назначе́ние

напомина́ть / напо́мнить *dat. & о* + *prep.*

направля́ть / напра́вить *acc. & в/на* + *acc.*

нау́чно-иссле́довательский

нача́льник

недоста́точно

ненави́деть / возненави́деть *acc.*

несомне́нный

неуве́ренность

объявля́ть / объяви́ть *acc.* or **о** + *prep. & dat.*

огорча́ть / огорчи́ть *acc.*

остава́ться / оста́ться *instr.*

осуществля́ть / осуществи́ть *acc.*

отвраще́ние

отде́л

плева́ть / наплева́ть *dat. &* **на** + *acc.*

политехни́ческий

получа́ть / получи́ть *acc.*

поступа́ть / поступи́ть **в/на** + *acc.*

предлага́ть / предложи́ть *dat. & acc.* or *infin.*

предме́т

преодолева́ть / преодоле́ть *acc.*

прова́ливаться / провали́ться

прогу́ливать / прогуля́ть *acc.*

прокля́тый

распределе́ние

руково́дство

слу́жба

сослужи́вец

спосо́бности **к** + *dat.*

справля́ться / спра́виться **с** + *instr.*

сра́зу

тошни́ть (*impers.*) *acc. &* **от** + *gen.*

уве́ренность

уве́ренный (*short-form* уве́рен, -а, -ы)

утвержда́ть / утверди́ть *acc.*

цени́ть (*impfv. only*) *acc.*

член-корреспонде́нт

ВЫРАЖЕНИЯ   IDIOMS AND PHRASES

академи́ческий о́тпуск

аттеста́т зре́лости

возлага́ть (больши́е) наде́жды **на** + *acc.*

дава́ть/дать основа́ние *dat. & infin.*

до́кторская диссерта́ция

как мо́жно ре́же (бо́льше, ча́ще...)

как ра́з

ко́нкурс три́дцать челове́к на ме́сто

не́чего благодари́ть

никто́ (ничто́...) на све́те

опра́вдывать/оправда́ть наде́жды *gen.*

пошёл слух

производи́ть/произвести́ (хоро́шее)
   впечатле́ние **на** + *acc.*

с бо́льшим успе́хом, чем...

свобо́дное вре́мя

с жа́ром (говори́ть, обсужда́ть...)

с жела́нием (рабо́тать)

с отвраще́нием

со шко́льной скамьи́

сти́снув зу́бы

с тоско́й

сходи́ть/сойти́ с ума́

торжествова́ть побе́ду

то́чные нау́ки

уходи́ть/уйти́ на пе́нсию

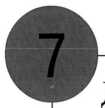

ДОПОЛНИТЕЛЬНОЕ ЧТЕНИЕ

SUPPLEMENTARY READING

М. Веллер

ТЕСТ

Пе́рвого а́вгуста, за ме́сяц до нача́ла заня́тий в шко́ле, ма́ма повела́ Ге́нку на профнакло́нность. Ге́нка не боя́лся и не пережива́л, как други́е. Ему́ не́чего бы́ло пережива́ть. Он знал, что бу́дет моряко́м. Его́ ко́мната была́ заста́влена моде́лями па́русников и ла́йнеров. Он знал да́же немно́го стари́нный флажно́й семафо́р и морзя́нку. И уме́л ориенти́роваться по ко́мпасу.

Вот Га́рька — Га́рька, да, волнова́лся. Он семени́л ря́дом со свое́й ма́мой, вспоте́вший и бле́дный. Вчера́ он упроси́л Ге́нку, что бу́дет проверя́ться по́сле него́. Он во всём с Ге́нки обезья́нничал. И моде́ли с него́ сли́зывал, и тельня́шку себе́ вы́клянчил, когда́ Ге́нка впервы́е вы́шел во двор в те́льнике. Ему́ то́же хоте́лось стать моряко́м. Ге́нке бы́ло не жа́лко. Пожа́луйста. Мо́ре большо́е — на всех хва́тит. Да́же так: когда́ он ста́нет капита́ном, то возьмёт Га́рьку на свой кора́бль помо́щником.

С со́лнечной у́лицы они́ вошли́ в прохла́дный вестибю́ль поликли́ники. Ге́нке ма́ма взяла́ номеро́к на де́сять со́рок. Га́рькин номеро́к был на де́сять пятьдеся́т.

В о́череди жда́ло и томи́лось ещё челове́к пять. Тро́е девчо́нок сиде́ли
чи́нно, досто́йно; девчо́нки... что с них взять, снача́ла им ку́клы, пото́м де́ти
— весь интере́с. Пацаны́ ти́хо спо́рили, с аза́ртом и неуве́ренностью.
Профнаклóнность — э́то тебе́ не шу́тка, все понима́ли.

Наста́ла Ге́нкина о́чередь. Они́ шагну́ли с ма́мой за бе́лую дверь.

— Оста́нься в тру́сиках, — сказа́ла медсестра́. — А вы, — к ма́ме, —
подожди́те здесь с оде́ждой.

Ге́нка незави́симо вошёл в кабине́т. До́ктор оказа́лся совсе́м не тако́й; не
ста́рый и в очка́х, а молодо́й и без очко́в. Из-под хала́та у до́ктора торча́ли
у́зкие джи́нсы.

— Сади́сь, орёл! — Он подвёл Ге́нку к высо́кому кре́слу. — Сиди́
тихо́нько, — пощёлкал переключа́телями огро́мной, во всю сте́ну, маши́ны с
огонька́ми и экра́нами. Снял со стелла́жей запеча́танную па́чку ка́рточек и
вложи́л в блок. — Не волну́йся, — пригова́ривал он ве́село, успока́ивающе,
а то, мо́жно поду́мать, Ге́нка волнова́лся... хм. До́ктор наде́л Ге́нке на го́лову
как бы коро́ну, от ка́ждого зубца́ тяну́лся то́ненький проводо́к за кре́сло.
Подо́бные же штуко́вины до́ктор бы́стро пристро́ил ему́ на ле́вую ру́ку и
пра́вую но́гу. И прилепи́л что́-то вро́де со́ски к груди́. — Так. Вдохни́.
Вы́дохни. Рассла́бься. Сиди́ споко́йно и постара́йся ни о чём не ду́мать. Бу́дто
бы ты уже́ спишь... — Он поверну́л зелёный рыча́жок. Маши́на тихо́нько
загуде́ла. — Вот и всё! — объяви́л до́ктор и снял с Ге́нки свои́
приспособле́ния.

— До́ктор, я моря́к? — для по́лного споко́йствия спроси́л Ге́нка
уве́ренно.

— Одну́ мину́точку... — До́ктор откры́л блок, вы́нул ка́рточки, нажа́л
каку́ю-то кно́пку, и маши́на вы́бросила проби́тую ка́рточку в лото́к. — А ты,
брат, хо́чешь стать моряко́м?..

— Ну есте́ственно, — снисходи́тельно сказа́л Ге́нка.

— Ого́!.. Сто девяно́сто два! — До́ктор одари́л Ге́нку до́лгим
внима́тельным взгля́дом. — Сто девяно́сто два! Поздравля́ю, ю́ноша.

— Я бу́ду адмира́лом?! — подпры́гнул Ге́нка.

По́сле па́узы до́ктор отве́тил мя́гко:

— Почему́ же обяза́тельно адмира́лом?..

И то ли от интона́ции его́ го́лоса, и́ли ещё от чего́-то стра́нного Ге́нку
вдруг замути́ло.

— Что... там?.. — вы́говорил он, боря́сь с при́ступом дурноты́.

До́ктор был уве́рен, ве́сел, доброжела́телен:

— Чуде́сная и ре́дкая профе́ссия. Ре́зчик по ка́мню! Нра́вится?

— Како́й ре́зчик, — шёпотом закрича́л Ге́нка, встава́я на́ ноги среди́
ру́шащихся обло́мков своего́ ми́ра, и замота́л голово́й, — како́й ре́зчик!

Появи́вшаяся медсестра́ положи́ла до́брую вла́стную ладо́нь ему́ на лоб и
что́-то поднесла́ к лицу́, от е́дкого за́паха резану́ло внутри́ и вы́ступили
слёзы, но сра́зу отошло́, ста́ло почти́ норма́льно.

— Не́рвный како́й ты у нас ма́льчик, — ла́сково сказа́ла медсестра́ и
погла́дила его́ по голове́.

— Ре́дкая и замеча́тельная профе́ссия, — убеди́тельно и ве́ско повтори́л
до́ктор. — И у тебя́ к ней огро́мнейшая спосо́бность. У́тречко, а? —
обрати́лся он к медсестре́. — В де́вять был э́тот мальчи́шечка...
Шарапаню́к... ре́зчик по ка́мню, сто во́семьдесят. Тепе́рь, пожа́луйста, э́тот
— сто девяно́сто два, а?

— И то́же ре́зчик? — сестра́ взгляну́ла на Ге́нку по-осо́бенному и
вздохну́ла. — Тала́нт...

— Посмотри́ на его́ уби́тое выраже́ние. — До́ктор да́же кря́кнул. — А поймёт, что к чему́, ещё ведь зазна́ется, возгорди́тся. Ты ещё просла́вишься, ма́льчик.

— Я не хочу́ просла́виться, — го́рько сказа́л Ге́нка. — Я всё равно́ моря́к...

Ма́ма поняла́ всё сра́зу, когда́ Ге́нка вы́шел обра́тно в приёмную. Она́ взяла́ профнаправле́ние — и лицо́ её посветле́ло. Она́ взволно́ванно поцелова́ла Ге́нку куда́-то между но́сом и гла́зом и приняла́сь сама́ надева́ть на него́ руба́шку, как бу́дто бы он ма́ленький.

— Чуде́сно, сыно́к, — сказа́ла она́. — Замеча́тельно! Пойдём с тобо́й сейча́с в худо́жественную шко́лу.

— Я пойду́ в морехо́дку, — отве́тил Ге́нка непримири́мо.

Ма́ма покуса́ла гу́бы.

— Хорошо́, — сказа́ла она́. — Пойдём сейча́с домо́й. Пусть па́па придёт, там реши́м вме́сте.

Ге́нка хму́ро сиде́л во дворе́ под ста́рым кусто́м ака́ции, когда́ его́ отыска́л там Га́рька. Га́рька самодово́льно сия́л.

— Меня́ уже́ офо́рмили в морехо́дку, — похва́стался он. — Что же ты меня́ не подожда́л, как догова́ривались? А ма́ма сказа́ла, что ты тепе́рь пойдёшь в худо́жественную шко́лу... Я не пове́рил, коне́чно, — довери́-тельно сообщи́л он. — Како́й у тебя́ у́ровень? У меня́ девяно́сто оди́н! Почти́ сто! А у тебя́? Сто оди́н?

— Ты́ща, — сказа́л Ге́нка, подня́лся и ушёл, пря́ча глаза́.

Семе́йный сове́т был тя́гостен. Па́па наста́ивал:

— У тебя́ все да́нные к ре́дкой и замеча́тельной профе́ссии. Ты́сячи ребя́т бы́ли бы сча́стливы на твоём ме́сте. Послу́шай нас с ма́мой, сыно́к. Ты ведь, хотя́ и взро́слый, не всё ещё понима́ешь... А в свобо́дное вре́мя ты смо́жешь купи́ть ка́тер и пла́вать где душе́ уго́дно.

— А до́ктор не мог ошиби́ться? — безнадёжно спроси́л Ге́нка.

— Как?..

— Ну... мо́жет, маши́на его́ испо́ртилась...

Па́па мо́лча взъеро́шил ему́ во́лосы.

— Я пойду́ в морехо́дку, — сказа́л Ге́нка и запла́кал.

Ме́сяц прошёл ужа́сно. Преда́тель Га́рька дразни́л его́ во дворе́ и похваля́лся си́ней фо́рмой. Ге́нка не отвеча́л ни на чьи расспро́сы (все, каза́лось ему́, то́лько и ду́мают об его́ несча́стье и позо́ре) и отка́зывался выходи́ть гуля́ть вообще́. Ма́ма с па́пой перегля́дывались.

Тридца́того а́вгуста ма́ма сказа́ла:

— Ге́на. Ты уже́ большо́й. Послеза́втра тебе́ идти́ в шко́лу. Ты — ре́зчик по ка́мню. Понима́ешь? Кем бы ни стал, но всё равно́ ты — ре́зчик по ка́мню. Идти́ тебе́ в морехо́дку — ну... как е́сли бы пти́це учи́ться быть ры́бой.

— Ча́йки пла́вают... — сказа́л Ге́нка.

— И кро́ме того́, в пе́рвую о́чередь всё бу́дет предоставля́ться ребя́там с профнаправле́нием, ты понима́ешь?

— Понима́ю, — упря́мо сказа́л он.

Наза́втра они́ с ма́мой отнесли́ его́ докуме́нты в морехо́дку.

За́вуч, взяв его́ профка́рточку, с не́которым недоуме́нием воззри́лся на Ге́нку, пото́м на ма́му, пото́м сно́ва на ка́рточку, пото́м покача́л голово́й.

— На ва́шем ме́сте, — порекомендова́л он, — я бы без вся́ких сомне́ний и вариа́нтов о́тдал его́ в худо́жественную.

Ма́ма нело́вко помя́лась и развела́ рука́ми:

— Он хо́чет... Мечта́л... Ему́ жить.

— Вы́растет — поймёт. Благода́рен бу́дет.

— Не бу́ду, — угрю́мо пообеща́л Ге́нка. Он ждал, обмира́я в отча́янии.

— Что ж, — сказа́л за́вуч и ка́шлянул. — Мы возьмём тебя́, коне́чно. Хара́ктер есть — уже́ хорошо́. Но тебе́ придётся тру́дно, учти́, друг мой. О́чень тру́дно.

— Пуска́й, — сказа́л Ге́нка неожи́данно осла́бшим го́лосом и впервы́е за э́тот ме́сяц счастли́во перевёл дух. — Моряка́м всегда́ тру́дно!

Через неде́лю Ге́нка по́нял, что тако́е профнапра́вленность. Га́рька давно́ гуля́л во дворе́, а он ещё гото́вил дома́шнее зада́ние. Класс успева́л реши́ть три зада́чи, а он корпе́л над пе́рвой. Все уже́ усва́ивали но́вый материа́л, а он разбира́лся в ста́ром и задава́л вопро́сы. Полуго́дие он зако́нчил после́дним в кла́ссе.

— Ты бы не хоте́л перейти́ в худо́жественную шко́лу, сыно́к? — печа́льно спроси́ла ма́ма. — Тебя́ всегда́ при́мут. Поду́май!

— Нет! — броса́л Генка и зло сдвига́л бро́ви. — Нет!

Он шёл после́дним до тре́тьего кла́сса. В тре́тьем он передви́нулся в табли́це успева́емости на две строки́ вверх.

— Так держа́ть, — сказа́л за́вуч, встре́тившись в коридо́ре. — Уважа́ю!

В шесто́м кла́ссе Ге́нка стал достопримеча́тельностью. Он был включён в соста́в кома́нды, по́сланной на олимпиа́ду морехо́дных школ. Кома́нда заняла́ тре́тье ме́сто. Ге́нка был еди́нственным уча́стником олимпиа́ды, не име́вшим профнакло́нности. Га́рьку в кома́нду не включи́ли.

Созна́ние необходи́мости де́лать бо́льше, чем тре́буют от други́х, бо́льше, чем де́лают други́е, укорени́лось в нём и ста́ло но́рмой. Он привы́к, как к есте́ственному, весь ве́чер разбира́ться в посо́биях, чтобы на сле́дующем уро́ке знать то, на что по програ́мме, соста́вленной с учётом профнакло́нности, хвата́ло и уче́бника.

Ге́нка око́нчил морехо́дку деся́тым по успева́емости. Э́то о́чень ну́жно бы́ло. В числе́ пе́рвого деся́тка он получа́л пра́во поступле́ния в Вы́сшее морехо́дное учи́лище без экза́менов.

На медкоми́ссии он проходи́л иссле́дование на профнакло́нность. «Ре́зчик по ка́мню. Сто во́семьдесят оди́н», — после́довало не подлежа́щее апелля́ции заключе́ние. Коми́ссия уста́вилась на Ге́нку непонима́юще и вопроси́тельно.

— Да, — сказа́л Ге́нка. — Ну и что? Я моря́к.

Коми́ссия полиста́ла его характери́стики.

— Бу́дете сдава́ть экза́мены на о́бщих основа́ниях. Таковы́ пра́вила.

Он проходи́л коми́ссию ка́ждый год. «Ре́зчик по ка́мню».

На преддипло́мной пра́ктике он впервы́е не трави́л при си́льной волне́ — четы́рнадцать лет трениро́вки вестибуля́рного аппара́та.

Га́рька получи́л уже́ под кома́нду сухогру́з, когда́ его́ ещё маринова́ли в тре́тьих помо́щниках. Пото́м он четы́ре го́да ходи́л вторы́м. Пото́м ста́ршим. Пото́м ему́ да́ли ста́рый та́нкер-шестна́дцатиты́сячник, два́дцать во́семь челове́к экипа́жа.

В парохо́дстве привы́кли к необы́чному капита́ну и переста́ли обраща́ть на него́ осо́бенное внима́ние, пока́ внима́ние э́то не возни́кло вновь, уже́ в благоскло́нном пла́не, когда́ тре́тья подря́д коми́ссия по авари́йности призна́ла его́ са́мым надёжным капита́ном парохо́дства. В три́дцать де́вять лет, явля́ясь исключе́нием из инстру́кций, он стал капита́ном транс-атланти́ческого ла́йнера. Капита́н ла́йнера без профнакло́нности.

Он приезжа́л в о́тпуск, проходи́л дворо́м ми́мо куста́ ака́ции домо́й и ка́ждый раз говори́л старе́ющим роди́телям: «Ну как?» — и раскрыва́л чемода́н с замо́рскими пода́рками.

— Как на́до, — отвеча́л оте́ц.

— Никогда́ не сомнева́лась, что из моего́ сы́на в любо́м слу́чае вы́йдет толк, — говори́ла ма́ма и на не́сколько секу́нд отвора́чивалась с плато́чком.

В со́рок семь, капита́н-наста́вник флоти́лии, он сошёл в а́вгусте во Владивосто́ке. Пять широ́ких ста́рого зо́лота галуно́в ту́скло отлива́ли на его́ бе́лой тропи́ческой фо́рме. Широ́кая фура́жка ло́ндонского поши́ва затеня́ла загоре́лое лицо́. Со́лнце эффе́ктно серебри́ло седы́е виски́. Навида́вшиеся моряко́в владивосто́кские мальчи́шки смотре́ли ему́ вслед.

Дворе́ц был впи́сан в на́бережную, как драгоце́нность в опра́ву. Ли́нии его́ бы́ли есте́ственны и чисты́, как прозре́ние. Возду́шная белизна́ плоскосте́й плыла́ и дроби́лась в си́не-зелёных волна́х и искря́щейся пе́не прибо́я.

Стро́йный эско́рт окру́жья отгранённых коло́нн расступа́лся при приближе́нии. Причу́дливый свет ложи́лся на резьбу́ фронто́нов и фри́за, предвосхища́я ощуще́ние за́мершего вдо́ха.

Экскурсово́д произноси́л привы́чный текст, и негро́мкие слова́, не теря́я отчётливости, разноси́лись в простра́нстве: «...уника́льный орна́мент... междунаро́дная пре́мия... пото́мки...»

Капита́н вспо́мнил фами́лию, на́званную ги́дом. Она́ держа́лась в его́ па́мяти с того́ дня, того́, гла́вного дня, когда́ он смог... смог вопреки́ судьбе́, вопреки́ всему́... Э́то была́ фами́лия того́ мальчи́шки, ре́зчика, у кото́рого бы́ло сто во́семьдесят в то у́тро, а у него́ сто девяно́сто два. Шарапаню́к была́ его́ фами́лия.

Кора́бль уходи́л в мо́ре но́чью. Спе́лые звёзды а́вгуста кача́лись в волна́х. Поло́ска порто́вых огне́й притуха́ла за горизо́нтом. Капита́н стоя́л на откры́том крыле́ мо́стика. Он снял фура́жку, и ве́тер шевели́л пореде́вшие во́лосы.

— Я лу́чший капита́н парохо́дства, — сказа́л капита́н и закури́л.

И то́лько холодо́к печа́ли звене́л, как зате́рянный в ночи́ бубе́нчик.

С. ДОВЛАТОВ

СЕРГЕЙ ДОВЛАТОВ О ВРЕМЕНИ И О СЕБЕ

(Из разных книг)

GRAMMAR

1. Expressing Existence of Phenomena and Objects: Nominative Sentences
2. Omission of Subjects Expressed by 1st- and 2nd-person Pronouns
3. Rendering Expressiveness: Add-on Constructions
4. Expressing Dates and Temporal Sequence. Expressing Age

СЛОВО И ТЕКСТ

FROM WORDS TO SENTENCES

1. Read the words below. They will help you to guess what the story you are going to read is about. Make up short stories with these words dealing with the topics **Biography** and **Emigration**.

1. Детство, школа, двойки (пятёрки), экзамены, университет, женитьба, развод.
2. Отъезд, Америка, Нью-Йорк, эмигранты, английский язык, жизнь в Америке, работа.

2. Read each pair of sentences. The second sentence of each pair contains a word or words that mean(s) the same as the bold-faced word(s) in the first sentence.
  a) Underline that word or words.
  b) Replace the bold-faced words from the first sentence by the words you underlined in the second sentence and vice versa. Make syntactic changes where necessary.

1. **Мне надо** сообщить некоторые детали моей биографии. <u>Я вынужден</u> это сделать, чтобы мой рассказ был понятен.
   вынужден
   _____*Я вынужден сообщить некоторые детали моей биографии. Мне надо это сделать, чтобы мой рассказ был понятен.*_____

2. Сейчас у нас в школах **девочки и мальчики учатся вместе**. Раньше девочки и мальчики учились в разных школах, а сейчас у нас в школах совместное обучение.

3. В шко́ле я **не проявля́л интере́са к матема́тике и фи́зике**. Я проявля́л равноду́шие к то́чным нау́кам, а вот литерату́рой интересова́лся всерьёз.

4. **Я ушёл из университе́та**, когда́ был на тре́тьем ку́рсе. Я никому́ не говорю́, почему́ я покину́л университе́т.

5. **Наве́рное**, я опя́ть не сдам экза́мен по неме́цкому языку́. Я мно́го занима́юсь, но у меня́, очеви́дно, нет спосо́бностей.

6. Меня́ **исключи́ли** из университе́та. Меня́ вы́гнали из университе́та за плохи́е отме́тки.

7. **Я наконе́ц по́нял**, что на ро́дине меня́ печа́тать не бу́дут и что на́до эмигри́ровать. Я реши́л эмигри́ровать, когда́ оконча́тельно убеди́лся, что на ро́дине меня́ печа́тать не бу́дут.

8. Сейча́с мы живём в **о́чень большо́м** до́ме. В э́том грома́дном до́ме живу́т то́лько ру́сские.

9. **Не на́до грусти́ть** — всё бу́дет хорошо́! Никако́й вселе́нской ско́рби — вот что гла́вное для америка́нцев.

3. Check (✓) the item that is close in meaning to the bold-faced word or phrase and could be used to replace it.

1. Я писа́л расска́зы, **плохи́е до кра́йности**.
   a) _____ не о́чень хоро́шие
   b) ___✓___ о́чень плохи́е
   c) _____ не о́чень плохи́е

2. Я служи́л в а́рмии. Пото́м **демобилизова́лся** и на́чал рабо́тать в заводско́й газе́те.
   a) _____ зако́нчил слу́жбу в а́рмии
   b) _____ попа́л в а́рмию
   c) _____ на́чал слу́жбу в а́рмии

3. Мои́ ру́кописи бы́ли **отклонены́** журна́лами.
   a) _____ при́няты
   b) _____ напеча́таны
   c) _____ отпра́влены наза́д

4. Нас **раздража́ет**, что нас не понима́ют.
   a) _____ беспоко́ит
   b) _____ удивля́ет
   c) _____ ра́дует

5. Нас **слегка́** раздража́ет, что нас не понима́ют.
   a) _____ иногда́
   b) _____ немно́го
   c) _____ о́чень

6. Моя́ жизнь здесь **безмяте́жна**. В ней нет никаки́х пробле́м.
   a) _____ разнообра́зна
   b) _____ споко́йна
   c) _____ интере́сна

7. Ты слы́шал, Андре́я вы́гнали из университе́та **за прогу́лы**?
   a) _____ за то, что он не сдал экза́мен
   b) _____ за плохи́е отме́тки
   c) _____ за то, что он не посеща́л заня́тий

4. Match each word with its definition.

1. _4)_ корре́ктор —

2. _____ плебс (плебе́и) —

3. _____ двор —

4. _____ эпигра́мма —

5. _____ подте́кст —

6. _____ вождь —

7. _____ переэкзамено́вка —

8. _____ куми́р —

9. _____ пове́стка —

10. _____ ру́копись —

11. _____ бе́женцы —

1) э́то полити́ческий руководи́тель, веду́щий за собо́й наро́д.

2) э́то коро́ткое сатири́ческое стихотворе́ние.

3) э́то челове́к, кото́рого о́чень лю́бят, кото́рому поклоня́ются.

4) э́то челове́к, кото́рый чита́ет ру́кописи и исправля́ет оши́бки.

5) э́то вну́тренний скры́тый смысл (содержа́ние) те́кста, не вы́раженный слова́ми.

6) э́то повто́рный экза́мен.

7) э́то лю́ди, кото́рые уе́хали из страны́, обы́чно по полити́ческим моти́вам.

8) э́то лю́ди ни́зшего кру́га, неинтеллиге́нтные лю́ди.

9) э́то текст, ещё не и́зданный.

10) э́то ме́сто, окружённое дома́ми или забо́ром, где обы́чно гуля́ют и игра́ют де́ти.

11) э́то официа́льная бума́га, в кото́рой говори́тся, что челове́ку на́до прийти́ (яви́ться) в военкома́т (мили́цию, суд).

5. A word may have several meanings. When working with a bilingual dictionary, you have to select a meaning that fits the given context. Below are several entries from K. Katzner's dictionary and a number of microtexts. Find an appropriate English equivalent for each bold-faced word in the microtexts.

валя́ть *v. impfv.* **1,** (*with* **по**) to drag (along *or* through). **2,** [*pfv.* **поваля́ть**] *cooking* to roll (*e.g.* in bread crumbs). **3,** [*pfv.* **сваля́ть**] to full (cloth). **4,** *impers.* (*of a ship*) to be tossed from side to side. **5,** *in* **валя́ть дурака́**, to play the fool. —**валя́ться**, *refl.* [*pfv.* **поваля́ться**] **1,** to roll; wallow. **2,** [*impfv. only*] *colloq.* to lie (scattered) about. **3,** *colloq.* to lie around; lounge; loll.

выгоня́ть *v. impfv.* [*pfv.* **вы́гнать**] **1,** to drive out; chase out. **2,** to send (cattle) out to pasture. **3,** *colloq.* to expel. **4,** *in* **выгоня́ть с рабо́ты**, *colloq.* to fire; give (someone) the sack. **5,** to force (plants).

отмеча́ть *v. impfv.* [*pfv.* **отме́тить**] **1,** to mark. **2,** to note; take note of. **3,** to mark; celebrate; commemorate. —**отмеча́ться**, *refl.* **1,** to register. **2,** *colloq.* to sign out. **3,** [*impfv. only*] to be noticed. **4,** to be noted.

призыва́ть *v. impfv.* [*pfv.* **призва́ть**] **1,** (*with inf.*) to call upon (to); urge (to). **2,** (*with* **на** + *acc. or* **к**) to call (for); appeal (for). **3,** *mil.* to call up; draft. **4,** *past passive part. only,* A, to destine: Он при́зван быть врачо́м, he is destined to be a doctor. B, to intend: Рабо́та призвана́ воспи́тывать люде́й, the work is intended to educate people. —**призыва́ть к отве́ту**, to call to account. —**призыва́ть к поря́дку**, to call to order.

раздража́ть *v.impfv.* [*pfv.* **раздражи́ть**] **1,** to irritate; annoy. **2,** to irritate (the skin, eyes, etc.). —**раздража́ться**, *refl.* to become irritated.

служи́ть *v. impfv.* [*pfv.* **послужи́ть**; *pres.* **служу́, слу́жишь**] **1,** to serve: служи́ть в ármии, to serve in the army. **2,** (*with dat.*) to serve; be in the service of. **3,** (*with instr.*) to serve (as); function (as). **4,** (*of a device*) to work; function; operate. **5,** *v.t.* [*impfv. only*] *eccl.* to officiate at; conduct (a service, mass, etc.). **6,** [*impfv. only*] (*of a dog*) to beg.

тя́га *n.* **1,** pulling; towing. **2,** pulling power; traction. **3,** thrust (*of an engine*). **4,** rod: соедини́тельная тя́га connection rod. **5,** draft (*of a chimney*). **6,** *fig.* (*with* к) bent (for); craving (for).

Kenneth Katzner. English-Russian Russian-English Dictionary.

1. __*отмеча́ть 3*__ Ско́ро у моего́ дру́га годовщи́на сва́дьбы. Вот уже́ 15 лет как он жена́т. Они́ с жено́й бу́дут **отмеча́ть** э́тот юбиле́й в рестора́не.

2. _____ — Ты слы́шал? Андре́я **вы́гнали** из университе́та!
— Как, не мо́жет быть! А за что же?
— За прогу́лы, коне́чно. Ведь он неде́лями не появля́лся на заня́тиях.

3. _____ — Закро́й окно́. О́чень шу́мно. Тебя́ не **раздража́ет** э́тот шум?
— Меня́ **раздража́ет** не шум, а твой телеви́зор. Ско́лько мо́жно смотре́ть одно́ и то́ же?!

4. _____ — Встава́й. Уже́ оди́ннадцать! Ведь уже́ не спишь!
— Ну что ты от меня́ хо́чешь? Сего́дня воскресе́нье. Дай немно́го **поваля́ться**.

5. _____ Да́вняя **тя́га** к теа́тру привела́ меня́ в театра́льный институ́т.

6. _____ Все молоды́е лю́ди в Росси́и должны́ **служи́ть** в а́рмии.

7. _____ В Росси́и **призыва́ют** в а́рмию с 18 лет. Студе́нтов в а́рмию обы́чно не призыва́ют.

6. Read the following idiomatic expressions and their English equivalents; then read the microtexts, paying particular attention to the bold-faced words. Add idioms to the microtexts (you can either replace a non-idiomatic phrase with an idiom or just add the idiom to the context). You may use more than one idiom in a microtext if the context permits. Read the microtexts with the idioms you selected, then try to make up your own microtexts for each idiom.

1) **у** + *gen.* дли́нный язы́к:
У него́ дли́нный язы́к. — He has a big mouth <a loose tongue>.

2) *dat.* не до + *gen.*:
Ему́ не до нас. — He can't be bothered with us. / He has no time for us. /He has other things on his mind (than dealing with us).

3) Смотри́ на ве́щи про́сто! — Don't overcomplicate things.

4) на са́мом де́ле — in (actual) fact, actually

5) излива́ть / изли́ть ду́шу + *dat.*:
Ей хоте́лось изли́ть ду́шу. — She wanted to pour out her soul. / She wanted to bare her soul / her heart.

6) до кра́йности — in / to the extreme; to the utmost; terribly; extremely

1. _____*1), 5)*_____ Моя́ подру́га не уме́ет храни́ть секре́тов. Éсли ей что́-нибудь расска́жешь, за́втра бу́дет знать весь университе́т.

   _____*Моя́ подру́га не уме́ет храни́ть секре́тов. У неё дли́нный язы́к! Ей нельзя́ изли́ть ду́шу! Éсли ей что́-нибудь расска́жешь, за́втра бу́дет знать весь университе́т.*_____

2. _____От моего́ дру́га ушла́ жена́. Он сиди́т до́ма, с ума́ схо́дит. Наве́рное, пьёт. Пришёл бы посиде́ть, поговори́ть. Мо́жет, ста́ло бы ле́гче.

3. _____С де́вушками он знако́миться не уме́ет — он о́чень засте́нчив.

4. _____Ви́ктор всегда́ говори́т, что он никому́ не даёт сове́тов. Но э́то совсе́м не так: он даёт сове́ты не то́лько тем, кто его́ про́сит об э́том, но и тем, кто не про́сит.

5. _____Мой друг мне давно́ не звони́т. Но я не обижа́юсь. Я всё понима́ю: у него́ ско́ро сва́дьба.

6. _____Ты не сдал экза́мен? Ну и что? Не де́лай из э́того траге́дию. Сдашь на сле́дующей неде́ле.

2

ТЕКСТ

READING THE TEXT

Сергей ДОВЛАТОВ

СЕРГЕЙ ДОВЛАТОВ О ВРЕМЕНИ И О СЕБЕ
(Из ра́зных книг)

1   Я вы́нужден сообщи́ть каки́е-то дета́ли мое́й биогра́фии. Ина́че мно́гое оста́нется нея́сным. Сде́лаю э́то ко́ротко, пункти́ром[1].

2   То́лстый засте́нчивый ма́льчик... Бе́дность... Мать самокрити́чно бро́сила теа́тр[2] и рабо́тает корре́ктором...

    Мой оте́ц был режиссёром драмати́ческого теа́тра. Мать была́ в э́том теа́тре актри́сой. Война́ не разлучи́ла их. Они́ расста́лись значи́тельно по́зже, когда́ всё бы́ло хорошо́...

3   Чёрные дворы́[3]... Зарожда́ющаяся тя́га к плебсу[4]... Мечты́ о си́ле и бесстра́шии... По́хороны до́хлой ко́шки за сара́ями[5]... Моя́ надгро́бная речь[6], вы́звавшая слёзы Жа́нны, до́чери элєктромонтёра... Я уме́ю говори́ть, расска́зывать...

4   Шко́ла...

    Бесконе́чные дво́йки... Равноду́шие к то́чным нау́кам... Совме́стное обуче́ние[7]... Де́вочки... А́лла Горшко́ва... Мой ·дли́нный язы́к·... Неуклю́жие эпигра́ммы... Тя́жкое бре́мя сексуа́льной неви́нности...

5   1952 год[8]. Я отсыла́ю в газе́ту «Ле́нинские и́скры» четы́ре стихотворе́ния. Одно́, коне́чно, про Ста́лина[9]. Три — про живо́тных...

Пе́рвые расска́зы... Они́ публику́ются в де́тском журна́ле «Костёр». Напомина́ют ху́дшие ве́щи сре́дних профессиона́лов...

Аттеста́т зре́лости[10]... Произво́дственный стаж[11]... Типогра́фия и́мени Волода́рского[12]... Сигаре́ты, вино́ и мужски́е разгово́ры... Расту́щая тя́га к плебсу. (·То есть· буква́льно ни одного́ интеллиге́нтного прия́теля.)

6   Университе́т и́мени Жда́нова[13]. (Звучи́т не ху́же, чем «Университе́т и́мени Аль Капо́не[14]»)... Филфа́к[15]... Прогу́лы... Студе́нческие литерату́рные упражне́ния...

7   Бесконе́чные переэкзамено́вки... Несча́стная любо́вь, око́нчившаяся жени́тьбой... Знако́мство с молоды́ми ленингра́дскими поэ́тами — Ре́йном[16], На́йманом[17], Бро́дским[18]...

> Ремесло́, часть пе́рвая. Гла́вы «Нача́ло» и «Судьба́»

8   1960 год[19]. Но́вый тво́рческий подъём. Расска́зы, по́шлые·до кра́йности·. Те́ма — одино́чество...

Выпира́ющие рёбра подте́кста[20]. Хемингуэ́й[21] как идеа́л литерату́рный и челове́ческий...

Недо́лгие заня́тия бо́ксом... Разво́д, отме́ченный трёхдне́вной пья́нкой... Безде́лье... Пове́стка из военкома́та...

Я уже́ говори́л, что познако́мился с Бро́дским. Вы́теснив Хемингуэ́я, он навсегда́ стал мои́м литерату́рным куми́ром.

9   ...Пове́стка из военкома́та[22]. За три ме́сяца до э́того я поки́нул университе́т.

·В дальне́йшем· я говори́л о причи́нах ухо́да — тума́нно. Зага́дочно каса́лся не́ких полити́ческих моти́вов.

·На са́мом де́ле· всё бы́ло про́ще. Ра́за четы́ре я сдава́л экза́мен по неме́цкому языку́. И ка́ждый раз прова́ливался.

Языка́ я не знал соверше́нно. Ни еди́ного сло́ва. Кро́ме имён вожде́й мирово́го пролетариа́та[23]. И наконе́ц меня́ вы́гнали. Я же, ·как во́дится·, намека́л, что страда́ю за пра́вду.

10   Зате́м меня́ призва́ли в а́рмию. И я попа́л в конво́йную охра́ну[24]. Очеви́дно, мне суждено́ бы́ло побыва́ть в аду́...

> Ремесло́, часть пе́рвая. Глава́ «Да́льше»

11   Демобилизова́вшись, я поступи́л в заводску́ю многотира́жку[25]. Прослужи́л[26] в ней три го́да. По́нял, что идеологи́ческая рабо́та не для меня́...

Подо́бно большинству́ журнали́стов, я мечта́л написа́ть рома́н. И, ·не в приме́р· большинству́ журнали́стов, действи́тельно занима́лся литерату́рой. Но мои́ ру́кописи бы́ли отклонены́ са́мыми прогресси́вными журна́лами.

> Чемода́н

12   В 78-ом году́ я оконча́тельно убеди́лся, что на ро́дине меня́ печа́тать не бу́дут, и стал поду́мывать об отъе́зде, ·тем бо́лее что· мои́ расска́зы к тому́ вре́мени оказа́лись на За́паде...

В 78-ом году́ я уе́хал, попа́л в Нью-Йо́рк...

> Пи́сьма на моём столе́

13   ...Пя́тый год я разгу́ливаю вверх нога́ми. И всё не могу́ к э́тому привы́кнуть.

Ведь мы поменя́ли не обще́ственный строй. Не геогра́фию и кли́мат.

Не эконо́мику, культу́ру или язы́к. И ·тем бо́лее· — не со́бственную приро́ду. Лю́ди меня́ют одни́ печа́ли на други́е, ·то́лько и всего́·.

Я вы́брал зде́шние печа́ли и, ка́жется, не оши́бся. Тепе́рь у меня́ есть всё, что на́до. У меня́ да́же есть америка́нское про́шлое.

Я так давно́ живу́ в Аме́рике, что могу́ уже́ расска́зывать о свои́х зде́шних печа́лях…

14   Мы посели́лись в одно́й из ру́сских коло́ний Нью-Йо́рка. В одно́м из шести́ грома́дных домо́в, за́нятых почти́ исключи́тельно росси́йскими бе́женцами[27].

У нас свои́ магази́ны, пра́чечные, химчи́стки, фотоателье́, экскурсио́нное бюро́. Свои́ такси́сты, миллионе́ры, религио́зные де́ятели, алкого́лики, га́нгстеры и проститу́тки…

Коренны́х жи́телей мы называ́ем иностра́нцами. Нас слегка́ раздража́ет, что они́ говоря́т по-англи́йски…

По утра́м вокру́г на́шего до́ма бе́гают физкульту́рники. Мне нра́вятся их разноцве́тные костю́мы. Все они́ — ме́стные жи́тели. Ру́сские эмигра́нты таки́ми глу́постями не занима́ются. Мы по утра́м сади́мся за́втракать. Мы еди́нственные в Аме́рике за́втракаем ·как поло́жено·[28]. Еди́м, наприме́р, котле́ты с макаро́нами…

15   Начина́лась моя́ жизнь в Аме́рике кра́йне безмяте́жно. Ме́сяцев шесть, как подоба́ет росси́йскому литера́тору, валя́лся на дива́не…

…Я валя́лся на дива́не и мечта́л получи́ть рабо́ту. Причём ·каку́ю уго́дно·. То́лько непоня́тно, каку́ю и́менно. Кому́ я, ру́сский журнали́ст и литера́тор, мог предложи́ть свои́ услу́ги? ·Тем бо́лее что· англи́йского я не знал. (Как, впро́чем, не зна́ю и тепе́рь.)

Шесть ме́сяцев я пролежа́л на дива́не. Заходи́ли друзья́ и ложи́лись на сосе́дний дива́н. У нас бы́ло три дива́на, и все разноцве́тные.

16   Излю́бленным на́шим заня́тием бы́ло — руга́ть америка́нцев.

Америка́нцы наи́вные, чёрствые, бессерде́чные. Дружи́ть с америка́нцами невозмо́жно. Во́дку пьют микроскопи́ческими до́зами. ·Всё равно́ что· из кры́шек от зубно́й па́сты…

17   Мировы́е пробле́мы америка́нцев не волну́ют. Гла́вный их деви́з — «·Смотри́ на ве́щи про́сто!·» И никако́й вселе́нской ско́рби[29]!..

С жено́й разво́дятся — иду́т к юри́сту. (·Нет чтобы· ·ду́шу изли́ть· това́рищам по рабо́те.) Сны расска́зывают психоанали́тикам. (·Как бу́дто· им тру́дно дру́гу позвони́ть среди́ но́чи.) ·И так да́лее·.

Мне нра́вилась Аме́рика. Про́сто ей бы́ло ка́к-то ·не до· меня́…

Ремесло́, часть втора́я

18   Об Аме́рике писа́ть невозмо́жно. Всё, что напи́шешь, пока́жется ту́склым и убо́гим.

Мы живём здесь почти́ три го́да и ·всё ещё· удивля́емся…

Не мне руга́ть Аме́рику. Я и уцеле́л-то лишь благодаря́ эмигра́ции. И всё бо́льше люблю́ э́ту страну́. Что не меша́ет, я ду́маю, люби́ть поки́нутую ро́дину.

Марш одино́ких

ПРИМЕЧАНИЯ   EXPLANATORY NOTES

[1] **пункти́ром** — пункти́р (literally, 'dotted line') is used as an image, with the spaces between dots representing the omissions in the upcoming account.

[2] **Мать самокрити́чно бро́сила теа́тр** — an implication that Dovlatov's mother was critical of her own acting abilities, which led her to give up her acting career.

[3] **Чёрные дворы́**, 'back yards', refers here to the areas behind large apartment buildings, which were often unpaved and had little or no greenery. At the time described by Dovlatov, this was where tenants could have small sheds (сара́и), and where garbage bins and the tenants' firewood were kept. The image Dovlatov uses to describe the courtyards of apartment houses in the post-war Leningrad is multi-faceted. It encompasses the meaning of the word чёрный, used in reference to a staircase, door, or yard located at the back of a building and used for everyday services and needs (i.e., it is not main, front, formal). It also implies numerous figurative applications of the word чёрный: its association with things that are bad, base, insidious, thus associating black courtyards with bad things, danger, evil. Back courtyards were the places where "good" kids could fall under bad influences--where they learned to swear, smoke, drink, play cards, fight, or worse. Moreover, the courtyards were unsafe because they were the site of frequent muggings and other crimes.

[4] **тя́га к плéбсу** — плебс 'plebes', the common people, a borrowing from Latin into both Russian and English. It is a literary word, used by educated people, so when Dovlatov uses it to describe his boyhood, its bookishness is implicitly contrasted with the very essence of his rather common boyhood experience.

Зарожда́ющаяся тя́га к плéбсу is mentioned in the context of чёрные дворы́, with плебс referring to people who are a bad influence (see Endnote 3). Obviously, Dovlatov was attracted by things that were unacceptable to, and perhaps even forbidden by, his cultured family. Dovlatov uses the word плебс again later in the text (Excerpt 5) in describing his job at a printing office, a distinctly working class environment where he did not have a single intellectual acquaintance but nevertheless felt quite comfortable. These excerpts show that in his boyhood and youth, Dovlatov liked to mingle, and felt quite at home, with people outside интеллигéнция. His easy ways with "people from the masses" stood him in good stead later in life, especially when he was drafted and had to serve as a prison guard.

[5] **По́хороны до́хлой ко́шки за сара́ями…** — the adjective до́хлый and the verb до́хнуть are commonly used to describe the death of an animal, especially a wild animal, but would sound too callous to be used in reference to one's own pets.

[6] **надгро́бная речь** — this collocation is generally used in formal, literary texts, and only in reference to people's funerals. Its use in reference to a cat's funeral, in addition to displaying Dovlatov's ever-present irony, reflects his penchant for blending together words and collocations from different stylistic registers as well as lexical items associated with different stages in the narrator's life, from boyhood to maturity as a writer.

[7] **Совме́стное обуче́ние** — coeducation. In 1943, during the German-Soviet War of 1941-1945 (the Eastern Front of World War II), secondary and seven-grade schools (roughly, the equivalent of American middle schools) were divided by gender in Moscow and most large cities of the USSR. Coeducation was reinstated in 1954. The date is important: it is a sign of post-war relaxation, it marks the beginning of social and cultural changes after Stalin's death, and it introduces the theme of sexual awakening.

[8] **1952 год** — In this year, Stalin (see the next note) was still alive, and his personality cult was at its pinnacle. Glorification of Stalin, especially by writers and poets who hoped to be published, was practically mandatory.

[9] **Ста́лин, Ио́сиф Виссарио́нович** — Joseph Stalin, orig. И. В. Джугашви́ли, 1879-1953; a political leader of the USSR from 1929 until his death. Under his rule, the USSR turned into a developed industrial nation and defeated Nazi Germany in World War II. At the same time, he institutionalized terror and turned the USSR into a repressive totalitarian state.

[10] **Аттеста́т зре́лости** — here, аттеста́т зре́лости means more than just 'high-school diploma'. Dovlatov

intends for зрéлость to be understood in its primary sense, 'maturity'. This is underscored by the passage that follows аттестáт зрéлости: Произвóдственный стаж... Типогрáфия и́мени Володáрского... Сигарéты, винó и мужски́е разговóры... Dovlatov uses аттестáт зрéлости to draw a line between his boyhood days, with the discipline of high-school and his dependence on his parents, and the next stage in his life, manhood, which brings liberation.

[11] **Произвóдственный стаж** — At the time of Dovlatov's graduation from high school, enrolling at the university was made easier for applicants with work experience, especially if that work was on a production line. This explains Dovlatov's decision to work for a while at a printing house before applying to the university.

[12] **Володáрский, В.** — orig. М.М. Гольдштéйн, 1891-1918; a Russian revolutionary figure and politician. After the overthrow of the provisional government (7-8 Nov. 1917), he became Commissar for press, agitation and propaganda, which is why the printing house was named after him.

[13] **Ждáнов Андрéй Алексáндрович** — 1896-1948. A Soviet Communist leader and (esp. after World War II) party ideologue, responsible for implementing full political control over literature and the arts. Zhdanov earned notoriety among intellectuals for persecution of the poet Anna Akhmatova and writer Mikhail Zoshchenko.

[14] **Аль Капóне** — Al Capone, nicknamed "Scarface." 1899-1947. An American gangster.

[15] **филфáк** — A colloquial abbreviation of филологи́ческий факультéт, Division of Philology. Филологи́ческий факультéт is an administrative division within a university, which has its own Dean. All филологи́ческие факультéты in Russian universities include departments of Russian language, literature, and linguistics; some (e.g., St. Petersburg, formerly Leningrad, University, where Dovlatov studied) also include departments of classics and modern languages and literatures.

[16] **Рейн, Евгéний Бори́сович** — born 1935. Russian poet. (See endnote [18] **Брóдский**). For some time, Rein was Dovlatov's neighbor in Leningrad, and they met regularly. Rein did not emigrate, he remained in the USSR. He visited the U.S. more than once and met with Dovlatov and Brodsky. On one occasion, he interviewed Brodsky. His transcript of that recorded interview is available at http://magazines.russ.ru/arion/1996/3/rein.html. In one of his interviews, Rein said about Dovlatov: «Я Серёжу óчень люби́л... Сегóдня я сказáл бы: "Серёжа, всё в твоéй жи́зни сбылóсь — ты стал сáмым читáемым писáтелем в Росси́и"». (http://www.peoples.ru/art/literature/poetry/contemporary/reyn/).
In 1997, when the times had changed, Rein was awarded the State Prize of Russia.

[17] **Нáйман, Анатóлий Гéнрихович** — born 1936. Russian writer, poet, and translator. In 1959, Najman became acquainted with Anna Akhmatova. (See endnote [18] **Брóдский**). From 1962 on, Naiman performed the duties of Anna Akhmatova's literary secretary.

[18] **Брóдский, Иóсиф Алексáндрович** — Joseph Brodsky. 1940-1996. A Russian poet, essayist, and translator of poetry, widely regarded as the greatest poet of his generation. While in Russia, Brodsky, Yevgeny Rein, Anatoly Naiman, and Dmitry Bobyshev formed a group of young poets, which was in opposition to official, ideologically charged poetry. The group was close to the celebrated, yet officially unrecognized, poet Anna Akhmatova. In 1963, Brodsky was denounced for modernism and decadence, accused of "social parasitism," and exiled from Leningrad. In 1972, he was exiled from the Soviet Union and soon thereafter moved to the United States. Brodsky received the MacArthur "genius" award (1981), a National Book Award (1986), and the Nobel Prize for Literature (1987). From 1991 to 1992, Brodsky was Poet Laureate of the United States. Writing about Dovlatov's love for Brodsky's poetry, Yevgeny Rein called him «почти́ маниакáльным почитáтелем» of Brodsky's poetry («Мне скýчно без Довлáтова», 1997, с. 185). In his turn, Brodsky admired Dovlatov's prose (Brodsky's essay «О Серёже Довлáтове» was published in «Звездá» 1992, №2).

[19] **1960 год** — In 1956, at the 20th Communist Party Congress, Nikita Khrushchev denounced Stalin's tyranny and "cult of the personality." The late Fifties and early Sixties, known as the Thaw, saw a slackening of ideological constraints.

[20] **Выпирающие рёбра подтекста**, *literally*, 'the protruding ribs of the subtext'. This metaphor is based on the contrast between the very essence of подтéкст (reading between the lines, subtle implication, subtext) and its striking, inappropriate, visibility in Dovlatov's early writing.

[21] **Хемингуэ́й** — Ernest Hemingway.1899-1961. A Nobel Prize winning (1954) American writer. In the Fifties and Sixties, Hemingway was extremely popular among Russian readers. Young people worshiped him, admired his literary works, and tried to copy his lifestyle. In 1963, in a letter to Tamara Urzhumova (*Знамя*, 2000, №8, с. 142), Dovlatov wrote: «Два го́да наза́д у́мер Хемингуэ́й, писа́тель кото́рому я ве́рил. Его́ ко́дексом была́ «чéстная игра́». Мужчи́на до́лжен быть прост и силён. Хладнокро́вных и рассуди́тельных жéнщин он не люби́л. Всё должно́ быть как приро́да велéла».

[22] **Повéстка из военкома́та** — военкома́т is an abbreviation of воéнный комиссариа́т, an agency that manages the registration of individuals subject to the draft, as well as mobilization, pre-conscription military training, etc. In the former Soviet Union and contemporary Russia, military service is mandatory. Young men from the intelligentsia especially fear the draft and the service as they had the worst time dealing with widespread hazing in the Soviet army and with army discipline.

[23] **вожди́ мирово́го пролетариа́та** — Dovlatov means that the only German words he knew at the time of his exam in German were Marx and Engels. His irony is undisguised, and it appears from his works that he developed this ironic stance towards the "leaders of the world proletariat" rather early: «Шко́льником я люби́л рисова́ть вождéй мирово́го пролетариа́та. И осо́бенно — Ма́ркса. Обыкновéнную кля́ксу разма́зал — ужé похо́же… » («Чемода́н») ["As a schoolboy I used to like to draw the leaders of the world proletariat—especially Marx. If you smear around an ordinary ink splotch, you already get a resemblance…" (translated by Antonina W. Bouis)]

[24] **конво́йная охра́на** — guards at prisons and labor camps.

[25] **многотира́жка** — a colloquial abbreviation of многотира́жная газéта, a newspaper published at an enterprise (a plant, factory, etc.), devoted to topics relevant to it, and intended for internal consumption. At многотира́жки, the journalistic quality of the published materials was usually unimportant. On the contrary, strict adherence to official ideology was a must, hence Dovlatov's mention of идеологи́ческая рабо́та in the same paragraph.

[26] **прослужи́л** — the use of this verb in reference to Dovlatov's work in многотира́жная газéта is very telling: in contemporary speech, it is usually used in reference to military service (служи́ть в а́рмии). Its other applicable use, which is becoming somewhat dated, is in the context of a tedious, uninspiring job. Generally, work at a newspaper could be quite interesting for a beginning journalist. The fact that Dovlatov chose the word прослужи́л (rather than the emotively neutral прорабо́тал) speaks volumes about how routine and unenjoyable his work at the многотира́жка was.

[27] **бéженцы** — In 1974, the US Congress passed the Jackson-Vanik Amendment, which made compliance with freedom of emigration requirements a precondition for normal trade relations with the United States. As a result, the flow of émigrés from the Soviet Union, predominantly Russian Jews, increased. Former Russian citizens who were allowed to come to the United States were granted the status of "(political) refugees" rather than emigres.

[28] **за́втракаем как поло́жено**—"We have a hearty/proper breakfast." Although typically как поло́жено 'as one should' is used with reference to behavior, work performance, etc., here it is used with humorous and ironic overtones in reference to heavy food that would be more appropriate for dinner but is consumed at breakfast instead. Dovlatov's statement highlights many Russian Americans' opinion of what a 'real' breakfast should be and their conviction that that's the only right way to eat. It brings to mind the well-known pronouncement attributed to the legendary Field Marshal A. V. Suvorov (18th-century), who, when asked about the secret of his longevity, offered this advice: За́втрак съешь сам, обéд раздели́ с дру́гом, а у́жин отда́й врагу́.

[29] **вселéнская скорбь**, ог **мирова́я скорбь** — sorrow over the evils of the world. Often used in Russian and English in its original German form, Weltschmerz.

ИДИОМАТИЧЕСКИЕ ВЫРАЖЕНИЯ   IDIOMS AND PHRASES

[4] **длинный язык** 1. *чей* (s.o.'s) big mouth; (s.o.'s) loose tongue; 2. **у** + *gen.* **у него длинный язык** he talks too much; he has a big mouth/a loose tongue

[5] **то есть** that is; that is to say; (or) to put it another way; i.e.; in other words; meaning...
кроме того *parenthetical* besides (that); furthermore; moreover

[8] **до крайности** [*used as a modifier*] in the extreme; terribly; to the utmost

[9] **в дальнейшем** [*in present and future contexts*] in the future; from now/this point/this moment on; [*in past contexts*] afterward(s); from then/that point/that moment on
на самом деле in reality; in (actual) fact; actually; really
как водится *parenthetical* as usual; as is customary; as is one's/the custom; as people do

[11] **не в пример** + *dat.* unlike; not like

[12] **тем более что** [*subordinate conj.; introduces a clause of reason*] especially since/because/as; (all) the more so since/because; the more so as; particularly as

[13] **тем более** especially; particularly; [*when the preceding context contains a negation*] much less; still less; let alone
только и всего (and/but) that's all; (and/but) that's it; it's as simple as that; just..., nothing more

[14] **как положено** as one should; as one is supposed to; as it should be

[15] **какой угодно** any (one); any... (whatsoever)

[16] **всё равно что** [*used as comparative conj.*] (just) like; (just) the same as

[17] **Смотри на вещи просто!** Don't overcomplicate things.
нет чтобы + *infin. coll.* it doesn't occur/it never occurs to s.o. (to do sth.); s.o. never (does sth.); s.o. never wants (to do sth.); s.o. never thinks (of doing sth.)
изливать/излить душу + *dat.* to pour out one's soul/heart (to s.o.); to bare one's soul/heart to/before s.o.; to unburden one's heart (to s.o.)
как будто [*subordinate conj.; introduces a comparative clause*] as if/though; like
и так далее and so forth (and so on); and so on; et cetera
мне/тебе/ему... + не до + *gen.* **им не до меня** they can't be bothered with me; they have no time for me; **мне не до игр** I'm not up to games; I'm not in the mood/I'm in no mood for games

[18] **всё ещё** [*used to emphasize that the action in question continues up to the present moment or continued up to the specified moment in the past*] still; keep (doing sth.); [*with negated verbs*] not...yet

ЗАМЕТКИ О СТИЛЕ   COMMENTS ON STYLE

Sergei Dovlatov's readers come from all ages and backgrounds. He became the second Russian writer, after Vladimir Nabokov, whose stories were published in the prestigious *New Yorker* magazine. His works have been translated into many languages. There are innumerable memoirs about him and internet sites devoted to him and his oeuvre.

What is the secret of Dovlatov's prose, what is it that attracts the reader? His prose does not have entertaining plots—a plot, if present at all, usually plays a secondary role. Sometimes it is not clear if Dovlatov turns life observations into fiction or creates fiction intended to read like a documentary piece. It is even harder to tell the narrator of the story from the writer's persona. His prose has a spark, it possesses magnetism, it gives the reader an emotional charge and turns him into a participant in the narrated events.

Dovlatov's prose is largely based on understatements, and it is often left to the reader to do more thinking about what is not fully expressed in the text, and to interpret hints and allusions. Dovlatov's reader must have considerable knowledge of Russian culture, relevant historical events, and just everyday life as presented in his prose: Dovlatov's short sentence is often the briefest possible verbal representation of a complex, multi-faceted phenomenon, which often invites different interpretations.

At the very beginning of the text you have just read, Dovlatov says that he will report certain details of his life story *коротко, пунктиром* (see endnote 1). The image of *пунктир*, 'dotted line', implies conciseness. The "dots" in that dotted line are not just the ellipsis points (although a cascade of them is a prompt to the reader to stop and think what is behind each one), but the sentences themselves—nominal sentences, which particularly abound in the excerpts from «Ремесло». Nominal sentences are understatements by their very nature: they may describe various aspects of one phenomenon or occurrence (e.g., *Университéт úмени Ждáнова… Филфáк… Прогýлы… Студéнческие литератýрные упражнéния… Бесконéчные переэкзаменóвки…*). Alternatively, they may refer to a chain of consecutive events showing their sequence in time (*Аттестáт зрéлости… Производственный стаж…*). Often, something is left unsaid, and it is up to the reader to think of and restore what is left unsaid, and readers do it in different ways, in accordance with their background and imagination.

Nominal sentences create palpable rhythmical tension, which is supported by Dovlatov's use of "add-on" technique. Dovlatov rarely uses long narrative sentences. When he wants to accentuate a segment of a longer sentence, he makes it into a separate sentence and "adds it on": *Рáза четы́ре я сдавáл экзáмен по немéцкому языкý. И кáждый раз провáливался.*

Often, Dovlatov breaks up a narrative sentence into several sentences (for example, *Демобилизовáвшись, я поступúл в заводскýю многотирáжку. Прослужúл в ней три гóда. Пóнял, что идеологúческая рабóта не для меня…*), thus increasing the significance of each one. While such sentences are not syntactically independent, they are intonationally independent from the main statement. They imitate colloquial speech with its free flow of thought, thus creating the effect of casual, "unprepared" speech and adding an emotional charge.

Dovlatov masterfully blends together words and phrases belonging to different stylistic registers. The sequence *Зарождáющаяся тя́га к плéбсу… Мечты́ о сúле и бесстрáшии… Пóхороны дóхлой кóшки за сарáями… Моя́ надгрóбная речь, вы́звавшая слёзы Жáнны, дóчери электромонтёра…*—is not a text written by an adult pretending to be a young boy. Dovlatov looks at his childhood and the years that followed, i.e., the years when he matured as a writer, from a distance. His lofty vocabulary choices (*тя́га к плéбсу, надгрóбная речь, тя́жкое брéмя сексуáльной невúнности…*) are blended with neutral and colloquial ones, thus reproducing a story-telling style of an educated, witty narrator. He mixes his childhood vocabulary and his glance from adulthood. He writes it as an adult, yet he brings in elements of childhood through his careful blending of vocabulary. When Dovlatov describes his school and university years, his work, his beginnings as a writer, his life—he looks at his experience from a distance, distills, and summarizes it.

Some of the things Dovlatov says could be said by a boy, a teenager, a young adult, and yet Dovlatov invariably, and masterfully, injects a slight dose of irony into such excerpts, thus creating a multifaceted verbal texture. For example, when he writes about his first attempt at publishing his poems at the age of eleven (*1952 год. Я отсылáю в газéту «Лéнинские úскры» четы́ре стихотворéния. Однó, конéчно, про Стáлина. Три — про живóтных…*), he uses the word *конéчно*. If used by an eleven-year old boy at that time, *конéчно* would most likely have had standard patriotic overtones. The writer who looks at his childhood from a distance, uses it to tell, or remind, the reader that at that time it was simply impossible, and dangerous, **not** to write about Stalin. The irony conveyed by using *конéчно* simultaneously in two different dimensions is further emphasized by the numerical contrast underscoring the young poet's natural inclination to write about animals: *Однó, конéчно, про Стáлина. Три — про живóтных…*

Sergei Dovlatov, who could not publish a single major piece in the former Soviet Union, is now one of the most widely-read writers in Russia.

ТЕКСТ И ЕГО СМЫСЛ
UNDERSTANDING THE TEXT

7. **Как вы пóняли основнóе содержáние расскáза?**
Read the whole text. Then read the following pairs of sentences and put a checkmark in front of the one you think is true.

1. a) __✓__ Семья́ Довлáтова жилá в бéдности.
   b) _____ Довлáтов вы́рос в богáтой семьé.

2. a) _____ В шкóле Довлáтов был равнодýшен к тóчным наýкам.
   b) _____ В шкóле Довлáтов интересовáлся математикой, фи́зикой.

3. a) _____ Пéрвые расскáзы Довлáтова бы́ли опубликóваны, когдá он учи́лся в шкóле.
   b) _____ Пéрвые расскáзы Довлáтова бы́ли опубликóваны, когдá он учи́лся в университéте.

4. a) _____ Довлáтов сам ушёл из университéта.
   b) _____ Довлáтова вы́гнали из университéта.

5. a) _____ Довлáтова призвáли в áрмию, когдá он ещё был студéнтом.
   b) _____ Довлáтова призвáли в áрмию, когдá он ужé не учи́лся в университéте.

6. a) _____ Довлáтов эмигри́ровал в Амéрику срáзу пòсле áрмии.
   b) _____ Довлáтов эмигри́ровал в Амéрику чèрез нéсколько лет пòсле возвращéния из áрмии.

7. a) _____ Довлáтов эмигри́ровал в Амéрику, потомý что егó произвéдения не печáтались в Росси́и.
   b) _____ Довлáтов эмигри́ровал в Амéрику, потомý что тудá уéхали мнóгие егó друзья́.

8. a) _____ В Нью-Йóрке Довлáтов посели́лся среди́ рýсских в однóй из рýсских колóний.
   b) _____ В Нью-Йóрке Довлáтов посели́лся среди́ америкáнцев.

9. a) _____ Довлáтову всё нрáвилось в америкáнцах.
   b) _____ Довлáтов крити́чески относи́лся к америкáнцам.

8. **Так, как в тексте, или не так?**

Read the sentences from Assignment 7, presenting them as if they were your own recollection of the facts in the story, and have your classmate react to your statements. Follow one of the patterns below.

1. a) Семья Довлатова жила в бедности.
   b) Довлатов вырос в богатой семье.

   Семья Довлатова жила в бедности.
   _____ — *Насколько я помню, семья Довлатова жила в бедности. Джон, как по-твоему, это верно?*
   — *Это совершенно верно. Семья Довлатова действительно жила в бедности._____*

   Довлатов вырос в богатой семье.
   _____ — *Мне кажется, / Насколько я помню, Довлатов вырос в богатой семье.*
   — *Нет, что ты! Ты ошибаешься! / (Ты абсолютно не прав. / Это совсем не так.) Семья Довлатова жила в бедности. / Довлатов вырос в бедной семье._____*

9. **Всё ли вы поняли?**

Check if you understood the details of the story. Select the correct answer.

1. Довлатов понял, что умеет хорошо говорить, рассказывать,
   a) _____ когда служил в армии.
   b) _____ когда учился в университете.
   c) __✓__ когда учился в школе.

2. Довлатов начал писать стихи
   a) _____ в эмиграции.
   b) _____ в школе.
   c) _____ в университете.

3. Когда Довлатов был мальчиком, у него были друзья из семей
   a) _____ учителей и актёров.
   b) _____ писателей и поэтов.
   c) _____ рабочих.

4. Довлатов поступил в университет
   a) _____ имени Аль Капоне.
   b) _____ имени Жданова.
   c) _____ имени Сталина.

5. В университете Довлатов учился
   a) _____ на факультете журналистики.
   b) _____ на факультете психологии.
   c) _____ на филологическом (факультете).

6. Довлатова выгнали из университета
   a) _____ за то, что он прогуливал занятия.
   b) _____ за то, что он занимался политикой.
   c) _____ за то, что он так и не смог сдать экзамен по немецкому языку.

7. Довлатова призвали в армию,
   a) _____ когда он учился в университете.
   b) _____ после того как его выгнали из университета.
   c) _____ сразу же после окончания школы.

8. В а́рмии Довла́тов служи́л
   a) _____ в авиа́ции.
   b) _____ в морско́м фло́те.
   c) _____ в конво́йных войска́х.

9. Снача́ла куми́ром Довла́това был
   a) _____ Хэмингуэ́й.
   b) _____ Бро́дский.
   c) _____ Пу́шкин.

10. Пото́м литерату́рным куми́ром Довла́това стал
   a) _____ Хэмингуэ́й.
   b) _____ Бро́дский.
   c) _____ Пу́шкин.

11. Довла́тов познако́мился с Бро́дским,
   a) _____ когда́ служи́л в а́рмии.
   b) _____ когда́ жил в Аме́рике.
   c) _____ когда́ учи́лся в университе́те.

12. Когда́ Довла́тов прие́хал в Аме́рику, он пе́рвые полго́да
   a) _____ рабо́тал в газе́те.
   b) _____ валя́лся на дива́не и ничего́ не де́лал.
   c) _____ иска́л рабо́ту.

13. Ру́сские эмигра́нты называ́ли иностра́нцами
   a) _____ америка́нцев.
   b) _____ себя́.
   c) _____ кита́йцев.

14. По мне́нию Довла́това, америка́нцы пьют во́дку
   a) _____ стака́нами.
   b) _____ микроскопи́ческими до́зами.
   c) _____ как ру́сские.

15. По мне́нию Довла́това, америка́нцев волну́ют
   a) _____ мировы́е пробле́мы.
   b) _____ то́лько их со́бственные пробле́мы.
   c) _____ пробле́мы эмигра́ции.

10. Поговори́те друг с дру́гом!

Working with a classmate, make questions out of sentences in Activity 9 and have your classmate answer them without looking into the text.

1. Довла́тов по́нял, что уме́ет хорошо́ говори́ть, расска́зывать,
   a) _____ когда́ служи́л в а́рмии.
   b) _____ когда́ учи́лся в университе́те.
   c) __✓__ когда́ учи́лся в шко́ле.
   ___*Когда́ Довла́тов по́нял, что уме́ет хорошо́ говори́ть, расска́зывать?*___

11. Что бы́ло ра́ньше, что по́зже?

Turn each group of sentences into a microtext by arranging sentences in their logical sequence.

1. _____ c), b), a) _____

    a) Но в шко́ле у Довла́това не́ было ни одного́ интеллиге́нтного прия́теля.

    b) Его́ ма́ма снача́ла рабо́тала в теа́тре, пото́м — корре́ктором.

    c) Довла́тов был из интеллиге́нтной семьи́.

2. _____

    a) И стихи́ напеча́тали.

    b) Но Довла́тов ско́ро переста́л писа́ть стихи́.

    c) В шко́ле Довла́тов писа́л стихи́.

    d) Одна́жды он отпра́вил четы́ре стихотворе́ния в газе́ту.

3. _____

    a) И его́ вы́гнали из университе́та.

    b) Но он пло́хо учи́лся и прогу́ливал заня́тия.

    c) Довла́тов поступи́л в университе́т.

4. _____

    a) И его́ вы́гнали из университе́та.

    b) Но он намека́л друзья́м, что страда́ет за пра́вду.

    c) Довла́тов не сдал экза́мен по неме́цкому языку́.

5. _____

    a) В а́рмии он служи́л в конво́йной охра́не.

    b) И его́ призва́ли в а́рмию.

    c) Довла́това вы́гнали из университе́та.

6. _____

    a) Кни́ги Довла́това не печа́тали в Сове́тском Сою́зе.

    b) И в 1978-ом году́ он реши́л эмигри́ровать в Аме́рику.

    c) Зато́ на За́паде его́ уже́ зна́ли: там бы́ли опублико́ваны его́ расска́зы.

7. _____

    a) Довла́тов эмигри́ровал из Сове́тского Сою́за в Аме́рику.

    b) Ведь когда́ лю́ди эмигри́руют, они́ меня́ют одни́ печа́ли на други́е.

    c) Он счита́л, что эмигри́ровать — э́то не зна́чит про́сто поменя́ть геогра́фию и клима́т.

    d) Э́то не зна́чит про́сто поменя́ть культу́ру или язы́к.

8. _____

    a) У него́ да́же есть америка́нское про́шлое.

    b) Тепе́рь у него́ есть всё, что на́до.

    c) И, как ему́ ка́жется, не оши́бся.

    d) Довла́тов вы́брал зде́шние печа́ли.

9. _____

    a) Коренны́х жи́телей Довла́тов и его́ друзья́ называ́ют иностра́нцами.

    b) Довла́тов посели́лся в Аме́рике.

    c) И их слегка́ раздража́ет, что коренны́е жи́тели говоря́т по-англи́йски.

10. _____

    a) Их излю́бленным заня́тием бы́ло руга́ть америка́нцев.

    b) Пе́рвые шесть ме́сяцев Довла́тов пролежа́л на дива́не.

    c) Приходи́ли друзья́ и ложи́лись на сосе́дний дива́н.

11. _____

a) А изливáть дýшу лýчше, когдá хорошó вы́пьешь.

b) Америкáнцы же не пьют так, как рýсские.

c) Рýсские лю́бят изливáть дýшу.

d) По мнéнию Довлáтова, дружи́ть с америкáнцами невозмóжно.

12. _____

a) Когдá с женóй развóдится америкáнец, то он идёт к юри́сту.

b) Дружи́ть с америкáнцами невозмóжно.

c) А когдá с женóй развóдится рýсский, то он снача́ла дýшу изливáет дрýгу.

13. _____

a) Довлатов считал, что рýсских волнýют мировы́е проблéмы.

b) И глáвный деви́з америкáнцев: «Смотри́ на вéщи прóсто!».

c) А америкáнцев мировы́е проблéмы не волнýют.

4 СЛОВО И КОНТЕКСТ

USING WORDS IN CONTEXT

12. Словá и выражéния, блúзкие по значéнию.

Read the items in the left column. For each, find a matching item (i.e., a word or expression that is close to it in meaning) in the right column.

1.	_11)_ брóсить теáтр	1)	жить óчень спокóйно
2.	_____ излю́бленное заня́тие	2)	одни́ двóйки, никаки́х други́х оцéнок
3.	_____ пóшлые расскáзы	3)	навéрное
4.	_____ демобилизовáться	4)	человéк, котóрый вызывáет восхищéние
5.	_____ бесконéчные двóйки	5)	переéхать в Нью-Йóрк
6.	_____ отмéтить окончáние экзáменов	6)	уйти́ из áрмии, так как срок слýжбы закóнчился
7.	_____ жить безмятéжно	7)	люби́мое заня́тие
8.	_____ вы́гнать из университéта	8)	отпрáздновать окончáние экзáменов
9.	_____ подóбно мнóгим	9)	печáтать (издавáть)
10.	_____ куми́р	10)	исключи́ть из университéта
11.	_____ публиковáть	11)	перестáть рабóтать в теáтре, уйти́ из теáтра
12.	_____ очеви́дно	12)	банáльные, безвкýсные расскáзы
13.	_____ посели́ться в Нью-Йóрке	13)	как и мнóгие

13. Слова́ и выраже́ния, бли́зкие по значе́нию.

Read the sentences. Find words and expressions close in meaning to the bold-faced words and expressions and underline them.

1. **Я вы́нужден** сообщи́ть каки́е-то дета́ли мое́й биогра́фии.
   мне на́до / мне хо́чется / мне необходи́мо / я до́лжен / я могу́

2. Мои́ расска́зы **публику́ются в де́тском журна́ле.**
   печа́таются в де́тском журна́ле / принима́ются де́тским журна́лом / отклоня́ются
   де́тским журна́лом / появля́ются в де́тском журна́ле

3. Я был **равноду́шен к то́чным нау́кам.**
   не люби́л то́чные нау́ки / с интере́сом занима́лся то́чными нау́ками / не интересова́лся
   то́чными нау́ками / де́лал больши́е успе́хи в то́чных нау́ках

4. Ра́за четы́ре я сдава́л экза́мен по неме́цкому языку́. И ка́ждый раз **прова́ливался.**
   не мог сдать экза́мен / уходи́л с экза́мена / волнова́лся на экза́мене / прова́ливал
   экза́мен

5. Неме́цкого языка́ я не знал **соверше́нно.**
   хорошо́ / вообще́ / тогда́ / совсе́м

6. **В дальне́йшем** я говори́л о причи́нах ухо́да тума́нно.
   всегда́ / пото́м / позне́е / всё вре́мя / тогда́

7. Че́рез не́которое вре́мя меня́ вы́гнали из университе́та. **Зате́м** меня́ призва́ли в а́рмию. И я
   попа́л в конво́йную охра́ну.
   сно́ва / пото́м / одна́жды / неожи́данно / ско́ро

8. **Демобилизова́вшись,** я поступи́л в заводску́ю многотира́жку.
   когда́ меня́ мобилизова́ли / когда́ я ушёл из а́рмии / придя́ в а́рмию / по̀сле того́ как я
   зако́нчил слу́жбу в а́рмии / отслужи́в в а́рмии

9. Подо́бно большинству́ журнали́стов, я мечта́л написа́ть рома́н. И, не в приме́р
   большинству́ журнали́стов, **действи́тельно** занима́лся литерату́рой.
   иногда́ / серьёзно / на са́мом де́ле / мно́го / давно́

10. Мои́ расска́зы к 78-о́му го́ду **оказа́лись на За́паде,** и в 78-о́м году́ я эмигри́ровал.
    ста́ли изве́стны на За́паде / попа́ли на За́пад / ста́ли популя́рны на За́паде / ещё не́ были
    изве́стны на За́паде

11. Э́ти дома́ за́няты **исключи́тельно** ру́сскими бе́женцами.
    то́лько / давно́ / лишь то́лько / одни́ми / постоя́нно

12. Ме́сяцев шесть я, как подоба́ет росси́йскому литера́тору, **проваля́лся** на дива́не.
    проспа́л / просиде́л / пролежа́л / прорабо́тал

13. **Смотри́ на ве́щи про́сто!**
    Не на́до усложня́ть! / Смотри́, не упади́! / Хорошо́ смотри́ под ноги! / Не де́лай из всего́
    пробле́мы.

14. Мы еди́нственные в Аме́рике за́втракаем **как поло́жено.**
    как хо́чется / как на́до / как сле́дует / как мо́жем / как бы́ло при́нято в Росси́и

15. Мне нра́вилась Аме́рика. **Но ей бы́ло не до меня́.**
    Но у меня́ в Аме́рике бы́ло мно́го пробле́м. / Но у Аме́рики не́ было жела́ния занима́ться
    мной. / Но у Аме́рики на меня́ не́ было вре́мени. / Но я не нра́вился Аме́рике.

14. Слова́ и выраже́ния, противополо́жные по значе́нию.

Read the items in the left column. For each, find a word or expression of the opposite meaning in the right column.

1.	__10)__ де́тские стихи́	1)	худо́й ма́льчик
2.	_____ жени́тьба	2)	отвы́кнуть от э́той жи́зни
3	_____ сдать экза́мен	3)	интере́с к то́чным нау́кам
4.	_____ отосла́ть стихотворе́ния	4)	разво́д
5.	_____ то́лстый ма́льчик	5)	серде́чный
6.	_____ засте́нчивый ма́льчик	6)	приня́ть ру́копись
7.	_____ привы́кнуть к э́той жи́зни	7)	ра́дость
8.	_____ грома́дный дом	8)	прие́зд
9.	_____ равноду́шие к то́чным нау́кам	9)	ма́льчик, уве́ренный в себе́
10.	_____ бессерде́чный (обы́чно о челове́ке)	10)	взро́слые стихи́
11.	_____ руга́ть америка́нцев	11)	разде́льное обуче́ние
12.	_____ отклони́ть ру́копись	12)	получи́ть стихотворе́ния
13.	_____ совме́стное обуче́ние	13)	прие́зжие
14.	_____ коренны́е жи́тели	14)	ма́ленький дом
15.	_____ печа́ль	15)	провали́ть экза́мен (провали́ться на экза́мене)
16.	_____ отъе́зд	16)	ничего́ не говори́ть дру́гу
17.	_____ соверше́нно не знать неме́цкого языка́	17)	о́чень хорошо́ знать неме́цкий язы́к
18.	_____ излива́ть ду́шу дру́гу	18)	хвали́ть америка́нцев

15. Так или не так?

a) Replace the bold-faced words with words from the story, changing the syntactic structure where warranted. You can draw upon assignments 12 and 13.

b) Read your transformed versions of the sentences to your classmate, who will respond by confirming the information then commenting on it in some way – for example, providing a hypothetical reason for the situation, an example of an analagous situation, an opinion about such situations on the whole, etc.

1. Мать Довла́това **ушла́ из теа́тра**.
   _____ a) *Мать Довла́това бро́сила теа́тр.*
       b) — *Мать Довла́това бро́сила теа́тр.*
       — *Да, она́ действи́тельно бро́сила теа́тр. Наве́рное, она́ была́ плохо́й актри́сой.*
   ИЛИ: — *Да, она́ действи́тельно бро́сила теа́тр. Мо́жет быть, она́ бро́сила теа́тр, потому́ что на́до бы́ло зараба́тывать де́ньги, а в теа́тре ма́ло плати́ли...*
   ИЛИ: — *Да, она́ действи́тельно бро́сила теа́тр. Но я не могу́ сказа́ть, почему́ она́ э́то сде́лала. / Но я не зна́ю, почему́ она́ э́то сде́лала.____*

2. В шко́ле у Довла́това бы́ли **одни́ дво́йки**.
3. В шко́ле Довла́тов **не интересова́лся то́чными нау́ками**.
4. В шко́ле у Довла́това не́ было ни одного́ **дру́га** из интеллиге́нтной семьи́.
5. Довла́това **исключи́ли** из университе́та.
6. В ю́ности Хемингуэ́й был **идеа́лом** Довла́това.
7. Довла́тов поки́нул университе́т. **По́зже** он говори́л о причи́нах ухо́да тума́нно.

8. **Пото́м** Довла́това призва́ли в а́рмию.

9. **По̀сле слу́жбы в а́рмии** Довла́тов не верну́лся в университе́т, а пошёл рабо́тать в заводску́ю газе́ту.

10. Произведе́ния Довла́това **не печа́тали** в Сове́тском Сою́зе.

11. К э́тому вре́мени не́которые расска́зы Довла́това **попа́ли на За́пад.**

12. В 1978-о́м году́ Довла́тов **прие́хал в Нью-Йо́рк.**

13. Жизнь Довла́това в Аме́рике начина́лась **о́чень споко́йно.**

14. Ме́сяцев шесть он **пролежа́л**, ничего́ не де́лая, на дива́не.

15. **Люби́мым** заня́тием Довла́това и его́ друзе́й бы́ло руга́ть америка́нцев.

16. Гла́вный деви́з америка́нцев: «**Всё в жи́зни про́сто!**» **Не грусти́ — и всё бу́дет хорошо́!**

16. Так или не так?

Have your classmate read the following sentences to you. Express disagreement. In your rejoinder, replace the bold-faced words with words from the story, changing the syntactic structure where appropriate. You can draw upon assignment 14. Add some comment, opinion, explanation, etc.

1. _____ — В университе́те Довла́тов **хорошо́ знал неме́цкий язы́к.**

   — _По-мо́ему, ты ошиба́ешься. Е́сли мне не изменя́ет па́мять, в университе́те Довла́тов совершѐнно не знал неме́цкого языка́._ _____

2. В де́тстве Довла́тов был **худо́й, уве́ренный в себе́** ма́льчик.

3. В шко́ле, где учи́лся Довла́тов, бы́ло **разде́льное** обуче́ние.

4. Довла́тов **сдал экза́мен** по неме́цкому языку́.

5. Ру́кописи Довла́това **печа́тались в са́мых прогресси́вных журна́лах.**

6. По мне́нию Довла́това, в эмигра́ции лю́ди меня́ют одни́ **ра́дости** на други́е.

7. В Аме́рике семья́ Довла́това посели́лась в **ма́леньком** до́ме.

8. **Прие́зжих** ру́сские эмигра́нты называ́ли иностра́нцами.

9. Ру́сские, с кото́рыми дружи́л Довла́тов, **хвали́ли** америка́нцев.

10. По мне́нию Довла́това, америка́нцы наи́вные и **серде́чные.**

11. Во́дку америка́нцы пьют **стака́нами.**

12. С америка́нцами **мо́жно** дружи́ть.

17. Ва́ши расска́зы.

Make up three stories using the words and phrases below as well as other vocabulary from the story.

1. **Бесконе́чные дво́йки**

   сдава́ть/сдать экза́мен **по** + _dat._

   прогу́ливать/прогуля́ть _acc._

   поступа́ть/поступи́ть **в/на** + _acc._

   занима́ться _instr._

   прова́ливаться/провали́ться на экза́мене

   выгоня́ть/вы́гнать _acc._ & **из/с** + _gen._ and/or **за** + _acc._

   руга́ть/поруга́ть _acc._ & **за** + _acc._

2. **Пе́рвые расска́зы**

   вызыва́ть/вы́звать слёзы **у** + _gen._

   печа́тать/напеча́тать _acc._

   критикова́ть/покритикова́ть _acc._ & **за** + _acc._

   отклоня́ть/отклони́ть _acc._

напоминáть/напóмнить *acc. & dat.*

публиковáть/опубликовáть *acc.*

издавáть/издáть *acc.*

отмечáть/отмéтить публикáцию пéрвого расскáза

ругáть/поругáть *acc. &* **за** + *acc.*

3. Эмигрáция

вы́нужден (-а, -ы) *infin.*

убеждáться/убедиться в + *prep.*

покидáть/покинуть *acc.*

попадáть/попáсть **в/на** + *acc.*

менять/поменять *acc. &* **на** + *acc.*

поселяться/поселиться **в/на** + *prep.*

занимáться *instr.*

становиться/стать *instr.*

привыкáть/привы́кнуть **к** + *dat.*

18. Ваш расскáз: текст и подтéкст.

a) Select a topic. Make up a story using only nominal sentences, and write it down.

b) Have your classmate transform your nominal sentences into sentences with verbs.

c) If you disagree with your classmate's interpretation, provide your own.

Дéтство   Сáмый неприятный слýчай в моéй жи́зни

Моя семья́   Сáмый приятный слýчай в моéй жи́зни

Шкóла   Несчáстная любóвь

Университéт

Дéтство...

a) ____*Большóй свéтлый дом. Лес. Рéчка. Родители. Бáбушка и дéдушка. У́жин. Смех.*

b) В дéтстве ты жил в большóм свéтлом дóме. Недалекó бы́ли лес и рéчка. Ты жил вмéсте с родителями, бáбушкой и дéдушкой. Вéчером вся семья собирáлась за у́жином. Вы мнóго смеялись.

c) Всё хорошó. Но что касáется бáбушки и дéдушки, я имéл в видý немнóго другóе. Я жил вмéсте с родителями. Бáбушка и дéдушка жи́ли в другóм гóроде, но иногдá они приезжáли к нам. Тогдá вся семья собирáлась за у́жином. Мы мнóго смеялись.____

19. Как сказáть точнéе?

Expand on the meaning of the bold-faced words by adding words and sentences from the table.

Хорошó говори́ть и расскáзывать   В дéтском журнáле

Срéдних профессионáлов   Надгрóбную речь

В газéту «Лéнинские и́скры»   Ни одногó интеллигéнтного приятеля

Óчень не люби́л   ~~О си́ле и бесстрáшии~~

В типогрáфии и́мени Володáрского   Однó про Стáлина и три — про живóтных

1. В дéтстве Довлáтов мечтáл **о си́ле**.

     ____ *В дéтстве Довлáтов мечтáл о си́ле. О си́ле и бесстрáшии.____*

2. Ужé в шкóле он пóнял, что умéет **хорошó говори́ть**.

3. Когдá хорони́ли кóшку, он произнёс **речь**.

4. В дéтстве и ю́ности у негó совсéм нé было **интеллигéнтных приятелей**.

5. В 1952 г. он отослáл четы́ре стихотворéния **в газéту**.

6. **Одно́** стихотворе́ние бы́ло **про Ста́лина**.

7. Пе́рвые расска́зы Довла́това бы́ли опублико́ваны **в журна́ле**.

8. О свои́х пе́рвых расска́зах он вспомина́ть **не люби́л**.

9. Он говори́л, что э́ти расска́зы напомина́ли ху́дшие ве́щи **профессиона́лов**.

10. По́сле шко́лы Довла́тов рабо́тал **в типогра́фии**.

20. Как сказа́ть точне́е?

Read the sentences. Have your classmate expand on the bold-faced words or phrases or make them more precise, following the text.

1. Довла́тов поступи́л **в университе́т**.

_____ — *Довла́тов поступи́л в университе́т.*
   — *В университе́т и́мени Жда́нова.*_____

2. В 1969-ом году́ у Довла́това нача́лся **тво́рческий подъём**.

3. В э́то вре́мя он писа́л **расска́зы**.

4. Пото́м к нему́ пришла́ **любо́вь**.

5. Довла́тов увлёкся тво́рчеством Хемингуэ́я, не́которое вре́мя он был его́ **идеа́лом**.

6. Когда́ Довла́тов учи́лся в университе́те, он познако́мился **с ленингра́дскими поэ́тами**.

7. Бро́дский навсегда́ стал его́ **куми́ром**.

8. В университе́те у Довла́това бы́ли **переэкзамено́вки**.

9. В конце́ концо́в, его́ из университе́та **вы́гнали**.

10. В дальне́йшем он говори́л о причи́нах ухо́да тума́нно, зага́дочно каса́лся не́ких **моти́вов**.

11. На са́мом де́ле его́ вы́гнали из-за того́, что он **не знал** неме́цкого языка́.

12. Чѐрез три ме́сяца по̀сле того́, как его́ вы́гнали из университе́та, он получи́л **пове́стку**.

13. Зате́м его́ призва́ли в а́рмию, и он попа́л **в охра́ну**.

14. По̀сле демобилиза́ции Довла́тов поступи́л рабо́тать **в многотира́жку**.

15. Он мечта́л написа́ть рома́н и, не в приме́р большинству́ журнали́стов, **занима́лся литерату́рой**.

16. Но его́ ру́кописи бы́ли отклонены́ **журна́лами**.

17. Он **убеди́лся**, что на ро́дине его́ печа́тать не бу́дут.

21. Скажи́те ина́че.

Replace the bold-faced words with words from the story. Change the syntactic structure where approrpriate.

Мне на́до сообщи́ть не́которые дета́ли мое́й биогра́фии, что̀бы мно́гое ста́ло поня́тно.

То́лстый, **неуве́ренный в себе́** ма́льчик. Бе́дность. Мать **ушла́ из теа́тра** и рабо́тает корре́ктором.

Чёрные ленингра́дские дворы́. Расту́щая тя́га к пле́бсу.

Шко́ла. **Одни́ дво́йки. Никако́го интере́са** к то́чным нау́кам. **Де́вочки и ма́льчики у́чатся вме́сте.** А́лла Горшко́ва. Мой дли́нный язы́к.

1952 год. Я **посыла́ю** в газе́ту четы́ре стихотворе́ния.

Пе́рвые расска́зы. Они́ **печа́таются** в де́тском журна́ле. **Похо́жи на** ху́дшие ве́щи сре́дних профессиона́лов.

Университе́т и́мени Жда́нова. Филфа́к. **Экза́мены, кото́рые я сдаю́ по не́сколько раз.**

Несча́стная любо́вь, око́нчившаяся **сва́дьбой**.

1969 год. Но́вый тво́рческий подъём. Расска́зы, **бана́льные** до кра́йности. Основна́я те́ма — одино́чество.

Хемингуэй. Он навсегда́ стал мои́м литерату́рным **идеа́лом**.

Разво́д, кото́рый мы с друзья́ми хорошо́ **отпра́здновали.**

Бума́га из военкома́та. За три ме́сяца до э́того я **ушёл из университе́та.**

Поздне́е я говори́л о причи́нах ухо́да тума́нно. **В действи́тельности** всё бы́ло про́ще: я **не сдал экза́мен** по неме́цкому языку́.

Языка́ я не знал **абсолю́тно**. Кро́ме имён **Ма́ркса** и **Э́нгельса**. Вско́ре меня́ **исключи́ли** из университе́та.

Зате́м **я служи́л** в а́рмии. Я оказа́лся в конво́йной охра́не. **Наве́рное**, мне суждено́ бы́ло побыва́ть в аду́.

Когда́ я пришёл из а́рмии, я поступи́л рабо́тать в заводску́ю многотира́жку.

Как и большинство́ журнали́стов, я мечта́л написа́ть рома́н. И, не в приме́р большинству́ журнали́стов, **действи́тельно** занима́лся литерату́рой.

В 1978-ом году́ я оконча́тельно **по́нял**, что на ро́дине меня́ **издава́ть** не бу́дут, и стал поду́мывать **о том, что́бы уе́хать**.

В 1978-ом году́ я **оказа́лся** в Нью-Йо́рке. Мы **нашли́ кварти́ру** в одно́й из ру́сских коло́ний. Там живу́т **те, кто бежа́л** из Росси́и. **Америка́нцев** мы называ́ем иностра́нцами. Нас **немно́го** раздража́ет, что они́ говоря́т по-англи́йски. Начина́лась моя́ жизнь **о́чень беззабо́тно**. Ме́сяцев шесть я **лежа́л, ничего́ не де́лая**, на дива́не. **Са́мым люби́мым** заня́тием мои́м и мои́х друзе́й бы́ло руга́ть америка́нцев.

Мировы́е пробле́мы америка́нцев **не интересу́ют**. Основно́й их деви́з: **«Не на́до усложня́ть!»** Не на́до грусти́ть — всё бу́дет хорошо́! Ду́шу **раскрыва́ют** психоанали́тикам, во́дку пьют **о́чень ма́ленькими** до́зами.

Мне нра́вилась Аме́рика! Про́сто ей бы́ло не до меня́!

22. Биогра́фия.

Turn the information below into a text, Sergei Dovlatov's biography, by transforming nominal sentences and the dates into sentences with verbal predicates.

1.	1909-1995 —	Го́ды жи́зни отца́ С. Довла́това.

___*Оте́ц Серге́я Довла́това роди́лся в1909-ом году́, а у́мер в 1995-ом году́.*___

2.	1908-1999	Го́ды жи́зни ма́тери Серге́я Довла́това.
3.	3.IX.1941	Да́та рожде́ния Серге́я Довла́това. Ме́сто рожде́ния — г. Уфа́.
4.	янва́рь 1944	Перее́зд семьи́ Довла́товых в Ленингра́д.
5.	1952	Публика́ция пе́рвых расска́зов Довла́това в журна́ле «Костёр».
6.	1954	Побе́да на ко́нкурсе ю́ных поэ́тов.
7.	26.VIII.1959	Поступле́ние в Ленингра́дский госуда́рственный университе́т и́мени Жда́нова.
8.	10.II. 1961	Исключе́ние из университе́та.
9.	1962-1965	Слу́жба в а́рмии.
10.	1963	Жени́тьба на Еле́не Ри́тман.
11.	1965	Поступле́ние в университе́т на факульте́т журнали́стики.
12.	дека́брь 1966	Отпра́вка расска́зов в журна́л «Звезда́».
13.	6.VI.1966	Рожде́ние до́чери Екатери́ны.
14.	19.IV.1967	Отве́т из «Звезды́»: расска́зы отклонены́.
15.	1972-1976	Жизнь в Та́ллине, столи́це Эсто́нии.
16.	сентя́брь 1976	Возвраще́ние в Ленингра́д.
17.	1977	Публика́ция пе́рвых расска́зов в журна́ле «Контине́нт»,

		который выходил в Париже, и в журнале «Время и мы», который выходил в Израиле.
18.	1978	Эмиграция из Советского Союза.
19.	1978	Публикация первого сборника рассказов «Невидимая книга» в американском издательстве «Ардис».
20.	5.II. 1979	Приезд в Нью-Йорк.
21.	июнь 1980	Публикация рассказа «Юбилейный мальчик» в журнале «Нью-Йоркер».
22.	1980	Участие в создании газеты на русском языке «Новый американец».
23.	21.XII.1981	Рождение сына Николая.
24.	1980-1982	Главный редактор газеты «Новый американец» (газета просуществовала два года).
25.	1980	Издание книги «Соло на ундервуде» — сборника смешных рассказов, заметок, шуток.
26.	1981	Выход в свет книги «Компромисс».
27.	1982	Публикация книги «Зона».
28.	1983	Выход в свет книги «Марш одиноких».
29.	1983	Издание книг «Заповедник» и «Наши».
30.	1985	Публикация книги «Ремесло».
31.	1986	Выход в свет книги «Иностранка».
32.	1989	Первая публикация в России — книга «Филиал».
33.	24.VIII.1990	Смерть в Нью-Йорке.
34.	1993	Выход в свет трёхтомника Сергея Довлатова в Петербурге.

23. Поговорите друг с другом.

Working with a classmate, ask each other questions and answer them, using the information provided in the text and in assignment 22.

1. В каком году родился Довлатов?

_____ *Довлатов родился в 1941-ом году.*_____

2. Когда умерли родители Довлатова?
3. Когда семья Довлатовых переехала из Уфы в Ленинград?
4. Сколько лет тогда было Довлатову?
5. Сколько лет было Довлатову, когда он стал победителем конкурса юных поэтов?
6. За сколько лет до этого были опубликованы его первые рассказы?
7. В каком году Довлатов поступил на филологический факультет университета?
8. Сколько времени Довлатов проучился в университете?
9. Где Довлатов провёл три года после университета?
10. Сколько лет было Довлатову, когда он поступил в университет на факультет журналистики?
11. В каком году Довлатов отправил свои рассказы в журнал «Звезда»?
12. Через сколько месяцев после того, как Довлатов отправил рассказы в журнал, пришёл отрицательный ответ?
13. Когда Довлатов приехал в Нью-Йорк?
14. Сколько лет было Довлатову, когда вышел его первый сборник?

15. Чѐрез скóлько лет пòсле публикáции пéрвого сбóрника расскáзов был напечáтан вторóй сбóрник?

16. Чѐрез скóлько лет пòсле публикáции пéрвого сбóрника расскáзов за граníцей вы́шла пéрвая кнíга Довлáтова в Россíи?

17. Какóй расскáз был опубликóван в журнáле «Нью-Йóркер»?

18. Когдá э́тот расскáз был там напечáтан?

19. В создáнии какóй газéты принимáл учáстие Довлáтов?

20. Скóлько лет просуществовáла э́та газéта?

21. Когдá бы́ли íзданы кнíги «Компромíсс» и «Зóна»?

22. Когдá у́мер Довлáтов?

23. Скóлько лет бы́ло Довлáтову, когдá он у́мер?

24. Скóлько лет бы́ло бы сейчáс Довлáтову?

25. Чѐрез скóлько лет пòсле смéрти Довлáтова вы́шло в свет егó пéрвое собрáние сочинéний в Россíи?

24. Биогрáфия Сергéя Довлáтова.
Give an account of Sergei Dovlatov's life providing the timeline of important events in his life.

25. Биогрáфия моегó любíмого писáтеля (композíтора, спортсмéна...)
Write a biography of your favorite writer (composer, athlete...), providing the timeline of important events in his or her life.

26. Расскáз о себé.
Write a story about yourself, providing the timeline of important events in your life.

ТЕКСТ И РЕЧЬ
FROM READING TO SPEAKING

ОСОБЕННОСТИ ПРОЗЫ С. ДОВЛАТОВА

Мир, в котóром мы живём, сóздан по закóнам определённой лóгики: éсли сегóдня понедéльник, то зáвтра обязáтельно бýдет втóрник. Естéственно, когдá читáтель берёт в рýки кнíгу, он ожидáет от áвтора привы́чной логíчески устрóенной картíны мíра. Довлáтов же стрóит *свой* мир, где лóгика нерéдко нарушáется, где смы́слы соединя́ются иногдá в непривы́чные, парадоксáльные сочетáния, где смыслообразýющую фýнкцию несёт подтéкст, где основны́м срéдством изображéния явля́ется экспрессíвный сíнтаксис — цепóчки номинатíвных предложéний, присоединíтельные констрýкции, парцелля́ция, рýбленая корóткая фрáза. Всё э́то дéлает прóзу Довлáтова динамíчной и эмоционáльной; ёмкой и иронíчной. Интеллектуáльной.

27. Номинати́вные предложе́ния.

Созда́нию подте́кста в про́зе Довла́това во мно́гом спосо́бствует употребле́ние номинати́вных предложе́ний. Номинати́вные предложе́ния позволя́ют свёртывать собы́тия и явле́ния до одного́ сло́ва; объединя́ть эпизо́ды не в логи́ческой после́довательности, а в ви́де моза́ики, монтажа́; "монти́ровать" не́сколько тем одновреме́нно.

27.A В приводи́мых отры́вках найди́те предложе́ния, кото́рые мо́гут быть объединены́ те́мами a) учёба, b) интере́с к де́вочкам, c) пе́рвые стихи́ и расска́зы. Постро́йте развёрнутый расска́з на ка́ждую из э́тих тем.

> Бесконе́чные дво́йки… Равноду́шие к то́чным нау́кам… Совме́стное обуче́ние… Де́вочки… А́лла Горшко́ва… Мой дли́нный язы́к… Неуклю́жие эпигра́ммы… Тя́жкое бре́мя сексуа́льной неви́нности…
>
> 1952 год. Я отсыла́ю в газе́ту «Ле́нинские и́скры» четы́ре стихотворе́ния. Одно́, коне́чно, про Ста́лина. Три – про живо́тных…
>
> Пе́рвые расска́зы… Они́ публику́ются в де́тском журна́ле «Костёр». Напомина́ют ху́дшие ве́щи сре́дних профессиона́лов…

27.B В приводи́мых отры́вках прочита́йте предложе́ния, кото́рые a) передаю́т цепо́чку собы́тий, b) опи́сывают ра́зные сто́роны одного́ собы́тия.

> Аттеста́т зре́лости… Произво́дственный стаж… Типогра́фия и́мени Волода́рского… Сигаре́ты, вино́ и мужски́е разгово́ры… Расту́щая тя́га к пле́бсу. (То есть буква́льно ни одного́ интеллиге́нтного прия́теля.)
>
> Университе́т и́мени Жда́нова. (Звучи́т не ху́же, чем «Университе́т и́мени Аль Капо́не»)… Филфа́к… Прогу́лы… Студе́нческие литерату́рные упражне́ния…
>
> Бесконе́чные переэкзамено́вки… Несча́стная любо́вь, око́нчившаяся жени́тьбой… Знако́мство с молоды́ми ленингра́дскими поэ́тами — Ре́йном, На́йманом, Бро́дским…

27.C Номинати́вные предложе́ния преоблада́ют в пе́рвой полови́не повествова́ния, пото́м они́ почти́ по́лностью исчеза́ют. Укажи́те отры́вки, в кото́рых номинати́вные предложе́ния исчеза́ют совсе́м. Как вы ду́маете, почему́?

27.D Я́ркая вырази́тельность и смыслова́я ёмкость номинати́вных предложе́ний позволя́ют широко́ испо́льзовать э́тот тип предложе́ний в назва́ниях книг, музыка́льных произведе́ний и и.д. Вспо́мните произведе́ния ру́сских и́ли америка́нских писа́телей, назва́ния кото́рых вы́ражены номинати́вными предложе́ниями.

28. Стилево́й контра́ст.

Довла́тов пи́шет об обы́денной жи́зни обы́денным языко́м. Одна́ко в расска́зе ча́сто встреча́ются слова́ кни́жного сти́ля. В приводи́мых предложе́ниях подчеркни́те э́ти слова́, найди́те им объясне́ние в словаре́. Что вно́сит в повествова́ние употребле́ние кни́жных слов в конте́ксте обы́чной, бытово́й ре́чи?

1. По́хороны до́хлой ко́шки за сара́ями… Моя́ надгро́бная речь, вы́звавшая слёзы Жа́нны, до́чери электромонтёра…

2. Совме́стное обуче́ние… Де́вочки… А́лла Горшко́ва… Мой дли́нный язы́к… Неуклю́жие эпигра́ммы… Тя́жкое бре́мя сексуа́льной неви́нности…

3. Сигаре́ты, вино́ и мужски́е разгово́ры… Расту́щая тя́га к пле́бсу. (То есть буква́льно ни одного́ интеллиге́нтного прия́теля.)

4. И наконец меня выгнали. Я же, как водится, намекал, что страдаю за правду.

5. Мировые проблемы американцев не волнуют. Главный их девиз — «Смотри на вещи просто!» И никакой вселенской скорби!..

6. С женой разводятся — идут к юристу. (Нет чтобы душу излить товарищам по работе.)

29. Необычные характеристики.

Проза Довлатова эмоциональна и экспрессивна. Найдите в предложениях необычные характеристики предметов или явлений и подчеркните их. Объясните, как вы их понимаете.

1. [Я вынужден сообщить какие-то детали моей биографии.] Сделаю это коротко, пунктиром.

2. Чёрные дворы… (Посмотрите примечание к тексту.)

3. Водку [американцы] пьют микроскопическими дозами. Всё равно что из крышек от зубной пасты…

4. [В 78-ом году я уехал, попал в Нью-Йорк…] Пятый год я разгуливаю вверх ногами.

5. Месяцев шесть, как подобает российскому литератору, [я] валялся на диване.

30. Эффект неожиданности.

Неожиданность заключается в нарушении логических связей. Иногда это нарушение отражает реальный мир, иногда это художественный приём. Прочитайте небольшие отрывки. В чём можно увидеть неожиданность, а иногда и парадоксальность соединения смыслов, заключённых в этих отрывках ?

1. Мой отец был режиссёром драматического театра. Мать была в этом театре актрисой (2-ой отрывок). / Зарождающаяся тяга к плебсу… (3-ий отрывок) / Растущая тяга к плебсу. (То есть буквально ни одного интеллигентного приятеля.) (5-ый отрывок)

_____ *Довлатов вырос в интеллигентной семье — его родители работали в театре. Наверное, друзья и знакомые его родителей тоже были интеллигентными людьми. А у Серёжи Довлатова в детстве и юности не было «буквально ни одного интеллигентного приятеля».*_____

2. Война не разлучила их [родителей]. Они расстались значительно позже, когда всё было хорошо (2-ой отрывок).

3. Несчастная любовь, окончившаяся женитьбой… (7-ой отрывок).

4. 1960 год. Новый творческий подъём. Рассказы, пошлые до крайности. Тема — одиночество… (8-ой отрывок)

5. … Мы поменяли не общественный строй. Не географию и климат. Не экономику, культуру или язык. И тем более — не собственную природу. Люди меняют одни печали на другие, только и всего (13-ый отрывок).

6. Мы поселились в одной из русских колоний Нью-Йорка… Коренных жителей мы называем иностранцами. Нас слегка раздражает, что они говорят по-английски… (14-ый отрывок).

7. Начиналась моя жизнь в Америке крайне безмятежно. Месяцев шесть… валялся на диване…
    …Я валялся на диване и мечтал получить работу (15-ый отрывок).

8. Излюбленным нашим занятием было — ругать американцев. Американцы наивные, чёрствые, бессердечные. Дружить с американцами невозможно. Водку пьют микроскопическими дозами (16-ый отрывок).

31. Парадокса́льность в соедине́нии смы́слов.

Необы́чные соедине́ния слов, за кото́рыми ча́сто стои́т противопоставле́ние, — оди́н из приёмов языково́й игры́ у Довла́това. Найди́те в предложе́ниях слова́ и сочета́ния, кото́рые, на ваш взгляд, употреблены́ необы́чно. Объясни́те, в чём э́та необы́чность.

1. Мать самокрити́чно бро́сила теа́тр и рабо́тает корре́ктором… (2-ой отры́вок).

2. Университе́т и́мени Жда́нова. (Звучи́т не ху́же, чем «Университе́т и́мени Аль Капо́не»)… (6-ой отры́вок). [Для отве́та посмотри́те коммента́рий по́сле те́кста.]

3. Разво́д, отме́ченный трехдне́вной пья́нкой… (8-ой отры́вок).

4. Пове́стка из военкома́та. За три ме́сяца до э́того я поки́нул университе́т… На са́мом де́ле всё бы́ло про́ще. …Меня́ вы́гнали (9-ый отры́вок).

5. Демобилизова́вшись, я поступи́л в заводску́ю многотира́жку. Прослужи́л в ней три го́да. По́нял, что идеологи́ческая рабо́та не для меня́… (11-ый отры́вок).

ЖИЗНЬ КАК ЛИТЕРАТУ́РНЫЙ СЮЖЕ́Т

Жизнь ка́ждого челове́ка в определённой сте́пени отража́ет жизнь о́бщества, в кото́ром он живёт. А жизнь, расска́занная писа́телем, — тем бо́лее.

Поговори́м о С. Довла́тове, верне́е, о геро́е его худо́жественных произведе́ний, кото́рый о́чень похо́ж на него́ самого́. И, коне́чно, о его́ вре́мени.

Упражне́ния э́того разде́ла де́лятся на основны́е и дополни́тельные. Они́ объединены́ одно́й те́мой, но поме́чены ра́зными ци́фрами. Упражне́ния под ци́фрой (1) продолжа́ют рабо́ту над те́кстом, кото́рый вы прочита́ли. В упражне́ниях под ци́фой (2) вы смо́жете познако́миться с дополни́тельными те́кстами из произведе́ний С. Довла́това и отве́тить на вопро́сы. Проду́мывая отве́ты, по́льзуйтесь интерне́том и спра́вочной литерату́рой.

32. Де́тство (1).

1. Что вы зна́ете о роди́телях С. Довла́това (2-ой отры́вок)? Каку́ю войну́ име́ет в виду́ Довла́тов, когда́ говори́т: *Война́ не разлучи́ла их..?*

2. Как Довла́тов опи́сывает своё де́тство (3-ий отры́вок)? Что тако́е «чёрные дворы́» (посмотри́те примеча́ния к те́ксту)? Как проводи́ли вре́мя мальчи́шки в послевое́нном Ленингра́де?

3. Как Серёжа Довла́тов учи́лся в шко́ле, чем он увлека́лся (4-ый отры́вок)?

4. Кто тако́й Ста́лин (5-ый отры́вок, см. та́кже примеча́ния к те́ксту)? Почему́ оди́ннадцатиле́тний ма́льчик одно́ из четырёх стихотворе́ний, кото́рые он отправля́ет в газе́ту, посвяща́ет Ста́лину?

5. Найди́те в 5-ом отры́вке назва́ния газе́т и журна́лов, в кото́рых печа́тались стихи́ и расска́зы шко́льника Серёжи Довла́това. Кака́я связь ме́жду э́тими назва́ниями и назва́нием пе́рвой ру́сской социа́л-демократи́ческой газе́ты, осно́ванной Ле́ниным, — «И́скра»? О чём говоря́т назва́ния де́тских изда́ний?

33. Де́тство (2).

Прочита́йте но́вые для вас отры́вки, в кото́рых говори́тся о семье́ С. Довла́това, о вре́мени, когда́ проходи́ло его́ де́тство.

1. У меня́ был компле́кт лю́бящих роди́телей. Пра́вда, они́ вско́ре разошли́сь… Сиро́тского ко́мплекса у меня́ не возни́кло. Скоре́е наоборо́т. Ведь отцы́ мои́х све́рстников поги́бли на войне́ (С. Довла́тов. Зо́на. Запи́ски надзира́теля).

2. Мать с утра́ до но́чи рабо́тала. Я о́чень мно́го ел, я рос. Мать же пита́лась в основно́м карто́шкой. Лет до семна́дцати я был абсолю́тно уве́рен, что мать предпочита́ет карто́шку всему́ остально́му. (Здесь, в Нью-Йо́рке, оконча́тельно ста́ло я́сно, что э́то не так...) (С. Довла́тов. На́ши).

3. Мы по утра́м сади́мся за́втракать. Мы еди́нственные в Аме́рике за́втракаем как поло́жено. Еди́м, наприме́р, котле́ты с макаро́нами...

   Дете́й мы нака́зываем за одно́-еди́нственное преступле́ние. Е́сли они́ чего́-то не дое́ли (С. Довла́тов. Ремесло́).

4. Зате́м наступи́ли трево́жные времена́. Друзья́ мои́х роди́телей ста́ли неожи́данно исчеза́ть. Мать проклина́ла Ста́лина. Оте́ц рассужда́л по-друго́му. Ведь исчеза́ли са́мые заура́дные лю́ди. И в ка́ждом поми́мо досто́инств бы́ли суще́ственные недоста́тки. В ка́ждом, е́сли хорошо́ поду́мать, бы́ло не́что отрица́тельное. Не́что тако́е, что дава́ло возмо́жность примири́ться с утра́той.

   Когда́ забра́ли жи́вшего ни́же этажо́м хормейстера Ля́лина, оте́ц припо́мнил, что Ля́лин был антисеми́том. Когда́ арестова́ли фило́лога Роги́нского, то вы́яснилось, что Роги́нский — пил. Конферансье́ Заце́пин нета́ктично обраща́лся с же́нщинами. Гримёр Сиде́льников вообще́ предпочита́л мужчи́н...

   То есть соверша́лась дра́ма, поро́к в кото́рой был нака́зан.

   Зате́м арестова́ли де́да — про́сто так. Для отца́ э́то бы́ло по́лной неожи́данностью. Поско́льку дед был я́вно хоро́шим челове́ком.

   Разуме́ется, у де́да бы́ли сла́бости, но ма́ло. Прито́м сугу́бо ли́чного хара́ктера. Он мно́го ел...

   Дра́ма перераста́ла в траге́дию (С. Довла́тов. На́ши).

5. В шесть лет я знал, что Ста́лин уби́л моего́ де́да. А уж к моме́нту оконча́ния шко́лы знал реши́тельно всё.

   Я знал, что в газе́тах пи́шут непра́вду. Что за грани́цей просты́е лю́ди живу́т бога́че и веселе́е. Что коммуни́стом быть сты́дно, но вы́годно (С. Довла́тов. На́ши).

   a) Почему́ у Серёжи Довла́това не́ было «ко́мплекса сиро́тства»?
   b) Как пита́лась семья́ Довла́това и мно́гие други́е се́мьи в послевое́нное вре́мя?
   c) Довла́тов пишет: в Аме́рике «дете́й мы нака́зываем за одно́-еди́нственное преступле́ние. Е́сли они́ чего́-то не дое́ли». Как вы это объясни́ли бы?
   d) За что могли́ арестова́ть и расстреля́ть при Ста́лине?
   e) Как относи́лся оте́ц Довла́това к аре́стам? Когда́ и почему́ измени́лось его́ отноше́ние к аре́стам?
   f) Заче́м мно́гие, по мне́нию Довла́това, вступа́ли в коммунисти́ческую па́ртию?

34. Университе́т. Литерату́рные и челове́ческие куми́ры (1).

1. Го́ды по́сле шко́лы бы́ли для Довла́това о́чень бу́рными (8-ой, 9-ый и 10-ый отры́вки). Не́сколькими назывны́ми предложе́ниями охарактеризу́йте основны́е собы́тия ю́ности С. Довла́това.

2. За что С. Довла́това вы́гнали из университе́та (9-ый отры́вок)?

3. Как вы ду́маете, почему́ С. Довла́тов *говори́л о причи́нах ухо́да — тума́нно. Зага́дочно каса́лся не́ких полити́ческих моти́вов* (9-ый отры́вок)?

4. Как вы понима́ете выраже́ние «страда́ть за пра́вду» (9-ый отры́вок)? Вы зна́ете приме́ры из ру́сской и́ли сове́тской исто́рии, когда́ лю́ди пострада́ли за пра́вду? Приведи́те свои́ приме́ры из исто́рии и́ли из жи́зни.

5. Вы чита́ли Хемингуэ́я? Е́сли чита́ли, то скажи́те, каки́ми рису́ет свои́х геро́ев а́втор? Что вы зна́ете о жи́зни самого́ Хемингуэ́я? Почему́ для С. Довла́това и молодёжи 60-х годо́в

Хемингуэй был *идеалом литературным и человеческим* (8-ой отрывок)? При ответе вам могут помочь примечания к тексту.

6. Слышали ли вы раньше имя Иосиф Бродский (7-ой и 8-ой отрывки)? Читали ли вы стихи И. Бродского в английских переводах? Что вы знаете об этом поэте? Для ответа на последний вопрос вам могут помочь примечания к тексту.

35. Университет. Литературные и человеческие кумиры (2).

Э. ХЕМИНГУЭЙ

1. Два года назад умер Хемингуэй, писатель которому я верил. Его кодексом была «честная игра». Мужчина должен быть прост и силён. Хладнокровных и рассудительных женщин он не любил. Всё должно быть как природа велела (С. Довлатов. Из письма).

2. Серёжа (Довлатов) принадлежал к поколению, которое восприняло идею индивидуализма и принцип автономности человеческого существования более всерьёз, чем это было сделано кем-либо и где-либо… Нигде идея эта не была выражена более полно и внятно, чем в литературе американской (И. Бродский. Мир уродлив и люди грустны).

3. Хемингуэй существовал не для чтения, 60-е перевели на русский не столько его книги, сколько его манеру жить (П. Вайль, А. Генис. 60-е. Мир советского человека).

   a) Как вы понимаете, что такое кодекс «честная игра»?

   b) Какими должны быть мужчина и женщина по Хемингуэю? Вы согласны с Хемингуэем?

   c) Как вы думаете, почему именно поколению шестидесятых была очень близка идея индивидуализма? Что вы знаете о России этого времени? Что такое хрущёвская «оттепель»?

   d) Повлиял ли Хемингуэй и его герои на американскую молодёжь? Если да, то в чём вы видите это влияние?

   e) Кто из современных писателей (художников, режиссёров) имел (имеет) большое влияние на молодёжь, общество в целом? Расскажите об этих людях.

   f) Был ли в вашей жизни человек (писатель, художник, литературный герой, фильм и т.д.), который повлиял на вашу жизнь? Если да, то расскажите о нём.

И. БРОДСКИЙ

1. Из русских писателей добился несомненного успеха один Иосиф Бродский. Остальные, как правило, врут (С. Довлатов. Писатель в эмиграции).

2. Среди моих знакомых преобладали неординарные личности. Главным образом, дерзкие начинающие писатели, бунтующие художники и революционные музыканты. Даже на этом мятежном фоне Бродский резко выделялся... (С. Довлатов. Ремесло).

3. Мои друзья были одержимы ясными истинами. Мы говорили о свободе творчества, о праве на информацию, об уважении к человеческому достоинству. Нами владел скептицизм по отношению к государству (С. Довлатов. Ремесло).

4. Бродский создал неслыханную модель поведения. Он жил не в пролетарском государстве, а в монастыре собственного духа.

   Он не боролся с режимом. Он его не замечал. И даже нетвёрдо знал о его существовании.

   Его неосведомлённость в области советской жизни казалась притворной. Например, он был уверен, что Дзержинский — жив. И что «Коминтерн» — название музыкального ансамбля (С. Довлатов. Ремесло).

5. Своим поведением Бродский нарушал какую-то чрезвычайно важную установку. И его

сосла́ли в Арха́нгельскую губе́рнию.

Сове́тская власть — оби́дчивая да́ма. Ху́до тому́, кто её оскорбля́ет. Но гора́здо ху́же тому́, кто её игнори́рует... (С. Довла́тов. Ремесло́).

a) Что вы мо́жете рассказа́ть о друзья́х С. Довла́това?

b) Каки́е пробле́мы волнова́ли С. Довла́това и его́ друзе́й?

c) Как они́ относи́лись к госуда́рству, в кото́ром жи́ли?

d) Как вы понима́ете слова́ С. Довла́това: Бро́дский жил *не в пролета́рском госуда́рстве, а в монастыре́ со́бственного ду́ха*?

e) Как Бро́дский относи́лся к коммунисти́ческому режи́му?

f) Како́й была́ реа́кция власте́й на поведе́ние Бро́дского?

36. А́рмия (1).

1. Где служи́л С. Довла́тов (10-ый отры́вок)?

2. Как вы ду́маете, каковы́ обя́занности конво́йной охра́ны в ла́гере?

3. С. Довла́тов попа́л в а́рмию в 1962-о́м году. Ско́лько лет бы́ло С. Довла́тову, когда́ его́ призва́ли в а́рмию?

4. Почему́ Довла́тов называ́ет слу́жбу в конво́йной охра́не а́дом?

37. А́рмия (2).

Слу́жба в конво́йных войска́х — о́чень ва́жная страни́ца в жи́зни и тво́рчестве С. Довла́това. Слу́жбе в а́рмии посвящена́ по́весть «Зо́на. Запи́ски надзира́теля».

1. О́сенью 62-го меня́ забра́ли в а́рмию, я оказа́лся в респу́блике Ко́ми, служи́л в тайге́, да ещё и в охра́не лагере́й осо́бого режи́ма (С. Довла́тов. Малоизве́стный Довла́тов).

2. Мир, в кото́рый я попа́л, был ужа́сен. В э́том ми́ре драли́сь зато́ченными ра́шпилями, е́ли соба́к, покрыва́ли ли́ца татуиро́вкой и наси́ловали коз.

   В э́том ми́ре убива́ли за па́чку ча́я.

   В э́том ми́ре я уви́дел люде́й с кошма́рным про́шлым, отта́лкивающим настоя́щим и траги́ческим бу́дущим...

   Мир был ужа́сен. Но жизнь продолжа́лась. Бо́лее того́, здесь сохраня́лись обы́чные жи́зненные пропо́рции. Соотноше́ние добра́ и зла, го́ря и ра́дости — остава́лось неизме́нным... (С. Довла́тов. Зо́на).

3. Мир, в кото́рый я попа́л, был ужа́сен. И всё-таки улыба́лся я не ре́же, чем сейча́с. Грусти́л — не ча́ще (С. Довла́тов. Зо́на).

4. Возни́кла соверше́нно но́вая шкала́ предпочти́тельных жи́зненных благ. По э́той шкале́ чрезвыча́йно цени́лись — еда́, тепло́, возмо́жность избежа́ть рабо́ты. Обы́денное станови́лось драгоце́нным. Драгоце́нное — нереа́льным. Откры́тка из до́ма вызыва́ла потрясе́ние. Шмель, залете́вший в бара́к, производи́л сенса́цию. Перебра́нка с надзира́телем восприни́ма́лась как интеллектуа́льный триу́мф (С. Довла́тов. Зо́на).

5. Я обнару́жил порази́тельное схо́дство ме́жду ла́герем и во́лей. Ме́жду заключёнными и надзира́телями...

   Мы говори́ли на одно́м, приблатнённом языке́. Распева́ли одина́ковые сентимента́льные пе́сни. Претерпева́ли одни́ и те́ же лише́ния. Мы да́же вы́глядели одина́ково. Нас стри́гли под маши́нку... (С. Довла́тов. Зо́на).

6. Таков результат обоюдного влияния. По обе стороны колючей проволоки — единый и жестокий мир. Это я и попытался выразить (С. Довлатов. Ремесло).

7. И ещё одну существенную черту усматриваю я в моём лагерном наследии. Сравнительно новый по отношению к мировой литературе штрих.

   Каторга неизменно изображалась с позиций жертвы. Каторга же, увы, и пополняла ряды литераторов. Лагерная охрана не породила видных мастеров слова. Так что мой «Записки охранника» — своеобразная новинка (С. Довлатов. Ремесло).

8. Разумеется, я не Солженицын. Разве это лишает меня права на существование? Да и книги наши совершенно разные. Солженицын описывает политические лагеря. Я — уголовные. Солженицын был заключённым. Я — надзирателем. По Солженицыну лагерь — это ад. Я же думаю, что ад — это мы сами... (С. Довлатов. Зона).

9. ...Конечно же, рассказы не прошли. Конечно же, не по литературным меркам. Всякая лагерная тема наглухо закрыта, даже если речь идёт об уголовниках. Ничего трагического, мрачного... «Жизнь прекрасна и удивительна!» — как восклицал товарищ Маяковский накануне самоубийства (С. Довлатов. Ремесло).

   a) Что такое лагерь особого режима?
   b) Где находится Коми (посмотрите на карте России)? Что такое тайга? Почему именно там находился лагерь особого режима, в котором пришлось служить С. Довлатову?
   c) Чем потряс лагерь С. Довлатова?
   d) Что особенно ценилось в лагерной жизни? Почему в лагере возникла иная, чем в обычной жизни, шкала ценностей?
   e) В чём новизна изображения лагеря у С. Довлатова?
   f) В чём С. Довлатов увидел сходство между лагерем и волей?
   g) Что вы знаете о Солженицыне?
   h) Почему рассказы С. Довлатова о лагерной жизни так и не были опубликованы в СССР?

38. Решение эмигрировать (1).

1. В каком году С. Довлатов решил эмигрировать (12-ый отрывок)?
2. Почему он решил это сделать (11-ый и 12-ый отрывки)?

39. Решение эмигрировать (2).

1. В общем, стал мой оптимизм таять. Всё шло — одно к одному. Деда расстреляли. Отца выгнали с работы. Потом меня — из комсомола. Потом — из университета. Потом — из Союза журналистов. И так далее. Потом оказалось, что далее — некуда... И пессимизм мой всё крепчал (С. Довлатов. Марш одиноких).

2. Я убеждён в том, что личность государственного деятеля есть продукт эпохи. Что время, исторический момент, определяет тип главы правительства. Сталин, Гитлер и Трумэн были очень разные люди. Но было в этих фигурах и что-то общее. Может быть, жёсткость... Такая эпоха — Хрущёв, де Голль и Кеннеди тоже отнюдь не близнецы. Но что-то общее сквозило и в этих деятелях. Может быть, артистизм... Дань времени...

   Затем наступила довольно серая и безликая эпоха разрядки. Она же породила довольно серых и безликих вождей. Мир был в относительном покое (С. Довлатов. Марш одиноких).

3. Я начал писать рассказы в шестидесятом году. В самый разгар хрущёвской оттепели. Многие люди печатались тогда в советских журналах. Издавали прогрессивные книжки. Это было модно.

   Я мечтал опубликоваться в журнале «Юность». Или в «Новом мире». Или, на худой конец, — в «Авроре». Короче, я мечтал опубликоваться где угодно.

Я завали́л реда́кции свои́ми произведе́ниями. И получи́л не ме́нее ста отка́зов. Э́то бы́ло стра́нно.

Я не́ был мяте́жным а́втором. Не интересова́лся поли́тикой. Не допуска́л в свои́х писа́ниях чрезме́рного эроти́зма. Не затра́гивал евре́йской пробле́мы.

Мне каза́лось, я пишу́ исто́рию челове́ческого се́рдца. И всё. Я писа́л о страда́ниях молодо́го вохро́вца, кото́рого хорошо́ знал. Об уголо́вном ла́гере. О спи́вшихся низа́х большо́го го́рода. О ме́лких фарцо́вщиках и литерату́рной боге́ме...

Я не́ был антисове́тским писа́телем, и всё же меня́ не публикова́ли. Я всё ду́мал — почему́? И наконе́ц по́нял. Того́, о чём я пишу́, не существу́ет. То есть в жи́зни оно́, коне́чно, име́ется. А в литерату́ре не существу́ет. Вла́сти притворя́ются, что э́той жи́зни нет (С. Довла́тов. Как издава́ться на За́паде).

4. Дорого́й Серге́й!
С гру́стью возвраща́ем твою́ по́весть, одо́бренную рецензе́нтом, но запрещённую вы́ше... Жму ру́ку.
А. Тито́в (С. Довла́тов. Ремесло́. Письмо́ из журна́ла «Звезда́»).

5. Наконе́ц я соверше́нно разочарова́лся в э́тих попы́тках. Я уже́ не стреми́лся печа́таться. Знал, что э́то бесполе́зно.

К э́тому вре́мени хрущёвская о́ттепель минова́ла. Начали́сь за́морозки. На ме́сте отцвета́ющей прогресси́вной литерату́ры расцвёл самизда́т.

Э́тот вырази́тельный, чёткий неологи́зм по́лон глубо́кого значе́ния. Пи́шем са́ми. Издаёмся са́ми...

Самизда́т распространи́лся повсеме́стно...

Масшта́бы увлече́ния самизда́том достига́ли масшта́бов росси́йского пья́нства (С. Довла́тов. Как издава́ться на За́паде).

6. Зако́нчив расска́з, я сам перепеча́тывал его́ в не́скольких экземпля́рах. И пото́м раздава́л знако́мым. А они́ — свои́м знако́мым, е́сли те проявля́ли интере́с.

Э́то и есть самизда́т в наибо́лее то́чном значе́нии. Сам пи́шешь. Сам даёшь знако́мым. А поро́й — и сам чита́ешь в го́рдом одино́честве (С. Довла́тов. Как издава́ться на За́паде).

a) С. Довла́тов пи́шет: *Я убеждён в том, что ли́чность госуда́рственного де́ятеля есть проду́кт эпо́хи.* Вы с э́тим согла́сны? Через судьбу́ С. Довла́това прошли́ три эпо́хи — эпо́хи Ста́лина, Хрущёва и Бре́жнева. Что мо́жно сказа́ть о ка́ждой из них?

b) Произведе́ния С. Довла́това не́ были антисове́тскими. Почему́ же его́ не издава́ли в СССР?

c) Что тако́е самизда́т?

40. Эмигра́ция. Ру́сские и америка́нцы (1).

1. С. Довла́тов пи́шет: *...Пя́тый год я разгу́ливаю вверх нога́ми. И всё не могу́ к э́тому привы́кнуть* (13-ый отры́вок). Прокоменти́руйте э́ти слова́.

2. Как вы ду́маете, что име́л в виду́ С. Довла́тов, когда́ писа́л, что, перее́хав на друго́й коне́ц све́та, *лю́ди меня́ют одни́ печа́ли на други́е, то́лько и всего́* (12-ый отры́вок)?

3. Где посели́лись С. Довла́тов с семьёй (14-ый отры́вок)? Что представля́ют собо́й ру́сские райо́ны в Нью-Йо́рке? Зна́ете ли вы места́, где се́лятся бе́женцы и эмигра́нты из Росси́и и други́х стран? Сохраня́ют ли лю́ди, живу́щие там, свои́ национа́льные тради́ции?

4. Как отно́сятся ру́сские из ру́сской коло́нии к америка́нцам (14-ый отры́вок)? Лю́ди каки́х национа́льностей, по ва́шему мне́нию, быстре́е всего́ адапти́руются к жи́зни в Аме́рике? От чего́, пре́жде всего́, зави́сит адапта́ция — от принадле́жности к той и́ли ино́й этни́ческой гру́ппе и́ли от други́х фа́кторов?

5. Как начина́ли свою́ жизнь в Аме́рике Довла́тов и его́ друзья́ (15-ый, 16-ый и17-ый отры́вки)?

6. С. Довла́тов пи́шет: *Дружи́ть с америка́нцами невозмо́жно. Во́дку пьют микроскопи́ческими до́зами. Всё равно́ что из кры́шек от зубно́й па́сты...* (17-ый отры́вок). Как вы ду́маете, почему́ С. Довла́тов, говоря́ о дру́жбе, вспомина́ет о во́дке?

7. С. Довла́тов пи́шет про америка́нцев: *С жено́й разво́дятся — иду́т к юри́сту. (Нет чтобы ду́шу изли́ть това́рищам по рабо́те)* (17-ый отры́вок). Что тако́е дру́жба по-ру́сски? А по-америка́нски? Как вам ка́жется, есть ли како́е-то отли́чие в понима́нии дру́жбы у люде́й ра́зных национа́льностей? Как вы понима́ете дру́жбу?

8. В 17-ом отры́вке С. Довла́тов пи́шет: *Мировы́е пробле́мы америка́нцев не волну́ют. Гла́вный их деви́з — «Смотри́ на ве́щи про́сто!» И никако́й вселе́нской ско́рби!..* Согла́сны ли вы с тем, что америка́нцы на все пробле́мы смо́трят про́сто? Е́сли да, то приведи́те приме́ры. А е́сли нет, аргументи́руйте свой отве́т.

9. В расска́зе об Аме́рике сквози́т грусть. В каки́х места́х и почему́ появля́ется гру́стная но́та?

10. С. Довла́тов роди́лся 3-го сентября́ 1941 го́да в эвакуа́ции в Уфе́ и у́мер 24 а́вгуста 1990-го го́да в эмигра́ции в Нью-Йо́рке. В чём траги́зм судьбы́ С. Довла́това?

41. Эмигра́ция. Ру́сские и америка́нцы (2).

Продо́лжим разгово́р о том, что волну́ет америка́нцев и ру́сских, в чём схо́дство и разли́чие их взгля́дов на мир. Чита́йте отры́вки из произведе́ний С. Довла́това. Выска́зывайте свою́ то́чку зре́ния.

1. Е́сли кри́кнуть на моско́вской у́лице «Помоги́те!» — толпа́ сбежи́тся. А тут [в Аме́рике] — прохо́дят ми́мо.

   Там в авто́бусе места́ старика́м уступа́ли. А здесь — никогда́. Ни при каки́х обстоя́тельствах. И на́до сказа́ть, мы к э́тому бы́стро привы́кли.

   В о́бщем, мно́го бы́ло хоро́шего [в Росси́и]. Помога́ли друг дру́гу ка́к-то охо́тнее. И в дра́ку ле́зли, не боя́сь после́дствий. И с после́дней деся́ткой расстава́лись без мучи́тельных колеба́ний (С. Довла́тов. Марш одино́ких).

   a) Что хоро́шего ви́дит Довла́тов в жи́зни в Росси́и?
   b) А как вы отно́ситесь к тому́, о чём пи́шет Довла́тов? Вы согла́сны с ним? Аргументи́руйте свой отве́т.
   c) Что вы мо́жете рассказа́ть о мане́ре поведе́ния америка́нцев?

2. [В Аме́рике] Куда́ не позвони́шь, везде́ отвеча́ют:
   —Заходи́те, наприме́р, шесто́го ма́я в оди́ннадцать три́дцать...
   В Сою́зе бы́ло по-друго́му. Там всё знако́мо, я́сно и поня́тно. Е́сли тебе́ откры́то не хамя́т, зна́чит де́ло бу́дет решено́ в положи́тельном смы́сле. И да́же когда́ хамя́т, ещё не всё поте́ряно...
   Здесь всё ина́че. Бесе́дуют ве́жливо, улыба́ются, налива́ют ко́фе. Любе́зно тебя́ выслу́шивают. Зате́м печа́льно говоря́т:
   — Сожале́ем, но... (С. Довла́тов. На́ши).

   a) В э́том отры́вке та́кже идёт речь о мане́ре поведе́ния в Сове́тском Сою́зе и в Аме́рике. Согла́сны вы с тем, что говори́т а́втор? Аргументи́руйте свой отве́т.
   b) Что вам нра́вится, а что не нра́вится в пра́вилах поведе́ния в ва́шей стране́? Приведи́те приме́ры.

3. Е́сли ру́сские ве́чно страда́ют и жа́луются, то америка́нцы устро́ены по-друго́му. Большинство́ из них — принципиа́льные оптими́сты (С. Довла́тов. Иностра́нка).

a) Вы согласны с мнением Довлатова? А какие, по вашему мнению, основные черты американца?

4. На родине особенно ценились полоумные герои и беспутные таланты. В Америке – добросовестные налогоплательщики и честные трудящиеся (С. Довлатов. Чемодан).

a) Вы согласны с Довлатовым, когда он говорит о том, какие люди наиболее ценятся в Америке? Аргументируйте свой ответ.
b) А какие качества в человеке ценятся больше всего в Америке, по вашему мнению?

5. Интерес к писателям в СССР тысячекратно выше, чем в Америке, его можно сравнить со здешним отношением к кинозвёздам или деятелям спорта. ..
Испокон века в России не техника и не торговля стояли в центре народного сознания и даже не религия, а литература (С. Довлатов. Писатель в эмиграции).

a) Что значит писатель в Америке и в России?
b) Какие профессии ценятся больше всего в Америке и почему?

6. Я уверен, что деньги не могут быть самоцелью. Особенно здесь, в Америке. Ну, сколько требуется человеку для полного благополучия? Двести, триста тысяч? А люди ворочают миллиардами.
Видимо, деньги стали эквивалентом иных, более значительных по классу ценностей. Сумма превратилась в цифру. Цифра превратилась в геральдический знак (С. Довлатов. Ремесло).

a) Согласны ли вы с С. Довлатовым? Аргументируйте свой ответ.
b) Что для американцев значат деньги?

7. Хорошо здесь [в Америке] живётся миллионерам и нищим… Много и тяжело работают представители среднего класса. Выше какого-то уровня подняться нелегко. И ниже определённой черты скатиться трудно (С. Довлатов. Ремесло).

a) Вы с этим согласны? Если да, объясните почему.
b) Как вы представляете себе уровень, выше которого подняться нелегко, и черту, ниже которой скатиться трудно?

8. На свободе жить очень трудно. Потому что свобода одинаково благосклонна и к дурному и к хорошему. Разделить же дурное и хорошее не удаётся без помощи харакири. В каждом из нас хватает того и другого. И всё перемешано… (С. Довлатов. Марш одиноких). …
Свобода одинаково благосклонна и к дурному, и к хорошему. Под её лучами одинаково быстро расцветают и гладиолусы, и марихуана… (С. Довлатов. Зона. Записки надзирателя).

a) Как вы понимаете слова *Разделить же дурное и хорошее не удаётся без помощи харакири?*
b) Как вы понимаете слова: *свобода одинаково благосклонна и к дурному, и к хорошему. Под её лучами одинаково быстро расцветают и гладиолусы, и марихуана..?* Вы согласны с этим? Аргументируйте свой ответ.
c) Что значит «свобода» для американцев?
d) Что значит «свобода» лично для вас?
e) Как вы считаете, свобода должна быть абсолютной или государство вправе ограничивать свободу?

9. …демократия — великая сила, но и тяжкое бремя.
Давить — нельзя. Приказывать — нельзя. Самые незначительные вопросы решаются голосованием.

И главное, все без конца дают тебе советы. И ты обязан слушать. Иначе будешь заклеймён как авторитарная личность... (С. Довлатов. Наши).

a) Как вы понимаете слова: *демократия — великая сила, но и тяжкое бремя?*
b) Как вы понимаете демократию? Видите ли вы какие-нибудь особенности в американской демократии?

10. Не бывать тебе американцем. И не уйти от своего прошлого. Это кажется, что тебя окружают небоскрёбы... Тебя окружает прошлое (С. Довлатов. Марш одиноких).

Матерей не выбирают. Это моя единственная родина. Я люблю Америку, восхищаюсь Америкой, благодарен Америке, но родина моя далеко. Нищая, голодная, безумная и спившаяся! Потерявшая, загубившая и отвергнувшая лучших сыновей! Где уж ей быть доброй, весёлой и ласковой?!..

Берёзы, оказывается растут повсюду. Но разве от этого легче?

Родина — это мы сами. Наши первые игрушки. Перешитые курточки старших братьев. Бутерброды, завёрнутые в газету. Девочки в строгих коричневых юбках. Мелочь из отцовского кармана. Экзамены, шпаргалки... Нелепые, ужасающие стихи... Мысли о самоубийстве... Стакан «Агдама» в подворотне... Армейская махорка... Дочка, варежки, рейтузы, подвернувшийся задник крошечного ботинка... Косо перечёркнутые строки... Рукописи, милиция, ОВИР... Всё, что с нами было, — родина. И всё, что было, — останется навсегда... (С. Довлатов. Ремесло).

a) Что такое родина для С. Довлатова?
b) Попробуйте одними назывными предложениями, как у С. Довлатова, определить, что значит родина для вас.

42. **Напишите сочинение.**

Выберите одну из тем.

1. Жизнь и судьба С. Довлатова.

2. Русские в Америке.

3. Мои кумиры.

4. Как я понимаю демократию.

5. Что бы я изменил(а) в стране, в которой я живу.

АКТИВНАЯ ЛЕКСИКА
ACTIVE VOCABULARY

СЛОВА	WORDS
а́рмия	переэкзамено́вка
бе́женец	печа́ль
безде́лье	плебс
безмяте́жно	пове́стка
бесконе́чный	подте́кст
валя́ться /поваля́ться (*pfv-awhile*) & проваля́ться	покида́ть / поки́нуть *acc.*
	попада́ть / попа́сть **в/на** + *acc.* and/or **к** + *dat.*
военкома́т	поступа́ть / поступи́ть **в/на** + *acc.*
вождь	по́шлый
выгоня́ть / вы́гнать *acc.* & **из/с** + *gen.* and/or **за** + *acc.*	привыка́ть / привы́кнуть **к** + *dat.*
	прия́тель
вы́нужден (-а, -ы) *infin.*	прогу́л
грома́дный	психоанали́тик
двор	публикова́ть / опубликова́ть *acc.*
действи́тельно	равноду́шие
демобилизова́ться (*impfv. & pfv.*)	равноду́шный / равноду́шен (**к** + *dat.*)
жени́тьба	разво́д
засте́нчивый	раздража́ть (*impfv. only*) *acc.* & *instr.*
зате́м	руга́ть / поруга́ть (*pfv-awhile*) *acc.* & **за** + *acc.*
интеллиге́нтный	ру́копись
исключи́тельно	сели́ться / посели́ться **в/на** + *prep.*
каса́ться / косну́ться *gen.*	слегка́
куми́р	служи́ть / отслужи́ть и прослужи́ть **в** + *prep.*
напомина́ть / напо́мнить *acc.* & *dat.*	соверше́нно
одино́чество	то́лстый
ока́зываться / оказа́ться **в/на** + *prep.*	тя́га **к** + *dat.*
отклоня́ть / отклони́ть *acc.*	убежда́ться / убеди́ться **в** + *prep.*
отмеча́ть / отме́тить *acc.* & *instr.*	эмигра́нт
отсыла́ть / отосла́ть *acc.*	эмигра́ция
отъе́зд	эмигри́ровать (*impfv.& pfv.*)
очеви́дно	

ВЫРАЖЕНИЯ IDIOMS AND PHRASES

бросить театр

в дальнейшем

вселенская скорбь

говорить туманно

длинный язык **у** + *gen.*

до крайности

изливать / излить душу *dat.*

излюбленное занятие

как положено

конвойная охрана

коренной житель

микроскопическая доза

мировые проблемы

на самом деле

dat. не до *gen.*

политический мотив

призывать / призвать в армию *acc.*

проваливаться / провалиться на экзамене (**по** + *dat.*)

русская колония

сдавать / сдать экзамен **по** + *dat.*

смотреть на вещи просто

совместное обучение

творческий подъём

точные науки

ДОПОЛНИТЕЛЬНОЕ ЧТЕНИЕ

SUPPLEMENTARY READING

Сергей Довлатов

Предисловие к незаконченной книге «Холодильник»

В больницу я попал с желудочным кровотечением. Лежу в приёмной. Американский доктор спрашивает:

— Курите?

— Да.

— Много?

— Больше пачки в день.

— Точнее?

Я начал раздражаться и сказал:

— Тридцать две штуки. А по воскресеньям — двадцать шесть.

— Ясно, — сказал американец, — встаёте позже.

Затем он спросил:

— Пьёте?

— Да.

— Много?

— Если пью, то много.

— Сколько?

Честно, думаю, ответить — не поверит. Но и врать бессмысленно.

— Литра полтора,— говорю.

— Вина или пива?

— Водки.

Тут он надо́лго заду́мался. Пото́м спроси́л:

— Како́й сейча́с год?

Ви́дно, реши́л прове́рить мои́ у́мственные спосо́бности.

Я отве́тил.

— В како́м го́роде мы нахо́димся?

— В Нью-Йо́рке.

— Мо́жете косну́ться па́льцем но́са?

— Своего́ и́ли ва́шего?

До́ктор по́нял, что я не сумасше́дший. Слы́шу:

— Лю́бите жи́рное, сла́дкое, о́строе?

— Я, — говорю́, — люблю́ всё, кро́ме морко́ви.

Зате́м мы пое́хали в рентге́новский кабине́т. На груди́ у меня́ лежа́л том Достое́вского. До́ктор спра́шивает:

— Что э́то за кни́га? Солжени́цын?

— Достое́вский.

— Э́то тради́ция?

— Да,—говорю́, — э́то тради́ция. Ру́сский писа́тель умира́ет с то́мом Достое́вского на груди́.

— Но́у Байбл?— спроси́л   америка́нец. («Не с Би́блией?»)

— Нет, — говорю́, — мы же атеи́сты...

Неде́лю меня́ обсле́довали. Неде́лю я был вы́нужден голода́ть. В результа́те — небольша́я опера́ция и коро́ткая заключи́тельная бесе́да:

— Когда́-то у вас бы́ло желе́зное здоро́вье. К сожале́нию, вы его́ по́лностью разру́шили. Отны́не ва́ше спасе́ние — дие́та. Причём строжа́йшая...

Вы́писался я из больни́цы. Встре́тил знако́мого. Он говори́т:

— Я слы́шал, что ты у́мер!

— Пра́вильно, — отвеча́ю, — ра́зве э́то жизнь?! Кури́ть мне запрети́ли. Пить запрети́ли. И да́же есть запрети́ли. Что мне ещё остаётся? То́лько чита́ть и писа́ть.

— Ну, — говори́т мой друг, — э́то пока́ зре́ние хоро́шее... Тут я и взя́лся за но́вую кни́гу.

Сергей Довлатов

ОСТРОВ

Три го́рода прошли́ чѐрез мою́ жизнь. Пе́рвым был Ленингра́д...

Сле́дующим был Та́ллин...

Жизнь моя́ до́лгие го́ды кати́лась с Восто́ка на За́пад. Тре́тьим го́родом э́той жи́зни стал Нью-Йо́рк.

Нью-Йо́рк — хамелео́н. Широ́кая улы́бка на его́ физионо́мии легко́ сменя́ется презри́тельной грима́сой. Нью-Йо́рк расслабля́юще безмяте́жен и смерте́льно опа́сен. Разма́шисто щедр и боле́зненно скуп. Гото́в облагоде́тельствовать тебя́, но спосо́бен и разори́ть без мину́ты колеба́ния.

Его́ архитекту́ра напомина́ет ку́чу де́тских игру́шек. Она́ кошма́рна насто́лько, что достига́ет изве́стной гармо́нии.

Его́ эсте́тика созву́чна железнодоро́жной катастро́фе. Она́ попира́ет зако́ны шко́льной геоме́трии. Издева́ется над земны́м притяже́нием. Освежа́ет в па́мяти холсты́ третьестепе́нных куби́стов.

Нью-Йо́рк реа́лен. Он соверше́нно не вызыва́ет музе́йного тре́пета. Он со́здан для жи́зни, труда́, развлече́ний и ги́бели.

Па́мятники исто́рии здесь отсу́тствуют. Настоя́щее, про́шлое и бу́дущее тя́нутся в одно́й упря́жке.

Случи́сь револю́ция — не́чего бу́дет штурмова́ть.

Здесь нет ощуще́ния ме́ста. Есть чу́вство корабля́, наби́того миллио́нами пассажи́ров. Э́тот го́род столь разнообра́зен, что понима́ешь — здесь у́гол и для тебя́.

Ду́маю, что Нью-Йо́рк — мой после́дний, реша́ющий, оконча́тельный го́род.

Отсю́да мо́жно бежа́ть то́лько на Луну́…

А. ГЕЛАСИМОВ

НЕЖНЫЙ ВОЗРАСТ

GRAMMAR

1. Expressing Reciprocity
2. Expressing Condition

СЛОВО И ТЕКСТ

FROM WORDS TO SENTENCES

1. Read the words below. They will help you to guess what the story you are going to read is about. Make up short stories, using the bold-faced words as topics.

1. **Роди́тели** — крича́ть, не разгова́ривать дру́г с дру́гом, руга́ться дру́г с дру́гом, не ночева́ть до́ма.
2. **Двор** — дра́ться, напи́ться, уда́рить но́жкой от сту́ла, игра́ть в баскетбо́л.
3. **Ста́рый фильм** — смотре́ть кассе́ту, актри́са, игра́ть в фи́льме, быть знамени́той, влюби́ться.
4. **Шко́ла** — ненави́деть девчо́нок, ду́ры, влюби́ться в учи́тельницу, однокла́ссник.

2. Read each pair of sentences. The second sentence of each pair contains a word or phrase that means the same as the bold-faced text in the first sentence.
   a) Underline that word or words.
   b) Replace the bold-faced words from the first sentence by the words you underlined in the second sentence and vice versa. Make syntactic changes where necessary.

1. За стено́й живёт ста́рая же́нщина, кото́рая **преподаёт му́зыку**. Она́ даёт уро́ки му́зыки у себя́ до́ма.
   даёт уро́ки му́зыки
   ____*За стено́й живёт ста́рая же́нщина, кото́рая даёт уро́ки му́зыки. Она́ преподаёт му́зыку у себя́ до́ма.*____

111

2. Стару́ха дала́ како́й-то **о́чень ста́рый** фильм. Э́тот дре́вний фильм, по-мо́ему, ещё чёрно-бе́лый.

3. **На́до** посмотре́ть фильм, кото́рый дала́ стару́ха. Не хо́чется, но всё-таки придётся его́ посмотре́ть. (Жа́лко обижа́ть стару́шку.)

4. Éле нашёл кассе́ту, она́ **лежа́ла** под дива́ном. Кассе́та валя́лась там с про́шлой неде́ли.

5. В э́том фи́льме **игра́ла** знамени́тая англи́йская актри́са. Она́ снима́лась ещё в не́скольких изве́стных фи́льмах.

6. До́ма роди́тели руга́ются, **крича́т** друг на дру́га. Не понима́ю, почему́ роди́тели ору́т как сумасше́дшие. (Они́ что, пло́хо слы́шат друг дру́га?)

7. Сего́дня оте́ц сказа́л, что ма́ма ухо́дит от нас — они́ **бо́льше не бу́дут жить вме́сте.** Не представля́ю, как они́ бу́дут жить по отде́льности.

8. Оте́ц ча́сто **бил** своего́ сы́на. Когда́ ма́льчик был ещё ма́леньким, оте́ц колоти́л его́ на глаза́х у други́х ребя́т.

9. Оте́ц бил сы́на **о́чень си́льно.** Он бил его́ изо всех сил, и ма́льчик крича́л как сумасше́дший.

10. Когда́ прие́хала мили́ция, оте́ц **дал милиционе́рам де́ньги.** Он откупи́лся от милиционе́ров, и они́ уе́хали.

11. Мы с ребя́тами драли́сь во дворе́, и я **упа́л** в лу́жу. Я свали́лся в лу́жу, а оди́н ма́льчик подошёл ко мне и помо́г мне встать.

12. **Ребя́та** предложи́ли мне игра́ть с ни́ми в баскетбо́л. Вчера́ мы игра́ли про́тив пацано́в из сосе́днего двора́.

13. **Мы вы́играли у ребя́т из сосе́днего двора́.** Хотя́ ребя́та из сосе́днего двора́ нам проигра́ли, они́ не о́тдали нам вы́игранные де́ньги.

14. (Мой друг влюби́лся в но́вую учи́тельницу а́лгебры.) Како́й же он **идио́т,** что влюби́лся в на́шу учи́тельницу! Каки́м на́до быть деби́лом, что́бы влюби́ться в неё!

15. **Моему́ дру́гу сто́лько же лет, ско́лько и мне,** и он влюби́лся в пя́тый раз. Мы с мои́м дру́гом рове́сники, но я ещё ни в кого́ не влюбля́лся.

16. Я занима́юсь те́ннисом, хожу́ на пла́вание и не **ду́маю о вся́ких глу́постях.** Я не забива́ю себе́ го́лову вся́кой ерундо́й.

3. Check (✓) the item that is close in meaning to the bold-faced word or phrase and could be used to replace it.

1. Реши́л занима́ться му́зыкой. Сего́дня ходи́л к стару́хе **насчёт фортепиа́но.**
   - a) _____ что́бы уви́деть фортепиа́но
   - b) _____ что́бы познако́миться со стару́хой
   - c) __✓__ что́бы поговори́ть о заня́тиях му́зыкой

2. Стару́ха без де́нег учи́ть **отка́зывается.**
   - a) _____ не должна́
   - b) _____ не лю́бит
   - c) _____ не соглаша́ется

3. У меня́ де́нег на му́зыку нет, а стару́ха сказа́ла: «**Де́ньги — вперёд**».
   - a) _____ Снача́ла принеси́ де́ньги, а пото́м бу́дем занима́ться.
   - b) _____ Заня́тия бу́дут сто́ить до́рого.
   - c) _____ Я не бу́ду рабо́тать беспла́тно.

4. Я хотéл бы **одолжи́ть у Семёнова дéньги**.
    a) _____ дать Семёнову дéньги в долг
    b) _____ взять у Семёнова дéньги в долг
    c) _____ отдáть Семёнову долг

5. Рáньше я занимáлся тéннисом. Отéц сказáл, что трéнер по тéннису стóил емý **цéлое состоя́ние**.
    a) _____ небольши́е дéньги
    b) _____ огрóмные дéньги
    c) _____ не óчень мнóго

6. Отéц сказáл, что мне нáдо сначáла **разобрáться в себé,** а потóм проси́ть дéньги на мýзыку.
    a) _____ поня́ть, чегó я хочý
    b) _____ немнóго подýмать
    c) _____ разобрáть свои́ вéщи

7. В шкóле всё **по-прéжнему**. Ничегó не меня́ется.
    a) _____ хорошó
    b) _____ не так, как обы́чно
    c) _____ как обы́чно.

8. Семёнов **лéзет со своéй дрýжбой**. Как он мне надоéл!
    a) _____ хóчет со мной дружи́ть, а я не хочý
    b) _____ хóчет со мной дружи́ть, и я тóже хочý с ним дружи́ть
    c) _____ дрýжит со мной

9. В шкóле мы с Семёновым сиди́м за одни́м столóм. Семёнов сказáл мне, чтóбы я **не перес́аживался от негó** в шкóле.
    a) _____ не сидéл с ним за одни́м столóм
    b) _____ сел за другóй стол
    c) _____ продолжáл сидéть с ним за одни́м столóм

10. Семёнов здóрово расскáзывает. Ребя́та слýшают егó **с раскры́тыми рта́ми**.
    a) _____ без внимáния
    b) _____ с огрóмным интерéсом
    c) _____ без интерéса

11. Игрáли с ребя́тами из сосéднего дворá в баскетбóл. **Уговóр был на 20 дóлларов.**
    a) _____ Договори́лись, что тот, кто вы́играет, полýчит 20 дóлларов.
    b) _____ Договори́лись, что кáждый принесёт 20 дóлларов.
    c) _____ Договори́лись отдáть ребя́там из сосéднего дворá 20 дóлларов.

12. Ребя́та хлóпали меня́ по плечý и говори́ли: «**С боевы́м крещéнием!**»
    a) _____ С прáздником!
    b) _____ С пéрвым бóем!
    c) _____ С побéдой!

13. Приéхала мили́ция, и Андрéя **арестовáли**.
    a) _____ забрáли в мили́цию
    b) _____ освободи́ли
    c) _____ отпусти́ли домóй

14. Я ви́дел, как Андрéй во врéмя дрáки **схвати́л** большýю пáлку.
    a) _____ положи́л
    b) _____ взял
    c) _____ показáл

4. A word may have several meanings. When working with a bilingual dictionary, you have to select a meaning that fits the given context. Below are several entries from K. Katzner's dictionary and a number of microtexts. Find an appropriate English equivalent for each bold-faced word in the microtexts.

автома́т *n.* **1,** any automatic device: телефо́н-автома́т, pay phone. **2,** vending machine. **3,** automaton; robot. **4,** submachine gun; Tommy gun.

бра́ться *v.r.impfv.* [*pfv.* **взя́ться**; *pres.* **беру́сь, берёшься**; *past* **бра́лся, брала́сь, брало́сь** *or* **бра́лось, брали́сь** *or* **бра́лись**] **1,** (*with* **за** + *acc.*) to take hold of; grasp. **2,** (*with* **за** + *acc.*) to begin; take up; undertake. **3,** (*with inf.*) to take it upon oneself (to); dare (to); presume (to). **4,** to come (from): Отку́да же они́ беру́тся?, where on earth do they come from? —**бра́ться за́ руки,** to join hands. —**бра́ться за ору́жие,** to take up arms. —**бра́ться за ум,** *colloq.* to come to one's senses. *See also* **взя́ться.**

голубо́й *adj.* **1,** light blue; sky-blue. **2,** *colloq.* homosexual; gay. — *n., colloq.* homosexual; gay.

игра́ть *v.impfv.* [*pfv.* **сыгра́ть**] **1,** to play. **2,** (*with* **в** + *acc.*) to play (a game). **3,** (*with* **на** + *prepl.*) to play (a musical instrument). **4,** to act; perform. **5,** [*impfv. only*] (*with instr.*) to play (with); fiddle (with); twiddle. **6,** [*impfv. only*] (*with instr.*) to play (with); toy (with); trifle (with). **7,** (*with* **в** + *acc.*) to dabble (in). **8,** [*impfv. only*] (*of beverages*) to sparkle. **9,** (*with instr.*) *chess* to move (a pawn or piece). —**игра́ть глаза́ми,** to ogle. —**игра́ть на́ руку** (+ *dat.*), to play into the hands of. *See also* **сыгра́ть.**

ока́зываться *v.r.impfv.* [*pfv.* **оказа́ться**] **1,** to find oneself (in a certain place). **2,** *impers.* to turn out: Оказа́лось, что…, it turned out that… **3,** to turn out to be: оказа́ться самозва́нцем, to turn out to be an impostor; оказа́ться безуспе́шным, turn out to be/ prove/ unsuccessful. Он оказа́лся прав, he turned out to be right. Мой бума́жник оказа́лся под крова́тью, my wallet turned out to be under the bed. Его́ оказа́лось легко́ уговори́ть, persuading him turned out to be easy. **4,** to be: оказа́ться в большинстве́, to be in the majority. **5,** *impers.* (with **не**) *indicating the absence of something*: В холоди́льнике проду́ктов не оказа́лось, there was no food in the refrigerator.

проходи́ть[1] *v.impfv.* [*pfv.* **пройти́**; *pres.* **-хожу́, -хо́дишь**] **1,** to walk (along, through, past, into, etc.). **2,** to pass: да́йте мне пройти́!, let me pass! **3,** (*with* **ми́мо**) to pass (by); (*with* **че́рез**) to pass through. **4,** to go (right) past (*inadvertently*). **5,** (*with* **в** + *acc.*) to fit into; fit through. **6,** to cover (a certain distance); travers (a route or path); walk the length of (*e.g.* a street). **7,** (*of a road, border, etc.*) to run; extend. **8,** to pass; elapse; go by. **9,** (*of pain*) to stop; go away; (*of rain*) to stop; (*of a storm*) to pass; be over. **10,** to take place; be held. **11,** to go; proceed: Заседа́ние прошло́ хорошо́, the meeting went well. Как прошла́ пое́здка?, how was the trip? **12,** to be approved; be accepted; (*of a proposal or motion*) carry; pass. **13,** to undergo (treatment, training, etc.); [*pfv. only*] complete (a course); pass (a physical examination); clear (customs). **14,** *colloq.* to study (a subject).

Kenneth Katzner. *English-Russian Russian-English Dictionary.*

1. _____*автома́т 4*_____ Вы лю́бите америка́нские фи́льмы? Я о́чень люблю́. Ка́ждый геро́й — суперме́н. У ка́ждого **автома́т.** И все так кла́ссно стреля́ют!

2. _____ Хочу́ занима́ться му́зыкой. А де́нег взять не́где. Спроси́л у своего́ однокла́ссника. Он вы́нул из карма́на 50 до́лларов. Отку́да у него́ **взяли́сь** де́ньги? Наве́рное, у отца́ взял.

3. _____ Начал занима́ться му́зыкой. **Игра́ю** на пиани́но пе́сню из моего́ люби́мого фи́льма. В э́том фи́льме **игра́ет** изве́стная актри́са. За́втра не бу́дет вре́мени на му́зыку — идём **игра́ть** в баскетбо́л про́тив ребя́т из сосе́днего двора́.

4. _____ Роди́тели опя́ть руга́лись всю ночь. Не дава́ли усну́ть. Ма́ма крича́ла как сумасше́дшая. **Ока́зывается,** у ма́мы до па́пы был па́рень. Почти́ жени́х.

5. _____ Я стоя́л и кури́л. Он подошёл и поцелова́л меня́ в щёку. Никогда́ не ду́мал, что он **голубо́й.** А мо́жет быть, всё-таки не голубо́й?

6. _____ В дра́ке меня́ уда́рили в у́хо. Уже́ **прошло́** два дня, но у́хо ещё **не прошло́.** По-мо́ему, э́тим у́хом я да́же стал ху́же слы́шать.

5. The story you will read contains highly colloquial words and expressions, slang, words that have emotive coloring. These words and expressions are in boldface. From the items on the right choose their equivalents in the colloquial standard language.

1. _3)_ Я ви́дел неда́вно **кла́ссный** фильм!

2. ____ Как меня́ все **доста́ли!** И в шко́ле, и до́ма!

3. ____ У него́ ничего́ не спра́шивай. Он **ни фига́** не зна́ет.

4. ____ Я зна́ю вся́кие **прико́льные** слу́чаи. Хо́чешь, расскажу́ оди́н?

5. ____ В шко́ле **по́лный мрак!**

6. ____ У моего́ отца́ така́я **та́чка!** Ни у кого́ тако́й ещё нет.

7. ____ Я расска́зывал ребя́там про Интерне́т. Но они́, как ни стра́нно, про Интерне́т **не в ку́рсе.**

8. ____ Сего́дня двои́х со двора́ увезли́ в мили́цию. Ребя́та хо́дят **гружёные.**

9. ____ Ребя́та с сосе́днего двора́ предложи́ли игра́ть в баскетбо́л на де́ньги. У нас де́нег не́ было. Пришло́сь **трясти́** всех, у кого́ они́ бы́ли.

10. ____ У его́ отца́ де́нег **до фига́!**

11. ____ Мне так нра́вится э́тот фильм! Я **тащу́сь** от него́.

12. ____ Сего́дня ката́лся на отцо́вской маши́не! **Кру́то!**

1) У моего́ отца́ така́я маши́на! Ни у кого́ тако́й ещё нет.

2) Сего́дня ката́лся на отцо́вской маши́не! Здо́рово!

3) Я ви́дел неда́вно о́чень хоро́ший фильм.

4) В шко́ле смерте́льная ску́ка!

5) Как мне все надое́ли! И в шко́ле, и до́ма!

6) Я зна́ю вся́кие смешны́е слу́чаи. Хо́чешь, расскажу́ оди́н?

7) Сего́дня двои́х со двора́ увезли́ в мили́цию. Ребя́та хо́дят озабо́ченные, взволно́ванные — то́лько об э́том и ду́мают.

8) Ребя́та с сосе́днего двора́ предложи́ли игра́ть в баскетбо́л на де́ньги. У нас де́нег не́ было. Пришло́сь достава́ть де́ньги у тех, у кого́ они́ бы́ли.

9) Я расска́зывал ребя́там про Интерне́т. Но они́, как ни стра́нно, про Интерне́т ничего́ не зна́ют.

10) У его́ отца́ о́чень мно́го де́нег!

11) У него́ ничего́ не спра́шивай. Он ничего́ не зна́ет.

12) Мне так нра́вится э́тот фильм! О́чень нра́вится!

6. The table contains highly colloquial words and expressions that have emotive coloring and young people's slang words along with their neutral variants. Choosing from the items on the right, replace the bold-faced words and expressions in the following sentences with their neutral variants.

Colloquial, emotive, and slang words	Neutral words and expressions
бакс	до́ллар
воня́ть + *instr.*	па́хнуть + *instr.*
вре́зать + *dat.*	уда́рить + *acc.*
жмот	жа́дный
завизжа́ть как поросёнок	закрича́ть как сумасше́дший
засу́нуть + *acc.*	положи́ть + *acc.*
зашвырну́ть + *acc.*	забро́сить + *acc.*
отде́лать + *acc.*	изби́ть + *acc.*
пацаны́	ребя́та
приду́рок	идио́т
ржать как ло́шадь	гро́мко смея́ться
тре́снуть + *acc.* по мо́рде	уда́рить + *acc.* по лицу́
тусо́вка	компа́ния (круг обще́ния люде́й по интере́сам и са́ми встре́чи люде́й)
ужа́сно не хо́чется	о́чень не хо́чется

1. Реши́л научи́ться игра́ть на фортепиа́но. Никто́ из на́шей **тусо́вки** му́зыкой не занима́ется. А мне захоте́лось.

    Никто́ из на́шей ___*компа́нии*___ му́зыкой не занима́ется.

2. Нашёл стару́ху, кото́рая даёт уро́ки му́зыки. Был у неё до́ма. В кварти́ре мно́го книг. Но уж о́чень **воня́ет** ко́шками. Ненави́жу э́тот за́пах!

3. Стару́ха попроси́ла за уро́ки 50 **ба́ксов.** У меня́ таки́х де́нег нет.

4. Реши́л взять их у прия́теля. У него́ всегда́ есть де́ньги. Вчера́ встре́тились с ним на у́лице. Он сказа́л, что де́нег не даст. Ух, **жмот!**

5. Тогда́ я подошёл к нему́ и **тре́снул его́ по мо́рде**, что́бы не жа́дничал.

6. Он то́же уда́рил меня́. Он так **вре́зал мне** в у́хо, что у меня́ зазвене́ло в голове́.

7. Я уда́рил его́ ещё раз, и он **завизжа́л как поросёнок.**

8. Ря́дом стоя́ли **пацаны́** с на́шего двора́.

9. Они́ ви́дели, как мы дерёмся, и **ржа́ли как ло́шади.** Мне бы́ло о́чень неприя́тно.

10. **Приду́рки!** Что тут смешно́го?!

11. У моего́ дру́га тепе́рь синя́к под гла́зом и все ру́ки в синяка́х. Неуже́ли э́то я его́ так **отде́лал?!** Я, пра́вда, то́же весь в синяка́х.

12. Мне наконе́ц удало́сь найти́ де́ньги. Мо́жно идти́ к стару́хе. Но снача́ла на́до посмотре́ть фильм, кото́рый она́ мне дала́. Не могу́ найти́ кассе́ту с фи́льмом. Мо́жет быть, я её **зашвырну́л** куда́-нибудь?

13. А мо́жет, ма́ма **засу́нула** куда́-то кассе́ту, когда́ убира́ла ко́мнату?

14. На́до кассе́ту найти́. **Ужа́сно** не хо́чется иска́ть! Но ничего́ не поде́лаешь! Придётся иска́ть.

7. Read the following idiomatic expressions and their English equivalents; then read the microtexts, paying particular attention to the bold-faced words. Add idioms to the microtexts (you can either replace a non-idiomatic phrase with an idiom or just add the idiom to the context). You may use more than one idiom in a microtext if the context permits. Read the microtexts with the idioms you selected, then try to make up your own microtexts for each idiom.

1)	доводи́ть/довести́ до конца́ + acc.	—	to carry sth. to the end; pursue sth. to the end
2)	Всё утрясётся само́ собо́й!	—	It'll all sort itself out
3)	чуть не у́мер (умерла́) от стыда́!	—	I (he, she) almost died from shame
4)	получа́ть/получи́ть отде́льный срок за + acc.	—	to get a separate jail term for...
5)	всё в поря́дке у + gen. у меня́ (у него́, у неё...) всё в поря́дке	—	everything is all right with me (him, her...); everything is (just) fine with me (him, her...); everything is in order
6)	С тобо́й всё я́сно!	—	Your case is open and shut!
7)	в при́нципе	—	in principle; in general
8)	ко́рчить из себя́ дурака́	—	to be playing/acting the fool; to be monkeying/clowning/fooling around
9)	Не дай бог!	—	God (heaven) forbid; God (heaven) help s.o. if...

1. ___9)___ Высо́кого Андре́я забра́ли в мили́цию. Как бы кто́-нибудь из ребя́т не сказа́л, что он уча́ствовал в дра́ке. Éсли кто́-нибудь ска́жет, то всё! Его́ из мили́ции уже́ не вы́пустят.

     Высо́кого Андре́я забра́ли в мили́цию. Как бы кто́-нибудь из ребя́т не сказа́л, что он уча́ствовал в дра́ке. **Не дай бог!** Éсли кто́-нибудь ска́жет, то всё! Его́ из мили́ции уже́ не вы́пустят.

2. _____ Андре́я посади́ли в тюрьму́ за пожа́р, кото́рый он устро́ил в гараже́. За пожа́р ему́ даду́т два го́да. Но éсли узна́ют, что он уча́ствовал в дра́ке, то за э́то ему́ мо́гут дать ещё не́сколько лет.

3. _____ Оте́ц говори́т, что я ничего́ не зака́нчиваю. Начну́ занима́ться те́ннисом. Пото́м бро́шу. Начну́ занима́ться пла́ванием. Опя́ть бро́шу. Па́па волну́ется, что я вообще́ шко́лу не ко́нчу.

4. _____ Не пережива́й! Тебе́ сейча́с пло́хо, но вре́мя ле́чит. Всё устро́ится, всё бу́дет хорошо́. И ты да́же не вспо́мнишь, как тебе́ бы́ло пло́хо.

5. _____ Ты не спишь ноча́ми! Вздыха́ешь. Всё вре́мя пи́шешь в тетра́дке чьё-то и́мя! Всё поня́тно. Влюби́лся!

6. _____ Я прочита́л э́тот расска́з. В о́бщем он мне понра́вился. Но ко́е-что в расска́зе мне не о́чень поня́тно. Наприме́р, как геро́й стал таки́м бога́тым за не́сколько лет.

7. _____ В ю́ности, когда́ я ещё учи́лся, де́нег совсе́м не́ было. Одна́жды пошёл на день рожде́ния к свое́й де́вушке. А идти́ не́ в чем. Брюк норма́льных не́ было. Пришло́сь взять у дру́га костю́м кло́уна. Шёл по у́лице, смеши́л всех, пока́зывал фо́кусы. Все сме́ялись. И бо́льше всего́ моя́ де́вушка. А мне бы́ло так пло́хо, так сты́дно!

ТЕКСТ

READING THE TEXT

Андрей ГЕЛАСИМОВ

НЕЖНЫЙ ВОЗРАСТ

1   14 ма́рта 1995 го́да. 16 часо́в 05 мину́т (вре́мя моско́вское).

Сего́дня просну́лся оттого́, что за стено́й игра́ли на фортепиа́но. Там живёт стару́шка, кото́рая ·даёт уро́ки·. Игра́ли дерьмо́во, но мне понра́вилось. Реши́л научи́ться. За́втра начну́. Те́ннисом занима́ться бо́льше не бу́ду.

2   15 ма́рта 1995 го́да.

И пла́ванием занима́ться не бу́ду. Надое́ло. ·Всё равно́· пацаны́ хо́дят то́лько для того́, что́бы за девчо́нками подгля́дывать. В же́нской душево́й есть специа́льная ды́рка.

Ходи́л к стару́хе насчёт фортепиа́но. Согласи́лась. ·Де́ньги, сказа́ла, — вперёд·. Она́ ра́ньше была́ дире́ктором музыка́льной шко́лы. Пото́м ·то ли вы́гнали, то ли· сама́ ушла́. Ро́к-н-ро́лл игра́ть не уме́ет. В кварти́ре воня́ет дерьмо́м. Кни́жек мно́го.

Посмо́трим.

3   17 ма́рта 1995 го́да.

Как меня́ все доста́ли. В шко́ле одни́ деби́лы. ·Что учителя́, что однокла́сснички·. Гидроцефа́лы. Фраки́йские племена́[1]. Бу́йный расцве́т дебили́зма[2]. Семёнов ле́зет со свое́й дру́жбой[3]. Мо́жет, попроси́ть что́бы меня́ перевели́ в обы́чную шко́лу[4]?

4   18 ма́рта 1995 го́да.

Оте́ц не даёт де́нег на музыка́льную стару́ху[5]· Говори́т, что я ничего́ не ·довожу́ до конца́·. Жмот несча́стный[6]. Говори́т, что тре́нер по те́ннису ·сто́ил ему́ це́лое состоя́ние·. А мо́жет, я бу́дущий Ри́хтер[7]? Стару́хе на́до-то на гре́чневую крупу́[8]. Жмот. Но он говори́т — ·де́ло при́нципа·. Снача́ла на́до ·разобра́ться в себе́·.

Бы́ло бы в чём разбира́ться.

«А ты сам в себе́ разобра́лся?» — хоте́л я его́ спроси́ть.

Но не спроси́л. Побоя́лся, наве́рное.

5   19 ма́рта 1995 го́да.

Опя́ть не да́ли усну́ть всю ночь. Руга́лись. Снача́ла у себя́ в ·спа́льне·, пото́м в столо́вой. Ма́ма крича́ла как сумасше́дшая. Мо́жет, они́ ду́мают, что я глухо́й?

118

6 20 ма́рта 1995 го́да.

Стару́ха дала́ како́й-то дре́вний чёрно-бе́лый фильм. Сказа́ла, что я до́лжен посмотре́ть. Без де́нег учи́ть отка́зывается.

В шко́ле ·по́лный мрак·.

Учителе́й на́до разгоня́ть па́лкой. Пусть рабо́тают на огоро́дах[9]. Доста́ли.

7 23 ма́рта 1995 го́да.

Интере́сно, ско́лько сто́ит хоро́ший автома́т? Мне бы в на́шей шко́ле он пригоди́лся. Ненави́жу девчо́нок. Тупы́е ду́ры. Распу́стят во́лосы и сидя́т. ·Каки́м на́до быть дурако́м, что́бы· в них влюби́ться? Вообража́ют ·фиг зна́ет что·.

До́ма то́же автома́т бы не помеша́л[10]. Опя́ть ора́ли всю ночь. Они́ что, пло́хо слы́шат ·друг дру́га·?[11]

8 24 ма́рта 1995 го́да.

В шко́лу приходи́л тре́нер по те́ннису. Сказа́л, что я, коне́чно, могу́ не ходи́ть[12], но де́нег он не вернёт. Козёл. Я спроси́л, не научит ли он меня́ игра́ть на пиани́но.

Берёшь автома́т и стреля́ешь ему́ в лоб. ·Одино́чным вы́стрелом·.

9 25 ма́рта 1995 го́да.

Анто́н Стре́льников сказа́л, что влюби́лся в но́вую учи́лку по исто́рии. Лу́чше бы он крыси́ного я́ду нае́лся. Така́я же тупа́я, как все.

Перево́дишь автома́т на стрельбу́ очередя́ми и начина́ешь их всех полива́ть. Приве́т вам от Па́пы Ка́рло[13].

10 25 ма́рта — ве́чер.

Прико́л. Сно́ва приходи́л Семёнов. Уговори́л меня́ вы́йти во двор. Предложи́л закури́ть, но я отказа́лся. Сказа́л, что те́ннисом занима́юсь. Он на́чал спра́шивать, где и когда́. Я сказа́л, что ему́ де́нег не хва́тит. Тогда́ он урони́л свою́ сигаре́ту, а я ·взял и· по́днял. Он подошёл о́чень бли́зко и поцелова́л меня́ в щёку. Я не знал, что мне де́лать. Постоя́л, а пото́м тре́снул его́ по мо́рде. Он упа́л и запла́кал. Я сказа́л, что я его́ убью́. У меня́ есть автома́т. Не зна́ю, почему́ так сказа́л. Про́сто сказа́л, ·и всё·. Доста́л он меня́. Тогда́ он сказа́л, что́бы я не переса́живался от него́ в шко́ле. Сиде́л с ним, как ра́ньше, за одно́й па́ртой. А он мне за э́то де́нег даст. Я спроси́л его́ — ско́лько, и он сказа́л: пятьдеся́т. У него́ отку́да-то взяли́сь пятьдеся́т ба́ксов[14]. И я сказа́л — покажи́. У него́ пра́вда бы́ли пятьдеся́т ба́ксов. Я их взял и сно́ва тре́снул его́ по мо́рде. У него́ пошла́ кровь, и он сказа́л, что я ·всё равно́· тепе́рь с ним сиде́ть бу́ду. Я вре́зал ему́ ещё раз.

11 26 ма́рта 1995 го́да.

Стару́ха взяла́ де́ньги Семёнова и сказа́ла, что её зову́т Октябри́на Миха́йловна[15]. ·Ну и· и́мечко. В кварти́ре воня́ет коша́чьим дерьмо́м. Как она́ э́то те́рпит? Спроси́ла — посмотре́л ли я её фильм.

А я да́же не по́мню, куда́ засу́нул кассе́ту. ·Не дай бог·, ма́ма её куда́-нибудь зашвырну́ла. Она́ вчера́ мно́го всего́ об сте́нку расколошма́тила. Мо́жет быть, ей купи́ть автома́т?[16]

12 28 ма́рта 1995 го́да.

Доста́ли меня́ все. И э́тот дневни́к меня́ то́же доста́л. А не пойдёшь ли ты в жо́пу, дневни́к?[17] А?

13 30 ма́рта 1995 го́да.

Нашёл кассе́ту Октябри́ны Миха́йловны.

Валя́лась под кре́слом у меня́ в ко́мнате. ·Вро́де бы· це́лая. Неуже́ли придётся её смотре́ть?

14 1 апре́ля 1995 го́да.

Сказа́л роди́телям, что меня́ выгоня́ют из шко́лы. Они́ позабы́ли, что не разгова́ривают друг с дру́гом почти́ неде́лю, и ·тут же· на́чали мѐжду собо́й[18] ора́ть. Пото́м, когда́ успоко́ились, па́па спроси́л — за что́. Я сказа́л — за гѐмосексуали́зм. Он поверну́лся и вре́зал мне в у́хо. ·Изо всех сил·. Наве́рное, на ма́му так разозли́лся. Она́ опя́ть закрича́ла, а я сказа́л — дураки́, сего́дня пе́рвое апре́ля[19], ха-ха-ха́.

15 2 апре́ля 1995 го́да.

Води́л на у́лицу кото́в Октябри́ны Миха́йловны. Ей само́й тру́дно. Они́ рву́тся в ра́зные сто́роны как сумасше́дшие. Мя́укают, ко́шек зову́т. Я ду́мал — у них э́то то́лько в ма́рте быва́ет. Пять сумасше́дших кото́в на поводо́чках — и я. Сосе́дние пацаны́ во дворе́ ржа́ли, как ло́шади.

У́хо ещё боли́т.

Октябри́на Миха́йловна опя́ть спроси́ла про фильм. Его́ наверняка́ снима́ли в эпо́ху немо́го кино́. Всё-таки придётся смотре́ть. Жа́лко её обма́нывать.

16 3 апре́ля 1995 го́да — почти́ ночь.

Пацаны́ во дворе́ помогли́ мне пойма́ть кото́в. Я запу́тался в поводка́х, упа́л, и они́ разбежа́лись. Оди́н зале́з на де́рево. Дво́е сиде́ли на гараже́ и ора́ли. Остальны́е носи́лись по всему́ двору́. Пацаны́ спроси́ли меня́ — чьи э́то ко́шки, а пото́м помогли́ их пойма́ть. Они́ сказа́ли, что Октябри́на Миха́йловна кла́ссная стару́ха. Она́ ра́ньше дава́ла им де́ньги, что̀бы они́ не охо́тились на бродя́чих кото́в. А пото́м про́сто дава́ла им де́ньги. Да́же когда́ они́ переста́ли охо́титься. На моро́женое, вообще́ на вся́кую ерунду́. Когда́ ещё спуска́лась во двор. Но тепе́рь давно́ уже́ не выхо́дит. Пацаны́ спроси́ли — ка́к она́ там, и я отве́тил, что всё норма́льно. То́лько в кварти́ре немно́го воня́ет. И тогда́ они́ мне сказа́ли, что е́сли хочу́, то я могу́ поигра́ть с ни́ми в баскетбо́л.

Ве́чером в ко́мнату приходи́л оте́ц. Сиде́л, молча́л. Пото́м спроси́л про уро́ки. Они́ опя́ть с ма́мой не разгова́ривают.

Мо́жет, он хоте́л извини́ться?

17 4 апре́ля 1995 го́да.

·Вот э́то да́·! Про́сто ·нет слов·. Я кассе́ту наконе́ц посмотре́л. Называ́ется «Ри́мские кани́кулы»[20]. На́до переписа́ть себе́ обяза́тельно.

18 5 апре́ля 1995 го́да.

Октябри́на Миха́йловна говори́т, что актри́су зову́т О́дри Хе́пберн[21]. Она́ была́ знамени́той лет со́рок наза́д. Я не понима́ю — почему́ она́ вообще́ переста́ла быть знамени́той. Никогда́ не ви́дел таки́х... да́же не зна́ю, как назва́ть... же́нщин? Нет, же́нщин таки́х не быва́ет. У нас в кла́ссе у́чатся же́нщины.

О́дри Хе́пберн — краси́вое и́мя. Она́ совсе́м друга́я. Не така́я, как у нас в кла́ссе. Я не понима́ю, ·в чём де́ло·.

19 6 апре́ля 1895 го́да.

Сно́ва смотре́л «Кани́кулы». Невероя́тно. Отку́да она́ взяла́сь? Таки́х не быва́ет[22].

Сего́дня игра́л с пацана́ми во дворе́ в баскетбо́л, высо́кий Андре́й толкнул меня, и я свалился в большую лужу. Он подошёл, извинился и помог мне встать. А потом сказал, что не хотел бить меня два года назад, когда все пацаны собрались, чтобы поймать меня возле подъезда. Они хотели сломать мой велосипед. Отец привёз из Арабских Эмиратов[23]. Андрей сказал, что не хотел бить. Просто все решили, а он подчинился. Я ему сказал, что не помню об этом.

Мне тогда зашивали бровь. Бровь, и ещё на локте два шрама.

А завтра идём играть против пацанов из другого двора. С нашими я уже со всеми здороваюсь за руку[24].

Отец приходил. Сказал, что я сам виноват в том, что случилось первого апреля. Не надо было так по-дурацки шутить. Я сказал ему — да, конечно.

20 7 апреля 1995 года.

Мама говорит, что я достал её со своим чёрно-белым фильмом. Она не помнит Одри Хепберн. Она мне сказала — ты что, думаешь[25], я такая старая? Смотрел «Римские каникулы» в седьмой раз. Папа сказал, что он видел ещё один фильм с Одри — «Завтрак у Тиффани»[26]. Потом посмотрел на меня и добавил, чтобы я не ·забивал себе голову ерундой·.

А я забиваю. Смотрю на неё. Иногда останавливаю плёнку и просто смотрю.

Откуда она взялась? Почему за сорок лет больше таких не было? Одри.

21 9 апреля 1995 года.

Октябрина Михайловна показала мне песню "Moon River"[27]. Из фильма «Завтрак у Тиффани». Кассеты у неё нет. Когда пела — несколько раз останавливалась. Отворачивалась к окну. Я тоже туда смотрел. Ничего там такого не было[28], за окном. Потом сказала, что они ровесницы. Она и Одри. Я ·чуть не· свалился со стула. 1929 год. ·Лучше бы· она этого не говорила. Ещё сказала, что Одри Хепберн умерла два года назад в Швейцарии. В возрасте 63 лет.

Какая-то ерунда. Ей не может быть шестьдесят три года. Никому не может быть столько лет.

А Октябрина Михайловна сказала: «Значит, мне тоже пора[29]. Всё кончилось. Больше ничего не будет».

Потом мы сидели молча, и я не знал, как оттуда уйти.

22 12 апреля 1995 года.

Я рассказал Октябрине Михайловне про Семёнова. Не про то, конечно, откуда у меня взялись для неё деньги, а так — вообще, ·в принципе·[30] про Семёнова. Она дала мне книжку Оскара Уайльда[31]. Про какой-то портрет. Завтра почитаю.

Через две недели у меня ·день рождения·. Думаю позвать пацанов из двора. Интересно, что скажет папа?

Он приходил сегодня ночью. Я уже спал. Вошёл и включил свет. Потом сказал: «Не прикидывайся. Я знаю, что ты не спишь».

Я посмотрел на часы — было двадцать минут четвёртого. Еле глаза открыл. А он говорит: «·Вот видишь·». И я подумал — а что это, интересно, я должен «вот видеть»?

Он сел к моему компьютеру и стал пить своё виски. Прямо ·из горлышка·. Минут десять, наверное, так сидели. Он у компьютера — я на своей кровати. Я подумал — может, штаны надеть? А он говорит — с кем я хочу остаться, если они с мамой будут жить ·по отдельности·? Я говорю — ни с кем, я хочу спать. А он говорит — у тебя могла быть совсем другая мама. Её должны были звать Наташа. А я думаю — у меня маму зовут Лена. А он говорит — шлюха она. А я ему говорю — мою маму зовут Лена. Он посмотрел на меня и говорит — а ты уроки приготовил на завтра?

23 15 апреля 1995 года.

Вчера ходили с нашими пацанами драться в соседний двор. Те[32] проиграли нам в баскетбол и не хотят отдавать деньги. Уговор был на двадцать баксов. Наши пацаны дней пять собирали свою двадцатку. Трясли по всему району шпану. Тех, у кого есть бабки. Раньше бы и меня[33] трясли. Короче, высокий Андрей сказал — надо наказывать. Мне сломали ползуба[34]. Теперь придётся вставлять. Пацаны заглядывали мне в рот и хлопали по плечу. Андрей сказал — с ·боевым крещением·.

В школе всё по-прежнему. ·Полный отстой·. Антон Стрельников влюбился в другую училку. Алгебра на этот раз. Придурок. Про Одри Хепберн он даже не слышал. Хотел сперва дать ему фильм, но потом передумал. Пусть тащится от своих тёток.

24 16 апреля 1995 года.

Семёнов пришёл в школу весь в синяках. У меня тоже верхняя губа ещё не прошла. Опухла и висит, как большая слива. Нормально смотримся за одной партой. Антон говорит, что Семёнова папаша отделал. Примерно догадываюсь, ·за что·. Но Антон говорит, что он его постоянно колотит. С ·детского сада· ещё. Они вместе в один детский садик ходили. Говорит, что папаша бил Семёнова прямо при воспитателях. Даже милиция приезжала. Но он откупился. Раздал бабки ментам и утащил маленького Семёнова за воротник в машину. В машине, говорит Антон, ещё ему добавил.[35] А Семёнов из машины визжал как поросёнок. «Нам тогда было лет шесть, — сказал Антон. — Мы стояли вокруг джипа и старались заглянуть внутрь. Окна-то высоко. Слышно только, как он визжит, и посмотреть охота. А воспитательницы все ушли. Семёновский папаша им тоже тогда денег дал. ·Да и· холодно было. Почти Новый год. Чего им на улице делать?[36] ·Ну да·, на следующий день подарки давали — ёлка там[37], Дед Мороз».

25 17 апреля 1995 года.

Дома больше никто не орёт. Они вообще не разговаривают друг с другом. Даже через меня. Мама два раза не ночевала дома. Папа смотрел телевизор, а потом пел. Закрывался в ванной комнате и пел какие-то странные песни. В два часа ночи. Интересно, что подумали соседи?

Октябрина Михайловна говорит, что у детей проблемы с родителями оттого, что дети не успевают застать своих родителей в нормальном возрасте. Пока те ещё не стали такими, как сейчас. В этом заключается драма. Так говорит Октябрина Михайловна. А раньше они были нормальные.

Она говорит, что помнит, как мой папа появился в нашем доме.

«Он был такой худой, весёлый. И сразу видно, что из провинции».

Оказывается, у мамы уже был тогда парень, почти жених. Октябрина Михайловна не помнит его имени.

Сегодня специально ходил по улицам и смотрел — сколько женщин походит на Одри Хепберн.

Нисколько. Промочил ноги и потерял ключи. Жалко брелок. Если свисти́шь, он отзыва́ется. Посвисте́л во дворе́ немно́го — бесполе́зно. Где́-то в друго́м ме́сте, ви́димо, урони́л.

26 18 апре́ля 1995 го́да.

Октябри́на Миха́йловна вспо́мнила, как па́па (то́лько он тогда́ был ещё не па́па, а про́сто неизве́стно кто) одна́жды пришёл на день рожде́ния к ма́ме в костю́ме кло́уна. Шёл в нём пря́мо по у́лице, а пото́м пока́зывал фо́кусы. В подъе́зде и во дворе́. Все сосе́ди вы́шли из свои́х кварти́р. Она́ говори́т — бы́ло ужа́сно ве́село. Все смея́лись и хло́пали.

Дочита́л кни́жку О́скара Уа́йльда. Кру́то. Мо́жет, позва́ть Семёнова на день рожде́ния?

Ходи́л свисте́ть на сосе́днюю у́лицу. Губа́ почти́ не боли́т, но из-за сло́манного зу́ба свисте́ть ка́к-то не так[38]. Брело́к не нашёлся. Вме́сто него́ появи́лись те пацаны́, с кото́рыми мы дра́лись на про́шлой неде́ле.

Е́ле убежа́л.

27 19 апре́ля 1995 го́да.

Сего́дня приходи́л милиционе́р. Ока́зывается, высо́кий Андре́й слома́л одному́ из тех пацано́в ключи́цу. Тепе́рь его́ роди́тели ·по́дали в суд·. Я ви́дел, как Андре́й тогда́ схвати́л обре́зок трубы́, но милиционе́ру ничего́ не сказа́л. Я там, говорю́, вообще́ не́ был. А он смо́трит на моё разби́тое лицо́ и говори́т — не́ был? Я говорю́ — нет.

Пацаны́ во дворе́ сказа́ли мне — ты норма́льный.

Я не преда́тель[39].

Вчера́ присни́лось, что э́то меня́ затащи́л[40] в маши́ну оте́ц. Бьёт ·изо всех сил·, а я не могу́ от него́ уверну́ться. То́лько го́лову закрыва́ю. Ру́ки ма́ленькие — ника́к от него́ не закры́ться. Он тако́й большо́й, а у меня́ пальто́ неудо́бное. С воротнико́м. И ру́ки в нём пло́хо поднима́ются. Я уже́ забы́л о нём, а тепе́рь вдруг во сне уви́дел. Ба́бушка подари́ла, когда́ мне бы́ло пять лет. А в окно́ маши́ны загля́дывает Анто́н Стре́льников. Но почему́-то большо́й. И целу́ется с учи́тельницей а́лгебры.

Пото́м присни́лась О́дри.

28 20 апре́ля 1995 го́да.

Я уме́ю игра́ть «Moon River» на пиани́но. Одни́м па́льцем. Октябри́на Миха́йловна смеётся надо мной и говори́т, что остальны́е де́вять мне не нужны́. ·Со мной и так всё я́сно·.

Посмо́трим.

Па́па сказа́л, что костю́м кло́уна ему́ одолжи́л оди́н прия́тель из циркового́ учи́лища. Он говори́т, что у него́ не́ было де́нег на норма́льный пода́рок тогда́.

«Каки́е пода́рки? Вообще́ не́ было де́нег. Пришло́сь ·ко́рчить из себя́ дурака́·. ·Чуть от стыда́ не· у́мер. А ты отку́да узна́л?»

Я говорю́ — от Октябри́ны Миха́йловны. А он говори́т — ты где для неё де́ньги нашёл? Я говорю́ — ·секре́т фи́рмы·.

Ма́ма опя́ть не ночева́ла до́ма.

29 21 апре́ля 1995 го́да.

Семёнов сказа́л, что зна́ет настоя́щее и́мя О́дри. А я ему́ говорю́ — я ду́мал, что О́дри — настоя́щее. А он говори́т — ·ни фига́·. Её зва́ли Э́дда Кэтлин-ван-Хеемстра Хепберн-Ру́стон. Я ему́ говорю́ — напиши́. Он написа́л. Я говорю́ — а ты́-то отку́да зна́ешь? Он говори́т — я в де́тстве люби́л прико́льные имена́ запомина́ть. Пе́рвого монго́льского космона́вта зва́ли Жугдэрдемидийн Гуррагча. Я говорю́ — врёшь. А второго? Он говорит — второго не было. Можешь проверить. А первого звали Гуррагча. Сам посмотри в Интернете. Там и про Одри Хепберн ·до фига· всего есть. Я говорю — например? Он говорит — ну, она дочь голландской баронессы и английского банкира. Снималась в Голливуде в пятидесятых годах. А до этого — в Англии. Я говорю — а ты зачем про неё смотрел?

Он молчит и ничего мне не отвечает. Я ему снова говорю. И он тогда пальцем показывает на мою тетрадь. Там четыре раза на одной странице написано: «Одри Хепберн».

30 24 апреля 1995 года.

Снова рассказал Октябрине Михайловне про Семёнова. Она сказала — всё ·дело в том·, что мы все ·в итоге· должны умереть. Это и есть самое главное. Мы умрём. А если это понял, то уже неважно — голубой твой друг или не голубой. Просто его становится жалко. Независимо от цвета[41]. И себя жалко. И родителей. Вообще всех. А всё остальное — неважно. Утрясётся ·само собой·. Главное, что пока живы. Она говорит, а сама на меня смотрит и потом спрашивает — ты понял? Я говорю — понял. Только Семёнов мне ·как бы· не друг. А она говорит — это тоже неважно. Вы оба умрёте. Я думаю — спасибо, конечно. Но так-то она права. Она говорит — потрогай свою коленку. Я потрогал. Она говорит — что чувствуешь? Я говорю — коленка. Она говорит — там кость. У тебя внутри твой скелет. Настоящий скелет, понимаешь? Как в ваших дурацких фильмах[42]. Как на кладбище. Он твой. Это твой личный скелет. Когда-нибудь он обнажится. Никто не может этого изменить. Надо жалеть друг друга, пока он внутри. Ты понимаешь? Я говорю — чего непонятного? Скелет внутри, значит, всё нормально. Она улыбается и говорит — молодец. А вообще умирать не страшно. ·Как будто· вернулся домой. Как в детстве. Ты в детстве любил куда-нибудь ездить? Я говорю — к бабушке. Она в деревне живёт. Она говорит — ну вот, значит, как к бабушке. Ты не бойся. Я говорю — я не боюсь. Она говорит— умирать не страшно.

31 2 мая 1995 года.

Высокого Андрея арестовали. Не за ключицу. За неё, видимо, будет отдельный срок. Всё получилось из-за Семёнова. Семёнов у меня на дне рождения ·без конца· рассказывал всякую чепуху про чёрных рэпперов и хип-хоп. А пацаны из двора слушали его ·с раскрытыми ртами·. Папа мне даже потом сказал — он что[43], из музыкальной тусовки? Я объяснил ему насчёт Интернета. Но пацаны про Интернет не ·в курсе·. Только ·в общих чертах·. Они не знали, что Семёнов меня заранее спросил — кто будет на дне рождения. Высокий Андрей мне на кухне сказал — классный парень. Он что, типа[44], из Америки приехал? А я говорю — просто читает много. Интересуется. Короче, они ушли вместе с Андреем и потом, видимо, где-то напились. Я не знаю, как у них там всё получилось, но к утру джип Семёновского папаши сгорел в гараже. Плюс ещё две машины какого-то депутата[45]. Он их от проверки там прятал. В Думе[46] теперь шерстят за лишние тачки. Папаша бил Семёнова ножкой от стула. Сломал ему несколько рёбер и кисть левой руки. Наверное, Семёнов этой рукой закрывался. Но от милиции откупил. Арестовали одного Андрея. Пацаны во дворе ходят гружёные. В баскетбол перестали играть. Со мной не разговаривают.

32 11 мая 1995 года.

Приходи́ла ма́ма. Сказа́ла — мо́жно поговори́ть? Я сказа́л — мо́жно. Она́ говори́т — ты како́й-то стра́нный ·в после́днее вре́мя·. У тебя́ ·всё в поря́дке·? Я говорю́ — э́то я стра́нный[47]? Она́ говори́т — не хами́. И смо́трит на меня́. Так, наве́рное, мину́т пять молча́ли. А пото́м говори́т — я, мо́жет, уе́ду ско́ро. Я говорю́ — а. Она́ говори́т — мо́жет, за́втра. Я сно́ва говорю́ — а. Она́ говори́т — я не могу́ тебя́ взять с собо́й, ты ведь понима́ешь? Я говорю́ — поня́тно. А она́ говори́т — чего́ ты зала́дил со свои́м «поня́тно»?[48] А я говорю́ — я не зала́дил, я то́лько оди́н раз сказа́л. Сказа́л и сам смотрю́ на неё. А она́ на меня́ смо́трит. И пото́м запла́кала. Я говорю́ — а куда́? Она́ говори́т — в Швейца́рию. Я говорю́ — там О́дри Хе́пберн жила́. Она́ говори́т — э́то из твоего́ кино́? Я говорю́ — да. Она́ смо́трит на меня́ и говори́т — краси́вая. Я молчу́. А она́ говори́т — у тебя́ де́вочка есть? Я говорю́ — а у тебя́ когда́ самолёт? Она́ говори́т — ·ну и ла́дно·. Пото́м ещё молча́ли мину́т пять. В конце́ она́ говори́т — ты бу́дешь обо мне по́мнить? Я говорю́ — наве́рное. На па́мять пока́ не жа́луюсь. Тогда́ она́ вста́ла и ушла́. Бо́льше уже́ не пла́кала.

33 14 мая 1995 года.

Октябри́на Миха́йловна умерла́. Вчера́ ве́чером. Бо́льше не бу́ду писа́ть.

(Расска́з «Не́жный во́зраст» вошёл в рома́н «Год обма́на».)

ПРИМЕЧАНИЯ   EXPLANATORY NOTES

[1] **Фраки́йские племена́** — Thracian tribes. Thrace is an ancient region in the Balkan Peninsula. This is an unusual derogatory usage of a normally neutral phrase, perhaps similar, in the boy's interpretation, to the derogatory use of *cavemen* in English.

[2] **Бу́йный расцве́т дебили́зма** — idiocy at its height

[3] **Семёнов ле́зет со свое́й дру́жбой** — **лезть к** + *dat.* **с(о)** + *instr., highly colloquial, offensive when used in a dialogue.* It is used here in the meaning **надоеда́ть, пристава́ть**: to pester, bother, bug, nag someone with something (e.g., trying to force one's company, feelings, friendship, advice, etc., on another).

[4] **обы́чная шко́ла** — The boy attends a special school for privileged children. It is not clear from the story in what way the school is special, but we later learn that the boy's father is a wealthy "new Russian," i.e., a member of the new class of rich operators that appeared in post-Soviet Russia.

Some of the Russian special schools accept children with unusual academic potential, or children that are especially gifted in one area or another. Some schools give special emphasis to certain subjects, e.g., math or foreign languages. It is not clear from the story if this boy is academically "special"; the only thing that is unusual is his father's wealth and perhaps influence.

[5] **музыка́льная стару́ха** — *incorrect, uncommon usage* the "musical" old woman, the old woman who gives music lessons. The phrase **музыка́льный ребёнок** is commonly used to refer to a musically gifted child; **о́чень музыка́льный челове́к** could similarly be used to describe a person with significant interest in, and talent for, music; however this is not what the boy is trying to say. His intended meaning is similar to **музыка́льный реда́ктор** music editor [*used in reference to both a person and a software*], **музыка́льный инструме́нт** a musical instrument; **музыка́льная гру́ппа** a small band, etc. Using **стару́ха** in this sense is somewhat demeaning.

[6] **Жмот несча́стный.** — When used conversationally after a deprecatory noun, **несча́стный** usually strengthens a negative reference, e.g. **идио́т несча́стный** (you are, he is, etc.) a miserable/silly/stupid fool; **лгу́н несча́стный** (you are, he is, etc.) a damn/darned liar. When it is used with nouns which do not have any negative connotations, it conveys sarcasm: **ухажёр несча́стный** some suitor (you are, he is,

etc.) /suitor indeed!; **гений несчастный** some genius/genius, my foot! When used before the noun, no sarcasm or disapproval is implied: **несчастный рыцарь** an unlucky/unfortunate knight **несчастный гений** ill-starred genius.

[7] **Рихтер** —**Святослав Теофилович Рихтер** (1915–1997), a Russian pianist, universally recognized as one of the greatest pianists of the 20th century.

[8] **...на гречневую крупу.** — Buckwheat has always been one of the least expensive foodstuffs. The boy is trying to say that she isn't asking for much.

[9] **Пусть работают на огородах.** — Let them work in the vegetable gardens.

While in Russian culture, no stigma is generally attached to agricultural work, in this case the boy is contrasting teachers' job with menial work to express his scorn for his teachers. It is also possible that the boy's "curse" is influenced by his knowledge of the widespread practice, in Soviet times, of forcing school students (as well as college students, scientists, and so on) to work in the fields or vegetable warehouses for several days (sometimes weeks), usually at harvest time, instead of attending classes or doing their job.

[10] **...автомат бы не помешал** *colloquial* — it wouldn't hurt to have an automatic rifle; it wouldn't be a bad thing to have an automatic rifle; an automatic rifle might be handy.

[11] **Они что, плохо слышат друг друга?** — [*This is an example of colloquial use of* **что** *in questions after the subject expressed by a noun or a pronoun.*] Can't they hear each other, or what?; What's the matter with them, can't they hear each other?

[12] (**...приходил тренер по теннису. Сказал, что) я могу не ходить** — I don't have to come [to his tennis practice].

[13] **Привет вам от Папы Карло.** The Russian version of Carlo Collodi's *Pinocchio* was written (retold) by Alexei Tolstoy, a major figure in Soviet literature. The book, entitled «Золотой ключик, или Приключения Буратино», is extremely popular. Like Geppetto in Collodi's book, Buratino's father (**папа Карло**) is a kind, naive, and trusting man who has little to show for his lifelong work as a carpenter. Probably because of the book's popularity and the unsophisticated image of this character, Papa Karlo appears in many Russian jokes. The phrase **Привет от папы Карло!** is used to tell someone that he is a fool.

[14] **пятьдесят баксов** — Some words taken from English are borrowed in the plural form (bucks, sneakers, crackers) and then take the Russian plural endings: **бак-с-ы, снйкер-с-ы, крекер-с-ы**.

[15] **Октябрина Михайловна** — The name **Октябрина** was created as a tribute to **Октябрьская революция**, the Great October Revolution of 1917 when the Bolsheviks, lead by Vladimir Lenin, seized power in a coup.

[16] **Может быть, ей купить автомат?** — This is a common use of the infinitive in questions, e.g. **Сдавать домашние работы?** Should we turn in our homework? This construction may be ambiguous, since the noun or pronoun in the dative may denote the doer (perhaps she should buy... ?) or the recipient (perhaps I should buy... for her?). The context usually allows for disambiguation.

[17] **А не пойдёшь ли ты в жопу,.. ?** — Why don't you go to hell,.. ? Stylistically, the word **жопа** (*vulgar* "ass") is much stronger than the word "hell," stronger than the word "ass" in contemporary English, and is unacceptable in almost all social situations.

[18] **между собой** — among themselves, between themselves; at/with each other. [*This phrase is usually not used with the verb* **орать**. *Here it adds colloquial flavor.*]

[19] **первое апреля** — April Fools' Day.

[20] «**Римские каникулы**» — *Roman Holiday,* a 1953 romantic comedy film, starring Audrey Hepburn and Gregory Peck. It was directed and produced by William Wyler. Hepburn won an Academy Award for her performance as Princess Ann in this film.

[21] **Одри Хепберн** — Audrey Hepburn (1929–1993), a Belgium-born, Academy Award-winning

Hollywood actress and, beginning in 1988, a UNICEF Goodwill Ambassador. Hepburn starred in *Roman Holiday* (1953), *War and Peace* (1956), *Breakfast at Tiffany's* (1961), *My Fair Lady* (1964) and other films.

Recently a panel of experts (beauty editors, make-up artists, fashion editors and photographers, etc.) named her the most naturally beautiful woman of all time. A photograph of Audrey Hepburn and information about *Roman Holiday* in Russian can be viewed in section Portrait 4-1 on the interactive multimedia disc. Detailed information in English can be found at http://www.audreyhepburn.com/

[22] **Таки́х не быва́ет.** — [*literally*: Such do not exist.] Women like that do not exist. She is not real.

[23] **Ара́бские Эмира́ты** — United Arab Emirates. We do not know what the boy's father does for a living, but a few occasional references like this one indicate that he is one of the wealthy "new Russians" (но́вые ру́сские), *nouveaux riches*, who emerged after the fall of the U.S.S.R. A trip to United Arab Emirates that is mentioned in this story is most likely related to the father's business interests. In Soviet times, travel to other countries was extremely restricted and pursuing business in a foreign country was impossible. The rise of entrepreneurship in post-Soviet Russia, along with the lifting of restrictions on foreign travel, allowed new Russians to pursue business with foreign partners.

Foreign travel in general has become relatively easy for those who can afford it, and thousands of Russian citizens spend an occasional summer vacation in Greece or Spain. Some members of the new class of wealthy Russians spend their vacations on the French Riviera, where a number of them own real estate.

[24] **С на́шими я уже́ со все́ми здоро́ваюсь за́ руку. На́ши** — our group, our gang; **здоро́ваться за́ руку** to shake hands as a greeting. It is indicative of mutual respect and acceptance, and, in this context, of acting somewhat beyond one's age; teenagers don't normally shake hands as a greeting, although the gesture is used even among teenagers when sealing an agreement, e.g. a bet.

[25] **...ты что́, ду́маешь, я така́я ста́рая?** -- see endnote [11].

[26] **«За́втрак у Ти́ффани»** — a 1961 Academy Award-winning film starring Audrey Hepburn and George Peppard. The film, based on Truman Capote's novella of the same name, was directed by Blake Edwards. Hepburn in the challenging role of Holly Golightly is brilliant.

[27] **«Moon River»** — this song, composed by Henry Mancini with the lyrics by Johnny Mercer and performed by Audrey Hepburn in the film *Breakfast at Tiffany*, became the film's signature song. The song was written for Hepburn's vocal range, and her singing helped the song to win an Oscar for Best Song for Mancini and Mercer.

[28] **Ничего́ там тако́го не́ было...** — [*When used as a noun,* **тако́е** *usually refers to something that deserves attention, often something undesirable.*] There wasn't anything unusual there... ; There was nothing interesting there.

[29] **мне́ то́же пора́** — my time has come, too.

[30] **а та́к — вообще́, в при́нципе** — in general terms, giving her a general idea, as an outline.

[31] **О́скар Уа́йльд** Oscar Fingal O'Flahertie Wills Wilde (1854–1900), an Irish playwright, novelist, poet, and short story writer. Wilde said of himself that he belonged to a culture of male love inspired by Greek poets. Author of the novel *The Picture of Dorian Gray* (1890; revised and expanded edition 1991), translated into Russian as **«Портре́т Дориа́на Гре́я»**. Although **«Портре́т Дориа́на Гре́я»** was published in the Soviet Union, this aspect of Wilde's literary legacy and private life was not known to the Russian reading public during the Soviet period.

The Picture of Dorian Gray is an allegory. The protagonist, "wonderfully handsome" Dorian Gray, lives only for pleasure and wants to preserve his youth and beauty forever. A picture of Dorian becames his "double," his conscience, reflecting all his crimes and moral decay, while Dorian himself does not change. In an attempt to rid himself of the horrible picture, Dorian stabs the canvass, but actually kills himself. The switch happened again: now the portrait reflects Dorian's beauty, while the dead Dorian looked "withered, wrinkled, and loathsome of visage." When first published, the novel, which contains homosexual motifs, was criticised as scandalous and immoral.

[32] (...ходи́ли с на́шими пацана́ми дра́ться в сосе́дний двор.) **Те** — they (a common use of **тот** to refer to a recently mentioned noun— in this case, the implied noun, **ребя́та** из сосе́днего двора́).

[33] ...**и меня́**... — This is the emphatic **и** used in the meaning "also," "too" (or, with negation, "either").

[34] **Мне слома́ли ползу́ба** —I got half of a tooth broken off (not a common use of **ползу́ба**).

[35] **ещё ему́ доба́вил** *colloquial* — [he] slapped him some more.

[36] **Чего́ им на у́лице де́лать?** — [*The form* **чего́** *instead of* **что** *makes this sentence highly colloquial.*] They had nothing to do there in the street. They had no reason to stand/wait around in the street.

[37] **там** — Used in this manner, this word adds a conversational tone to the sentence without affecting its meaning. In some contexts, it also adds a note of disrespect for the described events, objects, or persons. In this case, the speaker indicates that he wasn't interested in the festivities or did not think much of them.

[38] **свисте́ть ка́к-то не та́к** — I had trouble whistling.

[39] **Я не преда́тель.** — Russian schoolchildren and the Russian public in general are strongly opposed to squealing. Telling on his friends would be a grave transgression in the boy's world, and it would be treated with contempt.

[40] ...**э́то меня́ затащи́л**... —I'm the one who got dragged... [*common use of the* **э́то** *construction that places the emphasis on the word following* **э́то**).

[41] **Незави́симо от цве́та.** No matter what color he is. This is a play on the primary meaning of the word **голубо́й** "light blue".

[42] **Как в ва́ших дура́цких фи́льмах.** — This is probably a reference to horror movies (**фи́льмы у́жасов**) that Oktyabrina Mikhailovna perceives as being one of the "new" things. Soviet television programming did not include horror flicks.

[43] **он что́, из музыка́льной тусо́вки?** — see endnote [11].

[44] **ти́па** (*this form only*) *highly colloquial* — kind of, sort of, like. It is similar to the word "like" in contemporary American English in that it is very frequently used by some speakers as a filler that is, for the most part, carries no information, and sometimes means kind of, sort of. Even though **ти́па** looks like a Genitive form of **тип**, there is no syntactic reason to use a genitive case here, and no other grammatical forms in the sentence depend on this word.

[45] **депута́т** = депута́т Росси́йской Ду́мы, a member of the Russian parliament.

[46] **Ду́ма** Duma, the Russian parliament. In the years that followed the dissolution of the U.S.S.R., the Communist Party was virtually disbanded, a new, more open government replaced the secretive and all-powerful Central Commitee of the Communist Party, and Duma, the Russian parliament, historically a puppet of the government, became a multi-party organization. Unfortunately, from the very beginning Duma was plagued by corruption and squabbles, and even saw a few fist fights during sessions.

[47] **э́то я стра́нный?** — see endnote [40].

[48] **чего́ ты зала́дил со свои́м «поня́тно»?** *highly colloquial* [**зала́дить** *is generally used with acc. or infin.*] why do you keep saying «поня́тно»? See also endnote [36].

ИДИОМАТИЧЕСКИЕ ВЫРАЖЕНИЯ   IDIOMS AND PHRASES

[1]   **дава́ть уро́ки** to give private lessons; to tutor privately

[2]   **всё равно́** anyway; in any case; all the same
      Де́ньги — вперёд. Pay cash up front. Pay in advance.
      то ли... то ли... [*coordinating conjunction*] either...or (perhaps)...; perhaps...or...

[3]   **что..., что...** *colloquial* [*conjunction; the construction is close in meaning to* **как...так и...**; *used to indicate similarity, absence of difference between the two items mentioned*] whether...or...; both...and...

[4] **доводи́ть/довести́ до конца́** + *acc.* to carry/see sth. through (to the end); to carry/pursue sth. to the end

сто́ить це́лое состоя́ние to cost a fortune

де́ло при́нципа (it is) a matter of principle

разобра́ться в себе́ *pfv. only* to figure out what you are and what you want by analyzing your goals, values, priorities, etc.; to come to understand oneself

[6] **по́лный мрак** *colloquial* deadly boredom; a depressing, hopeless, *or* desperate situation, atmosphere, state of affairs

[7] **Каки́м на́до быть дурако́м, что̀бы...** [commonly used with nouns expressing negative, disapproving attitude: дура́к, идио́т, нагле́ц, etc.] What kind of fool one has to be in order to...?

фиг зна́ет что *slang* who knows what; (I'll be) damned if I know what

дру̀г дру́га (дру̀г о дру́ге, дру̀г про̀тив дру́га и т. п.) (to/about/against, etc.) each other; (to/about/against, etc.) one another. (**Друг** is the short form of the adjective **друго́й**.)

[8] **одино́чный вы́стрел** a single shot (*as opposed to a burst from an automatic weapon*)

[10] **взять и (да, да и)...** [*when* взять *does not have a direct object and is used with another perfective verb in the same form, this expression presents the action of the second verb as sudden or contrary to expectations*] **Он взял (да) и пры́гнул.** He up and jumped/All of a sudden he jumped. [*Note that when* взять *has a direct object, it is used in its direct meaning even when followed by* и, да, *or* да и *plus another perfective verb*: У него́ пра́вда бы́ли пятьдеся́т ба́ксов. Я их взял и сно́ва тре́снул его́ по мо́рде. He had fifty bucks, to be sure. I took them and again whacked him in the mug.]

...и всё [usually placed at the end of a sentence; used to underscore that there is nothing else to add to what has been said or done] (and) that's it; (and) that's all; (and) that's that; and that's the end of it

всё равно́ see excerpt [2]

[11] **ну и...!** [*interjection; usu. followed by a noun; used to express surprise, delight, displeasure, irony, etc.*] what a...!; (that is) some...!; that is quite a...! **...Её зову́т Октябри́на Миха́йловна. Ну и и́мечко.** Her name is Oktyabrina Mikhailovna. Some name!

не дай бог (*also spelled* не дай Бог) God forbid

мо́жет быть *parenthetical* perhaps; maybe

[13] **вро́де бы** [*particle; used to express doubt or uncertainty as to the reliability of a statement*] it seems; seemingly; it would seem; sort of

[14] **тут же** immediately; at once; instantly; right away, right then and there

изо всех сил as hard as one can; with all one's strength/might

[17] **Вот э́то да́!** [*interjection; used to express delight, admiration, amazement, etc.*] that beats all!; wow!; he (she, *etc.*) is really something!

нет слов Awesome!; (this is/she is beyond belief; I can't find words...

[18] **в чём де́ло** [*used as a question or a subordinate clause in a complex sentence*] в чём дело? what's it all about?; what's happening?; what's the matter?; what's going on?

[20] **забива́ть/заби́ть** себе́ го́лову ерундо́й/чепухо́й to fill/stuff one's head with nonsense; to fill/stuff one's head full of nonsense

[21] **чуть не** [*usually followed by a pfv. past verb; often about an undesirable action; used when the action was about to happen but did not happen, or began happening but quickly stopped*] nearly; all but; almost

лу́чше бы I wish...; it would be better if...; s.o. would be better (doing sth.). **Лу́чше бы она́ э́того не говори́ла** I wish she hadn't told me that; It would be better if she she hadn't said that.

[22] **в при́нципе** in general/broad terms; in general

день рожде́ния birthday; birthday party

129

вот ви́дишь/ви́дите [*used in these forms only*] there you are; you see; see; there you have it; what did I tell you! [*By using «вот ви́деть» in the next sentence, the creative teenager is playing on the idiom, showing his inventiveness; the idiom is not used in the infinitive.*]

пить из го́рлышка — to drink straight from the bottle.

по отде́льности separately

[23] **боево́е креще́ние** baptism of fire

по́лный отсто́й *slang* crap; failure; outrage; something outrageous and unacceptable

[24] **за что** what for; why

де́тский сад/са́дик kindergarten

да и [*connective conjunction*] and; [*when connecting negated units*] and did not/was not...either; nor

ну да [*used to express agreement, affirmation, understanding in response to a statement, question, or one's own thought*] yes, indeed; of course

[27] **подава́ть/пода́ть в суд** (**на** + *acc.*) to take someone to court; to start a lawsuit against someone; to sue someone

изо всех сил see excerpt [14]

[28] **Со мной (с тобо́й,** *etc.*) **и так всё я́сно.** My (your, *etc.*) case is open and shut.

ко́рчить из себя́ **дурака́** to be playing/acting the fool; to be monkeying/clowning/fooling around

чуть не see excerpt [21]

секре́т фи́рмы [*a fairly common cliche used in colloquial style*] trade secret

[29] **ни фига́** *highly colloquial* absolutely not; nothing of the kind; far from it

до фига́ *highly colloquial* [*used to denote a very large quantity of people or things or a very large amount of some substance or quality*] (there are) tons of...; there are a hell of a lot of... [**В Интерне́те**] **про О́дри Хе́пберн до фига́ всего́ есть.** There are tons of stuff about Audrey Hepburn [in the Internet].

[30] **де́ло в том...** [*main clause in a complex sentence; present or past; often followed by a* **что**-*clause*] the point/the thing is...; the fact (of the matter) is..

в ито́ге in the end, in the long run

сам (сама́, само́, са́ми) собо́й (all) by itself; on its own; of its own accord

как бы [*particle*] as it were; (it is) as if; seem to...; [*with a negation*] not really; not what I/one would call...

как бу́дто [*subordinate conj.; introduces a comparative clause*] as if/though; like

[31] **без конца́** endlessly; non-stop; forever

раскрыва́ть/раскры́ть рот/рты́ [*usu.* **слу́шать раскры́в рот/рты** *or* **слу́шать с раскры́тым ртом/с раскры́тыми рта́ми**] **он слу́шал с раскры́тым ртом** he listened open-mouthed/with open mouth/with his mouth wide open

в ку́рсе (+ *gen.*) [*often* **в ку́рсе де́ла**] to know all about sth.; to be well-informed on sth.; to be up-to-date on sth.; [*with a negation*] not to know what's going on; to be uninformed

в о́бщих черта́х in general/broad terms; (to have/give s.o.) a general idea (of sth.)

[32] **в после́днее вре́мя** lately; of late; recently; during the last few weeks/months

всё в поря́дке? is everything all right?; **У тебя́ всё в поря́дке?** Are you all right?

ну и ла́дно oh well (*as in* oh well, at least I tried)

ЗАМЕТКИ О СТИЛЕ   COMMENTS ON STYLE

«Не́жный во́зраст» ("The Tender Age"), Andrei Gelasimov's literary debut, was published in 2001. It won a prize for the best debut and other literary prizes. Later, Gelasimov included the story in the novel «Год обма́на» (*A Year of Deceipt*). Andrei Gelasimov's name has already been connected by critics with the names of Salinger and Dovlatov. Gelasimov himself names William Faulkner and Ernest Hemingway as the masters he learned from.   Andrei Gelasimov (b. 1965) is both a writer and a scholar: he has a Ph.D. in English literature. Coincidentally, the theme of his dissertation is *Oriental motifs in the writings of Oscar Wilde*. He also has a diploma of a theatre director from the Russian Academy of Theatre Arts (former State Institute for Theatre Arts) in Moscow.

In the interview to the radio station *Эхо Москвы́* (July 22, 2007), Andrei Gelasimov mentioned that his fourteen-year-old son, who used to spend hours each day playing computer games, was now reading *Don Quixote*. The boy was first attracted by Gustave Doré's engravings, then he became engrossed in reading. When asked how he liked the book, he said that the book was both sad and funny. And that he felt sorry for Don Quixote who got beat up all the time. When the interviewer asked if the boy read his father books, the writer answered that his older children—an eighteen years old son and a nineteen years old daughter—both do.

The writer's younger son and Sergei in «Не́жный во́зраст» seem to have something in common. In the story, Sergei also reads an important book, albeit important in a different way—Oscar Wilde's *The Picture of Dorian Gray*. Neither *Don Quixote* nor *The Picture of Dorian Gray* are typical reading for their age.

Choosing the genre of a teenager's diary for «Не́жный во́зраст» allowed Gelasimov to write a story that is striking in its immediacy and spontaneity. The style of the story is reminiscent of a movie script: short sentences with predominantly verbal predicates, colloquial lexicon with a dash of teenage slang, and only a few evaluative adjectives (*кла́ссный, прико́льный*).

In the highly charged diary entries, the author uses the dialogue style to create an appropriate mood. When Sergei conveys his last painful conversation with his mother, the words *говори́т* or *говорю́* occur twice on every line:

А пото́м говори́т — я, мо́жет, уе́ду ско́ро. Я говорю́ — а. Она́ говори́т — мо́жет, за́втра. Я сно́ва говорю́ — а. Она́ говори́т — я не могу́ тебя́ взять с собо́й, ты ведь понима́ешь? Я говорю́ — поня́тно.

These words— *говори́т, говорю́*—function in this terse dialogue as a backdrop for Sergei's repeated «*а*» and *поня́тно*, which hide his feelings.

Sergei is sensitive to words. There is some teenager slang in the diary, there are highly colloquial *фиг зна́ет что, ни фига́*, and *до фига́*. There is only one vulgar phrase, *А не пойдёшь ли ты в жо́пу, дневни́к?*, but used in the boy's rhetorical question addressed to his diary, it does not sound really vulgar. The reader learns not only from the words the boy uses but also from the words he does not use: there is no real profanity in the story, even though teenagers of Sergei's age are well familiar with that part of Russian lexicon (and its appearance in works of literature is not banned anymore). The absence of profanity is a linguistic characterization of the boy. It also contributes to the general tone of the story, which makes the boy's use of *А не пойдёшь ли ты в жо́пу, дневни́к?* incomparably weaker than his father's calling his wife *шлю́ха* in a conversation with his teenage son.

Sergei consistently shows his sensitivity to words. When he does not want to use a word, he finds ways to get around it: in the April 12th entry, he avoids the word *го́мосексуали́ст: Я рассказа́л Октябри́не Миха́йловне про Семёнова. Не про то, коне́чно, отку́да у меня́ взяли́сь для неё де́ньги, а так — вообще́, в при́нципе про Семёнова.* After he writes down his impression of Audrey Hepburn— *Вот э́то да! Про́сто нет слов*—he applies the idiom *нет слов* literally: all he can bring himself to say is *О́дри Хе́пберн — краси́вое и́мя.*

Sergei's feelings for his father are expressed in a particularly telling way.

While his mother is always *мáма*, his father is both *отéц* and *пáпа*. When Sergei describes his dream in which his father drags him into the car and beats him up or when he is angry at his father for refusing him money for music lessons, he refers to him as *отéц*. But when his father connects to Audrey Hepburn, he is *пáпа* (*Пáпа сказáл, что он вúдел ещё одúн фильм с Óдри — «Зáвтрак у Тúффани»*). He is *пáпа* in Sergei's version of Oktyabrina Mikhailovna's account (*Октябрúна Михáйловна вспóмнила, как пáпа... однáжды пришёл на день рождéния к мáме в костюме клóуна*). And he is *пáпа* in the subtly accentuated *Мáма два рáза не ночевáла дóма. Пáпа смотрéл телевúзор, а потóм пел. Закрывáлся в вáнной кóмнате и пел какúе-то стрáнные пéсни.*

When Sergei berates his school, he uses not only slang (*пóлный мрак, пóлный отстóй*), but also words that not every teenager would know—words that actually might be interpreted as a proof that he had learned something at school: *гидроцефáл* "hydrocephaloid" (a medical term), *дебилúзм* "idiocy" (used as both a psychiatric term and a term of abuse), *фракúйские племенá* "Thracian tribes" (apparently learned in ancient history classes).

For his last and very important entry, May 14th, Sergei searches for the simplest words he can think of to convey a sense of loss: *Октябрúна Михáйловна умерлá. Вчерá вéчером. Бóльше не бýду писáть.* The first publication of the story had one more sentence at the very end (which the writer cut in later publications): *Не бýду.*

ТЕКСТ И ЕГО СМЫСЛ

UNDERSTANDING THE TEXT

It is not clear from the story what the boy's name is. But Andrei Gelasimov included the story «Нéжный вóзраст» ("The Tender Age") in the novel «Год обмáна» (*A Year of Deceipt*). We learn from the novel that the boy's name is Sergei, therefore from now on we will call him Sergei.

8. **Как вы пóняли основнóе содержáние расскáза?**
Read the whole story. Then read the following pairs of sentences and put a checkmark in front of the one you think is true.

1. a) ___✓___ Сергéй решúл учúться мýзыке, когдá услы́шал, как за стенóй ктó-то игрáет на фортепиáно.
   b) _____ Сергéй мечтáл игрáть на фортепиáно всю жизнь.

2. a) _____ На занáтия мýзыкой дéньги Сергéю дал Семёнов, одноклáссник Сергéя.
   b) _____ На занáтия мýзыкой дéньги Сергéю дал отéц.

3. a) _____ Сергéю не нрáвился Семёнов, потомý что Семёнов чáсто дрáлся с ним.
   b) _____ Сергéю не нрáвился Семёнов, потомý что он считáл Семёнова «голубы́м».

4. a) _____ Октябри́на Миха́йловна, с кото́рой Серге́й на́чал занима́ться му́зыкой, дала́ ему́ кассе́ту с фи́льмом «Ри́мские кани́кулы».

   b) _____ Октябри́на Миха́йловна дала́ Серге́ю почита́ть кни́гу об О́дри Хе́пберн.

5. a) _____ Серге́й влюби́лся в учи́тельницу по а́лгебре.

   b) _____ Серге́й влюби́лся в О́дри Хе́пберн — актри́су, кото́рая игра́ет гла́вную геро́йню фи́льма «Ри́мские кани́кулы».

6. a) _____ Серге́й расска́зывал Октябри́не Миха́йловне о свои́х чу́вствах к О́дри Хе́пберн.

   b) _____ Серге́й расска́зывал Октябри́не Миха́йловне о том, что происхо́дит с ним до́ма и в шко́ле.

7. a) _____ Серге́й ненави́дел шко́лу.

   b) _____ Серге́й о́чень люби́л шко́лу.

8. a) _____ Серге́й всегда́ дружи́л с ребя́тами со двора́.

   b) _____ Ребя́та со двора́ при́няли Серге́я в свою́ компа́нию, когда́ уви́дели, что Серге́й гуля́ет с ко́шками Октябри́ны Миха́йловны.

9. a) _____ Серге́й познако́мился и подружи́лся с высо́ким Андре́ем, кото́рый учи́лся в его́ шко́ле.

   b) _____ Серге́й познако́мился и подружи́лся с высо́ким Андре́ем, кото́рый входи́л в дворо́вую компа́нию.

10. a) _____ Ребя́та позва́ли Серге́я игра́ть с ни́ми в баскетбо́л про̀тив ребя́т с сосе́днего двора́.

    b) _____ Ребя́та позва́ли Серге́я игра́ть с ни́ми в баскетбо́л про̀тив ребя́т из шко́лы Серге́я.

11. a) _____ По̀сле игры́ все ми́рно разошли́сь.

    b) _____ По̀сле игры́ была́ больша́я дра́ка.

12. a) _____ У Серге́я был день рожде́ния, на кото́ром бы́ло о́чень ве́село.

    b) _____ У высо́кого Андре́я был день рожде́ния, на кото́ром бы́ло о́чень ве́село.

13. a) _____ По̀сле дня рожде́ния в гараже́ случи́лся пожа́р, из-за кото́рого арестова́ли Андре́я.

    b) _____ Андре́я арестова́ли из-за дра́ки по̀сле игры́ в баскетбо́л.

14. a) _____ До́ма роди́тели Серге́я иногда́ руга́ются и не разгова́ривают дру̀г с дру́гом.

    b) _____ До́ма роди́тели Серге́я постоя́нно руга́ются и не разгова́ривают дру̀г с дру́гом.

15. a) _____ Ма́ма Серге́я броса́ет семью́ и уезжа́ет жить в Швейца́рию.

    b) _____ У ма́мы Серге́я есть друго́й мужчи́на, но она́ ещё не реши́ла: уйти́ к нему́ или оста́ться в семье́.

16. a) _____ Роди́телей о́чень беспоко́ит жизнь сы́на — его́ пережива́ния, его́ увлече́ния, его́ поведе́ние.

    b) _____ Роди́тели ма́ло интересу́ются тем, чем за́нят Серге́й, с кем он дру́жит, о чём ду́мает.

9. **Так, как в те́ксте, или не так?**

Engage your partner in a dialogue. Read sentences from Exercise 8 presenting them as if they were your own recollection of the facts in the story, and have your partner confirm your statements or express a disagreement with them.

10. Всё ли вы по́няли в 1-22 отры́вках?

Check if you understood the details of the story. Select the correct answer.

1. За стено́й у Серге́я жила́ Октябри́на Миха́йловна —
   a) _____ стару́шка, кото́рую Серге́й хорошо́ знал.
   b) ___✓___ стару́шка, кото́рая дава́ла уро́ки му́зыки.
   c) _____ стару́шка, кото́рую оте́ц Серге́я попроси́л позанима́ться с сы́ном.

2. Серге́й пошёл к Октябри́не Миха́йловне,
   a) _____ что́бы сказа́ть ей, что она́ свое́й игро́й на пиани́но меша́ет ему́ спать.
   b) _____ что́бы договори́ться о заня́тиях му́зыкой.
   c) _____ что́бы посмотре́ть, как она́ живёт.

3. В кварти́ре Октябри́ны Миха́йловны воня́ло
   a) _____ соба́ками.
   b) _____ духа́ми.
   c) _____ ко́шками.

4. Октябри́на Миха́йловна согласи́лась занима́ться с Серге́ем му́зыкой,
   a) _____ е́сли Серге́й бро́сит занима́ться те́ннисом.
   b) _____ е́сли оте́ц Серге́я попро́сит её об э́том.
   c) _____ е́сли Серге́й снача́ла принесёт де́ньги.

5. Оте́ц Серге́я не дал де́нег на заня́тия му́зыкой,
   a) _____ потому́ что счита́л, что Серге́й до́лжен снача́ла разобра́ться в себе́ и поня́ть, чего́ он хо́чет, а пото́м проси́ть де́ньги.
   b) _____ потому́ что счита́л, что Серге́й до́лжен бо́льше вре́мени отдава́ть шко́ле.
   c) _____ потому́ что счита́л, что Серге́й до́лжен занима́ться те́ннисом.

6. Серге́й счита́л, что ему́ о́чень бы пригоди́лся автома́т,
   a) _____ потому́ что он хо́чет научи́ться стреля́ть.
   b) _____ потому́ что все его́ доста́ли.
   c) _____ потому́ что он лю́бит стреля́ть.

7. Серге́й поби́л Семёнова из-за того́,
   a) _____ что у Семёнова бы́ли де́ньги, а у Серге́я не́ было.
   b) _____ что Семёнов показа́л ему́ автома́т.
   c) _____ что Семёнов поцелова́л его́ в щёку.

8. Пе́рвого апре́ля Серге́й сказа́л роди́телям,
   a) _____ что его́ выгоня́ют из шко́лы за плохи́е отме́тки.
   b) _____ что его́ выгоня́ют из шко́лы за гомосексуали́зм.
   c) _____ что его́ выгоня́ют из шко́лы за сли́шком большо́й интере́с к де́вочкам.

9. Серге́й навра́л роди́телям, что его́ выгоня́ют из шко́лы,
   a) _____ потому́ что ему́ нра́вится обма́нывать.
   b) _____ потому́ что он сам хо́чет перейти́ учи́ться в другу́ю шко́лу.
   c) _____ потому́ что ему́ надое́ло, что роди́тели постоя́нно руга́ются и ору́т друг на друга.

10. Серге́й повёл кото́в Октябри́ны Миха́йловны гуля́ть. Коты́ разбежа́лись. Ребя́та со двора́ помогли́ Серге́ю пойма́ть кото́в,
    a) _____ догада́вшись, что у Серге́я есть де́ньги.
    b) _____ узна́в, что э́то коты́ Октябри́ны Миха́йловны.
    c) _____ уви́дев, что Серге́й пла́чет.

11. Ра́ньше Октябри́на Миха́йловна дава́ла ребя́там де́ньги,
    a) _____ что́бы они́ хорошо́ к ней относи́лись.
    b) _____ что́бы они́ не смея́лись над ней.
    c) _____ что́бы они́ не охо́тились на бродя́чих кото́в, пото́м про́сто так дава́ла — на конфе́ты.

12. Октябри́на Миха́йловна дала́ Серге́ю кассе́ту
    a) _____ с каки́м-то дре́вним фи́льмом.
    b) _____ с совреме́нной му́зыкой.
    c) _____ со стари́нной му́зыкой.

13. Посмотре́в фильм «Ри́мские кани́кулы», Серге́й реши́л,
    a) _____ что на́до е́хать в Швейца́рию, что́бы уви́деть О́дри Хе́пберн.
    b) _____ что таки́х же́нщин, как О́дри Хе́пберн, в жи́зни не быва́ет.
    c) _____ что на́до показа́ть кассе́ту Семёнову.

14. Оте́ц Серге́я, узна́в, что его́ сын без конца́ смо́трит фильм с О́дри Хе́пберн, сказа́л,
    a) _____ что́бы Серге́й вы́бросил кассе́ту.
    b) _____ что́бы Серге́й бо́льше не ходи́л к Октябри́не Миха́йловне.
    c) _____ что́бы Серге́й не забива́л себе́ го́лову ерундо́й.

15. Серге́й рассказа́л Октябри́не Миха́йловне, что́ он ду́мает о Семёнове. Октябри́на Миха́йловна дала́ Серге́ю кни́гу
    a) _____ О́скара Уа́йльда «Портре́т Дориа́на Гре́я».
    b) _____ об О́дри Хе́пберн.
    c) _____ о гомосексуали́зме.

16. Оте́ц Серге́я приходи́л к сы́ну но́чью,
    a) _____ что́бы поговори́ть о фи́льме «Ри́мские кани́кулы».
    b) _____ что́бы поговори́ть о ма́ме.
    c) _____ что́бы рассказа́ть о свое́й рабо́те.

17. Во вре́мя ночно́го разгово́ра оте́ц спроси́л Серге́я,
    a) _____ как у него́ дела́ с му́зыкой.
    b) _____ почему́ он бро́сил занима́ться те́ннисом.
    c) _____ с кем он хо́чет оста́ться, е́сли они́ с ма́мой бу́дут жить по отде́льности.

11. **Поговори́те друг с дру́гом.**
Working with a classmate, make questions out of sentences in Activity 10.

1. За стено́й у Серге́я жила́ Октябри́на Миха́йловна —
    a) _____ стару́шка, кото́рую Серге́й хорошо́ знал.
    b) __✓__ стару́шка, кото́рая дава́ла уро́ки му́зыки.
    c) _____ стару́шка, кото́рую оте́ц Серге́я попроси́л позанима́ться с сы́ном.

    _____*Кто жил за стено́й у Серге́я?*_____

12. **Всё ли вы по́няли в 23-33 отры́вках?**
Check if you understood the details of the story. Select the correct answer.

1. Серге́й ходи́л с ребя́тами в сосе́дний двор
    a) _____ лома́ть велосипе́ды.
    b) __✓__ дра́ться.
    c) _____ игра́ть в футбо́л.

2. Ребя́та ходи́ли в сосе́дний двор,
    a) _____ что́бы забра́ть де́ньги, кото́рые они́ вы́играли у парне́й из сосе́днего двора́.
    b) _____ что́бы верну́ть де́ньги, кото́рые они́ проигра́ли парня́м из сосе́днего двора́.
    c) _____ что́бы ещё раз сыгра́ть в баскетбо́л с парня́ми из сосе́днего двора́.

3. Ребя́та поздра́вили Серге́я с «боевы́м креще́нием»,
    a) _____ когда́ узна́ли, что Серге́й хорошо́ игра́ет в баскетбо́л.
    b) _____ когда́ узна́ли, что у Серге́я есть де́ньги.
    c) _____ когда́ уви́дели, что Серге́ю слома́ли ползу́ба.

4. На сле́дующий день по́сле дра́ки, си́дя за одно́й па́ртой с Семёновым, Серге́й уви́дел,
    a) _____ что Семёнов пришёл с синяко́м под гла́зом.
    b) _____ что Семёнов пришёл весь в синяка́х.
    c) _____ что Семёнов пришёл со сло́манным зу́бом.

5. Когда́ Анто́н уви́дел Семёнова, он сказа́л Серге́ю,
    a) _____ что ему́ не нра́вится Семёнов.
    b) _____ что Семёнов гомосексуали́ст.
    c) _____ что оте́ц Семёнова бил сы́на ещё в де́тском саду́.

6. Оте́ц Семёнова одна́жды изби́л сы́на пря́мо на глаза́х
    a) _____ у дете́й и воспита́телей.
    b) _____ у милиционе́ров.
    c) _____ у ма́тери Семёнова.

7. Когда́ ещё в де́тском саду́ оте́ц Семёнова изби́л сы́на, он дал милиционе́рам де́ньги,
    a) _____ что́бы они́ купи́ли себе́ во́дки на Но́вый год.
    b) _____ что́бы они́ успоко́или ма́льчика, кото́рый крича́л как сумасше́дший.
    c) _____ что́бы они́ не забра́ли его́ в мили́цию.

8. Когда́ Серге́й рассказа́л Октябри́не Миха́йловне про роди́телей, она́ вспо́мнила,
    a) _____ что у ма́мы ра́ньше была́ друга́я фами́лия.
    b) _____ как па́па Серге́я появи́лся в их до́ме.
    c) _____ как называ́лся го́род, отку́да прие́хал оте́ц Серге́я.

9. Когда́ оте́ц Серге́я ещё не́ был жена́т, он был
    a) _____ то́лстым и злым.
    b) _____ худы́м и злым.
    c) _____ худы́м и весёлым.

10. Одна́жды оте́ц Серге́я пришёл на день рожде́ния ма́мы
    a) _____ в хоро́шем костю́ме.
    b) _____ в костю́ме кло́уна.
    c) _____ в джи́нсах и руба́шке.

11. Отцу́ Серге́я сейча́с сты́дно за то,
    a) _____ как он вы́глядел на дне рожде́ния у ма́мы.
    b) _____ ско́лько он вы́пил на дне рожде́ния у ма́мы.
    c) _____ что он оста́вил де́вушку, кото́рую люби́л, и жени́лся на ма́ме Серге́я.

12. Семёнов по́нял, что Серге́й влюблён в О́дри Хе́пберн,
    a) _____ когда́ посмотре́л фильм с О́дри Хе́пберн.
    b) _____ когда́ узна́л, что Серге́й без конца́ смо́трит фильм с её уча́стием.
    c) _____ когда́ уви́дел в тетра́дке Серге́я и́мя актри́сы.

13. У Серге́я был о́чень серьёзный разгово́р с Октябри́ной Миха́йловной. Они́ говори́ли
    a) _____ о шко́ле.
    b) _____ о любви́.
    c) _____ о жи́зни и сме́рти.

14. Сергéй запóмнил словá Октябрины Михáйловны: «Покá мы жи́вы, нам нáдо жалéть
    a) _____ себя́».
    b) _____ дру̀г дру́га».
    c) _____ приро́ду».

15. На дне рождéния у Сергéя бы́ли
    a) _____ дéвочки из клáсса.
    b) _____ ребя́та из шкóлы.
    c) _____ ребя́та со дворá и Семёнов.

16. На дне рождéния Семёнов расскáзывал вся́кую чепуху́
    a) _____ про дéвочек.
    b) _____ про рэ́пперов и хи́п-хóп.
    c) _____ про баскетбóл.

17. На ку́хне во врéмя дня рождéния Андрéй сказáл,
    a) _____ что Семёнов клáссный пáрень.
    b) _____ что Семёнов идиóт.
    c) _____ что у Семёнова, навéрное, мнóго дéнег.

18. По̀сле дня рождéния сгорéли
    a) _____ гаражи́, в котóрых стоя́ли маши́ны.
    b) _____ джип отцá Семёнова и ещё две маши́ны каки́х-то депутáтов.
    c) _____ все маши́ны в гаражé.

19. Высóкого Андрéя арестовáли
    a) _____ за слóманный велосипéд.
    b) _____ за дрáку по̀сле игры́ в баскетбóл.
    c) _____ за пожáр в гаражé.

20. 11-го мáя к Сергéю пришлá его́ мáма,
    a) _____ что̀бы поговори́ть с сы́ном о бу́дущем.
    b) _____ что̀бы поговори́ть об отцé.
    c) _____ что̀бы поговори́ть о нóвых друзья́х Сергéя.

21. Скорéе всего́, мáма Сергéя пришлá к сы́ну
    a) _____ за мéсяц до своего́ отъéзда в Швейцáрию.
    b) _____ в день своего́ отъéзда в Швейцáрию.
    c) _____ за день до своего́ отъéзда в Швейцáрию.

22. Мáма Сергéя спроси́ла сы́на,
    a) _____ провóдит ли он её.
    b) _____ приéдет ли он к ней в Швейцáрию.
    c) _____ бу́дет ли он её пóмнить.

23. Мáма Сергéя поéхала тудá,
    a) _____ где онá познакóмилась с отцóм Сергéя.
    b) _____ где жилá романти́ческая любовь её сы́на — Óдри Хéпберн.
    c) _____ где скóро бу́дет учи́ться Сергéй.

13. Поговори́те дру̀г с дру́гом!
Working with a classmate, make questions out of sentences in Activity 12.

1. Сергéй с ребя́тами ходи́л в сосéдний двор
    a) _____ ломáть велосипéды.
    b) __✓__ дрáться.
    c) _____ игрáть в футбóл.

      ____ *Зачéм Сергéй ходи́л с ребя́тами в сосéдний двор?* ___

137

14. Что бы́ло ра́ньше, что по́зже?

Turn each group of sentences into a microtext by arranging the sentences in their logical sequence.

1. _____*d), c), b), a)*_____
  a) И он реши́л научи́ться игра́ть на фортепиа́но.
  b) Но ему́ понра́вилось.
  c) Игра́ли пло́хо.
  d) Серге́й просну́лся оттого́, что за стено́й игра́ли на фортепиа́но.

2. _____
  a) «Ведь ребя́та хо́дят пла́вать, — счита́л Серге́й, — то́лько для того́, чтобы за девчо́нками подгля́дывать.
  b) Серге́й реши́л бро́сить занима́ться те́ннисом.
  c) Для э́того в же́нском ду́ше есть да́же специа́льная ды́рка».
  d) И пла́ванием то́же реши́л бо́льше не занима́ться.

3. _____
  a) Оте́ц не дал де́нег на «му́зыка́льную стару́ху».
  b) А Серге́й ничего́ не дово́дит до конца́.
  c) Он сказа́л, что заня́тия те́ннисом сто́или ему́ це́лое состоя́ние.
  d) Поэ́тому пусть Серге́й снача́ла разберётся в себе́, а пото́м про́сит де́ньги на заня́тия му́зыкой.

4. _____
  a) Потому́ что они́ ду́мают лишь о том, как они́ вы́глядят.
  b) Серге́й ненави́дит девчо́нок.
  c) Он счита́ет их ду́рами.

5. _____
  a) И чѐрез не́сколько дней спроси́ла, смотре́л ли Серге́й э́тот фильм.
  b) Он бои́тся, что её зашвырну́ла куда́-нибудь ма́ма.
  c) Октябри́на Миха́йловна дала́ Серге́ю како́й-то дре́вний чёрно-бе́лый фильм.
  d) А Серге́й не зна́ет, куда́ положи́л э́ту кассе́ту.

6. _____
  a) Тогда́ Серге́й уда́рил Семёнова.
  b) Семёнов уговори́л Серге́я вы́йти во двор.
  c) Семёнов упа́л и запла́кал, а Серге́й сказа́л, что его́ убьёт.
  d) Во дворе́ Семёнов поцелова́л Серге́я в щёку.
  e) Серге́й сказа́л так, потому́ что Семёнов его́ доста́л.

7. _____
  a) Пото́м, когда́ успоко́ились, оте́ц спроси́л — за что.
  b) Они́ тут же на́чали ора́ть.
  c) Серге́й сказа́л роди́телям, что его́ выгоня́ют из шко́лы.
  d) Услы́шав тако́й стра́нный отве́т, оте́ц уда́рил Серге́я.
  e) Серге́й сказа́л, что — за гѐмосексуали́зм.

8. _____
  a) Но пото́м, когда́ узна́ли, что э́то коты́ Октябри́ны Миха́йловны, помогли́ Серге́ю пойма́ть кото́в.
  b) Серге́й повёл кото́в Октябри́ны Миха́йловны на у́лицу.
  c) И предложи́ли ему́ поигра́ть с ни́ми в баскетбо́л.
  d) Пацаны́, уви́дев Серге́я с кота́ми, ржа́ли как ло́шади.

9. _____

   a) Вот в нашей школе у́чатся же́нщины. А она́ — она́ совсе́м друга́я».

   b) «Никогда́ не ви́дел таки́х…, — поду́мал Серге́й, — да́же не зна́ю, как назва́ть… же́нщин.

   c) Серге́й посмотре́л фильм, кото́рый дала́ ему́ Октябри́на Миха́йловна.

   d) И влюби́лся в гла́вную геройню фи́льма.

10. _____

   a) Октябри́на Миха́йловна сказа́ла, что актри́су, кото́рая игра́ет принце́ссу, зову́т Одри Хе́пберн.

   b) «Кака́я-то ерунда́, — поду́мал он, — Никому́ не мо́жет быть сто́лько лет».

   c) А пото́м сказа́ла, что они́ с Одри Хе́пберн рове́сницы.

   d) Услы́шав э́то, Серге́й чуть не упа́л со сту́ла — она́ и Одри.

11. _____

   a) Оте́ц пришёл к Серге́ю но́чью.

   b) А Серге́й отве́тил, что его́ ма́му зову́т Лёна.

   c) Он включи́л свет и сказа́л: «Не прики́дывайся. Я зна́ю, что ты не спишь».

   d) Пото́м он сказа́л, что у Серге́я могла́ быть совсе́м друга́я ма́ма. Её должны́ бы́ли звать Ната́ша.

12. _____

   a) В дра́ке Серге́ю слома́ли по́лзуба.

   b) А высо́кий Андре́й сказа́л: «С боевы́м креще́нием!»

   c) Ребя́та подходи́ли к Серге́ю и загля́дывали ему́ в рот.

   d) Вчера́ Серге́й с пацана́ми ходи́ли дра́ться в сосе́дний двор.

13. _____

   a) Анто́н по́мнит, как ещё в де́тском са́ду оте́ц Семёнова бил его́ пря́мо при воспита́телях.

   b) Семёнов пришёл в шко́лу весь в синяка́х.

   c) А когда́ прие́хала мили́ция, он откупи́лся.

   d) Уви́дев синяки́ на лице́ Семёнова, Анто́н сказа́л, что оте́ц Семёнова бьёт сы́на постоя́нно.

14. _____

   a) Тогда́ она́ дала́ Серге́ю почита́ть «Портре́т Дориа́на Гре́я» О́скара Уа́йльда.

   b) И реши́л позва́ть Семёнова на день рожде́ния.

   c) Когда́ Серге́й прочита́л кни́жку, он поду́мал: «Кру́то!»

   d) Серге́й рассказа́л Октябри́не Миха́йловне о Семёнове.

15. _____

   a) Серге́й сно́ва рассказа́л Октябри́не Миха́йловне о Семёнове.

   b) Всех на́до жале́ть, незави́симо от цве́та.

   c) Она́ сказа́ла, что де́ло в том, что все в ито́ге должны́ умере́ть. Э́то са́мое гла́вное.

   d) И что не ва́жно, голубо́й друг Серге́я или нет.

   e) И роди́телей то́же на́до жале́ть.

16. _____

   a) А ребя́та слу́шали с откры́тыми рта́ми.

   b) По́сле дня рожде́ния Семёнов ушёл вме́сте с Андре́ем, и они́ где́-то напили́сь.

   c) Семёнов на дне рожде́ния расска́зывал ребя́там вся́кую чепуху́ про рэ́пперов и хип-хо́п.

   d) Андре́я арестова́ли, а Семёнова его́ оте́ц откупи́л.

   e) А у́тром джип отца́ Семёнова сгоре́л в гараже́ и ещё две маши́ны како́го-то депута́та.

17. _____

   a) Сергею приснился сон.

   b) Пальто подарила Сергею бабушка, когда ему было пять лет.

   c) Как будто отец утащил Сергея в машину и бьёт изо всех сил.

   d) Отец такой большой, а у Сергея руки маленькие и пальто неудобное.

18. _____

   a) Сказала и заплакала. «А куда?» — спросил Сергей.

   b) «Да, очень», — ответил Сергей.

   c) Приходила мама. Сказала, что она уезжает и не может взять Сергея с собой.

   d) «В Швейцарию», — ответила мама.

   e) «Это актриса из твоего фильма? Она красивая?» — спросила мама.

   f) «Там Одри Хёпберн жила», — сказал Сергей.

4 СЛОВО И КОНТЕКСТ

USING WORDS IN CONTEXT

15. Слова и выражения, близкие по значению.

Read the items in the left column. For each, find a matching item (i.e., a word or expression that is close to it in meaning) in the right column.

1.	_14_ давать уроки	1)	понять себя
2.	___ стоить целое состояние	2)	заканчивать что-либо, чтобы получить хороший результат
3.	___ разобраться в себе	3)	всё хорошо
4.	___ древний фильм	4)	глупые девчонки
5.	___ дебил	5)	жить не вместе
6.	___ сниматься в фильме	6)	слушать с большим интересом
7.	___ тупые девчонки	7)	кричать очень сильно
8.	___ доводить до конца	8)	выяснилось, что...
9.	___ кричать как сумасшедший	9)	очень старый фильм
10.	___ бить изо всех сил	10)	губа ещё болит
11.	___ жить по отдельности	11)	стоить очень дорого
12.	___ слушать с раскрытым ртом	12)	умственно отсталый человек
13.	___ губа не прошла	13)	думать о глупостях
14.	___ всё в порядке	14)	преподавать отдельным ученикам
15.	___ забивать голову ерундой	15)	посадить в тюрьму на определённое время
16.	___ дать срок	16)	бить очень сильно
17.	___ оказалось, что...	17)	играть в фильме

16. Слова́ и выраже́ния, бли́зкие по значе́нию.
Read the sentences. Find words and expressions close in meaning to the bold-faced words and expressions and underline them.

1. Серге́й ходи́л к стару́хе **насчёт** фортепиа́но.
поговори́ть о му́зыке / рассказа́ть о фортепиа́но / <u>что́бы договори́ться о заня́тиях му́зыкой</u> / что́бы отда́ть де́ньги за заня́тия

2. Стару́ха **отказа́лась** учи́ть без де́нег.
не согласи́лась / не захоте́ла / согласи́лась / реши́ла

3. Стару́ха не ста́ла занима́ться с Серге́ем му́зыкой. Она́ сказа́ла: «**Де́ньги — вперёд!**»
«Принеси́ де́ньги, а пото́м бу́дем занима́ться!» / «Снача́ла позанима́емся, а пото́м запла́тишь!» / «Снача́ла заплати́, а пото́м начнём заня́тия!» / «Не запла́тишь — занима́ться не бу́ду!»

4. **Семёнов ле́зет к Серге́ю со свое́й дру́жбой.**
Семёнов хо́чет дружи́ть, а Серге́й не хо́чет. / Семёнов и Серге́й хотя́т дружи́ть друг с дру́гом. / Семёнов не даёт поко́я Серге́ю со свое́й дру́жбой.

5. Интере́сно, ско́лько сто́ит хоро́ший автома́т. Он мне о́чень **бы пригоди́лся.**
был бы ну́жен / был бы до́рог / был бы кста́ти / был бы поле́зен

6. **Семёнов уговори́л Серге́я** вы́йти во двор.
Семёнов до́лго проси́л, и Серге́й неохо́тно согласи́лся / Семёнов попроси́л Серге́я / Семёнов убеди́л Серге́я / Семёнов упроси́л Серге́я

7. Семёнов сказа́л, что́бы Серге́й **не переса́живался от него́** в шко́ле.
не сади́лся за другу́ю па́рту / сиде́л с ним вме́сте / сиде́л отде́льно от него́ / по-пре́жнему сиде́л вме́сте с ним за одни́м столо́м

8. В кварти́ре у Октябри́ны Миха́йловны о́чень па́хнет ко́шками. Как она́ э́то **те́рпит?**
с э́тим ми́рится / к э́тому отно́сится / э́то выно́сит / э́того не бои́тся

9. Серге́й нашёл кассе́ту Октябри́ны Миха́йловны. «Неуже́ли **мне придётся** её смотре́ть?» — поду́мал Серге́й.
мне на́до бу́дет / я ста́ну / я до́лжен бу́ду / я бу́ду

10. Семёнов пришёл в шко́лу весь в синяка́х. У Серге́я то́же ве́рхняя губа́ ещё **не прошла́.**
боли́т / не переста́ла боле́ть / всё ещё беспоко́ит / бо́льше не боли́т

11. Анто́н сказа́л, что папа́ша бил Семёнова ещё в де́тском саду́. Да́же мили́ция приезжа́ла. Но он **откупи́лся.**
показа́л де́ньги, и милиционе́ры уе́хали / дал де́ньги, и милиционе́ры уе́хали / дал де́ньги, но милиционе́ры не взя́ли их / заплати́л милиционе́рам, и они́ уехали

12. Оте́ц Семёнова утащи́л сы́на за воротни́к в маши́ну. В маши́не он **ему́ доба́вил.**
сказа́л, что он недово́лен им / переста́л его́ бить / ещё не́сколько раз его́ уда́рил / сказа́л ему́ не́сколько слов

13. На дне рожде́ния Семёнов мно́го расска́зывал про рэ́пперов. Всё э́то он узна́л из Интерне́та. Но пацаны́ про Интерне́т **зна́ют то́лько в о́бщих черта́х.**
зна́ют о́чень немно́го / ничего́ не зна́ют / немно́го слы́шали / ко́е-что слы́шали

14. Оте́ц приходи́л к Серге́ю но́чью. Серге́й уже́ спал. Оте́ц сказа́л: «**Не прики́дывайся.** Я зна́ю, что ты не спишь».
не притворя́йся / не спи / не де́лай вид, что спишь / не пыта́йся каза́ться спя́щим

15. Костю́м кло́уна **одолжи́л** отцу́ оди́н прия́тель из цирково́го учи́лища.
дал поноси́ть / до́лго не дава́л / не дал / дал на не́сколько дней

16. Отец сказа́л, что у него́ тогда́ вообще́ не́ было де́нег, и поэ́тому ему́ пришло́сь **ко́рчить из себя́ дурака́.**

    обма́нывать люде́й / смеши́ть люде́й / представля́ться дурако́м / взять де́ньги у одного́ дурака́

17. Гла́вное, что все мы умрём. Всё остально́е **утрясётся** само́ собо́й, поэ́тому всех на́до жале́ть: и роди́телей, и Семёнова, и себя́.

    устро́ится / забу́дется / ула́дится / зако́нчится

17. **Поговори́те дру̀г с дру́гом.**

Replace the bold-faced words with words from the story, changing the syntactic structure where appropriate. You can draw upon assignments 15 and 16. Then add more information to the statement or comment on it.

1. За стено́й у Серге́я жила́ стару́шка, кото́рая **преподава́ла му́зыку.**

    ____За стено́й у Серге́я жила́ стару́шка, кото́рая *дава́ла уро́ки му́зыки.*
    Э́ту стару́шку зва́ли Октябри́на Миха́йловна. Она́ ра́ньше была́ дире́ктором
    *му́зыка́льной шко́лы.*___

2. Серге́й ходи́л к старухе, **чтòбы договори́ться о заня́тиях** му́зыкой.

3. Октябри́на Миха́йловна **не согласи́лась** занима́ться беспла́тно.

4. Она́ сказа́ла, **что она́ начнёт занима́ться с Серге́ем му́зыкой при усло́вии, е́сли он принесёт снача́ла де́ньги.**

5. Отец не дал де́нег на «музыка́льную стару́ху». Он сказа́л, что Серге́й до́лжен снача́ла **поня́ть, что он хо́чет.**

6. Серге́й счита́ет, что в шко́ле с ним у́чатся одни́ **у́мственно отста́лые.**

7. Девчо́нки, по мне́нию Серге́я, все **глу́пые** и вообража́ют неизве́стно что.

8. Серге́й счита́ет, что и до́ма, и в шко́ле о́чень **был бы ну́жен** автома́т, — так ему́ все надое́ли.

9. В шко́ле Семёнов **о́чень хо́чет дружи́ть с Серге́ем, а Серге́й не хо́чет.**

10. Семёнов дал Серге́ю 50 до́лларов на заня́тия му́зыкой и попроси́л, чтобы в шко́ле Серге́й **по-пре́жнему сиде́л с ним за одно́й па́ртой.**

11. На дне рожде́ния у Серге́я Семёнов расска́зывал о рэ́пперах, а ребя́та слу́шали **с больши́м интере́сом.**

12. В кварти́ре у Октябри́ны Миха́йловны о́чень па́хло ко́шками. «Как она́ это **перено́сит?**» — поду́мал Серге́й.

13. Октябри́на Миха́йловна дала́ Серге́ю како́й-то **о́чень ста́рый** чёрно-бе́лый фильм.

14. Чтòбы не оби́деть стару́шку, Серге́й реши́л, что **на́до** э́тот фильм посмотре́ть.

15. О́дри Хе́пберн порази́ла Серге́я. «Отку́да она́ **появи́лась?** Таки́х не быва́ет!» — ду́мал Серге́й.

16. Серге́й сказа́л отцу́, что его́ выгоня́ют из шко́лы, и оте́ц **о́чень си́льно** его́ уда́рил.

17. Когда́ оте́ц узна́л об увлече́нии Серге́я, он сказа́л, чтобы Серге́й не **ду́мал о глу́постях.**

18. Отец приходи́л к Серге́ю но́чью. Спроси́л, с кем Серге́й хо́чет оста́ться, е́сли они́ с ма́мой **не бу́дут жить вме́сте.**

19. Октябри́на Миха́йловна вспо́мнила, как одна́жды оте́ц пришёл на день рожде́ния к ма́ме в костю́ме кло́уна, кото́рый ему́ **дал на вре́мя** оди́н прия́тель из цирково́го учи́лища.

20. Отец, вспоминая сейчас эту историю, очень стыдится того, что ему пришлось **представляться тогда дураком**.

21. Октябрина Михайловна сказала, что все мы когда-нибудь умрём, поэтому надо жалеть друг друга, а все проблемы **решатся сами**.

18. Слова́ и выраже́ния, бли́зкие по значе́нию.

The text contains many colloquial words and expressions that have a high degree of informality. These words and expressions are in the right column. Choose from the items on the right to replace the bold-faced words and expressions in the left column.

1. Вчера́ роди́тели опя́ть руга́лись. Ма́ма **бе́гала** по ко́мнате, **крича́ла** на па́пу. В конце́ концо́в она́ **разби́ла** не́сколько таре́лок и успоко́илась.

   Вчера́ роди́тели опя́ть руга́лись. Ма́ма **бе́гала**___*носи́лась*___ по ко́мнате.

   орать
   носиться
   расколоти́ть *асс.*

2. Серге́й побыва́л в кварти́ре Октябри́ны Миха́йловны. Там о́чень **па́хло ко́шками**. «**О́чень па́хнет**, — поду́мал Серге́й, — Как она́ э́то те́рпит?»

   ужа́сно
   воня́ть *instr.*

3. Серге́й куда́-то **положи́л** кассе́ту, кото́рую дала́ Октябри́на Миха́йловна. Он боя́лся, что ма́ма **разби́ла** её вчера́ ве́чером. Но пото́м, к сча́стью, он нашёл её — кассе́та **лежа́ла** под дива́ном.

   валя́ться
   расколоти́ть *асс.*
   засу́нуть *асс.*

4. Оте́ц Семёнова ча́сто **бьёт** сы́на. Одна́жды, когда́ Семёнову бы́ло ещё лет шесть, он **бил** его́ пря́мо на глаза́х у ребя́т. Пото́м он **взял** Семёнова за воротни́к и утащи́л его́ в маши́ну. Семёнов **о́чень си́льно крича́л**. А ребя́та стоя́ли и не уходи́ли. Всем **о́чень хоте́лось** посмотре́ть, что бу́дет да́льше.

   визжа́ть как поросёнок
   схвати́ть *асс.*
   колоти́ть (*2 ра́за*)
   охо́та (была́ охо́та)

5. Серге́й пошёл гуля́ть с кота́ми Октябри́ны Миха́йловны. Запу́тался в поводка́х, **упа́л**, и коты́ разбежа́лись. Оди́н кот зале́з на де́рево и **крича́л** там **о́чень си́льно**. Дво́е **бе́гали** по двору́. Ребя́та смотре́ли на всё э́то и смея́лись.

   ора́ть
   как сумасше́дший
   носи́ться
   свали́ться

6. Оте́ц Серге́я сказа́л, что ему́ пришло́сь на день рожде́ния ма́мы наде́ть костю́м кло́уна, потому́ что у него́ да́же норма́льного костю́ма не́ было. Он говори́т, что тогда́ **ему́ бы́ло о́чень сты́дно**. А всем бы́ло **о́чень** ве́село.

   он чуть не у́мер от стыда́
   ужа́сно

7. Отцу́ не нра́вится, что Серге́й **надоеда́ет ему́ свои́ми дура́цкими вопро́сами** об О́дри Хе́пберн. Когда́-то в ю́ности он ви́дел ещё оди́н фильм с Хе́пберн. Он сказа́л, чтобы Серге́й **прекрати́л ду́мать о вся́ких пустяка́х**. **Ма́льчики** в его́ во́зрасте должны́ серьёзно ду́мать об учёбе, а не **о пустяка́х**.

   чепуха́
   па́рни
   забива́ть *dat.* го́лову
     вся́кой ерундо́й
   лезть к *dat.* со свои́ми
     дура́цкими вопро́сами

143

19. **Словá и выражéния, блúзкие по значéнию.**

The text contains many highly colloquial words and expressions, often emphasizing the speaker's attitude. Some of them are in the right column. Use them to substitute for the bold-faced words and expressions in the left column.

1. За стенóй ктó-то игрáл на фортепиáно. Игрáли **плóхо.** Но Сергéю понрáвилось. Он решúл начáть занимáться мýзыкой. Но отéц дéнег не дал. **Жáдный!**

жмот несчáстный
дерьмóво

За стенóй ктó-то игрáл на фортепиáно. Игрáли **плóхо** ___дерьмóво___.

2. Семёнов поцеловáл Сергéя в щёку. Сергéй **удáрил егó по лицý.** Семёнов упáл и заплáкал. Семёнов сказáл, чтóбы Сергéй не пересáживался от негó в шкóле. А он емý за э́то дéнег даст. Сергéй **стýкнул егó** ещё раз. Но дéньги взял.

врéзать *dat.*
трéснуть *acc.* по + *dat.*
мóрда

3. У Семёнова **всё лицó** в синякáх. Навéрное, егó папáша так **побúл.** А у Сергéя губá ещё не прошлá. Опýхла и висúт как большáя слúва. Э́то вчерá егó так **удáрили по лицý,** когдá онú дралúсь с **ребя́тами** из сосéднего дворá.

отдéлать *acc.*
пацаны́
трéснуть *acc.* по + *dat.*
вся мóрда
мóрда

4. Коты́ Октябрú́ны Михáйловны разбежáлись по дворý. Сергéй стал их ловúть, а ребя́та во дворé **óчень смея́лись.** Потóм **ребя́та** спросúли, чьи э́то кóшки. Когдá онú узнáли, что э́то кóшки Октябрú́ны Михáйловны, онú помоглú Сергéю их поймáть.

ржать как лóшади
пацаны́

20. **Дрáться, бить, избивáть.**

Recall the episodes in the story describing fights or beating and retell them. Use the words and expressions below.

1. **Сергéй — Семёнов**
трéснуть егó по мóрде
у негó пошлá кровь
врéзать емý ещё раз
изо всéх сил

2. **Высóкий Андрéй**
схватúть обрéзок трубы́
сломáть одномý из пацанóв ключúцу
разбúть лицó
поймáть Андрéя
арестовáть Андрéя за пожáр
подáть в суд на Андрéя
дать отдéльный срок

3. **Семёнов — егó отéц**
прийтú в синякáх
опýхнуть
орáть
отдéлать Семёнова
постоя́нно колотúть сы́на
бить пря́мо при воспитáтелях
утащúть Семёнова за воротнúк в машúну
в машúне ещё емý добáвить
визжáть как поросёнок
откупúть егó от милúции
откупúться

21. **Дрáки.**

Have you ever participated in a fight or seen one in real life? If not, you could not have avoided seeing fights in movies. Tell your classmates about a fight, which you have seen or in which you have participated. Use the words and expressions from exercise 20.

22. Слова́ и выраже́ния, бли́зкие по значе́нию.

The text contains many items from teenage slang. Teenagers often use these words and expressions among themselves. Take note—only among themselves. Read the texts that contain such words and expressions. Replace the bold-faced items with neutral words and expressions from the right column.

1. До́ма роди́тели постоя́нно руга́ются. Оте́ц заставля́ет де́лать уро́ки. **Ни фига́!** Я их де́лать не бу́ду! **Доста́ли** они́ **меня́** свои́ми уро́ками.

   До́ма роди́тели постоя́нно руга́ются. Оте́ц заставля́ет де́лать уро́ки. ___*Ни за что́!*___

   надоеда́ть *dat. & instr.*
   Ни за что́!

2. В шко́ле **по́лный отсто́й.** Анто́н влюби́лся в но́вую **учи́лку** по а́лгебре. Ну и пусть **та́щится от таки́х тёток.** Как ему́ не надое́ло! **Придуро́к!**

   идио́т
   восхища́ться *instr.*
   учи́тельница
   ску́ка
   же́нщина

3. Вчера́ был на одно́й музыка́льной **тусо́вке. Кру́то!** Где? Не скажу́. **Секре́т фи́рмы.** Там была́ **кла́ссная** му́зыка. И вы́пивки бы́ло до **фига́.** Но бо́льше не пойду́. **Ба́бок** нет.

   Здо́рово!
   о́чень мно́го
   э́то — больша́я та́йна
   вечери́нка
   отли́чная
   де́ньги

4. Приезжа́ли **менты́.** Что́-то иска́ли, а что — **я не в ку́рсе.** Наве́рное, **бабки** иска́ли. Но у меня́ де́нег нет. Мо́жет, так, ме́лочь, **ба́ксов** пятьдеся́т.

   до́ллар
   де́ньги
   не знать
   милиционе́ры

5. Сего́дня высо́кого Андре́я арестова́ли. Пацаны́ хо́дят **гружёные.** Со мной не разгова́ривают. А я что? Я **не в ку́рсе.** За что́ его́ арестова́ли? Дога́дываюсь, коне́чно.

   не знать
   озабо́ченные (за́нятые свои́ми пробле́мами)

6. У отца́ Семёнова де́нег **до фига́.** Джип у него́ — я таки́х да́же не ви́дел. **Кла́ссная та́чка!** Мне бы така́я не помеша́ла! Где он то́лько **ба́бки** берёт?

   отли́чная маши́на
   де́ньги
   о́чень мно́го

23. Пофантази́руйте.

Make up situations using the words from the text. The first word suggests a topic, the rest will help you to create a situation.

1. Автома́т   стреля́ть, охо́титься, сто́ить це́лое состоя́ние

   ___*Я не уме́ю стреля́ть. Заче́м мне автома́т? Ведь он сто́ит це́лое состоя́ние. Я, пра́вда, люблю́ охо́титься, но для охо́ты автома́т не ну́жен.*___

2. Кло́ун   цирково́е учи́лище, зака́нчивать, прови́нция;
3. Кино́   чёрно-бе́лый фильм, снима́ться, немо́е кино́;
4. Шко́ла   по́лный мрак, переводи́ть, доста́ли;
5. Ссо́ра роди́телей   ора́ть, зашвырну́ть, напи́ться;
6. Дра́ка   слома́ть, синя́к. С боевы́м креще́нием!;
7. Девчо́нки   ненави́деть, целова́ться, ду́ры;
8. Двор   дра́ка, преда́тель, визжа́ть как порося́нок;
9. День рожде́ния   напи́ться, разби́ть, свали́ться;
10. Дра́ка   пода́ть в суд, арестова́ть, дать срок;

11. Отец	бить, уворачиваться, откупиться;
12. Кассета	зашвырнуть, валяться; каким надо быть дураком, чтобы...;
13. Ровесник	классный, слушать с открытым ртом, быть в курсе про Интернет;
14. Футбол	выиграть, уговор, разбить лицо;
15. Милиция	арестовать, забрать, откупиться;
16. Родители	жить по отдельности, плакать, жаловаться;
17. Велосипед	сломать, врезать. Круто!;
18. Коты	разбежались, ловить, ржать как лошади;
19. Боль	терпеть, пройти, сломать;
20. Смерть	жалеть, страшно, охотиться;
21. Любовь	забивать голову ерундой, влюбиться. Откуда он взялся (она взялась)?

24. Если..., значит... .

Complete the sentences.

1. Если Сергей хочет достать где-нибудь автомат, значит, ...

   Если Сергей хочет достать где-нибудь автомат, значит, ___ *все его достали.* ___

2. Раз Семёнов лезет со своей дружбой, значит, ...
3. Раз Сергей треснул Семёнова по морде, значит, ...
4. Раз Сергей решил посмотреть фильм, который дала ему Октябрина Михайловна, значит, ...
5. Если мама так зашвырнула куда-то кассету, что Сергей не может её найти, стало быть, ...
6. Если Октябрина Михайловна перестала спускаться во двор, стало быть, ...
7. Если ребята спрашивают про Октябрину Михайловну, наверное, ...
8. Если Сергей пишет имя Одри по несколько раз на странице, стало быть, ...
9. Если Андрей, толкнув Сергея, потом подал ему руку и извинился, значит, наверное, ...
10. Если папа Сергея говорит, чтобы он не забивал себе голову ерундой, стало быть, ...
11. Если Одри Хепберн и Октябрина Михайловна ровесницы, а Октябрина Михайловна родилась в 1929 году, стало быть, ...
12. Раз Октябрина Михайловна дала Сергею книжку Оскара Уайльда, значит, ...
13. Раз Сергей позвал ребят со двора на день рождения, значит, ...
14. Если отец Сергея, напившись, решил прийти ночью к Сергею, очевидно, ...
15. Раз отец Сергея сказал о своей жене, что она шлюха, значит, ...
16. Если Семёнов пришёл в школу весь в синяках, значит, видимо, ...
17. Если воспитатели в детском саду решили ничего не говорить милиции, должно быть, ...
18. Раз Сергей решил позвать Семёнова к себе на день рождения, значит, ...
19. Если за пожар арестовали одного Андрея, стало быть, ...
20. Если Сергею приснился такой странный сон, очевидно, ...

25. Что было бы, если бы ...?

Complete the sentences.

1. Если бы Сергей начал требовать деньги у тренера по теннису, то...

   Если бы Сергей начал требовать деньги у тренера по теннису, то ___ *тренер бы деньги не отдал.* ___

2. Если бы Семёнов не дал денег на «музыкальную старуху», то...
3. Если бы Сергей не врезал Семёнову за поцелуй, то...

4. Если бы ма́ма зашвырну́ла куда́-нибудь кассе́ту и Серге́й не посмотре́л бы «Ри́мские кани́кулы», то...

5. Если бы Серге́й не вы́вел кото́в Октябри́ны Миха́йловны во двор, то...

6. Если бы Октябри́на Миха́йловна не дава́ла ребя́там де́ньги, то...

7. Если бы хоть одна́ де́вочка в кла́ссе была́ похо́жа на О́дри Хе́пберн, то...

8. Если бы ра́ньше Андре́й толкну́л Серге́я и Серге́й упа́л бы в лу́жу, то...

9. Если бы Серге́й не спра́шивал постоя́нно у ма́мы про О́дри Хе́пберн, то ...

10. Если бы Октябри́на Миха́йловна не сказа́ла Серге́ю, что она́ и О́дри Хе́пберн рове́сницы, то ...

11. Если бы Октябри́на Миха́йловна не поняла́, каки́е пробле́мы у Серге́я с Семёновым, то ...

12. Если бы Серге́й не позва́л Семёнова на день рожде́ния, то ...

13. Октябри́на Миха́йловна счита́ет, что е́сли бы де́ти могли́ заста́ть свои́х роди́телей в «норма́льном во́зрасте», то ...

14. Если у отца́ Серге́я пятна́дцать лет наза́д бы́ли бы де́ньги, то ...

15. Если ребя́та со двора́ проигра́ли бы в баскетбо́л, то ...

16. Если Серге́й сказа́л бы, что он ви́дел, как Андре́й схвати́л обре́зок трубы́, то ...

17. Если у Семёнова не́ было бы до́ма Интерне́та, то ...

18. Если бы Серге́й смог верну́ться в де́тство, то ...

26. Скажи́те ина́че.

Replace the bold-faced words with words from the story. Change the syntactic structure where appropriate.

УРО́КИ МУ́ЗЫКИ

Одна́жды Серге́й просну́лся от того́, что за стено́й игра́ли на фортепиа́но. Там жила́ стару́ха, кото́рая **преподаёт** му́зыку. Игра́ли **пло́хо**, но Серге́ю понра́вилось. И он реши́л бро́сить занима́ться те́ннисом и нача́ть занима́ться му́зыкой. Он сказа́л об э́том отцу́ и попроси́л де́нег на заня́тия му́зыкой. Но оте́ц де́нег не дал и сказа́л, что заня́тия те́ннисом сто́или ему́ **о́чень до́рого**. Оте́ц предложи́л сы́ну снача́ла **поня́ть, что он хо́чет**. И доба́вил, что э́то де́ло при́нципа. А Серге́й ничего́ **не зака́нчивает**. «Жа́дный!» — записа́л Серге́й в дневнике́. Стару́ха же без де́нег учи́ть **не согласи́лась**, сказа́ла: «Снача́ла принеси́ де́ньги, пото́м я бу́ду занима́ться».

РОДИ́ТЕЛИ

До́ма у Серге́я **о́чень тяжело́**. Оте́ц с ма́терью расхо́дятся. Роди́тели постоя́нно руга́ются. **Крича́т** друг на дру́га **как ненорма́льные**. Неде́лями не разгова́ривают и́ли разгова́ривают че́рез Серге́я.

Оте́ц Серге́я **не москви́ч**, ма́ма — москви́чка. Когда́ оте́ц прие́хал в Москву́, у него́ да́же де́нег на норма́льный костю́м не́ было. Одна́жды он пришёл к свое́й бу́дущей жене́ на день рожде́ния в костю́ме кло́уна. Костю́м он **взял поноси́ть у знако́мого** из цирково́го учи́лища. Отцу́ сейча́с, когда́ он вспомина́ет э́тот эпизо́д, о́чень сты́дно. «Пришло́сь **представля́ться дурако́м**, — сказа́л он сы́ну. — **О́чень сты́дно бы́ло!**» Тогда́ он был весёлым и худы́м. А тепе́рь у него́ одни́ пробле́мы. И гла́вная из них — семья́. Жена́ броса́ет его́ и уезжа́ет в Швейца́рию. Тепе́рь роди́тели Серге́я **не бу́дут жить вме́сте**.

ШКО́ЛА

В шко́ле у Серге́я то́же **ничего́ хоро́шего**. Учителе́й, счита́ет Серге́й, на́до разгоня́ть па́лкой. Девчо́нки — **глу́пые**. Мальчи́шки то́же. «**То́лько дура́к мо́жет** влюби́ться в девчо́нку из кла́сса», — ду́мает Серге́й.

В шко́ле у Серге́я есть **дво́е знако́мых ребя́т**: Анто́н Стре́льников и Семёнов. Анто́н потоя́нно влюбля́ется в учи́тельниц. «Лу́чше бы он кры́синого я́ду **побо́льше съел**, чем влюбля́лся», — ду́мает Серге́й. Серге́й счита́ет, что в шко́ле ему́ о́чень **ну́жен был бы** автома́т, так **ему́ все надое́ли**.

СЕМЁНОВ

В шко́ле Серге́й сиди́т **за одни́м столо́м** с Семёновым. Семёнов **не даёт поко́я** Серге́ю со свое́й дру́жбой. Серге́ю Семёнов не нра́вится.

Одна́жды, когда́ Серге́й и Семёнов кури́ли, Семёнов поцелова́л Серге́я в щёку. Серге́й **уда́рил** его́ за э́то **по лицу́**. **О́чень си́льно**. Тогда́ Семёнов предложи́л Серге́ю 50 до́лларов. А Серге́ю де́ньги как раз о́чень **бы́ли нужны́**. На музыка́льную стару́ху. Серге́й де́ньги взял, но **уда́рил** Семёнова ещё два ра́за. А Семёнов всё равно́ попроси́л Серге́я **сиде́ть с ним по-пре́жнему вме́сте** в шко́ле.

У Семёнова отец — зверь. Он **бьёт** сы́на с де́тства. Одна́жды он прие́хал в де́тский сад и на глаза́х у всех изби́л Семёнова. Пото́м утащи́л его́ в маши́ну и там ещё **уда́рил**. Семёнов **крича́л о́чень си́льно**. Когда́ прие́хала мили́ция, отец Семёнова **дал милиционе́рам де́ньги**, и милиционе́ры уе́хали.

О́ДРИ ХЕ́ПБЕРН

Октябри́на Миха́йловна дала́ Серге́ю како́й-то **ста́рый** чёрно-бе́лый фильм. Он **положи́л** кассе́ту куда́-то и до́лго не мог её найти́. Но Октябри́на Миха́йловна не́сколько раз спра́шивала про фильм. Серге́ю **на́до бы́ло** иска́ть кассе́ту. Он ду́мал, что её куда́-то **забро́сила** ма́ма, когда́ она́ после́дний раз руга́лась с па́пой. Кассе́ту Серге́й нашёл, она́ **лежа́ла** под кре́слом.

Наконе́ц Серге́й посмотре́л фильм. В э́том фи́льме **гла́вную роль сыгра́ла** О́дри Хе́пберн. «Отку́да она́ **появи́лась**? Таки́х же́нщин не быва́ет», — ду́мал Серге́й. Отец, когда́ узна́л, что Серге́й по не́сколько раз в день смо́трит э́тот фильм, сказа́л, чтобы он **не ду́мал о глу́постях**. А Серге́й то́лько об О́дри и ду́мал.

ПАЦАНЫ́ СО ДВОРА́

Одна́жды Серге́й реши́л **вы́вести** кото́в Октябри́ны Миха́йловны на у́лицу. **Мальчи́шки**, когда́ уви́дели Серге́я с кота́ми на поводка́х, **о́чень си́льно смея́лись**. Коты́ **бе́гали** как сумасше́дшие по двору́. Ребя́та помогли́ Серге́ю их пойма́ть. Ребя́та во дворе́ рассказа́ли Серге́ю про Октябри́ну Миха́йловну. Они́ сказа́ли, что она́ **отли́чная** стару́ха. И спроси́ли Серге́я, как она́ там. Он отве́тил, что всё **норма́льно**, то́лько в кварти́ре **пло́хо па́хнет**. Как она́ э́то **перено́сит**!

Ребя́та при́няли Серге́я в свою́ компа́нию. 14-го апре́ля пацаны́ со двора́ и Серге́й игра́ли с сосе́дскими парня́ми в баскетбо́л. **Договори́лись, что проигра́вшие пла́тят 20 ба́ксов**. Сосе́дские ребя́та проигра́ли. Но де́ньги не отда́ли. Поэ́тому была́ дра́ка. Серге́ю слома́ли ползу́ба. Пацаны́ сказа́ли: «**С пе́рвым бо́ем!**»

Серге́й пригласи́л пацано́в со двора́ к себе́ на день рожде́ния. Семёнов без конца́ расска́зывал им **каки́е-то пустяки́** про чёрных рэ́пперов. Пацаны́ слу́шали **с огро́мным интере́сом**. Пото́м Семёнов с Андре́ем куда́-то ушли́. Серге́й не знал, что там у них случи́лось. Но к утру́ джип отца́ Семёнова сгоре́л в гараже́. Отец бил Семёнова но́жкой от сту́ла. **В тюрьму́ забра́ли** одного Андрея, потому что отец Семёнова **за сына дал денег**.

ОКТЯБРИНА МИХАЙЛОВНА

Октябрина Михайловна сказала Сергею, что самое главное — это то, что все мы когда-нибудь умрём. Остальное — неважно. **Как-то устроится.** Поэтому надо любить друг друга и жалеть. И родителей, и Семёнова, и себя — всех.

27. **Напишите сочинение.**

Write an essay on the topic: Моё отношение к герою рассказа.

ТЕКСТ И РЕЧЬ

FROM READING TO SPEAKING

Сергей — подросток. Ему, наверное, лет четырнадцать. Возраст, когда всё видится или белым, или чёрным. Когда первая любовь кажется единственной, а дружба вечной. И так трудно разобраться в себе и в том, что происходит вокруг.

«Интересно, сколько стоит хороший автомат?» — пишет Сергей в своём дневнике. Сергей думает, что если бы у него был автомат, он обязательно воспользовался бы им. И не один раз: в начале дневника тема автомата звучит почти в каждой записи. Потом эта тема исчезает. Почему? В жизни Сергея появляется что-то такое, что меняет его, делает его взрослее. Что же произошло в жизни мальчика за 2 месяца, с 14-го марта по 14-ое мая 1995-го года?

28. **«Все меня достали!»**

1. Найдите и прочитайте все эпизоды, в которых упоминается автомат (7-ой, 8-ой, 9-ый, и 10-ый отрывки).

2. В начале своих записей Сергей постоянно говорит, что его «достали». Найдите и прочитайте все эпизоды, в которых употребляется слово «достали» (3-ий, 6-ой, 10-ый и 12-ый отрывки).

3. Кто «достал» Сергея и почему он с удовольствием взялся бы за автомат? Почему в конце концов и дневник его тоже «достал»?

29. **Социальное и материальное положение семьи Сергея.**

Из рассказа ясно, что отец Сергея стал состоятельным человеком. Проанализируйте факты, которые говорят об этом:

1. Сергей занимается плаванием и теннисом. У него не просто тренер по теннису, а индивидуальный тренер (8-ой отрывок). О чём это говорит? Как вы понимаете слова отца, что *тренер по теннису стоил ему целое состояние* (4-ый отрывок)?

2. Какие подарки делает мальчику отец (19-ый отрывок)?

3. Действие рассказа происходит в 1995-ом году. У Сергея дома есть свой компьютер (22-ой отрывок). Как вы думаете, были ли в России в то время компьютеры у ребят из простых, небогатых семей? Аргументируйте свой ответ, используя текст (31-ый отрывок).

4. Какие ещё вещи есть у Сергея, которые вряд ли были в то время у ребят из простых семей (25-ый отрывок)?

5. Вспомните эпизоды с Семёновым (10-ый, 24-ый и 31-ый отрывки). Из состоятельной или бедной семьи этот мальчик? Как вы думаете, какие дети учатся вместе с Сергеем?

6. Попробуйте представить себе и описать квартиру, в которой живёт семья Сергея; дом, в котором она живёт. Как вы думаете, лет через пять отец Сергея всё ещё будет жить в этом доме?

7. Отец Сергея не москвич. Каким он был, когда приходил в гости к своей будущей жене? Аргументируйте свой ответ, внимательно прочитав 25-ый, 26-ой и 28-ой отрывки. Как изменилось материальное положение семьи Сергея за последние несколько лет?

8. Что вы знаете о России девяностых годов? Вам помогут примечания после текста. Как, по вашему мнению, отцу Сергея удалось так быстро разбогатеть?

9. Может ли человек разбогатеть в Вашей стране за несколько лет? Если да, то каким образом?

10. Придумайте историю жизни отца Сергея.

30. Отношения между родителями Сергея.

1. Прочитайте эпизоды, в которых говорится об отношениях между родителями (5-ый, 7-ой, 11-ый, 14-ый и 25-ый отрывки). Какие глаголы использует Сергей, когда говорит о взаимоотношениях родителей?

2. Как относится отец Сергея к уходу жены (22-ой, 25-ый отрывки). Что вы можете сказать о переживаниях отца?

3. В 7-ом отрывке Сергей пишет: *Опять орали всю ночь. Они что, плохо слышат друг друга?* Последнее предложение можно понять не только в прямом смысле, но и в переносном смысле. Как вы поняли это предложение?

4. В 14-ом отрывке, когда Сергей сказал, что его выгоняют из школы, родители *позабыли, что не разговаривают друг с другом почти неделю, и тут же начали между собой орать. Потом, когда успокоились, папа спросил — за что. Я сказал — за гомосексуализм. Он повернулся и врезал мне в ухо. Изо всех сил. Наверное, на маму так разозлился. Она опять закричала.* Почему Сергей думает, что отец ему «врезал в ухо изо всех сил» не потому, что разозлился на него, а потому, что разозлился на маму?

5. Как вы понимаете такую запись: *Дома больше никто не орёт. Они вообще не разговаривают друг с другом. Даже через меня* (25-ый отрывок). Какую роль родители отводят сыну в выяснении своих отношений?

6. Интересует ли родителей Сергея, как их сын относится к тому, что происходит между ними? Аргументируйте свой ответ.

31. Отец и сын.

1. Каким отец хочет видеть своего сына? Что об этом думает мальчик? Чтобы ответить на этот вопрос, обратимся к тексту.
    a) В 4-ом отрывке, когда отец не дал сыну денег на занятия музыкой, он сказал, что сын ничего не доводит до конца. Что имел в виду отец?
    b) В том же разговоре отец Сергея говорит, что он не даст денег, потому что это *дело принципа. Сначала надо разобраться в себе.* Что имел в виду отец, когда сказал, что не даст денег на новое увлечение мальчика из принципа? Почему он предложил

сы́ну снача́ла разобра́ться в себе́, а пото́м проси́ть де́нег на «музыка́льную стару́ху»?

c) Да́лее Серге́й пи́шет: *Бы́ло бы в чём разбира́ться. «А ты сам в себе́ разобра́лся?»* *— хоте́л я его́ спроси́ть.* Почему́ Серге́й ду́мает, что ему́ не́ в чем разбира́ться? В чём, с то́чки зре́ния ма́льчика, до́лжен разобра́ться оте́ц? Почему́ Серге́й побоя́лся зада́ть отцу́ э́тот вопро́с?

d) Хо́чет ли оте́ц, что́бы Серге́й дружи́л с ребя́тами со двора́ (22-о́й отры́вок)? Аргументи́руйте свой отве́т.

e) А тепе́рь скажи́те, каки́м оте́ц хо́чет ви́деть своего́ сы́на.

2. По̀сле того́ как оте́ц уда́рил Серге́я (14-ый отры́вок), он два́жды приходи́л к сы́ну (16-ый и 22-о́й отры́вки). Заче́м приходи́л оте́ц?

3. 12-го апре́ля оте́ц пришёл к сы́ну но́чью, бы́ло два́дцать мину́т четвёртого (22-о́й отры́вок).

a) Заче́м оте́ц пришёл к сы́ну? И почему́ так по́здно? Хоте́л ли он серьёзного разгово́ра с сы́ном?

b) Каки́ми ви́дит оте́ц Серге́я свои́ отноше́ния с жено́й?

c) Ду́мал ли оте́ц во вре́мя разгово́ра о сы́не?

d) Как бы вы поступи́ли на ме́сте отца́ Серге́я?

4. Чем обы́чно интересу́ется оте́ц в разгово́рах с сы́ном (16-ый и 22-о́й отры́вки)?

5. Оте́ц о́чень за́нят — за́нят рабо́той, а сейча́с и отноше́ниями с ма́терью. Он, коне́чно, лю́бит сы́на. А вот интересу́ет ли отца́, по ва́шему мне́нию, жизнь Серге́я — шко́ла, его́ увлече́ния?

6. Серге́й расска́зывает о том, что происхо́дит до́ма, сде́ржанно, ирони́чно. Что же на са́мом де́ле испы́тывает ма́льчик? Вернёмся ещё раз к 22-му отры́вку и попро́буем прочита́ть его́ внима́тельнее.

a) *Он (оте́ц) приходи́л сего́дня но́чью. Я уже́ спал. Вошёл и включи́л свет. Пото́м сказа́л: «Не прики́дывайся. Я зна́ю, что ты не спишь». Я посмотре́л на часы́ — бы́ло два́дцать мину́т четвёртого. Е́ле глаза́ откры́л. А он говори́т: «Вот ви́дишь».* И я поду́мал — *а что́ э́то, интере́сно, я до́лжен «вот ви́деть»?* Как вы понима́ете слова́ отца́: *вот ви́дишь*? Как вы понима́ете слова́ Серге́я: *И я поду́мал — а что́ э́то, интере́сно, я до́лжен «вот ви́деть»?*

b) Да́лее в 22-о́м отры́вке ма́льчик запи́сывает: *Он сел к моему́ компью́теру и стал пить своё ви́ски. Пря́мо из го́рлышка. Мину́т де́сять, наве́рное, так сиде́ли. Он у компью́тера — я на свое́й крова́ти. Я поду́мал — мо́жет, штаны́ наде́ть?* Почему́ Серге́й поду́мал: *мо́жет, штаны́ наде́ть?*

c) Верни́тесь к са́мому нача́лу разгово́ра отца́ с сы́ном но́чью 12-го апре́ля (22-о́й отры́вок) и разыгра́йте диало́г ме́жду отцо́м и сы́ном снача́ла так, как он изло́жен в расска́зе. А пото́м восстанови́те вну́тренний диало́г ме́жду Серге́ем и его́ отцо́м.

7. Как вы ду́маете, для Серге́я ва́жно мне́ние отца́? Аргументи́руйте свой отве́т.

8. Как ма́льчик отно́сится к отцу́?

32. Мать и сын.

1. Что вы зна́ете о ма́тери Серге́я (25-ый, 28-о́й и 32-о́й отры́вки)?

2. О чём ча́ще всего́ вспомина́ет Серге́й в свои́х за́писях, когда́ говори́т о ма́тери? Прочита́йте предложе́ния, в кото́рых речь идёт о ма́тери (5-ый, 7-о́й, 11-ый, 14-ый, 25-ый и 28-о́й отры́вки).

3. В дневнике́ есть то́лько одна́ за́пись разгово́ра с ма́терью. Э́то предпосле́дняя за́пись в дневнике́. За вне́шним диало́гом стои́т вну́тренний диало́г. Э́то диало́г ме́жду двумя́ са́мыми бли́зкими людьми́ — са́мыми бли́зкими и потому́ сейча́с са́мыми далёкими. Восстано́вим то, что хоте́ли сказа́ть друг дру́гу мать и сын.

a) 1-го ма́я ма́льчик запи́сывает в дневнике́: *Приходи́ла ма́ма. Сказа́ла — мо́жно поговори́ть? Я сказа́л — мо́жно.* Почему́ ма́ма про́сит у сы́на разреше́ния поговори́ть, а не про́сто начина́ет разгово́р?

b) *Она́ говори́т — ты како́й-то стра́нный в после́днее вре́мя. У тебя́ всё в поря́дке? Я говорю́ — э́то я стра́нный?* О чём говоря́т пе́рвые две ре́плики ма́тери? Почему́ ма́льчик отвеча́ет вопро́сом на вопро́с? И что зна́чит его́ вопро́с?

c) *Она́ говори́т — не хами́. И смо́трит на меня́. Так, наве́рное, мину́т пять молча́ли.* Почему́ мать говори́т: *не хами́?* Как вы ду́маете, почему́ молча́ла мать, почему́ молча́л Серге́й?

d) *А пото́м говори́т — я, мо́жет, уе́ду ско́ро. Я говорю́ — а. Она́ говори́т — мо́жет, за́втра. Я сно́ва говорю́ — а. Она́ говори́т — я не могу́ тебя́ взять с собо́й, ты ведь понима́ешь? Я говорю́ — поня́тно.* Почему́ Серге́й не отвеча́ет ма́тери, а говори́т то́лько «а»? Почему́ мать не говори́т сра́зу же, что она́ уезжа́ет за́втра?

e) *А она́ говори́т — чего́ ты зала́дил со свои́м «поня́тно»? А я говорю́ — я не зала́дил, я то́лько оди́н раз сказа́л.* Почему́ ма́тери слы́шится сло́во «поня́тно» мно́го раз?

f) *А я говорю́ — я не зала́дил, я то́лько оди́н раз сказа́л. Сказа́л и сам смотрю́ на неё. А она́ на меня́ смо́трит.* Почему́ Серге́й молчи́т и лишь смо́трит на неё? Что скрыва́ется за его́ молча́нием? Что зна́чит молча́ние ма́тери?

g) *А она́ на меня́ смо́трит. И пото́м запла́кала.* Почему́ мать запла́кала?

h) *Я говорю́ — а куда́? Она́ говори́т — в Швейца́рию. Я говорю́ — там О́дри Хе́пберн жила́. Она́ говори́т — э́то из твоего́ кино́? Я говорю́ — да. Она́ смо́трит на меня́ и говори́т — краси́вая. Я молчу́.* Ма́ма уезжа́ет в Швейца́рию, а там жила́ О́дри Хе́пберн, в кото́рую влюблён ма́льчик. Есть ли кака́я-то связь в э́том? Е́сли да, то кака́я?

i) *А она́ говори́т — у тебя́ де́вочка есть? Я говорю́ — а у тебя́ когда́ самолёт? Она́ говори́т — ну и ла́дно.* Почему́ ма́ма спра́шивает сы́на про де́вочку? Почему́ Серге́й отвеча́ет вопро́сом на вопро́с? Как вы по́няли слова́ ма́тери: *Ну и ла́дно?*

j) *Пото́м ещё молча́ли мину́т пять. В конце́ она́ говори́т — ты бу́дешь обо мне по́мнить? Я говорю́ — наве́рное. На па́мять пока́ не жа́луюсь.* Почему́ ма́льчик пыта́ется шути́ть в отве́т на серьёзный вопро́с ма́тери? Что на са́мом де́ле скрыва́ется за э́тими слова́ми?

k) *Тогда́ она́ вста́ла и ушла́. Бо́льше уже́ не пла́кала.* Когда́ мать уходи́ла, она́ бо́льше уже́ не пла́кала. Почему́?

l) Разыгра́йте диало́г ме́жду ма́терью и сы́ном так, как он пе́редан в те́ксте. Зате́м восстанови́те и разыгра́йте вну́тренний диало́г, кото́рый вели́ мать с сы́ном, так, как вы его́ представля́ете.

4. Почему́ ма́льчик передаёт свой диало́г с ма́терью о́чень ску́по и ника́к его́ не комменти́рует?

5. Вы по́мните, что по́сле дра́ки во двор приходи́л милиционе́р (27-ой отры́вок)? Милиционе́р расспра́шивал про дра́ку, про Андре́я, но Серге́й ему́ ничего́ не сказа́л. Серге́й опи́сывает э́тот эпизо́д в дневнике́ так: *Пацаны́ во дворе́ сказа́ли мне — ты норма́льный.* И сра́зу же, с кра́сной строки́, де́лает ещё одну́ за́пись — свою́ оце́нку того́, что произошло́: *Я не преда́тель.* Почему́ для Серге́я преда́тельство сейча́с — э́то са́мое стра́шное?

6. Мать Серге́я броса́ет семью́ и уезжа́ет в Швейца́рию. Наве́рное, она́ полюби́ла друго́го челове́ка. Но, мо́жет быть, что́-то в тепе́решней жи́зни её не устра́ивает?

7. Встре́тятся ли когда́-нибудь мать и сын? Е́сли да, то разыгра́йте э́ту встре́чу.

33. Шко́ла.

1. О шко́ле Серге́й пи́шет ча́сто. Почему́ ребя́т, с кото́рыми Серге́й у́чится в шко́ле, он называ́ет не однокла́ссниками, а однокла́ссничками (3-ий отры́вок)?

2. Кто таки́е деби́лы и гидроцефа́лы? См. примеча́ния по́сле те́кста. Почему́ Серге́й так называ́ет однокла́ссников и учителе́й (3-ий отры́вок)?

3. Что тако́е «фраки́йские племена́»? См. примеча́ния по́сле те́кста. Почему́ и́менно так Серге́й называ́ет однокла́ссников и учителе́й (3-ий отры́вок)?

4. Об учителя́х Серге́й пи́шет, что их *на́до разгоня́ть па́лкой. Пусть рабо́тают на огоро́дах. Доста́ли* (6-ой отры́вок). Почему́ Серге́й предлага́ет учителе́й отпра́вить на огоро́ды. Как вы ду́маете, почему́ учителя́ его́ *доста́ли?*

5. О шко́ле Серге́й пи́шет: *В шко́ле по́лный мрак* (6-ой отры́вок), *по́лный отсто́й* (23-ий отры́вок). Как э́ти выраже́ния характеризу́ют отноше́ние Серге́я к шко́ле?

6. О ком из свои́х однокла́ссников пи́шет в своём дневнике́ Серге́й?

7. Есть ли у Серге́я друзья́ среди́ однокла́ссников?

8. Кто тако́й Анто́н Стре́льников (9-ый, 23-ий и 24-ый отры́вки)? Как отно́сится Серге́й к Анто́ну Стре́льникову?

9. Вспо́мните свою́ шко́лу. Интере́сно ли вам бы́ло учи́ться в шко́ле? Бы́ли ли у вас друзья́ в шко́ле? Расскажи́те о ва́ших шко́льных друзья́х.

10. Каки́е уро́ки бы́ли для вас «по́лным мра́ком», а каки́е уро́ки нра́вились?

11. Расскажи́те са́мый «прико́льный» слу́чай из ва́шей шко́льной жи́зни.

34. Шко́ла. Семёнов.

О Семёнове речь идёт в 3-ем, 10-ом, 22-о́м, 24-ом, 26-о́м, 29-ом, 30-ом и 31-ом отры́вках. Просмотри́те ещё раз э́ти отры́вки.

1. Серге́й ду́мает, что Семёнов гомосексуали́ст. Почему́ Серге́й так счита́ет? Вам помо́гут отве́тить на э́тот вопро́с 10-ый, 22-ой, 24-ый, 30-ый и 31-ый отры́вки.

2. В 31-ом отры́вке, в кото́ром говори́тся об аре́сте Андре́я, Серге́й запи́сывает: *Они́ [ребя́та] не зна́ли, что Семёнов меня́ зара́нее спроси́л — кто бу́дет на дне рожде́ния. Высо́кий Андре́й мне на ку́хне сказа́л — кла́ссный па́рень. Он что, ти́па, из Аме́рики прие́хал? А я говорю́ — про́сто чита́ет мно́го. Интересу́ется. Коро́че, они́ ушли́ вме́сте с Андре́ем и пото́м, ви́димо, где́-то напили́сь. Я не зна́ю, как у них там всё получи́лось, но к утру́ джип Семёновского папа́ши сгоре́л в гараже́.* Что могло́ произойти́ в гараже́ у Семёнова с Андре́ем?

3. Прочита́йте эпизо́ды, в кото́рых говори́тся о том, как оте́ц Семёнова отно́сится к сы́ну (24-ый и 31-ый отры́вки).
   a) Каки́ми слова́ми Серге́й опи́сывает сце́ны избие́ния Семёнова?
   b) Когда́ оте́ц Семёнова на́чал избива́ть своего́ сы́на?
   c) Кто зна́ет о том, что оте́ц Семёнова избива́ет сы́на?
   d) Почему́ отца́ Семёнова не поса́дят в тюрьму́?
   e) Мо́жно ли счита́ть престу́пным равноду́шное отноше́ние тех, кто ви́дел или зна́ет, что оте́ц избива́ет сы́на? Как бы в ва́шей стране́ поступи́ли в тако́й ситуа́ции?

4. Оте́ц Семёнова о́чень состоя́тельный челове́к. Докажи́те э́то (24-ый и 31-ый отры́вки).

5. Вы уже́ говори́ли о кримина́льной и коррумпи́рованной ситуа́ции в Росси́и в девяно́стые го́ды. Найди́те подтвержде́ние э́тому в 31-ом отры́вке. Как вы понима́ете предложе́ние: *В Ду́ме тепе́рь шерстя́т за ли́шние та́чки?*

6. Из 24-го отры́вка мы узнаём, что отéц избива́л сы́на при дéтях. Как э́то сказа́лось на хара́ктере ма́льчика?

7. Как вы дума́ете, как отéц Семёнова сдéлал состоя́ние? Приду́майте исто́рию отца́ Семёнова.

35. Семёнов и Сергéй.
О Семёнове речь идёт в 3-ем, 10-ом, 22-óм, 24-ом, 26-óм, 29-ом и 31-ом отры́вках. Прочита́йте ещё раз э́ти отры́вки.

1. Как вы понима́ете за́пись в дневникé Сергéя: *Семёнов лéзет со своéй дру́жбой* (3-ий отры́вок)?

2. 10-ый отры́вок óчень вырази́тельно характеризу́ет двух ма́льчиков и их отношéния друг с дру́гом. Прокоммента́руем э́тот отры́вок подро́бнее.
   a) Семёнов поцелова́л Сергéя в щёку. *Я не знал, что мне дéлать. Постоя́л, а пото́м трéснул егó по мóрде. Он упа́л и запла́кал.* Почему́ Сергéй уда́рил Семёнова? Почему́ Семёнов запла́кал? То́лько ли потому́, что ему́ бы́ло бóльно?
   b) *Я сказа́л, что я егó убью́. У меня́ есть автома́т. Не зна́ю, почему́ так сказа́л. Про́сто сказа́л, и всё. Доста́л он меня́.* Почему́ Сергéй вы́думал, что у негó есть автома́т?
   c) *Тогда́ он сказа́л, чтóбы я не переса́живался от негó в шкóле. Сидéл с ним, как ра́ньше, за однóй па́ртой. А он мне за э́то дéнег даст.* О чём говори́т про́сьба Семёнова? Как характеризу́ет Семёнова его́ предложéние дать Сергéю дéньги?
   d) *И я сказа́л — покажи́. У негó пра́вда бы́ли пятьдеся́т ба́ксов. Я их взял и снóва трéснул егó по мóрде.* Сергéй «трéснул» Семёнова второй раз. Почему́?
   e) *У негó пошла́ кровь, и он сказа́л, что я всё равнó тепéрь с ним сидéть бу́ду. Я врéзал ему́ ещё раз.* Почему́ Семёнов говори́т, что Сергéй «всё равнó» тепéрь с ним сидéть бу́дет?
   f) *Я врéзал ему́ ещё раз.* Сергéй трéтий раз уда́рил Семёнова, причём óчень си́льно. За что он бьёт бéдного Семёнова сейча́с?

3. Объясни́те лóгику поведéния Сергéя.

4. Объясни́те лóгику поведéния Семёнова. Мóжно ли сказа́ть, что «урóки» отца́ не прошли́ для Семёнова да́ром?

5. Разыгра́йте диалóг из 10-го отры́вка мèжду Сергéем и Семёновым. Восстанови́те то, что ма́льчики хотéли сказа́ть друг дру́гу, но не сказа́ли.

6. Зачéм Семёнов спроси́л у Сергéя, кто бу́дет на днé рождéния (31-ый отры́вок)?

7. Кто такóй Óскар Уа́йльд? Вы чита́ли егó ромáн «Портрéт Дориáна Грéя»? (Об Óскаре Уа́йльде и егó ромáне см. примеча́ния пòсле тéкста.) Как вы дума́ете, почему́ Октябри́на Миха́йловна, когда́ Сергéй рассказа́л ей о Семёнове, да́ла ему́ почита́ть э́ту кни́гу?

8. Какóе впечатлéние произвёл «Портрéт Дориáна Грéя» на Сергéя (26-óй отры́вок)? Почему́ он реши́л позва́ть Семёнова на день рождéния?

9. Семёнов еди́нственный, кто замéтил, что Сергéй без па́мяти влюблён в Óдри Хéпберн (29-ый отры́вок). Как э́то характеризу́ет Семёнова?

10. Что вы мóжете сказа́ть о спосóбностях Семёнова (29-ый, 31-ый отры́вки)?

11. Отли́чные спосóбности и дурнóе влия́ние отца́. Каки́м мóжет вы́расти э́тот ма́льчик? Приду́майте исто́рию жи́зни Семёнова.

36. Пацаны́ со двора́ и Серге́й.

О ребя́тах со двора́ говори́тся в 16-ом, 19-ом, 23-ем, 24-ом, 26-бм, и 31-ом отры́вках. Перечита́йте те места́ в э́тих отры́вках, где речь идёт об отноше́ниях мѐжду Серге́ем и «пацана́ми со двора́».

1. Ма́льчики со двора́, где живёт Серге́й, — де́ти небога́тых роди́телей. Подтверди́те э́то (23-ий отры́вок). Как они́ отно́сятся к ма́льчикам из бога́тых семе́й?

2. Хотя́ материа́льное положе́ние семе́й Серге́я и ребя́т со двора́ о́чень ра́зное, все они́ живу́т в одно́м до́ме. О чём э́то говори́т? Как вы ду́маете, спустя́ 10 лет все они́ по-пре́жнему бу́дут жи́ть в одно́м до́ме?

3. Почему́ ребя́та со двора́ называ́ют Октябри́ну Миха́йловну «кла́ссная стару́ха» (16-ый отры́вок)? Почему́ ребя́та помогли́ Серге́ю пойма́ть кото́в, а пото́м расспра́шивали Серге́я об Октябри́не Миха́йловне?

4. Как характеризу́ет ребя́т их отноше́ние к Октябри́не Миха́йловне?

5. Отноше́ния мѐжду ребя́тами во дворе́.
   a) Серге́я поби́ли два го́да наза́д. 6-го апре́ля Серге́й запи́сывает в своём дневнике́ слова́ Андре́я, что он не хоте́л бить Серге́я, но *про́сто все реши́ли, а он подчини́лся*. Как вы понима́ете сло́во «подчини́лся»? Почему́ Андре́й подчини́лся реше́нию други́х ребя́т?
   b) Подтверди́те приме́рами из те́кста, что ребя́та живу́т и де́йствуют как одна́ кома́нда.
   c) Что вы мо́жете сказа́ть об отноше́ниях мѐжду ребя́тами со двора́?

6. Отноше́ние ребя́т со двора́ к Серге́ю до апре́ля 1995-го го́да.
   a) Почему́ ребя́та со двора́ поби́ли Серге́я два го́да наза́д (19-ый отры́вок)?
   b) Когда́ ребя́та собира́ли де́ньги на игру́ в баскетбо́л с ребя́тами из сосе́днего двора́, они́ *дней пять собира́ли свою́ двадца́тку. Трясли́ по всему́ райо́ну шпану́. Тех, у кого́ есть ба́бки. Ра́ньше бы и меня́ трясли́.* Почему́ ребя́та ра́ньше бы «трясли́» и Серге́я?

7. Когда́ и почему́ измени́лось отноше́ние ребя́т со двора́ к Серге́ю (16-ый отры́вок)? Как э́то характеризу́ет ма́льчиков?

8. Отноше́ние ребя́т со двора́ к Серге́ю по̀сле 3-го апре́ля.
   a) Что бы́ло пе́рвым зна́ком того́, что ребя́та со двора́ при́няли его́ в свою́ компа́нию (16-ый отры́вок)?
   b) Как повёл себя́ Андре́й, когда́ случа́йно толкну́л Серге́я в лу́жу (19-ый отры́вок)?
   c) Начина́я с 19-го отры́вка Серге́й называ́ет ребя́т «на́ши пацаны́». Расска́зывая о том, что случи́лось во дворе́, он постоя́нно говори́т «мы». О чём э́то говори́т?
   d) Найди́те в те́ксте ещё приме́ры, подтвержда́ющие, что Серге́й стал свои́м среди́ ребя́т со двора́ (19-ый отры́вок).
   e) Когда́ Серге́ю слома́ли пол зуба в дра́ке с ребя́тами с сосе́днего двора́, ребя́та загля́дывали ему́ в рот и хло́пали по плечу́. А Андре́й сказа́л: « С боевы́м креще́нием» (23-ий отры́вок). Как вы понима́ете слова́ Андре́я?
   f) Чем Серге́й заслужи́л оконча́тельное дове́рие ребя́т со двора́ (27-ой отры́вок)?

9. Как вы понима́ете выраже́ние «настоя́щая дру́жба»? Ве́рите ли вы в мужску́ю дру́жбу? Быва́ет ли среди́ де́вушек настоя́щая дру́жба?

10. Расскажи́те о своём дру́ге (подру́ге). Счита́ете ли вы свои́ отноше́ния с э́тим челове́ком настоя́щей дру́жбой?

11. Мо̀жет ли быть «настоя́щая дру́жба» мѐжду мужчи́ной и же́нщиной?

12. Как вы понима́ете приводи́мые ни́же ру́сские посло́вицы и погово́рки? Согла́сны ли вы с тем, о чём в них говори́тся?

    a) Не име́й сто рубле́й, а име́й сто друзе́й.

    b) Друзья́ познаю́тся (узнаю́тся) в беде́.

    c) Дру́га за де́ньги не ку́пишь.

    d) Ста́рый друг лу́чше но́вых двух.

    e) Скажи́ мне, кто твой друг, и я скажу́, кто ты.

37. О́дри Хе́пберн.

1. Серге́й — подро́сток. Есте́ственно, Серге́я, как и его́ рове́сников, занима́ют мы́сли о де́вочках.

    a) Что пи́шет Серге́й о заня́тиях пла́ванием (2-о́й отры́вок)?

    b) Ско́лько раз и в кого́ влюбля́лся Анто́н Стре́льников (9-ый и 23-ий отры́вки)? Почему́ Анто́н влюбля́лся в учи́тельниц, а не в свои́х однокла́ссниц?

    c) Как Серге́й отно́сится к тому́, что его́ однокла́ссники проявля́ют интере́с к же́нскому по́лу — к де́вочкам, к учи́тельницам?

2. Что ду́мает Серге́й о де́вочках из кла́сса (7-о́й отры́вок)?

3. 5-го апре́ля Серге́й запи́сывает в дневнике́ об О́дри Хе́пберн: *Никогда́ не ви́дел таки́х... да́же не зна́ю, как назва́ть... же́нщин? Нет, же́нщин таки́х не быва́ет. У нас в кла́ссе у́чатся же́нщины* (18-ый отры́вок). Что тако́е «же́нщины» в понима́нии Серге́я? Почему́ Серге́й не хо́чет называ́ть О́дри Хе́пберн сло́вом «же́нщина»?

4. Как вы ду́маете, влюбля́лся ли Серге́й хоть раз до того́, как уви́дел О́дри Хе́пберн?

5. Вы смотре́ли «Ри́мские кани́кулы»? О чём э́тот фильм (см. примеча́ния по́сле те́кста)?

6. Опиши́те О́дри Хе́пберн.

7. *О́дри Хе́пберн, — запи́сывает Серге́й, — краси́вое и́мя. Она́ совсе́м друга́я. Не така́я, как у нас в кла́ссе. Я не понима́ю, в чём де́ло* (18-ый отры́вок). А вы понима́ете, в чём де́ло?

8. Серге́й по-настоя́щему влюбля́ется. Он ду́мает об О́дри Хе́пберн постоя́нно. По́сле 5-го апре́ля (18-ый отры́вок) упомина́ние об О́дри встреча́ется почти́ в ка́ждой дневнико́вой за́писи Серге́я. Почему́ Серге́й не захоте́л дава́ть кассе́ту Анто́ну Стре́льникову, ма́льчику, кото́рый всё вре́мя в кого́-то влюблён (23-ий отры́вок)?

9. Не́которые счита́ют си́льную влюблённость разнови́дностью боле́зни. Вы то́же так ду́маете? В чём мо́жно уви́деть симпто́мы э́той «боле́зни» у челове́ка, кото́рый влюблён? Наблюда́ли ли вы си́льно влюблённого челове́ка? Если да, то расскажи́те о нём.

10. Как вы понима́ете сле́дующие посло́вицы и погово́рки? Согла́сны ли вы с тем, о чём в них говори́тся?

    a) Ста́рая любо́вь не ржаве́ет.

    b) Ре́же ви́дишь — бо́льше лю́бишь.

    c) Одна́ то́лько любо́вь спосо́бна излечи́ть от любви́.

    d) Любо́вь зла (— полю́бишь и козла́).

38. Октябри́на Миха́йловна.

1. Где живёт Октябри́на Миха́йловна (1-ый отры́вок)?

2. Ско́лько лет Октябри́не Миха́йловне (21-ый отры́вок)?

3. Кем она́ была́ ра́ньше (2-о́й отры́вок)?

4. Когда́ Серге́й про́сит у отца́ де́ньги на заня́тия му́зыкой, он пи́шет, что оте́ц «жмот» и де́нег не даёт, а *стару́хе на́до-то на гре́чневую крупу́*. О чём говори́т после́днее предложе́ние?

5. Что вы мо́жете рассказа́ть о том, как живёт Октябри́на Миха́йловна (2-о́й, 11-ый, 16-ый, 21-ый отры́вки)?

6. Как вы ду́маете, как она́ жила́ ра́ньше, когда́ ещё рабо́тала?

7. Вспо́мните, что расска́зывали пацаны́ со двора́ об Октябри́не Миха́йловне. О чём свиде́тельствуют э́ти расска́зы? Как ребя́та со двора́ отно́сятся к Октябри́не Миха́йловне (16-ый отры́вок)?

8. Обрати́те внима́ние на и́мя «музыка́льной стару́хи». Как вы ду́маете, что зна́чит её и́мя? Почему́ роди́тели так назва́ли де́вочку? Как вы расшифру́ете таки́е имена́: Марле́на, Виле́на, Рэм, Вило́р?

9. Измени́лась ситуа́ция в стране́, кру́то поменя́лась жизнь люде́й. В чём вы ви́дите переме́ны на приме́ре Октябри́ны Миха́йловны и отца́ Серге́я?

10. Октябри́на Миха́йловна ждёт сме́рти и гото́вится к ней.
    a) 9-го апре́ля Серге́й запи́сывает: *Октябри́на Миха́йловна показа́ла мне пе́сню «Moon River». Из фи́льма «За́втрак у Ти́ффани». Кассе́ты у неё нет. Когда́ пе́ла—не́сколько раз остана́вливалась. Отвора́чивалась к окну́. Я то́же туда́ смотре́л. Ничего́ там тако́го не́ было, за окно́м.* Как вы ду́маете, почему́ Октябри́на Миха́йловна остана́вливалась и отвора́чивалась к окну́?
    b) В конце́ 30-го отры́вка Серге́й приво́дит слова́ Октябри́ны Миха́йловны о сме́рти: *А вообще́ умира́ть не стра́шно. Как бу́дто верну́лся домо́й* (30-ый отры́вок). Как вы понима́ете слова́ *как бу́дто верну́лся домо́й*?

11. Приду́майте исто́рию жи́зни Октябри́ны Миха́йловны.

39. Октябри́на Миха́йловна и Серге́й.

Благодаря́ Октябри́не Миха́йловне мно́гое измени́лось в жи́зни Серге́я, измени́лся и сам ма́льчик.

1. Пацаны́ со двора́.
   a) Бы́ли ли друзья́ у Серге́я в шко́ле и во дворе́ до апре́ля 1995-го го́да?
   b) Вспо́мните, как начала́сь дру́жба Серге́я с ребя́тами со двора́.
   c) Каку́ю роль сыгра́ла Октябри́на Миха́йловна в отноше́ниях Серге́я и ребя́т со двора́?

2. О́дри Хе́пберн.
   a) Как вы ду́маете, почему́ Октябри́на Миха́йловна дала́ Серге́ю и́менно кассе́ту «Ри́мские кани́кулы», а не каку́ю-то другу́ю?
   b) Что произошло́ в жи́зни Серге́я благодаря́ Октябри́не Миха́йловне?

3. Семёнов.
   a) Как относи́лся Серге́й к Семёнову до разгово́ра с Октябри́ной Миха́йловной?
   b) Каку́ю кни́гу дала́ Октябри́на Миха́йловна Серге́ю? Как измени́лось отноше́ние Серге́я к Семёнову (22-о́й и 26-о́й отры́вки)?
   c) Что по́нял Серге́й благодаря́ Октябри́не Миха́йловне?

4. Оте́ц.
   a) И́менно Октябри́на Миха́йловна рассказа́ла Серге́ю про то, каки́м его́ оте́ц был в ю́ности (25-ый и 26-о́й отры́вки). В чём Октябри́на Миха́йловна ви́дит дра́му в отноше́ниях мѐжду роди́телями и детьми́?
   b) Что по́нял Серге́й благодаря́ Октябри́не Миха́йловне?

5. Жизнь и смерть.

   a) Когда Октябрина Михайловна говорит, что Одри Хепберн сейчас должно быть 63 года, Сергей записывает: *лучше бы она этого не говорила*. И далее: *Какая-то ерунда. Ей не может быть шестьдесят три года. Никому не может быть столько лет* (21-ый отрывок). Почему Сергей считает, что лучше бы Октябрина Михайловна не говорила, сколько лет Одри Хепберн? Что потрясло Сергея в разговоре с Октябриной Михайловной?

   b) Разговаривая о Семёнове, Октябрина Михайловна говорит: *всё дело в том, что мы все в итоге должны умереть. это и есть самое главное. Мы умрём. А если это понял, то уже неважно — голубой твой друг или не голубой. Просто его становится жалко. Независимо от цвета. И себя жалко. И родителей. Вообще всех. А всё остальное — неважно. Утрясётся само собой* (30-ый отрывок). Какая истина открылась Сергею в разговоре с Октябриной Михайловной?

   c) Прочитайте внимательно тот эпизод, где Октябрина Михайловна рассуждает о скелете внутри каждого человека (30-ый отрывок). Как вы поняли этот эпизод?

6. Что изменилось в жизни и мироощущении Сергея благодаря Октябрине Михайловне?

7. Сначала Сергей называет Октябрину Михайловну старухой. Почему он называет её так?

8. В какой момент Сергей перестаёт называть Октябрину Михайловну старухой? Как вы думаете, почему?

9. Родители Сергея и Октябрина Михайловна — взрослые люди. Но почему именно к словам Октябрины Михайловны прислушивается Сергей?

10. Представьте, что Октябрины Михайловны не оказалось бы в этот период времени рядом с Сергеем. Как могла бы сложиться жизнь Сергея?

11. Почему после смерти Октябрины Михайловны Сергей перестаёт писать дневник?

40. «Нормальный возраст».

1. Что такое «нормальный возраст» человека в представлении Октябрины Михайловны?

2. Октябрина Михайловна считает, что отец Сергея на дне рождения у мамы был в «нормальном возрасте» (25-ый и 26-ой отрывки). А как к этому эпизоду из своей жизни относится сейчас отец Сергея?

3. Осталось ли что-нибудь у отца Сергея от «нормального возраста»? Аргументируйте свой ответ.

4. Кто из героев рассказа находится в «нормальном возрасте»? И почему?

5. А как вы представляете человека в «нормальном возрасте»?

41. «Нежный возраст».

Вы, наверное, слышали, что человеку во сне открывается то, что спрятано глубоко в подсознании. Давайте поговорим о сне Сергея. Внимательно прочитайте сон Сергея (27-ой отрывок).

1. Какие темы отражены в этом сне?

2. Почему во сне Сергей вспоминает бабушку?

3. Как вы поняли сон Сергея? Как, по вашему мнению, сон Сергея отражает его состояние?

4. После сна, о котором мы говорили, Сергею приснилась Одри. Почему приснилась именно она? Почему Сергей пишет не Одри Хепберн, а Одри?

5. Почему рассказ называется «Нежный возраст»?

42. Хара́ктер и посту́пки.

Пре́жде чем говори́ть о Серге́е — како́й он, каки́ми черта́ми хара́ктера мотиви́рованы его́ посту́пки, — познако́мьтесь с ле́ксикой, кото́рая вам помо́жет говори́ть о нём. Каки́м мо́жет быть челове́к? Отве́тьте на э́тот вопро́с, вы́брав из спи́ска ну́жные слова́.

1. a) Челове́к, на кото́рого всегда́ мо́жно положи́ться. Он никогда́ не преда́ст. Он всегда́ че́стен с собо́й и с други́ми.

   b) Челове́к, на кото́рого нельзя́ положи́ться. От него́ мо́жно ожида́ть любо́й по́длости и преда́тельства.

безнра́вственный	непоря́дочный
беспринци́пный	по́длый
бесче́стный	по́лный со́бственного
благоро́дный	досто́инства
и́скренний	(глубоко́) поря́дочный
лжи́вый	правди́вый
лицеме́рный	принципиа́льный
надёжный	че́стный

2. a) Челове́к, кото́рый внима́телен к лю́дям, отзы́вчив на чужо́е несча́стье.

   b) Челове́к, кото́рый ду́мает то́лько о себе́, лю́бит то́лько себя́. Ему́ нет де́ла до чужо́го несча́стья.

внима́тельный	самоуве́ренный
интеллиге́нтный	серде́чный
отзы́вчивый	чу́ткий
равноду́шный	чёрствый
самолюби́вый	эгоисти́чный

3. a) Челове́к, кото́рый счита́ет, что он са́мый у́мный. Всех счита́ет ни́же себя́.

   b) Челове́к, кото́рый никогда́ не пока́жет, что ему́ неинтере́сно с собесе́дником.

амбицио́зный	самолюби́вый
высокоме́рный	самонаде́янный
делика́тный	самоуве́ренный
зано́счивый	воспи́танный
интеллиге́нтный	уме́ющий себя́ вести́

4. a) С челове́ком интере́сно разгова́ривать. Он мно́го зна́ет. У него́ всегда́ есть своё мне́ние.

   b) Челове́к ма́ло зна́ет, ничего́ не чита́ет. Разгова́ривать с ним мо́жно то́лько о том, что продаётся в сосе́днем магази́не.

интере́сный собесе́дник	образо́ванный
малообразо́ванный	ограни́ченный
неве́жественный	пусто́й
рассуди́тельный	ску́чный
разу́мный	тёмный
недалёкий	у́мный
незауря́дный	я́ркий

5. a) Человек ничего не бои́тся. Всегда́ прихо́дит на по́мощь.

b) Человек бои́тся всего́. Когда́ бу́дут звать на по́мощь, он никогда́ не бро́сится помога́ть.

бесстра́шный	си́льный
му́жественный	сла́бый
несме́лый	сме́лый
отва́жный	трусли́вый
ро́бкий	хра́брый

6. a) К челове́ку тя́нутся лю́ди, у него́ мно́го друзе́й. В его́ до́ме всегда́ полно́ наро́ду.

b) Человек живёт оди́н, ни с кем не обща́ется, никуда́ не хо́дит.

весёлый	необщи́тельный
жизнелюби́вый	неразгово́рчивый
за́мкнутый	обая́тельный
молчали́вый	общи́тельный
нелюди́мый	откры́тый

43. Хара́ктер и посту́пки.

1. По́льзуясь слова́ми из зада́ния 42, расскажи́те о Серге́е. Аргументи́руйте свой отве́т.

2. Да́йте характери́стику Семёнову, Андре́ю, отцу́ Серге́я, Октябри́не Миха́йловне. Называ́йте ка́чества, кото́рыми облада́ет ка́ждый из них, аргументи́руйте свои́ отве́ты.

3. Серге́й во мно́гом похо́ж на отца́. Вы согла́сны с э́тим? Аргументи́руйте свой отве́т.

44. Что бы́ло бы, е́сли бы...

1. Как сло́жатся отноше́ния Серге́я с ма́терью? Предста́вьте, что прошло́ де́сять лет. Серге́й и его́ ма́ма встре́тились. Разыгра́йте диало́г ме́жду сы́ном и ма́терью.

2. Предста́вьте встре́чу Серге́я с Андре́ем че́рез де́сять лет. Разыгра́йте диало́г ме́жду ни́ми.

3. Предста́вьте встре́чу Серге́я с Семёновым че́рез де́сять лет. Разыгра́йте диало́г ме́жду ни́ми.

4. Прошло́ де́сять лет. Серге́й жени́лся. Расскажи́те о его́ жене́ — кака́я она́, кто она́. Приду́майте, как они́ познако́мились.

5. В дополни́тельных материа́лах прочита́йте «Письмо́ ма́тери», кото́рое она́ написа́ла сы́ну из Швейца́рии. Како́е впечатле́ние произвело́ э́то письмо́ на вас? Вы и́менно так представля́ли отноше́ние ма́тери к сы́ну?

6. Напиши́те два письма́:
   a) Отве́т Серге́я на письмо́ ма́тери, кото́рое вы прочита́ли.
   b) Письмо́ отца́ Серге́я бы́вшей жене́.

7. Серге́й верну́лся к дневнику́ че́рез три го́да. В дополни́тельных материа́лах прочита́йте продолже́ние дневника́ Серге́я. Скажи́те:
   a) в како́й моме́нт свое́й жи́зни и почему́ он реши́л продолжа́ть вести́ дневни́к;
   b) что интере́сного вы узна́ли из э́того дневника́.

45. Что вы ду́маете об э́том?

В зада́ниях вопро́сы бу́дут обращены́ к вам. Но е́сли вы не хоти́те говори́ть о себе́, вы мо́жете в отве́тах поговори́ть о своём дру́ге, о геро́е како́й-нибудь кни́ги или о приду́манном челове́ке.

1. Как вы преодоле́ли свой «не́жный во́зраст»? Бы́ли ли у вас сры́вы?

2. Как скла́дывались ва́ши отноше́ния с роди́телями?

3. В вашей семье кто вам ближе — отец или мать? Или близость с родителями зависела от вашего возраста?

4. Какими в идеале должны быть отношения между детьми и родителями?

5. Расскажите о своём самом близком друге детства. Вы продолжаете с ним (с ней) сейчас дружить?

6. Помните ли вы свою первую любовь? Была ли она счастливой?

7. Был ли в вашей юности человек, который сыграл в вашей жизни большую роль? Расскажите об этом человеке?

46. **Напишите сочинение.**

Выберите одну из тем.

1. Сергей и его отношения с родителями.
2. Роль Октябрины Михайловны в жизни Сергея.
3. Первая любовь Сергея.
4. Ребята во дворе и Сергей.
5. Первая любовь в жизни человека.

АКТИВНАЯ ЛЕКСИКА

ACTIVE VOCABULARY

СЛОВА · WORDS

автома́т

арест́овывать / арестова́ть *acc.* **за** + *acc.*

бра́ться / взя́ться

валя́ться (*impfv. only*)

воня́ть / завоня́ть (*pfv.-begin*) *instr.*

воспита́тель

вреза́ть / вре́зать *dat.* (*usu. pfv.*)

выи́грывать/вы́играть **у** + *gen.* **в** + *acc.*

голубо́й *adj. used as noun*

гòмосексуали́зм

горе́ть / сгоре́ть

двор

деби́л

дерьмо́во

добавля́ть / доба́вить *dat.*

достава́ть / доста́ть *acc.*

дра́ка

дра́ться / подра́ться

дре́вний

дура́к (ду́ра)

ерунда́

жале́ть / пожале́ть *acc.*

жа́ловаться/пожа́ловаться *dat.* **на** + *acc.*

жмот

засо́вывать / засу́нуть *acc.*

застава́ть / заста́ть *acc.*

зашвы́ривать/зашвырну́ть *acc.*

игра́ть / сыгра́ть **в** + *acc.* (в баскетбо́л...)

игра́ть / сыгра́ть *acc.* / **в** + *prep.* (роль... / в фи́льме...)

игра́ть / сыгра́ть **на** + *prep.* (на пиани́но...)

кассе́та

кла́ссный

кло́ун

колоти́ть / поколоти́ть *acc.*

лови́ть / пойма́ть *acc.*

милиционе́р

мили́ция

мо́рда

напива́ться / напи́ться

насчёт + *gen.*

носи́ться **по** + *dat.*

ода́лживать / одолжи́ть *dat.& acc.*

ока́зываться / оказа́ться

ора́ть / заора́ть

отде́лывать / отде́лать *acc* **за** + *acc.*

отка́зываться / отказа́ться *infin.* or **от** + *gen.*

откупа́ть / откупи́ть *acc.* **от** + *gen.*

откупа́ться / откупи́ться **от** + *gen.*

охо́та *dat. & inf.*

охо́титься / поохо́титься (*pfv-awhile*) **на** + *acc.*

па́рень

па́рта

паца́н

переса́живаться / пересе́сть **от** + *gen.*

пожа́р

преда́тель

пригоди́ться *dat.* (*pfv. only*)

прики́дываться / прики́нуться *instr.*

приходи́ться / прийти́сь (*impers.*) *dat. & infin.*

прои́грывать / проигра́ть *dat.* **в** + *acc.*

разбира́ться / разобра́ться **в** + *prep.*

рове́сник

руга́ться / поруга́ться

сва́ливаться / свали́ться

синя́к

снима́ться / сня́ться **в** + *prep.*

стреля́ть / вы́стрелить

схва́тывать / схвати́ть *acc.*

тащи́ть / утащи́ть *acc.*

терпе́ть / вы́терпеть *acc.*

тре́снуть (*pfv-once only*) *acc.* **по** + *dat.*

тупо́й

целова́ть / поцелова́ть *acc.*

чепуха́

угова́ривать / уговори́ть *acc. & infin.*

угово́р **на** + *acc.*

ВЫРАЖЕНИЯ	IDIOMS AND PHRASES
боево́е креще́ние	лезть к + *dat.* с + *instr.*
быть (не) в ку́рсе	Отку́да она́ взяла́сь?
визжа́ть как поросёнок	подава́ть / пода́ть в суд на + *acc.*
в о́бщих черта́х	по́лный мрак
всё в поря́дке у + *gen.*	по отде́льности
дава́ть / дать срок *dat.* за + *acc.*	проходи́ть / пройти́ (боль прошла́)
дава́ть уро́ки / дать уро́к (не́сколько уро́ков...)	разбива́ть / разби́ть лицо́ (губу́, нос...)
де́ло в том, что…	ржать / заржа́ть (*pfv.-begin*) как ло́шадь
де́ньги — вперёд	слу́шать с откры́тым ртом (с откры́тыми рта́ми)
доводи́ть / довести́ до конца́ *acc.*	(*impfv. only*)
забива́ть го́лову ерундо́й (*usu. impfv.*)	сто́ить це́лое состоя́ние (*impfv. only*)
изо всех сил	ужа́сно ве́село (сты́дно, неприя́тно...)
каки́м на́до быть дурако́м, что̀бы…	умира́ть / умере́ть от стыда́
как сумасше́дший крича́ть (ора́ть...)	утрясти́сь само́ собо́й (*pfv. only*)
ко́рчить (из себя́) дурака́ (*impfv. only*)	цирково́е учи́лище
Кру́то!	

ДОПОЛНИТЕЛЬНОЕ ЧТЕНИЕ

SUPPLEMENTARY READING

А. Геласимов

Продолжение дневника

2 февраля 1998 го́да

Ну во́т, а говори́л — не бу́ду писа́ть. Три го́да прошло́. Бы́стро. Я да́же не заме́тил.

Сего́дня убежа́л от охра́ны. Давно́ хоте́л, но получи́лось то́лько сейча́с. Доста́ли они́ меня́. Хо́дят и хо́дят. Заче́м отцу́ э́то ну́жно? Бои́тся, что меня́ похи́тят? А мо́жет, так бы́ло бы да́же лу́чше. Всем нам. Переста́ли бы де́лать вид, что мы друг дру́гу родня́. Оте́ц с сы́ном. Е́ле здоро́ваемся. Кому́ э́то на́до? Он же ненави́дит меня́. Он ду́мает, что ма́ма из-за меня́ от нас уе́хала. Де́лать ей бо́льше не́чего.

Когда́ убежа́л от охра́ны — пры́гнул в трамва́й. А там меня́ пойма́л контролёр. Где, говори́т, ваш биле́тик? А я говорю́ — нигде́. А он говори́т — вот вы и попа́лись. Я ду́маю — да плева́ть на тебя́, и тут чу́вствую — мне сза́ди кто́-то в ру́ку что́-то кладёт. Я посмотре́л — а там проездно́й биле́т. И на нём напи́сано — «Еди́ный». Я не по́нял, что зна́чит «Еди́ный», но контролёр отошёл. Ему́ уже́ бы́ло всё равно́. Я поверну́лся посмотре́ть, кто это мне проездно́й свой дал, а там стои́т де́вушка. С таки́м знако́мым лицо́м. Я посмотре́л внима́тельно — а она́ похо́жа на О́дри Хе́пберн. Я ду́маю — ни фига́ себе́. Три го́да иска́л. И тут вдруг в трамва́е. А контролёр ей говори́т — где ваш биле́тик? Я хоте́л ей проездно́й обра́тно отда́ть, но она́ мне глаза́ми показа́ла — не на́до. Вы́нула де́ньги и заплати́ла штраф. Че́рез две остано́вки мы с ней вы́шли, и я верну́л проездно́й. Она́ говори́т — вы что, в пе́рвый раз на трамва́е е́дете? А я говорю́ — ну да. Она́ говори́т — почему́? А я говорю́ — я из Калу́ги. У нас там трамва́ев нет. Да́же сам не зна́ю, почему́ так сказа́л. Навра́л почему́-то. Неудо́бно бы́ло про отцо́вского шофёра ей говори́ть. А она́ говори́т — ну, до свида́нья. Я говорю́ — подожди́те, я до́лжен вам де́ньги верну́ть. Вы же штраф из-за меня́ заплати́ли. Она́ стои́т и смо́трит на меня́. Глаза́ как у О́дри Хе́пберн. Ждёт, когда́ я ей де́ньги верну́. А я ей говорю́ — то́лько у меня́ с собо́й де́нег нет. Она́ засмея́лась и говори́т — что же вы тогда́ про них заговори́ли? Я говорю́ — я вам пото́м верну́. Где вас найти́? Она́ мне телефо́н написа́ла. Я пото́м посмотре́л в компью́тере — э́то должно́ быть где́-то в Кузьми́нках. О́дри Хе́пберн живёт в Кузьми́нках. Прико́льно.

А как, интере́сно, её на са́мом де́ле зову́т?

....

3 февраля́ 1998 го́да

Оте́ц говори́т — че́рез год на́до е́хать в О́ксфорд, а я, ти́па, по́лный деби́л.

Мо́жет, сказа́ть ему́, что́бы он пошёл в жо́пу со свои́м О́ксфордом? А я пойду́ в Кра́сную а́рмию. Попрошу́сь в «горя́чую то́чку», и пусть меня́ там убью́т. Из гранатомёта в го́лову. И́ли в се́рдце. Во сла́ву росси́йского ору́жия. Блин, ну и доста́ли меня́ все.

....

4 февраля́ 1998 го́да

О́дри Хе́пберн зову́т Мари́на. Я сего́дня ей позвони́л. Взял у неё а́дрес. Э́то совсе́м ря́дом с универма́гом «Будапе́шт». На́до ухитри́ться переда́ть ей долг. Сно́ва придётся убежа́ть от охра́ны. Не хочу́, что́бы оте́ц про неё узна́л. Ни за что.

Мари́на — то́же краси́вое и́мя.

(Отры́вок из рома́на «Год обма́на».)

Письмо Елены Сергеевны Сергею

Здра́вствуй, дорого́й мой Серёжа!

Вчера́ получи́ла письмо́ от твоего́ отца́ и пото́м всю ночь не могла́ усну́ть. Ду́мала о тебе́, вспомина́ла тебя́ совсе́м ма́леньким. Под у́тро да́же всплакну́ла чу́ть-чу́ть. Ты ведь тепе́рь, наве́рное, совсе́м большо́й.

Я не хочу́ отвеча́ть твоему́ отцу́. Не говори́ ему́, что я тебе́ написа́ла. Е́сли он уви́дит письмо́, про́сто соври́ ему́ что́-нибудь. Ты, кста́ти, научи́лся врать? Ра́ньше совсе́м не уме́л. По тебе́ сра́зу всё бы́ло ви́дно. Ты был тако́й неуклю́жий, смешно́й, когда́ пыта́лся что́-нибудь скрыть от меня́. А я всегда́ про тебя́ всё зна́ла. До определённого во́зраста. Потому́ что пото́м ты измени́лся. Де́ти расту́т, Серёжа. И э́то ужа́сно.

Я по́мню свой страх и расте́рянность, когда́ я поняла́, что ты стано́вишься други́м. Всё тот же ми́лый Серёжа — те́ же глаза́, те́ же пу́хлые ру́чки. Но за э́тим уже́ как бу́дто стоя́л кто́-то друго́й. Мой сын. Я о́чень люби́ла тебя́. В са́мом нача́ле обожа́ла таска́ть тебя́ на рука́х. Носи́ла до четырёх лет. Ма́ма говори́ла — отпусти́, надорвёшься. Но мне нра́вилось. Зна́ешь, тако́е удиви́тельное ощуще́ние. Ты был похо́ж на младе́нцев с карти́н италья́нских мастеро́в. А́нгельское существо́ по и́мени «пу́тти». Мне всегда́ хоте́лось взять их на́ руки. Пыхте́л, кара́бкался изо всех сил. Пото́м засыпа́л, зажа́в в кулачке́ мои́ во́лосы. У тебя́ была́ невероя́тно не́жная ко́жа. Мо́жно бы́ло часа́ми держа́ть твою́ ру́чку в ладо́ни, пока́ ты спишь, И гла́дить. Мне нра́вилось гла́дить тебя́.

Но пото́м всё перемени́лось. Всё ста́ло гора́здо сложне́е. Нельзя́ бы́ло про́сто взять тебя́ на́ руки и усыпи́ть, У тебя́ появи́лась кака́я-то жизнь вне меня́. Без меня́. И да́же про́тив меня́. Появи́лись каки́е-то пле́чи. Ты и́ми стал без конца́ пожима́ть. Ты по́мнишь, когда́ у тебя́ возни́кла э́та привы́чка? Пожима́ть плеча́ми. Как бу́дто закрыва́ть дверь в свой подва́л. Действи́тельно, ты сло́вно перее́хал в друго́е ме́сто. Переста́л приходи́ть ко мне в спа́льню по ноча́м. Неуже́ли ты бо́льше не просыпа́лся? Да я ни за что не пове́рю. А зна́чит, лежа́л там в темноте́ и боя́лся но всё-таки упря́мо не шёл ко мне. Упря́мо.

Когда́ ты переста́л слы́шать меня́?

Ми́лый Серёжа, я так люби́ла тебя́, а ты уходи́л от меня́ всё да́льше. Мо́жет, на́до бы́ло роди́ть второ́го ребёнка? Ма́ма всё вре́мя спра́шивала меня́ об э́том, но твой оте́ц не хоте́л. Он говори́л — на́до вы́растить хотя́ бы одного́ челове́ка норма́льно, мы ведь не кро́лики, что́бы плоди́ться, как на опу́шке ле́са. А я ду́мала — что в э́том плохо́го? Быть бе́лым кро́ликом на опу́шке среди́ цвето́в. Люби́ть друг дру́га и слу́шать, как жужжа́т пчёлы. Тебе́ всегда́ о́чень нра́вилось лови́ть кузне́чиков. Приса́живался неуклю́жей по́пой в траву́ и терпели́во сопе́л, вытя́гивая ладо́шку. Но твой оте́ц говори́л — мы не кро́лики.

А я, наве́рное, рожа́ла бы и рожа́ла. Мне нра́вилось смотре́ть на тебя́.

Пото́м ты стал всё бо́льше походи́ть на него́. Вот э́того я не ожида́ла. Я растеря́лась, потому́ что ду́мала, что ты сам по себе́. Я — э́то одна́ исто́рия. Твой оте́ц — друга́я. А ты — совсе́м тре́тья. Но оказа́лось не так. Я всегда́ ду́мала, что Бог дове́рил нам тебя́ на вре́мя, потому́ что ты нужда́ешься в по́мощи. Пуза́тый смешно́й незнако́мец, загляну́вший в мою́ жизнь на не́сколько лет. Возмо́жно, са́мых счастли́вых. А пото́м, ду́мала я, ты бу́дешь свобо́ден. От меня́ и от своего́ отца́. От любы́х обяза́тельств быть похо́жим на кого́-то из нас. Я ду́мала — ты бу́дешь походи́ть на себя́. То́лько на самого́ себя́ и ни на кого́ бо́льше.

Но ты стал похо́ж на него́.

Со вре́менем э́то станови́лось всё заме́тней. Очеви́дно, э́то нра́вилось твоему́ отцу́ и поэ́тому он не хоте́л но́вых дете́й. Наве́рное, боя́лся, что бо́льше тако́го схо́дства не бу́дет. У меня́ иногда́ быва́ет ощуще́ние, что он относи́лся к тебе́, как фото́граф к уда́чному сни́мку — повезло́ со све́том, с нату́рой, и плёнка прояви́лась отли́чно. К чему́ напряга́ться и де́лать всё за́ново?

Пото́м начали́сь твои́ бесконе́чные увлече́ния, кото́рые ни к чему́ не вели́. Оте́ц поощря́л их, но, ка́жется, да́же он в конце́ концо́в стал раздража́ться. Он боя́лся, что из тебя́ не вы́йдет ничего́ серьёзного. Вот чего́ он хоте́л — серьёзности. Про́сто так име́ть сы́на он не хоте́л. Про́сто сы́на ему́ всегда́ бы́ло ма́ло. Ты до́лжен был отличи́ться. Что означа́ло — ты до́лжен был стать таки́м же, как он. Норма́льная ма́ния вели́чия. Да́же у са́мого глу́пого, са́мого неуда́чливого, са́мого нетала́нтливого мужчи́ны её всегда́ хоть отбавля́й. Втори́чный полово́й при́знак. Прилага́ется к ада́мову я́блоку и волосяно́му покро́ву на лице́. Мужчи́нам не нужны́ сыновья́. Им нýжно большóе зéркало. И чтóбы никтó не мешáл смотрéть в негó без концá.

Что там у тебя́ бы́ло? Гимна́стика, каратэ́, пла́вание, тéннис и, ка́жется, да́же мýзыка. Э́то ведь не пóлный спи́сок. Зачéм ты учи́лся игра́ть на фортепиáно? У тебя́ же нет слýха. Я пыта́лась объясня́ть тебé, но ты пожима́л плеча́ми. Иногда́ вообщé занима́лся абсолю́тной бессмы́слицей. Ска́чивал карти́нки из Интернéта и сортирова́л их по тéмам. Автомоби́ли, пейза́жи, карикатýры. Часа́ми проси́живал у компью́тера, занима́ясь э́той чепухóй. Я спроси́ла тебя́ одна́жды — зачéм, а ты сказа́л — мóжет быть, пригоди́тся. Или вдруг начина́л следи́ть за тем, чтóбы на столé лежа́ло одина́ковое коли́чество предмéтов. Никогда́ не могла́ поня́ть, зачéм ты счита́л э́ти ви́лки, тетра́ди, рези́нки и потóм обяза́тельно чтó-нибудь убира́л, éсли результа́т не совпада́л с каки́ми-то твои́ми ци́фрами. Я не понима́ла тебя́. Мне и сейча́с ка́жется э́то пóлным брéдом. Мóжет быть, слéдовало почита́ть кни́жки по психолóгии подрóстков? Интéресно, пи́шут ли там о постýпках, соверша́емых без вся́кой ви́димой цéли?

Потóм э́та одéжда. Ты да́же слýшать меня́ не хотéл, когда́ я предлага́ла обсуди́ть твой гардерóб. Носи́л каки́е-то немы́слимые ша́пки в ви́де карма́на на головé. Э́то бы́ло ужа́сно. Я стесня́лась выходи́ть по двор ря́дом с тобóй. Каки́е-то рва́ные джи́нсы. Вéчно гóрбился как верблю́д.

Потóм да́же прóсто поговори́ть с тобóй ста́ло для меня́ настоя́щим мучéнием. Ты переста́л отвеча́ть на вопрóсы. Нечленоразде́льно мыча́л. Издава́л междомéтия. Ты не хотéл смотрéть мне в лицó. А мне так нужна́ была́ твоя́ пóмощь. Ты запира́лся у себя́ в кóмнате и без концá смотрéл какóй-то чёрно-бéлый фильм. Я не понима́ю, как мóжно смотрéть кинó бóльше одногó ра́за. Э́то же смéртная скýка. Тем бóлее что фи́льму бы́ло ужé пятьсóт лет.

Навéрное, всё-таки мне на́до бы́ло роди́ть вторóго ребёнка. И трéтьего. И потóм ещё. Ты зна́ешь, всю жизнь хотéла роди́ть дéвочку.

Твой отéц пи́шет, что хóчет жени́ть тебя́ где́-то в Ита́лии. Не слýшай егó, éсли тебé не хóчется. Слýшай своё сéрдце.

Я óчень люблю́ тебя́.

Твоя́ ма́ма.

(Отры́вок из рома́на «Год обма́на».)

Д. РУБИНА

КОНЦЕРТ ПО ПУТЁВКЕ «ОБЩЕСТВА КНИГОЛЮБОВ»

> **GRAMMAR**
> 1. Expressing the beginning, continuation, and conclusion of an action
> 2. Expressing an emotional state
> 3. Expressing purpose

СЛОВО И ТЕКСТ

FROM WORDS TO SENTENCES

1. The heading of Dina Rubina's story includes the name of the organization «Общество книголюбов». Try to guess what «Общество книголюбов» is. What do you think people can do in such an organization?

2. Divide the words into two groups by topics. Choose one word from each group as a heading. Make up two short stories with these words.

> Тюрьма́, фортепиа́но, выступа́ть, заключённые, петь, решётки на о́кнах, концéртный зал, лю́ди в фо́рме, высóкие желéзные ворóта, аплоди́ровать.

3. Read each pair of sentences. The second sentence of each pair contains a word or phrase that means the same as the bold-faced text in the first sentence.
   a) Underline that word or phrase.
   b) Replace the bold-faced words from the first sentence by the words you underlined in the second sentence and vice versa. Make syntactic changes where necessary.

1. В ю́ности **мои́ расска́зы получи́ли нéкоторую извéстность**. Меня́ пригрéла слáва, пòсле тогó как три расскáза бы́ли напечáтаны в столи́чном журнáле.
   <u>меня́ пригрéла слáва</u>
   *В ю́ности **меня́ пригрéла слáва**. **Мои́ расскáзы получи́ли нéкоторую извéстность,** пòсле тогó как три расскáза бы́ли напечáтаны в столи́чном журнáле.*

2. Нéкоторых детéй в дéтстве **би́ли**, а меня́ — никогдá. В нáшей семьé считáли, что порóть детéй нельзя́.

3. Однáжды меня́ пригласи́ли вы́ступить с чтéнием мои́х расскáзов **пèред молоды́ми слу́шателями**. Пèред молодóй аудитóрией я выступáла чáсто, поэ́тому я согласи́лась.

4. В су́мке лежа́л **журна́л с тремя́ мои́ми расска́зами**. Это был весь мой тво́рческий бага́ж.

5. **Мне показа́лось стра́нным,** что о́кна маши́ны бы́ли зарешёчены. Меня́ смути́ло, что две́ри маши́ны то́же бы́ли зарешёчены.

6. Когда́ мы вошли́ в зал, там **крича́ли.** Не́которые из зри́телей ора́ли так, что бы́ло стра́шно.

7. Я откры́ла журна́л и начала́ чита́ть свой расска́з, но от стра́ха я **чита́ла его́ ти́хо, е́ле слы́шно.** Мне бы́ло о́чень стра́шно, поэ́тому я бормота́ла его́.

8. Когда́ кто́-то из за́ла потре́бовал, что́бы я пе́ла, а не чита́ла, у меня́ задрожа́ли ру́ки, и **журна́л упа́л.** Я вы́ронила журна́л, и зал зареве́л от восто́рга.

9. Я испуга́лась и **ста́ла ме́дленно дви́гаться спино́й наза́д.** Когда́ я попя́тилась, то не заме́тила фортепиа́но и чуть не упа́ла на него́.

10. Я се́ла на откры́тое фортепиа́но, и в за́ле разда́лся **ужа́сный** звук. Э́тот ди́кий звук заста́вил зал замолча́ть.

11. Я спе́ла одну́ пе́сню и **не остана́вливаясь** перешла́ к друго́й. Я спе́ла не́сколько пе́сен не прерыва́ясь.

12. В за́ле наступи́ла **абсолю́тная** тишина́. В э́той гробово́й тишине́ я продолжа́ла игра́ть.

13. На меня́ смотре́ли **по́лные бо́ли** глаза́. Я уви́дела мно́жество страда́ющих глаз.

4. Check (✓) the item that is close in meaning to the bold-faced word or phrase and could be used to replace it.

1. Одна́жды я реши́ла **прекрати́ть** выступа́ть.
   a) _____ продолжа́ть
   b) _____ нача́ть
   c) ___✓___ ко́нчить

2. Молодо́й челове́к приоткры́л две́рцу маши́ны и кри́кнул **почти́тельно:** «Това́рищ писа́тель?»
   a) _____ с ра́достью
   b) _____ с уваже́нием
   c) _____ с удивле́нием

3. Мы пошли́ по коридо́рам. У вы́хода **к нам присоедини́лись** три челове́ка в фо́рме.
   a) _____ нас останови́ли
   b) _____ к нам подошли́ и пошли́ вме́сте с на́ми
   c) _____ к нам подошли́ и сра́зу же ушли́

4. Мне помогли́ **взойти́** на сце́ну.
   a) _____ спусти́ться
   b) _____ посмотре́ть
   c) _____ подня́ться

5. В за́ле сиде́ли **бритоголо́вые лю́ди**.
   a) _____ лю́ди с бри́тыми голова́ми
   b) _____ лы́сые лю́ди
   c) _____ хорошо́ побри́тые лю́ди

6. Когда́ я се́ла на откры́тое фортепиа́но, зри́тели в за́ле **взреве́ли** от восто́рга.
   a) _____ на́чали петь
   b) _____ на́чали стуча́ть сту́льями
   c) _____ на́чали гро́мко крича́ть

7. Мне было так стра́шно, что я вся **трясла́сь** от стра́ха.
   a) _____ дрожа́ла
   b) _____ холоде́ла
   c) _____ горе́ла

8. Я посмотре́ла в зал и уви́дела глаза́ **ма́льчиков — мои́х све́рстников.**
   a) _____ ма́льчиков ста́рше меня́
   b) _____ ма́льчиков моего́ во́зраста
   c) _____ ма́льчиков мла́дше меня́

9. В за́ле наступи́ла тишина́. Ребя́та слу́шали меня́ **не шелохну́вшись.**
   a) _____ не дви́гаясь
   b) _____ не гля́дя на сце́ну
   c) _____ не задава́я вопро́сов

10. По́сле конце́рта у меня́ бы́ло хоро́шее настрое́ние. Когда́ я подъе́хала к до́му, я **вы́порхнула** из маши́ны и пошла́ домо́й.
    a) _____ вы́шла тяжело́, как слон
    b) _____ вы́шла с трудо́м
    c) _____ вы́шла легко́, с улы́бкой

5. **Слова́ и выраже́ния, бли́зкие по значе́нию.**

Read the items in the left column. For each, find a matching item (i.e., a word or expression that is close to it in meaning) in the right column.

1.	_6)_	воспита́тельно-трудова́я коло́ния	1)	челове́к и́ли гру́ппа люде́й, кото́рые охраня́ют и сопровожда́ют заключённых
2.	_____	конво́й (идти́ под конво́ем, вести́ под конво́ем)	2)	отня́ть права́ на свобо́ду, на труд, на о́тдых..., кото́рые даёт челове́ку конститу́ция его́ страны́
3.	_____	колони́ст	3)	зал для официа́льных собра́ний, конце́ртов
4.	_____	проходна́я	4)	лёгкая постро́йка, обы́чно для вре́менного жилья́, для больши́х групп люде́й
5	_____	винто́вка (стреля́ть из винто́вки)	5)	вы́йти на свобо́ду по́сле коло́нии, тюрьмы́, по́лностью отсиде́в назна́ченный в ви́де наказа́ния пери́од вре́мени
6	_____	воспита́тель	6)	ме́сто, где соде́ржатся де́ти и подро́стки до 18 лет, нару́шившие зако́н
7.	_____	лиша́ть конститу-цио́нных прав	7)	металли́ческие ко́льца, кото́рые надева́ют на́ руки заключённым (э́ти ко́льца соединены́ це́пью)
8	_____	бара́к (жить в бара́ке)	8)	челове́к, кото́рый соде́ржится (живёт и рабо́тает) в коло́нии
9	_____	нару́чники (быть в нару́чниках)	9)	помеще́ние при вхо́де на заво́д, в институ́т..., где на́до пока́зывать докуме́нты
10.	_____	нача́льник коло́нии	10)	челове́к, кото́рый рабо́тает с детьми́ и подро́стками, воспи́тывает их
11.	_____	а́ктовый зал	11)	вид ору́жия
12.	_____	отбы́ть срок	12)	челове́к, кото́рый руководи́т коло́нией

6. Are there **воспита́тельно-трудовы́е коло́нии для подро́стков** (correctional facilities that provide vocational training to juvenile offenders) in your country? If so, what kinds of criminal offenses are punished by a confinement in such a place?

7. A word may have several meanings. When working with a bilingual dictionary, you have to select a meaning that fits the given context. Below are several entries from K. Katzner's dictionary and number of microtexts. Find an appropriate English equivalent for each bold-faced word in the microtexts.

> **гуде́ть** *v.impfv.* [*pres.* **гужу́, гуди́шь**] **1,** to buzz; hum; drone. **2,** (*of a horn or factory whistle*) to sound; blow. **3.** *colloq.* to blow the horn (*of a car*). **4,** *colloq.* to ache.
>
> **кра́сить** *v.impfv.* [*pfv.* **покра́сить**; *pres.* **-шу, -сишь**] **1,** to paint. **2,** to dye. **3,** [*impfv. only*] to become; make (someone) look pretty. —**кра́ситься,** *refl.* [*pfv.* **накра́ситься**] *colloq.* to put on make-up.
>
> **напомина́ть** *v.impfv.* [*pfv.* **напо́мнить**] **1,** (*with dat.*) to remind; напо́мнить кому́-нибудь о встре́че, to remind someone about an appointment. Вы напомина́ете мне моего́ му́жа, you remind me of my husband. **2,** (*with acc. or o + prepl.*) to bring to mind; to bring back memories of. **3,** (*with o*) to mention; bring up; (*with* **что**) recall (that…). **4,** [*impfv. only*] to resemble: Фо́рма ку́пола напомина́ет лу́ковицу, the shape of the dome resembles an onion. **5,** [*impfv. only*] to be reminiscent of.
>
> **о́тзыв** *n.* **1,** review; comment: получи́ть благоприя́тные о́тзывы, to receive favorable reviews/notices/comment. **2,** (character) reference. **3,** *fig.* responsive chord. **4,** reply (*to a password*).
>
> **уде́рживать** *v.impfv.* [*pfv.* **удержа́ть**] **1,** to hold up; keep from falling. **2,** to restrain; hold back. **3,** to deter. **4,** (*often with* **за собо́й**) to keep; retain. **5,** to deduct; withhold. —**уде́рживаться,** *refl.* **1,** (*often with* **на нога́х**) to keep one's feet. **2,** to hold out. **3,** to restrain oneself. **4,** (*with* **от**) to refrain from (*e.g.* smoking); resist; withstand (temptation); hold back (tears). **5,** (*with* **от**) to keep (from); help: Я не мог удержа́ться от сме́ха, I couldn't help laughing.
>
> **хло́пать** *v.impfv.* [*pfv.* **похло́пать** *or* **хло́пнуть**] **1,** to slap; bang хло́пать кого́-нибудь по спине́, to slap someone on the back; хло́пать кулако́м по столу́, to bang one's fist on the table. **2,** (*with instr.*) to slam (a door); crack (a whip); flap (one's wings). **3,** (*of a cork*) to pop; (*of a shot*) to ring out. **4,** to clap, applaud; (*with dat.*) applaud (someone) —**хло́пать в ладо́ши,** to clap one's hands. —**хло́пать глаза́ми** *or* **уша́ми,** to look blank.

Kenneth Katzner. *English-Russian Russian-English Dictionary.*

1. ____ *гуде́ть 1* ____ В за́ле собрало́сь мно́го люде́й. Конце́рт ещё не начался́. Зал **гуде́л** — кто́-то разгова́ривал, кто́-то ка́шлял, кто́-то дви́гал сту́лья. Певе́ц вы́шел на сце́ну, и зал замолча́л.

2. _____ Сте́ны в коло́нии бы́ли тёмно-зелёные. Тако́й кра́ской у нас обы́чно **кра́сят** сте́ны тю́рем и больни́ц.

3. _____ Зал, в кото́ром проходи́л конце́рт, был о́чень стра́нным. Он был небольши́м и о́чень дли́нным. Он **напомина́л** ваго́н.

4. _____ Колони́сты крича́ли, гро́мко разгова́ривали. Не́которые стара́лись подня́ться на сце́ну. Но милиционе́ры **уде́рживали** их. Е́сли бы не милиционе́ры, конце́рта бы не́ было.

5. _____ Колони́сты бы́ли в восто́рге от конце́рта. По́сле конце́рта ребя́та **хло́пали** певцу́ сто́я. Пото́м они шли по двору́ и продолжа́ли хло́пать.

6. _____ В **о́тзыве** на конце́рт нача́льник коло́нии написа́л: «Конце́рт прошёл отли́чно!»

8. Read the sentences.

Write down the English words that will help you guess the meaning of bold-faced words.

1. Когда́ мы шли по **террито́рии** коло́нии, я ничего́ не ви́дела, не слы́шала — мне бы́ло о́чень стра́шно.   ____*territory*____

2. В коло́нию иногда́ приезжа́ли писа́тели, исто́рики. Они́ чита́ли ле́кции на **мора́льно-эти́ческие** те́мы. Ле́кции обы́чно бы́ли о́чень ску́чные. И ребя́та их не слу́шали.

3. Я зако́нчила музыка́льную шко́лу и поступи́ла **в консервато́рию**.

4. В ю́ности одна́жды мне пришло́сь петь в коло́нии. Я пе́ла под **аккомпанеме́нт** ста́рого фортепиа́но.

5. Я уда́рила одновреме́нно двумя́ рука́ми по ве́рхнему и ни́жнему **реги́страм,** и в за́ле ста́ло ти́хо.

6. Я пе́ла, не остана́вливаясь и не де́лая **па́уз** мѐжду пе́снями. Я боя́лась останови́ться. «Е́сли я остановлю́сь, — ду́мала я, — в за́ле бу́дут смея́ться».

7. Ребя́та хло́пали мне сто́я. Ду́маю, что таки́х **аплодисме́нтов** я никогда́ бо́льше не услы́шу.

8. В ма́е была́ объя́влена **амни́стия**. И мно́гие заключённые вы́шли на свобо́ду.

9. The story you are about to read contains numerous words and phrases that have a highly colloquial flavor and are used predominantly by young people, or for special effect. Find their stylistically neutral counterparts.

1. _7)_ Мне предложи́ли **прошырну́ться** в сквер вы́пить пива.

2. ____ Ребя́та **вка́лывают** — стара́ются. Они́ зна́ют — е́сли они́ бу́дут хорошо́ рабо́тать, они́ ра́ньше вы́йдут на свобо́ду.

3. ____ Я не хоте́ла разгова́ривать с одни́м челове́ком и поэ́тому не отвеча́ла на телефо́нные звонки́. Но одна́жды он **всё-таки засту́кал меня́ по телефо́ну.**

4. ____ В назна́ченный час я **слоня́лась** у подъе́зда «О́бщества книголю́бов».

5. ____ Во вре́мя моего́ выступле́ния кто́-то в за́ле посове́товал мне конча́ть **трепа́ться.**

6. ____ Когда́ я посмотре́ла в зал, я уви́дела не ли́ца, а **ро́жи.**

7. ____ Я начала́ петь, и зал **заткну́лся.**

8. ____ Два́дцать лет э́тот челове́к **протруби́л** по тю́рьмам.

1) Когда́ я посмотре́ла в зал, я уви́дела неприя́тные, стра́шные, отврати́тельные ли́ца.

2) Я не хоте́ла разгова́ривать с одни́м челове́ком и поэ́тому не отвеча́ла на телефо́нные звонки́. Но одна́жды я сняла́ тру́бку, и э́то был и́менно тот, с кем я не хоте́ла говори́ть.

3) Во вре́мя моего́ выступле́ния кто́-то в за́ле посове́товал мне конча́ть говори́ть мно́го, неинтере́сно и ску́чно.

4) Два́дцать лет э́тот челове́к провёл в тю́рьмах.

5) Я начала́ петь, и зал замолча́л.

6) В назна́ченный час я прогу́ливалась у подъе́зда «О́бщества книголю́бов».

7) Мне предложи́ли прогуля́ться (пойти́) в сквер вы́пить пи́ва.

8) Ребя́та мно́го рабо́тают, стара́ются. Они́ зна́ют — е́сли они́ бу́дут хорошо́ рабо́тать, они́ ра́ньше вы́йдут на свобо́ду.

10. Read the following idiomatic expressions and their English equivalents; than read the microtexts, payng particular attention to the bold-faced words. Add idioms to the microtexts (you can either replace a non-idiomatic phrase with an idiom or just add the idiom to the context). Read the microtexts with the idioms you selected, then try to make up your own microtexts for each idiom.

1) гробова́я тишина́:
Наступи́ла гробова́я тишина́. — A dead (total, deathly, utter) silence ensued (followed).

2) бро́сить взгляд **на** ог **в** + *acc.* — to cast (dart) a glance at

3) слепи́ть глаза́ *dat.*: — to blind someone
Страх, волне́ние слепи́ли мне глаза́.

4) подня́ть настрое́ние *dat.* — to lift someone's spirits

5) как в дурно́м сне: — as if in a bad (wild) dream
идти́ как в дурно́м сне

6) С бо́гом! — (May) God be with you! (Good luck to you!)

7) За уда́рный труд — досро́чная во́ля! — Extra effort on the job gets you early release (from incarceration).

8) привести́ в чу́вство *acc.* — to bring someone to his/her senses; to bring someone around

9) битко́м наби́т (-а, -ы) *instr.*: — The hall was filled to capacity (with people).
Зал битко́м наби́т людьми́. The hall was packed (with people).

10) ходи́ть (идти́) без конвоя — (без конвоя) without guard; without escort;
(под конвоем) (под конвоем) under guard; under escort

1. ___*10)*___ Я прие́хала в коло́нию. И что меня́ удиви́ло — заключённые **свобо́дно ходи́ли** по террито́рии коло́нии. Милиционе́ры наблюда́ли за ни́ми то́лько и́здали. ___*Я прие́хала в коло́нию. И что меня́ удиви́ло — заключённые ходи́ли без конвоя по террито́рии коло́нии. Милиционе́ры наблюда́ли за ни́ми то́лько и́здали.*___

2. _____ Мне на́до бы́ло выступа́ть пе́ред заключёнными. Мне бы́ло о́чень стра́шно. Когда́ я шла в зал, то от **стра́ха ничего́ не замеча́ла, ничего́ не ви́дела.**

3. _____ Я шла, **и мне каза́лось, что мне сни́тся стра́шный сон.**

4. _____ При вхо́де в зал бы́ло напи́сано «**Е́сли бу́дешь хорошо́ рабо́тать — ра́ньше освободи́шься**».

5. _____ Челове́к, кото́рый шёл ря́дом, пыта́лся **меня́ развесели́ть.** Он расска́зывал мне что́-то весёлое. Но смея́ться мне не хоте́лось.

6. _____ Когда́ я пошла́ на сце́ну, он мне сказа́л: «Ну, дава́й... **Ничего́ не бо́йся! Всё бу́дет хорошо́!**»

7. _____ Я подняла́сь на сце́ну и **посмотре́ла в зал.**

8. _____ **В за́ле бы́ло о́чень мно́го наро́ду.**

9. _____ В за́ле кто́-то на́чал гро́мко смея́ться. Смех **помо́г мне, и я поняла́, что́ мне де́лать.** Я запе́ла.

10. _____ Когда́ я запе́ла, в за́ле **ста́ло о́чень ти́хо.**

ТЕКСТ

READING THE TEXT

Дина РУБИНА

Концерт по путёвке «Общества книголюбов»[1]

1 В ю́ности меня́ пригре́ла сла́ва[2]...

Начало́сь с того́, что, уча́сь в девя́том кла́ссе музыка́льной шко́лы при консервато́рии[3], я посла́ла в популя́рный моско́вский журна́л оди́н из мно́гих свои́х расска́зов.

В расска́зике, дово́льно смешно́м, фигури́ровали не́которые на́ши учителя́, под свои́ми почти́ имена́ми. Но са́мым смешны́м бы́ло то, что расска́з напеча́тали.

Я посла́ла второ́й расска́з — его́ напеча́тали! Посла́ла тре́тий — напеча́тали! А вы́пороть и усади́ть меня́ за а́лгебру[4] бы́ло соверше́нно не́кому, потому́ что на роди́телей вид мое́й шкодли́вой физионо́мии на страни́цах центра́льной печа́ти[5] де́йствовал парализу́юще.

(·Со вре́менем· я да́же разучи́лась игра́ть на фортепиа́но, потому́ что все консервато́рские го́ды писа́ла расска́зы, а к экза́менам учи́ла то́лько па́ртию пра́вой руки́[6], та́к как с пра́вой руки́ сиди́т коми́ссия.)

2 С пе́рвого ку́рса консервато́рии начался́ дово́льно тяжёлый пери́од в мое́й жи́зни. На меня́ ·наложи́ла тя́жкую ла́пу·[7] одна́ га́нгстерская организа́ция[8] под скро́мным назва́нием «О́бщество книголю́бов». Там реши́ли вы́полнить на мое́й лучеза́рной ю́ности[9] мно́го лет горя́щий план[10] по ПТУ[11].

Ра́ди справедли́вости сто́ит отме́тить, что мне и на заво́дах приходи́лось выступа́ть.

Но когда́ на очередно́й встре́че с уча́щимися очередно́го ПТУ мне посове́товали из за́ла конча́ть трепа́ться, а лу́чше прошвырну́ться в сквер вме́сте вы́пить пивка́, я реши́ла неме́дленно прекрати́ть э́то безобра́зие.

3 Полго́да я не отвеча́ла на телефо́нные звонки́ и вообще́ вся́чески бе́гала от книголю́бов[12]. Но одна́жды о́сенью меня́ засту́кали по телефо́ну. Кро́тко и о́чень ве́жливо попроси́ли вы́ступить пе́ред молодо́й аудито́рией. Я осве́домилась — не ПТУ ли э́то? Меня́ торопли́во уве́рили — не́т-не́т, не ПТУ.

— А кто э́то?

— Молода́я, пытли́вая аудито́рия.

— А где это? — спросила я.

И опять как-то подозрительно суетливо меня уверили: нет, не далеко, и машина будет. Гарантируют доставку ·в оба конца·. Я помялась, похныкала ещё, ссылаясь на крайнюю занятость, что было вопиющей ложью, и наконец согласилась...

4 ...В назначенный час я слонялась у подъезда «Общества книголюбов», ожидая обещанный транспорт. В сумке лежал мой творческий багаж[13] — три столичных журнала[14] с моими рассказами. Мне было восемнадцать лет, в активе я имела[15]: новые джинсы[16], ослепительной силы[17] глупость и твёрдое убеждение, что я — писатель.

Наконец подкатил транспорт. Вполне обычный «рафик», если не считать одной странноватой детали: окошки «рафика» были довольно крепко зарешёчены.

За рулём сидел молодой человек в форме, из чего я поняла[18], что выступать придётся в воинской части[19]. Молодой человек приоткрыл дверцу и крикнул почтительно:

— Товарищ писатель?

Я подтвердила со сдержанным достоинством.

— Сидайте[20] в «воронок», товарищ писатель! — пригласил он приветливо.

5 Мы поехали... Когда кончился пригород, я поняла, что это — очень далеко. А мы всё ехали, ехали, ехали...

Часа через полтора машина остановилась перед высокими железными воротами, крашенными той особой тёмно-зелёной краской, какой у нас красят обычно коридоры больниц, тюрем и городских нарсудов[21] — вероятно, для поднятия настроения[22].

Молодой человек в форме провёл меня через проходную, тоже несколько смутившую обилием решётчатых дверей, и мы пошли кривыми унылыми коридорами[23], пока не упёрлись в дверь с табличкой «Начальник колонии».

Я привалилась спиной к тёмно-зелёной стене и лопатками ощутила извечный холод казённого дома[24].

— Это... куда же мы приехали?.. — слабо спросила я моего конвоира.

— ·Как куда!· В воспитательно-трудовую колонию[25]... Нам писателя давно обещали, — и открыл дверь.

6 Комната была уставлена столами, столы завалены штабелями папок «Личное дело №...[26]»

— Доставил, Пал Семёныч! — гаркнул мой провожатый.

Начальник колонии поднял голову, обнаружив суровый[27] нос, чём-то напоминающий приклад винтовки, и два маленьких, близко поставленных весёлых глаза. Этими глазами он несколько секунд оторопело меня разглядывал.

— Терещенко! Ты кого привёз? — спросил он. Терещенко испуганно вытащил путёвку «Общества книголюбов» и старательно прочёл:

— Пр... про-за-ика[28].

— Терещенко, я ж писателя заказывал!

Тут моя душа очнулась и затрепетала всеми фибрами авторского самолюбия[29].

— Я ·как раз· и есть· писатель! — воскликнула я. — Прозаик, это кто пишет длинными строчками и не в рифму. ·Так что· вы зря беспокоитесь! Вот... — я судорожно выхватила журналы из сумки. — Вот... можете убедиться...

7   Нача́льник коло́нии наде́л очки́ и дово́льно до́лго изуча́л страни́цу журна́ла, ·вре́мя от вре́мени· поднима́я от мое́й фотогра́фии сверя́ющий милице́йский взор. Пото́м кря́кнул, вы́шел из-за стола́, одёрнул фо́рменный ки́тель и по́дал мне твёрдую ладо́нь ребро́м[30], то́же похо́жую на прикла́д винто́вки. Я обхвати́ла её и потрясла́ ·как мо́жно· внуши́тельней.

    — Мда-а[31]... — ка́к-то многозначи́тельно протяну́л он.— Зна́чить[32]... во́т что я скажу́... Наро́д у нас молодо́й, иску́сство лю́блить[32]... Лю́блить иску́сство, — повтори́л он твёрдо и замолча́л. Но вдруг встрепену́лся и горячо́ продо́лжил: — Здесь что — гла́вное? Гла́вное, ·ни хрена́· не бо́йся. Э́то как с хи́щниками: нет куража́ — хана́ де́ло, ве́ники[33]... А я тебе́[34] милиционе́ра дам и двух воспита́телей. Сам я то́же пойду́... Для авторите́та... Вот... Вы[34] на каки́е те́мы ле́кции прово́дите?

    — На мора́льно-эти́ческие... — пробормота́ла я, чу́вствуя ·сла́бость в коле́нках·.

    — О! То, что на́до! Нам о́чень ну́жен иде́йный у́ровень!.. Тере́щенко! Пригласи́ Киселёва с Абдулла́евым.

    Тере́щенко вы́шел, а нача́льник мне сказа́л:

    — Мой сове́т. Шпарь не остана́вливаясь. Па́уз не де́лай, чтоб они́ не опо́мнились. Ну... ·с бо́гом·!

    Он пропусти́л меня́ в дверя́х и повёл по коридо́рам. У вы́хода к нам присоедини́лись Тере́щенко и ещё дво́е в фо́рме.

8   Пока́ я шла под конво́ем[35] по огро́мному двору́ коло́нии, нача́льник, не без го́рдости простира́я ру́ку то впра́во, то вле́во, бо́дро говори́л:

    — А там вон ремо́нтный цех, ребя́та вка́лывают, стара́ются. За уда́рный труд — досро́чная во́ля[36]·... — или что́-то ·в э́том ро́де·. Я шла, ·как в дурно́м сне·, ·по пути́· нам успе́ли встре́титься дво́е колони́стов[37], к моему́ неприя́тному изумле́нию, не в нару́чниках и без вооружённого конво́я. Конво́ю-то у меня́ малова́то, поду́мала я обречённо.

    Подошли́ к большо́му деревя́нному бара́ку[38].

    Внутри́ гуде́ло[39].

    — Наро́д уже́ согна́ли, молодцы́, — удовлетворённо заме́тил нача́льник.— Э́то наш ·а́ктовый зал·...

9   Я отме́тила, что их а́ктовый зал похо́ж на ваго́н-теплу́шку[40] времён войны́: дли́нный, доща́тый, ·битко́м наби́тый· се́ро-чёрными ва́тниками[41]. Ли́ца же над ва́тниками... Лиц не́ было. Я их не ви́дела. Страх и отвраще́ние слепи́ли глаза́. Бы́ли се́рые, ту́склые, бритоголо́вые ро́жи. Без во́зраста.

    Всё э́то гудя́щее ме́сиво уде́рживали не́сколько воспита́телей. Нача́льник коло́нии помо́г мне взойти́ на сколо́ченную из до́сок сце́ну с разби́тым фортепиа́но и зы́чно кри́кнул в зал:

    — Зна́чить[42], так! Здесь сейча́с вы́ступит... пру... про... за́ик[43]... Чтобы бы́ло ша́![44]

10   Ва́тники, с ко́чками бри́тых голо́в[45], озвере́ло зато́пали, засвисте́ли и нецензу́рно-восхищённо заора́ли[46]. ·На́до полага́ть·, здесь э́то счита́лось аплодисме́нтами. Пото́м наступи́ла... Ну, тишино́й э́то мо́жно бы́ло назва́ть то́лько ·в сравне́нии· с я́дерным взры́вом. Еди́нственное, чего́ мне хоте́лось жа́лобно и стра́стно, — чтобы на зареше́ченном «ра́фике» меня́ вы́везли отсю́да поскоре́е куда́-нибудь. Не поднима́я глаз от страни́цы, я бормота́ла текст своего́ расска́за... Прошла́ мину́та, две. Спра́ва кто́-то из ва́тников стал демонстрати́вно му́ченически ика́ть, сле́ва — наоборо́т, так же нату́жно ка́шлять. Вдруг из за́дних рядо́в сказа́ли гро́мко и лени́во:

    — Ну, хвать уже́[47]! Пусть поёт...

11   Я запну́лась и вы́ронила журна́л. У́жас мя́гко сту́кнул меня́ в заты́лок и холодными струйками побежал по спине[48]. ·Тем более что· я вспомнила про совет начальника не делать пауз. Я попятилась по сцене, наткнулась на фортепиано и, не удержав равновесия, ·с размаху· села на открытую клавиатуру... Ватники взревели от восторга. Барак сотрясался.

— Э-эй, кадра! — орали мне. — Сыграй ещё этим самым!!![49]

Но дикий аккорд, неожиданно извлечённый из инструмента ·далеко не· самой талантливой частью моего тела, ·как это ни странно·, вдруг ·привёл меня в чувство·. Я увидела путь к спасению.

Я ударила кулаками по басовому и верхнему регистрам, и ватники вдруг заткнулись.

— Я спою! — выкрикнула я в отчаянии. — Я спою вам «Первача я взял, ноль восемь[50], взял халвы»... Если... если будет ша![51]

Взяла три дребезжащих аккорда и запела им Галича[52]... У меня тряслись руки и перехватывало горло, но я допела песню до конца и не прерываясь перешла на «Облака»[53].

> Облака плывут, облака,
> В милый край плывут, в Колыму[54],
> И не нужен им адвокат,
> И амнистия ·ни к чему·... —

пела я в ·гробовой тишине·, и постепенно дрожь в руках унималась, и мой небольшой голос звучал свободней...

> Я подковой вмёрз в санный след.
> В лёд, что я кайлом ковырял,
> Ведь недаром я двадцать лет
> Протрубил по тем лагерям...

12 На пятой песне один из ватников ·на цыпочках· принёс стакан с водой и бесшумно поставил передо мной на крышку инструмента... Я пела и пела, не останавливаясь, не объявляя названия песен, я длилась[55], как долгоиграющая пластинка, вернее, как одна непрерывная кассета, потому что пластинок Александра Галича тогда у нас не существовало.

13 Когда в горле совершенно пересохло, я потянулась за стаканом воды и ·бросила взгляд· на ватники в зале. И вдруг увидела лица. И увидела глаза. Множество человеческих глаз. Напряжённых, угрюмых. Страдающих. Страстных. Это были мои сверстники, больше[56] — моё поколение, малая его часть, отсечённая законом от общества. И новый, неожиданный, электрической силы стыд пронзил меня: это были люди с Судьбой[57]. Пусть покалеченной, распроклятой и преступной, но Судьбой. Я же обладала новыми джинсами и тремя рассказами в столичных журналах. Глотнув холодной воды, я поставила стакан на крышку инструмента и сказала:

14 — А сейчас буду петь вам Высоцкого[58]. Они не шелохнулись. Я запела «Охоту на волков»[59], потом «Протопи ты мне баньку»[60], потом «Дом на семи ветрах»[61]...

Они не шелохнулись.

Сколько я пела — час? Три? Не помню... Вспоминаю только звенящую лёгкость в области души[62], словно я отдала им всё, чем в ту пору она была полна.

И когда поняла, что больше ничего не сыграю, я поклонилась и сказала им:

— Всё. Теперь — всё.

Они хлопали мне стоя. Долго... Потом шли за мной по двору колонии и всё хлопали вслед.

Нача́льник ра́достно тряс мою́ ру́ку и повторя́л:

— ·Что́ ж· ты сра́зу не сказа́ла, что мо́жешь! ·А то· — ·как мо́края ку́рица· с журна́льчиком…

На оборо́те путёвки «О́бщества книголю́бов», где поло́жено писа́ть о́тзыв о выступле́нии, он написа́л твёрдым по́черком: «Конце́рт прошёл на высо́ком иде́йном у́ровне⁶³. Отли́чно поёт това́рищ проза́ик! Побо́льше бы нам⁶⁴ таки́х писа́телей!»

15 …Зареше́ченный «ра́фик» унёс меня́ в сто́рону городско́й во́льной жи́зни, к той бо́льшей ча́сти моего́ поколе́ния, кото́рая официа́льно не была́ лишена́ конституцио́нных прав. У подъе́зда «О́бщества книголю́бов» я вы́порхнула из маши́ны и ·на проща́ние· махну́ла руко́й Терёщенке⁶⁵.

Всё, пожа́луй… Но иногда́ я вспомина́ю почему́-то небольшо́й квадра́т скользя́щего не́ба, поделённый пру́тьями решётки на ма́ленькие, голубова́то-си́ние па́йки. И ещё вспомина́ю: ка́к они́ мне хло́пали! Я, наве́рное, в жи́зни свое́й не услы́шу бо́льше таки́х аплодисме́нтов ·в свой а́дрес·. И хло́пали они́, коне́чно, не мне, а больши́м поэ́там, пе́сни кото́рых я пропе́ла, как уме́ла, под аккомпанеме́нт разби́того фортепиа́но.

16 Не ду́маю, что́бы мой неожи́данный конце́рт произвёл переворо́т в ду́шах э́тих отве́рженных о́бществом ребя́т. Я вообще́ далека́ от мы́сли⁶⁶, что иску́сство спосо́бно вдруг ·раз и навсегда́· ·переверну́ть челове́ческую ду́шу·. Скоре́е, оно́ ка́плей то́чит многовеково́й ка́мень зла⁶⁷, кото́рый та́щит на своём горбу́⁶⁸ челове́чество. И е́сли хоть кто́-то из тех бритоголо́вых мои́х све́рстников суме́л, отбы́в срок, каки́м-то могу́чим уси́лием хара́ктера противостоя́ть ине́рции свое́й судьбы́, я льщу себя́ мы́слью⁶⁹, что, ·мо́жет быть·, та да́вняя ка́пля, тот мой наи́вный конце́рт ти́хой те́нью сопу́тствовал благоро́дным уси́лиям э́той неприка́янной души́…

ПРИМЕЧА́НИЯ EXPLANATORY NOTES

¹ **«О́бщество книголю́бов»** — Общество любителей книги, A Book Lovers' Club, A Society for the Promotion of Reading. Organizations of this nature existed in most Soviet cities. They were run by city authorities and ultimately controlled by the Communist Party. Their purpose was to popularize reading and cultural knowledge in general. Although working under the usual censorship rules, most of these organizations were not heavily politicized, and many provided much needed employment to students, authors, and scholars. As all Soviet organizations, these Societies had a prescribed plan of operations and quantitatively defined goals for each planning period, hence the sarcastic reference to *failing plan* (горя́щий пла́н) later in the story.

² **меня́ пригре́ла сла́ва** — I became famous, fame smiled on me.

³ **музыка́льная шко́ла при консервато́рии** — music school affiliated with the conservatory. Russian universities do not have departments of music. College-level music education is concentrated in advanced schools of music. One such school, usually called консервато́рия, could be found in most large Soviet cities. The system still exists in Russia and in the former Soviet Republics. Some of these schools also run or supervise schools for especially gifted children that provide regular pre-college education plus intensive training in music. That's the kind of school that the narrator attended.

⁴ **усади́ть меня́ за а́лгебру…** — [there was no one] to sit me down to do my algebra homework.

⁵ **центра́льная печа́ть** — the newspapers and magazines published in Moscow and read all over the U.S.S.R.

⁶ **учи́ла то́лько па́ртию пра́вой руки́** — learned only the right hand (of a musical piece)

⁷ **наложи́ла тя́жкую ла́пу** — [the organization] tried to (subject me to its authority and) exploit me ruthlessly. The idiom накла́дывать/наложи́ть ру́ку/ла́пу на + *acc.* (see the section **Idioms and Phrases**) is complicated here by the modifier тя́жкую, which brings to mind another idiom, тяжёлый на́ руку "heavy-handed."

⁸ **га́нгстерская организа́ция** — га́нгстерский gangster, gangland (*used as modifier*) is used here somewhat playfully to compare an official and fairly harmless Soviet organization to a criminal gang; by doing this, the narrator tells us that the organization took advantage of her.

⁹ **на мое́й лучеза́рной ю́ности** — лучеза́рная ю́ность (*literally,* radiant young age) was used as a poetic cliché in the 19th century and turned into an official cliché during the Soviet regime. Its numerous contemporary uses on the internet show that nowdays it is used mainly ironically, i.e., precisely the way it is used here.

¹⁰ **мно́го ле́т горя́щий пла́н** (*literally,* a plan that has been burning for many years) production goals that have not been met for years; in this case, «О́бщество книголю́бов» was supposed to arrange appearances of writers, critics, poets, etc., at a certain number of vocational schools (see endnote 11). Apparently, this was an unpopular assignment, therefore горя́щий пла́н, "a failing plan."

¹¹ **ПТУ** — acronym for **профессиона́льно-техни́ческое учи́лище**, a vocational school that trained teenagers who were not academically equipped for careers in the white-collar professions. Usually, students were accepted after finishing an eight-grade school. Many students at vocational schools were troubled teenagers--youngsters who failed to finish a regular high school or were expelled for poor behaviour and/or grades.

¹² **[я] бе́гала от книголю́бов** [I] avoided/was hiding from the book lovers (recall the name of the club, «О́бщество книголю́бов»)

¹³ **тво́рческий бага́ж** (*literally,* creative baggage) collected works (said with self-deprecating irony).

¹⁴ **три столи́чных журна́ла** — the story takes place in Uzbekistan (capital: Tashkent), but столи́чный here refers to Moscow, as is stated in the opening paragraph of the story.

¹⁵ **в акти́ве я име́ла** [all] I had to my name was.., my [entire] assets consisted of... (the word акти́в is borrowed from the world of accounting, where it means assets).

¹⁶ **джи́нсы** — At the time (probably the 1970s), genuine American jeans were actually a prized possession in the U.S.S.R., so this is not a totally humorous statement.

¹⁷ **ослепи́тельной си́лы глу́пость** stupidity of blinding power, blindingly obvious stupidity. (The phrase **ослепи́тельной си́лы** is used as a non-agreeing modifier. While usually such modifiers are placed after the word they modify, the non-agreeing modifiers denoting the presence or absence of a certain quality or property in a person or thing can be placed before the modified word).

¹⁸ **из чего́ я поняла́** which led me to believe/conclude...

¹⁹ **во́инская часть** — a military post, a military base.

²⁰ **сида́йте** Ukrainian *get in, hop in* (It was a government policy to station conscripts outside their home area, so it was not unusual to see nationals of another Soviet republic serve at a local military base. It is also not unusual to hear an uneducated speaker mix languages: since Ukrainian is sufficiently close to Russian, common expressions are understood by most people.)

²¹ **нарсу́д** acronym for наро́дный су́д People's Court (the official name of judicial courts in the USSR and Russia)

²² **для подня́тия настрое́ния** to cheer you up (used sarcastically here)

²³ **мы пошли́ коридо́рами** we went down corridors (instrumental forms of such nouns as доро́га, у́лица, переу́лок, etc. are used in this meaning—down, along—with verbs of motion, although the alternative construction по + *dat.* is more common)

²⁴ **казённый до́м** *archaic* a state-run institution (e.g., a prison, hospital, orphanage) The narrator mixes

sarcastically used clichès, outdated expressions, and poetic language (*e.g.*, извéчный хóлод).

[25] **воспитáтельно-трудовáя колóния** juvenile correctional facility

[26] **«Лúчное дéло...»** — a personal file, i.e., documents and records referring to a person and kept at personnel departments of various institutions, as well as in prisons, security agencies, and the like.

[27] **сурóвый** *jocular, uncommon usage* severe, strict, no-nonsense

[28] **Пр... про-зá-ика** — прозáик is a prose writer. The word is spelled syllabically to show that the speaker and, later, the warden are having trouble pronouncing it because they are not educated people and this not uncommon noun is not part of their lexicon.

[29] **моя́ дýша очнýлась и затрепетáла всéми фúбрами áвторского самолю́бия** — *This is an example of play on a popular idiom,* (ненавúдеть, презирáть...) всéми фúбрами душú "(to hate, despise...) with every fiber of one's being." Áвторское самолю́бие means "a literary ego," "an author's pride," so a possible translation might be, for example, "my literary ego awakened and made me tremble from wounded pride."

[30] **пóдал мне... ладóнь ребрóм** held out his hand vertically, with fingers outstretched

[31] **Мда-á...** *(an expression of uncertainty and/or embarrassment)* Hm...

[32] **знáчить... лю́блить** — these incorrect, substandard forms are used here in place of the standard знáчит and лю́бит to show that the warden was a poorly educated man.

[33] **Нéт куражá — ханá дéло, вéники** *highly colloquial* You have to act tough. If you don't act tough, it's all over.

[34] **тебé... вы...** — The warden is not sure how he should treat the eighteen-year-old city girl who has been sent by the sponsors to speak at his correctional facility. In his world, she certainly does not rate a **вы**. On the other hand, she is here officially, and **ты** may sound disrespectful. As he warms up to her later, however, he says **ты** without hesitation, yet that's a different **ты**—friendly and warm.

[35] **под конвóем** accompanied by guards (usually said of prisoners, but can be also said of anyone in need of protection).

[36] **За удáрный труд — досрóчная вóля.** Extra effort on the job gets you early release (from incarceration).

[37] **...нам успéли встрéтиться двóе колонúстов** ...(short as our walk was,) we nevertheless managed to run into [two inmates]

[38] **барáк** — barrack(s), a large, plain building in which many people are lodged, usually in primitive conditions, typically soldiers, seasonal workers, or convicts.

[39] **Внутрú гудéло.** It was very noisy inside [the barrack].

[40] **вагóн-теплýшка** a railroad car designed for transporting goods and modified for carrying passengers by adding heat and seats, usually in a very primitive way

[41] **вáтник** quilted work jacket typically worn by laborers and convicts, especially at labor camps in the Russian North. By way of metonymy, the narrator uses the word to refer to the people who were wearing вáтники.

[42] **знáчить**— see endnote 32.

[43] **пру... про... зáик** — see endnote 28.

[44] **Чтóбы бы́ло шá!** *highly colloquial* Cut the noise!

[45] **Вáтники, с кóчками брúтых голóв...** — the image of the gray terrain created by вáтники and comparison of гóловы with кóчки, mounds of earth, slightly rising above the general level of the terrain, reaffirms the young author's first reaction to her audience.

[46] **нецензýрно-восхищённо заорáли** [they] started expressing their enthusiasm by yelling obscenities.

[47] **Ну, хвать ужé!** *ungrammatical, substandard* Enough of that!

[48] **У́жас мя́гко сту́кнул меня́ в заты́лок и холо́дными стру́йками побежа́л по спине́.** I was gripped by fear and felt cold streams of sweat running down my back *(literally: Fear softly hit me on the back of my head and ran down my spine in cold rivulets)*.

[49] **Сыгра́й ещё э́тим са́мым [ме́стом]!!!** Play again with that thing [of yours]!

[50] **перва́ч** — a type of home-made vodka, high quality moonshine; **взял** — *colloquial* купи́л; **ноль во́семь** — 0.8 liter

[51] **Е́сли... е́сли бу́дет ша́! --** If...if you cut the noise!

[52] **Га́лич, Алекса́ндр Арка́дьевич** (1918–1977), Russian poet and playwright, one of the creators of the genre of а́вторская пе́сня ("author's song" or "bard song"). While his plays made him well-known, it was his songs, increasingly critical of the Soviet regime, that brought him real fame. In the 1960's and 1970's, Galich and other Soviet ба́рды (bards, singer-songwriters)—Bulat Okudzhava, Vladimir Vysotsky, and Yuly Kim—created the alternative culture, which stood in opposition to the official culture and did not comply with censorship and the Communist Party's control. Their songs, expressive and sincere, truthful and timely, intimate or satirical, could not be heard on the radio or bought at stores. They were performed at gatherings in peoples' apartments, and occasionally even in small halls and students' clubs. Enthusiastic followers made audio tape recordings of these songs and distributed them among friends. There was even a special word for it, **магни́тиздат**, parallel to **самизда́т**, copying and dissemination of literature, which was illegal under the Soviet regime.

Galich's numerous politically pointed songs were a challenge to all things Soviet, from the pampered life of the Communist Party elite to the persecution of dissidents to the Soviet troops on the streets of Prague in 1968. His songs, based on prison folklore, became classics of that genre, which was only natural in the GULAG country where talented and educated people who had not committed any crime were thrown into camps and prisons together with common criminals. In many of Galich's songs with their story lines and slangy lexicon, the protagonist is an ordinary Soviet man and his rather ordinary life.

Political opposition of dissident writers and bards to the Soviet regime resulted in their often being deprived of the means of livelihood. Galich and some others lived under the threat of arrest and exile or expulsion from the U.S.S.R. Galich, who was considered the most anti-Soviet among bards, was persecuted relentlessly. He was expelled from the Soviet Writers' Union and the Union of Cinematographers. His work was not published, his plays were banned from theaters, and he was forced to emigrate (1974). He settled in Paris. His death there in 1977 is still considered by some to be the KGB's doing.

You can find Aleksandr Galich's photograph, his brief biography, and other information on the Interactive disc that accompanies this textbook (Chapter 5, Portrait 5-1). The site http://www.bards.ru/ provides information about other bards of that time.

[53] **«Облака́»** is one of Alexander Galich's most famous songs. The complete Russian text can be found in the supplementary section of this chapter, along with its prose translation by Timothy D. Sergay. For recordings (as well as a complete Russian text and an English translation), see Song 5-1A and Song 5-1B on the Interactive disc that accompanies this textbook.

[54] **Колыма́**— A river, a mountain range, and a region in northeastern Russia, bounded by the Arctic Ocean in the north and the Sea of Okhotsk to the south; some of the worst Soviet prison camps were located there.

[55] **я дли́лась** — **дли́ться** "to last, to continue, to keep going" *(this verb is not normally used with animate nouns)*.

[56] **бо́льше** — it is used here as an abbreviated variant of the idiom бо́льше того́ (see IDIOMS AND PHRASES).

[57] **лю́ди с Судьбо́й** — Anyone who has read Dostoevsky, Tolstoy and other Russian classics should be aware that Russian writers, intellectuals, and perhaps Russian people in general have a special emotional

attitude towards criminals, prostitutes, and all those who are miserable and destitute. When the young author in this story refers to the teenagers in the correctional facility as *люди с Судьбой*, she puts them in that category showing that they deserve attention and kindness.

[58] **Высо́цкий, Влади́мир Семёнович** (1938−1980), Russian poet, prose writer, a theater and film actor, bard (singer-songwriter). In 1964−1980, Vysotsky was an actor at the Таганка Theatre of Drama and Comedy in Moscow where the sincerity and intensity of his acting in a variety of roles, ranging from Galileo to Hamlet, won him broad recognition and the public's worship. Yet it was his songs that brought him unmatched fame and made him an iconic figure.

Along with Bulat Okudzhava and Aleksandr Galich (see endnote 51), Vysotsky was one of the most popular Soviet bards. His emotionally charged songs, whether serious, satirical, or humorous, are political, social, and cultural comments on various aspects of the life in the U.S.S.R. They represent a diversity of genres and topics. The language of his songs is marked by wide use of highly colloquial forms.

Because of Vysotsky's unsurpassed popularity, he was allowed to do theater and film work, but the lyrics of his songs were secretly prohibited from publication. His first collection of poetry came out after his death.

Vysotsky died of heart failure at the age of 42 and was mourned by millions of people. Many Russian bards, including Bulat Okudzhava, wrote songs about him. One such song, Veronika Dolina's *Янва́рь и́мени Высо́цкого*, can be found on the Interactive disc that accompanies this textbook (Song 5-4). On that disc you can also find Vysotsky's videorecordings (Song 4-1, Interview 5-1, and Song 5-2). The site http://www.bards.ru/ provides his short biography and links to other materials. All his songs and materials about him can be found on the site **http://vysotskiy.niv.ru/vysotskiy/stihi/stihi-all.htm**

[59] **«Охо́та на волко́в»** — This song is one of Vysotsky's best known. The poet wrote it after the Soviet press unleashed vicious and prolonged attacks against him. The complete Russian text can be found in the supplementary section of this chapter, along with its prose translation by Timothy D. Sergay. For the videorecording see Song 5-2 on the Interactive disc that accompanies this textbook.

[60] **«Протопи́ ты мне ба́ньку»** — the title of this song is «Ба́нька по-бе́лому».

[61] **«Дом на семи́ ветра́х»**… — the title of this song is «О́чи чёрные – II. Ста́рый дом». The phrase «Дом… на семи́ ветра́х» comes from the first verse (Что́ за дом прити́х, / Погружён во мрак, / На семи́ лихи́х / Продувны́х ветра́х…).

[62] **звеня́щую лёгкость в о́бласти души́** a ringing lightness in the area where my soul was located

[63] **Конце́рт прошёл на высо́ком иде́йном у́ровне** — иде́йный у́ровень refers to the ideological correctness of the presentation—from the point of view of the administration and the Communist Party. An ideologically correct event was supposed to promote the values listed in the moral code of a builder of communism (мора́льный ко́декс строи́теля коммуни́зма) adopted at the 22nd Congress of the Communist Party in 1961. The first moral principle of the code was devotion to the cause of communism: «Пре́данность де́лу коммуни́зма, любо́вь к социалисти́ческой Ро́дине, к стра́нам социали́зма».

[64] **Побо́льше бы нам...** We need more...

[65] **Тере́щенке** — In modern standard Russian, last names ending in -ко (mostly Ukrainian) are not declined. In 19th-century Russian literature and in some speakers' informal speech today (as in this case), these names are declined as feminine (*a*-declension) nouns. A detailed description of the declension of last names can be found at http://spravka.gramota.ru/surnames.html

[66] **я далека́ от мы́сли, что...** I do not think that...

[67] **оно́ [иску́сство] ка́плей то́чит многовеково́й ка́мень зла** — the methaphor is based on the famous phrase of the Roman poet Ovid (43 B.C. – 18 A.D.): *The drop hollows out the stone not by strength, but by constant falling*, sometimes quoted in Latin: Gutta cavat lapidem non vi, sed saepe cadendo [*Ex Ponto*, Bk. 4:10, 1, 5; AD 13]. It is frequently used in English in a slightly modified form, e.g.: Constant dropping wears away stones (Franklin); constant dropping will wear away a stone (Dickens). In Russian, it is reflected in the proverb: ка́пля по ка́пле и ка́мень долби́т/то́чит ("ceaseless efforts, even the minimal

ones, may help to achieve the set goal if applied patiently and persistently").

[68] **тащи́ть на своём горбу́** *colloquial* to carry around on one's back (*the implication is always that the load is heavy and/or uncomfortable*)

[69] **я льщу себя́ мы́слью, что...** I'd like to think that...

ИДИОМАТИЧЕСКИЕ ВЫРАЖЕНИЯ   IDIOMS AND PHRASES

[1] **со вре́менем** in time; with time; as time goes by/on

[2] **накла́дывать/наложи́ть ла́пу на** + *acc. colloquial* to get s.o./sth. under one's control; to subject s.o./sth. to one's authority/will

[3] **в о́ба конца́** поéздка, билéт, éхать и т. п. *colloquial* (a trip, a ticket, to travel, transportation, etc.) there and back; (to make) a round trip

[5] **Ка́к куда́** (когда́, почему́...)?! What do you mean, "where" ("when," "why"...)?!

[6] **как раз** (*used to emphasize the word or phrase to which it refers*) exactly/precisely/just (the person, thing, place, *etc.*)
   ...и есть (*used as part of an answer or a rejoinder to provide an affirmative response or confirm that the person or thing in question is, in reality, precisely as he or it has been described*) *that* he (she, it...) is; ...is what he (she, it...) is all right; he (she, it...) sure is
   та́к что [*subordinating conj.*] so; and so; therefore; hence

[7] **вре́мя от вре́мени** from time to time; (every) now and then; every so often; (every) once in a while
   как мо́жно [+ *compar.*] as...as possible; as...as one can
   ни хрена́ не знать, не понима́ть, не боя́ться и т. д. *highly colloquial* (to know, understand, be afraid of) absolutely nothing; not a damn/damned/friggin' thing
   сла́бость в коле́нках чу́вствовать feeling weak at the knees; (feeling that) one's knees are shaking/knocking (together); shaking in one's boots/shoes
   с бо́гом (с Бо́гом) *somewhat old-fashioned* [*used to wish s.o. success or as encouragement before undertaking sth. or setting out on a trip*] (may) God be with you; God bless you; good luck toyou!; Godspeed!

[8] **(что́-то) в э́том ро́де** (something) like that; (something) of the/this/that kind/sort; (something) of that nature; (something) along that line/those lines
   как в дурно́м сне as if (I were) having a bad dream
   по пути́ along the way; on the way; as one is walking/riding/driving
   а́ктовый зал assembly hall

[9] **битко́м наби́ть** *acc* + *instr.*; usu. past passive participle **битко́м наби́т(ый)** [often refers to a large number of people in some place] (some place) is filled/full to overflowing/to capacity (with some people or things); (some place) is packed (with some people or things); (some place) is packed to the rafters with/crammed with/bursting at the seams with/chock-full of (some people or things)

[10] **на́до полага́ть** *often parenthetical* I/one may suppose; supposedly; presumably; it seems; in all likelihood
   в сравне́нии (as) compared with/to; in comparison with/to

[11] **тем бо́лее что** [*subordinating conjunction; introduces a clause of reason*] especially since/because/as; (all) the more so since/because; the more so as; particularly as
   с разма́ха/-у with all one's might; full force
   далеко́ не [*used as intensified negation*] not (...) by any means; far from; a long way from (being...);
   далеко́ не са́мой тала́нтливой... hardly by the most talented...
   ка́к (...) ни... [*subordinate conjunction, concessive*] however...; no matter how...; ка́к (э́то) ни стра́нно curiously/oddly/strangely enough; strange as it may seem
   приводи́ть/привести́ в чу́вство *acc.* to bring s.o. to his senses; to bring s.o. (a)round

ни к чему́ (*dat.*) (sth.) is of no use to s.o.; (sth.) isn't (of) much use to s.o.; s.o. has no use for sth.
гробова́я тишина́ dead silence; absolute silence

[12] **на цы́почках** ходи́ть, стоя́ть и т. п. to walk/stand, etc., on tiptoe; to tiptoe

[13] **броса́ть/бро́сить взгляд на** + *acc.* to cast a glance at s.o./sth.; to glance at s.o./sth.
бо́льше/бо́лее того́ more than that; (and) what is more; and not only that; moreover

[14] **что́ ж** [*particle; used in questions and subordinate clauses*] why?; what for?; how come?
а то [*coordinating conj., contrastive*] but (instead); instead (of); rather than; as it is
(как) мо́края ку́рица *colloquial, rather derogatory* look(ing) pitiful/miserable; (be) a sorry sight

[15] **на проща́ние** at parting; as a farewell
в а́дрес *gen.*/**в... а́дрес** похвала́, аплодисме́нты, кри́тика и т. п. (praise/applause) for s.o.;
(criticism/praise) comes s.o.'s way; (direct/aim one's words, etc.) at s.o.

[16] **раз и навсегда́** once and for all; for good
перевора́чивать/переверну́ть ду́шу *gen.* or *dat.* to shake s.o. (up)
мо́жет быть *parenthetical* perhaps; maybe; may/might (perhaps)

ЗАМЕТКИ О СТИЛЕ   COMMENTS ON STYLE

When asked by an interviewer about autobiographical elements in her prose, Dina Rubina responded that they are always present—she takes what she needs from her own biography (and biographies of others) to develop a plot line. Indeed, this story contains certain autobiographical elements: Dina Rubina began writing when she was in high school, her first story was published in the popular Moscow magazine «*Юность*» when she was sixteen, and she did study at a special music school for talented children and then at the conservatory. Yet this is a piece of fiction, and the heroine should not be identified with the author—the author, Dina Rubina, created the character of the narrator, who is the heroine.

In the very first sentence of the story (*В юности меня́ пригре́ла сла́ва*), the author puts a distance between the heroine at the time of narration and the same heroine *в юности*, when she was a young girl, a budding writer, who unexpectedly encountered the world so different from her own. This approach allows the author to merge the young writer's voice, seemingly contemporaneous with the time of the event, with her voice later in life, thus increasing stylistic sophistication of the story.

The events surrounding the *конце́рт* itself are narrated in the past tense: it is a glance back, and only at the end does the narrator switch to the present, sharing with the reader her recollections about that unusual concert and her later feelings about it.

Although it is sometimes hard to separate these two voices, the reader clearly distinguishes the young writer's voice in the description of the factual side of the events. She was observant: years later she remembers even minute details in the appearance of the juvenile correctional facility where her unusual concert took place and of the people she came into contact with. She paid special attention to the colorful speech of the warden with its slang and ungrammatical forms (e.g., *зна́чить, лю́блить, ни хрена́ не бо́йся*). She recalls that her immediate reaction to the warden's style was "lowering" her own standards (e.g., when she realized that the warden did not know the word прозаик, she provided an explanation that was "adjusted," lexically and syntactically, to his level and was simple enough for him to understand: — *Проза́ик, э́то кто пи́шет дли́нными стро́чками и не в ри́фму*; or when she repeated--as the ellipsis shows, not without a hesitation--the warden's words that until that day had obviously not been part of her own lexicon: *— Éсли... éсли бýдет шá!*).

At the same time, the story is told by the mature narrator, and her older voice occasionally injects a sarcastic or humorous note. Describing herself as a beginning writer, the narrator uses self-deprecating humor (e.g., making a series from words that normally do not belong to the same series: *Мне бы́ло восемнáдцать лет, в актúве я имéла: **нóвые джúнсы, ослепúтельной сúлы глýпость и твёрдое убеждéние, что я — писáтель***). Initially treated by the warden as a pipsqueak, she describes her reaction: *...моя́ душá... затрепетáла всéми фúбрами áвторского самолюбия.* This is a play on the idiom (ненавúдеть, презирáть...) *всéми фúбрами душú* "(to hate, detest s.o./sth...) with every fiber of one's being/with a passion/ with all one's heart," which generally expresses a high degree of intensity and is used in serious contexts. Here the mature narrator is turning it into a turn of phrase that could have been pretentious and high-flown if it had not been humorous.

The emotional tone of the story changed after she started to sing. Coming from a family of intellectuals, she knew songs that were banned, whether unofficially or semi-officially, and when her fear and disgust gave way to sympathy and compassion, the tone of the story became serious. *Нóвые джúнсы* are mentioned one more time, but this time it is not humor--rather, it is undisguised self-addressed sarcasm, even with a tinge of self-disdain: *...Э́то бы́ли люди с Судьбóй. Пусть покалéченной, распрокля́той и престýпной, но Судьбóй. Я же обладáла нóвыми джúнсами и тремя́ рассказáми в столúчных журналáх.* A mention of *идéйный ýровень* in the warden's отзыв in reference to underground songs does not impress the reader as comical: conversely, it helps the reader to understand that the warden actually cares about his charges, and also cares about the young writer whom he could have easily gotten into trouble, had he written the truth about *идéйный ýровень* of the songs she performed.

Earlier in the story, when the young writer realized that they had brought her to the juvenile correctional facility, her reaction is described thus: *Я привалúлась спинóй к тёмно-зелёной стенé и лопáтками ощутúла извéчный хóлод казённого дóма.* The archaic phrase *казённый дóм* is a discernible link to the Russian literature of the 19th century where it was used in reference to state-run prisons, orphanages, and the like. The author further develops this connection by showing the change in the heroine's reaction to her listeners, and the reader feels that the heroine has absorbed the tradition of sympathy, of commiserating with "the insulted and the injured" (to use the title of a Dostoevsky novel) that is so characteristic of classical Russian literature.

184

3

ТЕКСТ И ЕГО СМЫСЛ

UNDERSTANDING THE TEXT

11. **Как вы по́няли основно́е содержа́ние расска́за?**
Read the whole story. Then read the following pairs of sentences and put a checkmark in front of the one you think is true.

1. a) __✓____ Геро́иня писа́ла расска́зы, и их печа́тали.
    b) _____ Геро́иня писа́ла расска́зы, но их нигде́ не печа́тали.

2. a) _____ Геро́иня ча́сто выступа́ла с чте́нием свои́х расска́зов в воспита́тельно-трудовы́х коло́ниях.
    b) _____ Геро́иня ча́сто выступа́ла с чте́нием свои́х расска́зов пѐред уча́щимися ПТУ (профессиона́льно-техни́ческих учи́лищ).

3. a) _____ Одна́жды геро́ине позвони́ли и предложи́ли вы́ступить в воспита́тельно-трудово́й коло́нии.
    b) _____ Одна́жды геро́ине позвони́ли и предложи́ли вы́ступить, но не сказа́ли где.

4. a) _____ Геро́иня поняла́, куда́ её привезли́, то́лько когда́ уви́дела табли́чку «Нача́льник коло́нии».
    b) _____ Когда́ маши́на останови́лась, геро́иня сра́зу поняла́, куда́ её привезли́.

5. a) _____ Нача́льник коло́нии не удиви́лся, что писа́тель — восемна̀дцатиле́тняя де́вушка.
    b) _____ Нача́льник коло́нии о́чень удиви́лся, что писа́тель — восемна̀дцатиле́тняя де́вушка.

6. a) _____ Нача́льник коло́нии посове́товал геро́ине не чита́ть свои́ расска́зы, а петь пе́сни.
    b) _____ Нача́льник коло́нии посове́товал геро́ине чита́ть расска́зы не остана́вливаясь.

7. a) _____ В а́ктовый зал с геро́иней пошли́ милиционе́р и два воспита́теля.
    b) _____ В а́ктовый зал с геро́иней никто́ не пошёл.

8. a) _____ Геро́иня шла по террито́рии коло́нии в хоро́шем настрое́нии.
    b) _____ Геро́иня шла по террито́рии коло́нии как в дурно́м сне.

9. a) _____ Колони́сты ходи́ли по террито́рии коло́нии без конво́я и нару́чников.
    b) _____ Колони́сты ходи́ли по террито́рии коло́нии под конво́ем и в нару́чниках.

10. a) _____ Посмотре́в в зал, геро́иня уви́дела до́брые весёлые ли́ца.
    b) _____ Посмотре́в в зал, геро́иня уви́дела не ли́ца, а се́рые бритоголо́вые ро́жи.

11. a) _____ Когда́ заключённые уви́дели на сце́не геро́иню, они́ затопа́ли, засвисте́ли, заора́ли.
    b) _____ Когда́ заключённые уви́дели на сце́не геро́иню, они́ ра́достно зааплоди́ровали.

185

12. a) _____ Заключённые не слу́шали то, что чита́ла геро́иня.

    b) _____ Заключённые с интере́сом слу́шали расска́з, кото́рый чита́ла геро́иня.

13. a) _____ Геро́иня вы́ронила журна́л, попя́тилась и запла́кала.

    b) _____ Геро́иня вы́ронила журна́л, попя́тилась и с разма́ху се́ла на откры́тую клавиату́ру фортепиа́но.

14. a) _____ Разда́лся ужа́сный звук, и геро́иня вдруг поняла́, что ей на́до де́лать.

    b) _____ Разда́лся ужа́сный звук, и геро́иня реши́ла бежа́ть со сце́ны.

15. a) _____ Геро́иня запе́ла, и зал зааплоди́ровал.

    b) _____ Геро́иня запе́ла, и зал замолча́л.

16. a) _____ Геро́иня пе́ла пе́сни Га́лича и Высо́цкого.

    b) _____ Геро́иня пе́ла пе́сни, популя́рные во всём ми́ре.

17. a) _____ Когда́ геро́иня опя́ть посмотре́ла в зал, она́ уви́дела страда́ющие глаза́.

    b) _____ Когда́ геро́иня опя́ть посмотре́ла в зал, она́ уви́дела се́рые ро́жи.

18. a) _____ Заключённые немно́го похло́пали геро́ине по́сле выступле́ния и сра́зу же ушли́.

    b) _____ Заключённые до́лго хло́пали геро́ине сто́я и пото́м шли за ней по двору́ коло́нии и продолжа́ли хло́пать.

19. a) _____ Геро́иня не вспомина́ет свой конце́рт по путёвке «О́бщества книголю́бов».

    b) _____ Геро́иня ча́сто вспомина́ет свой конце́рт по путёвке «О́бщества книголю́бов».

12. Так, как в расска́зе, или не так?

Engage your partner in a dialogue. Read sentences from Exercise 11 presenting them as if they were your own recollection of the facts in the story, and have your partner react to your statements.

13. Всё ли вы по́няли в 1-8 отры́вках?

Check if you understood the details of the story. Select the correct answer.

1. Пе́рвый расска́з геро́ини был напеча́тан

    a) _____ в петербу́ргском журна́ле.

    b) __✓__ в моско́вском журна́ле.

    c) _____ в ме́стном журна́ле.

2. Пе́рвый расска́з геро́ини был

    a) _____ о му́зыке.

    b) _____ о шко́ле.

    c) _____ о любви́.

3. Геро́иня начала́ выступа́ть от «О́бщества книголю́бов»,

    a) _____ когда́ учи́лась в консервато́рии.

    b) _____ когда́ учи́лась в университе́те.

    c) _____ когда́ учи́лась в шко́ле.

4. Геро́иня реши́ла бо́льше не выступа́ть от «О́бщества книголю́бов»,

    a) _____ потому́ что одна́жды на встре́че с уча́щимися ПТУ ей предложи́ли вме́сто выступле́ния пойти́ вы́пить пи́ва.

    b) _____ потому́ что ей ста́ло неинтере́сно выступа́ть пе́ред уча́щимися ПТУ.

    c) _____ потому́ что у неё не́ было вре́мени выступа́ть пе́ред уча́щимися ПТУ.

5. (Однáжды герои́не позвони́ли и предложи́ли вы́ступить пѐред молодо́й аудито́рией.) С ней разгова́ривали
   a) _____ увéренно и энерги́чно.
   b) _____ реши́тельно и твёрдо.
   c) _____ крóтко и óчень вéжливо.

6. Когдá маши́на подъéхала к «Óбществу книголю́бов», герои́не показáлось стрáнным,
   a) _____ что шофёр маши́ны был в воéнной фóрме.
   b) _____ что на óкнах маши́ны былá решётка.
   c) _____ что маши́на не опоздáла.

7. До мéста выступлéния маши́на éхала
   a) _____ шесть часóв.
   b) _____ часá полторá.
   c) _____ дéсять минýт.

8. К кабинéту начáльника колóнии герои́ню провёл
   a) _____ оди́н из заключённых.
   b) _____ оди́н из воспитáтелей колóнии.
   c) _____ молодóй человéк в фóрме.

9. Уви́дев табли́чку «Начáльник колóнии», герои́ня спроси́ла:
   a) _____ «Э́то… кудá же мы приéхали?…»
   b) _____ «Когдá мы поéдем обрáтно?»
   c) _____ «Где я бýду выступáть?»

10. Нос начáльника колóнии был похóж
    a) _____ на грýшу.
    b) _____ на приклáд винтóвки.
    c) _____ на картóшку.

11. Уви́дев дéвушку, начáльник колóнии сказáл,
    a) _____ что он «закáзывал» писáтеля.
    b) _____ что у негó нет врéмени на разговóры с дéвушкой.
    c) _____ что выступлéние начнётся чѐрез нéсколько минýт.

12. Герои́ня далá начáльнику колóнии журнáлы со свои́ми расскáзами,
    a) _____ чтòбы он прочитáл её расскáзы.
    b) _____ чтòбы он óтдал их в библиотéку.
    c) _____ чтòбы он убеди́лся, что онá писáтель.

13. Начáльник колóнии посовéтовал герои́не
    a) _____ читáть расскáзы, а в концѐ — спеть нéсколько пéсен.
    b) _____ читáть грóмко и не смотрéть в зал.
    c) _____ ничегó не боя́ться и читáть не останáвливаясь.

14. Начáльник реши́л сам пойти́ в зал,
    a) _____ чтòбы поддержáть её свои́м авторитéтом.
    b) _____ чтòбы послýшать, как онá читáет.
    c) _____ чтòбы помóчь ей подня́ться на сцéну.

15. Когдá начáльник и герои́ня шли по террито́рии колóнии, начáльник говори́л:
    a) _____ «Вон áктовый зал, там ребя́та отдыхáют».
    b) _____ «Вон ремóнтный цех, там ребя́та рабóтают».
    c) _____ «Вон барáки, там ребя́та спят».

16. Когда́ геро́иня уви́дела, что заключённые хо́дят по террито́рии коло́нии без нару́чников и конво́я, она́ поду́мала:

    a) _____ «Конво́ю-то у меня́ малова́то».

    b) _____ «На́до бы спеть им что́-нибудь из Га́лича».

    c) _____ «Как здесь всё интере́сно».

14. Поговори́те дру̀г с дру́гом!

Working with a classmate, make questions out of sentences in Activity 13 and have your classmate answer them without looking into the text.

1. Пе́рвый расска́з геро́ини был напеча́тан

    a) _____ в петербу́ргском журна́ле.

    b) __✓__ в моско́вском журна́ле.

    c) _____ в ме́стном журна́ле.

    _____ *В како́м журна́ле был напеча́тан пе́рвый расска́з геро́ини?*_____

15. Всё ли вы по́няли в 9-16 отры́вках?

Check if you understood the details of the story. Select the correct answer.

1. А́ктовый зал, куда́ привели́ геро́иню, был похо́ж

    a) _____ на клуб.

    b) _____ на ремо́нтный цех.

    c) __✓__ на ваго́н времён войны́.

2. В за́ле геро́иня уви́дела не ли́ца, а бритоголо́вые ро́жи,

    a) _____ потому́ что у неё бы́ло плохо́е зре́ние.

    b) _____ потому́ что она́ не хоте́ла ничего́ ви́деть.

    c) _____ потому́ что страх и отвраще́ние слепи́ли ей глаза́.

3. Воспита́тели в за́ле

    a) _____ сиде́ли и ми́рно разгова́ривали.

    b) _____ уде́рживали заключённых.

    c) _____ с внима́нием смотре́ли на молодо́го писа́теля.

4. Тишину́, кото́рая наступи́ла в за́ле, мо́жно бы́ло сравни́ть

    a) _____ с вече́рней тишино́й в лесу́.

    b) _____ с я́дерным взры́вом.

    c) _____ со звуча́нием разби́того фортепиа́но.

5. Геро́ине хоте́лось «жа́лобно и стра́стно»,

    a) _____ что̀бы выступле́ние скоре́е зако́нчилось.

    b) _____ что̀бы заключённые переста́ли крича́ть.

    c) _____ что̀бы её увезли́ отсю́да на «ра́фике» с решётками на о́кнах.

6. Чѐрез не́сколько мину́т по̀сле нача́ла выступле́ния оди́н из заключённых сказа́л:

    a) _____ «Ну, хва́тит уже́! Пусть поёт!»

    b) _____ «Иди́-ка ты домо́й!»

    c) _____ «Чита́й гро́мче!»

7. Попя́тившись наза́д, геро́иня с разма́ху се́ла

    a) _____ на́ пол.

    b) _____ на стул.

    c) _____ на откры́тую клавиату́ру фортепиа́но.

8. Геройня уви́дела путь к спасе́нию,

    a) _____ по̀сле того́ как услы́шала ди́кий акко́рд.

    b) _____ по̀сле того́ как пропе́ла пе́рвую пе́сню.

    c) _____ по̀сле того́ как вы́ронила журна́л.

9. Когда́ геройня уда́рила кулака́ми по басо́вому и ве́рхнему реги́страм, ва́тники

    a) _____ засвисте́ли.

    b) _____ заора́ли.

    c) _____ «заткну́лись».

10. Оди́н из заключённых принёс стака́н с водо́й

    a) _____ в конце́ выступле́ния.

    b) _____ когда́ геройня начала́ петь.

    c) _____ на пя́той пе́сне.

11. Когда́ геройня потяну́лась за стака́ном воды́, она́ уви́дела

    a) _____ мно́жество челове́ческих глаз, страда́ющих и стра́стных.

    b) _____ глаза́ нача́льника.

    c) _____ бритоголо́вые ро́жи.

12. Зал слу́шал геройню

    a) _____ сто́я.

    b) _____ не шелохну́вшись.

    c) _____ без интере́са.

13. Когда́ геройня ко́нчила своё выступле́ние, заключённые

    a) _____ возмущённо закрича́ли.

    b) _____ запла́кали.

    c) _____ захло́пали сто́я.

14. Нача́льник коло́нии написа́л в о́тзыве:

    a) _____ «Хорошо́ поёт това́рищ проза́ик!»

    b) _____ «Хоро́шие расска́зы пи́шет това́рищ проза́ик!»

    c) _____ «Хорошо́ игра́ет това́рищ проза́ик!»

15. Геройня иногда́ вспомина́ет о том,

    a) _____ как ей бы́ло стра́шно в коло́нии.

    b) _____ как ей хло́пали заключённые.

    c) _____ как с ней разгова́ривал нача́льник.

16. Геройне ка́жется,

    a) _____ что её конце́рт произвёл переворо́т в ду́шах ребя́т.

    b) _____ что иску́сство спосо́бно измени́ть челове́ка.

    c) _____ что иску́сство спосо́бно уме́ньшить зло.

16. Поговори́те дру̀г с дру́гом!

Working with a classmate, make questions out of sentences in Activity 15 and have your classmate answer them without looking into the text.

1. А́ктовый зал, куда́ привели́ геройню, был похо́ж

    a) _____ на клуб.

    b) _____ на ремо́нтный цех.

    c) __✓__ на ваго́н времён войны́.

    _____ *На что был похо́ж а́ктовый зал, ку́да привели́ геройню?*_____

17. Что было ра́ньше, что по́зже?

Turn each group of sentences into a microtext by arranging the sentences in their logical sequence.

1. _____ _b), d), a), c)_ _____

    a) А вы́пороть и усади́ть её за а́лгебру бы́ло соверше́нно не́кому.

    b) Начало́сь всё с того́, что геро́иня посла́ла свой расска́з в столи́чный журна́л. И его́ напеча́тали.

    c) Потому́ что вид её физионо́мии на страни́цах центра́льной печа́ти де́йствовал на роди́телей парализу́юще.

    d) Посла́ла второ́й — и его́ то́же напеча́тали!

2. _____

    a) А выступа́ть пѐред ни́ми бы́ло о́чень тру́дно.

    b) Она́ начала́ уча́ствовать в рабо́те «О́бщества книголю́бов».

    c) С пе́рвого ку́рса консервато́рии в жи́зни геро́ини начался́ дово́льно тяжёлый пери́од.

    d) От э́того «О́бщества» она́ обы́чно выступа́ла пѐред уча́щимися ПТУ.

3. _____

    a) А вмѐсто э́того пойти́ в сквер вы́пить пи́ва.

    b) Геро́иня на э́то оби́делась.

    c) И реши́ла бо́льше на выступле́ния не е́здить.

    d) Одна́жды на очередно́й встре́че с уча́щимися ПТУ геро́ине посове́товали конча́ть выступле́ние.

4. _____

    a) Она́ согласи́лась, хотя́ сде́лала э́то не сра́зу.

    b) Геро́иня реши́ла бо́льше не отвеча́ть на телефо́нные звонки́.

    c) Её о́чень ве́жливо попроси́ли вы́ступить пѐред молодо́й пытли́вой аудито́рией.

    d) Но одна́жды она́ всё-таки взяла́ тру́бку.

5. _____

    a) Е́сли не счита́ть одно́й страннова́той дета́ли — о́кна маши́ны бы́ли кре́пко зареше́чены.

    b) Маши́на была́ обы́чной.

    c) В назна́ченный час геро́иня стоя́ла у подъе́зда «О́бщества книголю́бов».

    d) Наконе́ц подъе́хала маши́на.

6. _____

    a) Молодо́й челове́к в фо́рме провёл геро́иню чѐрез проходну́ю.

    b) Пото́м они́ пошли́ по коридо́ру, пока́ не останови́лись пѐред две́рью с табли́чкой «Нача́льник коло́нии».

    c) Часа́ чѐрез полтора́ маши́на останови́лась пѐред высо́кими желе́зными воро́тами.

    d) Ей показа́лось стра́нным, что в проходно́й бы́ли решётки на о́кнах и дверя́х.

7. _____

    a) Поня́в э́то, она́ в у́жасе прислони́лась к стене́.

    b) «Как куда́? В воспита́тельно-трудову́ю коло́нию», — отве́тил конво́йр.

    c) И сла́бо спроси́ла — «Э́то… Куда́ же мы прие́хали?»

    d) Уви́дев табли́чку, геро́иня поняла́, куда́ она́ попа́ла.

8. _____

    a) Его́ нос был похо́ж на прикла́д винто́вки.

    b) Пото́м нача́льник поднёс к глаза́м фотогра́фию геро́ини и до́лго её разгля́дывал.

    c) Нача́льник по́днял го́лову.

    d) А глаза́ бы́ли весёлыми.

    e) Наконе́ц он по́нял, что его́ не обма́нывают. И он по́дал геро́ине твёрдую ладо́нь, то́же похо́жую на прикла́д винто́вки.

9. _____

   a) Нача́льник посове́товал герои́не не боя́ться. Он сказа́л:

   b) Сам он то́же реши́л пойти́.

   c) Для авторите́та.

   d) «Ничего́ не бо́йся! Э́то как с хи́щниками: нет куражу́ — хана́ де́ло!»

10. _____

   a) Идя́ по двору́ коло́нии под конво́ем четырёх челове́к, герои́ня всё равно́ испы́тывала страх.

   b) В дверя́х кабине́та нача́льник пропусти́л герои́ню вперёд.

   c) Она́ испуга́лась ещё бо́льше, когда́ уви́дела, что колони́сты хо́дят по двору́ без конво́я и без нару́чников.

   d) И они́ пошли́ по огро́мному двору́ коло́нии.

   e) По пути́ к ним присоедини́лся Тере́щенко и ещё дво́е в фо́рме.

11. _____

   a) Когда́ они́ вошли́ в зал, герои́ня уви́дела, что зал битко́м наби́т се́рыми ва́тниками.

   b) В бара́ке гуде́ло.

   c) Они́ подошли́ к деревя́нному бара́ку.

   d) Лиц она́ не уви́дела, потому́ что страх и отвраще́ние слепи́ли ей глаза́.

12. _____

   a) И ва́тники озвере́ло зато́пали, засвисте́ли и заора́ли.

   b) Э́ту тишину́ мо́жно бы́ло сравни́ть то́лько с я́дерным взры́вом.

   c) Пото́м наступи́ла тишина́.

   d) Герои́не помогли́ взойти́ на сце́ну.

13. _____

   a) Вдруг кто́-то кри́кнул: «Ну, хвать уже́! Пусть поёт!»

   b) Герои́ня начала́ чита́ть свой расска́з.

   c) Герои́ня, услы́шав э́то, от у́жаса вы́ронила журна́л, попя́тилась и се́ла на откры́тую клавиату́ру фортепиа́но.

   d) Она́ чита́ла ти́хо и неуве́ренно.

   e) Ва́тники взреве́ли от восто́рга.

   f) Разда́лся ужа́сный звук.

14. _____

   a) И она́ запе́ла Га́лича.

   b) От неожи́данности ва́тники вдруг замолча́ли.

   c) Герои́ня уда́рила кулако́м по басо́вому и ве́рхнему реги́страм.

   d) В наступи́вшей тишине́ герои́ня вы́крикнула в отча́янии: «Я спою́! Е́сли… е́сли бу́дет ша!»

15. _____

   a) И вдруг она́ уви́дела глаза́. Мно́жество челове́ческих глаз. Напряжённых, страда́ющих.

   b) На пя́той пе́сне кто́-то из ва́тников на цы́почках принёс ей стака́н с водо́й.

   c) Э́то бы́ли её све́рстники. Э́то бы́ли лю́ди с Судьбо́й.

   d) Когда́ она́ брала́ стака́н с водо́й, она́ бро́сила взгляд в зал.

   e) И ей ста́ло сты́дно за свои́ расска́зы, за но́вые джи́нсы.

16. _____

    a) Побо́льше бы нам таки́х писа́телей!»

    b) Ребя́та хло́пали ей сто́я.

    c) И на оборо́те путёвки он написа́л: «Отли́чно поёт това́рищ проза́ик!

    d) А нача́льник коло́нии ра́достно тряс её ру́ку и повторя́л: «Что же ты сра́зу не сказа́ла, что мо́жешь?»

17. _____

    a) Но она́ наде́ется, что, е́сли кто́-то из э́тих ребя́т смо́жет противостоя́ть ине́рции судьбы́, то в э́том им помо́г и её конце́рт.

    b) Осо́бенно, как хло́пали ей ребя́та.

    c) Потому́ что иску́сство, по её мне́нию, спосо́бно боро́ться со злом.

    d) Герои́ня и сейча́с вспомина́ет тот конце́рт.

    e) Она́ не ду́мает, что её неожи́данный конце́рт произвёл переворо́т в жи́зни ребя́т.

4 СЛОВО И КОНТЕКСТ

USING WORDS IN CONTEXT

18. Слова́ и выраже́ния, бли́зкие по значе́нию.

Read the items in the left column. For each, find a matching item (i.e., a word or expression that is close to it in meaning) in the right column.

1.	__7)__	поро́ть ребёнка	1)	сказа́ть с уваже́нием
2.	_____	ра́ди справедли́вости на́до сказа́ть	2)	остана́вливаться (во вре́мя разгово́ра, выступле́ния…)
3.	_____	прекрати́ть выступа́ть	3)	ру́ки дрожа́т
4.	_____	тру́дное вре́мя	4)	бо́льше не выступа́ть
5.	_____	почти́тельно сказа́ть	5)	с си́лой ударя́ть нога́ми об пол
6.	_____	де́лать па́узы	6)	ста́ло ти́хо
7.	_____	ру́ки трясу́тся	7)	бить ребёнка
8.	_____	наступи́ла тишина́	8)	посмотре́ть
9.	_____	то́пать нога́ми	9)	сиде́ть не дви́гаясь
10.	_____	ора́ть	10)	по́лная, абсолю́тная тишина́
11.	_____	ди́кий звук	11)	с лёгкостью вы́йти из маши́ны
12.	_____	гробова́я тишина́	12)	тяжёлый пери́од
13.	_____	бро́сить взгляд	13)	ужа́сный звук
14.	_____	страда́ющие глаза́	14)	хло́пать певцу́
15.	_____	сиде́ть не шелохну́вшись	15)	что̀бы быть объекти́вной, на́до сказа́ть
16.	_____	аплоди́ровать певцу́	16)	крича́ть о́чень гро́мко
17.	_____	вы́порхнуть из маши́ны	17)	глаза́, по́лные бо́ли

19. Слова́ и выраже́ния, бли́зкие по значе́нию.

Read the sentences. Find words and expressions close in meaning to the bold-faced words and expressions and underline them.

1. Расска́з **был напеча́тан.**

   <u>Был и́здан</u> / был напи́сан / <u>был опублико́ван</u> / был при́нят

2. В ю́ности **меня́ пригре́ла сла́ва.** Мои́ расска́зы бы́ли напеча́таны в столи́чном журна́ле.

   я ста́ла о́чень изве́стной / мои́ расска́зы получи́ли не́которую изве́стность / мои́ расска́зы ста́ли о́чень популя́рными

3. **Меня́ смути́ло то,** что на о́кнах маши́ны была́ кре́пкая решётка.

   у меня́ вы́звало беспоко́йство то… / я не удиви́лась тому́… / мне показа́лось стра́нным то… / мне ста́ло смешно́ от того́…

4. «Вы зря **беспоко́итесь!** Вот… мо́жете убеди́ться…» — сказа́ла я и показа́ла нача́льнику журна́л с мое́й фотогра́фией.

   руга́етесь / волну́етесь / интересу́етесь / не́рвничаете / кричи́те

5. Нача́льник коло́нии наде́л очки́ и до́лго **изуча́л** мою́ **фотогра́фию.**

   разгля́дывал фотогра́фию / оце́нивал фотогра́фию / рассма́тривал фотогра́фию / всма́тривался в фотогра́фию

6. **Я шла как в дурно́м сне.**

   шла и спала́ на ходу́ / шла и ничего́ не ви́дела, не понима́ла / шла и вспомина́ла дурно́й сон / шла и пло́хо понима́ла, что происхо́дит

7. **Страх слепи́л мне глаза́.**

   я ничего́ не ви́дела от стра́ха / я потеря́ла зре́ние от стра́ха / я закры́ла глаза́ от стра́ха / мне бы́ло о́чень стра́шно

8. **Зал битко́м наби́т людьми́.**

   в за́ле бьют люде́й / в за́ле совсе́м нет свобо́дных мест / в за́ле свет бьёт лю́дям в глаза́ / в за́ле о́чень мно́го люде́й

9. Не́которые заключённые хоте́ли подня́ться на сце́ну, но **их уде́рживали** воспита́тели.

   им не дава́ли упа́сть / им не дава́ли подня́ться на сце́ну / их заставля́ли остава́ться на свои́х места́х / их остана́вливали

10. Уви́дев герои́ню, заключённые в восхище́нии **заора́ли.**

    захло́пали / гро́мко закрича́ли / не шелохну́лись / засвисте́ли

11. Не поднима́я глаз от страни́цы, я **бормота́ла** текст своего́ расска́за.

    чита́ла так, что меня́ бы́ло пло́хо слы́шно / чита́ла так, что меня́ слы́шали в за́дних ряда́х / чита́ла так, что меня́ тру́дно бы́ло поня́ть / чита́ла так, что меня́ все слы́шали

12. Разда́лся ди́кий звук, и колони́сты вдруг замолча́ли. **Я уви́дела путь к спасе́нию.**

    поняла́, что мне де́лать / уви́дела, куда́ мне идти́ / уви́дела вы́ход из ситуа́ции / уви́дела вы́ход из за́ла

13. На пя́той пе́сне оди́н из заключённых **на цы́почках** принёс стака́н воды́.

    в мя́гких ту́флях / бесшу́мно / так, что́бы мне не помеша́ть / ти́хо

14. Я допе́ла пе́сню до конца́ и **не прерыва́ясь** перешла́ к но́вой пе́сне.

    не меня́я те́мпа / не де́лая па́узы / не остана́вливаясь / ничего́ не замеча́я

15. Я потяну́лась **за стака́ном воды́.**

    что́бы поста́вить стака́н воды́ / что́бы отда́ть стака́н воды́ / что́бы напо́лнить стака́н водо́й / что́бы взять стака́н воды́

16. **Отбы́в срок,** не́которые заключённые начну́т но́вую жизнь.
    по́сле коло́нии / находя́сь в коло́нии / вы́йдя на свобо́ду / по́сле того́ как отбу́дут срок / освободи́вшись

17. Не ду́маю, что́бы мой конце́рт **произвёл переворо́т в ду́шах** ребя́т.
    переверну́л ду́ши / удиви́л / измени́л / сыгра́л большу́ю роль в жи́зни

20. **Поговори́те друг с дру́гом!**
Replace the bold-faced words with words from the story, changing the syntactic structure where appropriate. You may draw upon assignments 18 and 19. Then add more information to the statement or comment on it. Replace the first person «я» with the word «геройня».

1. В ю́ности **мой расска́зы получи́ли не́которую изве́стность.**
   _____ *В ю́ности геро́йню пригре́ла сла́ва. В ю́ности она́ писа́ла расска́зы. Одна́жды она́ отпра́вила оди́н свой расска́з в столи́чный журна́л, и его́ напеча́тали. Она́ отпра́вила второ́й, тре́тий, и их то́же напеча́тали.*_____

2. (Я почти́ переста́ла занима́ться в шко́ле.) Но **бить** меня́ бы́ло соверше́нно не́кому.

3. С пе́рвого ку́рса консервато́рии начался́ дово́льно **тру́дный** пери́од в мое́й жи́зни.

4. Ско́ро я реши́ла **бо́льше не выступа́ть** в ПТУ.

5. (Одна́жды мне позвони́ли и предложи́ли вы́ступить пе́ред молодо́й пытли́вой аудито́рией. Мне не сказа́ли, пе́ред кем я должна́ бу́ду выступа́ть.) Со мной разгова́ривали о́чень ве́жливо и **с больши́м уваже́нием.**

6. В маши́не **мне показа́лось стра́нным,** что на о́кнах была́ кре́пкая решётка.

7. Нача́льник коло́нии не́сколько секу́нд с удивле́нием меня́ **рассма́тривал.**

8. Когда́ я поняла́, что нача́льник коло́нии не ве́рит, что я писа́тель, я сказа́ла: «Вы зря **волну́етесь».**

9. В конце́ разгово́ра нача́льник коло́нии сказа́л мне: **«Говори́ не остана́вливаясь!»**

10. Я шла по террито́рии коло́нии, **ничего́ не ви́дя, ничего́ не понима́я.**

11. **От стра́ха я ничего́ не ви́дела.**

12. **В за́ле бы́ло о́чень мно́го люде́й.**

13. Заключённые, уви́дев меня́, **ста́ли гро́мко крича́ть, свисте́ть, с си́лой бить нога́ми об пол.**

14. Не́которые заключённые пыта́лись подня́ться на сце́ну. Их **остана́вливали** воспита́тели.

15. Я начала́ чита́ть свой расска́з. От стра́ха я не могла́ чита́ть гро́мко, я **чита́ла так, что поня́ть меня́ бы́ло тру́дно.**

16. Я вы́ронила журна́л, попя́тилась и с разма́ху се́ла на откры́тую клавиату́ру пиани́но. Разда́лся **ужа́сный** звук.

17. **Я поняла́, что мне на́до де́лать.**

18. Я пе́ла **не остана́вливаясь,** одну́ пе́сню за друго́й.

19. На пя́той пе́сне оди́н из заключённых **о́чень ти́хо,** что́бы меня́ не побеспоко́ить, принёс стака́н с водо́й.

20. Когда́ в го́рле совсе́м пересо́хло, я **посмотре́ла** в зал.

21. И я уви́дела мно́жество челове́ческих глаз, напряжённых, **по́лных бо́ли.**

22. Заключённые **хло́пали** мне сто́я.

23. Не ду́маю, что́бы мой конце́рт **измени́л что́-то в ду́шах** ребя́т.

24. Наде́юсь, что **по́сле коло́нии** не́которые из тех, кто слу́шал меня́, бу́дут вспомина́ть тот конце́рт.

21. Зву́ки и движе́ние.

In each group, three out of four words have a unifying characteristic. Underline those words.

1. <u>Крича́ть</u>, то́пать, <u>говори́ть</u>, <u>бормота́ть</u>;
2. Гуде́ть, реве́ть, дрожа́ть, шуме́ть;
3. Ора́ть, крича́ть, пя́титься, бормота́ть;
4. Хло́пать, аплоди́ровать, свисте́ть, бить в ладо́ши;
5. Пя́титься, бежа́ть, дрожа́ть, идти́;
6. Ора́ть, реве́ть, гуде́ть, то́пать;
7. Не пя́титься, не смуща́ться, не дви́гаться, не шелохну́ться;
8. То́пать, аплоди́ровать, бить нога́ми, пя́титься;
9. Свисте́ть, крича́ть, то́пать, ора́ть.

22. Зву́ки и движе́ние. Зако́нчите ситуа́ции.

Provide your own continuation of each situation, using the verbs below. Use either the perfective forms denoting the beginning of an action or the verb начина́ть/нача́ть followed by the imperfective infinitive. Remember to place a comma before **и** when it introduces a new clause.

аплоди́ровать/зааплоди́ровать	реве́ть/зареве́ть (взреве́ть)
бормота́ть/забормота́ть	свисте́ть/засвисте́ть
гуде́ть/загуде́ть	то́пать/зато́пать
дрожа́ть/задрожа́ть	трясти́сь/затрясти́сь
крича́ть/закрича́ть	хло́пать/захло́пать
ора́ть/заора́ть	шуме́ть/зашуме́ть

1. Геро́йня вы́шла на сце́ну. Посмотре́ла в зал, и _____ *ру́ки у неё задрожа́ли от стра́ха* (Или: *Всё у неё внутри́ затрясло́сь от у́жаса.* Или: *И ва́тники зато́пали, засвисте́ли, закрича́ли от восто́рга.)*_____

2. Зал гуде́л. Воспита́тели уде́рживали заключённых. Нача́льник вы́шел на сце́ну и

   _____.

3. Заключённые уви́дели на сце́не молоду́ю де́вушку и _____.

4. Геро́йня вы́шла на сце́ну, откры́ла журна́л и _____.

5. Геро́йня вы́ронила журна́л, попя́тилась по сце́не, с разма́ху се́ла на откры́тую клавиату́ру и

   _____.

6. Геро́йня ко́нчила петь. И _____.

23. Зву́ки и движе́ния. Зако́нчите ситуа́ции.

Complete the situations, using the words from the assignment 22. Remember to place a comma before **и** when it introduces a new clause.

1. Вчера́ из коло́нии пыта́лся бежа́ть оди́н заключённый, но охра́на заме́тила его́, и ___ *милиционе́ры закрича́ли и засвисте́ли.*_____

2. Мне на́до бы́ло попа́сть на террито́рию коло́нии. Но я забы́л про́пуск. В проходно́й стоя́л милиционе́р с винто́вкой. Я попыта́лся пройти́ вме́сте со знако́мым милиционе́ром. Но охра́нник уви́дел э́то и _____

3. В консервато́рии проходи́л ко́нкурс пиани́стов. Выступа́л изве́стный америка́нский пиани́ст. Когда́ он вы́шел на сце́ну, _____. Игра́л он замеча́тельно. Выступле́ние ко́нчилось и _____.

4. В кинотеа́тре шёл фильм. На са́мом интере́сном ме́сте пога́с свет. Подро́стки, кото́рые сиде́ли в за́дних ряда́х,_____ .

5. В музыка́льной шко́ле я ча́сто выступа́ла на конце́ртах. Я по́мню, как у меня́ трясли́сь и дрожа́ли ру́ки пе́ред выступле́нием. Я ви́жу как сейча́с: я подняла́сь на сце́ну и _____. Мальчи́шки из моего́ кла́сса узна́ли меня́ и _____.

6. Неда́вно мне пришло́сь побыва́ть в шко́ле для тру́дных подро́стков. Когда́ учи́тель вошёл в класс, _____ . Кто́-то из ребя́т принёс большу́ю чёрную пти́цу. Когда́ учи́тель сел за стол, пти́ца взлете́ла и се́ла ему́ на го́лову. Ученики́ _____, а учи́тель _____.

24. Музыка́нт и му́зыка. Приду́майте ситуа́ции.
Make up two stories, using the words and phrases below.

1. **Уда́чный конце́рт**
   поднима́ться / подня́ться на сце́ну
   выступа́ть / вы́ступить пе́ред больши́м за́лом
   петь / запе́ть под аккомпанеме́нт фортепиа́но
   сиде́ть не шелохну́вшись
   кла́няться / поклони́ться пу́блике
   аплоди́ровать / зааплоди́ровать певи́це (певцу́)
   предлага́ть / предложи́ть записа́ть диск

2. **Неуда́чный конце́рт**
   учи́ться / научи́ться игра́ть на фортепиа́но
   разби́тый инструме́нт
   хорошо́ знать па́ртию пра́вой руки́
   ви́деть / уви́деть откры́тую клавиату́ру
   трясти́сь / затрясти́сь (ру́ки трясли́сь)
   брать / взять не́сколько акко́рдов
   слы́шать / услы́шать ди́кий звук
   ударя́ть / уда́рить кулако́м по басо́вому реги́стру
   пла́кать / запла́кать

25. Престу́пники и правосу́дие. Объедини́те слова́ по смы́слу.
a) Cross out the words that, in your opinion, do not belong to the topic indicated by the first word;
b) make up a situation, using the words that remained on your list and tell it to your classmates;
c) if any of your classmates disagree with you, let them express their disagreement and explain why they disagree.

1. Милиционе́р
   ору́жие, нару́чники, музыка́льная шко́ла, престу́пник, фо́рма, же́нщина;
   a) ___ *ору́жие, нару́чники,* ~~*музыка́льная шко́ла*~~, *престу́пник, фо́рма,* ~~*же́нщина*~~___
   b) ___ *В на́шем до́ме живёт милиционе́р. На слу́жбе он но́сит фо́рму. У него́, наве́рное, есть ору́жие и нару́чники. Но я не ви́дел. На рабо́те он вою́ет с престу́пниками, а до́ма — со свои́м сы́ном-подро́стком, кото́рый це́лыми дня́ми гуля́ет и не хо́чет учи́ться.___*
   c) ___ *Извини́, а где слова́ «музыка́льная шко́ла» и «же́нщина»? Ра́зве нельзя́, наприме́р, предста́вить, что милиционе́р в де́тстве учи́лся в музыка́льной шко́ле? А в не́которых стра́нах же́нщина-милиционе́р — обы́чное явле́ние.___*

2. Суд

    нару́чники, судья́, де́душка, винто́вка, вооружённый конво́й, адвока́т, ро̀к-н-ро́лл, суде́бный проце́сс, решётки на о́кнах и дверя́х;

3. Воспита́тельно-трудова́я коло́ния

    бассе́йн, проходна́я, рестора́н, бара́к, ремо́нтный цех, кинотеа́тр, бифште́кс, конво́й, воспита́тель;

4. Конво́ир

    винто́вка, вое́нная фо́рма, магнитофо́н, соба́ка, бага́ж, ору́жие, во́льная жизнь, заключённые, тюрьма́;

5. Заключённый

    нару́чники, дли́нные во́лосы, бара́к, конво́й, нарко́тики, кино́, джи́нсы, амни́стия, бри́тые го́ловы, вино́.

26. **Престу́пники и правосу́дие. Соста́вьте текст.**

Make up a text, using the words of the same root.

1.   Престу́пный
    престу́пник
    преступле́ние
    соверша́ть/соверши́ть преступле́ние

В после́днее вре́мя ___*престу́пный*___ мир активизи́ровался. Вчера́ огра́били банк, сего́дня огра́били по́чту. Кто э́ти _____ — неизве́стно. Но все _____ похо́жи одно́ на друго́е. Поли́ция предполага́ет, что _____ оди́н и тот же челове́к.

2.   Суд
    подсуди́мый
    состоя́лся суд **над** + *instr.* (Вчера́ состоя́лся суд над престу́пником.)
    acc. + осужда́ть/осуди́ть **за** + *acc.* **на** + два го́да (пять лет...) (Его́ осуди́ли за кра́жу на два го́да.)

Вчера́ _____ над гру́ппой престу́пников, кото́рая занима́лась кра́жей автомоби́лей. Дво́е _____ ра́ньше уже́ сиде́ли в тюрьме́. Суд при́нял реше́ние э́тих двои́х _____ (10 лет). Тро́е други́х — подро́стки, их приговори́ли к пяти́ года́м исправи́тельных коло́ний.

3.   Срок
    отбыва́ть срок **за** + *acc.* (*usually impfv.*) (Э́тот челове́к отбыва́л срок за кра́жу.)
    acc. + освободи́ть досро́чно

Пять лет наза́д Пётр Н. был осуждён за попы́тку уби́йства. Петр Н. _____ в тюрьме́ под Влади́миром. В про́шлом ме́сяце его́ _____ по амни́стии.

4.   Заключённый
    заключе́ние
    проводи́ть/провести́ в заключе́нии два го́да (пять лет...)

Состоя́лся суд над Никола́ем Н. Его́ суди́ли за незако́нное хране́ние ору́жия. Суд призна́л его́ вино́вным. По реше́нию суда́ он до́лжен _____ (3 го́да). На сле́дующий день по̀сле суда́ Никола́й Н. вме́сте с други́ми _____ был отпра́влен в тюрьму́.

27. Престу́пники и правосу́дие. Поговори́те дру̀г с дру́гом.

a) Name three crimes, the criminal's age, and the punishment he can receive for his crime:

	crime	the criminal's age	punishment
1.	___убийство	24 го́да	20 лет тюрьмы́___
2.	_____	_____	_____
3.	_____	_____	_____

b) Using the words from the table, tell your classmates about the crimes you named above. If your classmates want to object to your statement, let them do it.

_____ — Челове́к соверши́л уби́йство. Престу́пнику 24 го́да. Его́ осуди́ли на 20 лет.
— Извини́, но я слы́шал, что за тако́е преступле́ние у нас даю́т 25 лет.__

Вид преступле́ния	кра́жа, грабёж, уби́йство, хране́ние ору́жия, прода́жа нарко́тиков...	
Престу́пник	граби́тель, уби́йца, хулига́н, банди́т...	

Де́йствия престу́пника	красть/укра́сть *acc.* у + *acc.*
	гра́бить/огра́бить *acc.*
	убива́ть/уби́ть *acc.*
	соверша́ть/соверши́ть *acc.*
	    (преступле́ние, уби́йство...)
	угоня́ть/угна́ть *acc.*
	    (маши́ну, самолёт...):
		У меня́ укра́ли кошелёк.
		Нас огра́били банди́ты.
		Он уби́л челове́ка.
		Он соверши́л преступле́ние.
		
		Они́ угна́ли маши́ну.

Де́йствия правосу́дия (наказа́ние)	аресто́вывать/арестова́ть *acc.* за + *acc.*
	сажа́ть/посади́ть (в тюрьму́) *acc.*
	    за + *acc.* на два го́да (пять лет...)
	осуди́ть [*pfv. only*] *acc.* за + *acc.*
	    на два го́да (пять лет...)
	дава́ть/дать срок,
	    два го́да (пять лет...) *dat.* за + *acc.*
	пригова́ривать/приговори́ть *acc.*
	    к двум (пяти́...) года́м лише́ния
	    свобо́ды, к пожи́зненному
	    заключе́нию...
	получи́ть срок за + *acc.*
		Его́ арестова́ли за кра́жу.
		Его́ посади́ли в тюрьму́ за ограбле́ние на два го́да.
		Его́ осуди́ли за уби́йство на пять лет.
		Ему́ да́ли пять лет за ограбле́ние.
		Уби́йцу приговори́ли к пожи́зненному заключе́нию.
		
		Он получи́л срок за ограбле́ние ба́нка.

Судьба́ престу́пника	быть осуждённым усло́вно
	сиде́ть/просиде́ть в тюрьме́
	    два го́да (пять лет...)
	проводи́ть/провести́ в заключе́нии
	    два го́да (пять лет...)
	отбыва́ть/отбы́ть срок за + *acc.*:
		Они́ осуждены́ усло́вно.
		Он просиде́л в тюрьме́ два го́да.
		
		Он провёл в заключе́нии пять лет.
		Он отбыва́л срок за кра́жу.

28. Престу́пники и правосу́дие. Ва́ши расска́зы.

Make up stories. Each inmate in the correctional facility for minors described in Dina Rubina's story was put there for some crime. Make up stories of a few inmates. Remember to include each inmate's family, high school, and friends. Try to imagine what each of them will do after he is released from the correctional facility. Tell your story in the 1st person (Я...) or the 3rd person (Оди́н мой знако́мый...; Оди́н мой однокла́ссник...).

29. Чу́вства и пережива́ния. Ва́ша реа́кция на информа́цию.

Have your classmate read the statements below, express your emotional reaction to each statement, and comment on your reaction. Use the following verbs that express emotional states:

беспоко́иться/забеспоко́иться
возмуща́ться/возмути́ться
волнова́ться/заволнова́ться
зли́ться/разозли́ться
обижа́ться/оби́деться
поража́ться/порази́ться

пуга́ться/испуга́ться
ра́доваться/обра́доваться
серди́ться/рассерди́ться
трево́житься/встрево́житься
удивля́ться/удиви́ться

1. Когда́ геройня узна́ла, что её расска́з напеча́тали, она́ огорчи́лась.

_____*Ну что́ ты! Всё совсе́м не так! (Э́то не совсе́м так!) Когда́ геройня узна́ла, что её расска́з напеча́тали, она́ во́все не огорчи́лась. Я ду́маю, она́ снача́ла удиви́лась, а пото́м обра́довалась.*_____

2. Когда́ оди́н из уча́щихся ПТУ предложи́л геройне пойти́ прогуля́ться и вы́пить пи́ва, геройня о́чень обра́довалась.

3. Когда́ геройня уви́дела зареше́ченные о́кна маши́ны, она́ испуга́лась.

4. Когда́ геройня поняла́, что оказа́лась в коло́нии, она́ обра́довалась.

5. Когда́ нача́льник уви́дел, что писа́тель — восемна̀дцатиле́тняя де́вушка, он о́чень обра́довался.

6. Когда́ геройня поняла́, что нача́льник коло́нии не ве́рит, что она́ — писа́тель, она́ испуга́лась.

7. Когда́ геройня уви́дела, что заключённые хо́дят без конво́я и нару́чников, она́ о́чень обра́довалась.

8. Когда́ заключённые уви́дели на сце́не де́вушку, они́ возмути́лись.

9. Когда́ геройня потяну́лась за стака́ном с водо́й и уви́дела ли́ца, она́ встрево́жилась.

30. Чу́вства и пережива́ния. Продо́лжите ситуа́ции.

Using complex sentences and **то, что** (in the required case forms) to link clauses, explain what the heroine felt. Provide detailed responses and provide different variants of responses.

1. Роди́тели геройни бы́ли поражены́ успе́хами свое́й до́чери.

_____*Роди́тели геройни бы́ли поражены́ тем, что расска́зы их до́чери бы́ли опублико́ваны в столи́чном журна́ле. (ИЛИ: Роди́тели геройни бы́ли поражены́ тем, что их дочь пи́шет расска́зы.)*_____

2. Геройня была́ оби́жена на ребя́т из ПТУ за их смех.

3. Она́ была́ возмущена́ их предложе́нием пойти́ с ни́ми в сквер вы́пить пи́ва.

4. В маши́не геройня была́ удивлена́ и встрево́жена решётками на о́кнах.

5. По доро́ге геройня была́ обеспоко́ена мно́гим: решётками на о́кнах, доро́гой, кото́рая ника́к не конча́лась, вое́нной фо́рмой шофёра.

6. Нача́льник коло́нии порази́лся появле́нию молодо́й де́вушки, потому́ что ждал соли́дного, немолодо́го челове́ка.

7. Геройня испуга́лась реа́кции нача́льника.

8. Она́ удиви́лась поря́дкам, кото́рые бы́ли в коло́нии.

9. Она́ обра́довалась реше́нию нача́льника пойти́ с ней в зал.

10. На сце́не геройня испуга́лась то́пота, сви́ста и кри́ка колони́стов.

11. Она́ разозли́лась на колони́стов за их поведе́ние.

12. Она́ рассерди́лась на себя́, потому́ что она́ не могла́ найти́ вы́ход.

13. Герои́ня была́ глубоко́ взволно́вана встре́чей с отве́рженными о́бществом ребя́тами.

31. Скажи́те ина́че.

Replace the bold-faced words with words from the story. Change the syntactic structure where appropriate. (The numbers refer to the numbering of excerpts in the story, in Section 2.)

1-2. В мо́лодости **я неожи́данно ста́ла изве́стной**. Я посла́ла оди́н свой расска́з в **моско́вский** журна́л, и его́ **опубликова́ли**. Я начала́ выступа́ть с чте́нием свои́х расска́зов от «О́бщества **люби́телей кни́ги**». Обы́чно я выступа́ла пе́ред уча́щимися ПТУ. Но, **что̀бы быть справедли́вой**, сто́ит сказа́ть, что мне приходи́лось выступа́ть и на заво́дах. Но вот одна́жды кто́-то из уча́щихся на́гло предложи́л мне конча́ть трепа́ться, а лу́чше пойти́ вы́пить пи́ва. И я реши́ла **ко́нчить** это безобра́зие и бо́льше не выступа́ть.

3-4. Ка́к-то раз мне позвони́ли и предложи́ли вы́ступить пѐред молодо́й пытли́вой аудито́рией. Я неохо́тно согласи́лась. В назна́ченное вре́мя подъе́хала маши́на. За рулём сиде́л челове́к **в вое́нной оде́жде**. И я поняла́, что мне **на́до бу́дет** выступа́ть в во́инской ча́сти.

5. Чѐрез полтора́ часа́ мы останови́лись пѐред желе́зными воро́тами. Воро́та бы́ли покра́шены ску́чной тёмно-зелёной кра́ской — наве́рное, для того́, чтобы **улу́чшить** настрое́ние. Молодо́й челове́к провёл меня́ чѐрез **ко́мнату, где он показа́л докуме́нты.** Э́та ко́мната **показа́лась мне стра́нной из-за большо́го коли́чества** двере́й с решётками. Когда́ я уви́дела табли́чку «Нача́льник коло́нии», я поняла́, куда́ меня́ привезли́.

6-7. Нача́льник коло́нии по́днял го́лову, и я уви́дела суро́вый нос, чём-то **похо́жий на прикла́д винто́вки**. Снача́ла нача́льник не пове́рил, что я — писа́тель. Чтобы он **не волнова́лся**, я показа́ла ему́ журна́л с мое́й фотогра́фией. Нача́льник дал мне двух милиционе́ров и воспита́теля, чтобы они́ проводи́ли меня́ **в зал для выступле́ний**. И сам пошёл, чтобы поддержа́ть меня́. У вы́хода **к нам подошли́ и пошли́ вме́сте с на́ми** ещё дво́е в фо́рме.

8-9. Я шла, **ничего́ не замеча́я**. По пути́ нам встре́тились дво́е колони́стов, **кото́рых никто́ не сопровожда́л**. «Наро́д уже́ согна́ли», — заме́тил нача́льник. Я **посмотре́ла** в зал. Лиц я не уви́дела. Я уви́дела **ро́жи с бри́тыми голова́ми**. Страх и отвраще́ние **меша́ли мне ви́деть что́-нибудь**.

9-10. Э́то гудя́щее ме́сиво **не бро́силось на меня́** то́лько благодаря́ не́скольким воспита́телям. Когда́ я подняла́сь на сце́ну, ва́тники в восхище́нии **закрича́ли**. Пото́м **ста́ло ти́хо**. Не поднима́я глаз от страни́цы, я ти́хо и невня́тно чита́ла текст своего́ расска́за. Прошла́ мину́та, две. Спра́ва кто́-то на́чал демонстрати́вно гро́мко ка́шлять. Вдруг кто́-то сказа́л: «Ну, хва́тит, пусть поёт».

11. От неожи́данности **у меня́ упа́л** журна́л. Я начала́ дви́гаться наза́д и с разма́ху се́ла на откры́тую клавиату́ру. Заключённые **на́чали реве́ть** от восто́рга. **Ужа́сный** аккорд подсказа́л мне вы́ход.

11-14. «Я спою́!» — вы́крикнула я в отча́янии. Я **начала́ петь** Га́лича. У меня́ **дрожа́ли** ру́ки, но я допе́ла пе́сню до конца́ и **не остана́вливаясь** перешла́ на другу́ю. Я пе́ла в **абсолю́тной** тишине́. Постепе́нно дрожь в рука́х проходи́ла. На пя́той пе́сне кто́-то из заключённых **бесшу́мно** принёс стака́н с водо́й. Когда́ в го́рле совсе́м пересо́хло, я потяну́лась за водо́й и **посмотре́ла** в зал. И вдруг я уви́дела глаза́. Глаза́ напряжённые, **по́лные бо́ли**, стра́стные. Это бы́ли **лю́ди моего́ поколе́ния**. Это бы́ли лю́ди с Судьбо́й. Пусть покале́ченной, **кримина́льной**, но с Судьбо́й. И мне ста́ло сты́дно. Сты́дно за свои́ джи́нсы, расска́зы. Ско́лько я пе́ла? Час? Три? Не по́мню. Они́ сиде́ли **не дви́гаясь.**

14-16. Когда́ я ко́нчила петь, они́ **аплоди́ровали** мне сто́я. Нача́льник коло́нии ра́достно **жал** мне ру́ку и говори́л: «Что же ты сра́зу не сказа́ла, что мо́жешь?»

«**Ра́фик**» **с решёткой на о́кнах** унёс меня́ в сто́рону городско́й **свобо́дной жи́зни.** У подъе́зда я **легко́, как пти́ца, вы́шла** из маши́ны и на проща́нье махну́ла руко́й води́телю.

Иногда́ я вспомина́ю э́тот конце́рт. Не ду́маю, что мой конце́рт **переверну́л ду́ши** ребя́т. Но, мо́жет быть, хоть кто́-то из бритоголо́вых мои́х све́рстников **по́сле коло́нии** смог противостоя́ть ине́рции свое́й судьбы́. И я наде́юсь, что мой неожи́данный конце́рт помо́г ему́ в э́том.

32. Поговори́те друг с дру́гом.

Imagine that you are among those who were at that concert. Talk with your classmate about what you see, hear, and feel. Imagine that

    a) one of you is the warden (нача́льник коло́нии) and the other, an assistant to the warden (воспита́тель коло́нии);

    b) both of you are inmates.

33. Напиши́те сочине́ние.

Write an essay on the topic: Моё отноше́ние к геро́йне расска́за.

ТЕКСТ И РЕЧЬ

FROM READING TO SPEAKING

Геро́йня и подро́стки из коло́нии — све́рстники. Но как не похо́жи их су́дьбы!

В расска́зе ста́лкиваются два ми́ра, два по́люса — безо́блачный мир геро́йни и неблагополу́чный мир подро́стков, находя́щихся в заключе́нии. У геро́йни и подро́стков из коло́нии своё про́шлое, своё настоя́щее и бу́дущее. Своя́ Судьба́. Э́ти миры́ существу́ют соверше́нно изоли́рованно. На коро́ткое вре́мя они́ схо́дятся, что́бы пото́м опя́ть разойти́сь.

Что же случи́лось за вре́мя пое́здки геро́йни в коло́нию? Дава́йте сравни́м мир геро́йни и мир заключённых.

ГЕРОЙНЯ

34. Знако́мство с геро́йней.

Расска́з Ди́ны Ру́биной напи́сан от пе́рвого лица́. Коне́чно, нельзя́ отождествля́ть а́втора и геро́йню расска́за. Одна́ко для того́ что́бы лу́чше предста́вить геро́йню — её дом, роди́телей, вре́мя, в кото́ром прошло́ её де́тство, воспо́льзуемся биогра́фией писа́теля. Прочита́йте биографи́ческую спра́вку о Ди́не Ру́биной в конце́ кни́ги. Текст расска́за, биографи́ческая справка и некоторые примечания к тексту помогут начать разговор.

1. Семья героини, её дом и родители.
   a) Сколько лет героине? Когда происходят события, описанные в рассказе? Как вы думаете, как жила страна в эти годы?
   b) В каком городе живёт героиня? Почему её семья оказалась в этом городе? (биографическая справка об авторе и 1-ый отрывок)?
   c) В рассказе очень мало говорится о родителях героини. Кто они (биографическая справка об авторе)?
   d) Как вы думаете, какой у героини дом? Попробуйте представить его и описать (биография автора, 1-ый и 3-ий отрывки)?
   e) Что вы можете сказать о материальном и социальном положении семьи героини?

2. Героиня.
   a) Где училась героиня (1-ый отрывок, биография автора, примечания к тексту после текста)?
   b) Как героиня одевалась?
   c) Как выглядела героиня? В рассказе почти ничего не говорится о внешности героини. Но прочитав рассказ, вы её немножко узнали. Как вы её представляете? Опишите героиню.

3. Героиня — начинающий писатель.
   a) Как вы понимаете выражения: *В юности меня пригрела слава* (1-ый отрывок); у героини была *лучезарная юность* (2-ой отрывок)? Почему героиня называет свою юность *лучезарной*?
   b) Как относились к творчеству героини дома, в школе?
   c) Что такое «Общество книголюбов» (примечания к тексту)?
   d) Героиня обычно выступала перед учащимися ПТУ. Как вы думаете, почему её посылали выступать именно перед такой аудиторией?
   e) Как вы понимаете предложение: *Там* (в «Обществе книголюбов») *решили выполнить на моей лучезарной юности много лет горящий план по ПТУ* (2-ой отрывок)? Как вы думаете, почему героиня называет план по ПТУ *горящим*?
   f) Вы знаете, кто такие гангстеры — ведь это слово пришло в русский язык из английского. Как вы думаете, почему героиня называет «Общество книголюбов» гангстерской организацией (2-ой отрывок)?
   g) В 7-ом отрывке на вопрос начальника колонии: *Вы на какие темы лекции проводите?* героиня отвечает: *На морально-этические.* Как вы думаете, о чём могла говорить восемнадцатилетняя девушка в своих лекциях?
   h) Как относилась сама героиня к себе, к своему творчеству до поездки в колонию?

Поездка в колонию была полной неожиданностью для героини. В колонии героиня переживает эмоциональное потрясение. Кульминационным моментом рассказа является эпизод, когда героиня запела и зал «заткнулся». Автор постепенно ведёт читателя к этому кульминационному моменту. Ощущение тревоги, которое возникает у героини в начале рассказа, постепенно растёт и в конце концов превращается в состояние полного ужаса. Но вдруг всё меняется. Совсем иные чувства переживает героиня, когда она покидает колонию. Давайте проследим, как меняется эмоциональное состояние героини и как меняется она сама за время поездки.

35. Разговор по телефону.

1. Когда героиня сняла трубку, её *кротко и очень вежливо попросили выступить перед молодой аудиторией* (3-ий отрывок). Почему её попросили *кротко и очень вежливо*, а потом *торопливо уверили*, что она будет выступать не в ПТУ?

2. Как молодо́й челове́к, кото́рый разгова́ривал с геро́иней по телефо́ну, назва́л заключённых? Почему́ он не сказа́л пря́мо, пе́ред кем она́ бу́дет выступа́ть?

3. На вопро́с геро́ини «*А где э́то?*», молодо́й челове́к отве́тил *подозри́тельно суетли́во*, что *э́то недалеко́, и маши́на бу́дет. Гаранти́руют доста́вку в о́ба конца́* (3-ий отры́вок). Прокомменти́руйте отве́т молодо́го челове́ка.

4. Познако́мьтесь с прилага́тельными, кото́рые употребля́ются в соста́ве словосочета́ний:
производи́ть/произвести́ *како́е* **впечатле́ние на** + *acc.*
у + *gen.* **сложи́лось** *како́е* **впечатле́ние от** + *gen.*

большо́е	отрица́тельное	стра́нное
глубо́кое	плохо́е	тяжёлое
жу́ткое	положи́тельное	ужа́сное
незабыва́емое	потряса́ющее	хоро́шее
неприя́тное	прия́тное	я́ркое
огро́мное	си́льное	прекра́сное

Скажи́те, како́е впечатле́ние произвёл на геро́иню телефо́нный разгово́р, вы́брав из приведённого спи́ска прилага́тельных ну́жное сло́во. Аргументи́руйте свой отве́т.

36. Доро́га в коло́нию.

1. Как вы́глядела маши́на (4-ый отры́вок)? Что показа́лось стра́нным геро́ине, когда́ она́ уви́дела маши́ну (примеча́ния к те́ксту)?

2. Как назва́л маши́ну шофёр (4-ый отры́вок)? Что зна́чит сло́во, кото́рое он употреби́л?

3. Как был оде́т шофёр (4-ый отры́вок)? Что реши́ла геро́иня, уви́дев шофёра?

4. Ско́лько вре́мени е́хала маши́на (5-ый отры́вок)?

5. Како́е впечатле́ние сложи́лось у геро́ини от того́, что она́ услы́шала и уви́дела, когда́ маши́на подъе́хала к подъе́зду «О́бщества книголю́бов»? Како́е впечатле́ние произвела́ на неё доро́га?

37. Коло́ния: её помеще́ния и террито́рия, а́ктовый зал.

1. На что геро́иня обрати́ла внима́ние, когда́ уви́дела воро́та (5-ый отры́вок)?

2. Что смути́ло геро́иню, когда́ её провели́ че́рез проходну́ю (5-ый отры́вок)?

3. Как вы́глядели коридо́ры (5-ый отры́вок)?

4. Геро́иня не сра́зу поняла́, куда́ её привезли́. Она́ поняла́, что оказа́лась в коло́нии, то́лько уви́дев табли́чку «Нача́льник коло́нии». Прочита́в табли́чку, она́ *привали́лась спино́й к тёмно-зелёной стене́ и лопа́тками ощути́ла изве́чный хо́лод казённого до́ма* (5-ый отры́вок).

   a) Глаго́л *привали́лась* о́чень то́чно передаёт состоя́ние геро́ини. Постара́йтесь охарактеризова́ть э́то состоя́ние.

   b) Привали́вшись к тёмно-зелёной стене́, геро́иня почу́вствовала *изве́чный хо́лод казённого до́ма* (5-ый отры́вок). Как вы ду́маете, что тако́е «казённый дом»? Быва́ли ли вы в «казённом до́ме»? Е́сли да, то опиши́те его́. Что в э́том «до́ме» вам показа́лось осо́бенно казённым?

   c) По по́воду тёмно-зелёной кра́ски на сте́нах, геро́иня ирони́чески пи́шет чуть вы́ше в то́м же отры́вке, когда́ говори́т о воро́тах: воро́та бы́ли вы́крашены *той осо́бой тёмно-зелёной кра́ской, како́й у нас кра́сят обы́чно коридо́ры больни́ц, тю́рем и городски́х нарсудо́в — вероя́тно, для подня́тия настрое́ния* (5-ый отры́вок). В чём вы ви́дите иро́нию?

d) Далее мы читаем: *Это... куда же мы приехали?... — слабо спросила я моего конвоира* (5-ый отрывок). Что означает вопрос, который задала героиня? Ведь она уже поняла, где она оказалась. Что значит слово *слабо* в предложении *слабо спросила я моего конвоира*. Как бы вы объяснили реакцию героини на то, что она узнала?

5. Как выглядел двор колонии (8-ой отрывок)? Что поразило героиню, когда она увидела первых заключённых? Почему она шла по двору колонии *как в дурном сне* (8-ой отрывок)?

6. Как выглядел актовый зал колонии (8-ой и 9-ый отрывки)?

38. Кабинет начальника колонии. Начальник колонии.

1. Что увидела героиня, когда её ввели в кабинет начальника колонии (6-ой отрывок)? Что такое «Личное дело №...»? Как вы думаете, чем был занят начальник, когда героиню ввели в кабинет?

2. Внешность начальника колонии. Прочитайте фрагменты из 6-ого и 7-ого отрывков, где описываются лицо начальника, его взгляд, ладонь. Начальника мы видим глазами героини. Какое впечатление произвёл начальник колонии на героиню?

3. Речь начальника колонии.

a) Найдите соответствия просторечным и слэнговым словам и выражениям, которые прозвучали в речи начальника:

1. ____ Главное, **ни хрена** не бойся! (7-ой отрывок)	1) Сейчас перед вами выступит писатель! Чтобы вы вели себя тихо и в зале был порядок!
2. ____ Будешь бояться — **хана** дело! (7-ой отрывок)	2) Мой совет — говори не останавливаясь!
3. ____ Мой совет — **шпарь** не останавливаясь! (7-ой отрывок)	3) Если будешь бояться — это плохо кончится!
4. ____ Здесь сейчас выступит... пру... про... заик... **Чтобы было ша!** (9-ый отрывок)	4) Главное, ничего не бойся!

b) В речи начальника много ошибок. Можете ли вы их указать (6-ой, 7-ой, 9-ый отрывки)? Некоторых слов начальник совсем не знает. Какие это слова (6-ой, 9-ый отрывки)?

c) В речи начальника много контрастов: в ней есть как слова просторечные и слэнговые, так и слова официального стиля. Подтвердите это примерами из текста (6-ой, 9-ый отрывки).

d) Начальник говорит образно и ярко. Чтобы подтвердить это, вспомните, с чем начальник сравнивает заключённых и героиню (7-ой и 14-ый отрывки)?

e) Дайте краткую характеристику речи начальника.

4. Советы начальника.

a) В 7-ом отрывке начальник говорит: *Здесь что — главное? Главное, ни хрена не бойся. Это как с хищниками: нет куража — хана дело, веники...*
   —Как вы думаете, почему начальник колонии сравнил заключённых с хищниками?
   —Что такое «кураж»? Как вы понимаете слова: *нет куража — хана дело, веники...?* Можете ли вы придумать ситуацию (или привести пример из своей жизни), где вы могли бы сказать «нет куража — плохо дело»?

b) Почему́ нача́льник снача́ла говори́л с геро́йней *твёрдо*, а пото́м, когда́ реши́л дать ей не́сколько сове́тов, заговори́л *горячо́*?

c) В конце́ разгово́ра нача́льник сказа́л геро́йне: *Мой сове́т. Шпарь не остана́вливаясь. Па́уз не де́лай, чтоб они́ не опо́мнились* (7-ой отры́вок). Как вы по́няли сове́т нача́льника?

d) Каки́е чу́вства испы́тывала геро́йня во вре́мя разгово́ра с нача́льником? Аргументи́руйте свой отве́т.

39. **А́ктовый зал. До исполне́ния пе́сен.**

1. Что уви́дела геро́йня, когда́ подняла́сь на сце́ну (9-ый отры́вок)? Почему́ она́ называ́ла заключённых «ва́тниками»?

2. Поведе́ние геро́ини на сце́не. Найди́те в 9-ом, 10-ом и 11-ом отры́вках предложе́ния или словосочета́ния, кото́рые опи́сывают дина́мику поведе́ния геро́ини на сце́не. Как вела́ себя́ геро́йня на сце́не до того́, как прозвуча́ли пе́рвые пе́сни?

3. Поведе́ние заключённых в за́ле. О поведе́нии заключённых мы узнаём со слов геро́йни. Она́ у́чится в консервато́рии. Му́зыка в её жи́зни занима́ет о́чень большо́е ме́сто. И́менно му́зыка помогла́ ей вы́йти из тру́дной ситуа́ции, в кото́рой она́ оказа́лась в коло́нии. Но значе́ние му́зыки для понима́ния расска́за не то́лько в э́том. Когда́ геро́йня начала́ выступле́ние, *страх и отвраще́ние слепи́ли ей глаза́* (9-ый отры́вок). Геро́йня почти́ ничего́ не ви́дела, она́ пре́жде всего́ слы́шала, она́ воспринима́ла зал на слух.

В 9-ом, 10-ом и 11-ом отры́вках найди́те и прочита́йте предложе́ния, кото́рые передаю́т слухово́е восприя́тие за́ла геро́йней. Каки́е слова́ и словосочета́ния свиде́тельствуют о том, что в за́ле бы́ло о́чень шу́мно?

4. Найди́те и прочита́йте фрагме́нты, в кото́рых опи́сываются пережива́ния геро́ини на сце́не до того́, как прозвуча́ли пе́рвые пе́сни.

5. Что чу́вствовала геро́йня до того́, как прозвуча́ли пе́рвые пе́сни?

40. **А́ктовый зал. Исполне́ние пе́сен и по́сле исполне́ния пе́сен.**

1. Исполне́ние пе́сен Га́лича и Высо́цкого ре́зко измени́ло ситуа́цию. Зал на́чал слу́шать. Почему́ э́ти пе́сни вы́звали таку́ю эмоциона́льную реа́кцию за́ла? О чём э́ти пе́сни? (Посмотри́те примеча́ния к те́ксту, в кото́рых говори́тся о Га́личе и Высо́цком, и прочита́йте те́ксты не́которых пе́сен в материа́лах для дополни́тельного чте́ния.)

2. *На пя́той пе́сне оди́н из ва́тников на цы́почках принёс стака́н с водо́й и бесшу́мно поста́вил передо мно́й на кры́шку инструме́нта...* (12-ый отры́вок). Как вы мо́жете объясни́ть поведе́ние заключённого?

3. Когда́ геро́йня пи́шет о том, как ребя́та слу́шали её, она́ два́жды повторя́ет глаго́л «не шелохну́ться» (14-ый отры́вок). Найди́те предложе́ния с э́тим глаго́лом в те́ксте и прочита́йте их. Что э́тот глаго́л обознача́ет? Како́е эмоциона́льное состоя́ние за́ла он передаёт?

4. Как провожа́ли геро́йню коло́нисты (14-ый отры́вок)?

5. Как вы ду́маете, е́сли геро́йня исполня́ла бы други́е пе́сни — пе́сни, кото́рые обы́чно пою́т с эстра́ды, — какова́ была́ бы реа́кция за́ла?

41. **Отноше́ние геро́ини к заключённым до конце́рта (1).**

Нача́льник сравни́л заключённых с хи́щниками (7-ой отры́вок). Прокомменти́руйте выска́зывания, кото́рые подтвержда́ют э́то сравне́ние.

1. Когда́ геро́иня с нача́льником, двумя́ воспита́телями и милиционе́ром подошли́ к бара́ку, где был а́ктовый зал, нача́льник удовлетворённо заме́тил: *Наро́д уже́ согна́ли, молодцы́* (8-ой отры́вок). О ком обы́чно говоря́т, когда́ употребля́ют глаго́л *согна́ть*?

2. Когда́ геро́иня подняла́сь на сце́ну, она́ уви́дела: *Гудя́щее ме́сиво уде́рживали не́сколько воспита́телей* (9-ый отры́вок). Что зна́чит сло́во *ме́сиво*? Почему́ геро́иня так называ́ет колони́стов? Почему́ воспита́тели уде́рживали заключённых?

3. Когда́ геро́иня пыта́лась чита́ть свой расска́з, *ва́тники... озвере́ло зато́пали* (11-ый отры́вок); *ва́тники взреве́ли...* (11-ый отры́вок); *бара́к сотряса́лся* (11-ый отры́вок). Кто мо́жет вести́ себя́ таки́м о́бразом?

4. *«Когда́ в го́рле соверше́нно пересо́хло, —* чита́ем мы в 13-ом отры́вке *— я потяну́лась за стака́ном воды́ и бро́сила взгляд на ва́тники в за́ле».* Выраже́ние «бро́сить взгляд **на**» тре́бует употребле́ния вини́тельного падежа́. «Ва́тниками» геро́иня называ́ет люде́й, поэ́тому пра́вильно бы́ло бы сказа́ть «бро́сила взгляд на ва́тников в за́ле». Почему́ геро́иня употребля́ет фо́рму «ва́тники», а не «ва́тников»?

5. Е́сли заключённых мо́жно сравни́ть с хи́щниками, то с чем мо́жно сравни́ть саму́ коло́нию? Аргументи́руйте свой отве́т.

42. **Отноше́ние геро́ини к заключённым до конце́рта (2).**

В коло́нии геро́иня и заключённые поменя́лись роля́ми. «Они́» — отве́рженные о́бществом и лишённые вся́ких прав лю́ди, колони́сты, заключённые, ареста́нты — в коло́нии чу́вствовали себя́ свобо́дно. Коло́ния — их террито́рия. Геро́иня же — свобо́дный челове́к — в коло́нии, на «чужо́й» террито́рии не чу́вствовала себя́ свобо́дным челове́ком.

1. Остава́лась ли геро́иня хоть на мину́ту одна́ в коло́нии? Кто сопровожда́л её? А как ходи́ли заключённые по террито́рии коло́нии?

2. Челове́ка, кото́рый провёл геро́иню че́рез проходну́ю, она́ снача́ла называ́ла *молодо́й челове́к в фо́рме* (4-ый отры́вок). Пото́м — *мой конво́ир* (5-ый отры́вок). В како́й моме́нт она́ ста́ла так его́ называ́ть и почему́?

3. Найди́те в те́ксте предложе́ния, в кото́рых употребля́ются слова́ «конво́й» и «конво́ир». Почему́ геро́иня называ́ет «конво́ирами» люде́й, сопровожда́вших её в коло́нии?

4. Основны́ми глаго́лами, передаю́щими передвиже́ние геро́ини по коло́нии, явля́ются глаго́лы «вести́» и «везти́» с приста́вками: *Молодо́й челове́к **провёл** меня́ че́рез коло́нию* (5-ый отры́вок); *«Тере́щенко! Ты кого́ **привёз**?»* — спроси́л нача́льник, когда́ уви́дел геро́иню (6-ой отры́вок); Нача́льник коло́нии, когда́ выходи́л из кабине́та, *пропусти́л меня́ в дверя́х и **повёл** по коридо́рам* (7-ой отры́вок); Когда́ геро́иня была́ на сце́не, еди́нственным её жела́нием бы́ло, что́бы её **вы́везли** отсю́да (9-ый отры́вок). О чём говори́т употребле́ние э́тих глаго́лов?

5. Когда́ геро́иня подняла́сь на сце́ну, еди́нственное, чего́ ей *хоте́лось жа́лобно и стра́стно, — что́бы на зареше́ченном «ра́фике» меня́ вы́везли отсю́да поскоре́е куда́-нибудь* (10-ый отры́вок)? Почему́ геро́иня хоте́ла уе́хать на *зареше́ченном ра́фике*? Сло́во *жа́лобно* не мо́жет употребля́ться с глаго́лом *хоте́ться*. Как вы ду́маете, что хоте́л переда́ть а́втор э́тим необы́чным словосочета́нием? Почему́ геро́ине хоте́лось уе́хать из коло́нии не про́сто *стра́стно, но жа́лобно и стра́стно*?

43. **Отноше́ние геро́ини к заключённым во вре́мя конце́рта и по́сле конце́рта.**

1. Как относи́лась геро́иня к заключённым до того́, как прозвуча́ли пе́рвые пе́сни?

2. Постепе́нно *дрожь в рука́х унима́лась,* — пи́шет геро́иня, — *и мой небольшо́й го́лос звуча́л свобо́дней* (11-ый отры́вок). Как вы объясни́те сме́ну состоя́ния геро́ини?

3. *Когда́ в го́рле совершéнно пересóхло, я потяну́лась за стака́ном воды́ и брóсила взгляд на ва́тники в за́ле. И вдруг уви́дела ли́ца* — пи́шет герои́ня в 13-ом отры́вке. Как вы ду́маете, почему́ герои́ня уви́дела *ли́ца*, а не *отврати́тельные рóжи*?

4. В 14-ом отры́вке отсу́тствуют глаго́лы, кото́рые передаю́т хара́ктер движе́ния герои́ни по двору́ коло́нии. Нет здесь и упомина́ния о милиционе́рах и воспита́телях, кото́рые охраня́ют её. О чём э́то говори́т?

5. Герои́ня пи́шет о колони́стах: *они́ шли за мной по двору́ коло́нии и всё хло́пали вслед* (14-ый отры́вок). Что почу́вствовала герои́ня по отноше́нию к колони́стам?

44. Отноше́ние нача́льника коло́нии к герои́не.

1. Когда́ лю́ди пе́рвый раз ви́дят друг дру́га, как они́ веду́т себя́? Как повёл себя́ нача́льник коло́нии, когда́ пе́рвый раз уви́дел герои́ню (7-ой отры́вок)?

2. Когда́ герои́ня сказа́ла, что она́ писа́тель, нача́льник коло́нии *надéл очки́ и довóльно дóлго изуча́л страни́цу журна́ла, врéмя от врéмени поднима́я от моéй фотогра́фии сверя́ющий милицéйский взгляд* (7-ой отры́вок). Заче́м нача́льник надéл очки́ и не прóсто взгляну́л на фотогра́фию, а стал её *дóлго изуча́ть*? Почему́ нача́льник стал сра́внивать фотогра́фию со стоя́вшей пе́ред ним де́вушкой.

3. Когда́ нача́льник внима́тельно рассмотре́л журна́л с фотогра́фией герои́ни, он *ка́к-то многозначи́тельно протяну́л: «Мда-а…»* Как вы понима́ете реа́кцию нача́льника?

4. По́сле того́ как герои́ня убеди́ла нача́льника, что она́ писа́тель, его́ отноше́ние к ней немно́го измени́лось. Он дал ей не́сколько ва́жных сове́тов и в конце́, пе́ред са́мым вы́ходом из кабине́та, сказа́л: *Ну… с бóгом!* (7-ой отры́вок)? Как вы понима́ете э́то выраже́ние? Что оно́ зна́чит в э́той ситуа́ции? Когда́ вы могли́ бы употреби́ть его́?

5. Нача́льник не то́лько дал герои́не милиционе́ра и двух воспита́телей, но и пошёл сам, *для авторитéта*. Почему́ нача́льник реши́л сам пойти́ с герои́ней?

6. Каки́е чу́вства вы́звала герои́ня у нача́льника?

7. Нача́льник коло́нии обраща́ется к герои́не то на «вы», то на «ты». В каки́х слу́чаях он говори́т ей «ты», а в каки́х «вы» и почему́ (7-ой отры́вок)?

8. По́сле выступле́ния: *Нача́льник ра́достно тряс мою́ ру́ку и повторя́л: «Что ж ты сра́зу не сказа́ла, что мо́жешь! А то как мо́края ку́рица с журна́льчиком…»* (14-ый отры́вок). Почему́ нача́льник сравни́л герои́ню с *мо́крой ку́рицей*? Ожида́л ли нача́льник коло́нии от герои́ни тако́го выступле́ния?

9. Каку́ю оце́нку дал нача́льник коло́нии выступле́нию герои́ни? Чтобы ваш отве́т был развёрнутым, попыта́йтесь прокомменти́ровать не́которые фрагме́нты из те́кста:

   a) для нача́льника са́мое ва́жное — э́то *иде́йный у́ровень* (7-ой отры́вок). Что тако́е «иде́йный у́ровень»?

   b) Герои́ня пропе́ла пе́сни поэ́тов, кото́рые бы́ли официа́льно или негла́сно запрещены́ в Сове́тском Сою́зе. Как вы ду́маете, бы́ли ли пе́сни, кото́рые пропе́ла герои́ня, на общепри́нятом в Сове́тском Сою́зе иде́йном у́ровне?

   c) В конце́ пое́здки *на оборо́те путёвки «О́бщества книголю́бов»*, где поло́жено *писа́ть о́тзыв о выступле́нии, он написа́л твёрдым по́черком: «Конце́рт прошёл на высо́ком иде́йном у́ровне»* (14-ый отры́вок). Как вы ду́маете, почему́ нача́льник дал и́менно тако́й о́тзыв о выступле́нии герои́ни расска́за?

10. Что за челове́к был нача́льник коло́нии?

45. Отношéние герóини к себé.

Герóиня расскáзывает о своéй поéздке мнóго лет спустя́. С высоты́ своегó вóзраста и óпыта онá подсмéивается над собóй — восемнáдцатилéтней, немнóго самовлюблённой дéвушкой.

1. Разговóр по телефóну. Посмотри́те ещё раз 3-ий отры́вок и скажи́те, как разговáривает восемнáдцатилéтняя дéвушка с людьми́ стáрше её?

2. Выступлéние пéред ребя́тами из ПТУ. Как отреаги́ровала герóиня на то, что ей предложи́ли *кончáть трепáться, а лýчше прошвырнýться в сквер вмéсте вы́пить пивкá?* (2-óй отры́вок).

3. Разговóр с шофёром «рáфика». Когдá за герóиней из воспитáтельно-трудовóй колóнии приéхала маши́на, шофёр приоткры́л двéрцу и кри́кнул: «*Товáрищ писáтель?*» — *Я подтверди́ла со сдéржанным достóинством* (4-ый отры́вок). Как обрати́лся к герóине шофёр маши́ны? Как отвéтила герóиня? Как вы понимáете выражéние *со сдéржанным достóинством?*

4. Разговóр с начáльником колóнии. В 7-óм отры́вке, когдá начáльник стал сомневáться в том, что герóиня — писáтель, её *душá затрепетáла всéми фи́брами áвторского самолю́бия* (7-óй отры́вок). Как вы пóняли э́то выражéние?

5. Выступлéние пéред колони́стами. В 13-ом отры́вке, когдá герóиня посмотрéла в зал и уви́дела глазá заключённых, *нóвый, неожи́данный, электри́ческой си́лы стыд пронзи́л меня́.* Почемý герóиня почýвствовала стыд?

6. И дáлее, в 13-ом отры́вке, когдá герóиню пронзи́л стыд за то, что *...э́то бы́ли лю́ди с Судьбóй... Я же обладáла нóвыми джи́нсами и тремя́ расскáзами в столи́чных журнáлах.* Почемý áвтор противопоставля́ет таки́е несопостави́мые вéщи, как «Судьбá» и «джи́нсы»?

46. Герóиня и колони́сты.

Герóиня безуслóвно человéк не тóлько талáнтливый, но и смéлый, и́скренний, спосóбный поня́ть чужýю бедý. Посмотри́те, как развивáлись её отношéния с колони́стами.

1. Когдá зал замолчáл? Что застáвило заключённых *заткнýться* (11-ый отры́вок)?

2. Когдá заключённые *заткнýлись*, герóиня вы́крикнула в отчáянии: *Я спою́!... Я спою́ вам «Первачá я взял, ноль вóсемь, взял халвы́»... Éсли... éсли бýдет шá!*
   a) Кто и когдá в пéрвый раз произнёс выражéние «*Чтóбы бы́ло шá!*»?
   b) Что знáчит э́то выражéние?
   c) Э́то выражéние из ми́ра заключённых и́ли ми́ра герóини?
   d) Как вы дýмаете, зачéм герóиня произнеслá *Éсли... éсли бýдет шá!*?

3. В зáле, где тóпали, свистéли и нецензýрно орáли (10-ый отры́вок), в какóй-то момéнт наступи́ла *гробовáя тишинá* (11-ый отры́вок). Как вы могли́ бы э́то объясни́ть?

4. Как вы мóжете оцени́ть поведéние герóини на сцéне?

5. В 15-ом отры́вке герóиня пи́шет: *И хлóпали они́, конéчно, не мне, а бóльшим поэ́там, пéсни котóрых я пропéла, как умéла, под аккомпанемéнт разби́того фортепиáно.* Как вы считáете, тóлько ли áвторам пéсен хлóпали заключённые?

6. Как заключённые провожáли герóиню, когдá онá покидáла колóнию (14-ый отры́вок)?

7. Когдá герóиня вернýлась в гóрод, у подъéзда «Óбщества книголю́бов» онá *вы́порхнула из маши́ны и на прощáние махнýла рукóй Терéщенке* (15-ый отры́вок). Почемý герóиня *вы́порхнула из маши́ны?*
   Предстáвьте, что выступлéние герóини провали́лось — никтó бы не стал её слýшать, и онá уéхала бы из колóнии с позóром. Опиши́те, как бы велá себя́ герóиня в э́том слýчае?

8. Геройня ду́мает, что, мо́жет быть, её неожи́данный конце́рт повлия́л на судьбу́ ребя́т из коло́нии (16-ый отры́вок). А как вы ду́маете, повлия́л ли э́тот конце́рт на её со́бственное отноше́ние к жи́зни? Е́сли да, то каки́м о́бразом?

47. Дои по́сле (1).

Пое́здка геройни в коло́нию заняла́ всего́ не́сколько часо́в. Но так мно́го произошло́ за э́то вре́мя! Что же измени́лось за э́то вре́мя? Найди́те в те́ксте слова́ и выраже́ния, кото́рые позво́лят вам отве́тить на вопро́сы. Впиши́те их в табли́цы.

1. Как геройня называ́ла заключённых? Посмотри́те 9-ый, 10-ый, 11-ый, а та́кже 13-ый и 16-ый отры́вки.

до исполне́ния пе́сен	по́сле исполне́ния пе́сен

2. Что ви́дела геройня, когда́ смотре́ла в зал? Посмотри́те 9-ый, 13-ый и 14-ый отры́вки.

до исполне́ния пе́сен	по́сле исполне́ния пе́сен

3. Что слы́шала геройня, находя́сь на сце́не? Каки́е зву́ки раздава́лись в зале? Посмотри́те 9-ый, 10-ый, 11-ый, 12-ый и 14-ый отры́вки.

до исполне́ния пе́сен	по́сле исполне́ния пе́сен

4. Как геройня передвига́лась по террито́рии коло́нии? Посмотри́те 5-ый, 7-ой, 8-ой, а та́кже 14-ый отры́вки.

до исполне́ния пе́сен	по́сле исполне́ния пе́сен

5. Как к геройне относи́лся нача́льник коло́нии? Посмотри́те 6-ой, 7-ой и 14-ый отры́вки.

до исполне́ния пе́сен	по́сле исполне́ния пе́сен

6. Как относи́лась геройня к себе́ до и по́сле того́, как она́ уви́дела глаза́ заключённых? Посмотри́те 3-ий, 4-ый, 6-ой и 13-ый отры́вки.

до	по́сле

48. До и пòсле (2).

На оснóве задáния 47 расскажите или напишите о том, как менялось отношéние геройни к заключённым и к себé во врéмя поéздки в колóнию.

49. Эмоционáльное состояние геройни.

a) Познакóмьтесь со словáми, котóрые употребляются с глагóлами **чýвствовать** (*асс.*) и **испытывать** (*асс.*). Обратите внимáние, что не все существительные, выражáющие эмоционáльное состояние, употребляются с обóими глагóлами:

испытывать/испытáть *асс.*	востóрг
	восхищéние
	жáлость
	сострадáние **к** + *dat.*
	тревóга
	удивлéние
	чýвство
	    стыда
	    стрáха
	    удовлетворéния

испытывать/испытáть *асс.* чýвствовать/почýвствовать *асс.*	беспокóйство волнéние востóрг восхищéние гóрдость неприязнь **к** + *dat.* облегчéние отвращéние **к** + *dat.* рáдость раздражéние симпáтия **к** + *dat.* смущéние ýжас
чýвствовать/почýвствовать *асс.*	нéнависть стыд

b) Напишите нéсколько слов и словосочетáний, передающих эмоционáльное состояние геройни в кáждый временнóй отрéзок. Испóльзуйте словá, обозначáющие чýвства и переживáния из задáния 49 a). Расскажите, какие чýвства испытывала геройня во врéмя поéздки.

1	Разговóр по телефóну	
2	Дорóга в колóнию	
3.	Разговóр с начáльником колóнии	
4.	Дорóга в барáк, где находился áктовый зал	

5.	Чте́ние расска́за	
6	Исполне́ние пе́сен Га́лича и Высо́цкого	
7	По̀сле исполне́ния пе́сен	
8	Обра́тная доро́га домо́й	

50. **Геро́иня расска́за и его́ а́втор.**

1. Расска́з напи́сан от пе́рвого лица́. Как вы ду́маете, как э̀то ска́зывается на хара́ктере повествова́ния?

2. Хотя́ расска́з напи́сан от пе́рвого лица́, нельзя́ отождествля́ть геро́иню расска́за с а́втором. А́втор пока́зывает геро́иню в двух измере́ниях: в мо́лодости и когда́ она́ ста́ла ста́рше, ста́ла бо́лее зре́лым челове́ком. Го́лос э́того зре́лого челове́ка мо́жно услы́шать там, где даётся оце́нка собы́тий. Обы́чно э́та оце́нка но́сит ирони́ческий хара́ктер. А́втор сде́лал геро́иню челове́ком с ю́мором. Смешны́ми мо́гут быть характери́стики люде́й, смешны́м мо́жет быть описа́ние их поведе́ния, смешны́ми мо́гут быть неожи́данные сравне́ния. Ча́сто в осно́ве смешно́го лежи́т абсу́рдность. Ви́дите ли вы абсу́рдность в назва́нии расска́за «Конце́рт по путёвке "О́бщества книголю́бов"» или в слова́х из о́тзыва нача́льника: *Отли́чно поёт това́рищ проза́ик! Побо́льше бы нам таки́х писа́телей!* (14-ый отры́вок)?

3. В чём вы ви́дите иро́нию во фрагме́нтах, взя́тых из те́кста:
   a) *В расска́зике, дово́льно смешно́м, фигури́ровали не́которые на́ши учителя́, под свои́ми почти́ имена́ми. Но са́мым смешны́м бы́ло то, что расска́з напеча́тали* (1-ый отры́вок).
   b) *...В назна́ченный час я слоня́лась у подъе́зда «О́бщества книголю́бов», ожида́я обе́щанный тра́нспорт. В су́мке лежа́л мой тво́рческий бага́ж — три столи́чных журна́ла с мои́ми расска́зами* (4-ый отры́вок).
   c) *Мне бы́ло восемна́дцать лет, в акти́ве я име́ла: но́вые джи́нсы, ослепи́тельной си́лы глу́пость и твёрдое убежде́ние, что я — писа́тель* (4-ый отры́вок). И да́лее: *И но́вый, неожи́данный, электри́ческой си́лы стыд пронзи́л меня: э́то бы́ли лю́ди с Судьбо́й. Пусть покале́ченной, распрокля́той и престу́пной, но Судьбо́й. Я же облада́ла но́выми джи́нсами и тремя́ расска́зами в столи́чных журна́лах* (13-ый отры́вок).
   d) *По̀сле того́ как нача́льник рассмотре́л журна́л с фотогра́фией геро́ини, он кря́кнул, вы́шел из-за стола́, одёрнул фо́рменный ки́тель и по́дал мне твёрдую ладо́нь ребро́м, то́же похо́жую на прикла́д винто́вки. Я обхвати́ла её и потрясла́ как мо́жно внуши́тельней* (7-о́й отры́вок).
   e) *Нача́льник спроси́л геро́иню, на каки́е те́мы она́ «прово́дит» ле́кции. «На мора́льно-эти́ческие...» — пробормота́ла я* (7-о́й отры́вок).

4. Найди́те и прокомменти́руйте самостоя́тельно фрагме́нты, в кото́рых вы ви́дите иро́нию.

51. Что за челове́к геро́иня? Аргументи́руйте свой отве́т.

52. Как вы ду́маете, как сложи́лась судьба́ геро́ини? Кем она́ ста́ла? Приду́майте и расскажи́те исто́рию её жи́зни.

ЗАКЛЮЧЁННЫЕ

53. Воспитательно-трудовая колония.

1. Вспомнив текст и то, что вы говорили, когда речь шла о героине, опишите ворота колонии, проходную, здание администрации, территорию колонии, актовый зал. Расскажите о колонии, как вы её представляете.

2. Как выглядели заключённые? Опишите их внешность, их одежду (9-ый и 10-ый отрывки).

3. Прочитайте 8-ой отрывок. Как вы понимаете выражения: *ребята вкалывают* и *За ударный труд — досрочная воля*?

4. Представьте, как может проходить рабочий день колониста. Расскажите об одном таком дне.

54. Порядки в колонии.

О порядках, которые были в колонии, в рассказе не говорится. Однако вы можете догадаться об этом по некоторым замечаниям героини.

1. С чем героиня сравнивает нос начальника колонии (6-ой отрывок), его ладонь (7-ой отрывок)?

2. Как описывает героиня взгляд, *взор* начальника (7-ой отрывок)?

3. Во что был одет начальник (7-ой отрывок)? Как вы думаете, как были одеты люди, которые работали там, — милиционеры, воспитатели (7-ой отрывок)?

4. Как вы думаете, каковы функции милиционеров и воспитателей колонии?

5. Что хотел услышать начальник колонии в выступлении героини? Как вы думаете, что начальник делал для того, чтобы воспитывать и перевоспитывать подростков? Как относились к этому заключённые?

55. Поведение заключённых в актовом зале.

1. Как отнеслись заключённые к героине рассказа в начале её выступления? Прокомментируйте некоторые фрагменты из текста:
   a) Заключённые, увидев героиню, *нецензурно-восхищённо заорали* (10-ый отрывок);
   b) Тишину, которая наступила в зале, героиня сравнивает с *ядерным взрывом* (10-ый отрывок);
   c) Героиня начала читать рассказ. Прошло несколько минут. *Вдруг из задних рядов сказали громко и лениво: «Ну, хватить уже! Пусть поёт...»* (10-ый отрывок). Почему кто-то из заключённых предложил героине спеть?

2. Что делали воспитатели и милиционеры в актовом зале (9-ый отрывок)?

3. Как вы думаете, заключённые всегда вели себя так, как это описала героиня, или только на её выступлении?

4. a) Напишите несколько слов, которые передают отношение заключённых к героине до и после того, как прозвучали песни (ориентируйтесь на содержание 11-го, а затем 12-го, 13-го и 14-го отрывков).

до	после

   b) Как менялось отношение к героине во время её выступления? Аргументируйте свой ответ.

56. Люди с Судьбо́й.

Когда́ геро́иня посмотре́ла в зал, она́ уви́дела ли́ца — *...э́то бы́ли лю́ди с Судьбо́й. Пусть покале́ченной, распрокля́той и престу́пной, но Судьбо́й* (13-ый отры́вок).

1. Выраже́ние «лю́ди с Судьбо́й» мо́жет понима́ться по-ра́зному. Как вы его́ понима́ете?

2. Что зна́чит «лю́ди с Судьбо́й» в да́нном конте́ксте?

3. Встреча́ли ли вы в свое́й жи́зни «люде́й с Судьбо́й»? Е́сли да, расскажи́те о ко́м-нибудь из них.

4. В 16-ом отры́вке Д. Ру́бина пи́шет о том, что подро́сткам из коло́нии, отбы́вшим срок, о́чень тру́дно...*противостоя́ть ине́рции судьбы́* (16-ый отры́вок). В чём мо́жет заключа́ться «ине́рция судьбы́» для ребя́т из коло́нии?

5. Бы́ли ли в ва́шей жи́зни слу́чаи, когда́ ва́ша жизнь скла́дывалась по ине́рции? Е́сли да, то расскажи́те об э́том. А бы́ли ли в ва́шей жи́зни моме́нты, когда́ вы противостоя́ли ине́рции судьбы́?

57. Роль иску́сства в жи́зни челове́ка.

В конце́ расска́за Д. Ру́бина пи́шет: *Не ду́маю, что́бы мой неожи́данный конце́рт произвёл переворо́т в ду́шах э́тих отве́рженных о́бществом ребя́т. Я вообще́ далека́ от мы́сли, что иску́сство спосо́бно вдруг раз и навсегда́ переверну́ть челове́ческую ду́шу. Скоре́е, оно́ ка́плей то́чит многовеково́й ка́мень зла, кото́рый та́щит на своём горбу́ челове́чество* (16-ый отры́вок).

1. Как вы понима́ете после́днее предложе́ние: *иску́сство ка́плей то́чит многовеково́й ка́мень зла*? Согла́сны вы с э́тим?

2. Мо́жете ли вы привести́ приме́ры из литерату́ры, когда́ си́ла иску́сства влия́ла на судьбу́ челове́ка?

3. Бы́ли ли в ва́шей жи́зни слу́чаи, когда́ иску́сство (литерату́ра, жи́вопись, кино́) сыгра́ло большу́ю роль в ва́шей жи́зни?

58. Тру́дные подро́стки.

Обсуди́те в гру́ппе причи́ны появле́ния «тру́дных» подро́стков в о́бществе. Как в ва́шей стране́ реша́ют пробле́мы «тру́дных» подро́стков? Что, по ва́шему мне́нию, ну́жно де́лать, что́бы в стране́ ста́ло ме́ньше «тру́дных» подро́стков?

59. Напиши́те сочине́ние.

Вы́берите одну́ из тем.

1. Геро́иня: её хара́ктер и поведе́ние.
2. Как меня́лось эмоциона́льное состоя́ние геро́ини во вре́мя пое́здки в коло́нию.
3. Как меня́лось отноше́ние колони́стов к геро́ине.
4. Пробле́мы тру́дных подро́стков в мое́й стране́.

АКТИВНАЯ ЛЕКСИКА

ACTIVE VOCABULARY

СЛОВА   WORDS

авторите́т

адвока́т

аккомпанеме́нт

акко́рд

амни́стия

аплоди́ровать / зааплоди́ровать (*pfv-begin*) *dat.*

аплодисме́нты

аудито́рия

бара́к

беспоко́иться / побеспоко́иться *acc.* (*pfv-begin*)

бормота́ть / забормота́ть (*pfv-begin*) *acc.*

бритоголо́вый

винто́вка

волне́ние

во́льный

во́ля

воспита́тель

восто́рг

восхище́ние

вы́порхнуть *pfv. only*

выступа́ть / вы́ступить

выступле́ние

гуде́ть / загуде́ть (*pfv-begin*)

демонстрати́вно

ди́кий

жа́лобно

заключённый

зарешёченный

зря

изумле́ние

ине́рция

испу́г

клавиату́ра

колони́ст

коло́ния

конво́йр

конво́й

кра́сить / покра́сить *acc.*

крича́ть / закрича́ть *acc. & dat.*

ла́герь

лиша́ть / лиши́ть *acc. & gen*

напомина́ть / напо́мнить *acc. & dat.*

нару́чники

нача́льник

ора́ть / заора́ть (*pfv-begin*)

осведомля́ться / осве́домиться **о** + *prep.*

отве́рженный

отвраще́ние

о́тзыв

отча́яние

перевёртывать (ог перевора́чивать) / переверну́ть

печа́тать / напеча́тать *acc*

поро́ть / вы́пороть *acc.*

почти́тельно

прекраща́ть / прекрати́ть *acc.* or *inf.*

прерыва́ться / прерва́ться

престу́пный

прикла́д

присоединя́ться / присоедини́ться **к** + *dat.*

проза́ик

проходна́я

пя́титься / попя́титься (*pfv-begin*)

ра́фик

реве́ть / взреве́ть ог зареве́ть (both *pfv-begin*)

реги́стр

ро́жа

роня́ть / вы́ронить *acc.*

све́рстник

свисте́ть / засвисте́ть (*pfv-begin*) & сви́стнуть (*pfv-once*)

слепи́ть / ослепи́ть *acc.*

смуща́ть / смути́ть *acc. & instr.*

сопровожда́ть *acc.* (*usu. impfv.*)

справедли́вость
срок
страда́ть / пострада́ть **от** + *gen.* **за** + *acc.*
стра́стный
страх
стыд
судьба́
табли́чка
террито́рия
то́пать / зато́пать (*pfv-begin*)
трясти́ / потрясти́ *acc. & dat.*

трясти́сь / затрясти́сь (*pfv-begin*)
тяну́ться / потяну́ться
убежда́ться / убеди́ться **в** + *prep.*
уде́рживать / удержа́ть *acc.*
у́жас
фо́рма
фортепиа́но
цех
хло́пать / захло́пать (*pfv-begin*) *dat.*
шелохну́ться *pfv. only*

ВЫРАЖЕНИЯ   IDIOMS AND PHRASES

а́ктовый зал
битко́м наби́т (-а, -о, -ы) *instr.*
бро́сить взгляд **на** + *acc.*
ви́деть / уви́деть путь к спасе́нию
во́инская часть
воспита́тельно-трудова́я коло́ния
гробова́я тишина́
идти́ под конво́ем (без конво́я)
как в дурно́м сне
конституцио́нные права́
наступи́ла тишина́

на цы́почках
отбыва́ть / отбы́ть срок
поднима́ть / подня́ть настрое́ние
приводи́ть / привести́ в чу́вство *acc.*
пригре́ла сла́ва *acc.*
производи́ть / произвести́ переворо́т **в** + *prep.*
С бо́гом! (С Бо́гом!)
с разма́ху
тво́рческий бага́ж
уде́рживать / удержа́ть равнове́сие
я́дерный взрыв

7 ДОПОЛНИТЕЛЬНОЕ ЧТЕНИЕ

SUPPLEMENTARY READING

Александр Галич

Облака́   Clouds

Облака́ плыву́т, облака́,
Не спеша́ плыву́т, как в кино́.
А я цыплёнка ем табака́,
Я коньячку́ при́нял полкило́.
Облака́ плыву́т в Абака́н,
Не спеша́ плыву́т облака́.
Им тепло́, небо́сь, облака́м,
А я продро́г наскво́зь, на века́!
Я подко́вой вмёрз в са́нный след,

Clouds drift on by, floating clouds,
They drift lazily by, like in films,
While I eat my pounded garlic chicken,
After hoisting half a kilo of cognac.
Clouds drift on toward Abakan,
They drift lazily by, floating clouds.
I bet they feel nice and toasty, those clouds,
While I'm chilled to the bone for all time!
I'm frozen to a sled track like a horseshoe

В лёд, что я кайлóм ковырял!	Left in ice that I broke with a pick-axe!
Ведь недáром я двáдцать лет	They took a toll, you know, the twenty years
Протрубил по тем лагерям.	That I slaved away in those camps.
До сих пор в глазáх снéга наст!	To this day I can still picture that snow crust!
До сих пор в ушáх шмóна гам!	To this day I can hear the din of mass strip searches!
Эй, подáйте ж мне ананáс	Here, waitress, let's have that pineapple, then,
И коньячкý ещё двéсти грамм!	And another two hundred grams of cognac, too!
Облакá плывýт, облакá,	Clouds drift on by, floating clouds,
В мúлый край плывýт, в Колымý,	On their way to a lovely old place: Kolyma,
И не нýжен им адвокáт,	And they don't need any lawyers,
Им амнúстия * — ни к чемý.	They've got no use for any amnesty.
Я и сам живý — пéрвый сорт!	I've got no complaints, either — things are great!
Двáдцать лет, как день, разменял!	Cashed in twenty years of my life like one day!
Я в пивнóй сижý, слóвно лорд,	I sit around in this bar like a king,
И дáже зýбы есть у меня!	And I've even still got a few teeth!
Облакá плывýт на восхóд,	Clouds drift their way toward the sunrise,
Им ни пéнсии, ни хлопóт...	With no pensions, with no cares at all…
А мне четвёртого — перевóд,†	But for me, every fourth of the month means a payment,
И двáдцать трéтьего — перевóд.	And every twenty-third — means one more.
И по этим дням, как и я,	And on those days of the month, just like me,
Полстраны сидит в кабакáх!	Half the country sits around in drinking holes!
И нáшей пáмятью в те края	And our memories drift back to those places
Облакá плывýт, облакá...	With the clouds, drifting back, with the clouds…
И нáшей пáмятью в те края	And our memories drift back to those places
Облакá плывýт, облакá...	With the clouds, drifting back, with the clouds…

1962   Prose translation by Timothy Sergay

*амнúстия amnesty

In the former Soviet Union, the government sometimes granted amnesty to certain groups of prisoners. Amnesties, which were often timed for a Soviet holiday, were never granted to political prisoners, such as the hero of this song, who had served his full term of 20 years.

†перевóд money order, money transfer

In this song, перевóд refers to pension payments received twice a month. They were either age-related pension payments for length of service or disability pensions. The former was based on work record prior to imprisonment and work record after release; it also took into account hard labor in the camps. At that time, there were no special compensation payments to released political prisoners who had been illegally subjected to repression.

The recording of this song performed by the author is available on the interactive multimedia disc (Song 5-1A). The recording is also available on the video DVD Disc 2.

Владимир Высоцкий

Охо́та на волко́в

Рвусь из сил — и из всех сухожи́лий,
Но сего́дня — опя́ть как вчера́:
Обложи́ли меня́, обложи́ли,
Го́нят ве́село на номера́!*

Из-за е́лей хлопо́чут двуство́лки —
Там охо́тники пря́чутся в тень, —
На снегу́ кувырка́ются во́лки,
Преврати́вшись в живу́ю мише́нь.

    Идёт охо́та на волко́в,
    Идёт охо́та —
    На се́рых хи́щников
    Матёрых и щенко́в!
    Крича́т заго́нщики, и ла́ют псы до рво́ты,
    Кровь на снегу́ — и пя́тна кра́сные
        флажко́в.

Не на ра́вных игра́ют с волка́ми
Егеря́, но не дро́гнет рука́:
Огради́в нам свобо́ду флажка́ми,
Бьют уве́ренно, наверняка́.

Волк не мо́жет нару́шить тради́ций —
Ви́дно, в де́тстве, слепы́е щенки́,
Мы, волча́та, соса́ли волчи́цу
И всоса́ли: нельзя́ за флажки́!

    И вот — охо́та на волко́в,
    Идёт охо́та —
    На се́рых хи́щников
    Матёрых и щенко́в!
    Крича́т заго́нщики, и ла́ют псы до рво́ты,
    Кровь на снегу́ — и пя́тна кра́сные
        флажко́в.

На́ши но́ги и че́люсти бы́стры —
Почему́ же — вожа́к, дай отве́т —
Мы затра́вленно мчи́мся на вы́стрел
И не про́буем чере́з запре́т?!

Волк не мо́жет, не до́лжен ина́че.
Вот конча́ется вре́мя моё:
Тот, кото́рому я предназна́чен,
Улыбну́лся и по́днял ружьё.

    Идёт охо́та на волко́в,
    Идёт охо́та —
    На се́рых хи́щников
    Матёрых и щенко́в!
    Крича́т заго́нщики, и ла́ют псы до рво́ты,
    Кровь на снегу́ — и пя́тна кра́сные
        флажко́в.

Wolf Hunt

I strain every muscle, I strain every tendon,
But today—the same as yesterday—
They've hemmed me in, hemmed me in—
They're driving me lustily into their shooting lanes!

Double-barreled shotguns rustle behind the firs—
Those are hunters hunkering down in the shadows —
Wolves go tumbling in the snowy field,
Made into living targets.

A wolf-hunt is on,
The hunt is on —
For the grey predators
Mature and puppies alike!
The drivers shout, and the hounds bark themselves sick,
Blood on the snow, and the red blurs of the flags.

The odds for us wolves are stacked to favor the
Hunters, yet they'll shoot without flinching:
They block our freedom with flag barriers,
And blast away when they can't possibly miss.

A wolf can't break with tradition —
It must be that as kids, just blind puppies,
We wolf cubs suckled our mothers,
And drank in the rule: *No going beyond the flags!*

So now the wolf hunt is on
The hunt is on —
For the grey predators
Mature and puppies alike!
The drivers shout, and the hounds bark themselves sick,
Blood on the snow, and the red blurs of the flags.

Our legs and jaws are swift —
So riddle me this one, Pack Leader,
Why let them hound us straight into their gunsights
Instead of making a break for it past the barrier?!

A wolf can't—a wolf's not supposed to do anything else.
And now my time is just about up:
The one I was destined for
Is grinning and raising his gun.

A wolf-hunt is on,
The hunt is on —
For the grey predators
Mature and puppies alike!
The drivers shout, and the hounds bark themselves sick,
Blood on the snow, and the red blurs of the flags.

Я из повиновéния вы́шел:	I won't submit to it anymore:
За флажки́ — жа́жда жи́зни сильнéй!	I dash past the flags — my lust for life has won out!
Тóлько — сза́ди я ра́достно слы́шал	Only behind me I hear—and rejoice at the sound!—
Удивлённые кри́ки людéй.	Men shouting with surprise.
Рвусь из сил — и из всех сухожи́лий,	I strain every muscle, I strain every tendon,
Но сегóдня — не так, как вчера́:	But today's not the same as yesterday:
Обложи́ли меня́, обложи́ли —	They hemmed me in, hemmed me in—
Но оста́лись ни с чем егеря́!	But the hunters are left empty-handed!
Идёт охóта на волкóв,	A wolf-hunt is on,
Идёт охóта —	The hunt is on —
На сéрых хи́щников	For the grey predators
Матёрых и щенкóв!	Mature and puppies alike!
Крича́т загóнщики, и ла́ют псы до рвóты,	The drivers shout, and the hounds bark themselves sick,
Кровь на снегу́ — и пя́тна кра́сные	Blood on the snow, and the red blurs of the flags.
флажкóв.	

1968   Prose translation by Timothy Sergay

*номера́ numbers

This is a reference to the particular strategy of wolf hunting practiced in the European part of Russia. When the pack is located, it is encircled with a 2-3 mi. long tether with small swatches of fabric (the "flags") stitched to it every few feet. The fabric is usually of red color to be easier spotted over the background of snow by the guides. Since it retains a human scent for several days, wolves tend to stay within the encircled area. When the hunters arrive, the pack of wolves is already "flagged." Each hunter is assigned a shooting zone. These zones are numbered, hence номера́.

The recording of this song performed by the author is available on the interactive multimedia disc (Song 5-2). The recording is also available on the video DVD Disc 2. In Vladimir Vysotsky's performance, the sequence of verses is different: the second eight-line verse after the refrain became third, and the third eight-line verse became second.

Л. УЛИЦКАЯ

ЯВЛЕНИЕ ПРИРОДЫ

GRAMMAR

1. Expressing Concession
2. Parenthetical Comments

СЛОВО И ТЕКСТ

FROM WORDS TO SENTENCES

1. a) The title of Lyudmila Ulitskaya's story is **«Явле́ние приро́ды»** ("A Natural Phenomenon"). What comes to mind when you think about явле́ния приро́ды? Name a few of them.

b) «Явле́ние приро́ды» is one of the stories that make a long story «Сквозна́я ли́ния» (*A Common Thread*). All the stories in «Сквозна́я ли́ния» are variations on the same theme. In the introduction to the set of stories, the author explains the title of this particular story: «Же́нская ложь — тако́е же явле́ние приро́ды, как берёза, молоко́ или шмель» ("Women's lie is as much a natural phenomenon as a birch, milk, or a bumblebee"). Give examples of lies (not just women's lies!) that you witnessed in real life or in the movies.

2. Read the words below. They will help you to guess some plot lines in the story you are going to read. The first word or phrase in each group is your topic. Make up three short stories.

1. **Преподава́тель литерату́ры** — быть на пе́нсии, люби́ть и хорошо́ знать поэ́зию, знать мно́го стихотворе́ний наизу́сть, чита́ть вслух стихи́.
2. **Семна́дцатиле́тняя де́вушка** — конча́ть шко́лу, хорошо́ успева́ть по то́чным нау́кам, роди́тели-инжене́ры, не чита́ть книг, знать то́лько шко́льную програ́мму, поступа́ть в институ́т.
3. **Поэ́зия** — совсе́м не знать поэ́зии, научи́ться слу́шать стихи́, чита́ть биогра́фии поэ́тов, полюби́ть поэ́зию, вы́учить мно́го стихотворе́ний наизу́сть.

3. Read each pair of sentences. The second sentence of each pair contains a word or phrase that means the same as the bold-faced text in the first sentence.

   a) Underline that word or words.

   b) Replace the bold-faced words from the first sentence by the words you underlined in the second sentence and vice versa. Make syntactic changes where necessary.

1. Жéнщина, сидéвшая на скамьé рядом с дéвушкой, прочитáла стихотворéние, и таки́м óбразом **они́ познакóмились**. Дéвушка спроси́ла, кто написáл э́то стихотворéние, жéнщина улыбну́лась, и _знакóмство завязáлось_.

   знакóмство завязáлось

   _____ _Жéнщина, сидéвшая на скамьé рядом с дéвушкой, прочитáла стихотворéние, и таки́м óбразом **знакóмство завязáлось**. Дéвушка спроси́ла, кто написáл э́то стихотворéние, жéнщина улыбну́лась, и они́ познакóмились._ _____

2. Когдá дéвушка спроси́ла, кто написáл э́то стихотворéние, стáрая жéнщина не отвéтила пря́мо, а лишь сказáла, что **в мóлодости все дéлают глу́пости**. И ещё раз повтори́ла, что э́то грехи́ мóлодости.

3. Роди́тели дéвушки бы́ли просты́е лю́ди: онá люби́ла их, но **ей бы́ло немнóго сты́дно, что они́ таки́е просты́е**. Её роди́тели бы́ли хорóшие лю́ди, но онá немнóго стесня́лась их простоты́.

4. Жéнщина былá на пéнсии. Рáньше онá преподавáла литерату́ру, и у неё дóма **вездé стоя́ли кни́жные пóлки и шкафы́ с кни́гами**. У неё все стéны бы́ли застáвлены кни́жными пóлками и шкафáми с кни́гами.

5. Когдá дéвушка заходи́ла к ней, жéнщина читáла ей стихи́ часáми, и постепéнно **станови́лось поня́тно**, что онá читáет и свои́ стихи́ тóже. Онá никогдá не говори́ла, что онá — поэ́т, но э́то постепéнно стáло прорисóвываться.

6. Жéнщина читáла стихи́ óчень хорошó — не тóлько с понимáнием, но и **с чу́вством**. Так читáют стихи́ хорóшие актёры — с выражéнием.

7. У жéнщины бы́ло мнóго друзéй и ученикóв — **интеллигéнтных людéй, котóрые мнóго читáли**. А ведь рáньше дéвушка и не знáла, что их так мнóго — интеллигéнтных, начи́танных людéй.

8. **Все они́ обладáли глубóкими знáниями**, и их интерéсно бы́ло слу́шать. Все они́ бы́ли образóванными людьми́, и дéвушка всегдá с удовóльствием слу́шала их разговóры.

9. Дéвушка в э́тих разговóрах не учáствовала: онá не знáла тогó, чегó **в шкóле не изучáли**. А они́ говори́ли о поэ́тах и писáтелях, котóрых не проходи́ли в шкóле.

10. Но дéвушке нрáвилось слу́шать стихи́ и рассказы стáрой преподавáтельницы о поэ́тах, и онá стáла **интересовáться поэ́зией**. Онá стáла тяну́ться к поэ́зии, а ведь рáньше онá читáла тóлько то, что бы́ло в шкóльной прогрáмме.

11. Дéвушке захотéлось поступи́ть в гуманитáрный институ́т, но **онá боя́лась, что мóжет не сдать экзáмены**. Увéренности, что онá сдаст экзáмены, у неё нé было, да и роди́тели не разреши́ли поступáть в гуманитáрный.

12. Потóм у жéнщины был тяжёлый сердéчный при́ступ, и **онá попáла в больни́цу**. Вскóре пóсле тогó как её уложи́ли в больни́цу, онá умерлá.

13. Её друзья́ и коллéги говори́ли, что онá **хотéла доби́ться в жи́зни мнóгого**. Лю́ди, котóрые хорошó её знáли, говори́ли, что онá былá человéком с больши́ми амби́циями.

14. Для дéвушки встрéча с э́той жéнщиной стáла **óчень вáжным собы́тием, измени́вшим её жизнь**. Пóсле её смéрти дéвушка óстро почу́вствовала, что э́та встрéча стáла глáвной тóчкой отсчёта её жи́зни.

4. Check (✓) the clause or phrase that is close in meaning to the bold-faced clause or phrase and could be used to replace it.

1. Одна́жды я се́ла в па́рке на скамью́, где сиде́ла ста́рая же́нщина. Она́ прочита́ла стихотворе́ние. **Завяза́лось знако́мство.**
   a) ___✓___ Мы познако́мились
   b) _____ Мы не познако́мились
   c) _____ Мы бы́ли давно́ знако́мы

2. Пото́м я узна́ла, что она́ на пе́нсии, а до пе́нсии преподава́ла поэ́зию — ка́жется, **в како́м-то второстепе́нном ву́зе.**
   a) _____ в како́м-то изве́стном институ́те
   b) _____ в како́м-то ма̀лоизве́стном институ́те
   c) _____ в како́й-то шко́ле

3. Когда́ я зашла́ к ней, я уви́дела на сте́нах фотогра́фии **сму́тно-знако́мых лиц.**
   a) _____ люде́й, кото́рых я где́-то ви́дела, но не могла́ вспо́мнить где
   b) _____ люде́й, кото́рых все зна́ют
   c) _____ люде́й, кото́рых я совсе́м не зна́ла

4. Мне каза́лось, что она́ не лю́бит совреме́нную литерату́ру. Когда́ одна́жды я принесла́ ей мо́дный рома́н, я **ожида́ла разно́са.**
   a) _____ ожида́ла, что она́ бу́дет ра́да
   b) _____ ожида́ла, что она́ ска́жет спаси́бо
   c) _____ ожида́ла, что она́ бу́дет меня́ руга́ть

5. Она́ объясни́ла мне, **что у а́втора мо́дного рома́на бы́ли предше́ственники.**
   a) _____ что а́втор мо́дного рома́на написа́л не́сколько рома́нов
   b) _____ что а́втор мо́дного рома́на учи́лся у писа́телей, кото́рые писа́ли до него́
   c) _____ что а́втор мо́дного рома́на написа́л рома́н, похо́жий на други́е рома́ны

6. Она́ ча́сто чита́ла мне стихи́, и я **потихо́ньку** запи́сывала её стихи́.
   a) _____ по секре́ту
   b) _____ ме́дленно
   c) _____ всегда́

7. Когда́ к ней приходи́ли её друзья́ и ученики́, я обы́чно молча́ла, и никто́ **ко мне не обраща́лся.**
   a) _____ не отвеча́л на мои́ вопро́сы
   b) _____ со мной не загова́ривал
   c) _____ не знал, о чём со мной разгова́ривать

8. Все её друзья́ бы́ли **людьми́ остроу́мными.**
   a) _____ людьми́, кото́рые хорошо́ зна́ли поэ́зию
   b) _____ людьми́ о́чень у́мными
   c) _____ людьми́, кото́рые уме́ли то́нко пошути́ть

9. Éсли кто́-нибудь из них шути́л, никто́ не **хохота́л до упа́ду.**
   a) _____ говори́л, как э́то смешно́
   b) _____ смея́лся так си́льно, что не мог останови́ться
   c) _____ де́лал вид, что смеётся

10. Мы ста́ли дружи́ть. Мне ка́жется, она́ **привяза́лась ко мне.**
    a) _____ дала́ мне ключи́ от кварти́ры
    b) _____ ничего́ не де́лала без меня́
    c) _____ полюби́ла меня́

11. Пéнсия у неё былá мáленькая. Когдá онá умерлá, её квартúра стáла казáться мне **совершéнно нúщенской**.

      a) _____ óчень стáрой
      b) _____ óчень печáльной
      c) _____ óчень бéдной

12. Когдá собралúсь её друзья́, я сначáла немнóго боя́лась, но **пересúлила свою́ застéнчивость** и сказáла о её стихáх.

      a) _____ победúла свою́ застéнчивость
      b) _____ извинúлась за свою́ застéнчивость
      c) _____ началá говорúть, но остановúлась

13. А её бы́вшая аспирáнтка говорúла о том, как мнóго у неё бы́ло друзéй и ученикóв, как онá умéла **притя́гивать к себé людéй**.

      a) _____ приглашáть к себé людéй
      b) _____ привлекáть к себé людéй
      c) _____ знакóмиться с людьмú

5. A word may have several meanings. When working with a bilingual dictionary, you have to select a meaning that fits the given context. Below are several entries from K. Katzner's dictionary and a number of microtexts. Find an appropriate English equivalent for each bold-faced word in the microtexts.

водúться *v.r.impfv.* [*pres.* **вожу́сь, вóдишься**] **1**, (*of animals, birds, etc.*) to be found (*in a certain area*). **2**, (*with* **с** + *instr.*) *colloq.* to associate (with); consort (with); hang around (with). **3**, (*with* **за** + *instr.*) (*of traits of character*) to be noticed; be observed: За ним никакúх стрáнностей не водúлось, no peculiarities were observed in his behavior. **4**, *colloq.* (*with* **у**) to be in one's possession: У негó всегдá водúлись дéньги, he always had plenty of money. —**как вóдится**, as usual.

значúтельный *adj.* **1**, considerable. **2**, significant.

обращáться *v.r.impfv.* [*pfv.* **обратúться**] **1**, (*with* **к**) to apply (to); appeal (to); address. **2**, (*with* **к**) to turn to; consult; go to; see. Обратúться к комý-нибудь за пóмощью, to turn to someone for help. Обратúться к врачý, to see a doctor. Обратúться к словарю́, to refer to a dictionary. Обратúться к релúгии, to turn to religion. **3**, (*with* **в** + *acc.*) to turn into; become. **4**, (*with* **в** + *acc.*) to convert (to another religion). **5**, [*impfv. only*] (*of blood, money, etc.*) to circulate. **6**, [*impfv. only*] (*with* **с** + *instr.*) to treat; handle (*in a certain way*). **7**, [*impfv. only*] (*with* **с** + *instr.*) to handle; operate. —**обращáться в бéгство**, to take flight.

откáзываться *v.r.impfv.* [*pfv.* **отказáться**] **1**, (*with inf.*) to refuse (to). **2**, (*with* **от**) to turn down; decline. Не откажу́сь от (*or with inf.*), I wouldn't mind... **3**, (*with* **от**) to abandon; give up; relinquish. **4**, (*with* **от**) to retract; renounce; repudiate; disavow; disown. —**отказáться служúть** *or* **работáть**, (*of one's heart, a machine, etc.*) to fail.

притя́гивать *v.r.impfv.* [*pfv.* **притяну́ть**] **1**, to pull in (a boat). **2**, to attract; draw. **3**, *colloq.* to summon: притяну́ть к отвéту, to call to account. —**притя́нутый зá уши**, farfetched.

проходúть[1] *v.impfv.* [*pfv.* **пройтú**; *pres.* **-хожу́, -хóдишь**] **1**, to walk (along, through, past, into, etc.). **2**, to pass: дáйте мне пройтú! let me pass! **3**, (*with* **мúмо**) to pass (by); (*with* **чéрез**) to pass through. **4**, to go (right) past (*inadvertently*). **5**, (*with* **в** + *acc.*) to fit into; fit through. **6**, to cover (a certain distance); traverse (a route or path); walk the length of (*e.g.* a street). **7**, (*of a road, border, etc.*) to run; extend. **8**, to pass; elapse; go by. **9**, (*of pain*) to stop; go away; (*of rain*) to stop; (*of a storm*) to pass; be over. **10**, to take place; be held. **11**, to go; proceed: Заседáние прошлó хорошó, the meeting went well. Как прошла́ пое́здка? how was the trip? **12,** to be approved; be accepted; (*of a proposal or motion*) carry; pass. **13,** to undergo (treatment, training, etc.); [*pfv. only*] complete (a course); pass (a physical examination); clear (customs). **14,** *colloq.* to study (a subject).

успева́ть *v.impfv.* [*pfv.* **успе́ть**] **1,** [*with inf.*] to have time (to). **2,** (*with* **на** + *acc. or* **к**) *colloq.* to be in/on time (for). **3,** [*impfv. only*] to do well (*in one's studies*). **4,** (*with* **в** + *prepl.*) *obs.* to be successful (in).

Kenneth Katzner. English-Russian Russian-English Dictionary.

1. ____*води́ться 3*____ Де́вушка спроси́ла, кто написа́л понра́вившееся ей стихотворе́ние, и в отве́т услы́шала, что э́то «грехи́ мо́лодости», что в мо́лодости все пи́шут стихи́. Девушка согласи́лась, хотя́ за ней э́тот грех не **води́лся**.

2. _____ Де́вушка хорошо́ **успева́ла** по матема́тике и фи́зике. Э́то бы́ло ва́жно, так как она́ собира́лась поступа́ть в а́втодоро́жный институ́т.

3. _____ Литерату́ру она́ зна́ла пло́хо — то́лько то, что **проходи́ли** в шко́ле, а в шко́ле проходи́ли о́чень ма́ло.

4. _____ Когда́ к ста́рой же́нщине приходи́ли друзья́, де́вушка в их разгово́рах не уча́ствовала, а то́лько слу́шала. К ней никто́ и не **обраща́лся**.

5. _____ Все друзья́ и ученики́ ста́рой преподава́тельницы зна́ли, что она́ уме́ла **притя́гивать** к себе́ люде́й.

6. _____ Де́вушка назвала́ стихи́, кото́рые ей осо́бенно понра́вились, **значи́тельными**.

7. _____ Когда́ ста́рая же́нщина заболе́ла, де́вушка не хоте́ла оставля́ть её. Она́ да́же **отказа́лась** пое́хать за грани́цу.

6. Read the sentences below. Guess the meaning of the bold-faced words based on their affinity with English words and write down the English words that have the same root. If you prefer to use a different word in your translation, provide that word, too:

1. Же́нщина, о кото́рой идёт речь, была́ **педаго́г**, давно́ уже́ **на пе́нсии**.
____*pedagogue / teacher; pension / to be retired*____

2. У неё была́ **фантасти́ческая** па́мять: она́ зна́ла наизу́сть о́чень мно́го стихо́в.

3. Она́ чита́ла де́вушке стихи́ часа́ми, с **коммента́риями**, расска́зами о **поэ́тах**.

4. До́ма у неё бы́ло мно́го книг и ещё был ма́ленький **ова́льный** сто́лик.

5. И ча́йник у неё был ста́рый, не **электри́ческий**.

6. Де́вушке каза́лось, что тако́й ча́йник мо́жно уви́деть то́лько в **антиква́рном** магази́не.

7. Роди́тели де́вушки бы́ли **инжене́рами**, рабо́тали на заво́де.

8. Никаки́х **интеллектуа́льных интере́сов** у них не́ было.

9. А ста́рая преподава́тельница и её друзья́ бы́ли **интеллиге́нтными** людьми́.

10. Де́вушке бы́ло интере́сно слу́шать их разгово́ры, она́ восхища́лась их лёгкими **диало́гами**.

11. Осо́бенно **симпати́чной** ей каза́лась бы́вшая **аспира́нтка** ста́рой преподава́тельницы.

12. Дéвушке захотéлось учи́ться в **гуманита́рном институ́те**.

13. В **рюкзакé** у дéвушки лежáла тóнкая тетрáдь со стихáми.

14. Стáрая преподавáтельница былá человéком непростым, с больши́ми **амби́циями**.

15. Как вы дýмаете, что чýвствует **поэ́т**, когдá читáет свои́ стихи́ пéред **пýбликой** и ощущáет отвéтные **эмóции** в свои́х слýшателях?

7. The story you are about to read contains a number of long modifiers—adjectives and participles. These words, many of them bookish, contribute to the literary flavor of the story. For each such item in the left-hand column find its definition in the right-hand column.

1. __7)__ остроýмный (о человéке)
2. _____   а̀втодорóжный
3. _____   прямоугóльный
4. _____   стихотвóрный
5   _____   необрати́мый
6   _____   простодýшный (о человéке)
7. _____   высòкообразóванный
8   _____   своеобрáзный
9   _____   благотвори́тельный
10. _____   неисчерпáемый
11. _____   мàлочувстви́тельный

1) (о дéйствии, котóрое) идёт на пóльзу óбществу и совершáется без оплáты
2) напи́санный стихáми, имéющий отношéние к стихáм
3) (о человéке) неспосóбный на тóнкие чýвства
4) оригинáльный, отличáющийся от други́х
5) имéющий прямóй ýгол или прямы́е углы́
6) имéющийся в огрóмном коли́честве
7) умéющий говори́ть я́рко, óбразно, насмéшливо, умéющий смеши́ть други́х
8) имéющий отношéние к автомоби́льным дорóгам
9) наи́вный, откры́тый, неспосóбный на хи́трость, легкó вéрящий всемý
10) такóй, котóрый не мóжет вернýться к первоначáльному состоя́нию
11) óчень образóванный, обладáющий больши́ми знáниями

8. Read the following idiomatic expressions and their English equivalents; then read the microtexts, paying particular attention to the bold-faced words. Add idioms to the microtexts (you can either replace a non-idiomatic phrase with an idiom or just add the idiom to the context). You may use more than one idiom in a microtext if the context permits. Read the microtexts with the idioms you selected, then try to make up your own microtexts for each idiom.

1) бóлее или мéнее   *(used as a modifier or adverbial)* more or less

2) врéмя от врéмени   from time to time; (every) now and then; occasionally

3) давáть / дать понять *acc. & dat.*   to give s.o. to understand that...; to let s.o. know that...; to make it clear/plain that...; to convey to s.o. that..

4) и без тогó   as it is (was); (even) without that; anyway; anyhow

5)	как ра́з	1. (*used to emphasize the word or phrase to which it refers*) exactly; precisely; right (when/then, *etc.*); 2. (*used to emphasize that something happens differently from the way stated or suggested*) quite the contrary; in fact...; actually
6)	не име́ть (никако́го) отноше́ния (**к** + *dat.*)	to have nothing to do (with s.o. or sth.); to have no connection (with sth.); to have nothing in common (with s.o. or sth.)
7)	приходи́ть / прийти́ в го́лову *dat.*	to come into s.o.'s head (mind); to cross s.o.'s mind; to occur to s.o.
8)	приходи́ть / прийти́ в себя́	1. to come to one's senses; to come to (himself); to come around; to regain consciousness; 2. to recover (from a shock, *etc.*); to pull oneself together; to get over it (the shock, *etc.*)
9)	сам (сама́, само́) собо́й	on its own; (all) by itself; of itself; of its own accord; automatically
10)	с выраже́нием чита́ть, деклами́ровать, петь	to read, recite, sing with feeling; with (genuine) emotion; with expression (in one's voice)

1. ___10)__ Моя́ ба́бушка хорошо́ зна́ла литерату́ру и осо́бенно поэ́зию. Когда́ я была́ ма́ленькой, она́ ча́сто чита́ла мне стихи́. Она́ чита́ла о́чень хорошо́, и я могла́ слу́шать её о́чень до́лго.

   _____ *Моя́ ба́бушка хорошо́ зна́ла литерату́ру и осо́бенно поэ́зию. Когда́ я была́ ма́ленькой, она́ ча́сто чита́ла мне стихи́. Она́ чита́ла о́чень хорошо́, **с выраже́нием**, и я могла́ слу́шать её о́чень до́лго.* _____

2. _____ Ба́бушка до пе́нсии преподава́ла литерату́ру в педагоги́ческом институ́те. Она́ была́ челове́ком дово́льно изве́стным.

3. _____ Она́ хоте́ла, что́бы я люби́ла и зна́ла поэ́зию. Но она́ не ду́мала, что преподава́ние литерату́ры мо́жет стать мое́й профе́ссией.

4. _____ Я то́же об э́том не ду́мала — я хоте́ла стать инжене́ром, как оте́ц. Но получи́лось, что литерату́ра ста́ла ча́стью мое́й жи́зни.

5. _____ У ба́бушки бы́ло больно́е се́рдце. В тот год, когда́ я зака́нчивала шко́лу, у неё был серде́чный при́ступ, и она́ умерла́. По́сле сме́рти ба́бушки я до́лго не могла́ верну́ться к привы́чной жи́зни.

6. _____ Э́то был тру́дный для меня́ год. Я зака́нчивала шко́лу и гото́вилась к поступле́нию в автодоро́жный институ́т. И́менно тогда́ мне ста́ло каза́ться, что я бо́льше всего́ люблю́ литерату́ру. И я реши́ла поступа́ть на факульте́т ру́сского языка́ и литерату́ры.

7. _____ Оте́ц был про́тив. Он говори́л мне, хотя́ и не пря́мо, что я де́лаю оши́бку. Он проси́л меня́ серьёзно поду́мать. Но я и не собира́лась спеши́ть.

8. _____ Оте́ц повторя́л, что профе́ссию выбира́ют на всю жизнь. И у меня́ ста́ли появля́ться сомне́ния. Я мно́го ду́мала об э́том — и поняла́, что оте́ц прав.

9. _____ Я ста́ла инжене́ром. Моя́ профе́ссия о́чень далека́ от литерату́ры. Но я всегда́ бу́ду люби́ть литерату́ру.

ТЕКСТ

READING THE TEXT

Людмила УЛИЦКАЯ

ЯВЛЕНИЕ ПРИРОДЫ

1 Всё так преле́стно начина́лось, а зако́нчилось душе́вной тра́вмой ю́ной деви́цы по и́мени Ма́ша, вне́шне незначи́тельной, но с о́чень то́нкой душе́вной организа́цией. Тра́вму нанесла́ А́нна Вениами́новна, седа́я да́ма прекло́нного во́зраста, и никаки́х дурны́х наме́рений у неё не́ было. Она́ была́ педаго́г, профе́ссор, давно́ уже́ на пе́нсии, но пы́ла педагоги́ческого за мно́гие десятиле́тия преподава́ния ру́сской литерату́ры, а осо́бенно поэ́зии, не истра́тившая. Отча́сти А́нна Вениами́новна была́ и собира́тельница — ·не сто́лько ве́тхих книг, ско́лько· ю́ных душ, стремя́щихся к э́тому кла́дезю серебряного века[1]... За до́лгие го́ды рабо́ты во второстепе́нном ву́зе[2] у неё накопи́лась це́лая а́рмия бы́вших ученико́в...

2 ·В оди́н прекра́сный день· А́нна Вениами́новна сиде́ла на садо́вой скамье́ в одно́м — а́дрес не ука́зывается ·во избежа́ние· разоблаче́ний — соверше́нно чуде́сном небольшо́м па́рке не в це́нтре Москвы́, но и не на окра́ине. В рука́х её обёрнутая в газе́ту кни́га. Так давно́ уже́ не но́сят[3]. Но она́ упо́рно обёртывала кни́ги в газе́тные листы́...

Стоя́ла хоро́шая пого́да середи́ны апре́ля, и о́бе они́, А́нна Вениами́новна и Ма́ша, случа́йно сосе́дствуя на скамье́, наслажда́лись ви́дом пробужда́ющейся приро́ды... и А́нна Вениами́новна прочла́ стро́ки стихотворе́ния:

«Широ́к и жёлт вече́рний свет, нежна́ апре́льская прохла́да, ты опозда́л на мно́го лет, но всё-таки тебе́ я ра́да...»[4]

— Каки́е чуде́сные стихи́! — воскли́кнула Ма́ша. — Кто их написа́л? Знако́мство завяза́лось.

— Ах, грехи́ мо́лодости, — улыбну́лась очарова́тельная пожила́я да́ма. — Кто ж не писа́л стихо́в в ю́ности?

Ма́ша легко́ согласи́лась, хотя́ за ней э́тот грех не води́лся. Она́ проводи́ла А́нну Вениами́новну до́ дому, та[5] пригласи́ла зайти́. Ма́ша зашла́.

3 Ма́ша происходи́ла из просто́й инжене́рской семьи́. В де́тстве у них до́ма стоя́л предме́т «Хе́льга»[6], а в нём не тро́нутые челове́ческой руко́й ро́вные тома́ из се́рии «Всеми́рная литерату́ра»[7] и оди́ннадцать хруста́льных бока́лов[8] — оди́н разби́л па́па. И сувени́ры из стран, которые тепéрь называются стра́нами содрýжества[9]...

А тут — все стéны застáвлены пóлками и кни́жными шкафáми и кни́гами без переплётов — а, вóт почемý онá их обёртывает, ина́че разлетя́тся по страни́цам! На пóлках и на стéнах — сплошь фотогрáфии смýтно-знакóмых лиц, на нéкоторых дáрственные нáдписи. Крóхотный стóлик — овáльный — не обéденный, не пи́сьменный, а ·сáм по себé·... Настоя́щая старýшка, рождённая ещё до револю́ции[10]... И чáйник не электри́ческий, а алюми́ниевый[11] — такóго сейчáс ни на однóй помóйке не найдёшь, ·рáзве что· в антиквáрном магази́не...

4   Завязáлась дрýжба. В то врéмя, когдá Мáшины однокла́ссницы — в тот год онá закáнчивала шкóлу — влюбля́лись в студéнтов вторóго кýрса, в бóдрых спортсмéнов, приезжáвших тренировáться на соседствующий со шкóлой стадиóн, и в мóдных певцóв с разрисóванными гита́рами, онá влюби́лась в А́нну Вениами́новну, котóрая обладáла всем, чего не хватáло Мáше: А́нна Вениами́новна былá худá, белокóжа и стрáшно интеллигéнтна, а Мáша уроди́лась ширококóстной, нездорóво румя́ной и си́льно себé не нрáвилась за простотý. И роди́тели бы́ли просты́, и прароди́тели[12] вся́кие ·до трéтьего колéна·, ·тáк что· Мáша, любя́ роди́телей, немнóго стесня́лась отцá Ви́ти, котóрый, бýдучи инженéром на завóде, бóлее всегó на свéте люби́л лежáть под тёмно-си́ним «Жигулём»[13], насви́стывая дурáцкий моти́вчик... И мáмы, тóже заводскóй инженéрки[14] Валенти́ны, стесня́лась Мáша — её ширины́ и прямоугóльности[15], чрезмéрно грóмкого гóлоса и простодýшного хлебосóльства: «Кýшайте, кýшайте! Борщ кýшайте! Сметáнку вот положи́те! Хлéбушка!», с котóрым онá пристава́ла к Мáшиным однокла́ссницам, когдá те[16] заходи́ли...

5   А́нна Вениами́новна тóчно былá ·из другóго тéста·, не дрожжевóго, а слоёного[17]... ·Казáлось бы·, ну о чём им бы́ло говори́ть, интеллигéнтной дáме и грубовáтой дéвушке из инженéрской среды́? Оказáлось — обо всём. ·Начина́я от· фотогрáфий людéй со смýтно-знакóмыми ли́цами и кончáя совремéнным ромáном мóдного молодёжного писáтеля, о котóром А́нна Вениами́новна слы́шала, но не читáла[18]. Мáша принеслá мóдный ромáн, ожидáя разнóса, но старýшка неожи́данно прочлá ей интерéсную лéкцию, из котóрой Мáша поняла́, что мóдный писáтель ·не с луны́ свали́лся·[19], у негó бы́ли предшéственники, о котóрых онá и не подозревáла, и вообщé вся́кая кни́га опирáется на чтó-то, что бы́ло напи́сано и скáзано до тогó[20]... Слóвом, мысль порази́ла Мáшу, а А́нну Вениами́новну, ·с другóй стороны́·, порази́ла мысль, кáк же плóхо преподаю́т литератýру в тепéрешних шкóлах. С момéнта этого взаи́много откры́тия пéред ни́ми откры́лось неисчерпáемое пóле для плодотвóрнейших бесéд. Дéвочка, вполнé хорошó успевáвшая по математи́ке, фи́зике и хи́мии, располóженная к поступлéнию в а̀втодорóжный инститýт, ·тут же·, неподалёку, в десяти́ мину́тах ходьбы́, тóлько чѐрез дорóгу, котóрый и отéц, кстáти, закáнчивал, совершéнно смени́ла ориентáцию: её всё бóлее влеклá к себé литератýра, и, что совсéм ужé удиви́тельно, её крéпкое сéрдце, прéжде мàлочувстви́тельное ко вся́ким словéсно-интеллектуáльным тóнкостям, потяну́лось к поэ́зии...

6   И А́нна Вениами́новна стáла её образóвывать... Óчень своеобрáзным и неэконóмным óбразом: онá никогдá не давáла Мáше потрёпанных книг из своéй библиотéки, затó читáла ей стихи́ часáми, с коммента́риями, расска́зами о биогра́фиях поэ́тов, об их отноше́ниях — привя́занностях, ссо́рах и любо́вных рома́нах. Ста́рая профе́ссорша отлича́лась фантасти́ческой па́мятью. Она́ по́мнила наизу́сть це́лые поэти́ческие сбо́рники. Ка́к-то постепе́нно ста́ло прорисо́вываться, что и сама́ А́нна Вениами́новна — поэ́т. Пра́вда, поэ́т, никогда́ не публикова́вший свои́х стихо́в. Ма́ша утончи́вшимся се́рдцем научи́лась уга́дывать, когда́ профе́ссорша начина́ет чте́ние своего́ со́бственного. И не обма́нывалась. В таки́х слу́чаях А́нна Вениами́новна, начина́я «своё» чте́ние, слегка́ тёрла лоб, пото́м сцепля́ла па́льцы, прикрыва́ла глаза́...

— А вот э́то, Ма́ша... Иногда́ мне ка́жется, что вре́мя э́той поэ́зии ушло́... Но э́то неотторжи́мо от культу́ры. Э́то — внутри́...

> Траво́ю жёсткою, паху́чей и седо́й
> Поро́с беспло́дный скат изви́листой доли́ны.
> Беле́ет молоча́й. Пласты́ размы́той гли́ны
> Искря́тся гри́фелем, и сла́нцем, и слюдо́й... [21]

— И э́то — ва́ши стихи́? — ро́бко спра́шивала Ма́ша.

А́нна Вениами́новна укло́нчиво улыба́лась:

— В ва́шем во́зрасте, Ма́ша, бы́ли напи́саны[22]... Восемна́дцать лет, ·что за· во́зраст...

7   Ма́ша потихо́ньку запи́сывала стихи́ само́й А́нны Вениами́новны. Па́мять у неё то́же была́ неплоха́я. А́нна Вениами́новна, при всей я́сности свое́й седо́й редковоло́сой головы́, стихи́ по́мнила гора́здо лу́чше, чем всё остально́е. Она́ уже́ вступи́ла на тот необрати́мый путь, когда́ вспо́мнить, вы́пила ли она́ у́треннее лека́рство, вы́ключила ли газ и спусти́ла ли во́ду в убо́рной, де́лается всё трудне́е, а стихи́ лежа́т в кассе́тах па́мяти[23] так кре́пко, что умира́ют после́дними...

8   Ма́ша была́, коне́чно, не еди́нственной посети́тельницей дря́хлой кварти́ры. Приходи́ли ученики́ всех времён — и дово́льно пожилы́е, и сре́дних лет, и двадцатиле́тние. Приходи́ли не о́чень ча́сто — одна́ то́лько Ма́ша жила́ в сосе́днем до́ме, забега́ла почти́ ка́ждый день.

·Удиви́тельное де́ло·, за свои́ семна́дцать лет Ма́ша ·ни ра́зу не ·встре́тила никого́ похо́жего на А́нну Вениами́новну, а тут вдруг оказа́лось, что их мно́жество — интеллиге́нтных, оде́тых невзра́чно и бе́дно, начи́танных, образо́ванных, остроу́мных! Об э́том после́днем ка́честве она́ и не дога́дывалась, оно́ никако́го ·отноше́ния не име́ло· ни к анекдо́там, ни к шу́ткам. И от проя́вленного остроу́мия никто́ не хохота́л ·до упа́ду·, а э́дак то́нко улыба́лся.

9   — Мужчи́на — э́то прекра́сно, но заче́м э́то держа́ть до́ма? — с э́той са́мой улы́бкой задава́ла еха́йдный вопро́с А́нна Вениами́новна свое́й бы́вшей аспира́нтке Же́не ·по по́воду· перипети́й её сло́жной жи́зни, и та неме́дленно ей отвеча́ла:

— А́нна Вениами́новна, я не хожу́ к сосе́дке за утюго́м, кофемо́лкой или ми́ксером, завела́ свои́ со́бственные. Почему́ же я должна́ брать ·в долг· мужчи́ну?

— Же́нечка! Как вы мо́жете сра́внивать мужчи́ну с утюго́м? Утю́г гла́дит, когда́ вам э́то ну́жно, а мужчи́на — когда́ э́то ну́жно ему́! — пари́ровала А́нна Вениами́новна.

10   И Ма́ша мле́ла от их разгово́ров — мо́жет, и не таки́х уж смешны́х, но ·де́ло всё бы́ло в том·, что отве́ты-вопро́сы — пу́м-пу́м-пу́м[24] ·с молниено́сной быстрото́й· сы́пались, и Ма́ша да́же не всегда́ успева́ла уследи́ть за смы́слом э́того скоростно́го обме́на. Она́ не зна́ла, что э́тот лёгкий диало́г, как и стихи́, — фрагме́нт дли́нной культу́ры, выра́щиваемой не год, не два, а чередо́й поколе́ний, посеща́ющих приёмы, ра́уты, благотвори́тельные конце́рты[25] и, ·прости́ Го́споди[26]·, университе́ты...

И цита́ты, как пото́м она́ ста́ла дога́дываться, занима́ли огро́мное ме́сто в э́тих разгово́рах. ·Как бу́дто·, кро́ме обы́чного ру́сского, они́ владе́ли ещё каки́м-то языко́м, упря́танным внутри́ общеупотреби́мого. Ма́ша ·так и не· научи́лась распознава́ть, отку́да, из каки́х книг они́ беру́тся, но по интона́ции разгова́ривающих научи́лась ·по кра́йней ме́ре· чу́вствовать прису́тствие ссы́лки, цита́ты, намёка...

11   Когда́ кто́-нибудь приходи́л, Ма́ша сади́лась в у́гол и слу́шала. Уча́ствовать в э́тих разгово́рах она́ совсе́м не уме́ла, но выходи́ла на ку́хню поста́вить ча́йник и приноси́ла ча́шки на ова́льный стол, а когда́ го́сти уходи́ли, мы́ла э́ти хру́пкие ча́шки, боя́сь ко́кнуть. Она́ была́ почти́ бессло́весной фигу́рой, к ней никто́ и не обраща́лся, ·ра́зве что· бы́вшая аспира́нтка Же́ня, са́мая из всех симпати́чная, задава́ла ей ·вре́мя от вре́мени· каки́е-то стра́нные вопро́сы — чита́ла ли она́ Ба́тюшкова[27], наприме́р... А его́ и в шко́ле-то не проходи́ли...

12   Са́мым люби́мым вре́менем ста́ли вече́рние часы́, когда́ Ма́ша, уже́ по́сле десяти́, приходи́ла к А́нне Вениами́новне — на тре́тий ме́сяц знако́мства ей бы́ли дове́рены ключи́ от кварти́ры, — сади́лась на раскладно́й стул, а хозя́йка сиде́ла в своём кре́сле и по́сле таи́нственной па́узы начина́ла чита́ть Ма́ше стихи́, и обы́чно А́нна Вениами́новна начина́ла так:

— А вот э́то стихотворе́ние Серге́я Митрофа́новича Городе́цкого[28] о́чень люби́л Вале́рий Я́ковлевич Брю́сов[29]. Это из пе́рвого его́ сбо́рника. Ка́жется, седьмо́го[30] го́да...

А́нна Вениами́новна чита́ла великоле́пно, не по-актёрски, ·с выраже́нием·, а по-профе́ссорски, с понима́нием:

> — Не во́здух, а зо́лото,
>
> Жи́дкое зо́лото
>
> Про́лито в мир.
>
> Ско́ван без мо́лота —
>
> Жи́дкого зо́лота
>
> Не дви́жется мир[31].

13   — А свои́ почита́йте, — проси́ла Ма́ша, и профе́ссорша прикрыва́ла ве́ки и произноси́ла ме́дленно, велича́во зву́чные слова́, и Ма́ша уси́ленно стара́лась их запо́мнить...

14   Поступа́ть в гуманита́рный институ́т роди́тели не разреши́ли, ·да и· у само́й Ма́ши не́ было уве́ренности, что сдаст. Всё ле́то она́ занима́лась усе́рдно матема́тикой и фи́зикой, почти́ ка́ждый ве́чер ходи́ла к А́нне Вениами́новне, и та то́же к ней привяза́лась, беспоко́илась, когда́ начали́сь экза́мены. Но всё прошло́ благополу́чно. Ма́шу при́няли, и роди́тели бы́ли дово́льны. Обеща́ли подари́ть ей путёвку за грани́цу, почему́-то речь шла о Ве́нгрии[32]. Там каки́е-то знако́мые бы́ли у ма́тери с сове́тских времён. Но Ма́ша е́хать отказа́лась — А́нна Вениами́новна пло́хо себя́ чу́вствовала...

15   Ма́ша не пое́хала в Ве́нгрию. В середи́не а́вгуста, по́сле тяжёлого серде́чного при́ступа, А́нну Вениами́новну ·уложи́ли в больни́цу·, и Ма́ша успе́ла съе́здить туда́ три ра́за, а когда́ прие́хала в четвёртый раз, А́нны Вениами́новны в пала́те не обнару́жила, и посте́ль её стоя́ла без белья́, и ту́мбочка разорённая — Ма́ше сказа́ли, что ба́бушка[33] её но́чью умерла́...

Ма́ша собрала́ из ту́мбочки каку́ю-то же́нскую и лека́рственную ме́лочь... С благогове́нием взяла́ и три обёрнутых в газе́ту стихотво́рных сбо́рничка...

16 Весь день просиде́ла Ма́ша на кварти́ре А́нны Вениами́новны. Звони́ли, спра́шивали, приезжа́ли. К ве́черу собрало́сь челове́к де́сять: племя́нник с жено́й, заве́дующая ка́федрой, где А́нна Вениами́новна когда́-то служи́ла, знако́мые и незнако́мые же́нщины, и дво́е борода́тых мужчи́н. Всё закрути́лось без Ма́ши, и сла́дилось ·само́ собо́й·, но ключ от кварти́ры у неё никто́ не спроси́л, она́ его́ и не отдава́ла. Пото́м прошли́ по́хороны, с отпева́нием в це́ркви — тут ·как ра́з· набежа́ло несказа́нно мно́го наро́ду, челове́к две́сти, — и девя́тый день[34] отмеча́ли в кварти́ре А́нны Вениами́новны.

17 Пожило́й племя́нник, кото́рый собира́лся переезжа́ть в унасле́дованную им кварти́ру, держа́лся ·в стороне́·: его́ не зна́ли друзья́ и ученики́ А́нны Вениами́новны, и он их не знал. Ма́ша догада́лась с гру́стью, что не́ было у А́нны Вениами́новны никако́й семе́йной жи́зни, кро́ме преподава́ния литерату́ры. Ещё Ма́ша вдруг уви́дела, что печа́льное и пы́льное жильё по́сле сме́рти А́нны Вениами́новны вдруг ста́ло соверше́нно ни́щенским. Наве́рное оттого́, что за́навеси кто́-то откры́л, и в косо́м а́вгустовском све́те ста́ла видна́ ниче́м не прикры́тая бе́дность.

А ведь пока́ А́нна Вениами́новна была́ жива́, э́та ве́тхая кварти́ра была́ роско́шной, — недоумева́ла Ма́ша.

18 Ещё це́лый ме́сяц, до са́мого въе́зда племя́нника, Ма́ша иногда́ приходи́ла в кварти́ру, достава́ла с по́лки науга́д каку́ю-нибудь из обёрнутых газе́той книг и чита́ла. На́до сказа́ть, что за вре́мя их знако́мства, в масшта́бах челове́ческой жи́зни совсе́м коро́ткого, Ма́ша научи́лась чита́ть стихи́. Понима́ть их ещё не научи́лась, но чита́ть и слу́шать — да... Вся э́та библиоте́ка шла на ка́федру[35] — э́то бы́ло распоряже́ние профе́ссорши. Но у Ма́ши была́ тетра́дь— стихи́ само́й А́нны Вениами́новны, сохранённые и запи́санные Ма́шей со слу́ха[36]... Она́ то́же зна́ла их наизу́сть.

19 Ма́ша уже́ ходи́ла на заня́тия в а̀втодоро́жный институ́т, но всё ника́к не могла́ ·прийти́ в себя́·. Встре́ча с А́нной Вениами́новной, как тепе́рь дога́дывалась Ма́ша, ста́ла гла́вной ·то́чкой отсчёта· её, Ма́шиной, биогра́фии, и по́сле её сме́рти никогда́ уже́ не бу́дет у неё тако́го удиви́тельного ста́ршего дру́га... Ве́чером сороково́го[37] она́ пришла́ в кварти́ру А́нны Вениами́новны и реши́ла, что сего́дня отда́ст наконе́ц ключи́. Наро́ду бы́ло челове́к два́дцать. И все говори́ли про А́нну Вениами́новну о́чень хорошо́, ·та́к что· Ма́ша не́сколько раз немно́го всплакну́ла. Она́ вы́пила мно́го вина́ и побагрове́ла свои́м ·и без того́· кра́сным лицо́м. Она́ всё ждала́, кто же наконе́ц ска́жет, каки́м замеча́тельным поэ́том была́ сама́ А́нна Вениами́новна, но никто́ э́того не говори́л. И тогда́ она́, переси́ливая свою́ засте́нчивость и ско́ванность, исключи́тельно ·во и́мя· восстановле́ния посме́ртной справедли́вости, доста́ла вла́жными рука́ми из но́вого студе́нческого рюкзака́ свою́ тетра́дку и, покрасне́в так, что ·и без того́· кра́сное лицо́ приобрело́ да́же синева́тый отте́нок, сказа́ла:

— Вот здесь у меня́ це́лая тетра́дь стихо́в, напи́санных само́й А́нной

Вениами́новной. Она́ их никогда́ не публикова́ла. А когда́ я спроси́ла почему́, она́ сказа́ла то́лько одно́: «А-а, э́то всё незначи́тельное». Но, по-мо́ему, стихи́ о́чень значи́тельные. Отли́чные да́же[38], хоть она́ их и никогда́ не публикова́ла.

20   И Ма́ша ста́ла чита́ть, ·начина́я с· пе́рвого, где жёсткая трава́, паху́чая и седа́я[39], а пото́м ·ещё и ещё·... Она́ не поднима́ла глаз, но когда́ чита́ла са́мое замеча́тельное из всех стихотворе́ние, кото́рое начина́лось слова́ми: «И́мя твоё — пти́ца в руке́, и́мя твоё — льди́нка на языке́...»[40], она́ почу́вствовала что́-то нела́дное... Останови́лась и огляде́лась. Кто́-то беззву́чно смея́лся. Кто́-то в недоуме́нии перешёптывался с сосе́дом. И вообще́ была́ са́мая настоя́щая нело́вкость, и па́уза была́ тако́й дли́нной. Тогда́ са́мая из всех симпати́чная Же́ня вста́ла с бока́лом вина́[41]:

— У меня́ есть тост. Здесь сего́дня не так мно́го наро́ду собрало́сь, но мы зна́ем, ка́к А́нна Вениами́новна уме́ла притя́гивать к себе́ люде́й. Я хочу́ вы́пить за всех тех, кого́ она́ одари́ла бога́тством свое́й души́, за са́мых ста́рых её друзе́й и за са́мых молоды́х... И что́бы мы никогда́ не забыва́ли того́ ва́жного, что она́ нам всем дала́...

Все задви́гались, ста́ли слегка́ спо́рить, чо́каться или не чо́каться[42], и ко́е-кто ещё перегова́ривался с недоуме́нием или да́же с раздраже́нием, и Ма́ша чу́вствовала, что зами́нка неприя́тная не прошла́, но Же́ня всё говори́ла и говори́ла[43], пока́ не поменя́лась те́ма разгово́ра и не перешли́ на воспомина́ния да́вних лет...

21   Го́сти разошли́сь, то́лько Же́ня и Ма́ша оста́лись прибра́ть посу́ду. Снача́ла они́ вы́несли все рю́мки и ча́шки в ку́хню и сложи́ли на ку́хонном столе́. Пото́м Же́ня се́ла, закури́ла сигаре́ту. Ма́ша то́же поку́ривала, но не при взро́слых. Но тут она́ то́же закури́ла. Ей хоте́лось что́-то спроси́ть у Же́ни, но всё не могла́ сообрази́ть, ка́к зада́ть вопро́с. Же́ня задала́ вопро́с сама́:

— Ма́шенька, а почему́ вы реши́ли, что э́то стихи́ А́нны Вениами́новны?

— Она́ сама́ э́то говори́ла, — отве́тила Ма́ша, уже́ понима́я, что сейча́с всё проясни́тся.

— Вы в э́том уве́рены?

— Ну коне́чно, — Ма́ша принесла́ свою́ су́мку, доста́ла бы́ло тетра́дь, а пото́м вдруг сообрази́ла, что стихи́-то все запи́саны её руко́й, и тепе́рь Же́ня ей мо́жет не пове́рить, что стихи́ действи́тельно сочини́ла А́нна Вениами́новна.

— Я то́лько записа́ла их. Она́ мне мно́го раз их чита́ла. Э́то всё в мо́лодости она́ писа́ла... — начала́ опра́вдываться Ма́ша, уже́ прижима́я тетра́дь к груди́. Но Же́ня протяну́ла ру́ку, и Ма́ша отдала́ ей си́нюю тетра́дь, на кото́рой напи́сано бы́ло чёрным то́лстым флома́стером «Стихи́ А́нны Вениами́новны».

22   Же́ня мо́лча просма́тривала тетра́дь и слегка́ улыба́лась, ·как бу́дто· да́вним прия́тным воспомина́ниям.

— Но ведь хоро́шие же стихи́... — в отча́янии прошепта́ла Ма́ша. — Ведь не плохи́е же стихи́...

Же́ня отложи́ла тетра́дь, закры́ла её и сказа́ла:

— «Вот э́та си́няя тетра́дь с мои́ми де́тскими стиха́ми...»[44]

— Да ·в чём де́ло-то·? — не вы́держала Ма́ша и опя́ть покрасне́ла до того́ сло́жного кра́сно-си́него цве́та, кото́рым никто́, кро́ме неё, не уме́л красне́ть.

— · Ви́дите ли ·, Ма́шенька, — начала́ Же́ня, — пе́рвое стихотворе́ние в э́той тетра́ди напи́сано Максимилиа́ном Воло́шиным[45], после́днее — Мари́ной Цвета́евой[46]. И остальны́е то́же принадлежа́т ра́зным ·бо́лее или ме́нее· изве́стным поэ́там. ·Та́к что· э́то како́е-то недоразуме́ние. И А́нна Вениами́новна не могла́ э́того не знать. Вы что́-то непра́вильно по́няли из того́, что она́ вам говори́ла...

— ·Че́стное сло́во·, нет, — вспы́хнула Ма́ша, — Я всё пра́вильно поняла́. Она́ мне сама́ говори́ла... ·дава́ла поня́ть·... что её э́то стихи́.

23 И то́лько тут Ма́ша поняла́, како́й же она́ идио́ткой вы́глядела пе́ред всем э́тим образо́ваннейшим наро́дом, когда́ су́нулась с чте́нием стихо́в... Она́ ки́нулась в ва́нную ко́мнату и зарыда́ла. Же́ня пыта́лась её уте́шить, но Ма́ша заперла́сь на задви́жку и до́лго не выходи́ла.

Же́ня вы́мыла всю посу́ду, пото́м постуча́ла в дверь ва́нной ко́мнаты, и Ма́ша вы́шла с распу́хшим лицо́м, и Же́ня обняла́ её за пле́чи:

— Не на́до так огорча́ться. Я и сама́ не понима́ю, заче́м она́ э́то сде́лала. Зна́ешь, А́нна Вениами́новна была́ о́чень непросто́й челове́к, с больши́ми амби́циями и в како́м-то смы́сле несостоя́вшийся... Понима́ешь?

—Да я не об э́том пла́чу... Она́ была́ пе́рвым интеллиге́нтным челове́ком, кото́рого я в жи́зни встре́тила... Она́ мне откры́ла тако́й мир... и ки́нула... про́сто ки́нула...

24 Никогда́, никогда́ Ма́ша не бро́сит свой институ́т и не поменя́ет а̀втодоро́жной профе́ссии на гуманита́рную. И никогда́ бе́дная Ма́ша не пойме́т, почему́ э́та высо̀кобразо́ванная да́ма так жесто́ко над ней подшути́ла. Не пойме́т э́того и заве́дующая ка́федрой, и племя́нник, и все други́е го́сти сороково́го дня[47]. Они́ все оста́нутся в по́лной уве́ренности, что э́та инжене́рская де́вочка с гру́бым лицо́м и по́лными нога́ми — соверше́ннейшая идио́тка, кото́рая преврá́тно поняла́ А́нну Вениами́новну и приписа́ла ей тако́е, что и ·в го́лову не могло́ бы прийти́· интеллиге́нтной профе́ссорше...

25 Же́ня шла к метро́ чѐрез тот са́мый парк, где когда́-то познако́милась пострада́вшая де́вочка Ма́ша с выдаю́щейся да́мой, пятьдеся́т лет преподава́вшей ру́сскую поэ́зию, и пыта́лась поня́ть, почему́ она́ э́то сде́лала. ·Мо́жет быть·, А́нне Вениами́новне захоте́лось хоть еди́ножды в жи́зни ощути́ть то, что пережива́ет и вели́кий поэ́т, и са́мый ничто́жный графома́н, когда́ чита́ет свои́ стихи́ пѐред пу́бликой и ощуща́ет отве́тные эмо́ции в пода́тливых и простоду́шных сердца́х? И э́того никто́ тепе́рь не узна́ет.

ПРИМЕЧАНИЯ   EXPLANATORY NOTES

[1] **серебряный век** — the Silver Age, a designation applied by literary scholars to the highly creative, esthetically diverse, and very prolific period in the history of Russian literature (roughly, from 1890s through 1920) that saw the emergence of such major literary movements as Symbolism, Acmeism, and Futurism. The Silver Age is particularly known for its poetry, written by many outstanding poets, among them the poets mentioned, cited, and/or referred to in this story: Anna Akhmatova, Aleksandr Blok, Valery Bryusov, Maksimilian Voloshin, Sergei Gorodetsky, and Marina Tsvetaeva.

The word **кла́дезь** is commonly used in phrases **кла́дезь зна́ний, кла́дезь му́дрости, кла́дезь иде́й**, etc. Here the word **зна́ний (информа́ции)** is implied: the phrase should be understood as **кла́дезь зна́ний о серебряном ве́ке**. In this context, it may be interpreted as referring to Anna Veniaminovna, to the collection of old books, or even to both perceived as a whole.

[2] **второстепе́нный вуз** — second-rate institute. Courses in Russian literature, especially such specialized courses as the Poetry of the Silver Age, are taught predominantly in the departments of philology at universities and, usually on a lesser scope, pedagogical institutes. In Russia, pedagogical institutes have traditionally been considered lower in status than the universities (although it was not always the case in real life). Actually, some pedagogical institutes have renamed themselves "pedagogical universities" since the early 1990s. Therefore it would be reasonable to assume that Anna Veniaminovna used to teach at a pedagogical institute.

[3] **Так давно́ уже́ не но́сят** — no one carries around [books] that way.

[4] This is the first stanza of Anna Akhmatova's poem «Широ́к и жёлт вече́рний свет...», written in 1915 and dedicated to Boris Anrep, an artist and art critic. Anna Andreevna Akhmatova (1889-1966), author of many collections of poetry, a number of longer poems, among them two masterpieces, *Requiem* and *Poem without a Hero*, and literary criticism and translations, is regarded as one of the most uniquely expressive poetic voices of the 20th century.
Here is a prose translation of the stanza by Timothy Sergay:

> The evening light is broad and yellow,
> The April cool is tender.
> You're many years late,
> But even so, I'm glad you've come.

In the published edition of this story, the text reads «весе́нний свет». Here Akhmatova's original text («вече́рний свет») is quoted (the change is made with L. Ulitskaya's permission).

The complete Russian text can be found in the supplementary section of this chapter, along with its prose translation by Timothy Sergay. The same text and translation accompany the recording of this poem on the interactive multimedia disc (Poem 6-1). The recording is also available on the video DVD Disc 3.

[5] **та́** she (a common use of **тот** to refer to a recently mentioned noun)

[6] «**Хе́льга**» is a brand name given by an East German furniture manufacturer to some of its products. The item referred to here is a free-standing unit that combines a section for hanging clothes, a set of shelves for storing linen, and a glassed-in section for displaying books or ornamental objects.

At the time of Masha's childhood (probably late 1970s), good quality furniture was imported, mainly from the countries of Eastern Europe that were part of the Soviet block. At the time, imported goods were not readily available. Sometimes one had to be on a waiting list and wait for a long time to purchase an item. Apparently, Masha's parents considered it a sign of success to own a «**Хе́льга**», which is reflected in the ironic use of the word **предме́т**. Obviously, they also considered it a matter of prestige to display books even though they did not read them.

[7] **ро́вные тома́ из се́рии «Всеми́рная литерату́ра»** — a reference to the 127-volume annotated edition of masterpieces of world literature in Russian translation as well as the best works of Russian literature. The series, which included masterpieces from antiquity through the 19th century, was beautifully published by the publishing house «Худо́жественная литерату́ра» in the 1960s and 1970s.

[8] **оди́ннадцать хруста́льных бока́лов — оди́н разби́л па́па**. In Russia, quality dishes, silverware, wine glasses, etc., come in sets of six or divisible by six. The author's irony is further manifested in this description—the wine glasses placed next to the books.

[9] **из стран, кото́рые тепе́рь называ́ются стра́нами содру́жества** — a reference to Содру́жество Незави́симых Госуда́рств (СНГ), the Commonwealth of Independent States (CIS), established by the Belovezh Agreement that dissolved the Soviet Union on December 8, 1991. Twelve of the former Soviet republics, which became independent after the break-up of the Soviet Union in 1991, joined the Commonwealth (Азербайджа́н, Арме́ния, Белару́сь, Гру́зия, Казахста́н, Кыргызста́н, Молдо́ва, Росси́я, Таджикиста́н, Туркмениста́н, Узбекиста́н, Украи́на), while the Baltic states (Ла́твия, Литва́, Эсто́ния) refused to join it.

[10] **до револю́ции** — a reference to the event variously called Вели́кая Октя́брьская социалисти́ческая револю́ция, Октя́брьская револю́ция, or револю́ция 1917 го́да in the official Soviet sources and Октя́брьский переворо́т (coup d'état) among those who were hostile toward the Soviet regime, i.e., in émigré circles and also in Russia after the break-up of the U.S.S.R.

[11] **И ча́йник не электри́ческий, а алюми́ниевый**. Until the 1960s, electric teakettles, along with other technologically advanced appliances, were virtually unavailable to the general public. Even when they began to appear in stores, most people continued using the cheaper and more easily available aluminum teakettles—at least until well into the 1980s. Apparently Masha's parents cared about having most recent household items, whereas Anna Veniaminovna either did not care what kettle she used or could not afford an electric one.

[12] **...и прароди́тели вся́кие до тре́тьего коле́на**. This description is somewhat contradictory: on the one hand, it mentions three generations back (*до тре́тьего коле́на*), on the other—the dated rarely used word *прароди́тели* ("progenitors") suggests many more generations back. The impression it creates—lack of linguistic sophistication—fits in with the description of Masha and her family.

[13] **...люби́л лежа́ть под тёмно-си́ним «Жигулём»** (*nominative* «Жигу́ль», also spelled жигу́ль, without capitalization or quotation marks) *slang* for «Жигули́», a small four-seat sedan built in the Russian city of Togliatti by the Russian automobile factory VAZ (ВАЗ, Во́лжский автомоби́льный заво́д), initially under a collaborative agreement with the Italian car manufacturer Fiat. VAZ started production of *Zhiguli* in 1971. Even though Zhiguli was a better car than its predecessor, Zaporozhets, it was not a reliable automobile. A Zhiguli owner who knew how to maintain and repair his car had an advantage because auto garages were rare in the former Soviet Union.

[14] **инжене́рка** — a female engineer is usually referred to as инжене́р. The word инжене́рка is substandard: it cannot be found in dictionaries, and a person who speaks good Russian would not use it. Perhaps, the word was used in Masha's household or is used by the author in reference to Masha's mother just to show that despite her education in engineering, she made errors in speech.

[15] **её ширины́ и прямоуго́льности** "her stocky figure." Not commonly used to describe a person.

[16] **те** — see endnote 5.

[17] **А́нна Вениами́новна... была́ из друго́го те́ста, не дрожжево́го, а слоёного.** — The author uses the idiom **из друго́го те́ста** ("was cut from a different cloth," "was cast in a different mold") and plays on the literal meaning of the word те́сто "dough" by naming two different kinds of dough—the more common bread dough and the more exquisite puff paste.

[18] **...рома́ном мо́дного молодёжного писа́теля, о кото́ром А́нна Вениами́новна слы́шала, но не чита́ла.** — This is an unusual syntactic shortcut for **о кото́ром А.В. слы́шала, но кото́рого** (or **кото́рый**) **не чита́ла**. Generally, Russian does not allow omission of **кото́рый** when it is used with two verbs that have different government: **слы́шать о** + *prep.*, **чита́ть** + *acc.* (or, when used with negation, *gen.*).

[19] **...Ма́ша поняла́, что мо́дный писа́тель не с луны́ свали́лся** — the idiom (как) с луны́ свали́лся is used here atypically. It is normally used in response to a naive or ignorant question or statement, as in: «Ты не зна́ешь, что Ули́цкая получи́ла Бу́керовскую пре́мию? Ты что, с луны́ свали́лся?» "What, you don't know Ulitskaya got the Booker prize? Where have you been all this time?" Here **не с луны́ свали́лся** means "did not appear unexpectedly, suddenly," which is one of the meanings of another idiom, **с не́ба свали́ться/упа́сть** "to appear/come out of the blue," "to come out of nowhere." The author uses this mix-up of idioms to convey Masha's thoughts (Ма́ша поняла́...), thus giving the reader a reason to interpret it as Masha's imperfect command of the language.

[20] **...вся́кая кни́га опира́ется на что́-то, что бы́ло напи́сано и ска́зано до того́...** — here до того́ is a succinct way of saying до того́, как э́та кни́га появи́лась.

[21] The opening lines of the poem «По́лдень» ("Noon," 1907) by Maksimilian Aleksandrovich Voloshin (1877-1932), a noted Russian poet, artist, and translator of French poetry.

Here is a prose translation of the stanza by Timothy Sergay:

> The barren slope of a winding valley
> Is overgrown with tough grass, odorous and gray.
> Spurge shows white. Layers of eroded clay
> Sparkle with glints of slate, and shale, and mica.

The poem is part of the cycle «Киммерийские сумерки» ("Cimmerian Dusks"). After 1917, Voloshin lived permanently in Koktebel, in the Eastern Crimea, for which he used the ancient name of Cimmeria. The austere beauty of the land became his inspiration both in poetry and in painting. In his autobiography, he called Koktebel and Cimmeria his true spiritual motherland («Истинной родиной духа был для меня Коктебель и Киммерия»).

In the published edition of this story, the text reads «Травой жестокою». Here Maksimilian Voloshin's original text («Травою жёсткою») is quoted (the change is made with L. Ulitskaya's permission).

[22] **В вашем возрасте, Маша, были написаны... Восемнадцать лет, что за возраст...** This remark is factually incorrect: Masha is seventeen, while Voloshin was thirty when he wrote this poem.

[23] **(стихи лежат) в кассетах памяти** — "in the cassettes of her memory," "in the storage bins of her memory."

[24] **ответы-вопросы — пу́м-пу́м-пу́м —с молниеносной быстротой сыпались...** — пу́м-пу́м-пу́м ("ta-da-da"), a written representation of sounds is used to imitate musical and other sounds and rhythm. Here it illustrates the speed of alternating questions and answers.

[25] **приёмы, рауты, благотворительные концерты...** — These words refer to pre-revolutionary life of the nobility: **приёмы** "formal receptions with the invited guests in the homes of the nobility," **рауты** formal parties," **благотворительные концерты** "charity concerts." The choice of words unmistakably places the formation of these cultural traditions, passed from one generation to another, in pre-revolutionary times.

[26] **прости Господи** (*also spelled* **прости господи**) — This idiom—"may the good Lord forgive me [for saying this]"— is commonly used to show that something mentioned or about to be mentioned (in this case, universities) is undesirable or disagreeable. It marks a change in tone from the preceding narrative: the author parodies the opinion of those who view academic learning as unnecessary or undesirable.

[27] **Ба́тюшков** — Konstantin Nikolaevich Batyushkov (1787–1855), a Russian lyric poet of the early 19th century, whose mellifluous verse influenced many of his contemporaries, including Aleksandr Pushkin.

[28] **Городе́цкий** — Sergei Mitrofanovich Gorodetsky (1884-1967), an eclectic Russian poet who achieved fame with his primitivist verse, and was subsequently an adherent of the Acmeist movement.

[29] **Брю́сов** — Valery Yakovlevich Bryusov (1873–1924), a Russian poet, novelist, literary critic, translator, and major cultural figure of the *fin-de-siècle*. One of the founders of the Symbolist movement in Russian literature.

[30] **седьмо́го го́да** — *colloquial* for тысяча девятьсот седьмого

[31] The first stanza of Sergei Gorodetsky's poem «Зной» ("Intense Heat"), April 1905:
Here is a prose translation of the stanza by Timothy Sergay:

> Not air, but gold,
> Liquid gold
> Is spilled into the world.
> Forged without a hammer —
> A world of liquid gold
> Lies motionless.

[32] **...почему́-то речь шла о Ве́нгрии** — the phrase **речь шла о** + *prep.* is used here in its direct meaning: they mentioned Hungary, they talked about [sending her to] Hungary. This phrase is commonly used in its idiomatic meaning: "it's a question/a matter of...," "the matter concerns...," "it's about...."

[33] **Маше сказали, что бабушка её ночью умерла...** — Anna Veniaminovna wasn't, of course, Masha's

grandmother. The hospital personnel, obliquely quoted here, simply assumed that the girl was visiting her grandmother.

[34] **девя́тый день** — Anna Veniaminovna was buried according to the Christian Orthodox tradition: there was a religious funeral service, and the rite of **поми́нки**, "funeral repast," was observed on the 9th and the 40th day after the death. (Tradition also requires a repast on the 3rd day after the death, but this is not mentioned in the story.) According to the Orthodox tradition, on the 9th and 40th days relatives of the deceased go to the cemetery and then give a funeral repast in memory of the deceased for his/her friends and colleagues. During the repast, where certain ritual foods are served, they pray for the deceased and remember him/her kindly. The Orthodox ritual that prohibits use of alcohol at funeral repasts is rarely observed in real life.

[35] **Вся э́та библиоте́ка шла на ка́федру** — a reference to the literature department where Anna Veniaminovna used to teach.

[36] **стихи́... запи́санные Ма́шей со слу́ха** [*used adverbially*] —Here **со слу́ха** means "written down [later] from memory." The phrase **со слу́ха** generally means "as one listens," but we know that Masha did not write down poetry while Anna Veniaminovna was reading it.

[37] **Ве́чером сороково́го...** — see endnote 34.

[38] **по-мо́ему, стихи́ о́чень значи́тельные. Отли́чные да́же...** — When judging poetry, the word **значи́тельные** "important," "significant" is a higher praise, a much weightier evaluation of poems than **отли́чные**. One of the reasons is that the word **отли́чный** is used much more frequently than it should and is too often applied to trivial things. Masha's failure to properly rank the two epithets is another sign of her difficulties in mastering the literary language.

[39] **жёсткая трава́, паху́чая и седа́я** — another reference to Voloshin's poem (see endnote 21).

[40] **«Имя твоё — пти́ца в руке́, имя твоё — льди́нка на языке́...»** — the first two lines of Marina Tsvetaeva's poem **«Имя твоё — пти́ца в руке́...»**, 1916, the first of the sixteen poems that make the cycle **«Стихи́ к Бло́ку»**.
   Marina Ivanovna Tsvetaeva (1892-1941) — poet and essayist, one of the Great Four—the greatest Russian poets of the 20th century, along with Anna Akhmatova, Osip Mandelstam, and Boris Pasternak. Aleksandr Aleksandrovich Blok (1880-1921), poet, playwright, and essayist, "the last romantic poet" (in the words of the literary scholar V. Zhirmunsky) and the most important poet of the Symbolist school, exerted a tremendous influence on Russian poetry.
   The complete Russian text can be found in the supplementary section of this chapter, along with its prose translation by Timothy Sergay. The same text and translation accompany the recording of this poem on the interactive multimedia disc (Poem 6-1). The recording is also available on the video DVD Disc 3.

[41] **Же́ня вста́ла с бока́лом вина́** — As mentioned in the endnote 34, one is not supposed to drink alcohol at a funeral repast. Obviously, the rule was ignored at this repast.

[42] **чо́каться или не чо́каться...** — Those present already violated the "no alcohol" rule. Their brief discussion of the next step on the ladder of violation (**чо́каться или не чо́каться**, "clink the glasses or not to clink") shows their awareness that touching one's glass to another guest's glass may be inappropriate.

[43] **Же́ня всё говори́ла и говори́ла...** — Zhenya kept on talking and talking. The word **всё** is used with verbs to denote a continuing or repeated action. The verb does not have to be repeated; when repeated (as here), it adds expressiveness.

[44] **«Вот э́та си́няя тетра́дь с мои́ми де́тскими стиха́ми...»** —
         This blue notebook here —
         These are poems I wrote as a girl. (Translated by Timothy Sergay)
   The lines are from Anna Akhmatova's poem **«Широ́к и жёлт вече́рний свет...»** quoted earlier (see endnote 4).

[45] **Максимилиа́н Воло́шин** — see endnote 21.

[46] **Мари́на Цвета́ева** — see endnote 40.

[47] **сороково́го дня** — see endnote 34.

ИДИОМАТИЧЕСКИЕ ВЫРАЖЕНИЯ   IDIOMS AND PHRASES

[1] **не сто́лько... ско́лько** [*a correlative conjunction*] not so much...as...; less...than...

[2] **в оди́н прекра́сный день** one fine day; [*in reference to the future*] one of these days
во избежа́ние + *gen.* [*preposition; used with gen. as an adverbial*] (in order) to avoid sth.; (in order) to prevent/avert sth.

[3] **сам по себе́** on its/one's own; (all) by itself/oneself; [*of things and phenomena only*] (be) a separate entity
ра́зве что except perhaps; except maybe

[4] **до тре́тьего коле́на** (way back) to the third generation
так что [*subordinating conjunction, resultative*] so; hence; therefore; consequently
бо́лее (бо́льше) всего́ на све́те more than anything in the world

[5] **из друго́го те́ста** (сде́лан, испечён) [*used predicatively with* быть] (to be) cut from a different cloth (than s.o. else); (to be) cast in a different mold (than s.o. else); (to be) a breed apart
каза́лось бы *parenthetical* it would/might seem; one would think/suppose
начина́я от/с + *gen.* [*prep.; used with gen. as an adverbial*] from...on up/down; from...(down to); starting with/from
чита́ть/прочита́ть (прочесть) ле́кцию to give/deliver a lecture
с друго́й стороны́ [*part of the comment idiom* с одно́й стороны́... с друго́й стороны́; *the first component of the idiom may be omitted when clearly implied in the context*] on the one hand...on the other (hand); (on the one hand...) on the other hand
тут же right there

[6] **что́ за...** [*used in exclamation expressing the speaker's feelings about a person or thing*] what a...!; what a beautiful (terrible, etc.)...! **что́ за во́зраст!** what an age (to be)!; it is wonderful to be of that age!

[8] **удиви́тельное де́ло** (*used to express surprise, astonishment*) (it's) amazing; (it's) astonishing; (it's) an amazing/astonishing thing
ни ра́зу не... never (once); not once
не име́ть (никако́го) отноше́ния (к + *dat.*) to have nothing to do (with s.o. or sth.); to have no connection (with sth.); to have nothing in common (with s.o. or sth.)
до упа́ду хохота́ть, смея́ться to laugh one's head off; to laugh till one splits his sides

[9] **по по́воду** + *gen.* [*preposition*] concerning; regarding; in connection with
в долг дава́ть, брать, проси́ть + *acc.* to give, get, ask for a loan (of...); to lend *or* borrow sth. (*by extension*, s.o.)

[10] **де́ло в том...** [*used as the main clause in a complex sentence; often followed by a* что-*clause*] the point is...; the thing is...; the fact of the matter is...
с молниено́сной быстрото́й with lightning speed
как бу́дто 1. [*subordinating conjunction*] as if; as though; like; 2. [*used when the speaker is uncertain of his own interpretation or understanding of the situation*] it seems that; it is as if; apparently
так и не... [*used for emphasis when stating that sth. never occurred; often used in reference to an event that was expected or planned but, contrary to expectation, did not take place*] ...never (really)...; она́ **так и не** научи́лась... she never (really) learned...
по кра́йней ме́ре at least

[11] **ра́зве что** [*subordinating conjunction*] except (perhaps) when/if/that...; except (maybe) when/if/that
вре́мя от вре́мени from time to time; (every) now and then; occasionally

[12] **с выраже́нием** (чита́ть, деклами́ровать, петь) (to read, recite, sing) with feeling; with (genuine) emotion; with expression (in one's voice)

[14] **да и...** [*connective conjunction*] (and) besides; (and) anyway; (and) after all

[15] **уложи́ть в больни́цу** to hospitalize

[16] **сам (сама́, само́) собо́й** on its own; (all) by itself; of itself; of its own accord; automatically
как ра́з 1. [*used to emphasize the word or phrase to which it refers*] exactly; precisely; right (when/then, *etc*.); 2. [*used to emphasize that something happens differently from the way stated or suggested*] quite the contrary; in fact...; actually

[17] **в стороне́** (от + *gen*.) держа́ться to keep one's distance (from others); to remain aloof (from others)

[19] **приходи́ть/прийти́ в себя́** 1. to come to one's senses; to come to (himself); to come around; to regain consciousness; 2. to recover (from a shock, *etc*.); to pull oneself together; to get over it (the shock, *etc*.)
то́чка отсчёта point of reference; point of departure; starting point
так что see excerpt [4], above
и без того́ as it is (was); (even) without that; anyway; anyhow
во и́мя + *gen*. in the name of; for the sake of

[20] **начина́я с** + *gen*. [*preposition*] beginning with; starting with (from); from... (on up/down)
ещё и ещё again and again; *here* more and more

[22] **как бу́дто** see excerpt [10], above.
в чём де́ло? what's the matter?; what's it all about?; what's going on?
ви́дишь ли /ви́дите ли *parenthetical* you see
бо́лее или ме́нее [*used as a modifier or adverbial*] more or less
так что — see excerpt [4], above
че́стное сло́во *usu. parenthetical* [*used to emphasize the truth of a statement*] honest; honest to goodness; (up)on my word; I swear (it)
дава́ть/дать поня́ть to give s.o. to understand that...; to let s.o. know that...; to make it clear/plain that...; to convey to s.o. that...

[24] **приходи́ть/прийти́ в го́лову** to come into s.o.'s head/mind; to cross s.o.'s mind; to occur to s.o.

[25] **мо́жет быть** *parenthetical* perhaps; maybe; he/she may/might (perhaps)

ЗАМЕТКИ О СТИЛЕ   COMMENTS ON STYLE

Lyudmila Ulitskaya's book «Сквозна́я ли́ния» (*A Common Thread*), a set of five novellas that includes the story «Явле́ние приро́ды» (*A Natural Phenomenon*), was praised by critics for its compact, focussed, expressive style.

The two main characters in «Явле́ние приро́ды» are strikingly different in age, background, and their relationships to culture, especially literature and poetry. Since there is not much direct speech in the story, its infrequent appearance is especially important—it plays the role of a tuning fork. For the most part, however, the characterization is conveyed through the narrative that incorporates the voices of both characters.

The contrast between the two characters is reflected in both their direct speech and choice of language means associated with each of them in the narrative. When introducing Anna Veniaminovna to the reader, the author chooses the words that are in tune with her cultural background (and are part of Anna Veniaminovna's own lexicon): *седа́я да́ма прекло́нного во́зраста* "a gray-haired lady of advanced age"; *собира́тельница... ве́тхих книг* "a collector of worn old books"; *очаровáтельная пожилáя дáма* "a charming lady who was getting on in years." The same literary language is reflected in the old professor's few remarks: *грехú мóлодости* "sins of one's youth"; *это неоттóржимо от культýры* "this is inseparable from culture."

A similar approach is used to introduce Masha, a seventeen-year old *из простóй инженéрской семьú*. The words *инженéрский* is used rarely and only with a few inanimate nouns. *Инженéрский* and *семья* do not belong together, which suggests linguistic insensitivity. This word combination is an introduction to Masha's cultural background. Further on, Masha's mother is referred to as *инженéрка* — a substandard word that cannot even be found in standard dictionaries (a female engineer is usually referred to as *инженéр*). Obviously, the word is used to reinforce an earlier impression created by *простáя инженéрская семьá*.

In the story, Masha does not talk much, and throughout the whole story her cultural background is shown through the language of her thoughts. Ulitskaya uses unobtrusive, yet convincing means to enable the reader to hear Masha's voice. A few lines down from the description of Anna Veniaminovna as *очаровáтельная пожилáя дáма*, Masha summarizes her impression of Anna Veniaminovna thus: *Настоящая старýшка, рождённая ещё до революции.* Not *дáма*, but *старýшка*. Moreover, the way Masha uses *настоящая* (as it is used in combinations like *настоящий друг* "true/real friend") does not quite work with *старýшка*. One can guess that perhaps what she means is that Anna Veniaminovna was **really** born before the 1917 revolution. *Настоящий* is of course not an uncommon word, yet Masha uses it, incorrectly, instead of a more complicated and more exact way of phrasing her thought. At a later point, Anna Veniaminovna explained to her the continuity in the literary process, and *Мáша понялá, что мóдный писáтель не с лунú свалúлся*. This is not direct speech, but it is still Masha's thoughts—and Masha's language. Actually, Masha should have used the correct idiom, *не **с нéба** свалúлся* "didn't come out of the blue" (see endnote 19 that explains the meaning of both idioms), but in her idiosyncratic language, *лунá* and *нéбо* are close, and she does not distinguish between the two idioms.

Masha's phrasing and slight syntactic deviations from standard literary Russian make her speech different from what a member of the educated society would say. For example, the substandard word *кóкнуть* "to break" (in *...когдá гóсти уходúли, [Мáша] мыла эти хрýпкие чáшки, боясь кóкнуть*) obviously comes from Masha's lexicon.

Conversations with Anna Veniaminovna have had an impact on Masha, and the language reflects the changes in Masha's way of thinking. After *старýшка* Anna Veniaminovna dies, Masha thinks of her as *такóй удивúтельный стáрший друг*. When Masha overcomes her timidity and inhibition, preparing to read aloud the "poems written by Anna Veniaminovna," she does so *исключúтельно во úмя восстановлéния посмéртной справедлúвости* ("for the sake of restoring posthumous justice"). Again, this is Masha's thought—it reflects the way she felt, and it is unlikely this thought would have taken such a lofty form of expression before she met Anna Veniaminovna.

Masha's progress is still far from complete: when she announces her intention to read "Anna Veniaminovna's poetry," she says, *...по-мóему, стихú óчень значúтельные. Отлúчные дáже...* She uses the word *значúтельные* in the context of the supposed modesty of the late Anna Veniaminovna herself (*«А-а, это всё незначúтельное»*), but then she adds, *Отлúчные дáже...* —without realizing that when judging poetry, the hackneyed word **отлúчные**, which has lost part of its evaluative power because of its indiscriminate use in speech, is a lesser praise than **значи́тельные** ("important," "significant"). The phrasing that appears in Masha's thoughts (*са́мая из всех симпати́чная Жéня*, rather than *Жéня, са́мая симпати́чная из всех* or *са́мая из всех симпати́чная, Жéня,*) points out that there is still quite a bit of work ahead of her.

Towards the end of the story, Masha's sensitivity to words has grown. There is still a slight conflict between what she thinks and what she says. However, while she thinks *...стихи́ действи́тельно сочини́ла А́нна Вениами́новна*, she does not say it. Instead, she says *... тетра́дь стихо́в, напи́санных само́й А́нной Вениами́новной*. The word *сочиня́ть* pops up in her mind, yet she already understands that *поэ́ты пи́шут стихи́*. (Had one of Anna Veniaminovna's educated friends said *сочиня́ть*, it would have been a different matter: those people undoubtedly knew that in the 19th century it was perfectly fine to use *сочиня́ть*, and the word would probably have been used with a tinge of irony.)

When Masha corrects herself, saying, *Она́ мне сама́ говори́ла... дава́ла поня́ть... что её э́то стихи́*, the reader realizes that Masha became fully aware of the difference between *говори́ла* and *дава́ла поня́ть*. Most importantly, while in the beginning, the description of Anna Veniaminovna in Masha's voice (*стра́шно интеллиге́нтна*) shows a degree of linguistic deafness (the highly colloquial *стра́шно* is not an appropriate word to describe a degree of *интеллиге́нтность*), at the end Masha speaks differently—and most appropriately: «*Она́ была́ пе́рвым интеллиге́нтным челове́ком, кото́рого я в жи́зни встре́тила... Она́ мне откры́ла тако́й мир...*» "She was the first cultured person I ever met... She opened up such a world for me..."

This blend of the sophisticated narrative with Masha's lexicon and syntax, along with the changes in Masha's thoughts and speech, masterfully reflects Masha's cultural awakening.

3 ТЕКСТ И ЕГО СМЫСЛ
UNDERSTANDING THE TEXT

9. **Как вы по́няли основно́е содержа́ние расска́за?**

Read the whole story. Then read the following pairs of sentences and put a checkmark in front of the one you think is true.

1. a) __✓__ А́нна Вениами́новна была́ педаго́гом, преподава́телем ру́сской литерату́ры.
   b) _____ А́нна Вениами́новна была́ поэ́том.

2. a) _____ Ма́ша хорошо́ зна́ла поэ́зию.
   b) _____ Ма́ша зна́ла то́лько те стихи́, кото́рые проходи́ли в шко́ле.

3. a) _____ Ма́ша ста́ла ча́сто приходи́ть к А́нне Вениами́новне.
   b) _____ Ма́ша начала́ и́зредка заходи́ть к А́нне Вениами́новне.

4. a) _____ Ма́ша не замеча́ла, како́й была́ кварти́ра А́нны Вениами́новны.
   b) _____ Ма́ша сра́зу же заме́тила, что у А́нны Вениами́новны о́чень мно́го кни́жных по́лок и шкафо́в.

5. a) _____ Маша никогда раньше не встречала таких людей, как Анна Вениаминовна.

   b) _____ У Маши и раньше были такие знакомые, как Анна Вениаминовна.

6. a) _____ Анне Вениаминовне и Маше было не о чем разговаривать.

   b) _____ Анна Вениаминовна и Маша говорили обо всём.

7. a) _____ Анна Вениаминовна знала наизусть много стихов и часами читала их Маше.

   b) _____ Маша читала Анне Вениаминовне стихи, которые проходили в школе.

8. a) _____ Маша думала, что Анна Вениаминовна читала ей стихи известных поэтов.

   b) _____ Маша думала, что Анна Вениаминовна читала ей свои стихи.

9. a) _____ Маша активно участвовала в разговорах Анны Вениаминовны и её друзей.

   b) _____ Маша не участвовала в разговорах Анны Вениаминовны и её друзей, она только слушала.

10. a) _____ Маша поступила в автодорожный институт.

    b) _____ Маша поступила в гуманитарный институт.

11. a) _____ После поступления родители подарили Маше путёвку, и она поехала за границу.

    b) _____ После поступления родители обещали подарить Маше путёвку за границу, но она отказалась ехать.

12. a) _____ У Анны Вениаминовны был тяжёлый сердечный приступ, и её уложили в больницу.

    b) _____ У Анны Вениаминовны был тяжёлый сердечный приступ, но она отказалась ложиться в больницу.

13. a) _____ Из больницы Анна Вениаминовна уже не вернулась — там она и умерла.

    b) _____ Анна Вениаминовна умерла у себя дома, окружённая друзьями.

14. a) _____ Когда отпевали Анну Вениаминовну, в церкви было очень много народу.

    b) _____ Никого из знакомых Анны Вениаминовны на отпевании в церкви не было.

15. a) _____ Когда на сороковой день собрались друзья Анны Вениаминовны, все говорили, что она была замечательным поэтом.

    b) _____ Когда на сороковой день собрались друзья Анны Вениаминовны, никто из них не говорил, что она писала стихи.

16. a) _____ Маша не смогла пересилить свою застенчивость и сказать, каким замечательным поэтом была Анна Вениаминовна.

    b) _____ Маша пересилила свою застенчивость и сказала, каким замечательным поэтом была Анна Вениаминовна.

17. a) _____ Когда Маша начала читать стихи, все её внимательно слушали от начала до конца.

    b) _____ Когда Маша начала читать стихи, она через некоторое время почувствовала что-то неладное и остановилась.

18. a) _____ Все знали, что стихи, которые читала Маша, были написаны известными поэтами.

    b) _____ Никто не знал, чьи стихи читала Маша.

19. a) _____ Маша расстроилась и заплакала из-за того, что она плохо прочитала стихи.

    b) _____ Маша расстроилась и заплакала, когда она поняла, что Анна Вениаминовна её обманывала.

20. a) _____ Анна Вениаминовна хотела, чтобы все считали её поэтом.

    b) _____ Анне Вениаминовне нравилось, что Маша считает её поэтом.

10. Так, как в тексте, или не так?

Engage your partner in a dialogue. Read sentences from Exercise 9 presenting them as if they were your own recollection of the facts in the story, and have your partner confirm your statements or express a disagreement with them.

11. Всё ли вы поняли в отрывках 1-13?

Check if you understood the details of the story (excerpts 1-13). Select the correct answer.

1. Анна Вениаминовна была на пенсии
   - a) _____ два месяца.
   - b) _____ полгода.
   - c) __✓__ давно.

2. До ухода на пенсию Анна Вениаминовна преподавала русскую литературу
   - a) _____ много лет.
   - b) _____ несколько лет.
   - c) _____ три года.

3. В один прекрасный день Анна Вениаминовна и Маша сидели на скамье
   - a) _____ во дворе большого дома.
   - b) _____ в небольшом парке.
   - c) _____ перед зданием института.

4. Этот парк находился
   - a) _____ не в центре Москвы, но и не на окраине.
   - b) _____ в центре Москвы.
   - c) _____ на окраине Москвы.

5. Анна Вениаминовна и Маша наслаждались
   - a) _____ видом играющих детей.
   - b) _____ видом города.
   - c) _____ видом пробуждающейся природы.

6. Анна Вениаминовна прочла стихотворение, которое начиналось:
   - a) _____ «Травою жёсткою, пахучей и седой...».
   - b) _____ «Не воздух, а золото...».
   - c) _____ «Широк и жёлт весенний свет...».

7. У Маши дома были книги
   - a) _____ из серии «Жизнь замечательных людей».
   - b) _____ из серии «Всемирная литература».
   - c) _____ из серии «Современная российская проза».

8. Её родители не читали книг,
   - a) _____ потому что они не интересовались литературой.
   - b) _____ потому что у них не было времени.
   - c) _____ потому что их интересовали только газеты.

9. У Анны Вениаминовны все стены были заставлены
   - a) _____ книжными полками и книжными шкафами.
   - b) _____ полками для посуды.
   - c) _____ шкафами для одежды.

10. Анна Вениаминовна родилась
    - a) _____ сразу после революции.
    - b) _____ ещё до революции.
    - c) _____ в год революции.

11. В тот год, когда́ Ма́ша познако́милась с А́нной Вениами́новной, Ма́ша
    a) _____ рабо́тала.
    b) _____ учи́лась на второ́м ку́рсе институ́та.
    c) _____ зака́нчивала шко́лу.

12. Ма́ша себе́ не нра́вилась
    a) _____ из-за того́, что она́ пло́хо зна́ла поэ́зию.
    b) _____ из-за свое́й простоты́.
    c) _____ из-за того́, что у неё не́ было таки́х интеллиге́нтных друзе́й, как А́нна Вениами́новна.

13. Когда́ Ма́ша принесла́ А́нне Вениами́новне мо́дный рома́н, она́ ожида́ла,
    a) _____ что А́нна Вениами́новна ска́жет ей спаси́бо.
    b) _____ что А́нна Вениами́новна расска́жет ей об а́вторе.
    c) _____ что А́нна Вениами́новна бу́дет её руга́ть.

14. А́нну Вениами́новну порази́ла мысль,
    a) _____ что литерату́ру в шко́лах преподаю́т о́чень пло́хо.
    b) _____ что Ма́ша серьёзно заинтересова́лась литерату́рой.
    c) _____ что Ма́ша так хорошо́ зна́ет литерату́ру.

15. А́нна Вениами́новна ста́ла образо́вывать Ма́шу о́чень своеобра́зным о́бразом:
    a) _____ она́ дава́ла Ма́ше кни́ги из свое́й библиоте́ки.
    b) _____ она́ чита́ла Ма́ше стихи́ часа́ми.
    c) _____ она́ ходи́ла с Ма́шей на ле́кции по литерату́ре.

16. На вопро́с Ма́ши, свои́ ли стихи́ она́ чита́ет, А́нна Вениами́новна отвеча́ла
    a) _____ утверди́тельно.
    b) _____ отрица́тельно.
    c) _____ укло́нчиво.

17. Когда́ кто́-нибудь из друзе́й А́нны Вениами́новны говори́л что́-то остроу́мное, прису́тствующие
    a) _____ хохота́ли до упа́ду.
    b) _____ то́нко улыба́лись.
    c) _____ ника́к не реаги́ровали.

18. Когда́ кто́-нибудь приходи́л, Ма́ша
    a) _____ охо́тно уча́ствовала в разгово́рах.
    b) _____ сра́зу же уходи́ла.
    c) _____ сади́лась в у́гол и слу́шала.

19. Вопро́сы, кото́рые иногда́ задава́ла Ма́ше Же́ня, каза́лись Ма́ше стра́нными,
    a) _____ потому́ что она́ спра́шивала о поэ́тах, кото́рых не проходи́ли в шко́ле.
    b) _____ потому́ что она́ спра́шивала, как Ма́ша отно́сится к А́нне Вениами́новне.
    c) _____ потому́ что она́ спра́шивала, ско́лько стихотворе́ний Ма́ша зна́ет наизу́сть.

20. А́нна Вениами́новна дове́рила Ма́ше ключи́ от кварти́ры
    a) _____ чѐрез три неде́ли по̀сле того́, как они́ познако́мились.
    b) _____ на тре́тий ме́сяц знако́мства.
    c) _____ чѐрез ме́сяц по̀сле того́, как они́ познако́мились.

21. А́нна Вениами́новна чита́ла стихи́
    a) _____ по-профе́ссорски, с понима́нием.
    b) _____ о́чень ме́дленно и гро́мко.
    c) _____ по-актёрски, с выраже́нием.

12. Поговори́те дру̀г с дру́гом.

Working with a classmate, make questions out of sentences in Activity 11 and have your classmate answer them without looking into the text.

1. А́нна Вениами́новна была́ на пе́нсии

    a) _____ два ме́сяца.

    b) _____ полго́да.

    c) __✓__ давно́.

    ____ *Ско́лько вре́мени (Как до́лго) А́нна Вениами́новна была́ на пе́нсии?*___

13. Всё ли вы по́няли в отры́вках 14-25?

Check if you understood the details of the story (excerpts 14-25). Select the correct answer.

1. Роди́тели не разреши́ли Ма́ше поступа́ть в гуманита́рный институ́т,

    a) _____ потому́ что боя́лись, что она́ не сдаст экза́мены.

    b) __✓__ потому́ что хоте́ли, что̀бы она́ поступи́ла в а̀втодоро́жный и ста́ла инжене́ром.

    c) _____ потому́ что хоте́ли, что̀бы она́ пошла́ рабо́тать.

2. Когда́ Ма́шу при́няли в а̀втодоро́жный институ́т, роди́тели обеща́ли подари́ть ей

    a) _____ путёвку в дом о́тдыха.

    b) _____ де́ньги на пое́здку к мо́рю.

    c) _____ путёвку за грани́цу.

3. Ма́ша отказа́лась е́хать,

    a) _____ потому́ что ей ну́жно бы́ло подгото́виться к уче́бному го́ду.

    b) _____ потому́ что А́нна Вениами́новна пло́хо себя́ чу́вствовала.

    c) _____ потому́ что А́нна Вениами́новна не хоте́ла, что̀бы Ма́ша уезжа́ла.

4. Когда́ Ма́ша в четвёртый раз прие́хала к А́нне Вениами́новне в больни́цу, ей сказа́ли,

    a) _____ что её ба́бушка но́чью умерла́.

    b) _____ что её ба́бушку перевели́ в другу́ю пала́ту.

    c) _____ что её ба́бушке о́чень пло́хо.

5. Бы́ло о́чень мно́го наро́ду,

    a) _____ когда́ отмеча́ли девя́тый день.

    b) _____ когда́ А́нну Вениами́новну отпева́ли в це́ркви.

    c) _____ когда́ отмеча́ли сороково́й день.

6. Пожило́й племя́нник А́нны Вениами́новны собира́лся

    a) _____ уе́хать из Москвы́.

    b) _____ обменя́ть кварти́ру А́нны Вениами́новны.

    c) _____ перее́хать в кварти́ру А́нны Вениами́новны.

7. По̀сле сме́рти А́нны Вениами́новны её кварти́ра каза́лась

    a) _____ ни́щенской.

    b) _____ тако́й, как у всех.

    c) _____ роско́шной.

8. За вре́мя знако́мства с А́нной Вениами́новной Ма́ша научи́лась

    a) _____ чита́ть стихи́.

    b) _____ писа́ть стихи́.

    c) _____ понима́ть стихи́.

9. Ве́чером сороково́го дня в кварти́ре А́нны Вениами́новны собрало́сь

    a) _____ не́сколько челове́к.

    b) _____ челове́к два́дцать.

    c) _____ пять челове́к.

10. Друзья́ Áнны Вениами́новны говори́ли о ней
    a) _____ о́чень серьёзно.
    b) _____ о́чень интере́сно.
    c) _____ о́чень хорошо́.

11. Máша ждала́,
    a) _____ что́бы кто́-нибудь сказа́л, каки́м хоро́шим преподава́телем была́ Áнна Вениами́новна.
    b) _____ что́бы кто́-нибудь сказа́л, каки́м хоро́шим челове́ком была́ Áнна Вениами́новна.
    c) _____ что́бы кто́-нибудь сказа́л, каки́м хоро́шим поэ́том была́ Áнна Вениами́новна.

12. Никто́ не сказа́л, что Áнна Вениами́новна была́ хоро́шим поэ́том,
    a) _____ потому́ что все зна́ли, что она́ писа́ла плохи́е стихи́.
    b) _____ потому́ что все зна́ли, что она́ вообще́ не писа́ла стихо́в.
    c) _____ потому́ что никто́ не знал, что она́ писа́ла стихи́.

13. Máша почу́вствовала что́-то нела́дное,
    a) _____ когда́ собрали́сь друзья́ Áнны Вениами́новны.
    b) _____ когда́ она́ вы́пила вина́.
    c) _____ когда́ она́ чита́ла стихи́.

14. Когда́ Máша почу́вствовала что́-то неладное, она́
    a) _____ останови́лась и огляде́лась.
    b) _____ не останови́лась, а продолжа́ла чита́ть да́льше.
    c) _____ сказа́ла себе́, что ей э́то показа́лось.

15. Же́ня подняла́ тост
    a) _____ за племя́нника Áнны Вениами́новны и его́ жену́.
    b) _____ за заве́дующую ка́федрой, где рабо́тала Áнна Вениами́новна.
    c) _____ за всех тех, кого́ Áнна Вениами́новна одари́ла бога́тством свое́й души́.

16. Когда́ гости разошли́сь, Же́ня и Máша оста́лись,
    a) _____ что́бы поговори́ть о поэ́зии.
    b) _____ что́бы помы́ть и прибра́ть посу́ду.
    c) _____ что́бы вме́сте покури́ть.

17. Máша была́ уве́рена, что Áнна Вениами́новна чита́ла ей свои́ стихи́,
    a) _____ потому́ что Áнна Вениами́новна ей э́то пря́мо говори́ла.
    b) _____ потому́ что Máша ви́дела опублико́ванный сбо́рник её стихо́в.
    c) _____ потому́ что Áнна Вениами́новна дава́ла ей поня́ть, что чита́ет свои́ стихи́.

18. Же́ня сказа́ла Máше,
    a) _____ что Áнна Вениами́новна чита́ла ей стихи́ изве́стных поэ́тов.
    b) _____ что колле́ги Áнны Вениами́новны не зна́ли, что она́ писа́ла стихи́.
    c) _____ что колле́ги Áнны Вениами́новны не хоте́ли говори́ть о её стиха́х.

19. Máша ки́нулась в ва́нную ко́мнату и зарыда́ла,
    a) _____ потому́ что она́ не пове́рила Же́не.
    b) _____ потому́ что ей ста́ло пло́хо от вы́питого вина́.
    c) _____ потому́ что она́ поняла́, что вы́глядела идио́ткой пе́ред друзья́ми Áнны Вениами́новны.

20. Máша была́ уве́рена,
    a) _____ что она́ зна́ет про Áнну Вениами́новну бо́льше, чем друзья́ Áнны Вениами́новны.
    b) _____ что Áнна Вениами́новна сказа́ла ей непра́вду.

c) _____ что она́ пра́вильно поняла́ А́нну Вениами́новну.

21. Же́ня шла к метро́
   a) _____ чѐрез парк, где Ма́ша познако́милась с А́нной Вениами́новной.
   b) _____ чѐрез дворы́.
   c) _____ чѐрез пло́щадь.

22. По̀сле разгово́ра с Ма́шей у Же́ни не оста́лось сомне́ний,
   a) _____ что Ма́ша говори́т непра́вду.
   b) _____ что Ма́ша говори́т пра́вду.
   c) _____ что Ма́ша непра́вильно поняла́ А́нну Вениами́новну.

23. Же́ня пыта́лась поня́ть,
   a) _____ почему́ А́нна Вениами́новна так привяза́лась к Ма́ше.
   b) _____ почему́ А́нна Вениами́новна дава́ла Ма́ше поня́ть, что э́то её стихи́.
   c) _____ почему́ Ма́ша так рыда́ла.

14. **Поговори́те дру̀г с дру́гом.**
Working with a classmate, make questions out of sentences in Activity 13 and have your classmate answer them without looking into the text.

1. Роди́тели не разреши́ли Ма́ше поступа́ть в гумани́тарный институ́т,
   a) _____ потому́ что боя́лись, что она́ не сдаст экза́мены.
   b) ___✓___ потому́ что хоте́ли, что̀бы она́ поступи́ла в а̀втодоро́жный и ста́ла инжене́ром.
   c) _____ потому́ что хоте́ли, что̀бы она́ пошла́ рабо́тать.
   _____ *Почему́ роди́тели не разреши́ли Ма́ше поступа́ть в гумани́тарный институ́т?*___

15. **Что бы́ло ра́ньше, что по́зже?**
Turn each group of sentences into a microtext by arranging the sentences in their logical sequence.

1. _____*a), d), c), b)*_____
   a) В оди́н прекра́сный день А́нна Вениами́новна сиде́ла на скамье́ в па́рке.
   b) Ма́ше стихи́ понра́вились, и она́ спроси́ла, кто их написа́л.
   c) А́нна Вениами́новна прочла́ стихотворе́ние.
   d) На э́той же скамье́ сиде́ла и Ма́ша.

2. _____
   a) А́нна Вениами́новна пригласи́ла её зайти́.
   b) А на сте́нах — фотогра́фии сму́тно-знако́мых лиц.
   c) Ма́ша проводи́ла А́нну Вениами́новну домо́й.
   d) На не́которых из них — да́рственные на́дписи.
   e) Когда́ они́ вошли́ в кварти́ру, Ма́ша уви́дела, что все сте́ны заста́влены по́лками и кни́жными шкафа́ми.

3. _____
   a) Она́ облада́ла всем, чего́ не хвата́ло Ма́ше.
   b) Её однокла́ссницы влюбля́лись в спортсме́нов и мо́дных певцо́в с разрисо́ванными гита́рами.
   c) В тот год Ма́ша как раз зака́нчивала шко́лу.
   d) А Ма́ше бо́льше всего́ хоте́лось быть в о́бществе А́нны Вениами́новны.

4. _____

    a) Ма́ша принесла́ ей э́тот рома́н.

    b) Она́ объясни́ла, что у мо́дного писа́теля бы́ли предше́ственники.

    c) Мѐжду Ма́шей и А́нной Вениами́новной завяза́лась дру́жба.

    d) Но вмѐсто э́того А́нна Вениами́новна прочла́ ей интере́сную ле́кцию.

    e) Они́ говори́ли обо всём, в том числе́ и о рома́не мо́дного писа́теля, о кото́ром А́нна Вениами́новна слы́шала, но сама́ его́ не чита́ла.

    f) Она́ ожида́ла от А́нны Вениами́новны разно́са.

5. _____

    a) Э́тот институ́т зака́нчивал, кста́ти, и её оте́ц.

    b) Она́ собира́лась поступа́ть в а̀втодоро́жный институ́т.

    c) Но у неё появи́лись сомне́ния насчёт а̀втодоро́жного, потому́ что её всё бо́льше ста́ла привлека́ть литерату́ра.

    d) Ма́ша хорошо́ успева́ла по матема́тике, фи́зике и хи́мии.

6. _____

    a) А Ма́ша, кото́рая жила́ в сосе́днем до́ме, забега́ла почти́ ка́ждый день.

    b) Ма́ша была́ не еди́нственной, кто приходи́л к А́нне Вениами́новне.

    c) Среди́ них бы́ли и молоды́е, и лю́ди сре́дних лет, и пожилы́е.

    d) К ней приходи́ли и её бы́вшие ученики́.

    e) Но они́ приходи́ли не ча́сто.

7. _____

    a) Но она́ не зна́ла, отку́да э́ти цита́ты.

    b) Ра́ньше Ма́ша не зна́ла ни одного́ челове́ка, похо́жего на А́нну Вениами́новну.

    c) Когда́ они́ приходи́ли к А́нне Вениами́новне, Ма́ше бы́ло интере́сно слу́шать их разгово́ры.

    d) По́зже она́ ста́ла дога́дываться, что в э́тих разгово́рах большо́е ме́сто занима́ли цита́ты.

    e) А тут вдруг оказа́лось, что их мно́го — начи́танных, образо́ванных люде́й.

8. _____

    a) Роди́тели бы́ли дово́льны и обеща́ли подари́ть ей путёвку за грани́цу.

    b) Но Ма́ша е́хать отказа́лась, потому́ что А́нна Вениами́новна пло́хо себя́ чу́вствовала.

    c) Ма́ша сдала́ экза́мены, и её при́няли в институ́т.

    d) По̀сле тяжёлого серде́чного при́ступа её уложи́ли в больни́цу.

    e) В больни́це она́ и умерла́.

9. _____

    a) Пото́м прошли́ по́хороны с отпева́нием в це́ркви.

    b) Наро́ду набежа́ло о́чень мно́го, челове́к две́сти.

    c) К ве́черу там собрало́сь челове́к де́сять.

    d) В день сме́рти А́нны Вениами́новны Ма́ша просиде́ла весь день у неё на кварти́ре.

10. _____

    a) Ве́чером сорокового́ дня Ма́ша пришла́ в кварти́ру А́нны Вениами́новны.

    b) И все говори́ли про А́нну Вениами́новну о́чень хорошо́.

    c) Там собрало́сь челове́к два́дцать.

    d) И тогда́ Ма́ша сказа́ла, что прочита́ет стихи́, напи́санные само́й А́нной Вениами́новной.

    e) Но никто́ не сказа́л, каки́м замеча́тельным поэ́том она́ была́.

11. _____

a) Máша стáла читáть стихи́, запи́санные в тетрáдке.

b) Онá останови́лась и уви́дела, что кто́-то беззву́чно смея́лся, а кто́-то шёпотом разговáривал с сосéдом.

c) Máша достáла из рюкзакá свою́ тетрáдку.

d) И добáвила, что стихи́ эти никогдá не публиковáлись.

e) Когдá онá читáла сáмое замечáтельное из всех стихотворéний, онá почу́вствовала что́-то нелáдное.

f) Онá сказáла, что в э́той тетрáди — стихи́ А́нны Вениами́новны.

12. _____

a) Тут Máша понялá, что онá вы́глядела идио́ткой пéред образóванными друзья́ми А́нны Вениами́новны.

b) И что Máша, навéрное, непрáвильно понялá А́нну Вениами́новну.

c) Когдá гóсти ушли́, Máша остáлась с Жéней, чтóбы прибрáть посу́ду.

d) Онá брóсилась в вáнную кóмнату и зарыдáла.

e) И тогдá Жéня объясни́ла ей, что стихи́, котóрые онá читáла, напи́саны извéстными поэ́тами.

4 СЛОВО И КОНТЕКСТ

USING WORDS IN CONTEXT

16. **Словá и выражéния, бли́зкие по значéнию.**

Read the items in the left column. For each, find a matching item (i.e., a word or expression that is close to it in meaning) in the right column.

1. _13)_ у неё нé было увéренности
2. _____ утéшить
3. _____ обмáнываться
4. _____ её порази́ла мысль...
5. _____ прорисóвываться
6. _____ интеллигéнтный
7. _____ неподалёку
8. _____ начи́танный
9. _____ незначи́тельный
10. _____ хохотáть до упáду
11. _____ человéк преклóнного вóзраста

1) богослужéние (обы́чно в цéркви) над тéлом умéршего
2) культу́рный, образóванный
3) стáрый человéк
4) смея́ться дóлго, безу́держно
5) дéвочка си́льно покраснéла, услы́шав э́то
6) онá не такáя, как други́е; онá осóбенная
7) он об э́том не подýмал
8) станови́ться я́вным, поня́тным
9) успокóить, облегчи́ть гóре
10) её удиви́ла мысль...
11) бли́зко

12. _____	публикова́ть	12)	непра́вильно поня́ть
13. _____	чита́ть с выраже́нием	13)	она́ сомнева́лась
14. _____	отпева́ние в це́ркви	14)	ошиба́ться в свои́х оце́нках, чу́вствах
15. _____	она́ из друго́го те́ста	15)	хорошо́ знако́мый с литерату́рой
16. _____	ему́ э́то не пришло́ в го́лову	16)	ма̀лоинтере́сный
17. _____	превра́тно поня́ть	17)	печа́тать
18. _____	де́вочка вспы́хнула, услы́шав э́то	18)	чита́ть с чу́вством, эмоциона́льно

17. **Слова́ и выраже́ния, бли́зкие по значе́нию.**

Read the sentences. Find words and expressions close in meaning to the bold-faced words and expressions and underline them.

1. А́нна Вениами́новна прочла́ стихотворе́ние. «Чьи э́то стихи́?» — спроси́ла Ма́ша. «Ах, грехи́ мо́лодости!» **Знако́мство завяза́лось.**
   Они́ вспо́мнили, что уже́ знако́мы. / Так начало́сь их знако́мство. / Они́ познако́мились. / Они́ договори́лись встре́титься ещё раз.

2. У Ма́ши бы́ли просты́е роди́тели, и **она́ их стесня́лась.**
   ей бы́ло сты́дно за них / ей бы́ло жаль их / она́ их не слу́шалась / она́ боя́лась их оби́деть

3. У А́нны Вениами́новны до́ма Ма́ша уви́дела на сте́нах **фотогра́фии сму́тно-знако́мых лиц.**
   фотогра́фии хорошо́ знако́мых ей люде́й / фотогра́фии, кото́рые она́ где́-то ви́дела, но узна́ть люде́й на фотогра́фиях она́ не могла́ / фотогра́фии люде́й, кото́рых она́ нигде́ никогда́ не ви́дела / фотогра́фии ро́дственников А́нны Вениами́новны

4. **Вся кварти́ра была́ заста́влена кни́жными по́лками.**
   В кварти́ре бы́ло не́сколько кни́жных по́лок. / В кварти́ре во̀зле всех стен стоя́ли кни́жные по́лки. / В кварти́ре на всех по́лках бы́ли кни́ги. / В кварти́ре совсе́м не́ было ме́ста от кни́жных по́лок.

5. **А́нна Вениами́новна уме́ла притя́гивать к себе́ люде́й.**
   Лю́ди стреми́лись быва́ть в о́бществе А́нны Вениами́новны. / Лю́ди хоте́ли быть друзья́ми А́нны Вениами́новны. / А́нна Вениами́новна люби́ла чита́ть лю́дям стихи́. / У А́нны Вениами́новны бы́ло ма́ло знако́мых.

6. Ма́ша **хорошо́ успева́ла по матема́тике.**
   никогда́ не опа́здывала на заня́тия по матема́тике / де́лала успе́хи в матема́тике / получа́ла по матема́тике хоро́шие отме́тки / люби́ла де́лать дома́шние зада́ния по матема́тике

7. **Ма́ша ста́ла тяну́ться к литерату́ре.**
   Ма́ша ста́ла интересова́ться литерату́рой. / Ма́ша оста́лась равноду́шна к литерату́ре. / Ма́ша ста́ла ходи́ть на ле́кции по литерату́ре. / У Ма́ши появи́лся интере́с к литерату́ре.

8. А́нна Вениами́новна **дава́ла поня́ть Ма́ше,** что она́ — поэ́т.
   намека́ла Ма́ше / говори́ла пря́мо Ма́ше / скрыва́ла от Ма́ши / призна́лась Ма́ше

9. Ма́ша научи́лась **уга́дывать,** когда́ А́нна Вениами́новна начина́ла чита́ть ей свои́ стихи́.
   молча́ть / понима́ть / не задава́ть вопро́сов / чу́вствовать

10. Вопро́сы и отве́ты так и сы́пались, и иногда́ **Ма́ша не успева́ла** поня́ть, о чём говори́ли за столо́м.
    Ма́ша не о́чень стара́лась / Ма́ше удава́лось / Ма́ше хоте́лось / Ма́ше не хвата́ло вре́мени, что́бы...

11. Ма́ша внима́тельно слу́шала разгово́ры, но не уча́ствовала в них, и **к ней никто́ не обраща́лся**.

на неё никто́ не смотре́л / с ней никто́ не вступа́л в разгово́р / с ней никто́ не загова́ривал / она́ никому́ не задава́ла вопро́сов

12. Ма́ша была́ **простоду́шной** де́вочкой.

засте́нчивой и неуве́ренной в себе́ / серде́чной и внима́тельной / наи́вной и до́брой / просто́й и дове́рчивой

13. **У Ма́ши не́ было уве́ренности**, что она́ сдаст экза́мены в гуманита́рный институ́т.

Ма́ша не сомнева́лась / У Ма́ши не́ было сомне́ний / У Ма́ши бы́ли сомне́ния / Ма́ша сомнева́лась

14. **А́нна Вениами́новна привяза́лась к Ма́ше**.

А́нна Вениами́новна полюби́ла Ма́шу. / А́нна Вениами́новна не хоте́ла зави́сеть от Ма́ши. / А́нну Вениами́новну раздража́ла Ма́ша. / Ма́ша заходи́ла к А́нне Вениами́новне ча́сто.

15. По̀сле серде́чного при́ступа А́нну Вениами́новну **уложи́ли** в больни́цу, где она́ вско́ре умерла́.

увезли́ / помести́ли / положи́ли / отвезли́

16. Пока́ А́нна Вениами́новна была́ жива́, её кварти́ра каза́лась Ма́ше **роско́шной**.

о́чень све́тлой / о́чень бе́дной / о́чень бога́той / великоле́пной

17. По̀сле сме́рти А́нны Вениами́новны её кварти́ра ста́ла каза́ться Ма́ше **ни́щенской**.

огро́мной / о́чень пы́льной / о́чень тёмной / о́чень бе́дной

18. Ма́ша **недоумева́ла**, почему́ тепе́рь кварти́ра каза́лась ей ни́щенской.

зна́ла / не могла́ себе́ объясни́ть / не могла́ поня́ть / сра́зу поняла́

19. **Переси́лив свою́ засте́нчивость**, Ма́ша сказа́ла, что у неё есть стихи́ А́нны Вениами́новны.

Поборо́в свою́ засте́нчивость / Не смуща́ясь / Спра́вившись со свое́й засте́нчивостью / Посмотре́в на госте́й

20. Ма́ша счита́ла, что **стихи́ значи́тельные**.

стихи́ прекра́сные / стихи́ должны́ быть опублико́ваны / э́то настоя́щая поэ́зия / э́ти стихи́ мно́го зна́чат в её жи́зни

21. Ма́ша начала́ чита́ть стихи́. Все замолча́ли. **Ма́ша почу́вствовала что́-то нела́дное**.

Ма́ше показа́лось, что её не слу́шают. / Ма́ша была́ уве́рена, что стихи́ понра́вятся. / Ма́ше хоте́лось хорошо́ прочита́ть стихи́. / Маша́ почу́вствовала, что что́-то не так.

22. Ма́ша реши́ла, что стихи́, кото́рые чита́ла А́нна Вениами́новна, — э́то её со́бственные стихи́. Же́ня объясни́ла ей, **что э́то недоразуме́ние**.

что тут кака́я-то оши́бка / что Ма́ша что́-то перепу́тала / что Ма́ша что́-то поняла́ непра́вильно / что э́то действи́тельно стихи́ А́нны Вениами́новны

23. Маша́ поняла́, как глу́по она́ вы́глядела, когда́ ста́ла чита́ть стихи́, и **зарыда́ла**.

убежа́ла / го́рько запла́кала / закрича́ла / распла́калась

24. Ма́ша никогда́ не поймёт, почему́ А́нна Вениами́новна **так жесто́ко над ней подшути́ла**.

сыгра́ла с ней таку́ю злу́ю шу́тку / отказа́лась от дру́жбы с ней / всё вре́мя обма́нывала её / так бессерде́чно посмея́лась над ней

18. Поговори́те дру̀г с дру́гом.

Replace the bold-faced words with words from the story, changing the syntactic structure where appropriate. You can draw upon assignments 16 and 17. Then add more information to the statement or comment on it.

1. А́нна Вениами́новна была́ **ста́рым челове́ком**.

   _____ *А́нна Вениами́новна была́ человеком преклонного возраста. Она́ мно́го лет преподава́ла ру́сскую литерату́ру. Она́ о́чень хорошо́ зна́ла поэ́зию серебряного ве́ка.*_____

2. А́нна Вениами́новна была́ на пе́нсии, но до пе́нсии она́ мно́го лет прорабо́тала в ву́зе, и у неё **бы́ло о́чень мно́го** бы́вших ученико́в.

3. Одна́жды А́нна Вениами́новна и Ма́ша сиде́ли на скамье́ в па́рке. А́нна Вениами́новна прочла́ вслух стихотворе́ние, и Ма́ша спроси́ла, чьи э́то стихи́. **Они́ познако́мились.**

4. **В кварти́ре А́нны Вениами́новны бы́ло о́чень мно́го кни́жных шкафо́в и по́лок.**

5. У Ма́ши до́ма то́же бы́ли кни́ги, но их никто́ не чита́л, а сама́ Ма́ша чита́ла в основно́м кни́ги, кото́рые **бы́ли в шко́льной програ́мме**.

6. На сте́нах у А́нны Вениами́новны Ма́ша уви́дела фотогра́фии. Ли́ца на фотогра́фиях **бы́ли ей немно́го знако́мы, но узна́ть их она́ не могла́**.

7. Роди́тели Ма́ши бы́ли просты́е инжене́ры, и **ей бы́ло немно́го сты́дно за них**.

8. Ма́ша сра́зу поняла́, что А́нна Вениами́новна была́ **не така́я, как други́е**.

9. А́нна Вениами́новна расска́зывала Ма́ше о кни́гах и их а́вторах, чита́ла ей стихи́. И Ма́ша **ста́ла интересова́ться литерату́рой**.

10. Постепе́нно **станови́лось поня́тно**, что сама́ А́нна Вениами́новна — поэ́т.

11. Ма́ша научи́лась **чу́вствовать**, что вот сейча́с А́нна Вениами́новна начина́ет чита́ть свои́ стихи́.

12. Свои́ стихи́ А́нна Вениами́новна никогда́ **не печа́тала**.

13. У А́нны Вениами́новны бы́ло мно́го друзе́й: э́то бы́ли **лю́ди, получи́вшие хоро́шее образова́ние, хорошо́ знако́мые с литерату́рой**.

14. Ма́ша в их разгово́рах не уча́ствовала, она́ то́лько слу́шала, и никто́ **с ней не загова́ривал**.

15. А́нна Вениами́новна **полюби́ла Ма́шу**. Она́ беспоко́илась, когда́ де́вочка сдава́ла экза́мены в институ́т.

16. В а́вгусте А́нну Вениами́новну **отвезли́** в больни́цу, где она́ и умерла́.

17. На **богослуже́ние** в це́рковь пришло́ о́чень мно́го люде́й.

18. По́сле сме́рти А́нны Вениами́новны её кварти́ра ста́ла каза́ться Ма́ше **о́чень бе́дной**.

19. Ма́ша **не могла́ поня́ть**, почему́ ра́ньше э́та кварти́ра каза́лась ей совсе́м друго́й.

20. На сороково́й день, когда́ собрали́сь друзья́ А́нны Вениами́новны, Ма́ша **поборо́ла** свою́ засте́нчивость и ста́ла чита́ть стихи́ А́нны Вениами́новны.

21. Когда́ она́ почу́вствовала, **что что́-то не так**, она́ останови́лась.

22. Когда́ го́сти разошли́сь, Же́ня объясни́ла ей, что э́ти стихи́ напи́саны не А́нной Вениами́новной и что **Ма́ша что́-то непра́вильно поняла́**.

23. Услы́шав э́то, Ма́ша **си́льно покрасне́ла** и ки́нулась в ва́нную ко́мнату.

24. Она́ закры́лась в ва́нной и **распла́калась**.

25. Же́ня хоте́ла её **успоко́ить**, но Ма́ша до́лго не выходи́ла.

26. Же́ня пыта́лась поня́ть, заче́м А́нна Вениами́новна обма́нывала **просту́ю и дове́рчивую де́вочку**.

19. Подбери́те слова́, противополо́жные по значе́нию.

Read the items in the left column. For each, find a word or expression of the opposite meaning in the right column.

1.	_10)_ беззву́чно смея́ться	1)	согласи́ться пое́хать
2.	_____ человек с больши́ми амби́циями	2)	молодо́й челове́к
3.	_____ усе́рдно занима́ться	3)	белоко́жая и худа́я
4.	_____ проходи́ть в шко́ле	4)	пра́вильно поня́ть
5.	_____ несказа́нно мно́го наро́ду	5)	челове́к, кото́рый ничего́ не пыта́ется доби́ться в жи́зни
6.	_____ уложи́ть в больни́цу	6)	не быть уве́ренным, сомнева́ться
7.	_____ высо̀кобразо́ванный	7)	о́чень ма́ло
8.	_____ занима́ть огро́мное ме́сто	8)	отвеча́ть пря́мо
9.	_____ великоле́пно чита́ть стихи́	9)	не изуча́ть по шко́льной програ́мме
10.	_____ румя́ная и ширококо́стная	10)	смея́ться гро́мко — так, что всем слы́шно
11.	_____ превра́тно поня́ть	11)	о́чень ма́ло наро́ду
12.	_____ челове́к преклóнного во́зраста	12)	забра́ть из больни́цы
13.	_____ ни́щенский	13)	краси́во оде́тый
14.	_____ отказа́ться от пое́здки	14)	ма̀лообразо́ванный
15.	_____ мно́жество	15)	не уме́ть чита́ть стихи́
16.	_____ отвеча́ть укло́нчиво	16)	занима́ться ма́ло, без вся́кого жела́ния
17.	_____ невзра́чно оде́тый	17)	не занима́ть никако́го ме́ста
18.	_____ быть в по́лной уве́ренности	18)	бога́тый, роско́шный

20. Контра́сты.

Complete the situations, contrasting the second half of the statement with the first. Use the words and expressions from the story. You can draw on the assignment 19. Then add more information to the statement or comment on it.

1. Ма́ша и А́нна Вениами́новна подружи́лись. Они́ бы́ли таки́е ра́зные! Ма́ша была́ молодо́й де́вушкой, а А́нна Вениами́новна...

_____ *Ма́ша и А́нна Вениами́новна подружи́лись. Они́ бы́ли таки́е ра́зные! Ма́ша была́ молодо́й де́вушкой, а А́нна Вениами́новна — же́нщиной (челове́ком) преклóнного во́зраста. Она́ была́ давно́ на пе́нсии.* _____

2. А́нна Вениами́новна была́ белоко́жей и худо́й, а Ма́ша...

3. Роди́тели Ма́ши бы́ли ма̀лообразо́ванными людьми́, а А́нна Вениами́новна и её друзья́...

4. Поэ́зия не занима́ла никако́го ме́ста в жи́зни Ма́ши, а в жи́зни А́нны Вениами́новны и её друзе́й...

5. А́нна Вениами́новна и её друзья́ мно́го чита́ли, они́ бы́ли начи́танными людьми́, а Ма́ша чита́ла...

6. Ма́ша не уме́ла чита́ть стихи́, а А́нна Вениами́новна...

7. Одна́жды А́нна Вениами́новна прочита́ла прекра́сное стихотворе́ние. Ма́ша поду́мала, что она́ чита́ет своё стихотворе́ние, а на са́мом де́ле...

8. По̀сле сме́рти А́нны Вениами́новны в её кварти́ре собрало́сь ма́ло наро́ду — челове́к де́сять, а когда́ её отпева́ли в це́ркви...

9. Пока́ А́нна Вениами́новна была́ жива́, её кварти́ра каза́лась Ма́ше бога́той, роско́шной, а по̀сле её сме́рти кварти́ра...

10. Ма́ша начала́ чита́ть стихи́. Же́ня не была́ уве́рена, понима́ет ли Ма́ша, что́ она́ чита́ет, а Ма́ша была́...

11. А́нна Вениами́новна никогда́ не говори́ла Ма́ше пря́мо, что стихи́, кото́рые она́ чита́ет, — её стихи́, но она́...

12. Же́ня не сомнева́лась, что Ма́ша поняла́ А́нну Вениами́новну пра́вильно, а колле́ги А́нны Вениами́новны бы́ли уве́рены...

21. Слова́ и выраже́ния, бли́зкие по значе́нию.

Underline words that are close in meaning to, and can replace, the adverbials in the bold-faced expressions from the story. Then add context before each statement, using one of the words you underlined.

1. А́нна Вениами́новна сказа́ла: «Кто ж не писа́л стихо́в в мо́лодости?» Ма́ша **легко́ согласи́лась** с А́нной Вениами́новной.
   ве́жливо / охо́тно / с гото́вностью / неуве́ренно

   _____ *А́нна Вениами́новна прочита́ла стихотворе́ние. Ма́ша спроси́ла, кто его́ написа́л. А́нна Вениами́новна сказа́ла: «Кто ж не писа́л стихо́в в мо́лодости?» Ма́ша* **охо́тно (ИЛИ: с гото́вностью) согласи́лась** *с А́нной Вениами́новной.*_____

2. А́нна Вениами́новна **чита́ла стихи́ великоле́пно.**
   замеча́тельно / прекра́сно / по па́мяти / непло́хо

3. На вопро́сы Ма́ши об а́вторстве стихо́в А́нна Вениами́новна **укло́нчиво улыба́лась.**
   зага́дочно / печа́льно / ве́село / неопределённо

4. **Постепе́нно ста́ло прорисо́вываться,** что сама́ А́нна Вениами́новна — поэ́т.
   понемно́гу / мгнове́нно / сра́зу / ма́ло-пома́лу

5. Ма́ша **потихо́ньку запи́сывала** стихи́ Анны Вениами́новны.
   та́йно / бы́стро / по секре́ту от всех / ре́дко

6. У Ма́шиной ма́тери был **чрезме́рно гро́мкий го́лос.**
   недоста́точно / сли́шком / ужа́сно / чересчу́р

7. Ма́ша сдава́ла вступи́тельные экза́мены, и **всё прошло́ благополу́чно.**
   успе́шно / нева́жно / о́чень хорошо́ / неудовлетвори́тельно

8. Институ́т **находи́лся неподалёку.**
   побли́зости / не о́чень бли́зко / ря́дом / на небольшо́м расстоя́нии от до́ма

9. Заве́дующая ка́федрой была́ уве́рена, что Ма́ша **превра́тно поняла́** А́нну Вениами́новну.
   пра́вильно / непра́вильно / вполне́ / неве́рно

10. Ма́ша никогда́ не поймёт, почему́ Анна Вениами́новна так **жесто́ко** над ней **подшути́ла.**
    бесчелове́чно / нехорошо́ / неожи́данно / безжа́лостно

22. Зако́нчите ситуа́ции.

Complete the sentences.

1. Хотя́ А́нна Вениами́новна была́ давно́ на пе́нсии, ...

   _____ *Хотя́ А́нна Вениами́новна была́ давно́ на пе́нсии, она́ сохрани́ла педагоги́ческий пыл.*_____

2. [А́нна Вениами́новна сказа́ла: «Кто ж не писа́л стихо́в в мо́лодости?»] Хотя́ Ма́ша стихо́в не писа́ла, ...

3. Несмотря́ на то, что Ма́ша люби́ла роди́телей, ...

4. Хотя сама Маша была простой девочкой, ...

5. Хотя Маша никогда раньше не интересовалась литературой, ...

6. Анна Вениаминовна не давала Маше книг из своей библиотеки, но зато ...

7. Хотя Анна Вениаминовна многое забывала, к стихам это не относилось, ...

8. Маше нравилось слушать разговоры друзей Анны Вениаминовны, хотя ...

9. Хотя Маше хотелось учиться в гуманитарном институте, ...

10. Маша поступила в автодорожный институт, несмотря на то что ...

11. За время знакомства с Анной Вениаминовной Маша научилась читать стихи, хотя ...

12. После смерти Анны Вениаминовны её квартира показалась Маше нищенской, хотя ...

13. Несмотря на то что Маша была очень застенчива, ...

14. Хотя Маше хотелось что-то спросить у Жени, ...

15. Хотя ..., на самом деле Маша поняла Анну Вениаминовну правильно.

23. Действующие лица в рассказе.

Recall the episodes in the story describing Masha, Anna Veniaminovna, and Anna Veniaminovna's friends. Retell them in your own words and then retell them again, using the words and expressions below.

1. Маша
простая семья
книги, которые никто не читал
немного стесняться родителей
простодушное хлебосольство мамы
одноклассницы
читать то, что проходят в школе
потянуться к поэзии

2. Анна Вениаминовна
седая дама преклонного возраста
быть на пенсии
сохранить педагогический пыл
все стены заставлены книжными полками
фантастическая память
знать наизусть множество стихов
читать стихи часами

3. Друзья и ученики Анны Вениаминовны
целая армия бывших учеников
интеллигентные, образованные люди
невзрачно одётые
начитанные и остроумные (люди)
лёгкий диалог
цитаты, намёки

24. Искусство слова. Составьте текст.

Make up a text, using the words based on the same roots.

1. Остроумие
остроумный (остроумен, -на, -но, -ны)
считать *асс.* остроумным (-ой, -ыми)
остроумно

Недавно вышла книга «Школа _____ , или как научиться шутить». Автор книги, В. В. Биллевич, считает, что _____ — это свойство психики, а очень часто просто талант. По его мнению, _____ требует тренировки. _____ связано с образованностью, начитанностью. Люди, у которых бедный язык, даже не могут понять, что _____ , а что нет. Сейчас есть школы, где помогают развить умение говорить _____ .

Мы все по-разному понимаем, что такое _____ . Никто не _____ человека, который рассказывает грубые анекдоты. Но есть люди, которых мы все

_____. Одни́м из таки́х _____ люде́й был Марк Твен. Когда́ в пре́ссе появи́лись ло́жные слу́хи о его́ сме́рти, он _____ отреаги́ровал на них: «Слу́хи о мое́й сме́рти си́льно преувели́чены».

2. Стихи́
поэти́ческий сбо́рник
поэ́т
поэ́зия
писа́ть стихи́
по́мнить (знать) наизу́сть стихотворе́ние
(мно́го стихотворе́ний)
понима́ть стихи́ (како́е-либо стихотворе́ние)
чита́ть стихи́ (како́е-либо стихотворе́ние)

У меня́ есть друг, кото́рый по-настоя́щему лю́бит _____ . До́ма у него́ мно́го _____ . Его́ люби́мый _____ — Бори́с Пастерна́к. Мой друг зна́ет биогра́фию э́того _____ , его́ _____ и про́зу. Когда́ собира́ются друзья́, он им иногда́ _____ . Обы́чно он _____ Пастерна́ка — он _____ своего́ люби́мого _____ . Он о́чень лю́бит _____ из рома́на «До́ктор Жива́го», осо́бенно _____ «Га́млет». Он говори́т, что не то́лько _____ , но и чу́вствует его́.

Мой друг не то́лько лю́бит _____ , но и сам _____ . Неда́вно он опубликова́л не́сколько _____ в журна́ле «Октя́брь». По́сле э́того его́ пригласи́ли вы́ступить на ве́чере _____ . Сейча́с он гото́вит к печа́ти свой пе́рвый _____ .

25. Писа́тели и поэ́ты. Приду́майте ситуа́ции.

Make up two stories, using the words and phrases below.

1. Разгово́р о литерату́ре
собира́ться/собра́ться, что̀бы поговори́ть о литерату́ре
чита́ть/прочита́ть рома́н мо́дного писа́теля
чита́ть/прочита́ть биогра́фию писа́теля
слу́шать/прослу́шать интере́сную ле́кцию
приводи́ть/привести́ цита́ту
понима́ть/поня́ть, что у мо́дного писа́теля бы́ли предше́ственники
обсужда́ть/обсуди́ть предше́ственников э́того писа́теля
уча́ствовать в разгово́ре

2. Ве́чер поэ́зии
ока́зываться/оказа́ться в о́бществе образо́ванных люде́й
собира́ться/собра́ться, что̀бы почита́ть (послу́шать) стихи́
стихи́, напи́санные изве́стными поэ́тами
чита́ть стихи́ по-актёрски, с выраже́нием
чита́ть стихи́ с понима́нием
чита́ть стихи́ и комменти́ровать их
остроу́мное замеча́ние
поэ́т, никогда́ не публикова́вший свои́х стихо́в
значи́тельные стихи́
поэ́т, опубликова́вший не́сколько поэти́ческих сбо́рников

26. Кста́ти, коне́чно, мо́жет быть…

Complete the sentences below by inserting one of the parenthetical comments.
Remember to capitalize parenthetical comments that are placed at the beginning of a sentence.
Use each parenthetical comment only once.

1. _____ , стихотворе́ние, кото́рое прочита́ла А́нна Вениами́новна, бы́ло чуде́сное. _____ , э́то бы́ло чуде́сное стихотворе́ние. Но Ма́ша, _____ , не зна́ла, кто его́ написа́л.

   (действи́тельно, коне́чно, по мне́нию Ма́ши)

   _____ *По мне́нию Ма́ши, стихотворе́ние, кото́рое прочита́ла А́нна Вениами́новна, бы́ло чуде́сное. Действи́тельно, э́то бы́ло чуде́сное стихотворе́ние. Но Ма́ша, коне́чно , не зна́ла, кто его́ написа́л.* _____

2. _____ , А́нна Вениами́новна мно́го лет преподава́ла литерату́ру, поэ́тому у неё в до́ме, _____ , бы́ло мно́го книг. А роди́телей Ма́ши кни́ги, _____ , не интересова́ли.

   (есте́ственно, как изве́стно, к сожале́нию)

3. _____ , у А́нны Вениами́новны и Ма́ши не́ было ничего́ о́бщего. Но, _____ , оказа́лось, что они́ могли́ говори́ть обо всём. _____ , говори́ла в основно́м А́нна Вениами́новна.

   (каза́лось бы, как э́то ни удиви́тельно, коне́чно)

4. Ра́ньше у Ма́ши таки́х знако́мых, как друзья́ А́нны Вениами́новны, _____ , не́ было. _____ , ей бы́ло интере́сно слу́шать их разгово́ры. Са́мой симпати́чной из них, _____ , была́ Же́ня.

   (есте́ственно, к сожале́нию, по мне́нию Ма́ши)

5. _____ , Ма́ше хоте́лось учи́ться в гуманита́рном институ́те, _____ — она́ боя́лась, что не сдаст экза́мены. _____ , она́ всё же поступи́ла в а̀втодоро́жный институ́т. _____ , а̀втодоро́жный зако́нчил её оте́ц.

   (в конце́ концо́в, кста́ти, с одно́й стороны́… с друго́й [стороны́])

6. А́нна Вениами́новна мно́гое забыва́ла, но у неё была́, _____ , фантасти́ческая па́мять на стихи́. Ма́ша, _____ , была́ уве́рена, что А́нна Вениами́новна чита́ет ей свои́ стихи́. И Ма́ша ста́ла их запи́сывать. _____ , и у Ма́ши была́ неплоха́я па́мять.

   (как мы зна́ем, кста́ти, как э́то ни удиви́тельно)

7. А́нна Вениами́новна, _____ , писа́ла прекра́сные сти́хи. Но, _____ , никто́ из госте́й сорокового́ дня ничего́ не говори́л о «стиха́х А́нны Вениами́новны». И тогда́ Ма́ша сказа́ла, что у неё есть стихи́ А́нны Вениами́новны и что стихи́, _____ , отли́чные.

   (как мне [тебе́, ему́…] ка́жется, к удивле́нию Ма́ши, по мне́нию Ма́ши)

8. _____ , Же́ня не хоте́ла огорча́ть Ма́шу, но _____ , она́ не могла́ не сказа́ть ей пра́вду. _____ , ей нелегко́ бы́ло сказа́ть Ма́ше, что «стихи́ А́нны Вениами́новны» бы́ли напи́саны изве́стными поэ́тами. Для Ма́ши э́то, _____ , бы́ло потрясе́нием.

   (безусло́вно, наве́рное, с одно́й стороны́… с друго́й [стороны́])

9. _____ , А́нна Вениами́новна поступи́ла жесто́ко. Но, _____ , благодаря́ ей Ма́ша полюби́ла поэ́зию. _____ , э́то и есть са́мое ва́жное?

   (коне́чно, мо́жет быть, с друго́й стороны́)

27. Скажи́те ина́че.

Replace the bold-faced words with words from the story. Change the syntactic structure where appropriate

А́ННА ВЕНИАМИ́НОВНА

А́нна Вениами́новна, седа́я **ста́рая да́ма**, была́ давно́ на пе́нсии. До э́того она́ преподава́ла литерату́ру и осо́бенно поэ́зию мно́го лет, и у неё **бы́ло огро́мное коли́чество** бы́вших ученико́в. До́ма у неё **во́зле всех стен стоя́ли кни́жные шкафы́**. У неё была́ **удиви́тельная** па́мять, она́ зна́ла мно́го стихо́в **на па́мять**. Она́ чита́ла стихи́ **прекра́сно**. Она́ чита́ла их не **«с чу́вством»**, как чита́ют актёры, а с понима́нием. У А́нны Вениами́новны бы́ло больно́е се́рдце, и по́сле серде́чного при́ступа её **отвезли́** в больни́цу. Там она́ умерла́. На **богослуже́ние** в це́рковь пришло́ **о́чень мно́го люде́й**.

ДРУЗЬЯ́ И УЧЕНИКИ́ А́ННЫ ВЕНИАМИ́НОВНЫ

У А́нны Вениами́новны бы́ло мно́го друзе́й и **о́чень мно́го ученико́в**. **Лю́ди стреми́лись быва́ть в её о́бществе**. Среди́ её ученико́в бы́ли и **немолоды́е** лю́ди, и совсе́м ю́ные. Э́то бы́ли лю́ди **культу́рные, получи́вшие хоро́шее образова́ние, мно́го чита́вшие**. Когда́ кто́-нибудь из них говори́л что́-нибудь шутли́вое, други́е **не смея́лись до́лго и безу́держно**, а то́лько улыба́лись. **Они́ ча́сто вставля́ли в свою́ речь цита́ты**. Э́то бы́ли лю́ди той культу́ры, кото́рая создаётся чередо́й поколе́ний.

МА́ША

Ма́ша вы́росла в просто́й семье́, и сама́ она́ была́ **найвной и дове́рчивой де́вочкой**. Свои́х роди́телей она́ немно́го **стыди́лась**. Роди́тели Ма́ши книг не чита́ли, а сама́ Ма́ша чита́ла то, что **бы́ло в шко́льной програ́мме**. Иногда́ она́ чита́ла како́го-нибудь **популя́рного** совреме́нного писа́теля, потому́ что о нём **говори́ли де́вочки, с кото́рыми она́ учи́лась в одно́м кла́ссе**. **У Ма́ши бы́ли хоро́шие отме́тки** по матема́тике, фи́зике и хи́мии. Она́ собира́лась поступа́ть в а̀втодоро́жный институ́т, кото́рый находи́лся **бли́зко от до́ма**. Всё ле́то она́ **серьёзно** занима́лась матема́тикой и фи́зикой. Начали́сь экза́мены. Всё прошло́ **хорошо́**, и Ма́шу при́няли в институ́т.

МА́ША И А́ННА ВЕНИАМИ́НОВНА

А́нна Вениами́новна и Ма́ша познако́мились в па́рке. **Познако́мились они́** так. А́нна Вениами́новна прочита́ла стихотворе́ние. Ма́ша сказа́ла, что стихи́ **замеча́тельные**. Ма́ша спроси́ла, кто их написа́л, и А́нна Вениами́новна отве́тила, что э́то **оши́бки мо́лодости**. Ма́ша ста́ла приходи́ть к А́нне Вениами́новне, **они́ подружи́лись**. У Ма́ши не́ было таки́х интеллиге́нтных знако́мых, и она́ ста́ла ча́сто приходи́ть к А́нне Вениами́новне. А́нна Вениами́новна чита́ла ей стихи́ того́ или ино́го поэ́та, расска́зывала **исто́рию его́ жи́зни**. И Ма́ша **ста́ла интересова́ться поэ́зией**. А́нна Вениами́новна **полюби́ла Ма́шу**, она́ **волнова́лась**, когда́ Ма́ша сдава́ла экза́мены. А когда́ А́нну Вениами́новну **отвезли́** в больни́цу, Ма́ша не́сколько раз е́здила к ней. Ма́ша до́лго пережива́ла её смерть и ника́к не могла́ **успоко́иться, прийти́ в но́рму**.

ПОЭ́ЗИЯ И ЛОЖЬ

Когда́ постепе́нно **ста́ло поня́тно**, что А́нна Вениами́новна сама́ пи́шет стихи́, Ма́ша начала́ их **та́йно** запи́сывать. Она́ ду́мала, что А́нна Вениами́новна никогда́ **не печа́тала** свои́х стихо́в. Ма́ша научи́лась **чу́вствовать**, когда́ А́нна Вениами́новна гото́вилась чита́ть «своё». Когда́ Ма́ша спра́шивала: «Э́то ва́ши стихи?», — А́нна Вениами́новна **не отвеча́ла пря́мо**. Но хотя́ А́нна Вениами́новна не говори́ла э́того пря́мо, она́ не раз **намека́ла**, что чита́ет свои́ стихи́. И Ма́ша **была́ абсолю́тно уве́рена**, что А́нна Вениами́новна — поэ́т. Когда́ отмеча́ли сороково́й день, Ма́ша ста́ла чита́ть стихи́ А́нны Вениами́новны. **Ей показа́лось, что что́-то не так**. Она́ останови́лась. Когда́ го́сти **ушли́**, Же́ня объясни́ла ей, что э́то **кака́я-то оши́бка**. Что э́ти стихи́ напи́саны изве́стными поэ́тами, и А́нна Вениами́новна, **коне́чно, э́то зна́ла**.

Тут Ма́ша поняла́, како́й **ду́рой** она́ **вы́глядела**. Она́ **запла́кала** и ки́нулась в ва́нную ко́мнату. Же́ня хоте́ла её **успоко́ить**, но Ма́ша заперла́сь на задви́жку...

А́нна Вениами́новна зло подшути́ла над де́вочкой. Друзья́ А́нны Вениами́новны не пове́рили Ма́ше. Они́ бу́дут ду́мать, что Ма́ша **непра́вильно** поняла́ А́нну Вениами́новну: ведь **А́нна Вениами́новна не могла́ бы и поду́мать о тако́м**. А вот Же́ня пове́рила Ма́ше. Же́ня зна́ла, что А́нна Вениами́новна **хоте́ла мно́гого доби́ться в жи́зни**. И, мо́жет быть, ей захоте́лось хоть оди́н раз почу́вствовать себя́ поэ́том.

28. **Поговори́те дру̀г с дру́гом.**

Imagine that you are among those who attended a funeral repart in memory of Anna Veniaminovna. Talk with your classmate about what happened. Imagine

    a) that one of you is the chair of the department where Anna Veniaminovna had worked and the other, an instructor at that department;

    b) that one of you is the chair of the department and the other is Zhenya.

29. **Напиши́те сочине́ние.**

Write an essay on the topic: Моё отноше́ние к А́нне Вениами́новне.

ТЕКСТ И РЕЧЬ

FROM READING TO SPEAKING

Расска́з Людми́лыУли́цкой — о двух о́чень ра́зных лю́дях. Ма́ша и А́нна Вениами́новна совсе́м не похо́жи. И де́ло не то́лько в во́зрасте. Тем не ме́нее им прия́тно и интере́сно проводи́ть вре́мя дру̀г с дру́гом.

Дру́жба А́нны Вениами́новны и Ма́ши продолжа́лась недо́лго, всего́ не́сколько ме́сяцев. Обще́ние с А́нной Вениами́новной откры́ло Ма́ше глаза́ на мир, о существова́нии кото́рого она́ не зна́ла. Но по́сле сме́рти А́нны Вениами́новны Ма́ша узна́ла, что А́нна Вениами́новна её обма́нывала.

Дава́йте постара́емся поня́ть, на чём стро̀ились отноше́ния э́тих двух таки́х не похо́жих дру̀г на дру́га люде́й и почему́ А́нна Вениами́новна обма́нывала Ма́шу.

МА́ША

30. Ма́ша и её роди́тели.

Семья́ Ма́ши и её отноше́ние к роди́телям опи́саны в расска́зе о́чень кра́тко. И всё-таки чита́тель получа́ет представле́ние об э́той семье́. Что же мы о ней узна́ли?

1. Семья́ Ма́ши.

   a) Попро́буем предста́вить себе́, в како́й семье́ росла́ Ма́ша. Найди́те кра́ткое описа́ние роди́телей Ма́ши, её ба́бушек и де́душек, праба́бушек и праде́душек (3-ий и 4-ый отры́вки).

   b) В 3-ем отры́вке говори́тся об отноше́нии Ма́шиных роди́телей к кни́гам: *В де́тстве у них до́ма стоя́л предме́т «Хе́льга», а в нём не тро́нутые челове́ческой руко́й ро́вные тома́ из се́рии «Всеми́рная литерату́ра»...* О чём говори́т э́то описа́ние? Отве́тить на э́тот вопро́с вам помо́гут примеча́ния по́сле те́кста.

   c) Кро́ме книг, на по́лках стоя́ло *оди́ннадцать хруста́льных бока́лов* (3-ий отры́вок), и бока́лами Ма́шины роди́тели по́льзовались: *оди́н разби́л па́па*. О чём э́то говори́т?

2. Валенти́на, мать Ма́ши.

   a) Когда́ говоря́т о же́нщине, кото́рая по профе́ссии инжене́р, употребля́ют сло́во «инжене́р». А мать Ма́ши на́звана *заводско́й инжене́ркой* (4-ый отры́вок). Сло́ва *инжене́рка* нет в словаря́х: э́то сло́во непра́вильное. Челове́к, кото́рый говори́т по-ру́сски гра́мотно, так не ска́жет. Как вы понима́ете э́то сло́во?

   b) Опи́сывая вне́шность Валенти́ны, а́втор говори́т о её *ширине́ и прямоуго́льности* (4-ый отры́вок). Э́то не комплиме́нт. Как вы представля́ете себе́ же́нщину с тако́й вне́шностью? Попро́буйте описа́ть её други́ми слова́ми.

   c) У Валенти́ны был *чрезме́рно гро́мкий го́лос* (4-ый отры́вок). Что зна́чит *чрезме́рно гро́мкий го́лос*? Что вы мо́жете сказа́ть о же́нщине с *чрезме́рно гро́мким го́лосом*?

   d) Валенти́на была́ гостеприи́мной, она́ всегда́ стреми́лась накорми́ть, угости́ть Ма́шиных однокла́ссниц, когда́ они́ заходи́ли. Её гостеприи́мство опи́сано как *простоду́шное хлебосо́льство*, а к Ма́шиным однокла́ссницам она́ *пристава́ла*, говори́ла: *«Ку́шайте, ку́шайте! Борщ ку́шайте! Смета́нку вот положи́те! Хле́бушка!»* (4-ый отры́вок). Как вы понима́ете сло́во *пристава́ла*? Как э́то описа́ние характеризу́ет Валенти́ну?

3. Ви́ктор, оте́ц Ма́ши.

   a) Найди́те описа́ние Ма́шиного отца́ (4-ый отры́вок). Како́й институ́т он зако́нчил (5-ый отры́вок)?

   b) Чем Ви́ктор люби́л занима́ться в свобо́дное вре́мя? Чем он интересова́лся (и чем не интересова́лся)?

   c) Когда́ Ви́ктор лежа́л под свое́й маши́ной, он обы́чно насви́стывал *дура́цкий моти́вчик* (4-ый отры́вок). Как вы понима́ете выраже́ние *дура́цкий моти́вчик*? Как оно́ характеризу́ет реа́кцию окружа́ющих?

   d) Как вам ка́жется, почему́ оте́ц Ма́ши, взро́слый челове́к, инжене́р, на́зван не Ви́ктором, а Ви́тей? И не про́сто Ви́тей, а *отцо́м Ви́тей*?

4. Отноше́ние Ма́ши к роди́телям.

   a) Как вам ка́жется, в каки́х ситуа́циях Ма́ша стесня́лась отца́?

   b) В каки́х ситуа́циях Ма́ша стесня́лась ма́тери?

31. Вне́шность и хара́ктер Ма́ши. Её интере́сы, отноше́ние к учёбе.

1. Перечита́йте те места́ в 4-ом, 19-ом, 22-о́м и 24-ом отры́вках, где говори́тся о вне́шности Ма́ши.

   a) В са́мом нача́ле расска́за а́втор называ́ет Ма́шу *вне́шне незначи́тельной* (1-ый отры́вок). Что зна́чит *незначи́тельной*?

   b) Как вы понима́ете слова́: Ма́ша *си́льно себе́ не нра́вилась за простоту́*?

   c) Как относи́лась Ма́ша к свое́й вне́шности и к вне́шности ма́тери?

   d) В 19-ом и 22-о́м отры́вках прочита́йте предложе́ния, в кото́рых говори́тся о лице́ Ма́ши. Что Вы мо́жете дополни́тельно сказа́ть о вне́шности Ма́ши, прочита́в э́ти предложе́ния?

   e) Как описа́ли бы вне́шность Ма́ши колле́ги и друзья́ А́нны Вениами́новны? (24-ый отры́вок)?

   f) В чём вы ви́дите связь ме́жду тем, что Ма́ша *си́льно себе́ не нра́вилась* и её поведе́нием? (Посмотри́те 11-ый отры́вок.)

2. Как Ма́ша учи́лась, каки́е предме́ты её интересова́ли до знако́мства с А́нной Вениами́новной (5-ый отры́вок)?

3. Об отноше́нии Ма́ши к литерату́ре в нача́ле её знако́мства с А́нной Вениами́новной говори́тся в 5-ом и 11-ом отры́вках. Это разгово́р Ма́ши с А́нной Вениами́новной о рома́не мо́дного совреме́нного писа́теля, когда́ *Ма́ша принесла́ мо́дный рома́н, ожида́я разно́са...* (5-ый отры́вок). И второ́й эпизо́д: когда́ Ма́ша ста́ла быва́ть у А́нны Вениами́новны, *бы́вшая аспира́нтка Же́ня, са́мая из всех симпати́чная, задава́ла ей вре́мя от вре́мени каки́е-то стра́нные вопро́сы — чита́ла ли она́ Ба́тюшкова, наприме́р... А его́ и в шко́ле-то не проходи́ли...* (11-ый отры́вок).

   a) Каки́е кни́ги чита́ла Ма́ша? Почему́ она́ *ожида́ла разно́са* от А́нны Вениами́новны?

   b) Почему́ вопро́с Же́ни о замеча́тельном поэ́те Ба́тюшкове показа́лся Ма́ше стра́нным? Как вы понима́ете реа́кцию Ма́ши: *А его́ и в шко́ле-то не проходи́ли...*?

   c) Как, по ва́шему мне́нию, преподава́ли литерату́ру в шко́ле, где учи́лась Ма́ша? Аргументи́руйте свой отве́т.

4. Бесе́ды с А́нной Вениами́новной измени́ли отноше́ние Ма́ши к литерату́ре и осо́бенно к поэ́зии: *...её всё бо́лее влекла́ к себе́ литерату́ра, и, что совсе́м уже́ удиви́тельно, её кре́пкое се́рдце, пре́жде малочувстви́тельное ко вся́ким слове́сно-интеллектуа́льным то́нкостям, потяну́лось к поэ́зии...* (5-ый отры́вок).

   a) Как вы понима́ете выраже́ние *кре́пкое се́рдце*? Почему́ се́рдце Ма́ши на́звано *кре́пким*?

   b) Как вы ду́маете, что тако́е *слове́сно-интеллектуа́льные то́нкости*?

   c) Почему́ *совсе́м уже́ удиви́тельно*, что Ма́ша ста́ла тяну́ться к поэ́зии?

5. *Поступа́ть в гуманита́рный институ́т роди́тели не разреши́ли, да и у само́й Ма́ши не́ было уве́ренности, что сдаст* (14-ый отры́вок). Как вы ду́маете, почему́ роди́тели не разреши́ли Ма́ше поступа́ть в гуманита́рный институ́т?

А́ННА ВЕНИАМИ́НОВНА

32. Вне́шность А́нны Вениами́новны, её дом. Пе́рвые впечатле́ния Ма́ши от знако́мства с А́нной Вениами́новной.

1. Вне́шность А́нны Вениами́новны.

   a) В са́мом нача́ле расска́за мы узнаём, что А́нна Вениами́новна — *седа́я да́ма преклó́нного во́зраста* (1-ый отры́вок). Да́льше а́втор ещё не́сколько раз называ́ет А́нну Вениами́новну старомо́дным сло́вом *да́ма*. А Ма́ша, познако́мившись с А́нной Вениами́новной и побыва́в у неё до́ма, ду́мает: *Настоя́щая стару́шка, рождённая ещё до револю́ции...* (3-ий отры́вок). Что скрыва́ется за сло́вом *да́ма*? О чём говори́т вы́бор слов *да́ма* и *стару́шка*?

b) А́втор говори́т об А́нне Вениами́новне: *... улыбну́лась очарова́тельная пожила́я да́ма* (2-о́й отры́вок). Как вам ка́жется, чем отлича́ется э́то описа́ние вне́шности А́нны Вениами́новны от описа́ния в 1-ом отры́вке?

c) В 4-ом отры́вке говори́тся о том, что Ма́ша уви́дела в А́нне Вениами́новне: *А́нна Вениами́новна была́ худа́, белоко́жа и стра́шно интеллиге́нтна*. Почему́ Ма́ша в пе́рвую о́чередь обрати́ла внима́ние и́менно на э́ти черты́?

2. У А́нны Вениами́новны до́ма.

Впервы́е попа́в в кварти́ру А́нны Вениами́новны, Ма́ша уви́дела, что *все сте́ны заста́влены по́лками и кни́жными шкафа́ми и кни́гами без переплётов — а, вот почему́ она́ их обёртывает, ина́че разлетя́тся по страни́цам! На по́лках и на сте́нах — сплошь фотогра́фии сму́тно-знако́мых лиц, на не́которых да́рственные на́дписи. Кро́хотный сто́лик — ова́льный — не обе́денный, не пи́сьменный, а сам по себе́... И ча́йник не электри́ческий, а алюми́ниевый — тако́го сейча́с ни на одно́й помо́йке не найдёшь, ра́зве что в антиква́рном магази́не...* (3-ий отры́вок).

a) Что пре́жде всего́ бро́силось Ма́ше в глаза́ в кварти́ре А́нны Вениами́новны?

b) Что зна́чит *фотогра́фии сму́тно-знако́мых лиц*? Как вы ду́маете, чьи э́то бы́ли фотогра́фии? Почему́ лю́ди на э́тих фотогра́фиях показа́лись Ма́ше *сму́тно-знако́мыми*? (Отве́тить на вопро́с вам помо́гут примеча́ния по́сле те́кста.)

c) На не́которых фотогра́фиях бы́ли *да́рственные на́дписи*. Как вы по́няли выраже́ние *да́рственные на́дписи*?

d) В кварти́ре А́нны Вениами́новны *все сте́ны заста́влены по́лками и кни́жными шкафа́ми и кни́гами без переплётов* (3-ий отры́вок). О чём говори́т выраже́ние *кни́ги без переплётов*?

e) Прочита́йте, что ска́зано о кни́гах, стоя́вших на по́лках у Ма́ши до́ма, и о кни́гах в кварти́ре А́нны Вениами́новны. Что вы мо́жете сказа́ть о лю́дях, кото́рым принадлежа́т кни́ги?

f) Ма́ша обрати́ла внима́ние на два предме́та в кварти́ре А́нны Вениами́новны: сто́лик и ча́йник.

— *Кро́хотный сто́лик — ова́льный — не обе́денный, не пи́сьменный, а сам по себе́...*(3-ий отры́вок). Как вы ду́маете, почему́ Ма́ша отме́тила, что сто́лик был *сам по себе́*? Что её удиви́ло?

— *И ча́йник не электри́ческий, а алюми́ниевый — тако́го сейча́с ни на одно́й помо́йке не найдёшь, ра́зве что в антиква́рном магази́не...* Как вы ду́маете, почему́ у А́нны Вениами́новны не́ было электри́ческого ча́йника? (Посмотри́те примеча́ния по́сле те́кста и 17-ый отры́вок.)

33. А́нна Вениами́новна и «сму́тно-знако́мые ли́ца».

Расска́з «Явле́ние приро́ды» — оди́н из пяти́ расска́зов, кото́рые вхо́дят в по́весть «Сквозна́я ли́ния». Же́ня, бы́вшая аспира́нтка А́нны Вениами́новны, появля́ется во всех пяти́ расска́зах. А в связи́ с Же́ней чита́тель уже́ в пе́рвом расска́зе — «Диа́на» — знако́мится и с А́нной Вениами́новной. Прочита́йте отры́вок из расска́за «Диа́на»:

Бы́ли у Же́ни подру́ги, с кото́рыми она́ вме́сте учи́лась, вела́ разгово́ры о дела́х ва́жных и содержа́тельных, об иску́сстве и литерату́ре или о смы́сле жи́зни. Она́ защища́ла дипло́м о ру́сских поэ́тах-модерни́стах 10-х годо́в... Же́не повезло́ необыкнове́нно — руководи́телем дипло́ма у неё была́ прекло́нных годо́в профе́ссорша, кото́рая в э́той са́мой ру́сской литерату́ре распоряжа́лась как у себя́ на ку́хне. Э́та боготвори́мая студе́нтами и, гла́вным о́бразом, студе́нтками профе́ссорша А́нна Вениами́новна зна́ла всех э́тих поэ́тов не понаслы́шке, а ли́чно: почти́ дружи́ла с Ахма́товой, чай пила́ с Маяко́вским и Ли́лей Брик, слу́шала чте́ния Мандельшта́ма и да́же по́мнила живо́го Кузмина́...

1. Найди́те в интерне́те информа́цию о су́дьбах писа́телей и поэ́тов, кото́рых зна́ла А́нна Вениами́новна. И о судьбе́ Мари́ны Цвета́евой, чьи стихи́ она́ чита́ла Ма́ше.

2. Сове́тская власть пресле́довала мно́гих из тех поэ́тов, кото́рых зна́ла А́нна Вениами́новна. Могло́ ли э́то, по ва́шему мне́нию, повлия́ть на её со́бственную судьбу́, на её карье́ру? Аргументи́руйте свой отве́т.

3. Да́ты жи́зни поэ́тов, упомя́нутых в э́том отры́вке:

   А. А. Ахма́това (1889-1966), М. А. Кузми́н (1875-1936), О. Э. Мандельшта́м (1891-1938), В. В. Маяко́вский (1893-1930).

   Де́йствие расска́за происхо́дит в нача́ле 90-х гг. Попро́буйте приблизи́тельно определи́ть во́зраст А́нны Вениами́новны.

4. Что но́вого вы узна́ли об А́нне Вениами́новне из э́того отры́вка?

34. А́нна Вениами́новна: её работа, её интересы.

1. С чего́ начина́ется знако́мство чита́теля с А́нной Вениами́новной? Прочита́йте ещё раз 1-ый отры́вок: *Она́ была́ педаго́г, профе́ссор, давно́ уже́ на пе́нсии, но пы́ла педагоги́ческого за мно́гие десятиле́тия преподава́ния ру́сской литерату́ры, а осо́бенно поэ́зии, не истра́тившая. Отча́сти А́нна Вениами́новна была́ и собира́тельница — не сто́лько ве́тхих книг, ско́лько ю́ных душ, стремя́щихся к э́тому кла́дезю серебряного ве́ка....*

   a) Кем была́ А́нна Вениами́новна?

   b) Что вы узна́ли о профе́ссии А́нны Вениами́новны? О её зна́ниях? *Кла́дезь* — э́то концентра́ция са́мого ва́жного, са́мого це́нного. Кла́дезь прему́дрости — так говоря́т (ча́сто шутли́во) о челове́ке, облада́ющем больши́ми зна́ниями. Как вы понима́ете выраже́ние *кла́дезь серебряного ве́ка* по отноше́нию к А́нне Вениами́новне?

   c) Найди́те места́, где говори́тся о па́мяти А́нны Вениами́новны (6-ой и 7-ой отры́вки), и прокомменти́руйте их.

   d) Как А́нна Вениами́новна относи́лась к преподава́нию (1-ый отры́вок)? Как вы ду́маете, она́ была́ хоро́шим преподава́телем? Аргументи́руйте свой отве́т.

   e) А́нна Вениами́новна работала *во второстепе́нном ву́зе* (1-ый отры́вок). Не в университе́те, где гото́вят специали́стов по ру́сской литерату́ре, а *во второстепе́нном ву́зе*. Как могло́ получи́ться, что тако́й замеча́тельный специали́ст работал во второстепе́нном ву́зе? (Отве́тить на э́тот вопро́с вам помо́гут примеча́ния по́сле те́кста.)

2. *Отча́сти А́нна Вениами́новна была́ и собира́тельница — не сто́лько ве́тхих книг, ско́лько ю́ных душ, стремя́щихся к э́тому кла́дезю серебряного ве́ка... За до́лгие го́ды работы во второстепе́нном ву́зе у неё накопи́лась це́лая а́рмия бы́вших ученико́в... (1-ый отры́вок). Ма́ша была́, коне́чно, не еди́нственной посети́тельницей дря́хлой кварти́ры. Приходи́ли ученики́ всех времён — и дово́льно пожилы́е, и сре́дних лет, и двадцатиле́тние (8-ой отры́вок).*

   a) А́втор называ́ет А́нну Вениами́новну *собира́тельницей... ю́ных душ, стремя́щихся к э́тому кла́дезю серебряного ве́ка.* Как вы ду́маете, что привлека́ло молоды́х люде́й к А́нне Вениами́новне и что привлека́ло её к ним?

   b) А́нна Вениами́новна была́ давно́ на пе́нсии, но её ученики́ *всех времён* приходи́ли к ней. У неё бы́ло мно́го бы́вших ученико́в, *це́лая а́рмия.* Как вы дума́ете, почему́ у А́нны Вениами́новны бы́ло так мно́го бы́вших ученико́в и почему́ они́ продолжа́ли приходи́ть к ней?

   c) Отку́да у А́нны Вениами́новны могли́ появи́ться двадцатиле́тние ученики́, е́сли она́ была́ давно́ на пе́нсии?

3. Познако́мившись с А́нной Вениами́новной, Ма́ша постепе́нно познако́милась и с её друзья́ми (8-ой отры́вок).

    a) Как вы ду́маете, почему́ Ма́ша *ни ра́зу не встре́тила никого́ похо́жего на А́нну Вениами́новну?*

    b) Как Ма́ша ра́ньше понима́ла, что тако́е остроу́мие? Как измени́лось её понима́ние остроу́мия?

ПОЭ́ЗИЯ, А́ННА ВЕНИАМИ́НОВНА И МА́ША

35. Знако́мство Ма́ши с ми́ром поэ́зии.

1 Ма́ша и А́нна Вениами́новна оказа́лись на одно́й скамье́, и А́нна Вениами́новна прочита́ла стихотворе́ние. *«Каки́е чуде́сные стихи́! — воскли́кнула Ма́ша. — Кто их написа́л?» Знако́мство завяза́лось. «Ах, грехи́ мо́лодости, — улыбну́лась очарова́тельная пожила́я да́ма. — Кто ж не писа́л стихо́в в ю́ности?» Ма́ша легко́ согласи́лась, хотя́ за ней э́тот грех не води́лся* (2-ой отры́вок).

    a) Как вам ка́жется, заче́м А́нна Вениами́новна, си́дя ря́дом с незнако́мой де́вочкой, прочита́ла стихотворе́ние?

    b) Ма́ша не зна́ла поэ́зию. Как вы ду́маете, почему́ она воскли́кнула, что стихи́ *чуде́сные?*

    c) Как Ма́ша поняла́ отве́т А́нны Вениами́новны?

    d) Почему́ Ма́ша *легко́ согласи́лась,* хотя́ сама́ стихо́в не писа́ла и вообще́ поэ́зию не зна́ла?

2. Когда́ Ма́ша принесла́ А́нне Вениами́новне рома́н мо́дного молодёжного писа́теля, А́нна Вениами́новна *прочла́ ей интере́сную ле́кцию.* Ма́ша поняла́, что у э́того писа́теля *бы́ли предше́ственники, о кото́рых она́ и не подозрева́ла, и вообще́ вся́кая кни́га опира́ется на что́-то, что бы́ло напи́сано и ска́зано до того́...* (5-ый отры́вок).

    a) О чём узна́ла Ма́ша из *интере́сной ле́кции* А́нны Вениами́новны? Как вы понима́ете э́тот отры́вок?

    b) Почему́ *А́нну Вениами́новну... порази́ла мысль, ка́к же пло́хо преподаю́т литерату́ру в тепе́решних шко́лах* (5-ый отры́вок)?

3. Перечита́йте 6-ой отры́вок. Почему́ обще́ние с А́нной Вениами́новной помогло́ Ма́ше полюби́ть поэ́зию?

4. *А́нна Вениами́новна чита́ла великоле́пно, не по-актёрски, с выраже́нием, а по-профе́ссорски, с понима́нием* (12-ый отры́вок). Чем отлича́ется чте́ние стихо́в *по-актёрски, с выраже́нием,* от чте́ния *по-профе́ссорски, с понима́нием?*

36. Друзья́ А́нны Вениами́новны и Ма́ша.

1. У А́нны Вениами́новны был свой круг друзе́й и знако́мых. Дава́йте поговори́м об э́тих лю́дях и о том, како́е впечатле́ние они́ произвели́ на Ма́шу.

    a) Ма́ша уви́дела, что таки́х люде́й, как А́нна Вениами́новна, *мно́жество — интеллиге́нтных, оде́тых невзра́чно и бе́дно, начи́танных, образо́ванных, остроу́мных!* (8-ой отры́вок). Чем привлека́ли Ма́шу лю́ди, кото́рые окружа́ли А́нну Вениами́новну?

    b) Как вы понима́ете сло́во *млеть?* Почему́ Ма́ша *мле́ла от их разгово́ров* (10-ый отры́вок)?

    c) *Уча́ствовать в э́тих разгово́рах она́ совсе́м не уме́ла* (11-ый отры́вок). Почему́?

    d) Лю́ди, кото́рые приходи́ли к А́нне Вениами́новне, бы́ли *оде́ты невзра́чно и бе́дно.* Как вы ду́маете, что э́то бы́ли за лю́ди, чем они́ занима́лись, где рабо́тали?

2. Друзья́ А́нны Вениами́новны бы́ли начи́танными людьми́. Как проявля́лась их начи́танность? (10-ый отры́вок).

3. Просмотри́те 8-ой, 9-ый, 10-ый и 11-ый отры́вки. Как обща́лись мѐжду собо́й А́нна Вениами́новна и её друзья́?

4. Почему́ Ма́ша не всегда́ успева́ла поня́ть, о чём говори́ли друзья́ А́нны Вениами́новны? Отве́тить на вопро́с вам помо́жет 10-ый отры́вок.

5. *Ма́ша не зна́ла, что э́тот лёгкий диало́г, как и стихи́, — фрагме́нт дли́нной культу́ры, выра́щиваемой не год, не два, а чередо́й поколе́ний, посеща́ющих приёмы, ра́уты, благотвори́тельные конце́рты и, прости́ Го́споди, университе́ты...* (10-ый отры́вок).

   a) Как вы понима́ете сочета́ние *лёгкий диало́г*?
   b) Как вы понима́ете выраже́ние *дли́нная культу́ра*?
   c) Что тако́е *ра́уты*? Почему́ а́втор испо́льзует и́менно э́то сло́во? Почему́ а́втор упомина́ет *благотвори́тельные конце́рты*? (Посмотри́те примеча́ния к те́ксту.)

6. Расскажи́те о кру́ге друзе́й А́нны Вениами́новны.

37. Отноше́ние Ма́ши к А́нне Вениами́новне.

1. Поговори́м о том, како́е впечатле́ние А́нна Вениами́новна произвела́ на Ма́шу в нача́ле знако́мства. Прочита́йте ещё раз 4-ый отры́вок. Что зна́чит *...она́ влюби́лась в А́нну Вениами́новну?*

2. Как развива́лась дру́жба Ма́ши с А́нной Вениами́новной? Аргументи́руйте свой отве́т приме́рами из 8-о́го, 11-ого, 12-ого и 14-ого отры́вков.

3. Как вела́ себя́ Ма́ша во вре́мя боле́зни А́нны Вениами́новны? Отве́т на э́тот вопро́с вы найдёте в 14-ом и 15-ом отры́вках.

4. Когда́ Ма́ша прие́хала в больни́цу и узна́ла, что А́нна Вениами́новна умерла́, она́ собрала́ оста́вшиеся лека́рства и ме́лкие ве́щи. *С благогове́нием взяла́ и три обёрнутых в газе́ту стихотво́рных сбо́рничка...* (15-ый отры́вок). Как вы понима́ете выраже́ние *с благогове́нием*?

5. *Ма́ша уже́ ходи́ла на заня́тия в а̀втодоро́жный институ́т, но всё ника́к не могла́ прийти́ в себя́. Встре́ча с А́нной Вениами́новной, как тепе́рь дога́дывалась Ма́ша, ста́ла гла́вной то́чкой отсчёта её, Ма́шиной, биогра́фии, и по́сле её сме́рти никогда́ уже́ не бу́дет у неё тако́го удиви́тельного ста́ршего дру́га...* (19-ый отры́вок).

   a) Как вы по́няли слова́ *встре́ча с А́нной Вениами́новной... ста́ла гла́вной то́чкой отсчёта её, Ма́шиной, биогра́фии?*
   b) Почему́ Ма́ша ду́мала, что *никогда́ уже́ не бу́дет у неё тако́го удиви́тельного ста́ршего дру́га?*

38. «Стихи́ А́нны Вениами́новны».

1. Посмотри́те ещё раз 2-ой отры́вок — нача́ло знако́мства: *«Каки́е чуде́сные стихи́! — воскли́кнула Ма́ша. — Кто их написа́л?»... «Ах, грехи́ мо́лодости, — улыбну́лась очарова́тельная пожила́я да́ма. — Кто ж не писа́л стихо́в в ю́ности?»* Чьи *грехи́ мо́лодости?* Как мо́жно поня́ть э́ти слова́ в э́том конте́ксте?

2. Просмотри́те отры́вки 2-ой, 6-ой и 13-ый. Говори́ла ли А́нна Вениами́новна Ма́ше, что она́ — а́втор стихо́в, кото́рые она́ чита́ет?

3. *Ка́к-то постепе́нно ста́ло прорисо́вываться, что и сама́ А́нна Вениами́новна — поэ́т. Пра́вда, поэ́т, никогда́ не публикова́вший свои́х стихо́в* (6-ой отры́вок).

a) *Постепéнно стáло прорисóвываться* — так говорят, когда́ на рисýнке или чертежé постепéнно станóвятся видны́ ли́нии. Объясни́те, что э́то выраже́ние зна́чит в контéксте расскáза?

b) Проследи́те, как у Мáши склáдывалось впечатлéние, что А́нна Вениами́новна читáет ей свои́ стихи́ (2-óй, 6-óй, 7-óй, 12-ый и 13-ый отры́вки). Подтверди́те свой отвéт отры́вками из тéкста.

4. Однáжды А́нна Вениами́новна прочитáла Мáше стихотворéние М.А. Волóшина. *«И э́то — вáши стихи́?»* — *рóбко спрáшивала Мáша. А́нна Вениами́новна уклóнчиво улыбáлась: «В вáшем вóзрасте, Мáша, бы́ли напи́саны... Восемнáдцать лет, чтó за вóзраст»* (6-óй отры́вок).

a) *«И э́то — вáши стихи́?»* Вопрóс Мáши (*И э́то*) говори́т о том, что рáньше бы́ло ещё чтó-то. Вспóмните, каки́е ещё стихи́ Мáша приняла́ за стихи́ А́нны Вениами́новны?

b) Что зна́чит *уклóнчиво?* Почемý А́нна Вениами́новна *уклóнчиво улыбáлась?*

c) Как вы дýмаете, зачéм А́нна Вениами́новна сказáла Мáше: *В вáшем вóзрасте, Мáша, бы́ли напи́саны...?* (Посмотри́те примечáния к тéксту.)

5. *И А́нна Вениами́новна стáла её образóвывать... Óчень своеобрáзным и неэконóмным óбразом: онá никогдá не давáла Мáше потрёпанных книг из своéй библиотéки, затó читáла ей стихи́ часáми* (6-óй отры́вок). Почемý А́нна Вениами́новна не давáла Мáше книг, а предпочитáла читáть ей стихи́?

6. Вспóмните, как Мáша отвечáет на вопрóс Жéни об áвторстве стихóв: *«Мáшенька, а почемý вы реши́ли, что э́то стихи́ А́нны Вениами́новны?» «Онá самá э́то говори́ла»,* — *отвéтила Мáша, ужé понимáя, что сейчáс всё проясни́тся. «Вы в э́том увéрены?» —«Ну конéчно...»* (21-ый отры́вок). И дáльше: *«Вы чтó-то непрáвильно пóняли из тогó, что онá вам говори́ла...» — «Чéстное слóво, нет, — вспы́хнула Мáша, — Я всё прáвильно поняла́. Онá мне самá говори́ла... давáла поня́ть... что её э́то стихи́»* (22-óй отры́вок).

a) Почемý Мáша сначáла была́ увéрена, что А́нна Вениами́новна *говори́ла* ей о своём áвторстве?

b) Какáя рáзница мèжду *говори́ла* и *давáла поня́ть* в контéксте расскáза?

c) Почемý Мáша сначáла утверждáет, что А́нна Вениами́новна *говори́ла* ей, а потóм уточня́ет: *давáла поня́ть?*

39. «Стихи́ А́нны Вениами́новны»?!

1. Чемý научи́лась Мáша за врéмя знакóмства с А́нной Вениами́новной (18-ый отры́вок)?

2. На сороковóй день собрали́сь друзья́ и коллéги А́нны Вениами́новны. *Мáша всё ждалá, кто же наконéц скáжет, каки́м замечáтельным поэ́том былá самá А́нна Вениами́новна, но никтó э́того не говори́л. И тогдá онá, переси́ливая свою́ застéнчивость и скóванность, исключи́тельно во и́мя восстановлéния посмéртной справедли́вости... сказáла: «Вот здесь у меня́ цéлая тетрáдь стихóв, напи́санных самóй А́нной Вениами́новной»* (19-ый отры́вок).

a) Почемý Мáша реши́ла прочитáть «стихи́ А́нны Вениами́новны»?

b) Там бы́ли коллéги и друзья́ А́нны Вениами́новны, котóрые знáли её мнóго лет. Как вам кáжется, почемý Мáша не подýмала о том, что и́менно они́ должны́ бы́ли бы сказáть чтó-то об А́нне Вениами́новне как о поэ́те?

3. Прочитайте (в конце этой главы) стихотворение Марины Цветаевой «Имя твоё — птица в руке, имя твоё — льдинка на языке...» и его прозаический перевод. Для Маши — это *самое замечательное из всех стихотворение*. Как вам кажется, почему это стихотворение произвело на Машу такое сильное впечатление? Почему оно стало для Маши *самым замечательным из всех*?

40. Ложь Анны Вениаминовны.

1. Вспомните название рассказа: «Явление природы». Вспомните, что этот рассказ входит в повесть «Сквозная линия». Все рассказы в этой повести — о женской лжи. В предисловии автор, Людмила Улицкая, говорит: «Женская ложь — такое же явление природы, как берёза, молоко или шмель». Как вы понимаете эти слова?

2. *Всё так прелестно начиналось, а закончилось душевной травмой юной девицы по имени Маша, внешне незначительной, но с очень тонкой душевной организацией. Травму нанесла Анна Вениаминовна, седая дама преклонного возраста, и никаких дурных намерений у неё не было* (1-ый отрывок).

   a) Как вы думаете, зачем автор говорит нам в самом начале, что дурных намерений у Анны Вениаминовны не было?

   b) Зачем автор говорит в самом начале, что для Маши эта история закончилась душевной травмой?

3. Как вам кажется, почему при первой встрече Анна Вениаминовна не сказала Маше, кто автор стихотворения, которое она прочитала?

4. Как вы считаете, почему Анна Вениаминовна и дальше не мешала Маше считать её поэтом?

41. Реакция коллег и друзей Анны Вениаминовны.

1. На сороковой день, когда собрались коллеги и друзья Анны Вениаминовны, Маша решилась прочитать «стихи Анны Вениаминовны». *Она не поднимала глаз, но когда читала самое замечательное из всех стихотворение, которое начиналось словами: «Имя твоё — птица в руке, имя твоё — льдинка на языке...», она почувствовала что-то неладное... Остановилась и огляделась. Кто-то беззвучно смеялся. Кто-то в недоумении перешёптывался с соседом. И вообще была самая настоящая неловкость, и пауза была такой длинной* (20-ый отрывок).

   a) Объясните, почему возникла неловкость и как вы понимаете реакцию собравшихся.
   b) Как бы вы вели себя в такой ситуации?

2. Как повела себя в этой неловкой ситуации Женя, бывшая аспирантка Анны Вениаминовны? Посмотрите 20-ый отрывок.

3. Прочитайте отрывки, где приводится разговор Жени с Машей после ухода гостей (21-ый, 22-ой и 23-ий отрывки). Что пыталась выяснить Женя и как она это делала? Приведите фрагменты из этих отрывков.

4. Посмотрите объяснение Жени: *«Знаешь, Анна Вениаминовна была очень непростой человек, с большими амбициями и в каком-то смысле несостоявшийся...»* (23-ий отрывок).

   a) Как вы понимаете слова Жени?
   b) Как вы думаете, почему реакция Жени отличалась от реакции коллег Анны Вениаминовны? (Просмотрите ещё раз 9-ый отрывок.)
   c) Остались ли у Жени какие-нибудь сомнения в том, что Маша не ошиблась (25-ый отрывок)?

5. *Они́ все оста́нутся в по́лной уве́ренности, что э́та инжене́рская де́вочка с гру́бым лицо́м и по́лными нога́ми — соверше́ннейшая идио́тка, кото́рая превра́тно поняла́ А́нну Вениами́новну и приписа́ла ей тако́е, что и в го́лову не могло́ бы прийти́ интеллиге́нтной профе́ссорше...* (24-ый отры́вок). Как вы ду́маете, почему́ они́ оста́нутся в по́лной уве́ренности? Почему́ никто́ из колле́г А́нны Вениами́новны не поду́мал, что, мо́жет быть, Ма́ша не оши́блась и что у Ма́ши бы́ли основа́ния счита́ть, что э́то стихи́ А́нны Вениами́новны?

6. *Же́ня пыта́лась поня́ть, почему́ она́ э́то сде́лала,* пыта́лась найти́ объясне́ние посту́пку А́нны Вениами́новны: *Мо́жет быть, А́нне Вениами́новне захоте́лось хоть еди́ножды в жи́зни ощути́ть то, что пережива́ет и вели́кий поэ́т, и са́мый ничто́жный графома́н, когда́ чита́ет свои́ стихи́ пѐред пу́бликой и ощуща́ет отве́тные эмо́ции в пода́тливых и простоду́шных сердца́х?* (25-ый отры́вок).

   a) Как вы понима́ете выраже́ние *пода́тливые и простоду́шные сердца́?* Чьё се́рдце мо́жно назва́ть *пода́тливым и простоду́шным?*

   b) А́нна Вениами́новна не была́ ни «вели́ким поэ́том», ни «са́мым ничто́жным графома́ном». Как вы ду́маете, почему́ Же́ня поду́мала и́менно о поэ́те и графома́не?

   c) Как вы отно́ситесь к объясне́нию Же́ни, согла́сны вы с ним или нет? Аргументи́руйте свой отве́т.

42. Душе́вная тра́вма Ма́ши.

1. *Всё так преле́стно начина́лось, а зако́нчилось душе́вной тра́вмой ю́ной деви́цы по и́мени Ма́ша...* (1-ый отры́вок). Кро́ме фолькло́ра, сло́во девица обы́чно употребля́ется в шутли́вых или ирони́ческих конте́кстах. Как вам ка́жется, почему́ а́втор употребля́ет его́ в са́мом нача́ле расска́за?

2. Же́ня объясни́ла Ма́ше, что стихи́, кото́рые Ма́ша счита́ла стиха́ми А́нны Вениами́новны, — э́то на са́мом де́ле стихи́ изве́стных поэ́тов. *И то́лько тут Ма́ша поняла́, како́й же она́ идио́ткой вы́глядела пѐред всем э́тим образо́ваннейшим наро́дом, когда́ су́нулась с чте́нием стихо́в... Она́ ки́нулась в ва́нную ко́мнату и зарыда́ла* (23-ий отры́вок). Как вам ка́жется, бы́ло ли для Ма́ши серьёзной *душе́вной тра́вмой* и́менно то, что она́ *вы́глядела идио́ткой,* или её так си́льно расстро́ило что́-то друго́е?

3. *...Же́ня обняла́ её за пле́чи: «Не на́до так огорча́ться. Я и сама́ не понима́ю, заче́м она́ э́то сде́лала. Зна́ешь, А́нна Вениами́новна была́ о́чень непросто́й челове́к, с больши́ми амби́циями и в како́м-то смы́сле несостоя́вшийся... Понима́ешь?» — «Да я не об э́том пла́чу... Она́ была́ пе́рвым интеллиге́нтным челове́ком, кото́рого я в жи́зни встре́тила... Она́ мне откры́ла тако́й мир... и ки́нула... про́сто ки́нула...»* (23-ий отры́вок).

   a) Как вы понима́ете слова́: *Она́ мне откры́ла тако́й мир...?*
   b) Как мо́жно поня́ть слова́: *и ки́нула... про́сто ки́нула...?*
   c) Как вы понима́ете слова́ Ма́ши: *«Да я не об э́том пла́чу...»*
   d) Что́ же ста́ло для Ма́ши настоя́щей душе́вной тра́вмой?

4. a) Как меня́ется отноше́ние чита́телей к Ма́ше?
   b) Меня́лось ли ва́ше отноше́ние к Ма́ше, когда́ вы чита́ли расска́з? Е́сли меня́лось, то как?

43. Что бы́ло бы, е́сли бы...?

1. Как реаги́ровала бы А́нна Вениами́новна, е́сли бы она́ зна́ла, что Ма́ша запи́сывает «её» стихи́?

2. Вспомните, что происходило после смерти Анны Вениаминовны. Перечитайте 18-ый отрывок: *Ещё целый месяц, до самого въезда племянника, Маша иногда приходила в квартиру, доставала с полки наугад какую-нибудь из обёрнутых газетой книг и читала.* И дальше: *Но у Маши была тетрадь— стихи самой Анны Вениаминовны, сохранённые и записанные Машей со слуха... Она тоже знала их наизусть.* Очевидно, Маша не увидела в этих книгах стихов, которые были записаны у неё в тетрадке и которые она знала наизусть. А что было бы, если бы она раскрыла книгу Марины Цветаевой и увидела там *самое замечательное из всех стихотворение* (20-ый отрывок)?

3. Если бы Анна Вениаминовна прожила больше, её дружба с Машей, конечно, продолжалась бы. Как вы думаете, сказала бы она Маше правду? Если да, то какой могла бы быть реакция Маши?

4. Что было бы, если бы Маша год проучилась в автодорожном институте, а потом бросила его и перешла на филологический факультет?

44. Представьте себе...

Представьте себе, что Маша стала филологом. После университета она поступила в аспирантуру, написала и защитила диссертацию. Прошло ещё лет десять, и Маша пришла в гости к *начитанным, образованным, остроумным* людям — своим коллегам. Там оказалась бывшая заведующая кафедрой, где работала Анна Вениаминовна. Теперь она сама уже была на пенсии. Вспомнили Анну Вениаминовну.

1 Как вы думаете, что могла бы сказать Маша об Анне Вениаминовне?

2. Как вам кажется, бывшая заведующая кафедрой рассказала бы собравшимся о том, как Маша читала «стихи Анны Вениаминовны»? Что могла сказать об Анне Вениаминовне бывшая заведующая кафедрой?

3. Бывшая заведующая кафедрой пригласила Машу к себе в гости. О чём они могли бы разговаривать? Попробуйте разыграть их диалог.

4. Бывшая заведующая кафедрой спросила Машу, простила ли она Анну Вениаминовну. Как вы думаете, что ответила бы Маша? Аргументируйте свою точку зрения.

ЛОЖЬ И ЖИЗНЬ

45. Людмила Улицкая о женской лжи.

Вы уже знаете, что рассказ «Явление природы» входит в повесть «Сквозная линия» — пять историй о женщинах, которые обманывают, врут, лгут.

1. Прочитайте отрывок из предисловия к повести. Людмила Улицкая пишет:

...Женское враньё, в отличие от мужского, прагматического, — предмет увлекательнейший. Женщины всё делают иначе, по-другому: думают, чувствуют, страдают — и лгут.

Боже милостивый, как они лгут! Речь идёт, конечно, только о тех, кто... к этому одарён. Вскользь, невзначай, бесцельно, страстно, внезапно, исподволь, непоследовательно, отчаянно, совершенно беспричинно... И сколько обаяния, таланта, невинности и дерзости, творческого вдохновения и блеска! Расчёту, корысти, запланированной интриге здесь места нет. Только песня, сказка, загадка. Но загадка без отгадки. Женская ложь — такое же явление природы, как берёза, молоко или шмель.

a) Мужское враньё Л. Улицкая называет «прагматическим». Согласны ли вы с ней? Аргументируйте свой ответ.

b) Л. Улицкая описывает, как лгут женщины: *вскользь, невзначай, бесцельно* и т. д. Какие из этих слов характеризуют ложь Анны Вениаминовны? (Вы можете воспо́льзоваться моде́лью: Мо́жно/Нельзя́ сказа́ть, что А́нна Вениами́новна лгала́ бесце́льно/отчая́нно, потому́ что...)

c) Же́нскую ложь Л. Ули́цкая называ́ет «зага́дкой без отга́дки». Перечита́йте 25-ый отры́вок. Расскажи́те, как Же́ня пыта́лась объясни́ть посту́пок А́нны Вениами́новны. А как вы ду́маете, почему́ А́нна Вениами́новна обма́нывала Машу? Предложи́те свою́ интерпрета́цию э́той «зага́дки» и свою́ «отга́дку».

d) Как вы понима́ете слова́ Л. Ули́цкой: *Расчёту, коры́сти, заплани́рованной интри́ге здесь ме́ста нет.* Аргументи́руйте свой отве́т.

2. В предисло́вии к по́вести Ули́цкая называ́ет же́нскую ложь «...ми́лым же́нским враньём, в кото́ром не усма́тривается никако́го смы́сла-у́мысла, и да́же коры́сти...»

a) Как вы ду́маете, счита́ла ли сама́ А́нна Вениами́новна свой обма́н *ми́лым же́нским враньём?* Аргументи́руйте свой отве́т.

b) А́нна Вениами́новна свое́й ло́жью нанесла́ Ма́ше душе́вную тра́вму. Как вы ду́маете, назвала́ бы Ма́ша э́ту ложь *ми́лым же́нским враньём?* Аргументи́руйте свой отве́т.

c) Счита́ете ли вы ложь А́нны Вениами́новны *ми́лым же́нским враньём?* Аргументи́руйте свой отве́т.

3. А тепе́рь прочита́йте отры́вок из а́вторской аннота́ции к по́вести «Сквозна́я ли́ния»: «Как определи́ть ложь? Что э́то за явле́ние, со́зданное челове́ком и сопу́тствующее ему́ от рожде́ния до сме́рти?...

Исто́рии, со́бранные в кни́ге «Сквозна́я ли́ния», каса́ются э́той огро́мной те́мы, но ложь, о кото́рой здесь пойдёт речь, взята́ в её са́мой лёгкой и безоби́дной разнови́дности: ложь для украше́ния жи́зни. Герои́ни э́той кни́ги — бескоры́стные лгу́ньи. И гла́вный моти́в их лжи — недово́льство обы́денной жи́знью...». В э́той жи́зни им всем не хвата́ет «...значи́тельности и исключи́тельности. Э́ти вы́думщицы и обма́нщицы всех возрасто́в — от де́вочки до стару́хи — мои́ друзья́, бли́зкие или отдалённые. Са́мое же в э́той кни́ге заба́вное, что э́та кни́га о лжи — са́мая правди́вая из всех напи́санных мно́ю книг...»

a) Согла́сны ли вы, что ложь А́нны Вениами́новны была́ *ло́жью для украше́ния жи́зни?* Что гла́вным моти́вом её лжи бы́ло *недово́льство обы́денной жи́знью?* Аргументи́руйте свой отве́т.

b) Как вы понима́ете слова́ а́втора: *...э́та кни́га о лжи — са́мая правди́вая из всех напи́санных мно́ю книг?*

46. Же́нская ложь

Людми́ла Ули́цкая, есте́ственно, не пе́рвая, кто писа́л о же́нской лжи. У неё, как и у *мо́дного писа́теля* из расска́за, бы́ли предше́ственники. Вот приме́р из расска́за писа́теля-юмори́ста Арка́дия Аве́рченко (1881-1925). Он сра́внивает же́нскую ложь с трудо́м кита́йца, кото́рый два-три го́да выреза́ет кора́бль из ма́ленького кусо́чка слоно́вой ко́сти: «Же́нская ложь ча́сто напомина́ет мне кита́йский кора́бль величино́й с оре́х — ма́сса терпе́ния, хи́трости — и всё э́то соверше́нно бесце́льно, безрезульта́тно, всё ги́бнет от просто́го прикоснове́ния». Как вам ка́жется, есть ли схо́дство ме́жду ло́жью А́нны Вениами́новны и описа́нием же́нской лжи у Арка́дия Аве́рченко? Аргументи́руйте свой отве́т.

47. Напиши́те сочине́ние.

Вы́берите одну́ из тем:

1. Как бы я реаги́ровал(а) на обма́н А́нны Вениами́новны, е́сли бы я был(а́) на ме́сте Ма́ши.
2. Поэ́зия в жи́зни Ма́ши.
3. Роль ста́ршего дру́га в жи́зни молодо́го челове́ка.
4. Почему́ лю́ди лгут.
5. Литерату́ра и поэ́зия в мое́й жи́зни.

АКТИВНАЯ ЛЕКСИКА

ACTIVE VOCABULARY

СЛОВА   WORDS

беззву́чно

белоко́жий

беспоко́иться (*impfv. only*) **о** + *prep.* ог **за** + *acc.*

биогра́фия

благополу́чно

великоле́пно

вспы́хивать / вспы́хнуть **от** + *gen.*

второстепе́нный

высòкообразо́ванный

жесто́ко

заставля́ть / заста́вить *acc.* & *instr.*

засте́нчивость

значи́тельный

интеллиге́нтный

мно́жество

мо́дный

наизу́сть

начи́танный

недоразуме́ние

недоумева́ть

незначи́тельный

неподалёку

ни́щенский

обма́нываться / обману́ться (**в** + *prep.*)

образо́ванный

обраща́ться / обрати́ться **к** + *dat.*

однокла́ссник (однокла́ссница)

остроу́мный

отка́зываться / отказа́ться **от** + *gen.* ог *infin.*

отпева́ние

педагоги́ческий

переси́ливать / переси́лить *acc.*

подшу́чивать / подшути́ть **над** + *instr.*

пожило́й

постепе́нно

потихо́ньку

предше́ственник

привя́зываться / привяза́ться **к** + *dat.*

прорисо́вываться / прорисова́ться

простоду́шный

просто́й

проходи́ть / пройти́ *acc.* (в шко́ле, в институ́те)

публикова́ть / опубликова́ть *acc.*

разно́с

расходи́ться / разойти́сь

роско́шный

румя́ный

рыда́ть / зарыда́ть

сму́тно-знако́мый

соглаша́ться / согласи́ться **с** + *instr.*

стесня́ться *gen.* ог *infin.*

тро́гать / тро́нуть *acc.* (& *instr.*)

тяну́ться / потяну́ться **к** + *dat.*

уга́дывать / угада́ть *acc.*

укло́нчиво (отвеча́ть)

усе́рдно

успева́ть (в шко́ле / по матема́тике, по фи́зике) (*impfv. only*)

успева́ть / успе́ть *infin.*

утеша́ть / уте́шить *acc.*

уча́ствовать (*impfv. only*) **в** + *prep.*

фантасти́ческий

хлебосо́льство

цита́та

часа́ми (+ *infin.*)

чрезме́рно

чуде́сный

ширококо́стный

ВЫРАЖЕНИЯ   IDIOMS AND PHRASES

в по́лной уве́ренности (быть, оста́ться),
  что...
вы́глядеть идио́ткой (impfv. only)
грехи́ мо́лодости
дава́ть / дать поня́ть acc. & dat.
завяза́лась дру́жба
завяза́лось знако́мство
занима́ть огро́мное ме́сто в + prep.
из друго́го те́ста (быть)
невзра́чно оде́тый
не име́ть (никако́го) отноше́ния к + dat.
не мочь не + infin.
несказа́нно мно́го наро́ду
порази́ла мысль acc.
поэти́ческий сбо́рник
превра́тно понима́ть / поня́ть acc.
притя́гивать к себе́ люде́й (impfv. only)

приходи́ть / прийти́ в го́лову dat.
приходи́ть / прийти́ в себя́
с выраже́нием (чита́ть стихи́,
  деклами́ровать, петь)
с понима́нием (чита́ть стихи́)
то́чка отсчёта
уве́ренности нет (не́ было) у + gen.
укла́дывать / уложи́ть в больни́цу acc.
хохота́ть до упа́ду
це́лая а́рмия gen.
челове́к с больши́ми амби́циями
челове́к (же́нщина, да́ма) прекло́нного
  во́зраста
чу́вствовать / почу́вствовать что́-то
  нела́дное
явле́ние приро́ды

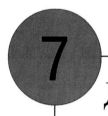

7 ДОПОЛНИТЕЛЬНОЕ ЧТЕНИЕ

SUPPLEMENTARY READING

Анна Ахматова

Широ́к и жёлт вече́рний свет,
Нежна́ апре́льская прохла́да.
Ты опозда́л на мно́го лет,
Но всё-таки тебе́ я ра́да.

Сюда́ ко мне побли́же сядь,
Гляди́ весёлыми глаза́ми:
Вот э́та си́няя тетра́дь —
С мои́ми де́тскими стиха́ми.

Прости́, что я жила́ скорбя́
И со́лнцу ра́довалась ма́ло.
Прости́, прости́, что за тебя́
Я сли́шком мно́гих принима́ла.
                    Весна́ 1915
                    Ца́рское Село́

The evening light is broad and yellow,
The April cool is tender.
You're many years late,
But even so, I'm glad you've come.

Sit a bit closer to me,
Look with cheerful eyes:
This blue notebook here —
These are poems I wrote as a girl.

Forgive me for having lived mournfully,
For taking little joy in the sun.
Forgive me, forgive me, for mistaking
Too many others for you.
                    Prose translation by Timothy Sergay

271

Марина **Цветаева**
(Из цикла «Стихи́ к Бло́ку»)

Ѝмя твоё — пти́ца в руке́,
Ѝмя твоё — льди́нка на языке́.
Одно́ еди́нственное движе́нье губ.
Ѝмя твоё — пять букв*.
Мя́чик, по́йманный на лету́,
Сере́бряный бубене́ц во рту.

Ка́мень, ки́нутый в ти́хий пруд,
Всхли́пнет так, как тебя́ зову́т.
В лёгком щёлканье ночны́х копы́т
Гро́мкое и́мя твоё греми́т.
И назовёт его́ нам в висо́к
Зво́нко щёлкающий куро́к.

Ѝмя твоё — ах, нельзя́! —
Ѝмя твоё — поцелу́й в глаза́,
В не́жную сту́жу недви́жных век.
Ѝмя твоё — поцелу́й в снег.
Ключево́й, ледяно́й, голубо́й глото́к.
С и́менем твои́м — сон глубо́к.

15 апре́ля 1916

Your name — it's a bird in the hand,
Your name — it's a piece of ice on the tongue.
A single motion of the lips.
Your name — it's five letters.
A ball caught mid-air,
A little silver bell in the mouth.

A stone thrown in a still pond
Makes a wet gasp like your name being called.
In the faint clacking of night hooves
Booms the thunder of your name.
And it's spoken right at our temple
By the rich clicks of a trigger being cocked.

Your name — oh, I can't! —
Your name — it's a kiss on the eyes,
On the soft coldness of motionless lids.
Your name — it's a kiss on the snow.
A swallow of icy blue from a spring.
With your name — sleep is sound.

Prose translation by Timothy Sergay

* At the time, and until the spelling reform of 1924, Aleksandr Blok's last name was spelled with a *твёрдый знак* at the end, Блокъ.

272

АВТОРЫ РАССКАЗОВ

Михаил Мишин

Михаи́л Анато́льевич Ми́шин роди́лся в 1947 г. в Ташке́нте. Живёт в Москве́. Око́нчил Ленингра́дский электротехни́ческий институ́т. Не́сколько лет рабо́тал инжене́ром. М. Ми́шин на́чал публикова́ться в 1969 г. Снача́ла печа́тался в газе́тах — в ру́бриках «Уголо́к ю́мора» и «Весёлая коло́нка». Чита́л свои́ произведе́ния с эстра́ды. А́втор не́скольких сбо́рников расска́зов, киносцена́риев. Сня́лся в не́скольких фи́льмах и в телепереда́че «Вокру́г сме́ха» (втора́я полови́на 80-х гг.). Мно́го писа́л для эстра́дных исполни́телей, в том числе́ для популя́рного эстра́дного теа́тра Арка́дия Ра́йкина. Кни́га расска́зов и миниатю́р М. Ми́шина вы́шла в се́рии «Антоло́гия сати́ры и ю́мора Росси́и XX ве́ка».

М. Ми́шин акти́вно рабо́тает как перево́дчик. Пе́рвые перево́ды (расска́зы Шёкли и Брэ́дбери, стихи́ Ро́берта Фро́ста) он, по его́ слова́м, де́лал «для себя́» и нигде́ их не публикова́л. А его́ перево́ды для сце́ны бы́ли сра́зу же оценены́ теа́трами и кри́тикой. Среди́ коме́дий, кото́рые в перево́де М. Ми́шина с успе́хом иду́т на сце́нах росси́йских теа́тров, мо́жно назва́ть бродве́йскую пье́су-долгожи́тельницу «Э́ти свобо́дные ба́бочки» Л. Ге́рша (Leonard Gersh, *Butterflies Are Free*) и «Безу́мный уике́нд» Н. Ка́уарда, по его́ пье́се «Сенна́я лихора́дка» (Noël Coward, *Hay Fever*). М. Ми́шин перевёл не́сколько пьес популя́рного совреме́нного англи́йского драмату́рга и режиссёра Рэ́я Ку́ни (Ray Cooney): «№ 13» (*Out of Order*), «Сли́шком жена́тый такси́ст» (*Run For Your Wife*) и «Смешны́е де́ньги» (*Funny Money*). В перево́де М. Ми́шина росси́йский телезри́тель уви́дел популя́рный америка́нский коме́дийный сериа́л «Друзья́».

М. Ми́шин — регуля́рный уча́стник фестива́ля сме́ха «Юмори́на», кото́рый прово́дится ка́ждый год 1-го апре́ля в Оде́ссе. Он два́жды лауреа́т пре́мии «Золото́й телёнок», лауреа́т пре́мии «Золото́й Оста́п». В 2007 г. он стал одни́м из лауреа́тов междунаро́дного фестива́ля ю́мора «Ма́стер Гамбс».

Михаил Веллер

Михаи́л Ио́сифович Ве́ллер роди́лся в 1948 г. В одно́м из интервью́ Ве́ллер сказа́л: «Роди́лся я на Украи́не, вы́рос в Забайка́лье, шко́лу зако́нчил в Белору́ссии, университе́т — в Ленингра́де». В 1966 г. он поступи́л на филологи́ческий факульте́т Ленингра́дского университе́та (отделе́ние ру́сской филоло́гии). Ле́том 1969 г. он на спор добра́лся без де́нег из Ленингра́да до Камча́тки, а в 1970 г., взяв академи́ческий о́тпуск, бродя́жничал в Сре́дней А́зии и ходи́л в рейс на рыболове́цком тра́улере.

По́сле университе́та рабо́тал в се́льской шко́ле в Ленингра́дской о́бласти. Уво́лившись из шко́лы, перепро́бовал мно́го ра́зных профе́ссий: был охо́тником на Таймы́ре, перего́нщиком скота́ в Алта́йских гора́х, лесору́бом в тайге́, сотру́дником музе́я, журнали́стом... В це́лом смени́л о́коло тридцати́ профе́ссий. Когда́ ему́ во вре́мя конфере́нции по интерне́ту за́дали вопро́с: «Почему́ вы смени́ли сто́лько профе́ссий за свою́ жизнь?», М. Ве́ллер отве́тил: «Я не меня́л профе́ссии — я жил ра́зные жи́зни. Как за жизнь хо́чется перепро́бовать мно́го блюд, пересмотре́ть мно́го мест и́ли перечита́ть мно́го книг — так мне хоте́лось прожи́ть мно́го ра́зных жи́зней».

В 1978 г. М. Ве́ллер публику́ет коро́ткие юмористи́ческие расска́зы в ленингра́дских газе́тах, пи́шет реце́нзии для журна́ла «Нева́». В 1980 г. появля́ются пе́рвые публика́ции в журна́лах «Та́ллин», «Литерату́рная Арме́ния», «Ура́л».

Пе́рвая кни́га расска́зов «Хочу́ быть дво́рником» вы́шла в 1983 г. За ней после́довали «Разбива́тель серде́ц» (1988), «Техноло́гия расска́за» (1989), «Рандеву́ со знамени́тостью» (1990), «Приключе́ния майо́ра Звя́гина» (1991), «Леге́нды Не́вского проспе́кта» (1993), «О любви́» (2006), «Леге́нды Арба́та» (2009) и ряд други́х. Рома́н «Гоне́ц из Пи́зы» (2000) вы́держал за год 11 изда́ний. Сбо́рник «Б. Вавило́нская» (2004) был номини́рован на литерату́рную пре́мию «Национа́льный бестсе́ллер».

274

Сергей Довлатов

Серге́й Дона́тович Довла́тов роди́лся 3 сентября́ 1941 г. в Уфе́, куда́ эвакуи́ровали его́ семью́. С 1945 г. жил в Ленингра́де. В 1960 г. поступи́л на отделе́ние фи́нского языка́ филологи́ческого факульте́та Ленингра́дского госуда́рственного университе́та (ЛГУ), кото́рое не око́нчил. Был при́зван в а́рмию, где служи́л надзира́телем в уголо́вном ла́гере осо́бого режи́ма. В а́вгусте 1963 г. верну́лся в Ленингра́д.

Зараба́тывал на жизнь в основно́м журнали́стикой. В 1972-1974 гг. жил в Та́ллине. Снача́ла рабо́тал в еженеде́льнике «Моря́к Ба́лтики», пото́м в газе́те «Сове́тская Эсто́ния». В конце́ 1973 г. по распоряже́нию КГБ был рассы́пан набо́р уже́ гото́вой кни́ги. По́сле э́того ему́ сра́зу же предложи́ли уйти́ из газе́ты. В 1974 г. верну́лся в Ленингра́д. Писа́л про́зу, но из многочи́сленных попы́ток напеча́таться в сове́тских журна́лах по-пре́жнему ничего́ не вы́шло. Два ле́та рабо́тал экскурсово́дом в Пу́шкинском запове́днике (1976-1977 гг.). В 1977 г. его́ расска́з «По прямо́й» был напеча́тан в журна́ле «Контине́нт», а «Неви́димая кни́га» — в журна́ле «Вре́мя и мы» в Изра́иле. За э́то он был исключён из Сою́за журнали́стов СССР.

Photograph © by Mark Serman

В 1978 г. С. Довла́тову бы́ло предло́жено эмигри́ровать. Шесть ме́сяцев они́ с ма́терью провели́ в Ве́не (жена́ и дочь уе́хали ра́ньше). С февраля́ 1979 г. жил в Нью-Йо́рке. С четырьмя́ други́ми журнали́стами основа́л газе́ту «Но́вый америка́нец». С середи́ны 1980-х гг. стано́вится о́чень популя́рным среди́ чита́телей, получа́ет высо́кую оце́нку за́падной кри́тики, печа́тается в прести́жном журна́ле «Нью-Йо́ркер».

Серге́й Довла́тов скоропости́жно сконча́лся 24 а́вгуста 1990 г.

Основны́е произведе́ния С. Довла́това: «Со́ло на Ундервуде» (1980); «Компроми́сс» (1981); «Зо́на. Запи́ски надзира́теля» (1982); «На́ши» (1983); «Запове́дник» (1983); «Ремесло́» (1985); «Чемода́н» (1986). При жи́зни С. Довла́тов изда́л двена́дцать книг — по-ру́сски (в Аме́рике) и в перево́дах на англи́йский и други́е языки́. При жи́зни писа́теля его́ зна́ли в Росси́и по самизда́ту и а́вторской переда́че на ра́дио «Свобо́да». Сейча́с в Росси́и издаю́тся и переиздаю́тся его́ кни́ги, вы́шли *Собра́ния сочине́ний* в 3-х и в 4-х тома́х. Произведе́ния Серге́я Довла́това переведены́ на мно́гие языки́ ми́ра.

Андрей Геласимов

Андре́й Вале́рьевич Гела́симов роди́лся в 1966 году́ в Ирку́тске. В 1987 г. око́нчил факульте́т иностра́нных языко́в Яку́тского госуда́рственного университе́та. У Гела́симова есть и втора́я профе́ссия — театра́льный режиссёр: с 1988 г. по 1992 г. он учи́лся на режиссёрском факульте́те Госуда́рственного институ́та театра́льного иску́сства (ГИТИСа) в мастерско́й Анато́лия Васи́льева.

В 1996-1997 года́х Андре́й Гела́симов стажи́ровался в Ха́лльском университе́те (Великобрита́ния). В 1997 г. он защити́л кандида́тскую диссерта́цию по англи́йской литерату́ре в Моско́вском педагоги́ческом университе́те (МПГУ) им. В. Ле́нина по те́ме «Ориента́льные моти́вы в тво́рчестве О́скара Уа́йльда». Был доце́нтом ка́федры англи́йской филоло́гии Яку́тского госуда́рственного университе́та, преподава́л стили́стику англи́йского языка́ и исто́рию америка́нской литерату́ры. В настоя́щее вре́мя рабо́тает над до́кторской диссерта́цией об осо́бенностях рома́нной композ́иции конца́ XX ве́ка. Перевёл с англи́йского рома́ны совреме́нных америка́нских писа́телей: «Сфинкс» Ро́бина Ку́ка (Robin Cook, *Sphinx*) и «Фло́ренс Арави́йская» Кри́стофера Ба́кли (Christopher Buckley, *Florence of Arabia*).

С 2002 г. А. Гела́симов живёт в Москве́. В 2001 г. в журна́ле «Октя́брь» был напеча́тан его́ расска́з «Не́жный во́зраст». В том же году́ вы́шла его́ пе́рвая кни́га «Фокс Ма́лдер похо́ж на свинью́». За по́весть «Жа́жда» (2002) писа́тель был отме́чен поощри́тельной пре́мией и́мени Аполло́на Григо́рьева, а францу́зский перево́д э́того рома́на принёс ему́ пре́мию «Чита́тельское Гран-При́» Пари́жского Кни́жного Сало́на (2005 г.). В 2003 г. был опублико́ван рома́н «Рахи́ль» (журна́л «Октя́брь»), за кото́рый писа́тель получи́л пре́мию «Студе́нческий Бу́кер», а в 2004 г. вы́шел рома́н «Год обма́на», в осно́ву кото́рого лёг расска́з «Не́жный во́зраст». В 2009 г. А. Гела́симов стал лауреа́том литерату́рной пре́мии «Национа́льный бест-се́ллер» за рома́н «Степны́е бо́ги». В 2009 г. вы́шел его́ рома́н «Дом на Озёрной». Произведе́ния А. Гела́симова переведены́ на мно́гие языки́ ми́ра.

Дина Рубина

Ди́на Ильи́нична Ру́бина родила́сь в 1953 г. в Ташке́нте. Оте́ц был худо́жником, мать преподава́ла исто́рию. И оте́ц, и мать родили́сь на Украи́не: оте́ц — в Ха́рькове, мать — в Полта́ве. В Ташке́нт мать попа́ла во вре́мя войны́ с волно́й эвакуа́ции, а оте́ц прие́хал туда́ по́сле войны́ к эвакуи́рованным роди́телям.

Де́тство и ю́ность Д. Ру́биной прошли́ в ма́ленькой кварти́ре, где в одно́й из ко́мнат всегда́ была́ мастерска́я. Снача́ла там стоя́ли карти́ны отца́, пото́м — му́жа. Ди́на Ру́бина учи́лась в специа́льной музыка́льной шко́ле для одарённых дете́й при ташке́нтской консервато́рии. По не́сколько часо́в проводи́ла за фортепиа́но. Свои́ музыка́льные заня́тия всю жизнь вспомина́ет с тоско́й и у́жасом («Что мо́жет быть страшне́е... экза́мена по фортепиа́но?» — писа́ла Д. Ру́бина в а̀втобиогра́фии). По́сле оконча́ния консервато́рии преподава́ла в Институ́те Культу́ры в Ташке́нте. Писа́ла расска́зы, по́вести, пье́сы. Во вре́мя экраниза́ции одно́й из свои́х повесте́й на «Узбе́кфи́льме»

познако́милась со свои́м вторы́м му́жем, худо́жником Бори́сом Карафёловым. В 1984 году́ перее́хала к нему́ в Москву́. В 1990 г. семья́ эмигри́ровала в Изра́иль, где живёт и сейча́с.

Пе́рвый расска́з Д. Ру́биной был напеча́тан в популя́рном моско́вском молодёжном журна́ле «Ю́ность», когда́ ей испо́лнилось шестна́дцать лет. «То́лстые» литерату́рные журна́лы — «Но́вый мир», «Зна́мя», «Дру́жба наро́дов» — призна́ли её то́лько тогда́, когда́ она́ эмигри́ровала из Росси́и.

Ди́на Ру́бина удосто́ена двух изра́ильских литерату́рных пре́мий: за кни́гу «Оди́н интеллиге́нт усе́лся на доро́ге» и за рома́н «Вот идёт Месси́я!». Её рома́н «На со́лнечной стороне́ у́лицы» вошёл в коро́ткий спи́сок пре́мии «Бу́кер» (2006). За э́ту кни́гу она́ получи́ла в 2006 г. литерату́рную пре́мию «Ра́дио Бу́кер», а в 2007 г. ста́ла лауреа́том литерату́рной пре́мии «Больша́я кни́га» (3-ья пре́мия). Её после́дние рома́ны — «По́черк Леона́рдо» (2008 г.) и « Бе́лая голу́бка Ко́рдовы » (2009 г.). Произведе́ния Д. Ру́биной переведены́ на двена́дцать языко́в.

Людмила Улицкая

Людми́ла Евге́ньевна Ули́цкая родила́сь в 1943 г., в Башки́рии, где в го́ды войны́ её роди́тели оказа́лись в эвакуа́ции. Роди́тели — москвичи́. Мать — биохи́мик, оте́ц — инжене́р, о́ба с нау́чными степеня́ми.

Л. Ули́цкая зако́нчила биологи́ческий факульте́т Моско́вского университе́та (специа́льность — гене́тика). По́сле университе́та два го́да рабо́тала в институ́те о́бщей гене́тики АН СССР. Была́ уво́лена за перепеча́тку самизда́та. С 1979 г. по 1982 г. заве́довала литерату́рной ча́стью Ка́мерного евре́йского музыка́льного теа́тра. В 1982 г. ушла́ из теа́тра и с тех пор занима́ется литерату́рной рабо́той. Писа́ла сцена́рии для телевизио́нных переда́ч и инсцениро́вки для де́тских теа́тров.

Пе́рвые расска́зы Л. Ули́цкой появи́лись в журна́лах в конце́ 80-х годо́в. По́весть «Со́нечка», опублико́ванная в журна́ле «Но́вый мир» в 1992 г.,

ULICKAJA Ljudmila ---- photo: © Basso Cannarsa

была́ переведена́ на не́сколько языко́в. Во Фра́нции «Со́нечка» была́ при́знана лу́чшей переводно́й кни́гой 1994 го́да. За э́ту по́весть Л. Ули́цкая получи́ла прести́жную францу́зскую пре́мию Ме́дичи.

Л. Ули́цкая — а́втор не́скольких рома́нов (семе́йная хро́ника «Меде́я и её де́ти», 1996; «Ка́зус Куко́цкого», 2001; «И́скренне ваш Шу́рик», 2003; «Даниэ́ль Штайн, перево́дчик», 2006), пове́стей («Со́нечка», 1995; «Весёлые по́хороны», 1997), сбо́рников расска́зов и книг для дете́й. По её сцена́риям сня́то не́сколько фи́льмов.

В 2001 г. Л. Ули́цкая получи́ла Бу́керовскую пре́мию за рома́н «Ка́зус Куко́цкого». У писа́тельницы оста́лось большо́е коли́чество черновико́в э́того рома́на, и её муж, худо́жник Андре́й Красу́лин, со́здал из э́того материа́ла литерату́рно-худо́жественную экспози́цию «Рабо́та с те́кстом» (офо́рты на черновика́х), кото́рая выставля́лась в Росси́и, Аме́рике и Герма́нии.

В 2007 г. Л. Ули́цкая ста́ла лауреа́том литерату́рной пре́мии «Больша́я кни́га» (пе́рвая пре́мия) за рома́н «Даниэ́ль Штайн, перево́дчик». Кни́ги Людми́лы Ули́цкой переведены́ бо́лее чем на два́дцать языко́в.

Russian-English Dictionary

- The bracketed numbers at the end of each entry indicate the chapters where the word or phrase occurs. No numbers are provided for some pronouns, conjunctions, and prepositions, which occur in all or almost all chapters. For homonyms presented separately, the numbers in brackets indicate all the occurrences of the given form, without distinguishing which homonym occurs in which chapter:

  про́сто[1]... [1, 3, 4, 6]
  про́сто[2]... [1, 3, 4, 6]

- Parts of speech labels are given for all parts of speech except nouns, which users should be able to identify, and verbs (which have labels for aspect).
- The order of cases for irregular declension forms is: *nominative, accusative, genitive* (and *partitive genitive in* -y/-ю), *prepositional* (and *locative in* -ý/-ю́), *dative, instrumental*.
- Where a word can have two different stresses, both are shown: **бе́дны & бедны́**.

Nouns and Pronouns

- Gender is indicated only for indeclinable nouns (e.g., **пиани́но** *indecl., neut.*) and nouns ending in the soft sign (e.g., **преда́тель** *masc.*).
- Irregular declension forms of nouns and pronouns are provided.

Adjectives, Participles, and Adverbs

- Related adverbs and adjectives are listed separately: because of the difference in their syntactic functions, they usually require different English equivalents.
- Short forms for adjectives and participles that have them are provided in masculine, feminine, & plural forms; they immediately follow the full form: **весёлый** *adj.* [ве́сел, -á, -ы]. Neuter forms are listed when they may have alternative accents: **высо́кий** *adj.* [высо́к, -сока́, -со́ко & -соко́...]
- Regular one-word comparative forms of adjectives and adverbs, such as **печа́льный - печа́льнее**, are not listed. Irregular one-word comparatives are provided: **кре́пко** *adv.* [*compar.* кре́пче]

Verbs

- All verbs are labeled for aspect.
- The imperfective infinitive is presented first, followed by the perfective and/or "limited" perfective forms (*pfv-awhile, pfv-begin,* & *pfv-once*) where applicable, e.g., **петь** [пою́, поёшь] *impfv / pfv* **спеть & пропе́ть**, *pfv-begin* **запе́ть**
- Conjugation type is indicated by the nonpast 1st- and 2nd-person endings (i.e., the present tense for the imperfectives and the future tense for the perfectives), which immediately follow the verb: **меня́ть** [-я́ю, -я́ешь].
- All irregular conjugation forms and forms with accent shift are provided in brackets for both nonpast and past tenses.
- Verbal government is shown by cases (with prepositions where warranted): **разбира́ться** *impfv / pfv* **разобра́ться в** + *prep.* Non-mandatory government is given in parentheses: **пить** *impfv / pfv* **вы́пить** (*acc.*).

- Verbal government for place and direction is generally not provided, except where it helps to distinguish between different meanings of a verb: **оказа́ться** + *prep.* (оказа́ться в Москве́) vs. **оказа́ться** + *instr.* (оказа́ться бюрокра́том) or **переводи́ть** *acc.* (переводи́ть статью́) vs. **переводи́ть** *acc.* & **в/на** + acc. (его́ перево́дят на юг).

Idioms

- Idioms containing a noun are placed under that noun: e.g., **по кра́йней ме́ре** is placed under **ме́ра, доводи́ть / довести́ до конца́** is placed under **коне́ц.**

- Idioms containing two nouns are placed under the first noun: e.g., **секре́т фи́рмы** is placed under **секре́т.**

- Idioms containing two words connected by a conjunction are placed under the first word: e.g., **бо́лее или ме́нее** is placed under **бо́лее.**

- Idioms consisting of a content word (e.g., a verb, a pronoun, an adverb) and a function word (preposition, conjunction, or particle) are placed under that content word: e.g., **и так** is placed under **так.**

- Idioms consisting of two function words, such as two conjunctions or a particle and a conjunction, are placed under the first word: e.g., **да и** is placed under **да.**

- In a few cases where there may be a degree of ambiguity, the phrase is placed under the word that is more important semantically and then cross-referenced (e.g., **выходи́ть / вы́йти за́муж** is placed under **за́муж** and cross-referenced under **выходи́ть).**

English Equivalents

- When an English equivalent is a single noun, it is presented without an article, except for cases where there may be confusion, e.g., **ко́мната** is "a room" (not "room").

- Sometimes a certain sense of a Russian preposition is or may be embedded into an idiomatic English equivalent, rather than translated by a separate word. In such cases, no separate English equivalent is provided. Instead, all such cases are illustrated by examples, e.g., **в пять раз ши́ре** five times wider.

- Some idiomatic English equivalents are presented exclusively through examples, e.g., **пра́вильно** *adv.* correctly; right; rightly; (to do) the right thing... **пойми́те меня́ пра́вильно** don't get me wrong.

Abbreviations and Terms

acc.	accusative case	*nom.*	nominative case
adj.	adjective	*o.s.*	oneself
adv.	adverb	*partitive*	partitive case
coll.	colloquial	*pers.*	person
compar.	comparative	*pfv*	perfective
dat.	dative case	*pfv-awhile*	perfective denoting an action of limited duration
fem.	feminine	*pfv-begin*	perfective denoting the beginning of an action
gen.	genitive case	*pfv-once*	perfective denoting a one-time action
imper.	imperative	*pl.*	plural
impers.	impersonal	*ppp.*	past passive participle
impfv	imperfective	*prep.*	prepositional case
indecl.	indeclinable	*sing.*	singular
infin.	infinitive	*s.o.*	someone
instr.	instrumental case	*sth.*	something
loc.	locative case	*subord.*	subordinate
masc.	masculine	*superl.*	superlative
neut.	neuter	usu.	usually

А

a[1] *conjunction* **1.** but; (*when adding, explaining, or juxtaposing sth.*) and; while; **..., а не ...** (and/ but) not ...; **не ..., а ...** not ... (but ...); **я хочу́ мя́со, а не ры́бу** I want meat, not fish; **закажи́ мне не ры́бу, а мя́со** don't order fish for me—order meat; order meat for me, not fish; **2.** *introducing* **е́сли** *or replacing it*; (and) if; **а что́, е́сли ...**; (and) what if ...; **Поезжа́й с ни́ми! А не хо́чешь е́хать — остава́йся здесь** Go with them! If/ And if you don't want to go—stay here

- **а то** *conjunction* or; (or) otherwise; or else; **позвони́ ему́, а то он ско́ро уйдёт** call him or he'll leave soon [5]

a[2] *particle; coll.* **1.** (*at the beginning of a sentence*) usu. omitted; (*in a dialogue, at the beginning of a follow-up question*) and; so; **2.** *at the end of a question, usu. used as a tag question when seeking confirmation or agreement*; ... eh?; ... right?; ... OK?; ... isn't it (will you, don't you, *etc.*)? **3.** *used to attract attention, when addressing someone*; hey; **4.** *used when responding to being addressed by someone*; Eh?; What?

a[3] *interjection* **1.** *used to express surprise*; Ah!; Oh!; **2.** *used to express pain*; Oh!; Ah!; Ouch!; **3.** *used to express understanding or acknowledgment of the provided explanation*; Oh (I see)

абрико́с 1. (*fruit*) apricot; **2.** apricot tree [1]

а́вгустовский *adj.* August (*used as a modifier*) [6]

автодоро́жный *adj.* automotive; related to automotive transportation; highway construction and engineering; highway (*used as a modifier*) [6]

автома́т submachine gun; automatic rifle [4]

авторите́т (*influence owing to rank, accomplishments, etc.*) prestige; authority; respect [5]

а́вторский *adj.* author's; authorial [5]

ад [*loc.* (в) аду́] hell [3]

а́дрес [*nom. pl.* **адреса́**] address [6]

- **в а́дрес** *gen.*; (похвала́, апплодисме́нты, кри́тика, *etc.*) **в свой (мой, твой, *etc.*) а́дрес** (praise, applause) for s.o.; (criticism, praise) comes s.o.'s way; (to direct/ aim one's words, *etc.*) at s.o. [5]

академи́ческий *adj.* academic; scientific [2]

аккомпанеме́нт accompaniment [5]

акко́рд chord; **взять акко́рд** to strike a chord (on the piano, guitar, *etc.*) [5]

аксио́ма (*a basic principle that is accepted without proof*) axiom [2]

акти́в asset; assets; on the plus side; **в акти́ве у меня́ (у тебя́, *etc.*) бы́ло / бы́ли ...** on the plus side, I (you, *etc.*) had ... [5]

а́ктовый *adj.*; *used in the phrase*:
- **а́ктовый зал** assembly hall; (school) auditorium [5]

актри́са actor (*woman*); actress [3, 4]

а́лгебра algebra [4]

алкого́лик alcoholic (*a person*) [3]

алюми́ниевый *adj.* aluminum (*used as a modifier*) [6]

амби́ция 1. vanity; arrogance; conceit; overweening pride; **2.** [*usu. pl.*] (*a strong desire to become successful, to achieve fame, power, etc.*) aspiration(s); ambition(s) [6]
- **(челове́к) с больши́ми амби́циями** (s.o. is) very ambitious; a very ambitious person [6]

америка́нец [*gen.* -нца; *male when sing., sex unspecified when pl.*; *female* **америка́нка**, *gen. pl.* -нок] (*a person*) American [3]

америка́нский *adj.* American (*used as a modifier*) [3]

англи́йский *adj.* **1.** English (*used as a modifier*); **2.** *used as a masc. noun* English; the English language [3, 4]

анекдо́т (*a brief humorous story with a punch line*) joke [6]

антиква́рный *adj.* antique; antiquarian; old and rare [6]

апплодисме́нты [*pl. only, declines as a masc. noun*] applause [5]

аресто́вывать [-аю, -аешь] *impfv / pfv* **арестова́ть** [-ту́ю, -ту́ешь] *acc. & за + acc.*; to arrest (s.o. for sth.); place (s.o.) under arrest [4]

а́рмия 1. army; military forces; **2.** *gen.* army (of); a great number (of); a multitude (of); **а́рмия журнали́стов** army/ multitude of journalists [3, 6]
- **призыва́ть / призва́ть в а́рмию** *acc.* to call up; draft; enlist s.o. [3]

аспира́нт [*male when sing., sex unspecified when pl.*; *female* **аспира́нтка**, *gen. pl.* -ток] graduate student [6]

ассири́йский *adj.* Assyrian (*used as a modifier*) [2]

аттеста́т certificate
- **аттеста́т зре́лости** (*document certifying graduation from high school*) high-school diploma; secondary-school diploma [2, 3]

аудито́рия 1. lecture hall; lecture room; auditorium; classroom (*in an academic institution*); **2.** audience [5]

Б

ба́бки [*pl. only; gen.* -бок; *declines as a fem. noun*] *slang* money [4]

ба́бушка [*gen. pl.* -шек] **1.** grandmother; **2.** *coll.* old woman [4, 6]

бага́ж [*gen.* -а́] luggage; **тво́рческий бага́ж** *ironic* collected works [5]

багрове́ть [-е́ю, -е́ешь] *impfv / pfv* **побагрове́ть** to turn purple/ crimson/ dark red; flush [6]

бакс a buck; a dollar (*from the pl. form* "bucks" *reinterpreted as the singular form*) [4]

банке́т banquet [2]

банки́р banker [4]

бара́к (*a large, plain building in which many people, typically soldiers or convicts, are lodged, usu. in primitive conditions*) barrack; [*often pl.*] barracks [5]

бароне́сса baroness [4]

баскетбо́л basketball; basketball game [4]

басо́вый *adj.* (*of the lowest register of a musical instrument*) bass (*used as a modifier*) [5]

бе́гать [-аю, -аешь] *impfv* **1.** *multidirectional of* **бежа́ть**; *pfv-awhile* **побе́гать** to run; run around; run back and forth; **2.** to jog; **3.** **от** + *gen.*; *coll.* to avoid s.o.; get away from s.o. [3, 5]

бе́дно *adv.* [*compar.* бедне́е & -е́й] poorly; **бе́дно оде́тый 1.** shabbily dressed; poorly clad; **2.** inexpensively/ cheaply dressed [6]

бе́дность *fem.* poverty [3, 6]

бе́дный *adj.* [бе́ден, бедна́, бе́дны & бедны́; *compar.* бедне́е & -е́й] **1.** poor; impoverished; **2.** [*long forms only*] (*unfortunate*) poor [6]

бежа́ть [бегу́, бежи́шь, бегу́т] *impfv* **1.** *unidirectional of* **бе́гать**; *pfv & pfv-begin* **побежа́ть** to run; **2.** *pfv-begin* **побежа́ть**; (*of time*) to fly [5]

бе́женец [*gen.* -нца; *male when sing., sex unspecified when pl.*] refugee [3]

без *preposition with gen.* [*also* **безо**, *unstressed, before the gen. of* **весь** & **вся́кий**] **1.** (*lacking, in the absence of*) without; **без исключе́ния** without exception; **2.** *with a*

negation (*with a certain degree or amount of sth.*) not without …; with some …; with a certain …; **не без любопы́тства** not without a certain curiosity; with a certain curiosity; **не без интере́са** not without interest; with some interest; **3.** (*with clock time*) to; of; before; **без десяти́ (мину́т) пять** ten of/ to five
- **и без того́** [6] *see* **то**[1]

безде́лье idleness [3]

беззаве́тный *adj.* selfless; devoted; wholehearted; **беззаве́тное служе́ние** *dat.* selfless service to … [2]

беззву́чно *adv.* silently; noiselessly; soundlessly [6]

безмяте́жно *adv.* serenely; quietly [3]

безобра́зие outrage; disgrace; sth. outrageous [5]

белоко́жий *adj.* [-ко́ж, -а, -и] fair-skinned [6]

бельё [*gen.* -я́; *collective noun*], *also* **посте́льное бельё** linen; bed-linen [6]

бесе́да conversation; talk [6]

бесконе́чно *adv.; used with adjectives, adverbs, and some verbs; intensifier;* endlessly; infinitely; extremely [2]

бесконе́чный *adj.* [-чен, -чна, -чны] endless; infinite; (*of space or time*) interminable [3]

бесповоро́тно *adv.* irrevocably; profoundly [2]

беспоко́иться [-ко́юсь, -ко́ишься] *impfv* **1.** *pfv-begin* **забеспоко́иться,** *pfv-awhile* **побеспоко́иться;** (**о** + *prep.* or **за** + *acc.*) to worry (about s.o. or sth.); be nervous; be anxious; **2.** *pfv* **побеспоко́иться** [*often used as negated imper.* **не беспоко́йся/ -тесь**] to trouble o.s.; bother; go to some trouble [5, 6]

бесполе́зно *predicative, used with infin.;* (sth. is) useless/ worthless/ pointless; it is useless/ worthless/ pointless (doing sth./ to do sth.); it is no good/ use (to do sth.) [4]

бессерде́чный *adj.* [-чен, -чна, -чны] heartless; callous; cold-hearted [3]

бессло́весный *adj.* [-сен, -сна, -сны] silent; speechless; mute; dumb [6]

бесстра́шие fearlessness; courage [3]

бесшу́мно *adv.* noiselessly; quietly; silently [5]

библиоте́ка 1. (*institution and building*) library; **2.** (*collection of books*) library; personal library; home library [2, 6]

биогра́фия biography [3, 6]

битко́м *used in the following idiom:*
- **битко́м наби́ть** *acc & instr.; usu. ppp.* **битко́м наби́т(ый)** (*often refers to a large number of people in some place*) (some place) is filled to overflowing/ to capacity (with some people or things); (some place) is full to overflowing/ to capacity with; (some place) is bursting at the seams with; (some place) is chock-full of [5]

бить [бью, бьёшь; *imper.* бей] *impfv* **1.** *pfv-awhile* **поби́ть;** *acc.* or **в** + *acc. & instr.; acc.* and/or **по** + *dat. & instr.* to strike s.o./sth. with; hit s.o./sth. with; **бить кулако́м в дверь** hit the door with one's fist; **2.** *pfv* **поби́ть & изби́ть;** *acc.* to beat s.o.; beat s.o. up; give s.o. a beating [4]

благогове́ние awe (of); reverence (for) [6]

благодари́ть [-рю́, -ри́шь] *impfv / pfv* **поблагодари́ть;** *acc. &* **за** + *acc.* to thank s.o. for sth. [2]

благодаря́ *preposition with dat.* thanks to; owing to; because of [3]

благополу́чно *adv.* all right; well; without mishap; happily; **до́ма всё благополу́чно** all is well at home; (*with some motion verbs*) safely; **мы при́были благополу́чно** we've arrived safely [6]

благоро́дный *adj.* [-ден, -дна, -дны] noble; honorable; valiant [5]

благотвори́тельный *adj.* charity (*used as a modifier*); charitable; philanthropic; **благотвори́тельный конце́рт** benefit concert; charity concert [6]

блестя́щий *adj.* [-тя́щ, -а, -и] **1.** shining; sparkling; **2.** splendid; brilliant; excellent [2]

бли́зко *adv.* [*compar.* **бли́же**] **1.** close; near; nearby; **дом постро́или бли́зко к реке́/ от реки́** the house was built close to the river; **2.** *used predicatively;* close (to); nearby; **музе́й бли́зко** the museum is nearby; **3.** *used predicatively, impers.;* (**до** + *gen.*) (some place) is nearby/ not far (from …); it is not far (to some place); **отсю́да до дере́вни бли́зко** the village is nearby; it's not far to the village; the village is not far from here [4, 5]

бог <*also spelled* **Бог**> God; a god
- **не дай бог** <*also spelled* **Бог**> God forbid [4]
- **с бо́гом** <*also spelled* **с Бо́гом**> old-fashioned (*used to wish s.o. success or as encouragement before undertaking sth. or setting out on a trip*) (may) God be with you; God bless you; Good luck to you!; Godspeed! [5]

бога́тство 1. wealth; riches; **2.** *gen.; used figuratively* wealth (of); **духо́вное бога́тство** spiritual wealth [6]

бо́дро *adv.* [*compar.* -е́е & -е́й] cheerfully; vigorously [5]

бо́дрый *adj.* [бодр, бодра́, бо́дры & бодры́; *compar.* бодре́е & -е́й] cheerful; vigorous [6]

боево́й *adj.* military; battle (*used as a modifier*) [4]

бока́л (wine)glass; goblet [1, 6]

бокс *sport* boxing [3]

бо́лее *adv.* **1.** [*formal variant of* **бо́льше**] more: **прошло́ бо́лее го́да** more than a year went by; **2.** (*used with adjectives and adverbs to form compound comparatives*) more: **бо́лее интере́сный** more interesting; **бо́лее бе́дно** more poorly [6]
- **бо́лее или ме́нее** [*used with verbs, adjectives, and adverbs*] more or less; **он бо́лее или ме́нее спра́вился с зада́нием** he more or less coped with the assignment; **бо́лее или ме́нее безопа́сный/ безопа́сно** more or less safe/ safely [6]
- **тем бо́лее** especially; particularly; [*when the preceding context contains a negation*] much less; still less; let alone [3]
- **тем бо́лее что** *conjunction; used to introduce a clause of reason;* especially since; especially because; especially as; (all) the more so since/ because; the more so as; particularly as [3, 5]

боле́ть[1] [-е́ю, -е́ешь] *impfv / pfv-begin* **заболе́ть;** *instr.* to be sick; be ill; be down with (an illness); [*pfv-begin*] to get/ become sick; fall ill; get (pneumonia, measles, *etc.*); come down with (pneumonia, measles, *etc.*) [4]

боле́ть[2] [*3rd pers. only;* -ли́т, -ля́т] *impfv / pfv-begin* **заболе́ть;** (*of parts of the body*) to ache; hurt; *pfv-begin:* begin to ache; begin hurting/ to hurt [4]

больни́ца hospital [5]
- **укла́дывать / уложи́ть в больни́цу** *acc.* to hospitalize (s.o.) [6]

бо́льно *adv.* [*compar.* -е́е & -е́й] **1.** badly; painfully; **он бо́льно ущи́б но́гу** he hurt his leg badly; **2.** *used predicatively; dat.;* (one) is in pain; it is painful; it hurts; **мне не бо́льно** I'm not in pain; it doesn't hurt; **мне бо́льно поднима́ться по ле́стнице** I'm in pain when I walk up the stairs; it's painful/ it hurts to walk up the stairs [5]

бо́льше 1. *adj.* [*compar.* of **большо́й** large, big] larger; bigger; **2.** *adv.* [*compar.* of **мно́го** much, many] more; **3.** [*in negative constructions*] **бо́льше не** … no more; no longer; **никто́/ никого́ бо́льше не** … no one else; **бо́льше ничего́**

nothing else; **бо́льше нигде́** nowhere else; **бо́льше никогда́ не** … never again [4, 5]

• **бо́льше/ бо́лее того́** more than that; (and) what is more; and not only that; moreover [5]

бо́льший *adj.* [*compar.* of **большо́й** large, big] larger; bigger; greater [2, 5]

большинство́ majority; **большинство́** *gen.* or **из** + *gen.* most; most of; **большинство́ на́ших студе́нтов** the majority of our students; most of our students; **большинство́ из них** most of them [3]

большо́й *adj.* [*compar.* (по)**бо́льше** and **бо́льший**] **1.** big, large (*in size*); **2.** *used predicatively,* (*of a child who is not an infant anymore*) a big boy / girl; **ты уже́ большо́й** you're a big boy now; **3.** (*of scope, importance, accomplishments, etc.*) great; big; **по́льзоваться больши́м успе́хом у пу́блики** be a great success with the public; **сде́лать большу́ю оши́бку** make a big/ great mistake; **4.** [*usu. pl.*: **больши́е, больши́х,** *etc.*] *used as a noun; coll.* grownup (*as viewed by a child*) [4, 5, 6]

бормота́ть [-мочу́, -мо́чешь] *impfv / pfv* **пробормота́ть,** *pfv-begin* **заборомота́ть;** (*acc.*) to mutter; mumble; say sth./ talk indistinctly; say sth./ talk in a low voice [5]

борода́тый *adj.* [-а́т, -а, -ы] bearded [2, 6]

борщ [*gen.* борща́] (*soup made with beets and cabbage*) borsch [6]

боя́ться [бою́сь, бои́шься] *impfv / pfv* **побоя́ться 1.** [*impfv only*] *gen.* to fear; be afraid; **2.** *gen., infin.,* or *a subord. clause*; to be afraid of; fear/ be afraid (that …); **3.** **за** + *acc.* to fear for (s.o./sth.); worry about s.o./sth.; be afraid that s.o./sth. may be harmed [4, 5, 6]

брать [беру́, берёшь; *past* брал, брала́, бра́ло] *impfv / pfv* **взять** [возьму́, возьмёшь; *past* взял, взяла́, взя́ло & взя́ли] **1.** *acc.* (& **у** + *gen.*) to take (in one's hands); get (from s.o.); **2.** *acc.* (& **у** + *gen.*) to borrow; **Мо́жно взять твой зо́нтик?** May I borrow your umbrella? **3.** *acc.* & **с собо́й** and/or *a place adverbial*; (*to take or to bring s.o. or sth. to some place*) to take (s.o./sth.) along; bring along; **4. брать / взять акко́рд** to strike a chord; **брать / взять но́ту** play/ strike/ hit/ sing a note [1, 4, 5, 6]

бра́ться [беру́сь, берёшься; *past* бра́лся, брала́сь, брало́сь, брали́сь] *impfv / pfv* **взя́ться** [возьму́сь, возьмёшься; *past* взя́лся, взяла́сь, взяло́сь взяли́сь & взя́лось, взяли́сь] **1.** **за** + *acc.* to take hold of; grasp; **2.** **за** + *acc.* to take up sth.; undertake sth.; begin (doing sth.); **он взя́лся за изуче́ние архитекту́ры** he took up the study of architecture; **3.** [*3rd pers. only*] to come from; **Отку́да у тебя́ взяли́сь де́ньги?** Where did you get the money? [1, 4, 6]

брело́к [*gen.* брело́ка] (bracelet) charm; trinket (*usu. attached to a chain or bracelet*) [4]

бре́мя [*gen.* бре́мени] burden; load [3]

бритоголо́вый *adj.* with a shaved head; [*used as a masc. and fem. noun*] a person with a shaved head [5]

бри́тый *adj.* **1.** shaved; **2.** clean-shaven [5]

бровь [*pl.* бро́ви, -ве́й, -вя́м] *fem.* eyebrow [4]

бродя́чий *adj.* vagrant; wandering; **бродя́чая соба́ка / ко́шка** stray dog/ cat [4]

броса́ть [-а́ю, -а́ешь] *impfv / pfv* **бро́сить** [бро́шу, бро́сишь] **1.** *acc.* or *instr.* **в** + *acc.* to throw; fling; cast; toss; **2.** *acc.* or *infin.* to give up; quit; **он бро́сил пить** he quit drinking; **3.** *acc.* to leave (a spouse, a family, *etc.*); abandon; desert [3, 5, 6]

бу́дто *conjunction* **1.** *used to introduce a comparison*; as if; as though; **2.** *used to express lack of certainty about the truth of what is said*; (they say) that; that allegedly [3, 4, 5]

бу́дущее *adj., used as a neut. noun* the future [2]

бу́дущий *adj.* **1.** future; forthcoming; **2.** next [4]

бу́йный *adj.* [бу́ен, буйна́ & бу́йна, бу́йны] **1.** wild; violent; uncontrollable; boisterous; **2.** luxuriant; exuberant; lush; profuse [4]

буква́льно 1. literally; word for word; **2.** *coll.* literally; in effect; virtually [3]

бура́вчик (*a small hand tool used for boring holes*) gimlet; **пра́вило бура́вчика** "the corkscrew rule" [2]

буты́лка [*gen. pl.* буты́лок] bottle [1]

быва́ть [-а́ю, -а́ешь] *impfv / pfv* **побыва́ть 1.** [*impfv only*] (*often needs a time adverbial of frequency in English, such as* sometimes, often, always, rarely, *etc.*) to be (*of a certain type or quality, in a certain mood, etc.*); **она́ ча́сто быва́ет гру́стной** she is often sad; **2.** [*impfv only; 3rd person only*] to happen; occur; **э́то быва́ет то́лько весно́й** it happens only in the spring; **3.** to visit s.o./ some place; go to see s.o.; come/ go to some place; **он неда́вно побыва́л в Ло́ндоне** he recently visited London / went to London; **4.** [*impfv only; used with a negation:* не быва́ет, не быва́ло] *gen.*; there is no such thing (phenomenon, *etc.*) as …; there are no such people (things, *etc.*) as …; (people, things, *etc.*) like this (simply) do not exist; **случа́йностей в спо́рте не быва́ет** there is no such thing as happenstance in sport [3, 4]

бы́вший *adj.* former; ex- [6]

бы́ло <*pronounced without stress*> *particle* (just) about to (do sth.); on the point of (doing sth.); nearly; **он стал бы́ло отка́зываться от на́шего предложе́ния, но переду́мал** he was about to decline our offer/ he was on the point of declining our offer, but reconsidered; **я чуть бы́ло не забы́ла запере́ть дверь** I nearly forgot to lock the door [6]

быстрота́ rapidity; speed [6]

• **с молниено́сной быстрото́й** with lightning speed [6]

быть [*present is not used except 3rd pers. sing* есть *and archaic 3rd pers. pl.* суть; бу́ду, бу́дешь; *past* был, была́, бы́ло, бы́ли; *with a negation* не́ был, не была́, не́ было, не́ были] *impfv* [*no pfv*] **1.** to exist; be; there is/ are …; **там бы́ло кафе́** there was a café there; **2.** to be (somewhere); be present (somewhere); **я бу́ду до́ма** I'll be home; **3.** **у** + *gen.*; *used to express possession* to have; **у него́ нет друзе́й** he does not have any friends; **4.** to be; there is/ are; happen; take place; occur; **похо́же, что бу́дет дождь** it looks like it will be raining; **5.** [*used as an auxiliary verb to link subject and complement*] to be; **он был мои́м лу́чшим дру́гом** he was my best friend; **6.** [*used as an auxiliary verb to form passive with short-form participles*] to be; **я был назна́чен дире́ктором** I was appointed director; **7.** [*used with the impfv infin. to form the impfv future tense*] will; **он бу́дет посеща́ть ле́кции** he will attend lectures

бюро́ *indecl., neut.* office; bureau; **экскурсио́нное бюро́** travel agency; **спра́вочное бюро́** information service/ office [3]

В

в *preposition with acc.* or *prep.* [*variant* **во** *is used before consonant clusters, especially those beginning with* **в** *or* **ф,** *e.g.,* **во вре́мя обе́да, во Фра́нцию;** *also used in the prepositional phrases* **во мне** *and* **во что,** *before the words* **весь** *and* **вся́кий,** *and in some idioms, e.g.,* **во и́мя**] **With acc., в** *is generally used in description of motion or direction::* **1.** (*when indicating a place or space where the movement is directed or the activity takes place*) to; into;

for; **éхать в Россию** go to Russia; **вход в кафé** entrance to the café; **положить книгу в рюкзáк** put a book into the backpack; **забросить шáйбу в ворóта** send a puck into the net; **он уéхал в Москву** he left for Moscow; **поступить в университéт** enter the university; **2.** (*when indicating time or age*) on; in; at; **заходи в воскресéнье** stop by on Sunday; **в послéдние гóды** in recent years; **в шесть часóв** at six o'clock; **в 63 гóда** at 63 years of age; **3.** (*directed at*) on; at; to; toward; **постучáть в дверь** knock on/at the door; **выстрелить в мишéнь** shoot at the target; **дорóга в лес** a road to/ toward the woods; **4.** (*when expressing frequency*) per; a(n); **шесть раз в мéсяц** six times per month; six times a month; **5.** (*when indicating size, weight, temperature, speed, etc.*) **длинóй в пятьдесят мéтров** fifty meters long; **вéсом в два килогрáмма** weighing two kilograms; **жарá в тридцать грáдусов** thirty degrees of heat; (*of speed*) per; a(n); **éхать со скóростью 90 киломéтров в час** drive at 90 kilometers an hour/ per hour; **6.** (*used with* **раз** *and a numeral to indicate comparison*) **в пять раз шире** five times as wide; **в три рáза уже** one-third as wide; three times narrower than; **7.** (*by way of; with verbs of moving and looking*) through; **он влез в окнó** he climbed in through the window; **подглядывать в замóчную скважину** watch through a keyhole; **8.** (*when indicating a property, characteristic, design, etc.*) in; with; **стихотворéние в рифму** poem in rhyme; rhymed poem; **юбка в горóшек** skirt with polka dots; polka-dot skirt; **9.** (*when indicating an object used as a cover, wrapping, clothes, etc.*) in; **завернуть в бумáгу** wrap in paper; **онá былá одéта в чёрное** she was dressed in black; **10.** (*when indicating which game or sport is played*) **игрáть в шáхматы/ в баскетбóл** play chess/ basketball; **11.** (*when indicating profession, position, etc.; used with pl. nouns*) for; to; **баллотироваться в президéнты** run for president; **произвести в лейтенáнты** promote (s.o.) to lieutenant; **егó избрáли в академики** he was elected Academician;

With prep., **в** *is generally used in descriptions of locations.* **1.** (*at a location*) in; **в Россйи** in Russia; **2.** (*at an organization, with other people, etc.*) at; in; on; **учиться в институте** study in/ at the institute; **быть в комиссии** be on a committee; **3.** (*with months, years, centuries, periods in human life, etc.*) in; **в ноябрé** in November; **в юности** in one's youth; when one was young; **4.** (*when describing sth. that a person wears or an object that covers s.o. or sth.*) in; (covered) with; (covered) all over with; **человéк в фóрме** a man in uniform; **люди в наручниках** people in handcuffs; **лицó в крови** bloody face; face covered with blood; **весь в синякáх** covered all over with bruises; **5.** (*when describing situations or emotional states*) in; **в отчáянии** in despair; **он с ними в ссóре** he's had a falling-out with them; **6.** (*with adjectives expressing quality when describing the area to which this quality applies*) in; as; **надёжный в дружбе** dependable in friendship/ as a friend; **7.** (*in phrases that describe shape, form, type, etc.*) in; as; **ромáн в стихáх** a novel in verse; **ткань в рулóнах** fabric in rolls; **8.** (*in phrases that describe the distance from one place or object to another or span of time needed to cover that distance*) **рабóтать в пяти киломéтрах от дóма/ в десяти минутах ходьбы от дóма** work five kilometers away from home/ ten minutes' walk from home

вагóн-теплушка [*gen.* вагóна-теплушки; *used with a masc. modifier*] a heated freight railroad car (*during the World*

War II freight cars were adjusted for carrying people by adding primitive heaters and plank benches) [5]

вáжный *adj.* [вáжен, важнá, вáжны & важны; *compar.* важнéе & -éй] **1.** important; significant; **2. вáжное** [*this form only*] *used as a neut. noun* the important thing(s); **3.** self-important; pretentious; pompous [6]

валяться [-яюсь, -яешься] *impfv* / *pfv* **проваляться** (*usu. used with time adverbials*) **1.** *pfv-awhile* **поваляться**; (*of people*) to lie around; lounge; loll about; **2.** [*impfv only*] (*of things*) to lie about (in disorder); be scattered about/ all over; (*of one thing*) lie (*some place*) [3, 4]

вáнный *adj.* **1.** bath (*used as a modifier*); **вáнная кóмната** bathroom; **2. вáнная** [*this form only*] *used as a fem. noun* bathroom [4, 6]

вáтник quilted work jacket (*typically worn by inmates, especially at labor camps in the Russian North*) [5]

вверх *adv.* (*indicating direction toward a higher level*) up; upward(s) [3]

вдруг *adv.* **1.** suddenly; all of a sudden; **2.** *coll.*; *used to express a supposition that something undesirable may happen*; suppose ...; what if ...; **Вдруг мы опоздáем?** What if we're late? [1, 4, 5, 6]

вдумчивость *fem.* thoughtfulness; ability to concentrate; ability to think things over [2]

ведь[1] *conjunction* **1.** *introduces an explanation of a preceding statement*; because; as; after all; **онá ушлá рáно, ведь онá óчень устáла** she left early, as she was very tired; **2.** *used with* **а** & **но** *to emphasize contrast or concession*; but; and yet; even though; **ты ему вéрил, а ведь он тебé врал** you believed him, and yet he lied to you/ even though he lied to you [3, 6]

ведь[2] *particle; used for emphasis, contrast, etc.*; after all; aren't/ don't/ won't ... you (they, it, *etc.*)?; why (*interjection*); **ведь это былá твоя идéя** it was, after all, your idea; it was your idea, wasn't it?; **Ведь это я!** Why it's me! [4]

вéжливо *adv.* politely; courteously [5]

век [*pl.* векá, *gen. pl.* векóв] **1.** (*a period of one hundred years*) century; **2.** age; era [6]

• **серéбряный вéк** (the prolific period in the history of Russian literature, roughly, from 1890s through 1920) the Silver Age [6]

вéко [*pl.* вéки, *gen. pl.* век] eyelid [6]

великий *adj.* [велик, -á, -й] great; outstanding [6]

великолéпно *adv.* splendidly; excellently; magnificently [6]

величáвый *adj.* [-áв, -а, -ы] majestic; stately; sublime [6]

велосипéд bicycle [4]

вéрить [-рю, -ришь] *impfv* / *pfv* **повéрить 1.** *dat. or а* что-*clause* to believe/ trust s.o. or sth.; believe/ trust that ...; **2.** **в** + *acc.* to believe in; trust in; have faith in [1, 2, 6]

вернée 1. *adj.* [*compar.* of **вéрный** correct; right]; **2.** *adv.* [*compar.* of **вéрно** correctly; right] **3.** *parenthetical* or rather; to be more precise/ exact [5]

вернуть *pfv* of возвращáть [4]

вернуться *pfv* of возвращáться [1, 4]

вероятно *parenthetical* probably; I suppose [5]

вéрхний *adj.* **1.** upper; top; **2.** *music* **вéрхний регистр** highest register [4, 5]

весёлый *adj.* [вéсел, -á, -ы; *compar.* веселéе & -éй] cheerful; merry; joyful [4, 5]

вести [веду, ведёшь; *past* вёл, велá, велó, вели] *impfv*; *unidirectional of* водить **1.** *pfv* **повести**; *acc.* to take/ lead (s.o. somewhere); **2.** *pfv* **привести**, *pfv-begin* **повести**; (*of a road, path, trail, etc.*) to lead (to) [5]

весь [вся, всё, все; *асс.* всего/весь, всю, всех; *gen.* всего, всей, всех; *prep.* (на) всём, всей, всех; *dat.* всему, всей, всем; *instr.* всем, всей, всеми] **1.** *pronominal adj.* the whole; the entire; all; **весь день** the whole day; all day (long); **2.** *pronominal adj.*; (*of blood, bruises, dirt, etc.*) all over; through; (*when used with* в + *prep.*) all covered with; (to have sth.) all over one; **его одежда была вся испачкана грязью** his clothes were muddy all over; **она вся промокла** she got soaked through; **он был в крови** he was all covered with blood; he had blood all over him; **3.** [*pl. only:* все, всех, *etc.*] *pronoun*; everyone; everybody; all; **все ушли** everyone has left; **4.** [*neut. only:* всё, всего, *etc.*] *pronoun* everything; all; **он всё проиграл** he lost everything; **5.** [*the form* всё *only*] (*used as a separate sentence when ending a conversation, discussion, performance, etc.*) that's all; that's it/ that [3, 4, 5, 6]

• **всё равно** [4] *see* **равно**
• **всё равно что** [3] *see* **равно**
• **... и всё** [*usu. placed at the end of a sentence*] used to underscore that there is nothing else to add to what has been said or done; (and) that's it; (and) that's all; (and) that's that; and that's the end of it [4]

ветхий *adj.* [*rare* ветх, -á, -и] dilapidated; ramshackle; old; ancient; decrepit [6]

вечер 1. evening; **2.** party; soirée [6]

вечерний *adj.* evening (*used as a modifier*) [6]

вечером *adv.* in the evening; **вчера вечером** last night; last evening; **сегодня вечером** tonight; this evening [4, 6]

вещь [*pl.: nom.* вещи, *gen.* вещей, *prep.* (о) вещах] *fem.* **1.** thing; object; **2.** a work (of literature or art); piece; **Кто написал эту вещь?** Who wrote this piece? **3.** (*some occurrence, fact, phenomenon*) thing; something (wonderful, incomprehensible, odd, *etc.*) [1, 3]

• **Смотри на вещи просто!** Don't overcomplicate things! [3]

взаимный *adj.* [-мен, -мна, -мны] mutual; reciprocal [6]

взгляд glance; look

• **бросать / бросить взгляд на** + *асс.* to cast a glance at s.o./sth.; glance at s.o./sth. [5]
• **встречаться / встретиться взглядами: мы встретились взглядами** our eyes met [1]

взойти *pfv* of **всходить** [5]

взор *bookish* look; gaze [5]

взреветь *pfv-begin* of **реветь** [5]

взрослый *adj.* **1.** [*compar.* взрослее & -ей] adult, grown-up (*both used as modifiers*); **2.** [*used as a masc. and fem. noun, usu. pl.:* взрослые] adults; grown-ups <*also spelled* grownups> [6]

взрыв explosion [5]

взять *pfv* of **брать** [1, 4, 5, 6]

• **взять и / да и ...** [followed by another perfective verb in the same form; used to present the action of the second verb as unexpected, sudden] **он взял и прыгнул** he up and jumped; all of a sudden he jumped [4]

взяться *pfv* of **браться** [1, 4, 6]

вид [*partitive gen.* -у] **1.** look; appearance; air; **у него был серьёзный вид** he had a serious look; **с многозначительным видом** with a knowing air; **2.** sight; **при виде / от вида** + *gen.* at the sight of; **3.** view; **вид на горы** view of the mountains [2, 5, 6]

видеть [вижу, видишь] *impfv* **1.** *pfv* увидеть; *асс.* to see; **2.** [*no pfv*] *асс. & instr.* to envision; see in one's mind's eye; picture in one's mind [1, 2, 4, 5, 6]

• **видишь / видите ли** *parenthetical* you see [6]

• **вот видишь / видите** [*these forms only*] there you are; you see; see; there you have it; What did I tell you! [4]

видеться [вижусь, видишься] *impfv / pfv* увидеться **1.** с + *instr.* to see s.o.; meet with s.o.; **2.** [*with pl. subject*] to see each other/ one another; see s.o.; meet (with s.o.); get together [1]

видимо *parenthetical* apparently; probably; evidently; very likely; it looks like [4]

видно 1. *predicative* (it is) obvious; (it is) clear; (it is) apparent; one can see; **было видно, что мальчик соврал** it was clear/ one could see that the boy had lied; **2.** *predicative; impers.; асс. or gen.;* (sth.) is visible; (sth.) is in sight; (one/sth.) can be seen; one can see; **эту звезду видно только в бинокль** this star is visible only with binoculars; **Корабля не видно!** No ship in sight!; **отсюда хорошо видно сцену** one can see the stage well from here; **3.** *parenthetical; coll.* probably; it looks like; I suppose; **он, видно, передумал** it looks like he's changed his mind [4]

видный *adj.* [виден, видна, видны & видны; *compar.* виднее & -ей] visible; in sight [6]

визжать [-жу, -жишь] *impfv / pfv-begin* завизжать to squeal; screech; shriek [4]

вино [*pl.: nom.* вина, *gen.* вин, *prep.* (о) винах] wine [1, 3, 6]

виноватый *adj.* [-ат, -а, -ы] guilty; responsible; [*when used predicatively*] one is to blame; one has oneself to blame; one is at fault [4]

винтовка [*gen. pl.* -вок] rifle [5]

висеть [вишу, висишь] *impfv / pfv-awhile* повисеть to hang; be hanging [4]

виски *indecl., neut.* whisky [4]

вкалывать [-аю, -аешь] *impfv / pfv-awhile* повкалывать; *coll.* to work hard; knuckle down; sweat and slave [5]

включать [-аю, -аешь] *impfv / pfv* включить; *асс.* **1.** to include; **2.** (*of a light, gas, appliances, etc.*) to turn on; switch on; start; connect [4]

владеть [-ею, -ешь] *impfv; instr.* **1.** [*no pfv*] to own; possess; have; **2.** *pfv* овладеть to have mastery of sth.; know sth. very well; **владеть испанским языком** have a good command of Spanish; be proficient in Spanish [6]

влажный *adj.* [влажен, -жна, влажны & влажны; *compar.* влажнее & -ей] moist; damp; slightly wet [6]

влево *adv.* to/ toward the left; leftward [5]

влечь [влеку, влечёшь, влекут; *past* влёк, влекла, влекло, влекли] *impfv / pfv* повлечь; *асс.* to attract; draw [6]

влюблённый *adj.* [влюблён, -ена, -ены] **1.** в + *асс.* in love with; infatuated; enamored; **2.** [*used as a masc. and fem. noun:* влюблённый, влюблённая] a person in love; (*of a couple*) sweethearts; **3.** infatuated with sth.; enormously fond of; **человек, влюблённый в театр** a person who deeply/ really loves theater [2]

влюбляться [-яюсь, -яешься] *impfv / pfv* влюбиться [влюблюсь, влюбишься] (в + *асс.*) to fall in love (with) [4, 6]

вместе *adv.* together; **вместе с** together with; along with [4, 5]

вместо *preposition with gen.* instead of; in place of; instead [4]

внедрение introduction; implementation; adoption [2]

внешне *adv.* outwardly; in appearance; externally; on the surface [6]

внутри 1. *adv.* (*indicating location*) inside; **2.** *preposition with gen.* inside; within [4, 5, 6]

внутрь 1 *adv.* (*indicating direction*) inside; inward(s); into; in; **2.** *preposition with gen.* inside; into (*some place*) [4]

внушительный *adj.* [-лен, -льна, -льны] impressive; imposing [5]

во *variant of the preposition* в—*see* в

вода [*acc.* воду] water (6)

- **чистой воды** (*used as a non-agreeing modifier*) of the first order; of the first water; sheer; ..., pure and simple; **чистой воды лицемерие** hypocrisy of the first order; hypocrisy, pure and simple [1]

водить [вожу, водишь] *impfv; multidirectional of* вести / *pfv-awhile* поводить; *acc.* to take/ lead (*s.o. back and forth or to some place and back*) [4]

водиться [*3rd pers. only;* водится] *impfv* [*no pfv*] **1.** (*of animals, fish, plants, etc.; used with place adverbials*) to be found; be (in existence); live; **2.** (за + *instr. or* у + *gen.*) *coll.* to have (some trait, weakness, *etc.*); possess [3, 6]

- **как водится** *parenthetical* as usual; as is customary; as is usually done; as often happens; as people do [3]

водка vodka [1, 3]

военкомат (*abbreviation for* военный комиссариат) conscription office, military registration and enlistment office; **повестка из военкомата** call-up papers [3]

военный *adj.* **1.** military; war, army (*both used as modifiers*); **2.** [*used as a masc. noun*] military man; serviceman [1]

вождь [*gen.* -я] *masc.* (*a recognized ideological or political authority or ruler*) leader [3]

возвращать [-аю, -аешь] *impfv / pfv* **вернуть** [-ну, -нёшь] & **возвратить** [-вращу, -вратишь] *acc.* **1.** to return sth.; give sth. back; **2.** to pay back; repay (*a debt, loan, etc.*) [4]

возвращаться [-аюсь, -аешься] *impfv / pfv* **вернуться** [-нусь, -нёшься] & **возвратиться** [-вращусь, -вратишься] to return; come back; go back [1, 4]

возлагать [-аю, -аешь] *impfv / pfv* **возложить** [-ложу, -ложишь] *acc.* & на + *acc.* **1.** *elevated* to lay/ place sth. (on); **2.** *formal* (*of work, task, etc.*) to entrust; assign; give; **начальник возложил на него важное задание** his boss entrusted an important task to him; **3.** [*no pfv*] **возлагать надежды на** + *acc.* to place (one's) hope in/on s.o.; set/ pin/ put one's hopes on s.o. [2]

возле *preposition with gen.* near; close to; beside; by [4]

возненавидеть *pfv* & *pfv-begin of* ненавидеть [2]

возраст age [1, 4, 5, 6]

воин *poetic or archaic* warrior; soldier; fighter [2]

воинский *adj.* military; **воинская часть** military unit [5]

война [*nom. pl.* войны] war [2, 3, 5]

войти *pfv of* входить [4]

вокруг 1 *adv.* around; **2.** *preposition with gen.* around; round; **ходить вокруг памятника** to walk around the monument [1, 3, 4]

волновать [-ную, -нуешь] *impfv / pfv* взволновать; *acc.* to worry; disturb; excite; perturb; agitate [3]

волноваться [-нуюсь, -нуешься] *impfv / pfv-begin* заволноваться **1.** *also pfv-begin* взволноваться to be/ get nervous; worry/ begin to worry; be/ get worried; be/ become upset; **не волнуйся, всё будет в порядке** don't worry, everything will be all right; **2.** to worry/ begin to worry (about s.o./sth.); be/ get worried (about s.o./sth.); be/ get anxious (about s.o./sth.); **он волновался за мать, за её больное сердце** he worried about his mother, about her weak heart [1]

волос [*pl.: nom.* волосы, *gen.* волос, *prep.* (в) волосах] **1.** [*pl. only:* волосы] hair; **2.** a (single) hair [1]

вольный *adj.* [волен, -льна & вольна, вольны & -льны; *compar.* вольнее & -ей] **1.** [*long forms only*] free; not in prison; **вольная жизнь** life outside prison; **2.** [*short forms only*] *infin.* or в + *prep.* (*in the position to act as one wishes*) free (to do sth./ in sth.); at liberty; **он волен уехать** he is free to leave [5]

воля freedom; liberty [5]

вон *particle; coll.* there; over there; **вон там** over there [5]

вонять [-яю, -яешь] *impfv / pfv-begin* завонять; *coll.* [*when impersonal, may be used with instr.*] to smell bad; stink (of); reek (of); have / give off a foul odor; **рыба ещё не воняет, но она несвежая** the fish does not smell bad yet, but it is not fresh; **от тебя воняет алкоголем** you reek of alcohol [4]

воображать [-аю, -аешь] *impfv* **1.** *pfv* **вообразить** [-ражу, -разишь] *acc.* to imagine; **2.** [*no pfv*] *coll.* to think too much of oneself [4]

вообще <*pronounced* ваапще *or, coll.,* вапще> *adv.* **1.** in general; generally; on the whole; **2.** always; **3.** [*in negative, interrogatory, and conditional sentences*] (not ...) at all [1, 4, 5, 6]

вооружённый 1. *ppp. of* вооружить *pfv*; [-жён, -жена, -жены] armed; **2.** *adj.* armed [5]

вопиющий *adj.* [-ющ, -а, -и] outrageous; appalling; crying; **вопиющая ложь** monstrous/ brazen/ blatant lie; **вопиющая несправедливость** crying/ gross injustice [5]

вопрос 1. question; **2.** problem; matter; issue [2, 6]

- **задавать / задать вопрос** *dat.* to ask (s.o.) a question; put a question to s.o. [6]

воробей [*gen.* -бья] sparrow

- **стреляный воробей** wise old bird; old hand; no novice [1]

воронок [*gen.* -нка] *coll.* Black Maria; patrol wagon [5]

ворота [*pl. only; gen.* ворот] gate(s) [5]

воротник [*gen.* -ника] collar [4]

восклицать [-аю, -аешь] *impfv / pfv-once* воскликнуть [-ну, -нешь] to exclaim [5, 6]

воспитатель [*male when sing., sex unspecified when pl.; female* воспитательница] educator; instructor; teacher (*at a juvenile correctional facility*); kindergarten / orphanage teacher [4, 5]

воспитательница educator; instructor; kindergarten / orphanage teacher (*female*) [4]

воспитательно-трудовой *adj.* correctional (*usu. of a juvenile correctional facility*) [5]

воспоминание 1. memory; recollection; **2.** [*pl. only:* воспоминания] memories; reminiscences; memoirs [6]

восстановление reconstruction; restoration; reestablishment; recovery [6]

восторг delight; rapture; ecstasy [5]

восхищаться [-аюсь, -аешься] *impfv / pfv* восхититься [-хищусь, -хитишься] *instr.* to admire (s.o. or sth.); express one's admiration (for) [2]

вот *particle* **1.** *used to point out s.o. or sth.*; here is/ are; there is/ are; this is/ these are; **вот ваши чемоданы** here are your suitcases; **2.** *with* что, как, где, почему, *etc.*; this/ that is (what, how, where, why, *etc.*); **вот почему он опоздал** that's why he was late; **3.** *used to emphasize the word that follows it*; **Вот он бы помог!** He would have helped!; **вот я, например** ... I, for example ...; take me, for example [1, 4, 5, 6]

- **вот-вот** <*commonly spelled* вот, вот> *used to express confirmation, agreement with something stated; may mean* "What did I tell you?!"; *coll.* exactly; that's right; that's just it [1]

- **Вот э́то да́!** *interjection; used to express delight, admiration, amazement, etc.;* That beats all!; Isn't that something!; Wow! [4]

вперёд *adv.* **1.** (*indicating direction*) forward; ahead; **2.** in advance; beforehand [4]

впечатле́ние impression [2]

- **производи́ть / произвести́ впечатле́ние на** + *acc.* to make an impression on/ upon s.o. [2]

вполне́ *adv.* **1.** [*when used with adjectives and adverbs*] quite; completely; entirely; fully; **он вполне́ гото́в к экза́мену** he is fully prepared for the exam; **2.** [*when used with verbs*] (very) well; fine; entirely; **он вполне́ спра́вился с зада́нием** he coped with the task very well; **меня́ э́та ситуа́ция вполне́ устра́ивает** this situation suits me fine [5, 6]

впра́во *adv.* (*indicating direction*) to / toward the right; rightward [5]

впро́чем 1 *conjunction; used to restrict the preceding statement, explain it, or make it more precise;* but; however; though; nevertheless; [*with a negation only*] not that; **он оби́делся, впро́чем не надо́лго** he took offense, but not for long; **он ску́чный челове́к, впро́чем дово́льно неглу́пый** he is a bore, nevertheless he is no fool; **я не мог ему́ помо́чь, впро́чем он и не нужда́лся в мое́й по́мощи** I couldn't help him—not that he needed my help; **2.** *parenthetical; used to express indecisiveness;* or rather; but then; (but) then again; **позвони́ мне у́тром — впро́чем, лу́чше ве́чером** call me in the morning—or rather, in the evening [3]

вра́жеский *adj.* enemy (*used as a modifier*); hostile [2]

врать [вру, врёшь; *past* врал, врала́, вра́ло] *impfv / pfv* **совра́ть**; *coll.* to lie; tell lies [4]

вреза́ть [-а́ю, -а́ешь] *impfv / pfv* **вре́зать** [вре́жу, вре́жешь; *impfv rarely used*] *dat.* to whack s.o.; hit s.o. hard; punch s.o.; **вре́зать в у́хо / по́ уху** *dat.* box s.o.'s ear(s); box/ clout/ bash s.o. on the ear [4]

вре́мя [*gen., prep., & dat.* вре́мени, *instr.* вре́менем; *pl: nom.* времена́, *gen.* времён, *prep.* (о) времена́х] **1.** time; **в на́ше вре́мя** in our time; nowadays; in this day and age; **свобо́дное вре́мя** spare time; **2.** *grammar* tense [1-6]

- **в после́днее вре́мя** lately; of late; recently; during the last few weeks/ months [4]
- **вре́мя от вре́мени** from time to time; (every) now and then; every so often; (every) once in a while; occasionally [5, 6]
- **в то вре́мя, как / когда́** whereas; while [6]
- **со вре́менем** in time; with time; as time goes by/on [5]

вро́де *particle; coll.* it seems; (s.o./sth.) seems to …; allegedly; it seems that …; it appears; **они́ вро́де уже́ уе́хали** it seems they've already left [1]

- **вро́де бы** *particle; used to express doubt or uncertainty as to the reliability of a statement* it seems; seemingly; it would seem; sort of [4]

вруча́ть [-а́ю, -а́ешь] *impfv / pfv* **вручи́ть** [-чу́, -чи́шь] *acc. & dat.* to present (a diploma, a certificate, an award, *etc.*); to hand sth. over (to s.o.) [2]

всё[1] **1.** *pronominal adj.; neut.* of весь—*see* **весь**; **2.** *pronoun* everything [1-6]

всё[2] *adv.; coll.* **1.** all the time; always; constantly; continually; (one) keeps (doing sth.); **Почему́ ты всё молчи́шь?** Why have you been silent all the time?; **я всё забыва́ю сказа́ть им об э́том** I keep forgetting to tell them about it; **2.** [*coll. variant of* всё ещё] still; [*with negated verbs*] not … yet; **Ты всё рабо́таешь в шко́ле?** Do you still work at school?;

по́здно, а её всё нет it's late, but she isn't back yet [1, 3, 5, 6]

- **всё ещё** [3] *see* **ещё**

всё[3] *particle; used with comparatives;* (ever) more; more and more; -er and -er; [*when an English word of the opposite meaning is used*] less (and less); **авиабиле́ты стано́вятся всё доро́же** plane tickets become (ever) more expensive; **учи́ться ему́ всё ле́гче и ле́гче** it's getting less and less difficult for him to study; **всё бо́льше (и бо́льше) / всё бо́лее (и бо́лее)** *gen.* more and more; **всё ме́ньше (и ме́ньше)** *gen.* less and less; fewer and fewer; **всё бо́льше люде́й** more and more people; **всё бо́льше седины́** more and more gray streaks; **всё ме́ньше де́нег** less and less money [1, 3, 5, 6]

всегда́ *adv.* always; all the time; constantly [6]

вселе́нский *adj.* universal; worldwide; **вселе́нская скорбь** *often ironic or humorous* sorrow over the evils of the world; world-weariness; tragic outlook on life [3]

всеми́рный *adj.* world (*used as a modifier*); worldwide; universal [6]

всё-таки[1] *conjunction; used to express contrast; usu. used with* и, но, *or* а; however; but … still; (yet) nevertheless; but … (all the same); but for all that; **не хо́чется идти́ туда́, но всё-таки придётся** I don't want to go there, but I'll still have to/ yet nevertheless I'll have to/ but I'll have to all the same [4]

всё-таки[2] *particle; used for emphasis, especially to emphasize an objection or contrast;* still; all the same; just the same; nevertheless; **да́же е́сли вы помо́жете мне, я всё-таки не зако́нчу э́ту рабо́ту во́время** even if you help me, I still won't finish this work on time [4]

вслед *preposition* **1.** *with dat.* [*can be used in postposition; the indirect object can be omitted when it is clear from the context*] (*in the direction of a person or thing that is moving away*) following; after; behind; **2.** *with* за + *instr.* [*вслед can be used in postposition, especially with pronouns*] after; following; **вслед за на́ми** (= за на́ми вслед) following us; **3.** *with* за + *instr.;* (*of time*) after; following; on the heels of [5]

всплакну́ть [-ну́, -нёшь] *pfv-awhile; coll.* to shed a few tears; have a little cry; cry a little [6]

вспомина́ть [-а́ю, -а́ешь] *impfv; acc. or* о + *prep.* (*or* про + *acc.*) *or a subord. clause* **1.** *pfv* **вспо́мнить** [-ню, -нишь] to recall; recollect; remember; **2.** [*no pfv*] to reminisce (about sth.) [1, 4, 5, 6]

вспы́хивать [-аю, -аешь] *impfv / pfv-once* **вспы́хнуть** [-ну, -нешь] **1.** [*3rd pers. only*] to catch fire; blaze up; start to burn; (*of a fire*) break out; **2.** to blush; turn red in the face; flush [6]

встава́ть [встаю́, встаёшь; *imper.* встава́й] *impfv / pfv* **встать** [вста́ну, вста́нешь; *imper.* встань] **1.** (*to assume a standing position*) to stand up; rise (to one's feet); get up; **2.** (*to arise from bed*) to get up [4, 6]

вставля́ть [-я́ю, -я́ешь] *impfv / pfv* **вста́вить** [-влю, -вишь] *acc.* (& в + *acc.*) to put sth. in/into; insert sth. (into); **вставля́ть / вста́вить зуб** replace a tooth [4]

встрепену́ться [-ну́сь, -ёшься] *pfv-once* [*no impfv*] to give a start (*usu. after being motionless for a while*) [5]

встре́ча meeting; encounter [1, 5, 6]

встреча́ть [-а́ю, -а́ешь] *impfv / pfv* **встре́тить** [-ре́чу, -ре́тишь] *acc.* **1.** to meet s.o.; encounter; run into s.o.; **2.** to greet s.o.; meet s.o. (*at the airport, railroad station, etc.*) [6]

встреча́ться [-а́юсь, -а́ешься] *impfv / pfv* **встре́титься** [-ре́чусь, -ре́тишься] **1.** с + *instr.* to meet with s.o.; get together with s.o.; have a meeting with s.o.; **2.** [*with pl. subject only*] to meet; get together; meet each other/ one another [1, 5]

встря́хиваться [-аюсь, -аешься] *impfv / pfv* **встряхну́ться** [-ну́сь, -нёшься] *coll.* to cheer up; pull oneself together; have a fling [1]

вступа́ть [-а́ю, -а́ешь] *impfv / pfv* **вступи́ть** [-туплю́, -ту́пишь] **в** + *acc. or* (*with* путь, доро́га) **на** + *acc.*; to enter; begin; start; **вступи́ть в разгово́р** enter into a conversation; **вступи́ть в си́лу** come into force / effect; **вступи́ть на путь** *gen.* embark on the path of [6]

всходи́ть [-хожу́, -хо́дишь] *impfv / pfv* **взойти́** [взойду́, взойдёшь; *past* взошёл, -шла́, -шло́, -шли́] **1.** (*to walk up*) to go up; mount; climb; ascend; 2. (*of the sun, moon, etc.*) to rise [5]

вся́кий 1. *pronominal adj.* any; every; **2.** *pronominal adj.* all sorts of; all kinds of; of various kinds; **3.** *pronoun* anyone; anybody [4, 5]

вся́чески *adv.* in every way (possible) [5]

второстепе́нный *adj.* second-rate; secondary [6]

вуз *abbreviation of* **вы́сшее уче́бное заведе́ние** institution of higher education (*college, university, etc.*) [2, 6]

вход entry; entrance; entryway [1]

входи́ть [вхожу́, вхо́дишь] *impfv / pfv* **войти́** [войду́, войдёшь; *past* вошёл, -шла́, -шло́, -шли́] (**в** + *acc.*); **1.** to enter; go in; come in; go/ come into; **2.** to go into (a container, space, *etc.*); fit into [4]

вчера́ *adv.* yesterday [4]

въезд 1. entry; entrance; entryway; **2.** moving (into an apartment, a house, *etc.*) [6]

выбира́ть [-а́ю, -а́ешь] *impfv / pfv* **вы́брать** [-беру, -берешь] *acc.* to choose; select; pick out [3]

вывози́ть [-вожу́, -во́зишь] *impfv / pfv* **вы́везти** [-везу, -везешь; *past* вы́вез, -ла, -ло] *acc.* to take out; take away (*while riding or driving*); cart away/ off; haul away [5]

вы́глядеть [-гляжу, -глядишь] *impfv* [*no pfv*]; *used with instr. or an adverbial* to look; **она́ хорошо́ вы́глядит** she looks fine; **он вы́глядит уста́лым** he looks tired [6]

выгоня́ть [-я́ю, -я́ешь] *impfv / pfv* **вы́гнать** [-гоню, -гонишь] *acc.* (**& из/с** + *gen.*); *coll.* to dismiss; turn out; drive out; expel; fire/ sack [3, 4]

выдаю́щийся *adj.* (*of people or remarkable achievements*) outstanding; distinguished; prominent [6]

выде́рживать [-аю, -аешь] *impfv / pfv* **вы́держать** [-жу, -жишь] **1.** *acc.* to stand; endure; bear; sustain; **2.** [*often with a negation*] to be able to contain oneself/ to control oneself [6]

вызыва́ть [-а́ю, -а́ешь] *impfv / pfv* **вы́звать** [-зову, -зовешь] *acc.* **1.** to summon; call (for); send for; **его́ вы́звал дире́ктор** the director sent for him; **2.** (*to cause emotion, reaction, etc.*) to arouse; evoke; call forth; excite; **вы́звать интере́с** arouse/ excite interest; **вы́звать подозре́ние** evoke/ arouse suspicion; **вызва́ть слёзы** move (s.o.) to tears [2, 3]

вы́йти *pfv* of **выходи́ть** [2, 4, 5, 6]

выключа́ть [-а́ю, -а́ешь] *impfv / pfv* **вы́ключить** [-чу, -чишь] *acc.* to turn off; switch off; shut off/ down; disconnect; turn out [6]

выкри́кивать [-аю, -аешь] *impfv / pfv* **вы́крикнуть** [-ну, |-нешь] (*acc.*) to shout; yell; cry out; scream [5]

вы́мыть *pfv* of **мыть**

выноси́ть [-ношу́, -но́сишь] *impfv / pfv* **вы́нести** [-несу, -несешь; *past* вы́нес, -ла, -ло] *acc.* to carry out; take out; take away [6]

вы́нужденный 1. *ppp.* of **вы́нудить** *pfv*; [-ден, -а, -ы] forced (to do sth.); compelled (to do sth.); (one) has (to do sth.); **2.** *adj.* forced [3]

выпада́ть [*3rd pers. only;* выпада́ет] *impfv / pfv* **вы́пасть** [вы́падет; *past* -ал; -ала, -ало, -али] (*of time periods*) to turn out to be; happen to be/ to have; **иногда́ выпада́ет свобо́дная мину́та** sometimes I (we, they, *etc.*) happen to have a free moment/ a minute to spare; sometimes it turns out that I (we, they, *etc.*) have a free moment [2]

выпива́ть [-а́ю, -а́ешь] *impfv* **1.** *pfv* **вы́пить** [-пью, -пьешь; *imper.* вы́пей] (*acc.*) to drink (*any beverage*); drink up; have a drink (of); **2.** [*no pfv*] to drink alcohol regularly; be frequently under the influence [1, 5, 6]

выпира́ть [*3rd pers. only;* -ает] *impfv / pfv* **вы́переть** [вы́прет; *past* вы́пер, -ла, -ло] to stick out; jut out; protrude [3]

вы́пить *pfv* of **пить** [1-6] and **выпива́ть** [1, 5, 6]

выполня́ть [-я́ю, -я́ешь] *impfv / pfv* **вы́полнить** [-ню, -нишь] *acc.* to carry out; fulfill; execute [5]

вы́пороть *pfv* of **поро́ть** [5]

вы́порхнуть [-ну, -нешь] *pfv* [*no impfv*] **1.** (*of birds*) to flutter out; flit out; **2.** *coll.* (*of people*) to dart out [5]

выраже́ние expression; feeling
- **с выраже́нием** (чита́ть, декламировать, петь) (to read, recite, sing) with feeling; with (genuine) emotion; with expression (in one's voice) [6]

выра́щивать [-аю, -аешь] *impfv / pfv* **вы́растить** [-ращу, -растишь] *acc.* **1.** (*of children*) to bring up; **2.** (*of plants*) to grow; cultivate; (*of livestock*) breed; raise [6]

вы́ронить [-ню, -нишь] *pfv* [*no impfv*] *acc.* to drop; let sth. fall [5]

вы́слушать *pfv* of **слу́шать** [1, 2, 4, 6]

высо́кий *adj.* [высо́к, -сока́, -со́ко & -соко́, -со́ки &-соки́; *compar.* вы́ше] **1.** tall; high; of considerable height; **2.** high; **высо́кий иде́йный у́ровень** high ideological standard; **3.** high; lofty; elevated; **высо́кие стремле́ния** lofty aspirations [4, 5]

высоко́ *adv.* [*compar.* вы́ше] high; high up [4]

высо̀кообразо́ванный *adj.* highly educated; well-educated; erudite [6]

вы́стрел shot (*from a firearm*) [4]

вы́стрелить *pfv* of **стреля́ть** [4]

выступа́ть [-а́ю, -а́ешь] *impfv / pfv* **вы́ступить** [-плю, -пишь] to perform; appear (before an audience); speak to/ before an audience; speak in front of an audience [5]

выступле́ние performance; appearance; speech [5]

выта́скивать [-аю, -аешь] *impfv / pfv* **вы́тащить** [-щу, -щишь] *acc.* take out; pull out [5]

вытесня́ть [-я́ю, -я́ешь] *impfv / pfv* **вы́теснить** [-ню, -нишь] *acc.* to force out; displace; crowd out; supplant; replace [3]

выхва́тывать [-аю, -аешь] *impfv / pfv* **вы́хватить** [-хвачу, -хватишь] *acc.* **1.** to grab; snatch; **он вы́хватил у меня́ кни́гу** he snatched the book from me; **2.** to pull out; **он вы́хватил пистоле́т** he pulled out a gun [5]

вы́ход exit; way out [5]

выходи́ть [-хожу́, -хо́дишь] *impfv / pfv* **вы́йти** [вы́йду, вы́йдешь; *past* вы́шел, -шла, -шло; *imper.* вы́йди] **1. из** + *gen.* to go/ come out (of); get/ walk out (of); exit; **2. из-за** + *gen.* to get/ walk out from behind sth.; **2. в(о)** *or* **на** + *acc.* to go out; walk out (into/onto); **вы́йти во двор** go/ come out into the courtyard; **3.** (*of a book, magazine, etc.*) to come out; appear; be published; (*of a film, CD, etc.*) be released [2, 4, 5, 6]
- **выходи́ть / вы́йти за́муж** [1] *see* за́муж

выясня́ться [*3rd pers. only; -я́ется*] *impfv / pfv* **вы́ясниться** [-нится] to become clear; become evident; turn out [1]

Г

газ [*partitive gen.* -у] gas (*used for heating and cooking*) [6]

газе́та newspaper [6]

газе́тный *adj.* newspaper (*used as a modifier*) [6]

га́нгстер gangster [3]

га́нгстерский *adj.* gangster, gangland (*both used as modifiers*) [5]

гара́ж [*gen.* гаража́] garage [4]

гаранти́ровать [-рую, -руешь] *impfv & pfv; acc.* to guarantee; assure (*that sth. will be done*) [5]

га́ркать [-аю, -аешь] *impfv / pfv-once* **га́ркнуть** [-ну, -нешь] *coll.* to shout; bark [5]

где *adv.* where [4, 5]

где́-то *adv.* somewhere; someplace [4]

геогра́фия geography [3]

гидроцефа́л a person afflicted with hydrocephaly, an abnormal condition of the brain; *derogatory when used in a non-medical sense* [4]

гита́ра guitar [6]

глава́ chapter (in a book) [3]

гла́вный *adj.* **1.** [*compar.* главне́е & -е́й] main; chief; principal; **2. гла́вное** [*this form only*] used as a *neut. noun* the main thing; the essential thing(s); **3. гла́вное** *parenthetical* most importantly; the most important thing is that … [3, 4, 5, 6]

гла́дить [гла́жу, гла́дишь] *impfv / pfv* **вы́гладить** & **погла́дить**; *acc.* to iron; press [6]

глаз [*loc.* (в/на) глазу́; *pl.: nom.* глаза́, *gen.* глаз, *prep.* (в) глаза́х] eye [1, 4, 5, 6]

глота́ть [-а́ю, -а́ешь] *impfv / pfv-once* **глотну́ть** [-ну́, -нёшь] *acc. or partitive gen.* to swallow; take a sip; take a gulp [5]

глу́пость *fem.* **1.** [*sing. only*] stupidity; foolishness; **2.** (*a stupid act, suggestion, statement, etc.*) foolish/ stupid/ silly thing; nonsense; foolishness [3, 5]

глухо́й *adj.* [глух, глуха́, глу́хи; *compar.* глу́ше] deaf; hard of hearing [4]

говори́ть [-рю́, -ри́шь] *impfv* **1.** [*no pfv*] to speak; talk; be able to speak; **говори́ть по-англи́йски** speak English; **2.** *pfv* **сказа́ть** [скажу́, ска́жешь] *dat. & acc. or* о + *prep.* to tell s.o. sth./ about sth.; **3.** *pfv* **сказа́ть**; (*to utter aloud*) to say; **4.** *pfv & pfv-awhile* **поговори́ть**; (о + *prep. and/or* с + *instr.*) to speak (to/with s.o. *and/or* about/of); talk (to/with s.o. *and/or* about/of); have a talk (with s.o. *and/or* about/of); discuss s.o. or sth. (with s.o.); **5.** *pfv-awhile* **поговори́ть**; о + *prep.*; (*to give an account*) to talk of/about; speak of/about; tell of/about [1-6]

год [*loc.* (в) году́; *pl.: nom.* го́ды *or* года́, *gen.* лет (*after quantifiers*) & годо́в; *prep.* (о) года́х] **1.** year; **в про́шлом году́** last year; **2.** age; (one) year old; (two, three, four, *etc.*) years old; **больны́е ста́рше сорока́ лет** patients over 40 years of age; **ребёнку год / пять лет** the child is one year old/ five years old [1, 3, 5, 6]
- **Но́вый год** the New Year; (*January 1st*) the New Year's Day [4]
- **сре́дних лет** middle-aged; **же́нщина сре́дних лет** middle-aged woman [6]

голла́ндский *adj.* Dutch [4]

голова́ [*acc.* го́лову; *pl. nom.* го́ловы, *gen.* голо́в, *prep.* (на) голова́х] head [4, 5, 6]

- **забива́ть / заби́ть себе́ го́лову ерундо́й / чепухо́й** to fill/ stuff one's head with nonsense; fill/ stuff one's head full of nonsense [4]
- **приходи́ть / прийти́ в го́лову** *dat.* to come into s.o.'s head/ mind; cross s.o.'s mind; occur to s.o. [6]

го́лос [*pl.* голоса́] (*of sounds produced by the vocal chords when speaking or singing*) voice [5, 6]

голубо́й *adj.* **1.** light blue; **2.** *coll.* gay; homosexual [4]

гомосексуали́зм homosexuality [4]

гора́здо *adv.* (*used with comparatives*) much; far; by far; **сего́дня пого́да гора́здо лу́чше, чем вчера́** the weather is much better today than yesterday; **он гора́здо сильне́е тебя́** he is stronger by far than you [6]

горб [*gen.* горба́; *prep.* (о) горбе́, (на) горбу́] hump; hunch; hunched back [5]

го́рдость *fem.* pride [5]

горе́ть [-рю́, -ри́шь] *impfv / pfv* **сгоре́ть 1.** to be on fire; burn; [*pfv*] burn down/ completely; burn (down) to the ground; **2.** [*impfv only; 3rd pers. only*] (*of a lamp or another light source*) to be burning; be on; be put on/ switched on/ turned on; **3.** *coll.* (*of plans, especially production plans*) to be on the verge of failure; be failing; be falling through; be falling short of the target; (*of vacation plans, travel, etc.*) be about to be ruined/ lost [5]

го́рло 1. throat; **2.** neck (*of a bottle*) [5]

го́рлышко [*pl.* -шки, -шек] *diminutive of* **го́рло** [4]

городско́й *adj.* city, town (*both used as modifiers*); urban [5]

горячо́ *adv.* [*compar.* -е́е & -е́й] **1.** fervently; passionately; ardently; **горячо́ спо́рить** argue passionately/ fervently; **горячо́ поцелова́ть** kiss passionately; **2.** *used predicatively; dat.*; (*of a person experiencing a feeling of heat*) hot; **мне / нога́м горячо́ ходи́ть по раскалённому песку́** it's hot for me to walk on the scorching sand [5]

госпо́дь <*also spelled* **Госпо́дь**> [*gen.* го́спода] *masc.* God; Lord
- **прости́ Го́споди** (*used to show that something mentioned or about to be mentioned is undesirable or disagreeable*) may the good Lord forgive me (for saying this) [6]

гость [*pl.: nom.* го́сти, *gen.* госте́й; *male when sing., sex unspecified when pl.; female* **го́стья**] guest; visitor [6]

госуда́рство state; nation; country [2]

гото́вить [-влю, -вишь] *impfv / pfv* **пригото́вить**; *acc.* **1.** *also pfv* **подгото́вить** (к + *dat.*) (*to make fit, ready for sth.*) to prepare s.o./sth. for; get s.o./sth. ready for; **подгото́вить больно́го к опера́ции** get a patient ready for surgery; **2.** (*to work on sth. in order to master it*) to do; learn; **гото́вить уро́ки / зада́ние** do (one's) homework; **гото́вить роль** learn one's lines [4]

гото́вый *adj.* [гото́в, -а, -ы] **1.** к + *dat.* ready (for); prepared (for); **2.** *used with infin.*; on the verge of; on the point of; about to [2]

грани́ца frontier; border [2]

графома́н [*male when sing., sex unspecified when pl.*] (*a person who has a compulsive need to write books, but no talent*) obsessive/ compulsive literary hack; obsessive scribbler; (*of a writer of insignificant, worthless verses*) poetaster [6]

грех [*gen.* греха́] sin; wrongdoing; fault [6]

гре́чневый *adj.* buckwheat (*used as a modifier*); **гре́чневая крупа́** buckwheat [4]

гробово́й *adj.* deathly [5]

гро́зный *adj.* [-зен, -зна́, -зны; *compar.* грозне́е] fearsome; menacing; terrible [2]

громáдный *adj.* [-ден, -дна, -дны] huge; colossal; tremendous; enormous; immense [3]

грóмкий *adj.* [-мок, -мкá, -мки; *compar.* грóмче] loud [6]

грóмко *adv.* [*compar.* грóмче] loudly; loud; with a loud voice [5]

грубовáтый *adj.* [-вáт, -а, -ы] rather/ somewhat rough; rather/ somewhat coarse; rather rude/ crude [6]

грýбый *adj.* [груб, грубá, грýбы & грубы́; *compar.* грубéе & -éй] **1.** (*of people, behavior, language, gestures, etc.*) rude; coarse; crude; **2.** (*of appearance)* coarse; rough-hewn; crude; rugged (features) [6]

грудь [*gen.* груди́, *instr.* грýдью; *prep.* (в/на) груди́; *pl.*: *nom.* грýди, *gen.* грудéй]*fem.***1.** chest; **2.** breast [6]

гружёный *adj.*; *slang* depressed; blue; down-in-the-mouth [4]

грýппа group [2]

грýстный *adj.* [-тен, -тнá, грýстны & грустны́; *compar.* грустнéе & -éй] sad; melancholy; sorrowful [3]

грусть *fem.* sadness; melancholy [6]

губá [*pl.*: *nom.* гýбы; *gen.* губ; *prep.* (на) губáх] lip [4]

гудéть [гужý, гуди́шь] *impfv / pfv-begin* загудéть to buzz; drone; hoot; honk [5]

гуманитáрный *adj.* the humanities (as opposed to sciences) (*used as a modifier*) [6]

Д

да *particle* **1.** yes; (*when responding to a negative question*) no; «У нас молокá не остáлось?» — «Да, не остáлось» "Don't we have any milk left?" "No, we don't."; **2.** <*unstressed*> *used for emphasis with statements expressing impatience, surprise, or disagreement*; well; why; Да в чём дéло? Well, what's it all about?; **3.** <*unstressed*> *used with imperatives to express prompting or an urgent request*; do; Да забýдь ты об э́том! Do forget about it!; Why don't you forget about it! [1, 6]

- **да и** *conjunction* **1.** *connects two words, phrases, or clauses*; and; [*when connecting negated units*] *and did not/ was not ... either*; nor ...; **2.** *introduces information that is more important than the information in the preceding statement*; (and) besides; (and) anyway; (and) after all; moreover [4, 6]

- **ну да** [4] *see* **ну**

давáй(те) 1. *imper.* of **давáть**; **2.** [*used with infin. or 1st pers. pl.*] *verbal particle; used to express a proposal, command, etc.* let's; **давáйте начинáть** let's get started!; **давáйте послýшаем** let's listen; **3.** *used to prompt s.o. to do or start doing sth.*; Go ahead!; Start!; **давáйте, рабóтайте** go ahead; get started! [1]

давáть [даю́, даёшь; *imper.* давáй] *impfv / pfv* **дать** [дам, дашь, даст, дади́м, дади́те, дадýт; *past* дал, далá, далó & дáло, дáли; *with a negation* не дáл, не далá, не дáлó, не дáли & нé дал, нé дало, нé дали; *imper.* дай] **1.** *dat.* & *acc.* to give; to hand (over); **дай мне ключ** give me the key; **2.** *dat.* & *acc.* to provide; give; grant; furnish; **он дал нам цéнный совéт** he provided us with a valuable advice; **3.** *infin.* & *dat.* to allow; let; **он не дал мне заплати́ть за обéд** he didn't let me pay for dinner [2, 4, 5, 6]

- **давáть / дать поня́ть**; *dat.* & *a subord. clause* to give s.o. to understand that ...; let s.o. know that ...; make it clear/ plain that ...; convey to s.o. that ... [6]

дáвний *adj.* **1.** that happened long ago; old; of long ago; ancient; bygone; **дáвние собы́тия** events that happened long ago; **дáвние дни** bygone days; **2.** longstanding; of long standing; old; **дáвняя дрýжба** long-standing friendship [5, 6]

давнó *adv.* **1.** long ago; a long time ago; **2.** for a long time (*up to and including the moment of speech*); long (time) since; **я давнó там нé был** I haven't been there for a long time; **э́ти часы́ давнó не хóдят** it's been a long time since this clock stopped running [1, 3, 4, 5, 6]

дáже *particle* even [3, 4, 5. 6]

дáлее *adv.* further; (*of time*) later

- **и так дáлее** and so forth (and so on); and so on; et cetera [3]

далёкий *adj.* [далёк, далекá, далекó & далёко, далеки́ & далёки; *compar.* дáльше] **1.** (*of a distance in space or time*) far; faraway; far-off; distant; **2.** [*usu. short forms*] от + *gen.* far from; **э́тот мéтод далёк от совершéнства** this technique is far from being perfect [5]

далекó *adv.* [*compar.* дáльше] **1.** far; far away; far off; **далекó впереди́ мы уви́дели маши́ну** we saw a car far ahead; **2.** *used predicatively;* to be far away; be far off; **больни́ца далекó** the hospital is far away; **3.** *used predicatively; impers.* it is far (away); it is a long way (from … to …); **отсю́да до больни́цы далекó** the hospital is far from here; it is a long way from here to the hospital [5]

- **далекó не** [*used as an intensified negation*] not (…) by any means; far from; a long way from (being …) [5]

дальнéйший *adj.* further; subsequent [3]

- **в дальнéйшем** [*in present and future contexts*] in the future; from now on; from this point on; from this moment on; [*in past contexts*] afterward(s); from then on; from that point on; from that moment on [3]

дáльше 1. *adj.* [*compar.* of **далёкий** far, faraway, far-off]; **2.** *adv.* [*compar.* of **далекó** far, far away, far off]; **3.** *adv.* next; then; later [3]

дáма lady; woman [6]

дари́ть [дарю́, дáришь] *impfv / pfv* **подари́ть**; *acc.* & *dat.*; to give (as a gift); present s.o. with [4, 6]

дáрственный *adj.* related to making a gift [6]

дать *pfv* of **давáть** [2, 4, 5, 6]

двадцатилéтний *adj.* twenty-year (*used as a modifier*); … of twenty years; (*of age*) twenty-year-old [6]

двадцáтка *coll.* twenty (roubles, dollars, *etc.*) [4]

двéрца [*gen. pl.* -рец] door (*of a car, oven, etc.*) [5]

дверь [*prep.* (в/на) двери́; *pl.*: *nom.* двéри, *gen.* дверéй, *instr.* дверя́ми & дверьми́]*fem.* door; (*passageway*) doorway; **в дверя́х** in the doorway [5, 6]

двóе [*gen.* & *prep.* двои́х, *dat.* двои́м, *instr.* двои́ми] two [4]

двóйка [*gen. pl.* двóек] *coll.* **1.** (*digit*) two; **2.** grade of "two" (*failing grade in the five-point system used in Russian schools, roughly equivalent to an American* D) [3]

двор [*gen.* дворá] yard; courtyard [3, 4, 5]

деби́л *coll.* moron; idiot; retard [4]

дебили́зм *coll.* (mental) retardation [4]

деви́з *coll.* motto [3]

деви́ца *dated; ironic in contemporary use* girl; gal [6]

дéвочка [*gen. pl.* -чек] **1.** (*a small child*) (little) girl; (*used, usu. affectionately, when referring to an adolescent or a young woman*) girl; **2.** girlfriend [1, 4, 6]

дéвушка [*gen. pl.* -шек] (teenage) girl; young woman [1, 6]

девчóнка [*gen. pl.* -нок] *coll., condescending when used by boys* girl; kid; young thing [4]

дед-морóз <*sometimes spelled* Дед-Морóз> [*both parts are declined*] Santa Claus; Grandfather Frost [4]

дéйствие action [1]

действи́тельно 1. *adv.* really; actually; **2.** *parenthetical* indeed; really; true [1, 3, 6]

де́йствовать [-ствую, -ствуешь] *impfv / pfv* **поде́йствовать 1.** [*impfv only*] to act; take action; **нам ждать нельзя́, на́до де́йствовать неме́дленно** we can't wait, we need to act/ take action at once; **2.** (**на** + *acc.*) to have an effect (on/upon); affect; influence (s.o.); work; (*of a medication*) take effect; **алкого́ль пло́хо на него́ де́йствует** alcohol has a bad effect on him; **лека́рство поде́йствует чѐрез час** the medicine will take effect in an hour [5]

дека́н dean (*at a university*) [2]

де́лать [-аю, -аешь] *impfv / pfv* **сде́лать;** *acc.* **1.** to do; **2.** to make; produce; manufacture; **3.** [*used as a semi-auxiliary verb with certain nouns, which define the meaning of the whole phrase*] **де́лать оши́бку** make a mistake; **де́лать попы́тку** attempt; make an attempt; **де́лать па́узу** pause; make a pause [4, 5, 6]

де́латься [-аюсь, -аешься] *impfv / pfv* **сде́латься** [*used as a semi-auxiliary verb*] **1.** *instr.*; to become; get; grow; **их отноше́ния де́лались всё бо́лее напряжёнными** their relations were getting more and more strained; **2.** *may be used impersonally;* (*dat.*) it is becoming/ getting/ growing ...; one feels (*a certain way*); **на у́лице сде́лалось хо́лодно** it got cold outside; **ему́ сде́лалось нехорошо́** he began to feel sick [6]

дели́ть [делю́, де́лишь] *impfv* **1.** *pfv* **подели́ть & раздели́ть;** *acc.* & **на** + *acc.* to divide (into/in); **2.** *pfv* **раздели́ть;** *acc.* & **с** + *instr.* to share (sth. with s.o.) [3]

дели́ться [делю́сь, де́лишься] *impfv / pfv* **подели́ться 1.** *instr.* (& **с** + *instr.*) to share sth. (with s.o.); **она́ подели́лась бутербро́дом с подру́гой** she shared her sandwich with a friend; **2. с** + *instr.* (& *instr.*) to confide sth. to s.o.; confide in s.o. about sth; take s.o. into one's confidence; **он подели́лся свои́ми сомне́ниями с дру́гом** he confided his doubts to a friend [1]

дели́шки [*pl. only; gen.* **дели́шек,** *prep.* (о) **дели́шках**] *declines as fem. noun; coll.* things; matters [1]
- **(Вот) таки́е дели́шки** *coll.* so it goes; that's how it is/ goes [1]

де́ло [*pl.: nom.* **дела́,** *gen.* **дел,** *prep.* (о) **дела́х**] **1.** affair; business; matter; **2.** *pl.; coll.* things; matters; **3.** cause; work [1, 2, 5]
- **(Вот) таки́е дела́** *coll.* so it goes; that's how it is/ goes [1]
- **в чём де́ло** [*used as a question or a subord. clause in a complex sentence*] **В чём дело?** What's it all about?; What's happening?; What's the matter?; What's going on? [4, 6]
- **де́ло в том ...** [*the main clause in a complex sentence; present or past; often followed by a* **что**-*clause*] the point/ the thing is ...; the fact (of the matter) is ... [4, 6]
- **де́ло при́нципа** (it is) a matter of principle [4]
- **друго́е де́ло** (quite) another matter; (quite) a different matter; (quite) another story [1]
- **ли́чное де́ло** a personal file; dossier [5]
- **на са́мом де́ле** in reality; in (actual) fact; actually; really [3]
- **удиви́тельное де́ло** *used to express surprise, astonishment* (it's) amazing; (it's) astonishing; (it's) an amazing/ astonishing thing [6]

демобилизова́ться [-зу́юсь, -зу́ешься] *impfv & pfv* to be discharged (from military service); be demobilized [3]

демонстрати́вно *adv.* in a pointed manner; in a defiant manner; pointedly; **они́ демонстрати́вно игнори́ровали меня́** they pointedly ignored me [5]

день [*gen.* дня; *pl.: nom.* дни, *gen.* дней] **1.** (*daytime*) day; afternoon; **2.** (*twenty-four hours*) day [4, 6]
- **в оди́н прекра́сный день** one fine day [6]
- **день рожде́ния** birthday; birthday party [4]

де́ньги [*pl. only, gen.* де́нег, *prep.* (о) деньга́х] money [4]

депута́т (*member of an elected body of representatives*) deputy [4]

дере́вня [*pl.: nom.* дере́вни, *gen.* -ве́нь, *prep.* (о) деревня́х] **1.** village; **2.** [*sing. only*] the country; the countryside [4]

де́рево [*pl.: nom.* дере́вья, *gen.* дере́вьев, *prep.* (на) дере́вьях] tree [4]

деревя́нный *adj.* wooden; wood [5]

держа́ть [держу́, де́ржишь] *impfv / pfv-awhile* **подержа́ть;** *acc.* **1.** to hold; **держа́ть в рука́х кни́гу** to hold a book in one's hands; **2.** (*to maintain s.o. at a certain place*) to keep; hold; store; **престу́пника держа́ли в тюрьме́** the criminal was kept/ held in prison; **3.** (*to put sth. away for some time*) to store; **держа́ть де́ньги в ба́нке** keep money in the bank [1, 6]

держа́ться [держу́сь, де́ржишься] *impfv* **1.** *pfv-awhile* **подержа́ться; за** + *acc.* to hold on to sth. **2.** (*to retain one's position relative to others*) to keep (*someplace*); stay; remain; hold; **де́вочки держа́лись все вме́сте** the girls kept/ held/ stuck together; **он стара́лся держа́ться пода́льше от репортёров** he tried to keep away/ stay away from reporters [6]

дерьмо́ *highly coll., rude* shit; crap; excrement [4]

дерьмо́вый *adj.; highly coll., rude* shitty; crappy [4]

десятиле́тие decade; ten years [6]

дета́ль *fem.* detail; fine point [3, 5]

де́ти [*pl. of* ребёнок & дитя́; *acc.* & *gen.* дете́й, *prep.* (о) де́тях, *dat.* де́тям, *instr.* детьми́] children [4]

де́тский *adj.* child's; children's; child (*used as a modifier*) [3]

де́тство childhood [4, 6]

де́ятель *masc.* figure; personality [3]

джи́нсы [*gen.* -сов] *pl.* jeans [5].

джип jeep [4]

диало́г dialogue; conversation [6]

дива́н couch; sofa [3]

ди́кий *adj.* [дик, дика́, ди́ки] **1.** wild; uncultivated; undomesticated; **2.** (*of sounds, a scream, etc.*) frenzied; shrill [5]

дире́ктор [*nom. pl.* директора́] director; manager [2, 4]

диссертацио́нный *adj.* dissertation (*used as a modifier*) [2]

диссерта́ция dissertation; thesis [1]
- **до́кторская диссерта́ция** doctoral dissertation [2]

дли́нный *adj.* [дли́нен, длинна́, дли́нны & длинны́; *compar.* длинне́е & -е́й] **1.** (*of length, extent*) long; **2.** (*of duration*) long; of long duration; lengthy [3, 5, 6]

дли́ться [*3rd pers. only*; дли́тся] *impfv / pfv* **продли́ться** to last; continue [5]

для *preposition with gen.* **1.** for; for the sake of; **я де́лаю э́то для тебя́** I am doing it for you/ for your sake; **2.** for the purpose of; for; **э́то ва́жно для понима́ния те́кста** this is important for understanding the text; [*with deverbal nouns, may be translated by "in order to + infin." or a to-infin.*] **я пойду́ с тобо́й для подде́ржки** I'll go with you to support you; **3.** as far as s.o. is concerned; for; **э́та рабо́та не для меня́** this job is not for me.

- **для того́ чтобы** *conjunction; used to introduce purpose*; in order to [3]

дневни́к [*gen.* -ника́] diary; journal [4]

до *preposition with gen.* **1.** (*when indicating a place or point to be reached*) to; up to; as far as; **проводи́ть** (кого́-нибудь) **до двере́й** see s.o. to the door; **2.** (*earlier than*) before; **до войны́** before the war; **3.** (*up to the time indicated*) till; until; **спо́рить до полу́ночи** to argue till midnight; **4.** (*reaching the degree or limit indicated*) to; to the point of; **довести́ до отча́яния** drive (s.o.) to despair; **довести́ до соверше́нства** bring sth. to the point of perfection; **рабо́тать до изнеможе́ния** work till one drops; **они́ до смешно́го трусли́вы** they are ridiculously cowardly;

- **мне** (**тебе́, ему́,** *etc.*) **не до** + *gen.* [3] *see* **не**

добавля́ть [-я́ю, -я́ешь] *impfv / pfv* **доба́вить** [-влю, -вишь] **1.** *acc.* or *partitive gen.* (& **к** + *dat.* or **в** + *acc.*) to add (sth.) to; **доба́вьте ссы́лку на исто́чник** add a reference to the source; **доба́вить в суп соль / со́ли** add some salt to the soup; **2.** (*acc.* & **к** + *dat.*) to add (*to what has been said or written*); **«Пока́! — сказа́л он. И доба́вил: — Я ве́чером позвоню́».** "So long," he said. And added, "I'll call you tonight."; **доба́вить постскри́птум к письму́** add a postscript/ P.S. to a letter [4]

доверя́ть [-я́ю, -я́ешь] *impfv / pfv* **дове́рить** [-рю, -ришь] *acc.* & *dat.* to entrust sth. to s.o.; put sth. into the care of s.o. [6]

доводи́ть [-вожу́, -во́дишь] *impfv / pfv* **довести́** [-веду́, -ведёшь; *past* довёл, -вела́, -вело́, -вели́] *acc.* & **до** + *gen.* **1.** (*while walking*) to take s.o. to (a certain point); bring to; lead to; accompany to; **2.** to bring sth. to (a certain level or limit); bring sth. up (*or* down) to [4]

дово́льно *adv.* **1.** contentedly; with content; with satisfaction; **он дово́льно усмехну́лся** he grinned contentedly; **2.** [*used with adjectives and adverbs*] rather; fairly; quite; pretty; **они́ ушли́ дово́льно по́здно** they left rather late [5, 6]

дово́льный *adj.* [-лен, -льна, -льны] (*instr.*) satisfied (with); pleased (with); content (with); happy with [6]

дога́дываться [-аюсь, -аешься] *impfv / pfv* **догада́ться** [-а́юсь, -а́ешься] **о** + *prep.* or a subord. clause to guess; surmise; figure out; [*impfv only*] suspect [4, 6]

до́за dose [3]

до́кторский *adj.* doctor's; doctoral [2]

долг **1.** [*sing. only*] duty; **2.** [*irregular in* (в) долгу́; *nom. pl.* долги́] debt (*monetary*)

- **в долг** дава́ть, брать, проси́ть + *acc.* to give, get, ask for a loan (of …); lend *or* borrow sth. (*by extension,* s.o.) [6]

до́лгий *adj.* [до́лог, долга́, до́лги] long; of long duration; lengthy [6]

до́лго *adv.* [*compar.* до́льше] a long time; for a long time; long [5, 6]

долгоигра́ющий *adj.* long-playing; LP; **долгоигра́ющая пласти́нка** long-playing record [5]

до́лжен [должна́, должно́, должны́] *predicative* **1.** [*expressing obligation or necessity*] *used with infin.*; must; have to; need; **я до́лжен быть на рабо́те в 8 часо́в утра́** I have to/ I must be at the office at 8 a.m.; **2.** [*expressing probability or expectation*] *used with infin.*; supposed to; should; ought to; **сего́дня к нам должны́ зайти́ друзья́** our friends are supposed to/ should call on us today; **3.** *acc.* & *dat.* to owe; be in debt to; **они́ должны́ ро́дственникам 10 ты́сяч рубле́й** they owe their relatives ten thousand roubles; they are 10 thousand roubles in debt to their relatives [4, 6]

до́лжность [*pl.: nom.* до́лжности, *gen.* должносте́й, *prep.* (на) должностя́х] *fem.* post; position; appointment; office; job [2]

дом [*pl.* дома́] **1.** home; **2.** house; **3.** building; apartment building [3, 4, 6]

- **казённый дом** *archaic* a state-run institution (*e.g., a prison, hospital, orphanage*) [5]

до́ма *adv.* (*indicating location*) home; at home [4, 6]

домо́й *adv.* (*indicating direction*) home [4]

допева́ть [-а́ю, -а́ешь] *impfv / pfv* **допе́ть** [-пою́, -поёшь] *acc.* to finish singing sth.; sing sth. to the end [5]

допива́ть [-а́ю, -а́ешь] *impfv / pfv* **допи́ть** [допью́, допьёшь; *past* до́пил, допила́, до́пило до́пили & до́пил, до́пило, до́пили; *imper.* допе́й] *acc.* to drink (up); finish drinking; finish off (the drink, a glass of water, *etc.*) [1]

дополни́тельный *adj.* supplementary; additional; extra [2]

доро́га **1.** road; **2.** way; route [6]

дорого́й *adj.* [до́рог, дорога́, до́роги; *compar.* доро́же] **1.** expensive; (*in reference to a price only*) high; high-priced; **2.** dear; **э́ти лю́ди / воспомина́ния мне до́роги** these people/ memories are dear to me; **3.** *used as a noun, especially as a term of endearment when addressing s.o.*; dear; sweetheart; darling; honey [2]

доска́ [*acc.* до́ску; *pl.: gen.* досо́к; *prep.* (о) доска́х] board; plank [5]

досро́чный *adj.* early; ahead of schedule; **досро́чное освобожде́ние из тюрьмы́** early release from prison [5]

достава́ть [-стаю́, -стаёшь] *impfv / pfv* **доста́ть** [-ста́ну, -ста́нешь; *imper.* доста́нь] *acc.* **1.** to take out; take sth. (from some place); draw out; get sth. (from some place); **она́ доста́ла сигаре́ту** she drew out a cigarette; **2.** *slang* to annoy; bug; get under s.o.'s skin; **он меня́ доста́л** I've had it with him; I've had enough of him; I'm fed up with him [2, 4, 6]

доста́вить *pfv* of **доставля́ть** [5]

доста́вка delivery; getting (s.o. or sth. to some place) [5]

доставля́ть [-я́ю, -я́ешь] *impfv / pfv* **доста́вить** [-ста́влю, -ста́вишь] *acc.* to deliver; take/ bring s.o. or sth. (to some place); get s.o. or sth. (to some place) [5]

досто́инство dignity; self-respect [5]

до́хлый *adj.; coll.* (*of an animal; not normally used to refer to one's pets or other animals that one is fond of*) dead [3]

дочи́тывать [-аю, -аешь] *impfv / pfv* **дочита́ть** [-а́ю, -а́ешь] **1.** *acc.* to finish reading sth.; **2.** *acc.* & **до** + *gen.* to read sth. as far as; read sth. up to; **он дочита́л до 20-ой страни́цы** he read as far as page 20; he read up to page 20 [4]

дочь [*gen., prep.* & *dat.* до́чери, *instr.* до́черью; *pl.: nom.* до́чери, *acc.* & *gen.* дочере́й, *prep.* (о) дочеря́х, *dat.* дочеря́м, *instr.* дочерьми́] *fem.* daughter [4]

доща́тый *adj.* plank (*used as a modifier*), made of boards/ planks [5]

дра́ма tragedy [4]

драмати́ческий *adj.* drama (*used as a modifier*); dramatic; theatrical [3]

дра́ться [деру́сь, дерёшься; *past* дра́лся, драла́сь, драло́сь, драли́сь & дра́лось, дра́лись] *impfv / pfv* **подра́ться**; (**с** + *instr.*) to fight; get into a fight with; scuffle; have a scuffle with [4]

дребезжа́ть [*3rd pers. only; -жи́т*] *impfv / pfv-begin* **задребезжа́ть** to rattle; jingle [5]

дре́вний [*compar.* древне́е] ancient [4]

дрожжево́й *adj.* yeast (*used as a modifier*); of yeast [6]

дрожь *fem.* trembling; shivering; tremor; quiver [5]

друг [*pl.: nom.* друзья́, *gen.* друзе́й, *prep.* (о) друзья́х] (close) friend [2, 3, 4, 6]

• **друг дру́га** [друг о дру́ге, друг про̀тив дру́га, *etc.*] (to/ about/ against, *etc.*) each other; (to/ about/ against, *etc.*) one another. (**Друг** *is the short form of the adjective* **друго́й**.) [1, 4]

друго́й *pronominal adj.* **1.** another; other; **возьми́ другу́ю ча́шку** take another cup; **она́ ушла́ в другу́ю ко́мнату** she went to the other room; **2.** (*used as a masc. and fem. noun:* друго́й, друга́я) another person; the other person; a different person **3.** [*usu. pl.* други́е] *used as a noun* others; (*the remaining ones*) the rest; **мы ушли́, а други́е оста́лись** we left, but others stayed; **4.** different; **попро́буй друго́й ме́тод** try a different method; **5.** (*used with* оди́н, одни́) **оди́н ... друго́й ...** one ... the other ...; **одни́ ... други́е ...** some ... others ...; **ни оди́н ... ни друго́й ...** neither one ... nor the other ...; **одни́м пье́са нра́вится, други́м нет** some like the play, others don't; **6.** (*after* кто́-то, кто́-нибудь, что́-то, что́-нибудь, *etc.*) else; other; **проконсульти́руйтесь с ке́м-нибудь други́м** consult someone else [1, 2, 4, 6]

дру́жба friendship [4, 6]

дружи́ть [дружу́, дру́жишь] *impfv / pfv* **подружи́ться** [-дружу́сь, -дру́жишься] (с + *instr.*) to be/ become friends (with s.o.); be on friendly terms (with s.o.); make friends (with s.o.) [3]

дря́хлый [дряхл, дряхла́, дря́хло; *compar.* дряхле́е] **1.** (*of people*) decrepit; infirm; feeble; **2.** (*of a place or object*) dilapidated; ramshackle; decrepit; run-down; tumble-down [6]

ду́мать [-аю, -аешь] *impfv* **1.** *pfv & pfv-awhile* **поду́мать**; (о + *prep.*) to think (about/over); reflect (on/upon); ponder; **2.** [*impfv only*] to suppose; believe; think; **Ты ду́маешь, что они́ тебе́ отка́жут?** Do you suppose they'll turn you down?; **3.** *pfv* **поду́мать**; *used with infin.*; *coll.* to think (of doing sth.); intend/ plan (to do sth.); **он ду́мает пое́хать в о́тпуск** he's thinking of going on vacation [1, 4, 5]

ду́ра fool (*female*); dupe [4]

дура́к [*gen.* дурака́; *male when sing., sex unspecified when pl.*; *female* **ду́ра**] fool; dupe [4]

• **ко́рчить (из себя́) дурака́** to be playing/ acting the fool; be monkeying/ clowning/ fooling around [4]

дура́цкий *adj.*; *coll.* stupid; idiotic; ridiculous; foolish; silly [4, 6]

дурно́й *adj.* [ду́рен & (*coll.*) дурён, дурна́, ду́рны & дурны́] bad; evil [6]

душа́ [*acc.* ду́шу; *pl.: nom.* ду́ши, *gen.* душ, *prep.* (о) ду́шах] **1.** soul; heart; **2.** person; soul [3, 5, 6]

• **излива́ть / изли́ть ду́шу**; *dat.* to pour out one's soul/ heart (to s.o.); bare one's soul to/ before s.o.; bare one's heart to/ before s.o.; unburden one's heart (to s.o.) [3]

• **перевора́чивать / переверну́ть ду́шу**; *gen. or dat.* to shake s.o. (up); cause an emotional upheaval/ explosion [5]

душева́я *adj., used as a fem. noun*; shower room (*at a stadium, swimming pool, etc.*) [4]

душе́вный *adj.* [-вен, -вна, -вны] emotional; mental; psychic [6]

ды́рка [*gen. pl.* ды́рок] (small) hole [4]

Е

еди́ножды *adv.*; *old-fashioned* once; one time; on one occasion [6]

еди́нственный *adj.* [-вен, -енна, -енны] only; sole [3, 6]

еди́ный *adj.* **1.** [еди́н, -а, -ы] united, unified; indivisible; **еди́ный фронт** united front; **2.** [*used mostly in negative statements*] (not/without) a single ...; (not) one ...; **в до́ме не́ было ни еди́ной души́** there was not a single soul in the house [3]

е́здить [е́зжу, е́здишь; *imper.* поезжа́й & (*coll.*) езжа́й] *impfv; multidirectional of* е́хать; **1.** *pfv-awhile* **пое́здить**; (*to move around or there and back, using some means of transportation*) to travel; come / go; ride; drive; **2.** [*impfv only*] (to know how) to ride (a bike, on horseback, *etc.*) [1, 4]

езжа́й *coll.*; *imper. of* **е́хать** [1]

е́ле *adv.* barely; with difficulty [4]

ёлка [*gen. pl.* ёлок] **1.** spruce (*tree*); fir; **2.** Christmas tree; **3.** (children's) New Year or Christmas celebration/ show [4]

ерунда́ *coll.* **1.** nonsense; rubbish; **2.** trifle; trifling matter [4]

е́сли *conjunction* **1.** *used to introduce condition*; if; **2.** *used to introduce condition and time*; if; when; **е́сли они́ деру́тся, то деру́тся че́стно** when/if they fight, they fight fairly; **3.** *used to introduce condition and cause*; if ... (then); **е́сли она́ заболе́ла, отвези́те её в больни́цу** if she got sick, take her to the hospital; **4.** *used to introduce condition and comparison*; whereas; while; **е́сли у тебя́ мно́го свобо́дного вре́мени, то у меня́ его́ нет** while you have plenty of spare time, I have none [5]

есть¹ [ем, ешь, ест, еди́м, еди́те, едя́т] *impfv* **1.** *pfv* **съесть**; *acc.* to eat; consume; **2.** *pfv* **пое́сть** (*with partitive gen.*) to eat sth.; have a bite to eat; have something to eat [3]

есть² *nonpast 3rd pers. sing. of* **быть** [*this form is used for all persons, in sing. & pl.*] **1.** is; are; **2.** (*expresses existence*) there is; there are; **3.** (*expresses possession*) у + *gen.* one has [4]

• **... и есть** [*used as part of an answer or a rejoinder to provide an affirmative response or confirm that the person or thing in question is, in reality, precisely as he or it has been described*] that he (she, it, etc.) is; ... is what he (she, it, etc.) is all right; he (she, it, etc.) sure is [4, 5]

• **то́ есть** [3] see **то**

е́хать [е́ду, е́дешь; *imper.* поезжа́й & (*coll.*) езжа́й] *impfv / pfv* **пое́хать**; *unidirectional of* **е́здить**; (*to move in one direction using some means of transportation*) to travel; come/ go; ride; drive [5, 6]

ехи́дный *adj.* [-ден, -дна, -дны] sarcastic; venomous; spiteful; malicious [6]

ещё <*often unstressed*> *adv.* **1.** (*for the present*) still; yet; **он ещё здесь** he is still here; **2.** (*up to a certain moment*) still; yet; as yet; **2.** (*up to a certain moment*) still; yet; as yet; **Оте́ц ещё спит?** Is father still asleep?; **рабо́та ещё не зако́нчена** the work has not yet been completed; **3.** else; **Кто ещё хо́чет ко́фе?** Who else wants coffee?; **4.** also; in addition; besides; **мы бы́ли в па́рке, а ещё мы зашли́ в кафе́** we were at the park, and we also stopped at the café; **5.** (some) more; another; **У нас есть ещё я́блоки?** Do we have more apples?; **ещё раз** one more time; once more; **6.** [*with compar. adjectives and adverbs*] even; still; **рабо́ты у меня́ сейча́с ещё бо́льше, чем ра́ньше** I have even more work now than before; **7.** as far back as; as long ago as; as early as; as recently as; **ещё в пе́рвом ве́ке до на́шей э́ры** as far back as the 1st century B.C.; **ещё в про́шлом году́** as recently as last year [1, 4, 5, 6]

• **всё ещё** [*used to emphasize that the action in question continued up to the present moment or continued up to* *the specified moment in the past*] still; keep (doing sth.); [*with negated* verbs] not … yet; **На у́лице всё ещё хо́лодно?** Is it still cold outside?; **он всё ещё рабо́тает над диссерта́цией** he keeps working on his dissertation [3]

- **ещё и ещё** again and again; over and over (again); more and more [6]

Ж

ж *colloquial variant of the particle* **же** *used for emphasis* [5]

жале́ть [-е́ю, -е́ешь] *impfv / pfv* **пожале́ть 1.** *acc.* to pity s.o.; feel sorry for s.o.; take pity on s.o.; **она́ пожале́ла ребёнка** she took pity on the child; **2. о** + *prep.* or *а что-clause* to be sorry (about sth.); be sorry that …; regret sth.; **я жале́ю, что говори́л с ни́ми открове́нно** I regret that I talked to them candidly [4]

жа́лко *colloquial variant of* **жаль** [4]

жа́лобный *adj.* [-бен, -бна, -бны] sorrowful; mournful; plaintive [5]

жа́ловаться [-луюсь, -луешься] *impfv / pfv* **пожа́ловаться**; (*dat.*) **на** + *acc.* to complain (to s.o.) about/of s.o. or sth. [4]

жаль *predicative* **1.** *used with acc (& dat.);* (one) feels sorry for s.o.; (one) is sorry for s.o.; (one) pities s.o.; **мне жаль их** I feel sorry for them; **2.** *used with (dat. &) infin.* or *а что-clause* or *е́сли-clause;* it is a pity/ a shame; one hates to …; it's too bad; too bad; **жаль, е́сли биле́ты не найду́тся** too bad if the tickets won't turn up [4]

жар [*prep.* (о) жа́ре, *loc.* (в) жару́] **1.** heat; **2.** (*high body temperature*) fever; **3.** ardor; fervor [2]
- **с жа́ром** heatedly; fervently; with ardor; with a passion; with enthusiasm [2]

ждать [жду, ждёшь; *past* ждал, ждала́, жда́ло] *impfv / pfv* & *pfv-awhile* **подожда́ть 1.** *acc.* (*with animate objects*) or *gen.* (*with inanimate objects*) to wait; wait for; await; **2.** [*impfv only*] *gen.* to expect; **мы не жда́ли от них ничего́ друго́го** we didn't expect anything different from them [6]

же[1] <*unstressed*> *conjunction; used to express contrast;* while; whereas; but; and; **у них был жи́зненный о́пыт, я же не зна́ла о жи́зни ничего́** they had life experience, while I knew nothing about life [5]

же[2] <*unstressed*> *particle* **1.** *used for emphasis;* after all; why; aren't (don't, won't, *etc.*) you (they, etc.)?; (*with question word*) … on earth; (*may be also conveyed by emphatically used auxiliary verbs*); **где/ куда́ же** … where on earth …; **как же** … how … after all; **Э́то же Ю́ра!** Why, it's Yura!; **Ведь хоро́шие же стихи́** … The poems are good after all, aren't they?; **ты же знал об э́том** you did know about it; **2.** *used to express sameness, similarity, uniformity, etc.* **так же** (in) the same way; **тако́й же** of the same kind; **тот же** the same [1, 5, 6]

жела́ние desire
- **с жела́нием** willingly [2]

желе́зный *adj.* iron (*used as a modifier*); made of iron [5]

жена́ [*pl.* жёны] wife [3, 6]

жена́тый *adj.* [жена́т, -ы] **1. на** + *prep.;* (*of a man*) married (to); **2.** (*of a couple*) married [1]

жени́тьба (*of a man*) marriage [3]

жени́ться [женю́сь, же́нишься] *impfv* & *pfv;* **на** + *prep.;* (*of a man*) to marry; get married (to) [1]

жени́х [*gen.* жениха́] **1.** fiancé; **2.** bridegroom [4]

же́нский *adj.* woman's; women's; for/about women and/or girls [4, 6]

же́нщина woman [4, 6]

жёсткий *adj.* [жёсток, жестка́, жёстки; *compar.* жёстче] tough; coarse [6]

жесто́кий *adj.* [-то́к, -á & -а, -и] cruel; brutal; savage [5]

жесто́ко *adv.* cruelly; brutally; heartlessly [6]

живо́й [жив, жива́, жи́во; *compar.* -е́е] living; alive [4, 6]

жи́вопись *fem.;* (*the art or process*) painting [1]

живо́тное *adj.; used as a neut. noun* animal [3]

жизнь *fem.* **1.** (*of existence of living beings, including people*) life; lifetime; **никогда́ в жи́зни** never in one's life; **при жи́зни писа́теля** during the writer's lifetime; **2.** (*of everyday activities*) life; living; **у неё была́ тру́дная жизнь** she had a hard life; **3.** life; way of life [3, 5, 6]

жильё 1. housing; dwelling; lodging; habitation; accommodation; **2.** apartment (house, room, *etc.*); a place (to live) [6]

жи́тель [*male when sing., sex unspecified when pl.; female* **жи́тельница**] inhabitant; resident; dweller [3]

жить [живу́, -вёшь; *past* жил, жила́, жи́ло; *with a negation* не́ жил, не жила́, не́ жило не́ жили & не жи́л, не жи́ло, не жи́ли] *impfv / pfv-awhile* **пожи́ть** & **прожи́ть 1.** to live; be alive; **2.** (*to reside someplace*) to live; (*temporarily*) stay [3, 4, 6]

жмот *coll.* skinflint; miser [4]

жо́па *highly coll., rude, unacceptable in almost all social situations;* (*part of the human body*) ass [4]
- **иди́ (пошёл, не пойдёшь ли ты) в жо́пу** *vulgar, unacceptable in social situations* go to hell; why don't you go to hell; get stuffed [4]

журна́л magazine; journal [3, 5]

журнали́ст [*male when sing., sex unspecified when pl.; female* **журнали́стка**] journalist; reporter; newspaperman [3]

журна́льчик *diminutive of* **журна́л;** *often condescending* magazine; journal

З

за *preposition with acc.* or *instr.*

With acc.: 1. (*to the far or other side of the indicated place or object*) behind; beyond; **поста́вь чемода́н за дверь** put the suitcase behind the door; **вы́йти за воро́та** go beyond the gate; **2.** (*with verbs of sitting, standing, etc., and objects suggesting the type of activity*) at; to; **сесть за роя́ль** sit down to/at the piano; **сади́тесь за стол** (*for a meal*) come to the table; (*not for a meal*) take a seat at the table; **3.** (*in support or defense of*) for; in favor of; **борьба́ за свобо́ду** fight for freedom; **умере́ть за ро́дину** die for one's country; **мы за ва́ше предложе́ние** we are in favor of your proposal; **4.** (*when indicating an act or quality that is the reason for a certain attitude or action, such as gratitude, award, punishment, retribution, etc.*) for; as a result of; because of; **награ́да за геро́изм** award for heroism; **получи́ть пре́мию за свои́ достиже́ния** be awarded a prize for one's accomplishments; **его́ посади́ли за уби́йство** he was put behind bars for murder; **упрека́ть за эго́изм** reproach (s.o.) for/ because of his/her selfishness; **5.** (*when indicating a person or thing that is touched, held, etc., an instrument that is held, the occupation that is undertaken, etc.*) by; onto; **он взял де́вочку за́ руку** he took the girl by the hand; **держа́ться за по́ручни** hold onto the handrail; **обня́ть за пле́чи** put one's arm around s.o.'s shoulders; **взя́ться за матема́тику** take up math;

взя́ться за учёбу apply oneself to one's studies; **6.** (*in exchange for*) for; купи́ть биле́т за три́дцать рубле́й buy a ticket for thirty roubles; **7.** (*exceeding some limit or quantity*) over; past; beyond; ей за шестьдеся́т she is over sixty; she is past sixty; далеко́ за́ полночь well past/ beyond midnight; **8.** (*when indicating time separating two events; with* до) за час до ле́кции an hour before the lecture; **9.** (*when indicating duration of some activity*) in; during; over; за после́дние два го́да он заме́тно постаре́л he visibly aged in/over the last two years; за вре́мя их знако́мства during the time of their acquaintance; **10.** (*when proposing a toast*) За твоё здоро́вье! To your health!; Here's to you!;**11.** *when used in other contexts with verbs or with nouns in the acc. case, see under the verb or the noun;*
With instr.: 1. (*located on the far or other side of the indicated place or object*) behind; beyond; outside; чемода́н за две́рью the suitcase is behind the door; подожди́ за воро́тами wait beyond the gate; за окно́м кто́-то есть there's someone outside the window; **2.** (*with verbs of sitting, standing, etc., and objects indicating location or suggesting the type of activity*) at; сиде́ть за роя́лем sit/ be sitting at the piano; стоя́ть за мольбе́ртом stand at one's easel; **3.** (*when being occupied with sth.*) over; at; doing sth.; я всё объясню́ за обе́дом I'll explain everything over/ at dinner; мы провели́ вре́мя за разгово́рами we spent time talking; **4.** (*coming, going, etc., behind s.o.*) after; соба́ка побежа́ла за ней the dog ran after her; follow; я поверну́ла напра́во, и де́ти пошли́ за мной I turned right, and the children followed me; **5.** (*on account of*) owing to; because of; for; due to; as a result of; за отсу́тствием о́пыта owing to a lack of experience; as a result of (one's) lack of experience; за нехва́ткой рабо́чей си́лы because of manpower shortage; за неиме́нием де́нег for lack of money; because of a lack of money; **6.** (*with the purpose of fetching or getting*) for; after; пойти́ за сигаре́тами go out for cigarettes; посла́ть за врачо́м send for a doctor; гоня́ться за сча́стьем seek after happiness; **7.** (*when indicating that a person or organization possesses some quality or characteristic, often negative*) s.o. or sth. has/ possesses (some failing, weakness, personal trait, *etc.*); s.o. does that sort of thing; that's like s.o.; s.o. is like that; за э́тим институ́том закрепи́лась плоха́я репута́ция that institute has (earned) a bad reputation; он мо́жет и совра́ть, за ним э́то во́дится he is capable of lying, he is like that/ that's like him; **8.** (*used in phrases showing continuity through noun reduplication*) after; кури́ть сигаре́ту за сигаре́той smoke one cigarette after another; chain-smoke; день за днём day after day; day in, day out; **9.** *when used in other contexts with verbs or with nouns in the instr. case, see under the verb or the noun*
• за что́ what for; why [4]
забега́ть [-а́ю, -а́ешь] *impfv / pfv* **забежа́ть** [-бегу́, -бежи́шь, -бегу́т] к + *dat. or* в/на + *acc.*; *coll.* to drop in (on s.o., at some place); stop by [6]
забива́ть [-а́ю, -а́ешь] *impfv / pfv* **заби́ть** [-бью, -бьёшь; *imper.* забе́й] **1.** *acc.* to hammer in; drive in; **2.** *acc. & instr.* to fill; stuff; cram; jam; по́лки заби́ты кни́гами the shelves are crammed with books [4]
забыва́ть [-а́ю, -а́ешь] *impfv / pfv* **забы́ть** [-бу́ду, -бу́дешь; *imper.* забу́дь] **1.** *acc. or* о + *prep. or* про + *acc. or infin.*; to forget; forget about; я забы́л его́ и́мя I forgot his name;

он не забы́л о ва́шей про́сьбе he hasn't forgotten about your request; **2.** *acc.* to leave (sth. somewhere accidentally); forget to bring/ take sth.; он забы́л ключи́ до́ма he left the keys at home; я забы́л твою́ кни́гу I forgot to bring your book [4, 6]
зава́ливать [-аю, -аешь] *impfv / pfv* **завали́ть** [-валю́, -ва́лишь] *acc. & instr.; coll.* to fill up (with); clutter (with); pile up (with); heap up (with); cover (some space with) [5]
заве́дующий, -ая *adj. and present active participle of* заве́довать (*used as a masc. and fem. noun, with instr.*) head (of); manager (of); chief (of); the person in charge (at) [6]
завести́ *pfv* of заводи́ть [6]
за́висть *fem.* envy [1]
заво́д factory; plant; mill; works [5]
заводи́ть [-вожу́, -во́дишь] *impfv / pfv* **завести́** [-веду́, -ведёшь; *past* завёл, -вела́, -вело́] *acc.* **1.** to lead/ take/ bring (to some place); **2.** to get; acquire; заведи́ себе́ соба́ку get yourself a dog [6]
заводско́й *adj.* factory (*used as a modifier*) [3, 6]
за́втра 1. *adv.* tomorrow; **2.** *noun; indecl., neuter* tomorrow; на за́втра for tomorrow [4]
за́втрак breakfast [4]
за́втракать [-аю, -аешь] *impfv / pfv* **поза́втракать** to have breakfast [3]
завя́зываться [*3rd pers. only;* -ается] *impfv / pfv* **завяза́ться** [-вя́жется] to start; begin; spring up; ме́жду ни́ми завяза́лась дру́жба a friendship sprang up between them [6]
зага́дочно *adv.* enigmatically; cryptically; mysteriously [3]
загля́дывать [-аю, -аешь] *impfv / pfv* **загляну́ть** [-гляну́, -гля́нешь] **1.** [*used with prepositional phrases to denote the direction of looking and with a few adverbs like* внутрь] to look (in, into, behind, under, *etc.*); peep (in, into, *etc.*); glance; загляни́ в я́щик стола́ look in the drawer; **2.** *coll.* to drop by/ in/ over; drop in on s.o.; stop by; look in on s.o.; я к вам загляну́ по́зже I'll drop by later [4]
задава́ть [*conjugates like* дава́ть] *impfv / pfv* **зада́ть** [*nonpast like* дать; *past* за́дал, -ла́, -ло] **1.** *acc. & dat.* to assign/ give (homework to s.o.); **2.** задава́ть / зада́ть вопро́с (*dat.*) to ask a question (to s.o.); pose a question (to s.o.) [6]
задви́гаться [-аюсь, -аешься] *pfv-begin* to begin to move/ stir/ fidget [6]
задви́жка [*gen. pl.* -жек] (*on doors, gates, windows, etc.*) bolt; catch; latch [6]
за́дний *adj.* (*located in the back of a place or back part of an object*) back; rear [5]
зазвене́ть *pfv-begin* of звене́ть [1]
зазубри́ть *pfv* of зубри́ть [2]
зайти́ *pfv* of заходи́ть [3, 6]
зака́зывать [-аю, -аешь] *impfv / pfv* **заказа́ть** [-кажу́, -ка́жешь] *acc.* to order [1, 5]
зака́нчивать [-аю, -аешь] *impfv / pfv* **зако́нчить** [-чу, -чишь] *acc.* **1.** to finish; end; complete; зако́нчить курсову́ю to finish a term paper; **2.** to graduate (from school, college); finish/ complete (a course of study); зако́нчить Моско́вский университе́т to graduate from Moscow State University [1, 6]
зака́нчиваться [*3rd pers. only;* -ается] *impfv / pfv* **зако́нчиться** [-чится] to end; come to an end; be over; (*when followed by instr.*) end in; семина́р зако́нчился час наза́д the seminar was over an hour ago; выступле́ние

зако́нчилось аплодисме́нтами the performance ended in applause [6]

заключа́ться [*3rd pers. only;* -а́ется] *impfv* [*no pfv*] **в** + *prep.* to consist in; lie in; be; **пробле́ма заключа́ется в сле́дующем** the problem consists in the following [4]

зако́н law [5]

зако́нчить *pfv* of **зака́нчивать** [1, 6]

зако́нчиться *pfv* of **зака́нчиваться** [6]

закрича́ть *pfv & pfv-begin* of **крича́ть** [4, 5]

закрути́ться *pfv* of **крути́ться** [6]

закрыва́ть [-а́ю, -а́ешь] *impfv / pfv* **закры́ть** [-кро́ю, -кро́ешь] **1.** *acc.* to close; shut; **закры́ть кни́гу** close a book; **закро́й дверь** close/ shut the door; **2.** *acc.; (to terminate the operation or functioning of an enterpise, school, newspaper, etc.)* to close down; shut down; **3.** *acc.* (*& instr.*) to cover sth. (with); **он закры́л назва́ние кни́ги руко́й** he covered the book's title with his hand [2, 4, 6]

закрыва́ться [-а́юсь, -а́ешься] *impfv / pfv* **закры́ться** [-кро́юсь, -кро́ешься] **1.** to close; shut; be/ get closed; be/ get shut; **э́та дверь закрыва́ется сама́** this door shuts/ gets shut by itself; **2.** to lock oneself (in a room, house, *etc.*); lock oneself up (in a room); shut oneself (in a room); **она́ закры́лась в ва́нной** she locked herself in the bathroom; **3.** (*of an enterpise, school, newspaper, etc.: terminating its operation or functioning*) to close; close down; be/ get shut down; **4.** (*instr.*) to shield oneself with (some object, one's arms, *etc.*); cover oneself with sth.; **закрыва́ться рука́ми** shield oneself with one's arms; **закры́ться от уда́ров** shield oneself from blows [4]

заку́ривать [-аю, -аешь] *impfv / pfv* **закури́ть** [-курю́, -ку́ришь] (*acc.*) to light a cigarette (cigar, or pipe); light up [4, 6]

закури́ть *pfv-begin* of **кури́ть** & *pfv* of **заку́ривать** [4, 6]

зал hall

• **а́ктовый зал** assembly hall; (school) auditorium [5]

зала́дить [-ла́жу, -ла́дишь] *pfv-begin; acc.; coll.* to keep repeating the same words over and over; keep talking about the same thing; harp on the same string/ tune [4]

залеза́ть [-а́ю, -а́ешь] *impfv / pfv* **зале́зть** [-ле́зу, -ле́зешь; *imper.* зале́зь] [*used with prepositional phrases denoting the direction of movement*] to climb/ get (into, onto, up, down, under, out, *etc.*); **зале́зть на де́рево** climb up the tree [4]

заменя́ть [-я́ю, -я́ешь] *impfv / pfv* **замени́ть** [-меню́, -ме́нишь] **1.** *acc.* (*& instr. or* **на** + *acc.*) to replace (a person or thing with another person or thing); **замени́ть ста́рый замо́к но́вым** replace an old lock with a new one; **2.** *acc.* to take the place of; replace; supersede; (*temporarily*) substitute for; fill in for s.o.; **по́сле того́ как он ушёл в отста́вку, я замени́л его́** after he resigned I replaced him/ I took his place/ I superseded him [2]

замести́тель *masc.* deputy; vice-; assistant [2]

замеча́тельный *adj.* [-лен, -льна, -льны] outstanding; extraordinary; remarkable; wonderful [6]

замеча́ть [-а́ю, -а́ешь] *impfv / pfv* **заме́тить** [-ме́чу, -ме́тишь] **1.** *acc.* to notice; catch sight of; see; **2.** to remark; comment; note; observe; say [5]

зами́нка [*gen. pl.* -нок] hesitation; (awkward) pause [6]

замолка́ть [-а́ю, -а́ешь] *impfv / pfv-begin* **замо́лкнуть** [-ну, -нешь; *past* замо́лк, -ла, -ло] to become/ fall silent; stop talking; stop (speaking, singing, crying, *etc.*) [1]

замолча́ть *pfv* of **молча́ть** [4, 5]

за́муж:

• **выходи́ть / вы́йти за́муж за** + *acc.; (of a woman) to* marry; to get married (to) [1]

за́навесь *fem.* (window) curtain; drapery [6]

занима́ть [-а́ю, -а́ешь] *impfv / pfv* **заня́ть** [займу́, займёшь; *past* за́нял, -ла́, -ло] *acc.* **1.** to occupy (a room, a position, a table at a restaurant, *etc.*); take (up); **мы за́няли сто́лик в углу́** we took a corner table; **2.** to take (*a certain amount of time*); take up; last; **доро́га домо́й заняла́ у нас три часа́** it took us three hours to get home; **семина́ры за́няли два дня** seminars took up two days [3, 6]

занима́ться [-а́юсь, -а́ешься] *impfv / pfv-awhile* **позанима́ться 1.** *pfv-begin* **заня́ться** [займу́сь, займёшься; *past* занялся́, заняла́сь]; *instr.; (to be or become occupied with sth.)* to engage in; be/ become engaged in; be/ get involved in; take up; **занима́ться спо́ртом** go in for sports; **занима́ться те́ннисом** play tennis; **2.** *instr.* to study (*a certain subject*); learn; **3.** (*to be engaged in studying sth.*) to study; **она́ мно́го занима́ется** she studies a lot; **4.** to be a student (*at a certain college or department*); study (*at a certain school, with a certain instructor, etc.*) [3, 4, 6]

заня́тие 1. occupation; **2.** *usu. pl.* classes; lessons; studies; **3.** (*of a pleasant activity during one's spare time*) pastime [3, 6]

за́нятость *fem.* being busy [5]

за́нятый *ppp.* of **заня́ть** *pfv;* [за́нят, -а́, -ы] occupied; taken (up) [3]

заня́ть *pfv* of **занима́ть** [3, 6]

заодно́ *adv.* **1.** together (with); in concert (with); jointly; **они́ де́йствуют заодно́** they are all acting together/ in concert; **2.** *coll.* while one is at it; at the same time; **позвони́ роди́телям, а заодно́ и Ма́ше** call your parents and while you're at it call Masha, too; **сде́лай ко́фе и заодно́ помо́й посу́ду** make coffee and while you're at it wash the dishes [1]

заора́ть *pfv-begin* of **ора́ть** [4, 5]

За́пад 1. west; **2.** the West [3]

запере́ться *pfv* of **запира́ться** [2, 6]

запе́ть *pfv-begin* of **петь** [4, 5]

запина́ться [-а́юсь, -а́ешься] *impfv / pfv-once* **запну́ться** [-ну́сь, -нёшься] (*of speech*) to stumble (*when speaking*); falter; hesitate [5]

запира́ться [-а́юсь, -а́ешься] *impfv / pfv* **запере́ться** [-пру́сь, -прёшься; *past* заперся́, заперла́сь, заперло́сь, заперли́сь & за́перся, за́перлось, за́перлись] to lock oneself (in a room, house, *etc.*); lock oneself up (in a room) [2, 6]

запи́сывать [-аю, -аешь] *impfv / pfv* **записа́ть** [-пишу́, -пи́шешь] *acc.* to write down; record; note (down); make notes/ a note of [6]

запла́кать *pfv-begin* of **пла́кать** [4, 6]

запну́ться *pfv* of **запина́ться** [5]

запомина́ть [-а́ю, -а́ешь] *impfv / pfv* **запо́мнить** [-ню, -нишь] *acc.* to remember; memorize; commit to memory [4, 6]

запу́тываться [-аюсь, -аешься] *impfv / pfv* **запу́таться** [-аюсь, -аешься] **1. в** + *prep.* to get/ become entangled in sth.; **запу́таться в верёвках / в рыболо́вных сетя́х** get entangled in ropes/ in fishing nets; **2.** *coll.* to become/ get confused; get mixed up; **меня́ всё вре́мя перебива́ли, и я запу́тался** they were constantly interrupting me, and I got confused [4]

зара́нее *adv.* beforehand; ahead of time; in advance; in good time [4]

зареше́ченный *ppp.* of **зареше́тить** *pfv*; [-ен, -а, -ы] barred; **зареше́ченные о́кна** barred windows [5]

зарожда́ться [*3rd pers. only*; -а́ется] *impfv / pfv* **зароди́ться** [-роди́тся] to appear; arise; begin to be felt [3]

зарыда́ть *pfv-begin* of **рыда́ть** [6]

засвисте́ть *pfv-begin* of **свисте́ть** [4, 5]

заседа́ние meeting; session [2]

засо́вывать [-аю, -аешь] *impfv / pfv* **засу́нуть** [-ну, -нешь] *acc.*; *coll.* to stick sth. (some place where it is hard to find it) [4]

застава́ть [-стаю́, -стаёшь] *impfv / pfv* **заста́ть** [-ста́ну, -ста́нешь] *acc.* to catch s.o. (at some place, in a certain condition, *etc.*); find [4]

заста́вленный *ppp.* of **заста́вить** *pfv*; [-ста́влен, -а, -ы] (*of a space that is*) crammed/ filled (with) [6]

заставля́ть [-я́ю, -я́ешь] *impfv / pfv* **заста́вить** [-влю, -вишь] *acc. & instr.*; (*to fill a space too tightly with objects that can stand upright*) to cram/ fill (some space) with [6]

засте́нчиво *adv.* shyly; timidly; bashfully [1]

засте́нчивость *fem.* shyness; timidity; bashfulness; diffidence [6]

засте́нчивый *adj.* [-ив, -а, -ы] shy; timid; bashful; diffident [3]

засту́кать [-аю, -аешь] *pfv* [*no impfv*] *acc.*; *coll.* to catch s.o. off guard; catch s.o. red-handed [5]

засу́нуть *pfv* of **засо́вывать** [4]

зата́скивать [-аю, -аешь] *impfv / pfv* **затащи́ть** [-тащу́, -та́щишь] *acc.*; *coll.* to drag (s.o. to some place) [4]

зате́м then; after that; following that; next [3]

зато́ *conjunction*; *used to introduce an item that offsets the previously mentioned item*; but; but then; but on the other hand; (but) then again; **он не о́чень у́мный, зато́ че́стный** he is not very intelligent, but then,/ but on the other hand, he is honest [6]

зато́пать *pfv-begin* of **то́пать** [5]

затрепета́ть *pfv-begin* of **трепета́ть** [5]

затыка́ться [-а́юсь, -а́ешься] *impfv / pfv* **заткну́ться** [-ткну́сь, -ткнёшься] *highly coll.*, *rude when used in the imperative* to shut up; shut one's mouth; keep one's mouth shut; [5]

заты́лок [*gen.* -лка] back of the head [5]

заходи́ть [-хожу́, -хо́дишь] *impfv / pfv* **зайти́** [зайду́, зайдёшь; *past* зашёл, -шла́, -шло́; *imper.* зайди́] **1. в/на** + *acc.* or **к** + *dat.* to stop in at (some place); stop at (some place); call on s.o.; drop in (on s.o.); drop by; **дава́й зайдём к Са́ше** let's drop in on Sasha; **2. за** + *instr.*; (*to collect s.o. or sth., usu. when walking to some place*) to pick up s.o. or sth.; stop (by) for sth.; stop (by) to get sth.; call for s.o.; **Ты зайдёшь за мной?** Will you pick me up?; **я зайду́ в апте́ку за лека́рством** I'll stop at the pharmacy to get the medication [3, 6]

захоте́ться *pfv-begin* of **хоте́ться** [1, 5, 6]

зачём *adv.* why; what for [2, 6]

зашвы́ривать [-аю, -аешь] *impfv / pfv-once* **зашвырну́ть** [-ну́, -нёшь] *acc.* (*used with adverbials of direction*) to throw/ toss/ fling sth. (to, toward, under, behind, *etc.*) [4]

зашива́ть [-а́ю, -а́ешь] *impfv / pfv* **заши́ть** [-шью, -шьёшь; *imper.* заше́й] *acc.* **1.** to sew up; mend; **2.** *medical* to suture up (a wound, an incision, *etc.*); put stitches in (on, across, *etc.*); sew a cut together with the sutures [4]

защи́та [*sing. only*] **1.** defense; protection; **2.** (*at universities and other academic institutions, an open meeting of the* learned council or special committee where an applicant defends a dissertation, thesis, project, etc.) defense [2]

звать [зову́, зовёшь; *past* звал, звала́, зва́ло] *impfv*; *acc.* **1.** *pfv* **позва́ть** to call (s.o., s.o.'s name); ask (for); **сестра́ позвала́ меня́ из друго́й ко́мнаты** my sister called me from the other room; **2.** *pfv* **позва́ть** to invite; **они́ позва́ли мно́го госте́й** they invited many guests; **3.** [*no pfv*; *used in the construction*: *acc.* + зову́т …] my (his, her, *etc.*) name is … [4]

звене́ть [-ню́, -ни́шь] *impfv / pfv-begin* **зазвене́ть** to jingle; ring; (*of shotglasses, wine glasses, etc.*) clink [1, 5]

звони́ть [-ню́, -ни́шь] *impfv / pfv* **позвони́ть 1.** *pfv-begin* **зазвони́ть**; (*of a telephone, bell, etc.*) to ring; **2.** *dat.* to call; phone; give s.o. a call/ a ring; **позвони́ мне за́втра** call me/ give me a ring tomorrow [1, 2, 3, 6]

звоно́к [*gen.* -нка́] (phone) call; ring [5]

звуча́ть [-чу́, -чи́шь] *impfv / pfv* **прозвуча́ть 1.** *pfv-begin* **зазвуча́ть**; (*of any sound*) to be heard; resound; **2.** *pfv-begin* **зазвуча́ть**; (*of a voice or another source of sound*) to sound (*in a certain way*); **его́ го́лос звуча́л хри́пло** his voice sounded hoarse; **3.** (*of an argument, description, etc.*; *to produce a certain impression*) to sound (*with an adverbial describing an impression*); **это звучи́т пло́хо / логи́чно / убеди́тельно** it sounds bad/ logical/ convincing [3, 5]

зву́чный *adj.* [зву́чен, звучна́, звучны́ & зву́чны; *compar.* звучне́е & -е́й] (*of a voice*) resonant/ rich/ sonorous voice; (*of words*) sonorous/ resonant/ resounding words [6]

здесь *adv.* **1.** here; at this place/ location; **2.** now; at this point (in time); in this case; about it; **Что здесь** (*e.g., in this theory, in the development of events, etc.*) **са́мое интере́сное?** What is the most interesting thing about it? [1, 5, 6]

зде́шний *adj.* local [3]

здоро́ваться [-аюсь, -аешься] *impfv / pfv* **поздоро́ваться**; (**с** + *instr.*) to greet; say hello/ hi (to s.o.); **здоро́ваться / поздоро́ваться за́ руку** to greet s.o. by shaking hands; shake hands (as a greeting) [4]

зло 1. evil; harm; **2.** *coll.* malice; spite [5]

злой *adj.* [зол, зла, злы; *compar.* зле́е & -е́й] **1.** (*of a person's character*) nasty; mean; ill-tempered; **2.** (*of an emotional state*) angry; mad; **3.** (*of sth. characterized by spite*) wicked; evil; malicious; vicious [5]

злость *fem.* malice; malicious anger [1]

знако́миться [-млюсь, -мишься] *impfv / pfv* **познако́миться** (**с** + *instr.*) **1.** (*of people*) to meet s.o.; get acquainted with s.o.; **2.** *also pfv* **ознако́миться**; (*of places, phenomena, etc.*) to familiarize oneself with sth.; acquaint o.s. with sth.; learn about sth. [3, 6]

знако́мство acquaintance [3, 6]

знако́мый *adj.* **1.** [-ко́м, -а, -ы] familiar; known; recognizable; **2.** (*used as a masc. and fem. noun*: знако́мый, знако́мая) acquaintance; friend [1, 6]

знамени́тый *adj.* [-и́т, -а, -ы] famous; celebrated; renowned [4]

зна́ние 1. knowledge (of sth.); **2.** [*pl. only*: зна́ния] deep knowledge; broad and general knowledge; learning; erudition [2]

знать [зна́ю, зна́ешь] *impfv* [*no pfv*] **1.** *acc.* or **о** + *prep.* (or **про** + *acc.*); (*to have information or notion of sth.*) to know; be aware of; be informed of; **я не знал о его́ пое́здке в Росси́ю** I was not aware of his trip to Russia; **2.** *acc.*; (*to have a good command of a subject, understanding of a situation, etc.*) to know; have the knowledge of;

хорошо́ знать ру́сский язы́к have a good command of Russian; **он не знал, что́ де́лать** he didn't know what to do; he was at a loss; **3.** *acc.* to know (s.o.); be acquainted with (s.o.) [1, 2, 3, 4, 6]

- **зна́ешь / зна́ете (ли)** *parenthetical* you know [1, 6]
- **фиг зна́ет что** [4] *see* **фиг**

значе́ние 1. meaning; sense; **у э́того сло́ва не́сколько значе́ний** this word has several meanings; **2.** significance; importance [1]

- **име́ть значе́ние** to be of considerable significance [1]
- **э́то не име́ет значе́ния** it is of no significance/ importance; it makes no difference; it doesn't matter [1]

зна́чит *coll.* **1.** *parenthetical* so; (so) then; well then; hence; **2.** *used as a conversational filler* I mean; kind of; like [4, 5]

значи́тельно *adv. used with comparatives and verbs* much; considerably; substantially; significantly; **сего́дня ему́ значи́тельно лу́чше** today he feels much/ significantly/ considerably better [3]

значи́тельный *adj.* [-лен, -льна, -льны] **1.** considerable; substantial; significant; sizable; **мы бы́ли на значи́тельном расстоя́нии от них** we were at a considerable distance from them; **2.** (*of a person, event, etc.*) important; significant; [6]

зре́лость *fem.* maturity

зря *adv.; coll.* **1.** in vain; to no avail; for nothing; for naught; **ты зря потра́тил де́ньги** you spent money for nothing; **2.** without a good reason; (have) no reason (to do sth.); **ты зря жа́луешься — ведь ты сам винова́т** you have no reason to complain—after all, you have only yourself to blame [5]

зубно́й *adj.* dental; tooth (*as in* toothbrush); **зубна́я па́ста** toothpaste [3]

зубри́ть [-рю́, зубри́шь & зу́бришь] *impfv / pfv* **вы́зубрить & зазубри́ть**; *acc.; coll.* to cram; (try to) learn by rote [2]

зуб [*pl.: nom.* зу́бы, *gen.* зубо́в, *prep.* (о) зуба́х] tooth [4]

- **сти́снув зу́бы** gritting one's teeth [2]

зы́чно *adv.* (shout, yell, *etc.*) loudly; in/ with a loud voice [5]

И

и¹ *conjunction* **1.** *used to connect members of a series*; and; **2.** *used to show sequence*; and; and then; **разда́лся вы́стрел, и кто́-то закрича́л** a shot was heard, and then someone gave a cry; **3.** *used to indicate consequence, result*; and (so); so; **он подвёл нас, и мы его́ бо́льше не приглаша́ли** he let us down, and so we stopped inviting him; **4.** *used to link add-on constructions with the main utterance*; and; [*with adjectives and adverbs*] and … at that; **он сдал экза́мен, и сдал блестя́ще** he passed the exam, and passed it brilliantly at that; **5. и … и …** both … and …

и² *particle* **1.** also; too; as well; [*with a negation*] either; **он повида́лся со ста́рыми друзья́ми, зашёл и ко мне** he got together with old friends, and he stopped by to see me, too; **фильм и мне не нра́вится** I don't like the film either; **2.** even; **ты ему́ сде́лал одолже́ние, а он и спаси́бо не сказа́л** you did him a favor, and he didn't even thank you

- **и без того́** [6] *see* **то**
- **… и всё** [4] *see* **всё**

игра́ть [-а́ю, -а́ешь] *impfv / pfv* **сыгра́ть**, *pfv-awhile* **поигра́ть 1.** (**в** + *acc.*) to play (*name of the game*); (**про́тив** + *gen.*) play against (*name of the team*); **2.** (*acc.* and/or **на** + *prep.*) to play (a piece of music or a musical instrument); **игра́ть на фортепиа́но** play the piano [4, 5]

идеа́л ideal [3]

иде́йный *adj.* [иде́ен, иде́йна, иде́йны] ideological [5]

идеологи́ческий *adj.* ideological; **идеологи́ческая рабо́та** ideological work (*in socialist terminology*) [3]

идио́т [*male when sing., sex unspecified when pl.; female* **идио́тка**] **1.** (*mentally retarded person*) idiot; imbecile; **2.** *coll.* (*a stupid person or a person who did something stupid*) idiot [6]

идио́тство *coll.* idiocy; nonsense [1]

идти́ [иду́, идёшь; *past* шёл, шла, шло, шли] *impfv / pfv* **пойти́** [пойду́, пойдёшь; *past* пошёл, -шла́, -шло́, -шли́]; *unidirectional of* **ходи́ть**. **1.** *pfv-begin* **пойти́**; (*to move on foot*) to walk; go; [*pfv-begin*] begin/ start walking; set out/ forth; **2. в/на** + *acc.* or **к** + *dat.* or *infin.* (*to visit some place or person with a certain purpose or to intend doing it*) to go/ be going to (a lecture, a movie, the theater, *etc.*); **идти́ к врачу́** see a/the doctor; **идти́ к юри́сту** consult a lawyer; **идти́ смотре́ть футбо́л** be going to watch soccer; **3.** *pfv-begin* **пойти́**; **за** + *instr.* follow s.o.; **иди́ за мной** follow me; **4.** *pfv-begin* **пойти́**; (*of time*) go by; pass; **5.** [*impfv only*] (*to approach*) to come; **вон идёт авто́бус** the bus is coming; **6.** *pfv-begin* **пойти́** [*3rd pers. only*] (**из** + *gen.*) to come (out of/ from); **из ра́ны пошла́ кровь** the wound started bleeding; **7.** *dat.* or **в/на** + *acc.* to pass to (the possession of); go to; **по́сле его́ сме́рти все ве́щи пошли́ ро́дственникам** after his death all his belongings passed to his relatives [1-6]

из *preposition with gen.* [*variant* **изо**, *unstressed, is used before the consonant clusters beginning with* **р** *or* **л**, *e.g.*, **изо рта**; *also used before the words* **весь** *and* **вся́кий**, *e.g.*, **изо всех сил**, *and in some idioms, e.g.*, **изо дня в день**] **1.** (*indicating a place as a starting point*) from; **письмо́ из Росси́и** letter from Russia; **2.** (*from the inside to the outside*) out of; **вы́йти из маши́ны** get out of the car; **3.** (*indicating source*) from; **знать из книг** know from books; **4.** (*characterizing a person's origins, roots, etc.*) (be/ come) from; **она́ из хоро́шей семьи́** she is/ comes from a good family; **он ро́дом из Сиби́ри** he hails from Siberia; **5.** (*from among*) of; out of; **одна́ из его́ лу́чших книг** one of his best books; **пять избира́телей из ста** five voters out of a hundred; **6.** (*indicating quantity*) of; consisting of; **коми́ссия из трёх челове́к** a committee (consisting) of three people; **7.** (*indicating material*) made of; made out of; made from; **8.** (*indicating cause*) out of; **из за́висти** out of envy

избежа́ние *used only in the idiom:*

- **во избежа́ние** + *gen.*; *preposition with gen.* [*used as an adverbial*]; *bookish* (in order) to avoid sth.; (in order) to prevent/ avert sth.; **во избежа́ние неприя́тностей** (in order) to avoid trouble [6]

изве́стный *adj.* [-тен, -тна, -тны] well-known; famous [6]

изве́чный *adj.* [-чен, -чна, -чны] *bookish* primeval; eternal; age-old; ancient [5]

извиня́ться [-я́юсь, -я́ешься] *impfv / pfv* **извини́ться** [-ню́сь, -ни́шься] (**перед** + *instr.*) to apologize (to s.o.); make/ offer an apology [4]

извлека́ть [-а́ю, -а́ешь] *impfv / pfv* **извле́чь** [-влеку́, -влечёшь, -влеку́т; *past* извлёк, -влекла́, -влекло́] *acc.* & **из** + *gen.* **1.** (*to obtain sth.*) to extract (sth. from); remove (s.o. or sth. from); **2.** (*to produce, make appear, bring out sth. hidden*) to elicit sth. from; derive sth. from; **извле́чь зву́ки из инструме́нта** elicit sounds from the instrument [5]

издава́ть [*conjugates like* дава́ть] *impfv / pfv* **изда́ть** [*nonpast like* дать; *past* изда́л, -ла́, -ло] *acc.* **1.** (*of a book,* *a periodical, etc.*) to publish; print; **2.** (*of a decree, order, directive, etc.*) to issue; put out; promulgate [2]

издева́ться [-а́юсь, -а́ешься] *impfv* [*no pfv*] **над** + *instr.* **1.** (*to treat s.o. with derision*) to mock at (s.o.'s ideas, s.o.'s appearance, *etc.*); scoff at s.o.; taunt s.o.; jeer s.o. **2.** (*to be aggressive toward s.o.*) to torment; bully; maltreat [1]

из-за *preposition with gen.* **1.** (*indicating direction*) from behind; from; **встать из-за стола́** get up from the table; **2.** (*indicating cause*) because of; owing to; over; **из-за дождя́** because of the rain; **3.** (*indicating purpose*) for; **жени́ться из-за де́нег** marry for money

излива́ть [-а́ю, -а́ешь] *impfv / pfv* **изли́ть** [изолью́, изольёшь; *past* изли́л, -ла́, -ло] *acc.* to pour out; give vent to [3]

излю́бленный *adj.* favorite; pet (*used as a modifier*); preferred; **излю́бленное заня́тие** favorite/ preferred pastime [3]

изменя́ть [-я́ю, -я́ешь] *impfv / pfv* **измени́ть** [-меню́, -ме́нишь] *acc.* to change; alter; revise; modify [4]

изо *variant of the preposition* **из**—*see* **из**

изумле́ние amazement; astonishment; wonder [5]

изуча́ть [-а́ю, -а́ешь] *impfv / pfv* **изучи́ть** [-учу́, -у́чишь] *acc.* **1.** to study; be learning; [*pfv*] learn; master; **они́ изуча́ют вы́сшую матема́тику** they study higher mathematics; **2.** to examine; scrutinize; **они́ по о́череди изуча́ли на́ши докуме́нты** they took turns examining our documents [5]

ика́ть [-а́ю, -а́ешь] *impfv / pfv-once* **икну́ть** [-ну́, -нёшь] to hiccup [5]

и́ли *conjunction* **1.** or; **день и́ли два** a day or two; **2.** *coll.* or else; otherwise; **переста́нь ора́ть, и́ли ма́ма тебя́ нака́жет** stop bawling, otherwise mother will punish you; **3. и́ли … и́ли …** either … or …

и́менно *particle* precisely; exactly; just (this/ that); it is … that/ who …; he is (you are, *etc.*) the one (who) …; **Куда́ и́менно ты положи́л ключ?** Where exactly did you put the key?; **и́менно вы мне и нужны́** you are the one I need [3]

име́ть [-е́ю, -е́ешь] *impfv* [*no pfv*] *acc.* **1.** [*dated, somewhat formal, or not quite idiomatic when used to mean strictly ownership or characteristics, except for the present verbal adverb* **име́я**; *in neutral style, the construction* **у** + *gen.* **есть/ нет** *is used instead*] to have; possess; **2.** to have (friends, many books, time, a few students, *etc.*); **3.** [*used as a semi-auxiliary verb in some phrases where the meaning is defined by the noun*] **име́ть значе́ние** matter; **не име́ть никако́го значе́ния** be of no importance/ not matter at all; **име́ть возмо́жность** *used with infin.*; be in a position/ have a chance (to do sth); **не име́ть отноше́ния к** + *dat.* have nothing to do with [1, 6]

и́мечко [*pl.: nom.* -чки, *gen.* -чек] *diminutive of* **и́мя** name, *often derogatory* [4]

импрессиони́зм (*a style of painting*) impressionism [1]

импрессиони́ст impressionist [1]

и́мя [*gen., prep. & dat.* и́мени; *instr.* и́менем; *pl.: nom.* имена́, *gen.* имён, *prep.* (об) имена́х] name (*of a person*); first name; **по и́мени** by name; by the name of [3, 4, 5, 6]
• **во и́мя** + *gen.* in the name of; for the sake of [6]

ина́че[1] <*also* и́наче> *pronominal adv.* [*used when referring to sth. said previously*] differently; in a different way; otherwise; **он поступи́л непра́вильно, ну́жно бы́ло де́йствовать ина́че** he did the wrong thing, he should have

acted in a different way/ he should have taken a different tack [2, 3, 6]

ина́че[2] <*also* и́наче> *conjunction* or; or else; or otherwise; **тебе́ ну́жно бо́льше занима́ться, ина́че опя́ть прова́лишься** you should study more, or (else) you'll flunk again [2, 3, 6]

ине́рция inertia [5]

инжене́р (*a person with higher education in some area of technology*) engineer [6]

инжене́рка *substandard* (*of a woman*) engineer [6]

инжене́рский *adj.* engineer (*used as a modifier*); engineer's; technological; **инжене́рский значо́к** engineer/ engineer's badge [6]

иногда́ *adv.* sometimes; at times; occasionally [2, 4, 5, 6]

иностра́нец [*gen.* -нца; *male when sing., sex unspecified when pl.*; *female* **иностра́нка**, *gen. pl.* -нок] foreigner [3]

институ́т 1. (*institution of higher learning*) institute; college; **2.** research institute [1, 6]

инструме́нт 1. tool; instrument; **2.** (*a musical instrument*) instrument [5]

интеллектуа́льный *adj.* [-лен, -льна, -льны] intellectual [6]

интеллиге́нтный *adj.* [-тен, -тна, -тны] cultured; refined; civilized; intellectual [3, 6]

интере́сно *adv.* **1.** (*to do sth.*) in an interesting manner/ way; interestingly; engagingly; **э́то путеше́ствие интере́сно опи́сано в его́ кни́ге** that trip is described interestingly/ engagingly in his book; **2.** *parenthetical* I wonder; I'd like to know; **где он, интере́сно, был всё э́то вре́мя…** where has he been all this time, I wonder…; **3.** *used predicatively; infin. and/or dat.*; it is/ it would be interesting (to know sth., to meet s.o., *etc.*); **Вам интере́сно обсужда́ть э́то?** Are you interested in discussing it?; **4.** *used predicatively; used with a subord. clause*; I wonder (who, where, why, etc.); I am curious to know (who, where, why, etc.) [4]

интере́сный *adj.* [интере́сен, -сна, -сны] interesting [2, 6]

интересова́ться [-су́юсь, -су́ешься] *impfv* **1.** *pfv & pfv-begin* **заинтересова́ться**; *instr.* to be interested in sth.; take/ be taking interest in sth.; become/ grow interested in sth.; **2.** *pfv* **поинтересова́ться**; *instr. or a subord. clause*; to inquire; ask [4]

интона́ция intonation [6]

исключи́тельно *adv.* **1.** [*used with adjectives and adverbs*] exceptionally; extraordinarily; **2.** exclusively; only; solely [3, 6]

и́скра spark [3]

иску́сство art [5]

испу́ганно *adv.* in fright; feeling scared [5]

исто́рик historian; history instructor; history teacher [2]

истори́ческий *adj.* historical; historic; history (*used as a modifier*) [2]

исто́рия history [2, 4]

истра́тить *pfv of* **тра́тить** [6]

ито́г result; outcome [4]
• **в ито́ге** in the end; in the long run [4]

К

к *preposition with dative* [*variant* **ко** *is used before some consonant clusters, e.g.,* **ко мне, ко всем, ко сну, ко дну**, *etc.*] **1.** (*in the direction of or in relation to an indicated place, person, etc.*) to; toward(s); **подойти́ к подъе́зду** walk up to the entrance; **он поверну́лся ко мне** he turned to me/ toward me; **2.** (*in contact with or trying to reach* *some object or person; used with verbs of pressing, reaching, touching, etc.)* to; against; for; **он прижáлся лбом к окнý** he pressed his forehead to/ against the window; **онá потянýлась к ребёнку** she reached for the child; **он не притрóнулся к едé** he didn't touch the food; **3.** *(in time expressions; no later than)* by; by the time (of); **к утрý** by morning; **к э́тому / к томý врéмени** by that time; by then; **4.** *(when indicating the aim, object, etc., of some activity)* for; to; toward; **стремúться к совершéнству** strive for perfection; **готóвиться к экзáменам** prepare for exams; **путь к успéху** road to/ toward success; **5.** *(intended for)* for; **подáрок ко дню рождéния** gift for your (his, her, *etc.*) birthday; birthday gift; **6.** *(when indicating a person or thing as an object of an action or emotion)* for; toward; of; **любóвь к рóдине** love of/ for one's country; **тендéнция к перемéнам** tendency toward change; **7.** *(when s.o. or sth. joins the indicated person or thing)* to; **добáвьте егó фамúлию к спúску** add his name to the list; **мы присоединúлись к ним** we joined them; **8.** *(in parenthetical expressions of emotions)* to; **к нáшему удивлéнию** to our surprise; **к огорчéнию мáмы** to mother's chagrin; **к счáстью** fortunately; luckily; **к сожалéнию** unfortunately

кабинéт office; study [2]

кáдра *slang*; *(a girl or young woman)* babe; gal [5]

кáждый 1. *pronominal adj.* each; every (3, 6); **2.** *pronoun* everyone; everybody

кáжется *parenthetical; see* казáться [3, 6]

казáться [кажýсь, кáжешься] *impfv / pfv* показáться **1.** to seem; appear; *(of the appearance)* look *(a certain way)*; **он казáлся застéнчивым** he seemed shy; **2.** *impers.*; *(dat.)* **кáжется, что** ... it seems/ seemed that ...; it seems like ...; **мне кáжется, что его назнáчат дирéктором** it seems to me that he will be appointed director; **3. кáжется & казáлось** *parenthetical*; **кáжется** it seems; s.o./sth. seems to ...; **казáлось** it seemed; s.o./sth. seemed to ... **все, кáжется, ушлú** everyone, it seems, has left [3, 6]

• **казáлось бы** it would/ might seem; one would think/ suppose [6]

казённый *adj.* government/ state *(used as a modifier in reference to state-owned institutions)*; official; public; **казённый дом** *archaic* a state-run institution *(e.g., a prison, hospital, orphanage)* [5]

как¹ *adv.* **1.** how; in what way; **Как вам помóчь?** How/ In what way can I help you?; **2.** *(when asking about names, titles, the listener's opinion, etc.)* what; **Как называ́ется эта пьéса?** What is the title of the play?; **Как вы дýмаете ...?** What do you think ...?; *(with certain verbs)* how; **Как тебé нрáвится эта идéя?** How does this idea grab you?; **3.** *(used in exclamations to express a very high degree of intensity)* how ...! **Кáк там красúво!** How beautiful it is there!; **Кáк он их презирáл!** How he despised them! [1-6]

как² *conjunction* **1.** *used to introduce a comparison*; like; as; **он вы́глядит как старúк** he looks like an old man; **блéдный как смерть** (as) pale as death; **2.** *when characterizing one's role, function, performance, etc.*; as; in the capacity of; **Чéхов как драматýрг** Chekhov as a playwright; **вы как мéнеджер должны́ всё э́то знать** in your capacity of manager you should know all this; **3.** *used to introduce a complement clause; used mainly with the verbs of physical perception*: **вúдеть, слы́шать, наблюдáть,** *etc.*; **мы слы́шали, как онá поёт** we heard her sing/ singing; **4.** *used to introduce a parenthetical clause or phrase*; as; as if; **э́то, как вúдишь, не проблéма**

as you (can) see, this is not a problem; **как нарóчно** as if on purpose; as if in spite [1-6]

как³ *particle* **1.** *used to express surprise, indignation, incredulity, etc.; often followed by* э́то, так, э́то так, *etc.*; What?!; What do you mean ...?!; **«Он ушёл». — «Кáк э́то так ушёл?!»** "He left." "What d'you mean, 'left'?!" **2.** *coll.; used to ask the speaker to repeat what he has just said*; How's that?; How's that again?; **Как? Я не расслы́шал, чтó ты сказáл** How's that? I didn't quite hear what you said; **3.** *coll.; used to express a sudden or intense action; used with future tense forms of perfective verbs referring to the past actions*; suddenly; all of a sudden; abruptly; *(verbs expressing intensity may require different intensifiers)* **Вдруг он как побежúт!** Suddenly he began to run!; **тут пáрень как удáрит егó в грудь** then the guy hit him sharp on the chest; **онá как заорёт** she yelled at the top of her voice [1-6]

• **как бýдто 1.** *conjunction; used to introduce an unreal comparison*; as if; as though; like; **он говорúт об э́том так, как бýдто э́то случúлось вчерá** he talks about it in such a way as if/ as though it happened yesterday; **у негó был такóй вид, как бýдто он мертвéцки пьян** he looked like he was dead drunk; **2.** *particle; used when the speaker is uncertain of his own interpretation or understanding of the situation*; it seems that; it is as if; apparently; **я вас как бýдто гдé-то вúдела** it seems that/ apparently I saw you somewhere [3, 4, 6]

• **как бы** *particle*; as it were; seem to ...; *[with a negation]* not really; not what I/ one would call ... [4]

• **Кáк кудá (когдá, почемý,** *etc.*)**?!** What do you mean, where *(when, why,* etc.*)*?! [5]

• **как мóжно** [2, 5] *see* **мóжно**

• **как (...) ни ...** *conjunction; used to introduce concession*; however ...; no matter how ...; **как (э́то) ни стрáнно** curiously enough; oddly enough; strange as it may seem [5]

какóй *pronominal adj.* **1.** what?; which?; **какóго цвéта твоя́ машúна?** what color is your car?; **2.** what; which; **я не знáю, какóго онá вóзраста** I don't know what her age is; I don't know her age; **3.** what kind of; what sort of; **Какóй у негó óпыт?** What kind of experience does he have?; **4.** *used in exclamations for emphasis* what ...!; such ...!; **Какóй (замечáтельный) поэ́т!** What a (wonderful) poet!; *(with adjectives used as a predicate or part of predicate)* how ...!; **Какóй он талáнтливый!** How talented he is! [1, 3, 4, 5, 6]

какóй угóдно [3] *see* **угóдно**

какóй-нибудь [*only* какóй *is declined*] *pronominal adj.*; some; *(in negative sentences and conditional clauses)* any; *(with a sing. count noun)* a(n); **У тебя́ есть какóе-нибудь жильё?** Do you have a place to live? [6]

какóй-то [*only* какóй *is declined*] *pronominal adj.* **1.** some; *(with a sing. count noun)* a(n); a kind of; a sort of; **в я́щике столá лежáли какúе-то бумáги** there were some papers in the drawer; **2.** *(with adjectives)* kind of; sort of; somewhat; **ты сегóдня какáя-то грýстная** you're somewhat sad today [1, 3, 4, 5, 6]

кáк-то *adv.* **1.** somehow; **емý кáк-то удалóсь получúть э́ту рабóту** he somehow managed to get that job; **2.** *(to some extent)* somewhat; a bit; **я кáк-то не увéрен ...** I'm somewhat uncertain ... **3.** *coll. (in reference to the past)* once; one day; **онú к нам кáк-то заходúли, но давнó** one day they dropped in on us, but it was long ago [4, 5, 6]

калечить [-чу, -чишь] *impfv / pfv* **искалечить &
покалечить**; *acc.* **1.** to mutilate s.o.; cripple; maim;
disfigure; **2.** (*of s.o.'s life, soul, etc.*) to ruin; destroy [5]

камень [*gen.* камня; *pl.: nom.* камни, *gen.* камней, *prep.* (на)
камнях] stone; rock [5]

• **каникулы** [*pl. only, gen.* каникул] (school) vacation;
(school) holidays; (*of legislative bodies, etc.*) recess [4]

капля [*pl.: gen.* капель, *prep.* (о) каплях] **1.** drop; **2.** [*pl.
only*] (*of a liquid medication*) drops [2]

касаться [-аюсь, -аешься] *impfv / pfv* **коснуться** [-нусь,
-нёшься] *gen.* **1.** to touch (*by one's hand, fingers, or other
part of the body*); **2.** [*impfv only*] to concern; have to do
with; be relating to; **меня эти проблемы не касаются**
these problems have nothing to do with me; these problems
are no concern of mine; **3.** to touch upon; mention; **я хочу
коснуться одного важного вопроса** I want to touch upon
an important issue [3]

кассета 1. (*audio/ video*) cassette; **2.** (*photo*) cartridge [4, 5, 6]

кафе *indecl., neut.* café [1]

кафедра department (*at a university or college*) [6]

качество quality; feature [6]

кашлять [-яю, -яешь] *impfv / pfv-once* **кашлянуть** [-ну,
-нешь] to cough [5]

квадрат (*a rectangle that has four equal sides*) square [5]

квартира apartment [4, 6]

кивать [-аю, -аешь] *impfv / pfv-once* **кивнуть** [-ну, -нёшь]
1. *also:* **кивать / кивнуть головой**; (*to express agreement
or when greeting s.o.*); to nod (one's head); (*with dat.*) nod
(to s.o.); **2. на** + *acc.*; (*to point out*); to nod at s.o./ sth.; nod
toward s.o./ sth.; nod in the direction of s.o./ sth. [1]

кидать [-аю, -аешь] *impfv / pfv* **кинуть** [-ну, -нешь] *acc.* **1.**
to throw; fling; cast; toss; **кинуть мяч** throw a ball; **2.** *slang*
to hoodwink; dupe; stiff s.o. (out of sth.); con [6]

кидаться [-аюсь, -аешься] *impfv / pfv* **кинуться** [-нусь,
-нешься] to throw o.s. (into, under, at, *etc.*); fling o.s.; rush/
run (to some place, after s.o., *etc.*) [6]

кино *indecl., neut.* **1.** (*as a genre*) the cinema; movies;
cinematography; **2.** film; movie [4]

• **немое кино** silent movies; silent films; silent
cinematography [4]

кинуть *pfv* of **кидать** [6]

кинуться *pfv* of **кидаться** [6]

кипарис cypress [1]

кисть [*pl.: nom.* кисти, *gen.* кистей, *prep.* (на) кистях] (*part
of the body*) hand [4]

китель [*pl.: nom.* кителя & кители; *gen.* кителей] *masc.*
jacket (*as part of a military, naval, etc., uniform*); tunic [5]

клавиатура keyboard (*of a musical instrument*) [5]

кладбище cemetery; graveyard [4]

кладезь *masc.*; *archaic or poetic* well; fount; mine; **кладезь
(пре)мудрости** fount of wisdom; **кладезь знаний/
информации** a mine of information [6]

кланяться [-яюсь, -яешься] *impfv / pfv* **поклониться**
[-клонюсь, -клонишься] *dat.*; (*to express
acknowledgment, gratitude, etc.*) to bow (to) [5]

класс 1. (*group of students in the same year of study*) class;
2. (*year of study below college level*) grade; **3.** classroom [4,
5]

классный *adj.*; *highly coll.* first-rate; topnotch; awesome;
super [4]

класть [кладу, -ёшь; *past* клал, клала, клало, клали] *impfv
/ pfv* **положить** [-ложу, -ложишь] *acc. & в/ на/ под, etc.
+ acc.* to put (sth. into, on, under, *etc.*); place; lay [2]

климат 1. (*prevailing weather conditions*) climate; **2.**
(*prevailing circumstances*) climate; atmosphere;
психологический климат в институте psychological
climate/ atmosphere in the institute [3]

клин [*pl.: nom.* клинья, *gen.* клиньев] wedge [1]

клоун clown [4]

ключ [*gen.* ключа] key; **ключ от квартиры** the key to the
apartment [4, 6]

ключица collarbone; clavicle [4]

книга book [1, 6]

книголюб bibliophile; book lover [5]

книжка *diminutive of* **книга** book [2, 4]

книжный *adj.* book (*used as a modifier*); **книжная полка**
bookshelf; **книжный шкаф** bookcase [6]

когда[1] *adv.* when [1, 2, 4, 5, 6]

когда[2] *conjunction*; when; while; as [1, 2, 4, 5, 6]

когда-нибудь *adv.* **1.** (*at some time in the future*) sometime;
someday; **когда-нибудь я всё тебе расскажу** someday I'll
tell you everything; **2.** (*in questions and conditional
clauses*) ever; **Вы когда-нибудь были во Франции?**
Have you ever been to France? [4]

когда-то 1. (*at a moment or period in the past*) once; at one
time; **2.** (*at some indefinite time in the future*) someday;
sometime; it will be a long time before; it will be ages
before; who knows when; **ему нужны деньги сейчас, а не
когда-то потом** he needs money now, and not sometime
later; **когда-то ты получишь деньги от страховой
компании...** it will be ages/ a long time before you get
money from your insurance company... [6]

козёл [*gen.* козла] **1.** goat (*male*); **2.** *highly coll.*, *pejorative*
jerk; blockhead; idiot [4]:

кокать [-аю, -аешь] *impfv / pfv* **кокнуть** [-ну, -нешь] *acc.*;
coll. to break; shatter; crack [6]

коленка [*gen. pl.* -нок] *coll.*; *diminutive of* **колено** knee [4]

колено 1. [*pl.: nom.* колени, *gen.* коленей *or, in some
phrases*, колен] (*part of the body*) knee; **2.** [*pl.: nom.*
колена, *gen.* колен] *genealogy* generation [6]

• **до третьего колена** (*way back*) to the third generation
[6]

колонист *not common* inmate (at a juvenile correctional
facility) [5]

колония 1. colony; settlement; **2.** juvenile correctional facility
[3, 5]

колотить [-лочу, -лотишь] *impfv / pfv* **поколотить**; *acc.*;
coll. to beat; thrash; pummel; give a beating/ thrashing to [4]

комиссия commission; committee; board [5]

комментарий 1. (*explanation, elucidation of sth.*)
commentary (on); **2.** *pl.* (*opinion*) comment [6]

комната a room [5]

• **ванная комната** bathroom [4, 6]

компьютер computer [4]

конвоир armed escort; (armed) guard [5]

конвой (*usu. a group of soldiers or policemen guarding
prisoners*) armed escort; armed guards; **под конвоем** under
escort; under guard [5]

конвойный *adj.* **1.** armed escort (*used as a modifier*);
конвойная охрана armed escort guards; (*at prisons and
labor camps*) prison guards; labor camp guards; **конвойная
служба** guard duty; **2.** *used as a masc. noun* armed escort;
armed guard [3]

конец [*gen.* конца] **1.** end; **до конца школы** for the rest of
one's school days; **2.** *coll.* (*of a trip*) destination; **билет в
один конец** one way ticket [2, 4, 5]

- **без концá** endlessly; non-stop; forever [4]
- **в óба концá** поéздка, билéт, éхать и т. п. *coll.* (travel, transportation, *etc.*) there and back; (make) a round trip [5]
- **доводи́ть / довести́ до концá** *acc.* to carry/ see sth. through (to the end); carry/ pursue sth. to the end [4]

конéчно <*pronounced* -шн-> **1.** *parenthetical* of course; certainly; surely; naturally; sure; **он тебя́, конéчно, обмани́л** he certainly/ sure lied to you; **2.** *particle; used in response to a question or suggestion; coll.* (but) of course; certainly; by all means; sure thing; «Ты придёшь?» — «Конéчно!» "Will you come?" "But of course!/ Certainly!/ Sure thing!" [1, 3, 4, 5, 6]

кóнкурс competition; (contest) [2]

консерватóрия (music) conservatory; academy of music [1]

консерватóрский *adj.* music school/ academy (*used as a modifier*) [5]

конституциóнный *adj.* constitutional; constitution (*used as a modifier*) [5]

конферéнция conference; convention [2]

концéрт concert; (*of one performer*) recital; (*a mixture of musical and non-musical numbers*) show [5, 6]

кончáть [-áю, -áешь] *impfv / pfv* **кóнчить** [-чу, -чишь] **1.** *acc. or infin.* to end; finish; complete; stop; **кóнчить дискýссию** end a discussion; **кóнчить разговáривать** stop talking; **2.** *acc. & instr.* or *adverbial phrase* finish sth. with; end sth. with sth./ in a certain way; to conclude sth. with sth./ in a certain way; **он кóнчил лéкцию цитáтой из Толстóго** he finished his lecture with a citation from Tolstoy; **3.** *usu. used with the name of an educational institution* to finish (school); graduate from (the university, the academy, *etc.*) [1, 5, 6]

кончáться [*3rd pers. only;* -áется] *impfv / pfv* **кóнчиться** [-чится] **1.** to end; come to an end; be over; **заня́тия кóнчились рáно** classes ended/ were over early; **2.** *instr.* or *adverbial phrase* to end with sth./ in sth./ in a certain way; conclude in a certain way; **их разговóр кóнчился ссóрой** their conversation ended in a quarrel [4, 5]

коренно́й *adj.* native; indigenous; aboriginal; **коренно́й жи́тель** native (of …); aborigine [3]

коридóр corridor; hallway; passage(way) [5]

корóткий *adj.* [кóроток, короткá, кóротки & короткú; *compar.* корóче] short; (*of time, duration, extent, etc.*) brief; **корóткая ю́бка** short skirt; **корóткие кани́кулы** short vacation; **корóткая пáуза** short/ brief pause; [6]

корóче *parenthetical; coll.* in short; in a word; in brief; to be brief [4]

коррéктор proofreader [3]

кóрчить [-чу, -чишь] *impfv* [*no pfv*] *acc.; coll.* (*often used with из себя́*) to pose as (other than what one is); pretend to be (what one is not); play a role (of) [4]

космонáвт astronaut; (*a Soviet or Russian*) cosmonaut [4]

косо́й *adj.* [кос, косá, кóсы] slanting; skew; skewed; oblique [6]

костёр [*gen.* -трá] bonfire; campfire; fire [3]

кость [*pl.: nom.* кóсти, *gen.* костéй, *prep.* (на) костя́х] *fem.* bone [4]

костю́м 1. suit; **2.** outfit; **3.** (*theatrical, ethnic, etc.*) costume [3, 4]

кот [*gen.* котá] cat (*male*); tomcat [4]

котлéта (*of ground meat, fish, or vegetables; when used without a modifier, usu. implies meat*) patty [3]

котóрый *pronominal adj.* **1.** *interrogative* which one? who?; what?; **2.** *relative* (*when introducing a relative clause, may*

be omitted in translation) which; who; that; (*when in genitive*) whose; **вот человéк, котóрый говори́т по-немéцки** here is a man who speaks German; **э́то тóстер, котóрый я купи́л** this is a toaster I bought; **там бýдет писáтель, ромáн котóрого вам понрáвился** the author whose novel you liked will be there

кофемóлка [*gen. pl.* -лок] coffee grinder [6]

кóчка [*gen. pl.* кóчек] hummock; mound; hillock; (*of grass*) tussock [5]

коша́чий *adj.* cat (*used as a modifier*); cat's [4]

кóшка [*gen. pl.* кóшек] cat (*female or sex unspecified*) [4]

крáйне *adv.* extremely; utterly; completely; greatly (*and similar intensifiers*); **я крáйне разочарóван** I am extremely disappointed; **э́то крáйне неприя́тно** this is utterly disagreeable [3]

крáйний *adj.* **1.** the last; farthest; far; **крáйний подъéзд спрáва** the last entrance on the right; **крáйнее окнó** the farthest window; **2.** extreme; utmost; utter; absolute; **крáйнее раздражéние** extreme irritation; **к моемý крáйнему изумлéнию** to my utter amazement; **крáйняя необходи́мость** absolute/ dire necessity [5, 6]

крáйность extreme
- **до крáйности** [*used as a modifier*] in the extreme; extremely; terribly; to excess; to the utmost [3]

краси́вый *adj.* [-и́в, -а, -ы] beautiful; handsome; good-looking [4]

крáсить [крáшу, крáсишь] *impfv / pfv* **покрáсить**; *acc.* to paint; dye; stain; color [5]

крáска [*gen. pl.* крáсок] **1.** paint; **2.** dye [5]

краснéть [-éю, -éешь] *impfv / pfv* **покраснéть** to become red (in the face); turn red; blush; redden; (*from strong emotion*) blush [6]

крáсный *adj.* [крáсен, краснá, крáсно & краснó, крáсны & красны́; *compar.* краснéе] red [6]

крáшенный *ppp.* of **крáсить** *impfv*; [-шен, -а, -ы] painted; dyed; stained [5]

крéпкий *adj.* [-пок, -пкá, крéпки & крепки́; *compar.* крéпче] **1.** (*of objects*) strong; hard; **2.** (*of a person's physique & health*) strong; stout; sturdy; robust; **3.** (*of emotions, character, etc.*) strong; firm [6]

крéпко *adv.* [*compar.* крéпче] firmly; sturdily; strongly; tight(ly); **крéпко спать** sleep soundly; **крéпко задýматься** begin thinking hard [5, 6]

крéсло [*gen. pl.* -сел] armchair [4, 6]

крещéние baptism;
- **боевóе крещéние** baptism of fire; baptism by fire [4]

кривáя *adj., used as a fem. noun;* (*math., economics, etc.*) curve; curved line [2]

криво́й *adj.* [крив, кривá, кри́во, кри́вы & кривы́] curved; crooked [5]

кричáть [-чý, -чи́шь] *impfv / pfv & pfv-begin* **закричáть**, *pfv-once* **кри́кнуть** [-ну, -нешь] **1.** to yell; shout; cry; cry out; scream; **2.** *на + acc.* to yell/ scream/ shout at s.o. [4, 5]

кровáть *fem.* bed [4]

кровь *fem.* [*prep.* (о) крóви & (в) крови́] blood; **у негó идёт кровь** he is bleeding [4]

крóме *preposition with gen.* **1.** except (for); but; **2.** besides; in addition to
- **крóме тогó** [1, 3] *see* **то**

крóтко *adv.* gently; meekly [5]

крóхотный *adj.* [-тен, -тна, -тну] tiny; diminutive; very small [6]

крупá [*pl.: nom.* крýпы, *gen.* круп, *prep.* (о) крýпах] groats; cereal; **грéчневая крупá** buckwheat [4]

крути́ться [*3rd pers. only;* кру́тится] *impfv / pfv* **закрути́ться**; (*of events involving many people and activities*) to be/ get going; be/ start happening [6]

кру́то *adv.* [*compar.* кру́че] *or short-form adj.; often used as an interjection; young people's slang* cool; swell; super; first-rate(ly); **Кру́то!** That's swell/ cool! [4]

крыси́ный *adj.* rat (*used as a modifier*); rat's [4]

кры́шка [*gen. pl.* кры́шек] lid [3, 5]

кря́кать [-аю, -аешь] *impfv / pfv-once* **кря́кнуть** [-ну, -нешь] **1.** (*of a duck*) to quack; **2.** (*of a person*) to grunt [5]

кста́ти 1. *adv.* opportunely; timely; well-timed; **2.** *parenthetical* incidentally; by the way [6]

кто [*gen. & acc.* кого́, *prep.* (о) ком, *dat.* кому́, *instr.* кем] *pronoun* **1.** *interrogative* who?; whom?; **2.** *relative* who; whom; that/ those; **тот, кто …** the person who … (*in elevated style,* he who …); **те, кто …** those who …; **3.** *indefinite* [*in the construction where* кто *is repeated*] some … others …; some … others … still others …; **кто чита́л, (а) кто разгова́ривал** some were reading, (while/ and) others were talking [1, 3, 5]

кто́-нибудь [*only* кто *is declined*] *pronoun* somebody; someone; anybody; anyone [6]

кто́-то [*only* кто *is declined*] *pronoun*; (*of a specific but unnamed person*) somebody; someone [5, 6]

куби́зм (*a 20th century art movement*) cubism [1]

куда́ *adv.* **1.** *interrogative* where?; which way?; **2.** *relative* where; which way; to which; **скажи́, куда́ ты хо́чешь пое́хать** tell me where you want to go [4, 5]
- **Ка́к куда́?!** [5] *see* как³

куда́-нибудь *adv.* somewhere; anywhere [4, 5]

куда́-то *adv.* somewhere; to some place; anywhere [1]

кула́к [*gen.* кулака́] fist [5]

культу́ра 1. culture (*as demonstrated by accomplishments in literature, music, the arts, etc.*); **2.** (*a high degree of intellectual development, refinement, excellence in manners, etc.*) culture; **челове́к высо́кой культу́ры** highly cultured person; refined person [3, 6]

куми́р hero; idol [3]

купи́ть *pfv of* покупа́ть [1]

кура́ж *highly coll.* bravado; daring; derring-do [5]

кури́ть [курю́, ку́ришь] *impfv / pfv* **вы́курить**, *pfv-begin* **закури́ть**, *pfv-awhile* **покури́ть**; (*acc.*); to smoke; **он ку́рит тру́бку** he smokes a pipe; **она́ ма́ло/ мно́го ку́рит** she is a light/ heavy smoker [6]

ку́рица 1. (*female chicken*) hen; **2.** chicken (*meat*) [5]
- (**как**) **мо́края ку́рица** *coll., rather derogatory* look(ing) pitiful/ miserable; (be) a sorry sight [5]

курс 1. course (*of study*); **2.** year (*of study at a college or university*) [5, 6]
- **в ку́рсе де́ла** быть *or* держа́ть + *acc.* (*in speech,* де́ла *is often omitted*) know all about sth.; be well-informed on sth.; be/ keep s.o. up-to-date on sth.; [*with a negation*] not know what's going on; be/ keep s.o. uninformed [4]

ку́рсы *pl* (*instruction*) courses; program; training [2]

ку́хня [*gen. pl.* -хонь] kitchen [4, 6]

ку́хонный *adj.* kitchen (*used as a modifier*) [6]

ку́шать [-аю, -аешь] *impfv / pfv* **поку́шать** (*acc.*); *coll.* (*avoided by educated people*) to eat; have sth.; take sth.; have a bite to eat [6]

Л

ла́дно *particle*; all right; okay [4]

- **ну и ла́дно** *used when summing up sth. that did not go right*; oh well (, it can't be helped); there's nothing I can do (about it); too bad [4]

ладо́нь *fem.* palm (of the hand) [5]

ла́па paw
- **накла́дывать / наложи́ть ла́пу на** + *acc.; coll.* to get s.o./ sth. under one's control; subject s.o./ sth. to one's authority/ will [5]

ле́вый *adj.* left; **ле́вый глаз** left eye [4]

лёгкий *adj.* [лёгок, легка́, легки́; *compar.* ле́гче] **1.** (*of weight*) light; **2.** easy; not difficult; simple; **лёгкое дома́шнее зада́ние** easy homework; **лёгкая зада́ча** simple task; **3.** (*not tense*) light; **лёгкий диало́г** easy flow of dialogue [6]

легко́ *adv.* [*compar.* ле́гче] **1.** (*without effort*) easily; easy; effortlessly; readily; **де́вочка легко́ запо́мнила стихотворе́ние** the girl easily/ effortlessly memorized a poem; **ему́ легко́ даю́тся языки́** languages come easy to him; **2.** (*without pressure*) lightly; gently; **он легко́ прикосну́лся к кла́вишам** he lightly/ gently touched the keys [6]

лёгкость *fem.* **1.** (*no difficulty*) ease; easiness; **лёгкость зада́чи** easiness of the task; **2.** (*no or little weight*) lightness; **3.** (*feeling of freedom from constraints*) lightness; **лёгкость на се́рдце** lightness in s.o.'s heart [5]

лежа́ть [-жу́, -жи́шь; *verbal adverb* лёжа] *impfv / pfv* **пролежа́ть** [*used with place & time adverbials*], *pfv-awhile* **полежа́ть 1.** (*of people and animals*) to lie; [*pfv*] spend (a certain amount of time) in bed (in the sun, on the floor, *etc.*); **2.** *pfv-awhile* **полежа́ть** (*of objects placed horizontally on the surface*) to be; lie; sit; **поду́шка лежа́ла на дива́не** the pillow was on the couch; **ключ лежи́т на моём столе́** the key is (sitting) on my desk; **3.** [*used as a semi-auxiliary verb with some prepositional phrases, where the meaning is defined by the phrase; the general meaning of the verb is "to be"*] **лежа́ть в больни́це (в го́спитале)** to be in a hospital (as a patient); **лежа́ть в моги́ле (в земле́, в гробу́)** lie in one's grave [2, 3, 5, 6]

лезть [ле́зу, ле́зешь; *past* лез, -ла, -ло] *impfv; unidirectional of* ла́зить; **1.** *pfv* (*usu. when moving upward*) **влезть** & **зале́зть**, (*when moving down*) **слезть**; *pfv-begin* **поле́зть**; (*to move up, down, or in a specified direction using one's hands and feet*) to climb (down, into, over, out of, *etc.*); (*with difficulty*) clamber; **лезть на де́рево** climb a tree; **слезть вниз** get down; **2.** *pfv-begin* **поле́зть**; **к** + *dat.* (& *infin.* or **с** + *instr.*); *highly coll.* to bug/ bother s.o. (with); annoy/ pester s.o. (with); trouble s.o. (by doing sth.); **он ле́зет ко мне со свои́ми сове́тами** he keeps bugging me with his advice [4]

лека́рственный *adj.* medicinal [6]

лека́рство medicine; medication; drug [6]

ле́кция lecture; **ле́кции по фи́зике** lectures on physics; **проче́сть ле́кцию** give/ deliver a lecture [1, 2, 5, 6]

лени́во *adv.* lazily [5]

ленингра́дский *adj.* Leningrad (*used as a modifier*) [3]

лет *see* год

лечь *pfv of* ложи́ться [3]

ли¹ *conjunction* **1.** *used to introduce an indirect yes-no question*; whether; if; **скажи́, был ли ты у врача́** tell me whether you've seen the doctor; **2.** *used when contrasting two options*; **ли … ли …; ли … или …;** whether … or …; **сего́дня ли, за́втра ли, но вопро́с бу́дет решён** whether today or tomorrow, but the issue will be resolved; **я не спроси́ла, спра́вился ли он с рабо́той или нет** I didn't ask whether he handled the job well or not [4]

ли² *particle; used in direct questions;* **Так ли э́то?** Is that so? [4]

лист [*pl.*: *nom.* листы́, *gen.* листо́в] sheet (*of paper, metal, etc.*) [6]

листа́ть *impfv* / *pfv-awhile* **полиста́ть;** *acc.* to leaf through; turn over the pages (of) [1]

литера́тор man of letters; writer; author [3]

литерату́ра literature [3, 6]

литерату́рный *adj.* [-рен, -рна, -рны] literary [3]

лицеме́рие hypocrisy [1]

лицо́ [*pl.* ли́ца] face [5, 6]

ли́чный *adj.* personal; one's own [4, 5]
  • **ли́чное де́ло** personnel file [5]

лиша́ть [-а́ю, -а́ешь] *impfv* / *pfv* **лиши́ть** [-шу́, -ши́шь] *acc. & gen.* to deprive s.o. of (civil rights, an award, *etc.*); strip s.o. of (rank, possessions, etc.); rob s.o. (of victory, of his power, etc.) [5]

ли́шний *adj.* **1.** superfluous; unnecessary; excess; **в э́том те́ксте мно́го ли́шних слов** this text contains many superflous words; **без ли́шней суеты́** without unnecessary fuss; **ли́шний вес** excess weight; overweight; **2.** extra; spare; **У кого́ есть ли́шний биле́т?** Who has an extra ticket?; **у меня́ есть ли́шний экземпля́р кни́ги** I have an extra/ a spare copy of the book [4]

лишь *particle* only [3]

лоб [*gen.* лба, *loc.* (на/во) лбу] forehead; brow [4, 6]

лови́ть [ловлю́, ло́вишь] *impfv* / *pfv* **пойма́ть** [-а́ю, -а́ешь] *acc.* **1.** (*to grab or to try to grab s.o. or sth. moving*) to (try to) catch; **2.** (*to seize*) to (try to) catch; (try to) capture [4]

логи́ческий *adj.* logical [2]

ложи́ться [-жу́сь, -жи́шься] *impfv* / *pfv* **лечь** [ля́гу, ля́жешь, ля́гут; *past* лёг, легла́, легло́, легли́; *imper.* ляг] **1.** (*of people and animals*) to lie down; **2.** to go to bed; turn in; **он ложи́тся спать ра́но** he goes to bed early [3]

ло́жка [*gen. pl.* ло́жек] spoon [1]

ложь [*gen., prep. & dat.* лжи; *instr.* ло́жью] *fem.* lie; **вопию́щая ложь** blatant/ outrageous lie [5]

ло́коть [*gen.* ло́ктя, *pl.*: *nom.* ло́кти, *gen.* локте́й, *prep.* (на) локтя́х] *masc.* elbow [4]

лома́ть [-а́ю, -а́ешь] *impfv* / *pfv* **слома́ть** &, *coll.,* **полома́ть;** *acc.* **1.** (*to divide into two or more parts by smashing, bending, etc.*) to break; **слома́ть у́дочку** break a fishing rod; **2.** (*of a leg, arm, etc., or a specified bone*) to break; fracture; **слома́ть (себе́) но́гу** break/ fracture one's leg; **мне слома́ли ключи́цу** they broke/ fractured my collarbone; **3.** (*to make sth. inoperable, not functioning*) to break; **слома́ть магнитофо́н/ игру́шку** break a tape recorder/ a toy [4]

лопа́тка [*gen. pl.* -ток] shoulder blade; scapula [5]

ло́шадь [*pl.*: *nom.* ло́шади, *gen.* лошаде́й, *prep.* (на) лошадя́х, *instr.* лошадьми́] *fem.* horse [4]

лу́жа puddle [4]

луна́ (*Earth's satellite*) the Moon [6]

лу́чше¹ <*pronounced* -ýтш-> **1.** *adj.* [*compar.* of **хоро́ший** good]; better; **2.** *adv.* [*compar.* of **хорошо́** well] better; **второ́е сочине́ние напи́сано лу́чше пе́рвого** the second composition is written better than the first one; **3.** *parenthetical* better (yet); even better **приходи́ в сре́ду или, лу́чше, в четве́рг** come on Wednesday or, better yet, Thursday [1, 4, 5, 6]

лу́чше² <*pronounced* -ýтш-> *predicative, used with dat. and/or infin.;* one is/ gets/ feels better; it is better (to do sth., for s.o. to do sth.); **ему́ сего́дня лу́чше** he is/ feels better today; **вам лу́чше подожда́ть** it's better for you to wait [1, 4, 5, 6]

лу́чше³ <*pronounced* -ýтш-> *particle; used to emphasize the preferred action;* (would) rather; (would) better; instead; **не хочу́ туда́ идти́, я лу́чше до́ма оста́нусь** I don't want to go there, I'd rather stay home/ I'll stay home instead [1, 4, 5, 6]
  • **лу́чше бы** it would be better if …; I wish …; s.o. would be better (doing sth.) [4]

лу́чший <*pronounced* -ýтш-> *adj.* [*no short forms; compar. and superl.* of **хоро́ший** good] better; (the) best [1, 2]
  • **к лу́чшему** for the better [1]

льстить [льщу, льсти́шь] *impfv* **1.** *pfv* **польсти́ть;** *dat.* to flatter; please; **2.** [*impfv only*] *bookish* **льстить себя́** + *instr.:* **льстить себя́ наде́ждой** hope; take consolation in the hope that …; **льстить себя́ мы́слью** take comfort in the thought that …; have the consolation of thinking that … [5]

люби́мый *adj.* favorite [6]

люби́ть [люблю́, лю́бишь] *impfv* / *pfv-begin* **полюби́ть 1.** *acc.* to love; **2.** *acc.* or *infin.* to like; be fond of [2, 3, 4, 5]

любо́вный *adj.* love (*used as a modifier*); romantic; **любо́вный рома́н** love affair; romantic relashionship [6]

любо́вь [*gen., prep. & dat.* любви́; *instr.* любо́вью] *fem.* love [3]

лю́ди [*pl. of* челове́к; *gen.* люде́й, *prep.* (о) лю́дях, *dat.* лю́дям, *instr.* людьми́] people; persons; folks; men [1, 2, 3, 5, 6]

М

магази́н store; shop [3, 6]

макаро́ны [*gen.* макаро́н; *pl. only*] macaroni [3]

ма́ленький *adj.* [мал, мала́, малы́; *compar.* ме́ньше] little; small [4, 5]

ма́ло *adv.* [*compar.* ме́ньше] **1.** little; not much; **ты ма́ло измени́лся** you haven't changed much; **2.** not enough; **он ма́ло спит** he doesn't sleep enough; **3.** *quantifier; gen.;* [*with noncount nouns*] little; not much; [*with count nouns*] few; not many; **она́ ест ма́ло хле́ба** she doesn't eat much bread; **на конфере́нцию прие́хало ма́ло люде́й** few people attended the conference. **4.** *quantifier; gen.;* too little; too few; not enough; **вы да́ли ему́ ма́ло де́нег** you gave him too little money; **5.** *used predicatively;* too little; too few; not enough; **трои́х ма́ло, им ну́жно пять-шесть челове́к** three is not enough, they need five or six people [2]

малова́то *adv.; coll.* not really enough; not quite enough [5]

ма́лочувстви́тельный *adj.* [-лен, -льна, -льны] not very sensitive; insensitive [6]

ма́лый *adj.* small [5]

ма́ма mom; mama; mother [1, 4]

марш (*the movement, the distance covered, and the musical genre*) march [3]

масшта́б scale; scope [6]

матема́тика mathematics; math [2, 6]

матема́тичка *coll., school students' slang* math teacher (*female*) [2]

маха́ть [машу́, ма́шешь] *impfv* / *pfv-once* **махну́ть** [-ну́, -нёшь] *instr.* to wave sth.; **маха́ть/ махну́ть руко́й** *dat.* wave to [5]

маши́на 1. machine; **2.** car; automobile [4, 5]

ме́дленно *adv.* slowly [6]

ме́жду *preposition with instr. or, less frequently, gen.*

With gen.: (*used to indicate a position of one object in the midst of others; used with a plural noun*) among; surrounded by; **мы уви́дели избу́шку ме́жду дере́вьев** we saw a little peasant's hut among the trees;

With instr.: 1. (*relating to two persons, objects, etc.; used with two singular nouns or one plural noun*) between (… and …); **ме́жду крова́тью и окно́м** between the bed and the window; **обсуди́те э́то ме́жду собо́й** talk it over between yourselves/ between the two of you; **2.** (*relating to more than two or to many persons, objects, etc.*) among(st); between; **э́тот вопро́с обсужда́лся ме́жду их друзья́ми** the issue was discussed among their friends; **ме́жду собо́й** among ourselves (yourselves, themselves); **на́ша да́ча нахо́дится ме́жду ле́сом, о́зером и доро́гой** our dacha/ country house is between the woods, the lake, and the road; **3.** among(st); in the midst of; **ме́жду ни́ми попада́лись нече́стные лю́ди** there were dishonest people among them; **ме́жду ни́ми был преда́тель** there was a traitor among them/ in their midst; **4.** (*when indicating distance or connection*) between (… and …); from … to …; **расстоя́ние ме́жду двумя́ города́ми/ ме́жду Москво́й и Калу́гой** the distance between the two cities/ between Moscow and Kaluga; **доро́га ме́жду Москво́й и Калу́гой** the road from Moscow to Kaluga; the road connecting Moscow to Kaluga

ме́лочь [*pl.: nom.* ме́лочи, *gen.* мелоче́й, *prep.* (о) мелоча́х] *fem.* **1.** [*can be used in the sing. as a collective noun*] small things/ items; small articles/ stuff; **в карма́не у него́ бы́ли вся́кие ме́лочи/ была́ вся́кая ме́лочь** he had all kinds of small things in his pocket; **2.** [*sing. only; used as a collective noun*] small change (*in coins*); **3.** [*often pl.*] trifle; small point; nothing important; small stuff; little things; **хва́тит говори́ть о мелоча́х — расскажи́ нам о гла́вном** enough talking about trifles—tell us about the important things [6]

ме́нее *adv.* less [6]

• **бо́лее или ме́нее** [6] *see* **бо́лее**

мент *slang* (*in the U.S.S.R. and Russia*) cop; policeman [4]

меня́ть [-я́ю, -я́ешь] *impfv / pfv* **поменя́ть**; *acc.* **1.** *also pfv* **измени́ть & перемени́ть** to change; alter; modify; **она́ измени́ла свою́ то́чку зре́ния** she changed/ modified her viewpoint; **2.** *also pfv* **обменя́ть**; (**на** + *acc.*) to exchange sth. for sth; trade/ swap/ barter sth. for sth.; **мальчи́шки всё вре́мя что́-то меня́ли** the boys were trading/ swapping something for something else all the time; **3.** *also pfv* **перемени́ть** (**на** + *acc.*) **& смени́ть**; (*to fill the place of a person or thing with another of the same kind*) to change sth.; replace s.o./ sth. with; **тебе́ на́до поменя́ть руба́шку** you need to change your shirt; **ста́рое расписа́ние поменя́ли на но́вое** they replaced an old schedule with a new one; **перемени́ть/ смени́ть те́му разгово́ра** change the subject/ the topic [3]

меня́ться [-я́юсь, -я́ешься] *impfv / pfv* **поменя́ться 1.** *also pfv* **измени́ться & перемени́ться**; (*to become different*) to change; alter; **его́ взгляд на э́ти собы́тия си́льно измени́лся** his view of these events changed drastically/ altered dramatically; **2.** *also pfv* **обменя́ться**; *instr. pl.*; (*to act reciprocally*) to exchange sth.; trade sth.; swap sth.; **они́ постоя́нно меня́ются ма́рками** they constantly exchange stamps; **3.** *also pfv* **смени́ться**; to change; be changed; be relieved; be replaced; **охра́на меня́ется ка́ждые два часа́** the guards change every two hours [6]

ме́ра measure; extent

• **по кра́йней ме́ре** at least; at any rate [6]

ме́сиво medley; jumble [5]

ме́стный *adj.* local [3]

ме́сто [*pl.: nom.* места́, *gen.* мест, *prep.* (на) места́х] **1.** (*location where sth. is going on*) place; area; spot; scene; **2.** job; position; (*of an unfilled position*) opening; vacancy; **в на́шем отде́ле сейча́с есть ме́сто инжене́ра** our department currently has an opening for an engineer; **3.** space; room; **занима́ть мно́го ме́ста** take/ occupy a lot of room [1, 2, 6]

• **занима́ть огро́мное ме́сто в** + *prep.* to play huge role; occupy important place [6]

• **ме́сто де́йствия** scene (*of action*); place (*of action*) [1]

ме́сяц month [1, 3]

мечта́ [*gen. pl. avoided, instead* мечта́ний *is used*] dream; daydream [3]

мечта́ть [-а́ю, -а́ешь] *impfv / pfv-awhile* **помечта́ть 1. о** + *prep.* or *infin.* to dream (of sth. *or* of doing sth.; cherish a/the hope to do sth./ of (doing) sth.; **она́ мечта́ла стать певи́цей** she dreamed of becoming a singer; **2.** to daydream; fantasize; **хва́тит мечта́ть, лу́чше помоги́ мне** enough daydreaming, you might help me, instead [2, 3]

меша́ть [-а́ю, -а́ешь] *impfv / pfv* **помеша́ть 1.** *dat. & infin.* (*the dative of the recipient may be omitted if clear from the context*) to prevent/ keep s.o. from doing sth.; hinder sth.; impede sth.; **Что меша́ет тебе́ перее́хать в Нью-Йо́рк?** What keeps you from moving to New York?; **мне бы́ло стра́шно, и э́то меша́ло мне спать** I was frightened, and it hindered my sleep; **2.** *dat., instr., & infin.* (*any or all of the complements may be omitted if clear from the context*) to disturb s.o.; bother s.o.; interfere with; interrupt sth.; distract s.o. from sth.; **Я вам меша́ю?** Am I disturbing you?; **не меша́ет/ не меша́ло бы сде́лать переры́в** it's not/ it wouldn't be a bad idea to have a break; it won't/ it wouldn't do (you, us, *etc.*) any harm to have a break [3, 4]

микроскопи́ческий *adj.* microscopic [3]

ми́ксер <*pronounced* -сэ-> mixer [6]

милице́йский *adj.* (*in the U.S.S.R. and Russia*) police (*used as a modifier*); policeman's [5]

милиционе́р (*in the U.S.S.R. and Russia*) policeman; police officer [4, 5]

мили́ция (*in the U.S.S.R. and Russia*) the police [4]

миллионе́р [*male when sing., sex unspecified when pl.*] millionaire [3]

мини́стр (*in government*) minister; (*the U.S.*) Secretary [2]

мину́та minute; moment [2]

мир [*nom. pl.* миры́] **1.** world; universe; **2.** (*a sphere, realm, area of human interests*) world; **литерату́рный мир** the world of letters [1, 6]

мирово́й *adj.* world (*used as a modifier*); world-wide [3]

млеть [мле́ю, мле́ешь] *impfv* [*no pfv*] **от** + *gen.* to be enraptured by sth.; be overcome/ filled with sublime emotion [6]

мно́гие *pl. only* **1.** *pronominal adj.* many; many of; **во мно́гих о́кнах горе́л свет** many windows were lit; **мно́гие друзья́** many friends; many of my (his, her, *etc.*) friends; **2.** *pronoun* many; many people; **пло́щадь была́ запо́лнена людьми́, мно́гие бы́ли с детьми́** the square was filled with people, many with children [5, 6]

мно́го *adv.* [*compar.* (по)бо́льше] **1.** much; a great deal; a lot; **он мно́го занима́ется** he studies a lot/ a great deal; **я мно́го рабо́таю** I work a lot; I work hard; **2.** too much; **она́ мно́го ест, поэ́тому и попра́вилась** she eats too much, that's why she has gained weight; **3.** *quantifier; gen.*; a lot of; [*with noncount nouns*] much; [*with count nouns*] many; **прошло́ мно́го вре́мени** a lot of time/ much time/ a long time has passed (by); **на по́лках бы́ло мно́го интере́сных книг** there were many interesting books on the shelves; **4.** *quantifier; gen.*; too much; too many; **ты налила́ мне мно́го вина́** you poured me too much wine; **5.** *used predicatively*; too much; too many; **три вы́говора в оди́н день — э́то мно́го** three reprimands in one day is too many [4, 5, 6]

многовеково́й *adj.* centuries-old [5]

многозначи́тельно *adv.* significantly; in a meaningful manner; meaningfully; knowingly; (*of s.o.'s comment, response, etc.*) **многозначи́тельно спроси́л (сказа́л, заме́тил,** *etc.*) the question (remark, comment, etc.) was charged with meaning; the question (remark, etc.) was loaded [5]

многотира́жка [*gen. pl.* -жек] *coll.* company (factory, *etc.*) newsletter/ newspaper; house organ [3]

мно́жество a great number; multitude; many; lots (and lots) of; **там мно́жество цвето́в** there is a multitude of flowers there; there are lots of flowers there [5, 6]

могу́чий *adj.* [-у́ч, -а, -и] powerful; mighty; strong [5]

могу́щественный *adj.* [-ствен, -венна, -венны] powerful; mighty [2]

мо́дный *adj.* [мо́ден, модна́ & мо́дна, мо́дны; *compar.* модне́е & -е́й] fashionable; in fashion; in vogue; popular [6]

мо́жет 1. *nonpast 3rd pers. sing. of* **мочь; 2.** *parenthetical; a colloquial variant of* **мо́жет быть**; perhaps; maybe [1, 4, 6]
  • **мо́жет быть** *parenthetical* perhaps; maybe; possibly [4, 5, 6]

мо́жно *predicative, used with infin.* **1.** (one) can; (it) is possible; **е́сли вам жа́рко, мо́жно вы́йти на у́лицу** if you're hot, we/ you can go outside; **2.** (one) may; (it) is permissible/ permitted; (it) is allowed; **Мо́жно вас здесь подожда́ть?** May I wait for you here? [1, 2, 4, 5]
  • **как мо́жно** [+ *compar.*] as … as possible; as … as one can [2, 5]
  • **Ско́лько мо́жно!** [1] *see* **ско́лько**

мо́крый *adj.* [мокр, мокра́, мо́кры & мокры́; *compar.* мокре́е & -е́й] wet; moist [5]

молниено́сный *adj.* [-сен, -сна, -сны] quick as lightning [6]

молодёжный *adj.* youth (*used as a modifier*); young people's [6]

молоде́ц [*nom. pl.* -дцы́; *used in this meaning in nom. sing and pl. only; used in reference to a person or persons of either sex*] **1.** *predicative*; good boy/ girl; you (he, they, *etc.*) did a good job/ did well; (you're, he's, *etc.*) great/ wonderful; kudos to you (him, *etc.*); **О́ля — молоде́ц, и её роди́тели — больши́е молодцы́** Olya is a good girl, and her parents are really great; **они́ молодцы́** kudos to them; **2.** [*used as an interjection*] Nice going!; Kudos to you (him, *etc.*)!; (Job) well done!; **Поздравля́ю с успе́хом! Молоде́ц!** Congratulations on your success! Nice going!/ Kudos to you! [4, 5]

молодо́й *adj.* [мо́лод, молода́, мо́лоды; *compar.* моло́же] **1.** young [3, 5, 6]; **2.** youthful [3, 5, 6]

мо́лодость *fem.* youth [6]

мо́лча *adv.* silently; in silence; without saying anything; without opening one's mouth [1, 4, 6]

молча́ть [-чу́, -чи́шь] *impfv / pfv-begin* **замолча́ть**, *pfv-awhile* **помолча́ть** to be silent; keep silent; say nothing; [*pfv-begin only*] stop talking; fall silent [4, 5]

моме́нт moment; instant; point (in time) [1, 2, 6]

монго́льский *adj.* Mongolian [4]

мора́льно-эти́ческий *adj.* related to ethics and moral values [5]

мо́рда *coll., rude* **1.** muzzle; snout; **2.** face; mug [4]

мо́ре [*pl.: nom.* моря́, *gen.* море́й; *in prep. phrases stress varies:* на́ море/ на мо́ре, по́ морю/ по мо́рю, за́ море/ за мо́ре, за́ морем/ за мо́рем] sea [1]

моро́женое *adj., used as a neut. noun* ice cream [4]

моря́к [*gen.* моряка́] sailor; seaman [1]

моско́вский *adj.* Moscow (*used as a modifier*); … of Moscow [4, 5]

моти́в[1] motive; cause; motivation [3, 6]

моти́в[2] tune; melody [3, 6]

моти́вчик *diminutive* of **моти́в**[2] [6]

мочь *impfv* [могу́, мо́жешь, мо́гут; *past* мог, -ла́, -ло́] / *pfv* **смочь 1.** to be able (to do sth.); (one) can; **я не смогу́ вам за́втра помо́чь** I won't be able to help you tomorrow; **2.** [*impfv only*] to be possible; may/ might; **у него́ могла́ быть друга́я профе́ссия** he might have had a different profession; **3.** to be permitted; may; **мо́жете кури́ть — мы ведь са́ми ку́рим** you may smoke—after all, we are smokers ourselves; **4.** [*impfv only*] *used with negated infin.* need (not); **мо́жете не беспоко́иться** you don't need to worry; you needn't worry; **он не мог не сказа́ть ей** he couldn't help telling her; he couldn't help but tell her [1, 3, 4, 5, 6]

мрак 1. darkness; **2.** gloom; a gloomy/ somber mood; state of despondency/ depression [4]
  • **по́лный мрак** *coll.* deadly boredom; a depressing, hopeless, *or* desperate atmosphere [4]

муж [*pl.: nom.* мужья́, *gen.* муже́й, *prep.* (о) мужья́х] husband [1]

мужско́й *adj.* **1.** male; **мужско́е населе́ние** the male population; **2.** (*intended or designed for men*) man's; men's; **мужски́е руба́шки** men's shirts; **2.** (*characteristic of an adult male*) masculine; male; manly; **мужска́я ло́гика** masculine logic; **мужски́е черты́ хара́ктера** masculine/ male traits; **мужска́я привы́чка** manly habit [3]

мужчи́на man; male [6]

музе́й museum [1]

музыка́льный *adj.* [-лен, -льна, -льны] **1.** [*no short forms; no compar.*] music (*used as a modifier*); musical; **музыка́льная шко́ла** music school; **музыка́льное изда́тельство** music publisher; **музыка́льные инструме́нты** musical instruments; **2.** musical; musically gifted; musically talented; musically sensitive; **ма́льчик о́чень музыка́лен, ему́ ну́жен хоро́ший учи́тель му́зыки** the boy is very musical/ musically gifted, he needs a good music teacher; **3.** (*nice to hear*) melodious; harmonious; musical; **музыка́льный го́лос** melodious voice; musical speaking voice [4, 5]

му́ченически *adv.* as if suffering from excrutiating pain [5]

мысль *fem.* **1.** (*mental activity*) thinking; thought; **ход мы́сли** (*or* **мы́слей**) train of thought; **2.** (*a product of mental activity*) thought; idea; notion; **интере́сная мысль** an interesting thought/ idea/ notion; **све́жая мысль** refreshing thought/ idea/ notion [5, 6]
  • **льстить себя́ мы́слью** to take comfort in the thought that …; have the consolation of thinking that … [5]

мыть [мо́ю, мо́ешь] *impfv* / *pfv* **вы́мыть** [-мою, -моешь] *or* **помы́ть** [-мо́ю, -мо́ешь] *acc.* to wash [6]

мышле́ние <*also* **мы́шление**> thinking; thought [2]

мя́гко [*compar.* мя́гче] **1.** (to walk, land, *etc.*) softly; **самолёт мя́гко приземли́лся** the plane landed softly; **2.** (to shake, remove sth., close the door, etc.) gently; (to punish) mildly/ lightly; (to talk, treat, etc.) mildly; **мне мя́гко отказа́ли** I was gently turned down; **вы его́ сли́шком мя́гко наказа́ли** you punished him too mildly [5]

мя́ться [мнусь, мнёшься] *impfv* / *pfv-awhile* **помя́ться**; *coll.* to waver; vacillate; hem and haw; hesitate (before giving a definite answer) [5]

мя́укать [-аю, -аешь] *impfv* / *pfv-begin* **замяу́кать**, *pfv-awhile* **помяу́кать** to meow [4]

Н

на *preposition with acc. or prep.*

With acc., **на** *is generally used in description of motion or direction*: **1.** (*motion toward a surface, object, etc.*) on; onto; **поста́вь кни́гу на по́лку** put the book on the bookshelf; **2.** (*with some nouns denoting places or events*) to; for; **на стадио́н** to the stadium; **на по́чту** to the post office; **на ле́кцию** to a lecture; **я иду́ на рабо́ту** I'm going to the office/ to work; **они́ напра́вились на ры́нок** they headed off for the market; **3.** (*when indicating destination or direction*) to; for; toward; **по́езд на Вашингто́н** a train to/ for Washington; **4.** (*with nouns denoting the four cardinal points, planets, rivers, islands, some regions, etc.*) to; toward; **на юг** to the south; southward; **5.** (*used in certain phrases referring to time, holidays, etc.*) at; on; as of; **на Рождество́** at Christmas; **на второ́й день по́сле прие́зда** on the second day upon arrival; **на сего́дняшний день** as of today; **6.** (*when expressing a deadline or timeframe*) for; **уро́ки / дома́шнее зада́ние на вто́рник** homework for Tuesday; **сапоги́ на́ зиму** boots for winter; winter boots; **7.** (*when expressing goal*) for; **ткань на костю́м** fabric for a suit; **ко́мната на двои́х** a room for two; **8.** (*when expressing sharing or division*) into; **раздели́ть на три ча́сти** to divide into three parts; **9.** (*used in expressions of emotion to introduce the object of emotion*) at; to; with; against; **не обижа́йся на шу́тку** don't take offense at the joke; **Как он реаги́рует на собы́тия?** How does he react to the events?; **Ты се́рдишься на меня́?** Are you angry with me?; **10.** (*used with verbs and nouns that govern a prepositional phrase with* **на**) at; for; to; on; about; **посмотри́ на меня́** look at me; **ему́ на э́то наплева́ть** he cares nothing for/ about it; **пра́во на труд** the right to work; **он произвёл впечатле́ние на дире́ктора** he made an impression on the director; **охо́та на волко́в** wolf hunting;

With prep., **на** *is generally used in descriptions of locations*: **1.** (*located on a surface or in contact with it*) on; **на сте́не** on the wall; **2.** (*used with some nouns denoting places*) at; in; **на стадио́не** at the stadium; **на рабо́те** (*in reference to the place of work*) in the office/ at the workplace; **3.** (*used with some nouns denoting events*) at; **на ле́кции** at the lecture; **он на рабо́те** (*in reference to work as an institution*) he is at work; **4.** (*used with nouns denoting the four cardinal points, planets, rivers, islands, some regions, etc.*) in; on; **на ю́ге** in the south; **на Ма́рсе** on Mars; **на Гудзо́не** on the Hudson; **5.** (*when indicating a mode of transportation*) by; in; **е́хать на маши́не** go by

car; **я на э́той маши́не не пое́ду** I won't go in this car; **6.** (*used in time expressions*) at; **на рассве́те** at dawn; **на э́той неде́ле** this week; **7.** (*with musical instruments*) **игра́ть на фортепиа́но** play the piano; [*when there is a direct object*] on; **сыгра́ть мело́дию на роя́ле** play a tune on the piano; **8.** (*used in some phrases denoting state*) **быть на пе́нсии** be a retiree; **на во́ле** free

набега́ть [-а́ю, -а́ешь] *impfv* / *pfv* **набежа́ть** [*conjugates like* **бежа́ть**] *coll.*; (*of a large number of people*) to come running; come to visit [6]

наби́ть [-бью́, -бьёшь] *pfv* (*of* **набива́ть**) *coll.* to fill/ pack (some place with some people or things) [5]

 • **битко́м наби́т(ый)** [5] *see* **битко́м**

наве́рно <*also* **наве́рное**> **1.** *parenthetical* probably; most likely; **2.** *adv.*; *old-fashioned* certainly; surely [1, 4, 5, 6]

наверняка́ *adv.*; *coll.* **1.** surely, certainly; **они́ наверняка́ бу́дут молча́ть** they will surely be silent; **2.** when one is sure (of success); when there's no risk involved; on a dead certainty; **он челове́к осторо́жный и де́йствует то́лько наверняка́** he is a cautious man, and he acts only when he is sure of success/ only on a dead certainty [4]

навсегда́ *adv.* forever; for good [3, 5]

над *preposition with instr.* [*variant* **надо**, *unstressed, is used in the prepositional phrase* **надо мной** *and, along with* **над**, *before the consonant clusters beginning with* р *or* л, *e.g.,* **надо ртом**] **1.** above; over; **над гора́ми** above the mountains; **над на́ми** above us; **над голово́й** overhead; **2.** (*indicating an object of an action, thought, etc.*) over; at; on; **побе́да над проти́вником** a victory over one's adversary; **смея́ться над собо́й** laugh at oneself; **рабо́та над диссерта́цией** work on a dissertation

надгро́бный *adj.* funeral; memorial; graveside/ grave/ tomb (*all used as modifiers*); **надгро́бная речь** graveside oration/ speech [3]

надева́ть [-а́ю, -а́ешь] *impfv* / *pfv* **наде́ть** [-де́ну, -де́нешь] *acc.* to put on (a piece of clothing, one's hat, shoes, glasses, *etc.*) [4, 5]

наде́жда hope [2]

 • **возлага́ть наде́жды на** + *acc.* [*no pfv*] to place (one's) hope in/ on s.o.; set/ pin/ put one's hopes on s.o. [2]

 • **опра́вдывать / оправда́ть наде́жды** *gen.* to come up/ live up to (s.o.'s) expectations [2]

наде́ть *pfv* of **надева́ть** [4, 5]

на́до[1] **1.** *predicative, usu. used with infin.* (*and/or dat.*); *may be used impersonally* (*with dat. & partitive gen. or, rare, acc.*); (one) has to; (one) must; (one) ought to; (one) needs to; it is necessary; (one) needs (s.o. or sth.); **ему́ на́до занима́ться** he needs to study; **ей на́до де́нег** she needs (some) money; **2.** *used as particle after* **кто, где, куда́**, *etc.*; the right (person/ people, place, way, *etc.*); **то, что на́до** precisely what one needs; the right stuff [1, 3, 4, 5, 6]

 • **на́до полага́ть** *often parenthetical* I suppose; one may suppose; presumably; it seems; in all likelihood [5]

надо[2] *variant of the preposition* **над**—*see* **над**

надоеда́ть [-а́ю, -а́ешь] *impfv* / *pfv* **надое́сть** [-е́м, -е́шь] **1.** *dat.* (& *instr.*); to bore s.o. (with sth.); get on someone's nerves (with sth.); **переста́нь надоеда́ть отцу́ свои́ми вопро́сами** stop boring father with your questions; **2.** (*dat.* &) *infin.*; to be/ get tired of; be/ get fed up with; be sick of; **ей надое́ло слу́шать одни́ и те же шу́тки** she got tired of hearing the same old jokes [4]

на́дпись *fem.* inscription; (*in a book, music score, etc.*) dedication [6]

• да́рственная на́дпись inscription (*a note on a book's title page, on a photograph, etc., addressed to a gift recipient*) [6]

наеда́ться [-а́юсь, -а́ешься] *impfv* / *pfv* нае́сться [-е́мся, -е́шься, -е́стся, -еди́мся, -еди́тесь, -едя́тся; *past* нае́лся, -ла́сь, -ло́сь] *gen. or instr.*; to eat one's fill (of); fill up on; eat a lot of [4]

наза́д *adv.* back; backwards; [*when used after a word or phrase denoting a span of time*] ago [1, 4]

назва́ние (*of a city, organization, etc.*) name; (*of a book, song, film, etc.*) title [5]

назва́ть *pfv* of называ́ть [3, 4, 5]

назнача́ть [-а́ю, -а́ешь] *impfv* / *pfv* назна́чить [-чу, -чишь] *acc. & instr.* to appoint [2, 5]

назначе́ние appointment; assignment [2]

назна́ченный *ppp.* of назна́чить *pfv*; [-чен, -а, -ы] appointed [5]

назна́чить *pfv* of назнача́ть [2]

называ́ть [-а́ю, -а́ешь] *impfv* / *pfv* назва́ть [-зову́, -зовёшь; *past* назва́л, -ла́, -ло] 1. *acc. & instr.*; to name s.o. (+ *the first name*); give a name; де́вочку назва́ли Да́шей the girl was named Dasha; 2. *acc. & instr.*; (*to characterize, identify, or classify*) to call (*by a certain name*); refer to as; он не лю́бит, когда́ его́ называ́ют солда́том he doesn't like it when people call him "soldier"; 3. *acc.*; (*to mention or cite by name*) to name; tell/ give the name of; identify; её попроси́ли назва́ть не́сколько люби́мых книг she was asked to name a few of her favorite books [3, 4, 5]

называ́ться [-а́юсь, -а́ешься] *impfv* / *pfv* назва́ться [-зову́сь, -зовёшься; *past* назва́лся, -зва́ла́сь, -зва́ло́сь, -звали́сь & -звало́сь] 1. to identify oneself; introduce oneself as; give one's name; 2. to call oneself; introduce oneself as; assume the name of; 3. [*impfv only*; *titles take nom. case, general designations take nom. or instr.*] to be called; be entitled; кни́га называ́ется «Де́тство» the book is entitled *Childhood*; э́та нау́ка называ́ется эколо́гией this branch of science is called ecology [4, 6]

наи́вный *adj.* [-вен, -вна, -вны] 1. (*of people*) naive; credulous; 2. (*of things*) naive; simple; unsophisticated; наи́вный вопро́с naive question; с наи́вным ви́дом with an unsophisticated look [3, 5]

наизу́сть *adv.* (to know, learn) by heart; (to recite) from memory [6]

найти́ *pfv* of находи́ть [4, 6]

найти́сь *pfv* of находи́ться [4]

нака́зывать [-аю, -аешь] *impfv* / *pfv* наказа́ть [-кажу́, -ка́жешь] *acc.* to punish s.o. [2, 4]

нака́пливаться [*3rd pers. only;* -ается] *impfv* / *pfv* накопи́ться [-ко́пится] to accumulate; pile up; у меня́ накопи́лось мно́го ста́рых журна́лов lots of old magazines accumulated at my place [6]

накла́дывать[-аю, -аешь] *impfv* / *pfv* наложи́ть [-ложу́, -ло́жишь] used in the idiom накла́дывать/ наложи́ть ру́ку/ ла́пу на + *acc—see* ла́па [5]

наконе́ц 1. *adv.* finally; at last; in the end; по́сле дли́нной зимы́ наконе́ц пришла́ весна́ after a long winter spring finally came/ spring came at last; 2. *parenthetical* [*used to introduce the last member of a series*] finally; lastly; всё нашло́сь: вот его́ заявле́ние, вот резюме́ и вот, наконе́ц, публика́ции everything has been found: here is his application, here is the resume, and lastly, here are his publications; 3. *used as particle to express impatience,*

dissatisfaction; finally; will you (do you, *etc.*); Замолчи́ же наконе́ц! Stop talking, will you! [1, 3, 4, 5, 6]

накопи́ться *pfv* of нака́пливаться [6].

налива́ть [-а́ю, -а́ешь] *impfv* / *pfv* нали́ть [-лью́, -льёшь; *past* на́лил, налила́, на́лило, на́лили & нали́л, нали́ло, нали́ли; *imper.* налей] *acc. or partitive gen.* to pour (a liquid) [1]

наложи́ть *pfv* of накла́дывать [5]

намёк allusion; hint [6]

намека́ть [-а́ю, -а́ешь] *impfv* / *pfv-once* намекну́ть [-ну́, -нёшь] (на + *acc.*) to hint (at); drop hints (about); allude (to); imply; infer [3]

наме́рение intention; purpose [6]

наноси́ть [*conjugates like* носи́ть] *impfv* / *pfv* нанести́ [-несу́, -несёшь; *past* нанёс, -несла́, -несло́] *acc. & dat.* [*used as a semi-auxiliary verb with nouns that have the general meaning "harm, damage"*] нанести́ ра́ну inflict a wound on/ upon s.o.; нанести́ тра́вму cause (a) trauma; нанести́ уда́р deliver/ deal a blow (*pl.* наноси́ть уда́ры heap/ rain blows on s.o.), нанести́ оскорбле́ние insult s.o.; нанести́ вред do harm to s.o.; do damage to sth.; нанести́ пораже́ние defeat s.o./ bring defeat for s.o., *etc.* [6]

наоборо́т 1. *adv.* (*in a reverse order or fashion*) backward(s); back to front; обра́тный отсчёт вре́мени — то же са́мое, что отсчёт наоборо́т countdown is the same as counting backwards; прочита́ть сло́во наоборо́т read a word back to front; 2. *adv.* the other way (a)round; он всегда́ про́сит сове́та, а поступа́ет наоборо́т he always asks for an advice yet acts the other way round/ yet does the opposite; 3. *parenthetical* on the contrary; by contrast; он не вы́ступит про́тив ва́шего предложе́ния — наоборо́т, он вас подде́ржит he won't come out against your proposal—on the contrary, he'll support you; она́ хорошо́ пи́шет по-ру́сски, а говори́т, наоборо́т, пло́хо she writes in Russian well; by contrast, she speaks it poorly [5]

напеча́тать *pfv* of печа́тать [3, 5]

напива́ться [-а́юсь, -а́ешься] *impfv* / *pfv* напи́ться [-пью́сь, -пьёшься; *past* -пи́лся, -пила́сь, -пило́сь, -пили́сь & -пи́лось, -пи́лись] 1. (*partitive gen.*) to drink sth.; have sth.; drink one's fill (of sth.); напи́ться ча́ю have/ drink some tea; 2. (*instr.*) to quench one's thirst (with sth.); сла́дким ча́ем не напьёшься you can't quench your thirst with sweet tea; 3. to get drunk; он напива́лся ка́ждый день he got drunk every day [4]

написа́ть *pfv* of писа́ть [1-6]

наплева́ть *pfv* of плева́ть [1, 2]

наполня́ть [-я́ю, -я́ешь] *impfv* / *pfv* напо́лнить [-ню, -нишь] *acc.* (& *instr.*) to fill sth. (with sth.) [1]

напомина́ть [-а́ю, -а́ешь] *impfv* / *pfv* напо́мнить [-ню, -нишь] 1. *dat. & o* + *prep. or a subord. clause* to remind s.o. about sth./ that …; я напо́мню тебе́ о конце́рте I'll remind you about the concert; 2. *acc.* (& *dat.*) to resemble s.o./sth.; remind s.o. of s.o./sth.; bring to mind s.o./sth.; дом напомина́л большо́й сара́й the house resembled a large shed; э́та встре́ча напо́мнила мне об одно́м да́внем собы́тии that meeting reminded me of an event that took place long ago [2, 3, 5]

направля́ть [-я́ю, -я́ешь] *impfv* / *pfv* напра́вить [-влю, -вишь] *acc. & в/на* + *acc.* to send s.o. (to some place); assign s.o. (to do sth.); refer s.o. (to s.o./sth.) [2]

наприме́р *parenthetical* for example; for instance [1, 3, 4, 6]

напряжённый 1. *ppp.* of напря́чь *pfv*; [-жён, -жена́, -жены́] strained; 2. *adj.* tense; strained [5]

наро́д 1. nation; a people; **2.** [*sing. only; partitive gen.* наро́ду] *coll.* people; **мно́го наро́ду** many people; a lot of people; plenty of people [5, 6]

нарсу́д [*gen.* нарсуда́; *pl.*: *nom.* -ы́, *gen.* -о́в] (*acronym for* наро́дный су́д) People's Court (*the official name of judicial courts in the USSR and Russia*)

нару́чники [*pl.*; *sing.* нару́чник] handcuffs; manacles [5]

насви́стывать [-аю, -аешь] *impfv* [*no pfv*] *coll.* to whistle [6]

наска́льный *adj.* (*of drawings, carvings, inscriptions, etc.*) rock (*used as a modifier*) [1]

наслажда́ться [-а́юсь, -а́ешься] *impfv / pfv* **наслади́ться** [-слажу́сь, -слади́шься] *instr.* to enjoy sth.; take pleasure in [6]

настоя́щий *adj.* **1.** present; today's; **2.** real; true; genuine; authentic [4, 6]

настрое́ние mood; frame/ state of mind; **поднима́ть / подня́ть настрое́ние** *dat.* to put s.o. in a good mood; cheer up s.o. [5]

наступа́ть [-а́ю, -а́ешь] *impfv / pfv* **наступи́ть** [-ступлю́, -сту́пишь] (*of time, seasons, etc.*) to come; set in; ensue; (*of night*) fall [5]

насчёт *preposition with gen.* about; concerning; regarding [4]

наткну́ться *pfv-once of* **натыка́ться** [5]

нату́жно *adv., coll.* in a forced manner/ fashion; in a strained manner/ fashion; in an unnatural manner/ fashion; **он нату́жно зака́шлял** he started coughing in a forced manner; **нату́жно смея́ться** laugh in a strained fashion [5]

натыка́ться [-а́юсь, -а́ешься] *impfv / pfv-once* **наткну́ться** [-ну́сь, -нёшься] **на** + *acc.* to run into; bump into; collide with [5]

науга́д *adv.* at random [6]

нау́ка science; branch of knowledge [2, 3]
  • **то́чные нау́ки** sciences, hard sciences (*as contrasted with social sciences, humanities, and the arts*) [2, 3]

научи́ть *pfv of* **учи́ть** [2, 4, 5]

научи́ться *pfv of* **учи́ться** [4, 5, 6]

нау́чно-иссле́довательский *adj.* research (*used as a modifier*) [2]

находи́ть [-хожу́, -хо́дишь] *impfv / pfv* **найти́** [найду́, найдёшь; *past* нашёл, -шла́, -шло́] **1.** *acc.* to find; come upon (*often by accident*); come across; discover (*by searching*); **не могу́ найти́ инстру́кцию** I can't find the instructions; **2.** *acc. & instr.* to consider; find; perceive to be; **я нахожу́ э́тот фильм занима́тельным** I find this movie entertaining [4, 6]

находи́ться [*usu. 3rd pers.*; -хо́дится] *impfv / pfv* **найти́сь** [найдётся; *past* нашёлся, нашла́сь, нашло́сь, нашли́сь] to be found; turn up [4]

нача́ло beginning; start; outset [3]

нача́льник head; chief; superior; supervisor; boss [2, 5]

нача́ть *pfv of* **начина́ть** [4, 6]

нача́ться *pfv of* **начина́ться** [3, 5, 6]

начерти́ть *pfv of* **черти́ть** [2]

начина́ть [-а́ю, -а́ешь] *impfv / pfv* **нача́ть** [начну́, начнёшь; *past* на́чал, -ла́, -ло] **1.** *acc.* or *infin.* to begin/ start sth.; begin/ start doing sth./ to do sth.; **начина́йте чита́ть** begin/ start reading; **нача́ть разгово́р** begin/ start/ strike a conversation; **2.** (*acc. & instr.* or **с** + *gen.*) to start sth. from/ with; begin sth.with; **он на́чал ле́кцию с биогра́фии писа́теля** he began the lecture with the author's biography; **3.** *acc.*; (*to begin using or consuming sth.*) to start sth.; **нача́ть но́вую па́чку сигаре́т** start a new pack of cigarettes; **нача́ть ба́нку пи́ва** crack (open) a beer [4, 6]

  • **начина́я с/от** *preposition with gen.* from … on up/ down; from … (down to); starting with/ from [6]

начина́ться [*3rd pers. only;* -а́ется] *impfv / pfv* **нача́ться** [-чнётся; *past* начался́, -ла́сь, -ло́сь] **1.** to begin; start; **заня́тия начали́сь на про́шлой неде́ле** the classes began last week; **2.** *instr.* or **с** + *gen.* or *an adverbial complement* to start from/ with; begin with; begin/ start (*in a certain way*); **семина́р начался́ с обсужде́ния после́дних собы́тий** the seminar began with a discussion of the latest events [3, 5, 6]

начи́танный *adj.* [-тан, -танна, -танны] well-read; widely read; erudite [6]

не *negative particle* not
  • **мне (тебе́, ему́,** *etc.*) **не до** + *gen.*; **им не до меня́** they can't be bothered with me; they have no time for me; **мне не до игр** I'm not up to games; I'm not in the mood/ I'm in no mood for games [3]

небелосне́жный *adj., not common*; not quite snow-white; not all that clean [1]

не́бо [*pl.*: *nom.* небеса́, *gen.* небе́с, *prep.* (на) небеса́х] sky [5]

небольшо́й *adj.* (*of size, scope, etc.*) rather small; not (too) big/ large/ great; (*of distance, time, etc.*) short [5, 6]

нева́жно *adv.* **1.** *coll.* rather poorly; not very well; not too well; **он сдал экза́мен нева́жно** he did rather poorly on the exam; **ма́ма чу́вствует себя́ нева́жно** mother doesn't feel too well; **2.** *used predicatively;* (*dat.* or **для** + *gen.*); (it) does not matter (to s.o.); (it) makes no difference (to s.o.); (it) is unimportant/ not important; one doesn't care …; **нева́жно, что́ он сказа́л** it doesn't matter/ I don't care what he said; **3.** *used predicatively, impers.*; (**с** + *instr.*) (sth.) is not going well (for s.o.); (sth.) is not good (for s.o.); (one) has problems (with sth.); (one) is not doing too well (in sth.); **до́ма (у нас) нева́жно** things are not good at home; **у де́вочки нева́жно с учёбой** the girl has problems with her studies; the girl is not doing too well in school/ in her studies [4]

невероя́тно *adv.* **1.** *used mainly with adjectives and adverbs*; *intensifier*; incredibly; unbelievably; inconceivably; **невероя́тно просто́й/ про́сто** incredibly simple/ simply; **2.** *used predicatively,* (it's) incredible/ unbelievable/ inconceivable; (it's) beyond belief; **невероя́тно, ка́к э́то могло́ произойти́** it's inconceivable how it could have happened [4]

невзра́чно *adv.* **вы́глядеть невзра́чно** look plain/ordinary; look unprepossessing; **невзра́чно оде́тый** unremarkably/ unpretentiously/ plainly dressed [6]

неви́нность *fem.* **1.** innocence; **2.** virginity [3]

невозмо́жно *predicative*; (it/ sth. is) impossible; one can't (do sth.); there is no way (to do sth.) [3]

неде́ля week [4]

недо́лгий *adj.* [недо́лог, недолга́, недо́лги] brief; short [3]

недоразуме́ние misunderstanding [6]

недоста́точно *adv.* **1.** *used with adjectives and adverbs*; insufficiently; not … enough; **рабо́та сде́лана недоста́точно хорошо́** the job is not done well enough; **2.** *quantifier*; not enough; insufficient amount/ quantity (of); **он взял с собо́й недоста́точно де́нег** he didn't take enough money with him; **3.** *used predicatively; gen.* or *infin.*; (it) is not enough; (it) is insufficient; (it) is not sufficient; (it) does not suffice; **десяти́ мину́т бу́дет недоста́точно** ten minutes will not be enough; **недоста́точно дава́ть рекла́му то́лько в газе́тах** it is insufficient to place ads/ to advertise in newspapers only [2]

недоумева́ть [-а́ю, -а́ешь] *impfv* [*no pfv*] to be puzzled; be perplexed/ bewildered; be at a loss; wonder [6]

недоуме́ние bewilderment; perplexity; **в недоуме́нии** in bewilderment; in perplexity; (to be) perplexed/ bewildered/ at a loss; **мы стоя́ли в недоуме́нии** we stood puzzled/ in bewilderment; **с недоуме́нием** puzzled; bewildered; perplexed; **мы с недоуме́нием посмотре́ли друг на дру́га** puzzled/ perplexed, we looked at each other [6]

недочи́танный *adj.* not read to the end; unfinished [2]

не́жный *adj.* [не́жен, нежна́, не́жны & нежны́; *compar.* нежне́е & -е́й] **1.** affectionate; loving; tender; **не́жный взгляд** loving/ affectionate/ tender glance; **не́жные слова́** loving/ affectionate words; **2.** (*of age, a period in s.o.'s life, etc.*) tender; gentle; delicate [4]

незави́симо от *preposition with gen.* regardless of; irrespective of [4]

нездоро́во *adv.* unhealthily; morbidly; unwholesomely; **они́ нездоро́во едя́т и нездоро́во живу́т**, they eat unhealthily and live unhealthily; **нездоро́во кра́сные щёки** unhealthily red cheeks; **нездоро́во любопы́тный** morbidly curious; **нездоро́во агресси́вный** unwholesomely aggressive [6]

незнако́мый *adj.* [-о́м, -а, -ы] unfamiliar; unknown [6]

незначи́тельный *adj.* [-лен, -льна, -льны] **1.** insignificant; unimportant; marginal; **незначи́тельная услу́га** insignificant favor; **незначи́тельные слова́** unimportant words; **2.** (*of a person, especially a person's appearance*) unremarkable; insignificant; undistinguished; ordinary; **незначи́тельная вне́шность** unremarkable looks/ appearance; insignificant/ ordinary looks; insignificant/ undistinguished appearance; **незначи́тельная ли́чность** insignificant person; undistinguished person [6]

неизве́стно *predicative, used with* (*dat.*); (sth./ it) is unknown/ not known; (one) does not know (anything about …); **неизве́стно кто (где, заче́м,** *etc.*) no one knows who (where, why, *etc.*) [4]

неисчерпа́емый *adj.* [-па́ем, -а, -ы] inexhaustible; endless [6]

не́кий *pronominal adj.* certain; some [3]

не́который 1. *pronominal adj.*; (*of an unspecified quantity or degree*) some; certain; **не́которое влия́ние** some influence; a certain influence; **не́которое вре́мя** (for) some time; **2.** *pronoun, pl. only,* (*of people and things; not all, an unspecified yet limited number*) some (people, students, books, *etc.*); certain people (students, *etc.*); some of …; certain of …; **большинство́ студе́нтов пришли́ во́время, но не́которые опозда́ли** most students came on time, but some were late; **мы купи́ли не́которые его́ кни́ги** we bought some/ certain of his books; **не́которые чле́ны семьи́ / не́которые из чле́нов семьи́** some/ certain family members; some/ certain of the family members [5, 6]

некроло́г obituary [2]

нела́дный *adj.* [-ден, -дна, -дны] *coll.*; (*usu. used with* что́-то) wrong; bad; **что́-то нела́дное** something wrong; something bad; **происхо́дит что́-то нела́дное** something is wrong; something is going wrong; something wrong is going on; **почу́вствовать что́-то нела́дное** to feel/ smell something wrong; feel that something bad happened (is going on, is about to happen, *etc.*); smell a rat [6]

нело́вкость *fem.* **1.** (*physical ineptness*) awkwardness; clumsiness; **2.** (*an action or words that cause discomfort*) gaffe; blunder; misstep; faux pas; **загла́дить свою́ нело́вкость** make amends for one's gaffe/ faux pas; redress one's blunder; **3.** (*of a discomforting moment*) awkward

moment; embarrassing moment; (*of a feeling of discomfort*) feeling of embarrassment; feeling of awkwardness; **чу́вствовать нело́вкость** feel awkward/ awkwardness; feel embarrassed/ embarrassment; **все ощуща́ли нело́вкость** awkwardness was in the air [6]

неме́дленно *adv.* at once; immediately; right away [5]

неме́цкий *adj.* German (*used as a modifier*); **неме́цкий язы́к** German; the German language [3]

немно́го *adv.* **1.** a little; somewhat; slightly; **я немно́го проголода́лся** I'm a little hungry; **отцу́ сего́дня немно́го лу́чше** father feels/ is a little better today; father feels/ is somewhat better today; **2.** (for) a short time; (for) a while; (for) a little while; **подожди́те немно́го** wait a while; **3.** *quantifier, gen;* [*with non-count nouns*] a little; some; [*with count nouns*] a few; **да́йте мне немно́го вре́мени** give me some/ a little time; **немно́го слёз** a few tears; **4.** *quantifier, gen;* (*when emphasizing insufficiency*) [*with non-count nouns*] little; not much; [*with count nouns*] few; not many; **друзе́й у неё немно́го** she doesn't have many friends; **5.** *used predicatively;* not (too) much; not (too) many; **две котле́ты — э́то немно́го, они́ ма́ленькие** two patties is not much, they are small [4, 6]

немо́й *adj.* [нем, нема́, не́мы] dumb; mute [4]

• **немо́е кино́** silent movies; silent cinematography [4]

ненави́деть [-ви́жу, -ви́дишь] *impfv / pfv & pfv-begin* возненави́деть; *acc.* to hate; come/ begin to hate; develop hatred for; loath/ begin to loath [2]

необрати́мый *adj.* [-ти́м, -а, -ы] irreversible; irrevocable [6]

неожи́данно *adv.* unexpectedly; suddenly [5, 6]

неожи́данный *adj.* [-дан, -данна, -данны] unexpected; sudden; unanticipated [5]

неотторжи́мый *adj.* [-жи́м, -а, -ы] (от + *gen.*) (sth.) that cannot be taken away; (sth.) that cannot be separated/ disunited (from sth. else) [6]

неплохо́й *adj.* [-пло́х, -плоха́, неплохи́ & неплохи́] not (too) bad; pretty/ quite good; good enough; **получи́ть неплохи́е оце́нки** get pretty good grades; **неплохо́й писа́тель** a good enough writer [6]

неподалёку *adv.* not far away; close by [6]

непоня́тно *predicative, used with* (*dat.*); (it is) incomprehensible; (it is) impossible to understand; (one) cannot understand; **непоня́тно, заче́м ты всё э́то говори́шь** I cannot understand why you are saying all this [3]

непоня́тный *adj.* [-тен, -тна, -тны] incomprehensible; unintelligible; hard to understand [4]

непра́вильно *adv.* incorrectly; mistakenly; **непра́вильно поня́ть** misunderstand [6]

непреры́вный *adj.* [-вен, -вна, -вны] uninterrupted; continuous [5]

неприка́янный *adj.* forlorn; forsaken; dejected; a lost soul [5]

неприя́тный *adj.* [-тен, -тна, -тны] **1.** unpleasant; disagreeable; **неприя́тный челове́к** unpleasant/ disagreeable person; **2.** upsetting; disquieting; distressing; troubling; **неприя́тная встре́ча** distressing/ troubling encounter [5, 6]

непросто́й *adj.* [непро́ст, непроста́, непро́сто, непросты́] (rather) complex; complicated [6]

несказа́нно *adv.*; *used with adjectives, adverbs, and some verbs; intensifier; bookish* infinitely; indescribably; unspeakably; extraordinarily; beyond belief; no end of; **несказа́нно сча́стлив** infinitely happy; **несказа́нно краси́вая** indescribably beautiful; **несказа́нно уро́длив**

unspeakably ugly; **ему́ несказа́нно повезло́** he was extraordinarily lucky; **вы меня́ несказа́нно удиви́ли** you surprised me beyond belief; **пришло́ несказа́нно мно́го наро́ду** there was no end of people [6]

не́сколько 1. *adv.* somewhat; slightly; a little; rather; **не́сколько оби́жен** somewhat/ rather offended; **2.** *quantifier* [не́сколько *is a special form of nom. & acc.; animate acc. may = nom. or gen.; nom. & acc. are followed by the genitive case; otherwise it declines like pl. adjective and agrees with the modified noun; some exceptions:* по не́скольку/ по не́сколько + *gen.*] several; a few; some; **на не́скольких языка́х** in several/ in a few languages; **купи́ мне не́сколько ма́рок** buy me some stamps; **повторя́ть по не́сколько раз** repeat several times [1, 4, 5, 6]

несомне́нный *adj.* [-не́нен, -не́нна, -не́нны] undoubted; indubitable; indisputable; unquestionable; **несомне́нный успе́х** indisputable success [2]

несостоя́вшийся *adj.* (*of plans, projects, a career, etc.*) unfulfilled; unsuccessful; abortive; (*of people who failed to realize fully their ambitions or abilities*) unaccomplished; unfulfilled; manqué [6]

несча́стный *adj.* [-тен, -тна, -тны] **1.** (*of people, the way they look, etc.*) unhappy; miserable; unlucky; **несча́стный челове́к** unhappy person; **Почему́ у тебя́ тако́й несча́стный вид?** Why do you look so miserable?; **2.** (*causing misfortune*) unfortunate; ill-starred; **твоя́ несча́стная привы́чка спо́рить** your unfortunate habit of arguing; **несча́стная любо́вь** ill-starred love; **3.** *coll.*; (*of people; when used after a deprecatory noun, strengthens a negative reference*) damn; darned; miserable; wretched; **лгун несча́стный** damn liar; **адвока́т несча́стный** wretched lawyer; **4.** *of people and things; used to express annoyance, irritation* damn; darned; **Куда́ ты дел э́то несча́стное письмо́?** What did you do with that damn letter? [3, 4]

нет[1] *particle* no; (*when responding to a negative question*) yes; **«Ты мне не ве́ришь?» — «Нет, ве́рю».** "Don't you believe me?" "Yes, I do" [3, 4, 5, 6]

нет[2] *predicative, used with gen.;* there is/ are no …; (one) has no …; **на э́тот спекта́кль биле́тов уже́ нет** there are no tickets available for that show; **у тебя́ нет терпе́ния** you have no patience [3, 4, 5, 6]

- **нет чтобы** *used with infin.; coll.* it doesn't occur/ it never occurs to s.o. (to do sth.); one never (does sth.); one never wants (to do sth.); one never thinks (of doing sth.) [3]

не́т-не́т *colloquial variant of the particle* **нет** [5]

неудо́бный *adj.* [-бен, -бна, -бны] **1.** uncomfortable; **э́та крова́ть неудо́бная** this bed is uncomfortable; **2.** inconvenient **неудо́бное расположе́ние ко́мнат** inconvenient layout of rooms [4]

неуклю́жий *adj.* [-люж, -а, -и] clumsy; awkward [3]

нецензу́рный *adj.* [-рен, -рна, -рны] unprintable; obscene [5]

не́чего <*pronounced* -ва> *used with infin.* **1.** *pronoun* [*no nom.; prepositions are infixed, e.g.,* не́ на чем; *acc.* не́(…)что, *gen.* не́(…)чего, *prep.* не́ … чем, *dat.* не́(…)чему, *instr.* не́(…)чем] *used predicatively;* there is nothing (to); one has nothing (to); **не́ о чем говори́ть** there is nothing to talk about; **ему́ не́ с кем подели́ться** he has no one to take into his confidence; **2.** [*the form* **не́чего** *only*] *predicative;* there is no need/ reason (to); there is no point/ use (in doing sth.); one doesn't have/ need (to); one shouldn't; **с ни́ми**

не́чего разгова́ривать there is no point in talking to them; **тебе́ не́чего беспоко́иться** you shouldn't worry [2]

неэконо́мный *adj.* [-мен, -мна, -мны] uneconomical; wasteful [6]

нея́сный *adj.* [-я́сен, -ясна́, нея́сны & неясны́] unclear; vague [3]

ни[1] *conjunction; used in the construction* ни … ни …; neither … nor … [6]

ни[2] *particle* **1.** *used with sing. form of a noun* not a(n); (*when used with* оди́н *or* еди́ный) not a single …; **на не́бе ни о́блачка** not a cloud in the sky; **2.** *occurs before prepositions infixed in the oblique forms of* никто́, ничто́, никако́й; not … any; no; **я ни с кем не говори́л** I talked to no one; **3.** *used in the meaning of English* -ever, *e.g.:* **кто́ (бы) ни** … whoever/ no matter who; **что́ (бы) ни** … whatever/ no matter what; **ка́к (бы) ни** … however/ no matter how [3, 4, 5, 6]

ника́к *adv.* in no way; there is no way (one can …); not at all; by no means; **я ника́к не мог отказа́ться** there was no way I could say no [1, 2, 6]

никако́й *pronominal adj.* [*prepositions are infixed, e.g.,* ни в како́м] no; not any; (*if noun is omitted*) none whatsoever; **у нас нет никаки́х биле́тов** we have no tickets; **«У вас есть каки́е-нибудь возраже́ния?» — «Никаки́х».** "Do you have any objections?" "None whatsoever." [3, 6]

никогда́ *adv.* never; [*in some negative constructions*] ever; **он никогда́ не игра́л в те́ннис** he has never played tennis; **э́тот вопро́с никто́ никогда́ не поднима́л** no one has ever raised this issue [2, 4, 6]

никто́ *pronoun* [*prepositions are infixed, e.g.* ни с кем; *acc. & gen.* ни(…)кого́, *prep.* ни … ком, *dat.* ни(…)кому́, *instr.* ни(…)кем] nobody; no one; not … anybody; not … anyone; **никто́ не зна́ет, где он** no one knows where he is; **я никому́ не звони́ла** I didn't call anyone; **никто́ из вас** none of you [2, 4, 6]

ниско́лько 1. *adv.* not at all; not in the least; **я ниско́лько не уста́л** I am not at all tired; **2.** *quantifier* [*this form only*] *coll.* none at all; no … at all; nothing (at all); **«Ско́лько у тебя́ при себе́ де́нег?» — «Ниско́лько».** "How much money do you have on you?" "None at all." [4]

ничто́ *pronoun* [*prepositions are infixed, e.g.* ни о чём, *except* без ничего́; *acc.* ни(…)что́, *gen.* ни(…)чего́, *prep.* ни … чём, *dat.* ни(…)чему́, *instr.* ни(…)чём] nothing; not … anything; **его́ ничто́ не спасёт** nothing will save him; **мы ничего́ не зна́ли об ава́рии** we didn't know anything about the accident [1, 4, 5, 6]

ничто́жный *adj.* [-жен, -жна, -жны] **1.** (*of size, value, etc.*) insignificant; negligible; trifling; paltry; infinitesimal; **ничто́жная зарпла́та** insignificant earnings; **ничто́жный вы́игрыш** paltry winnings; **2.** (*of people*) worthless; good-for-nothing; paltry; **ничто́жный бюрокра́т** worthless bureaucrat; **ничто́жный рифмоплёт** paltry poetaster [6]

ни́щенский *adj.* paltry; beggarly; extremely poor; miserable [6]

но *conjunction; used to introduce contrast;* but; yet; however; nevertheless; still; **меня́ пригласи́ли, но я не пойду́** I'm invited, but I'm not going; **мне не хоте́лось туда́ идти́, но я пошёл** I didn't feel like going there; still, I went

но́вый *adj.* [нов, нова́, но́вы & новы́; *compar.* нове́е] **1.** (*previously unfamiliar or nonexistent*) new; **но́вые пра́вила** new rules; **2.** (*unusual or innovative*) new; novel; **но́вый ме́тод** new/ novel method; **3.** (*recently acquired and barely used*) new; **но́вое пла́тье** new dress; **4.** (*coming after or replacing a previous one*) new; next; **но́вый**

преподава́тель new instructor; **но́вый президе́нт** new president; (*in reference to the future*) new/ next president [2, 3, 4, 5, 6]

нога́ [*acc.* но́гу; *pl.*: *nom.* но́ги, *gen.* ног, *prep.* (на) нога́х] **1.** leg; **2.** foot [3, 4, 6]

* **вверх нога́ми** upside down; bottom side up; wrong side up [3]

но́жка [*gen. pl.* но́жек] **1.** *diminutive of* **нога́** leg; **2.** leg (*of a chair, table, grand piano, etc.*) [4]

норма́льно **1.** *adv.* normally; all right; OK; **ты вы́глядишь норма́льно** you look OK/ all right; **2.** *predicative*; *coll.* all right; OK; (it's) (quite) normal; **вполне́ норма́льно, что он бо́льше спит по́сле боле́зни** it's quite normal that he sleeps more after his illness; **Как у тебя́ до́ма, норма́льно?** How are things at home, all right/ OK? [1]

норма́льный *adj.* [-лен, -льна, -льны] **1.** normal; standard; OK (*may be used as a modifier*); **норма́льные отноше́ния ме́жду на́шими стра́нами** normal relations between our countries; **норма́льная температу́ра** normal temperature; **норма́льные усло́вия** normal/ standard conditions; **он норма́льный па́рень** he is an OK guy; **2.** (*mentally healthy*) normal; sane [1, 4]

нос [*loc.* (в/на) носу́; *pl.* носы́] nose [5]

носи́ть [ношу́, но́сишь] *impfv / pfv-awhile* **поноси́ть 1.** *multidirectional of* **нести́**; to carry (around); bear; take; **он всегда́ но́сит с собо́й па́спорт** he always carries his passport; **2.** (*of clothes, footwear, jewelry, etc.*) to wear; **она́ всегда́ но́сит се́рьги** she always wears earrings [6]

носи́ться [ношу́сь, но́сишься] *impfv*; *multidirectional of* **нести́сь** to run around; rush around/ about/ back and forth; scamper around; **де́ти носи́лись по двору́** the children were running around in the yard [4]

ночева́ть [-чу́ю, -чу́ешь] *impfv & pfv*; *also pfv* **переночева́ть** to spend the night; stay overnight [4]

ночь [*loc.* (в) ночи́; *pl.*: *nom.* но́чи, *gen.* ноче́й, *prep.* (о) ноча́х] *fem.* night [3, 4]

но́чью *adv.* at night; by night; during the night; during night hours [4, 6]

нра́виться [-влюсь, -вишься] *impfv / pfv* **понра́виться**; *dat.* to be liked (by s.o.); please (s.o.); **де́вочка мне понра́вилась** I liked the girl; I took a liking to the girl [3, 4, 6]

ну¹ *interjection* **1.** *used to express agreement, concession, conclusion, satisfaction, etc.*; well; well then; all right (then); **ну вот, я оказа́лся прав** well, I turned out to be right; **ну хорошо́, я согла́сен** all right then, I agree; **2.** *used to express encouragement, to urge s.o. to do sth., etc.*; well (now); now; come on; **Ну, пошли́!** Well/ Now, let's go!; **Ну, говори́!** Come on, speak up!; **3.** *used in questions when encouraging the speaker to continue*; *coll.* Well?; So?; What next? [1, 4, 5, 6]

* **Ну и …!** *interjection*; *usu.* followed by a noun; used to express surprise, delight, displeasure, ironic attitude, etc.; What a …!; (That's) some …!; That is quite a …!; **Ну и пого́дка!** Some weather! [4]

ну² *particle*; *coll.* **1.** *used to resume a conversation, introduce a statement, etc.*; well; very well then; so; **Ну, мне пора́!** Well, it's time for me to go; **2.** *used to express impatience, annoyance, etc.*; well; now; **Ну не перебива́й же!** Now, don't interrupt me! [1, 4, 5, 6]

* **ну да** *used to express agreement, affirmation, understanding in response to a statement, question, or one's own thought*; yes, indeed; (but) of course [4]

* **ну и ла́дно** [4] see **ла́дно**

ну́жно *predicative* **1.** *usu. used with infin.*; *dat.*; it is necessary; (one) needs to; (one) must; (one) has to; **мне ну́жно позвони́ть** I need to make a phone call; **2.** *acc.* or *gen.* (& *dat.*); *coll.* **ему́ сро́чно ну́жно врача́** he urgently needs a doctor

ну́жный *adj.* [ну́жен, нужна́, нужны́ (*and old-fashioned* ну́жны); *compar.* нужне́е] **1.** necessary; needed; requisite; **2.** *dat.*; one needs (sth.); one wants (sth.) [4, 5, 6]

О

о¹ *preposition with acc. or prep.* [*variant* **об** *is used before words beginning with a vowel, e.g.,* **об а́рмии**, *and in some idioms before a consonant, e.g.,* **рука́ об руку**; *variant* **обо**, *unstressed, is used in the prepositional phrases* **обо мне, обо что, обо всё** *and, along with* **о**, *in* **обо всём/ всей/ всех**]
With acc.: [*used with verbs that convey being in, or coming into, contact with some object*] against; on; over; **опере́ться о забо́р** lean against/ on a fence; **он споткну́лся о свой рюкза́к** he tripped over his backpack;
With prep.: about; of; on; over; **кни́ги о компью́терах** books about/ on computers; **поду́май об э́том** think about it; **спо́рить о поли́тике** argue over politics

о² *interjection*; *used for emphasis before* **да** *and* **нет** *or with statements expressing various emotions*; Oh!; Ah! [5]

об *preposition* —see **о¹**

о́ба *masc. & neut.*, о́бе *fem.* [*gen. & prep.* обо́их, обе́их; *dat.* обо́им, обе́им; *instr.* обо́ими, обе́ими] *numeral* both; **о́бе пе́сни ей понра́вились** she liked both songs [4, 5, 6]

обе́денный *adj.* dinner (*used as a modifier*) [6]

обёрнутый *ppp.* of **оберну́ть** *pfv*; [-нут, -а, -ы] wrapped (up) [6]

обёртывать [-аю, -аешь] *impfv / pfv* **оберну́ть** [-ну́, -нёшь] *acc.* (& *instr.* or **в** + *acc.*) to wrap sth. (in); wrap up sth.; **оберну́ть кни́гу в бума́гу** put a temporary paper cover on a book [6]

обе́щанный *ppp.* of **обеща́ть** *impfv & pfv*; [обе́щан, -а, -ы] promised [5]

обеща́ть [-а́ю, -а́ешь] *impfv & pfv* (*also pfv* **пообеща́ть**); *dat. & acc.* or *dat. & infin.* or *subord. clause* to promise [2, 5, 6]

оби́да **1.** (*an action that offends s.o.*) offense; insult; **она́ не могла́ стерпе́ть таку́ю го́рькую оби́ду** she couldn't swallow such a bitter insult; **2.** (*the feeling of being hurt*) offense; resentment; **оби́да / чу́вство оби́ды на них** a feeling of resentment toward/ against them [1]

оби́дно *predicative* **1.** *dat.* (one) feels hurt/ offended/ insulted; it hurts/ pains s.o.; **мне оби́дно, что ты ду́маешь то́лько о себе́** I feel hurt that you think only about yourself; **2.** it is unfortunate …; it is a pity/ a nuisance …; it is too bad … **оби́дно, что поте́ряно сто́лько вре́мени** it's unfortunate/ it's too bad that so much time is wasted [5]

оби́лие abundance; plenty; a large quantity or number [5]

облада́ть [-а́ю, -а́ешь] *impfv* [*no pfv*] *instr.*; *bookish* to possess; have [5, 6]

о́бласть [*pl.*: *nom.* о́бласти, *gen.* областе́й] *fem.* **1.** (*of part of a territory, a country, etc.*) region; area; **2.** (*of part of a human body or location of a specific organ*) region; area; **боль** (*or* **бо́ли**) **в о́бласти се́рдца** pain in the area of the heart [5]

обма́нывать [-аю, -аешь] *impfv / pfv* **обману́ть** [-ману́, -ма́нешь] *acc.* **1.** to deceive; lie; tell a lie; **он обману́л мать: сказа́л ей, что сдал экза́мен** he told his mother a lie: he said that he had passed the exam; **2.** to let s.o. down; disappoint s.o.; fail to keep one's promise/ one's word; fail to live up to (s.o.'s hopes, expectations, *etc.*); fall short of (s.o.'s expectations, hopes, *etc.*); **спекта́кль обману́л на́ши ожида́ния** the show disappointed us; the show fell short of our expectations/ hopes; **вы обману́ли моё дове́рие** you betrayed/ disappointed my trust [4]

обма́нываться [-аюсь, -аешься] *impfv* / *pfv* **обману́ться** [-ману́сь, -ма́нешься] to be mistaken; be wrong; (*of one's hopes or expectations*) be disappointed [6]

обме́н exchange [6]

обнажа́ться [-а́юсь, -а́ешься] *impfv* / *pfv* **обнажи́ться** [-жу́сь, -жи́шься] **1.** to take off all one's clothes; strip; bare o.s.; **2.** to become visible; be revealed; **у́ровень воды́ в о́зере опусти́лся, и обнажи́лись ма́ленькие острова́** the lake's water level sank, and small islands became visible [4]

обнару́живать [-аю, -аешь] *impfv* / *pfv* **обнару́жить** [-жу, -жишь] *acc.* **1.** to reveal; show; display; **де́вочка обнару́жила спосо́бности к языка́м** the girl showed a gift for languages; **2.** to find; detect; discover; find out; **ключи́ должны́ бы́ли быть под ко́вриком, но я их там не обнару́жил** the keys were supposed to be under the rug, but I didn't find them there [5, 6]

обнима́ть [-а́ю, -а́ешь] *impfv* / *pfv* **обня́ть** [обниму́, обни́мешь; *past* о́бнял, обняла́, о́бняло, о́бняли & обня́л, обня́ло, обня́ли] *acc.* to embrace; hug; **обня́ть за пле́чи** put one's arm around s.o.'s shoulders [6]

обо *preposition—see* о[1]

обогаща́ть [-а́ю, -а́ешь] *impfv* / *pfv* **обогати́ть** [-гащу́, -гати́шь] **1.** *acc.* to enrich s.o.; make s.o. rich/ wealthy; **2.** *acc.* (& *instr.*) to enrich sth.; make sth. fuller; make sth. more meaningful; **но́вые слова́ обогаща́ют язы́к** new words enrich a language; **писа́тели обогаща́ют язы́к но́выми слова́ми** writers enrich the language with new words [2]

оборо́т (*the other side of a page, photograph, etc.*) back; the reverse (side) [5]

обра́дованно *adv.* gladly; happily; with joy [1]

о́браз 1. *gen.* way (of); manner (of); mode (of); **о́браз жи́зни** way of life; **о́браз де́йствий/ де́йствия** course of action; mode of action; (*Latin*) modus operandi; **2.** [*used in the instr. sing. with a modifier to form adverbials*] **устро́ить наилу́чшим о́бразом** arrange perfectly; **повлия́ть суще́ственным о́бразом на** + *acc.* influence s.o. or sth. profoundly/ strongly; **гла́вным о́бразом** mainly; for the most part; **сле́дующим о́бразом** in the following way; **таки́м о́бразом** in that way; thus [6]

образо́ванный *adj.* [-ван, -ванна, -ванны] educated; cultured; learned [6]

образо́вывать *impfv* / *pfv* **образова́ть**; *acc.*; *coll.* to educate s.o. [6]

обраща́ться [-а́юсь, -а́ешься] *impfv* / *pfv* **обрати́ться** [-ращу́сь, -рати́шься] **1.** к + *dat.* to speak to s.o.; address s.o.; **Вы обраща́етесь ко мне?** Are you speaking to me?; **он обрати́лся к собра́вшимся** he addressed those gathered; **2.** к + *dat.* (& с or за + *instr.*) to turn to; go to; consult; **обрати́ться к сосе́ду с про́сьбой** turn to a neighbor with a request; **обрати́ться к врачу́ за сове́том** consult a doctor for advice [6]

обре́зок [*gen.* -зка] (*a piece of something discarded as waste*) scrap; cutting [4]

обречённо *adv.* feeling defenseless; feeling doomed [5]

обсужда́ть [-а́ю, -а́ешь] *impfv* / *pfv* **обсуди́ть** [-сужу́, су́дишь] *acc.* (& с + *instr.*) to discuss sth. (with); talk sth.

over (with); take sth. up with; **обсуди́те э́то с жено́й** talk it over with your wife [2]

обуче́ние education; teaching; instruction; training; schooling; **совме́стное обуче́ние** co-education [3]

обхва́тывать [-аю, -аешь] *impfv* / *pfv* **обхвати́ть** [-хвачу́, -хва́тишь] *acc.* to put one's arms around; get one's arms around; grasp; clasp; **она́ обхвати́ла ребёнка** she put her arms around the child [5]

обще́ственный *adj.* social; societal; **обще́ственный строй** social system [3]

о́бщество 1. (*people having common history, traditions, social norms, culture, etc.*) society; **челове́ческое о́бщество** human society; **2.** (*a voluntary association*) society; club; **Ру́сское Географи́ческое О́бщество** the Russian Geographic Society [5]

общеупотреби́мый *adj.* standard; common; current; in general use [6]

о́бщий *adj.* general; non-specific [1, 4]

• **в о́бщем** *often parenthetical* on the whole; all in all; by and large; in general [1]

объявля́ть [-я́ю, -я́ешь] *impfv* / *pfv* **объяви́ть** [-явлю́, -я́вишь] **1.** *dat.* & *acc.* or о + *prep.* to announce sth.; communicate sth. (to); inform; **она́ объяви́ла роди́телям о своём реше́нии** she communicated her decision to her parents; she informed her parents of her decision; **2.** *acc.* to declare; proclaim; announce (officially); **его́ объяви́ли победи́телем соревнова́ний** he was declared a winner of the competition [2, 5]

объясня́ть [-я́ю, -я́ешь] *impfv* / *pfv* **объясни́ть** [-ню́, -ни́шь] *dat.* & *acc.* to explain [1, 4]

обыкнове́нный *adj.* [-ве́нен, -ве́нна, -ве́нны] usual; ordinary; common; commonplace [1]

обы́чно *adv.* usually; generally [5, 6]

обы́чный *adj.* [-чен, -чна, -чны] usual; ordinary; common; commonplace [4, 5, 6]

обяза́тельно *adv.* **1.** surely; to be sure (to); certainly; without fail; **он обяза́тельно ста́нет чемпио́ном** he will surely/ certainly win a championship; he is sure to win a championship; **2.** *used predicatively*, (*dat.* &) *infin.* it is obligatory/ necessary to; one (absolutely) must; one (absolutely) has to; **Им обяза́тельно быть на собра́нии?** Do they absolutely have to attend the meeting? [4

ова́льный *adj.* oval; rounded [6]

огля́дываться [*nonpast* -аюсь, -аешься] *impfv* / *pfv* **огляде́ться** [-гляжу́сь, -гляди́шься] to look around; glance around [6]

огоро́д vegetable garden [4]

огорча́ть [-а́ю, -а́ешь] *impfv* / *pfv* **огорчи́ть** [-чу́, -чи́шь] *acc.* (& *instr.*) to upset; distress; **э́та но́вость огорчи́ла меня́** the news upset/ distressed me; **ты о́чень огорча́ешь ма́му свои́м поведе́нием** your behavior greatly distresses your mother; your mother is greatly upset over your behavior [2]

огорча́ться [-а́юсь, -а́ешься] *impfv* / *pfv* **огорчи́ться** [-чу́сь, -чи́шься] to be/ get upset; be/ get distressed; **не огорча́йся из-за мелоче́й** don't get upset over little things [6]

огро́мный *adj.* [-мен, -мна, -мны] huge; immense; enormous; vast [5, 6]

ода́лживать [-аю, -аешь] *impfv* / *pfv* **одолжи́ть** [-жу́, -жи́шь] *acc.* & *dat.* to lend; loan (money or goods) [4]

ода́ривать [-аю, -аешь] *impfv* / *pfv* **одари́ть** [-рю́, -ри́шь] **1.** *acc.* (& *instr.*); *often* **ще́дро одари́ть**; to give (generous) presents/ gifts (to); shower someone with gifts/ presents;

make a (generous) gift/ present (to); bestow sth. (on/ upon s.o.); **она́ одари́ла нас бога́тством свое́й души́** she shared her heart and soul with us; **2.** *acc. & instr.*; *bookish* to endow (s.o. with some quality); **приро́да одари́ла её и красото́й, и умо́м** nature endowed her with both beauty and intellect [6]

одёргивать [-аю, -аешь] *impfv / pfv* **одёрнуть** [-ну, -нешь] *acc.* **1.** to straighten (a coat, a dress, *etc.*); straighten out; **она́ одёрнула пла́тье** she straightened (out) her dress; **2.** *coll.* to call s.o. to order; rein s.o. in; restrain; **он был груб с учи́тельницей, и ей пришло́сь его́ одёрнуть** he was rude to a teacher, and she had to rein him in [5]

оде́тый *adj.* [оде́т, -а, -ы] dressed; clothed [6]

оди́н[1] **1.** *numeral* one; **2.** *pronoun* one; single one; some; **оди́н из них** one of them; **одни́ ушли́, други́е оста́лись** some left, others stayed

оди́н[2] *adj.* **1.** a; a certain; some; certain; **мне сказа́л об э́том оди́н колле́га** a colleague told me about it; **2.** (*without anyone or anything*) alone; by oneself; **он живёт оди́н** he lives alone/ by himself; **3.** (*without anyone's help*); by oneself; single-handedly; single-handed; **он оди́н отби́лся от напада́вших** he single-handedly fought off his attackers; he coped single-handed with his attackers; **4.** only; no one but; nothing but; **он чита́ет одни́ детекти́вы** he reads only mysteries; he reads nothing but mysteries; **5.** the same; one and the same; **они́ зако́нчили оди́н университе́т** they graduated from the same university

одина́ковый *adj.* [-ков, -а, -ы] identical; the same; [*when used predicatively*] alike; **им сня́тся одина́ковые сны** they have identical dreams; **э́ти два прибо́ра соверше́нно одина́ковые** these two devices are absolutely alike [1]

одино́кий *adj.* [-но́к, -а, -и] **1.** solitary; lonely; lone; **одино́кие прохо́жие** solitary passers-by; **2.** lonely; lonesome; [*used as a noun*] a lonely person; lonely one; **он был пода́влен, чу́вствовал себя́ одино́ким** he was depressed and felt lonesome; **3.** a single man/ woman [3]

одино́чество loneliness; solitude [3]

одино́чный *adj.* single; **одино́чный вы́стрел** a single shot [4]

одна́жды *adv.* **1.** (*one time only*) once; **лишь одна́жды ему́ удало́сь стать победи́телем ко́нкурса** he succeeded in winning the contest only once; **2.** (*at some time in the past*) once; one day; **одна́жды оте́ц повёл дете́й в зоопа́рк** once father took the children to the zoo [2, 4, 5]

однокла́ссник (*at a school below college level*) classmate (*male*) [4]

однокла́ссница (*at a school below college level*) classmate (*female*) [6]

однокла́ссничек *coll., disparaging; diminutive* of **однокла́ссник** [4].

одолжи́ть *pfv* of **ода́лживать** [4]

ожида́ть [-а́ю, -а́ешь] *impfv* [*no pfv*] *acc.* or *gen.* **1.** to wait for; await; **Вы ожида́ете по́езда?** Are you waiting for a train?; **они́ с нетерпе́нием ожида́ли реше́ния суда́** they were eagerly awaiting the court's ruling; **2.** to expect; anticipate; **мы ожида́ли лу́чших результа́тов** we expected better results [5, 6]

озвере́ло *adv.* furiously; wildly [5]

ока́зываться [-аюсь, -аешься] *impfv / pfv* **оказа́ться** [-кажу́сь, -ка́жешься] **1.** to find oneself (*at a certain place*); wind up; end up; **он оказа́лся в како́м-то незнако́мом ме́сте** he found himself in a strange place; **Как я здесь оказа́лся?** How did I wind up here?; **2.** to turn out to be; prove (to be); **он оказа́лся прав** he turned

out to be right; he proved right; **3.** *impers. with a* **что-**clause *or parenthetical* it turns out that ...; **ока́зывается, что у них мно́го о́бщего/ока́зывается, у них мно́го о́бщего** it turns out they have much in common [1, 3, 4, 6]

ока́нчиваться [*3rd pers. only;* -ается] *impfv / pfv* **око́нчиться** [-чится] **1.** to end; be over; come to an end/ to a close; **собра́ние око́нчилось час наза́д** the meeting ended/ was over an hour ago; **2.** *instr.*; (*to finish in a certain way*) to end (in); conclude (with); to terminate (in); **матч око́нчился ничье́й** the game ended in a draw [3]

окно́ [*pl.: nom.* о́кна, *gen.* о́кон, *prep.* (на) о́кнах] window [1, 4]

оконча́тельно *adv.* finally; completely; utterly; absolutely [3]

око́нчиться *pfv* of **ока́нчиваться** [3]

око́шко [*pl.: nom.* -шки, *gen.* -шек] *diminutive* of **окно́** [5]

окра́ина outskirts (*of a city*) [6]

опира́ться [-а́юсь, -а́ешься] *impfv / pfv* **опере́ться** [обопру́сь, обопрёшься; *past* опёрся, оперла́сь, оперло́сь, оперли́сь & опёрся, опёрлась, опёрлось, опёрлись] **1.** **на** or **о** + *acc.* to lean on; lean against; rest against; **опере́ться о сте́ну** lean against a wall; **она́ оперла́сь на па́лку** she leaned on a cane; **2.** **на** + *acc.* to be based on; rest on/ upon; be supported/ guided by; **э́ти вы́воды опира́ются на ци́фры и фа́кты** these conclusions are based on/ are supported by figures and facts [6]

опо́мниться [-нюсь, -нишься] *pfv* [*no impfv*] **1.** to regain consciousness; **2.** to come to one's senses; return to thinking/ behaving reasonably again; **он хоте́л уда́рить па́рня, но бы́стро опо́мнился** he was about to hit the guy, but quickly came to his senses; **3.** to get over (a/the shock, one's unexpected reaction, fear, total surprise, *etc.*); recover oneself; **она́ не могла́ опо́мниться от стра́ха** she couldn't get over her fear; she was frightened, and couldn't recover herself [5]

опра́вдывать [-аю, -аешь] *impfv / pfv* **оправда́ть** [-а́ю, -а́ешь] *acc.* **1.** to justify; chalk up (to); serve as an excuse; **тако́е поведе́ние нельзя́ оправда́ть плохи́м хара́ктером** such behavior cannot be justified by bad temper/ be chalked up to bad temper; **2.** to acquit; **суд его́ оправда́л** the court acquitted him; the court found him innocent; **3.** (*with* **наде́жда, дове́рие**, *etc.*) to justify; warrant; **опра́вдывать / оправда́ть дове́рие** *gen.* justify s.o.'s confidence; **опра́вдывать / оправда́ть наде́жды** *gen.* come up/ live up to (s.o.'s) expectations [2]

опра́вдываться [-аюсь, -аешься] *impfv / pfv* **оправда́ться** [-а́юсь, -а́ешься] **1.** [*impfv only*] to try to justify oneself; explain/ defend one's actions (behavior, opinion, *etc.*); **она́ поняла́, что сказа́ла глу́пость, и ста́ла опра́вдываться** she realized that she had said a foolish thing, and began defending her opinion; **2.** (*of rumors, fears, hopes, etc.; also of suppositions, theories, etc.*) to turn out to be true/ correct/ justified; prove to be correct/ right/ true; be realized; be justified; **на́ши подозре́ния оправда́лись/не оправда́лись** our suspicions proved to be right (well founded, *etc.*)/ wrong (unjustified, *etc.*) [6]

опуха́ть [-а́ю, -а́ешь] *impfv / pfv* **опу́хнуть** [-ну, -нешь; *past* опу́х, -ла, -ло] to swell (up); get swollen [4]

опя́ть *adv.* again; once again [4, 5, 6]

ора́ть [ору́, орёшь; *imper.* ори́] *impfv / pfv-begin* **заора́ть**; *coll.* to yell; shout; scream; bawl; [*pfv-begin*] begin to yell/ to shout/ to scream/ to bawl; start yelling/ shouting/ screaming/ bawling [4, 5]

организа́ция 1. (*the act or process*) organization; **пора́ заня́ться организа́цией выпускно́го ве́чера** it's time to start organizing the commencement; **2.** (*enterprise, association, etc.*) organization; **на э́той фа́брике нет профсою́зной организа́ции** there is no trade-union organization at that factory; **3.** (*the way something is made or arranged*) setup; makeup; organization; **у ма́льчика хру́пкая не́рвная организа́ция** the boy has a delicate nervous makeup [5, 6]

ориента́ция direction; orientation; position; priorities [6]

осведомля́ться [-я́юсь, -я́ешься] *impfv* / *pfv* **осве́домиться** [-млюсь, -мишься] *slightly bookish* (о + *prep.*) to inquire (about sth.); ask [5]

о́сенью *adv.* in the fall; in autumn [5]

ослепи́тельный *adj.* [-лен, -льна-льны] **1.** blinding; dazzling; **ослепи́тельный со́лнечный свет** dazzling/ blinding sunlight; **2.** dazzling; magnificent; gorgeous; **ослепи́тельная виртуо́зность пиани́ста** the pianist's dazzling virtuosity; **ослепи́тельная красота́** gorgeous beauty [5]

основа́ние 1. foundation; base; **бето́нное основа́ние до́ма** concrete foundation of the building; **2.** reason; grounds; cause; **у меня́ нет основа́ния не ве́рить ему́** I have no reason not to believe him; **На каки́х основа́ниях вы возража́ете про́тив э́того реше́ния?** On what grounds do you object to this decision? [2]

   • **дава́ть/ дать основа́ние/ основа́ния** *dat.* & *infin.* to give s.o. a reason to; give s.o. grounds for; provide a basis for [2]

осо́бенно *adv.* **1.** especially; particularly; **он лю́бит му́зыку, осо́бенно джаз** he loves music, especially jazz; **2.** unusually; more … than usual; **в э́тот день она́ вы́глядела осо́бенно уста́лой** that day, she looked unusually tired [6]

осо́бый *adj.* **1.** (*unlike others*) special; particular; distinct; **осо́бые обстоя́тельства** special/ particular circumstances; **осо́бый за́пах** distinct smell; **осо́бый слу́чай** special occasion; **2.** (*more intense, greater than usual*) special; particular; **де́ло осо́бой ва́жности** matter of special/ particular importance; **я де́лал зада́ние без осо́бого удово́льствия** I took no particular/ special pleasure in doing that assignment; **испыта́ть осо́бую ра́дость** take particular joy (in …) [5]

остава́ться [-стаю́сь, -стаёшься; *imper.* остава́йся] *impfv* / *pfv* **оста́ться** [-ста́нусь, -ста́нешься] **1.** (*to continue to be at the same place*) to remain; stay (behind); **они́ оста́лись в Москве́ ещё на неде́лю** they stayed in Moscow for another week; **2.** to remain; be left (over); **Оста́лась кака́я-нибудь еда́?** Is there any food left?; **3.** (*to continue to be in the same condition, state, status, etc.*) to remain; **статья́ оста́лась незако́нченной** the article remained unfinished [2, 3, 4, 6]

остально́й *adj.* **1.** remaining; the rest; **остальны́е кни́ги** the rest of the books; **2.** *used as a neuter noun* **остально́е** the rest; **э́то моя́ до́ля, остально́е — твоё** this is my share, and the rest is yours; **всё остально́е** everything else; **3.** *pl. only; of people and animals;* **остальны́е** the others; the rest; **старики́ сиде́ли, остальны́е стоя́ли** the old people were seated, and the rest were standing [4, 6]

остана́вливать [-аю, -аешь] *impfv* / *pfv* **останови́ть** [-новлю́, -но́вишь] *acc.*; (*to cause to cease moving, developing, or progressing*) to stop; bring to a stop; (*especially of a temporary suspension of motion*) halt; bring to a halt [4]

остана́вливаться [-аюсь, -аешься] *impfv* / *pfv* **останови́ться** [-новлю́сь, -но́вишься] **1.** (*to cease moving,*

developing, or progressing*) to stop; come to a stop; (*especially of a temporary suspension of motion*) halt; come to a halt; **маши́на останови́лась у подъе́зда** the car stopped at the entrance; **они́ останови́лись отдохну́ть у реки́** they halted at the river for some rest; **2.** (*to cease doing sth.*) to stop; (*to cease doing sth. temporarily*) pause; halt; **я не зако́нчила кни́гу: пришло́сь останови́ться в са́мом интере́сном ме́сте** I haven't finished the book: I had to stop at the most interesting place; **3.** (*of a temporary lodging, often when traveling*) to stay (at a hotel, dormitory, etc.); put up (*at some place*); (*when a person who provides lodgings is mentioned*) put s.o. up; **я останови́лся в гости́нице** I stayed/ I put up at a hotel; **я останови́лся у дру́га** a friend put me up [5, 6]

оста́ток [*gen.* -тка] the rest (of sth.); remainder; what is/ was left (of); (*of food*) leftovers; **он потра́тил совсе́м немно́го, а оста́ток де́нег о́тдал ма́тери** he spent very little money and gave the rest to his mother; **оста́ток ле́та** the remainder of the summer; **оста́тки мя́са** meat leftovers [1]

оста́ться *pfv* of **остава́ться** [2, 3, 4, 6]

остроу́мие wit; wittiness [6]

остроу́мный *adj.* [-мен, -мна, -мны] witty [6]

осуществля́ть [-я́ю, -я́ешь] *impfv* / *pfv* **осуществи́ть** [-влю́, -ви́шь] *acc.* to carry out; implement; accomplish; realize; bring off [2]

от preposition with gen. [variant **ото**, unstressed, is used before the consonant clusters beginning with two or more consonants, e.g., **ото сна**; also used in some idioms, e.g., **день ото дня**] **1.** (indicating the starting point of motion or action in space or time) from; (of space only) away from; **отойди́ от компью́тера** move away from the computer; **2.** (used with the preposition **до** to indicate the first of the two restricting points in space or time) from; **от Москвы́ до Но́вгорода** from Moscow to Novgorod; **от трёх до шести́** from three to six; **3.** (indicating source) from; **письмо́ от дека́на** a letter from the dean; **4.** (indicating cause) from; with; of; **упа́сть в о́бморок от го́лода** faint from hunger; **дрожа́ть от стра́ха** tremble with fear; **он у́мер от огнестре́льных ран** he died of gunshot wounds; **5.** (indicating a separated part of the whole; related to) to; of; from; **ключ от на́шей кварти́ры** the key to our apartment; **но́жка от сту́ла** a leg of a chair; **кры́шка от коро́бки** the lid from the box, the box lid

отбыва́ть [-а́ю, -а́ешь] *impfv* / *pfv* **отбы́ть** [-бу́ду, -бу́дешь; *past* отбы́л, отбыла́, отбы́ло, отбы́ли] to serve (time, a sentence, one's term in jail, etc.); serve out [5]

отверга́ть [-а́ю, -а́ешь] *impfv* / *pfv* **отве́ргнуть** [-ну, -нешь; *past* отве́рг & отве́ргнул, -ве́ргла, -ве́ргло] *acc.* to reject; turn down [5]

отве́рженный 1. *ppp.* of **отве́ргнуть** *pfv*; *somewhat dated; bookish*; rejected; excluded; **2.** *adj.* outcast (*used as a modifier*) [5]

отверну́ться *pfv* of **отвора́чиваться** [4]

отве́т answer; response; reply [6]

отве́тить *pfv* of **отвеча́ть** [1, 4, 5, 6]

отве́тный *adj.* return, reply (*both used as modifiers*); given in return/ in response; reciprocal [6]

отвеча́ть [-а́ю, -а́ешь] *impfv* / *pfv* **отве́тить** [-ве́чу, -ве́тишь] **1.** (*dat.* and/or **на** + *acc.*) to answer; reply (to); respond (to); **отве́тить на письмо́** answer a letter; write back; **2.** (**на** + *acc.* and/or *instr.*) to respond to (a request, offer, *etc.*); **он пока́ не отве́тил на на́ше приглаше́ние** he hasn't responded to our invitation so far; **3.** [*impfv only*] **за** + *acc.*; to answer for; be responsible for; **ты отвеча́ешь за**

расписáние you are responsible for the schedule; **4.** [*pfv only*] за + *acc.*; (*to be penalized for a misdeed or failure*) to answer for; pay for; take the blame for; **он за э́ту оши́бку отвéтит** he'll pay/ he'll take the blame for this blunder [1, 4, 5, 6]

отворáчиваться [-аюсь, -аешься] *impfv* / *pfv* **отверну́ться** [-ну́сь, -нёшься] (**от** + *gen.*) to turn away (from) [4]

отвращéние disgust; aversion; repugnance [2, 5]

отдавáть [*conjugates like* давáть] *impfv* / *pfv* **отдáть** [*nonpast like* дать; *past* óтдал, отдалá, óтдало, óтдали & (*coll.*) отдáл, отдáло, отдáли] *acc.* (& *dat.*) **1.** *acc.* (& *dat.*) to give back; return; **я отдáм тебé твои́ ди́ски зáвтра** I'll return your CD's tomorrow; **2.** *acc.* (& *dat.*) (*of a debt, a wager, etc.*) to pay; repay/ pay back (a debt); [*pfv only*] pay up; **он óтдал все долги́** he paid/ repaid all his debts; he paid up all his debts; **3.** *acc. & dat.* to hand over; turn over; hand on; give; **он пóднял пакéт и óтдал егó брáту** he picked the package and handed it over/ on to his brother [3, 5, 6]

отдéл (*a unit in a non-academic organization*) department; section [2]

отдéлывать [-дéлываю, -дéлываешь] *impfv* / *pfv* **отдéлать** [-аю, -аешь] *acc.* **1.** to put finishing/ final touches (on sth.); redecorate; renovate; refurbish; **они́ краси́во отдéлали квартѝру** they redecorated/ renovated their apartment beautifully; **2.** *coll.* (*to scold or criticize sharply*) to beat up on; bawl out; **в газéте хорошó отдéлали городску́ю администрáцию** the newspaper really beat up on the municipal administration; **3.** *coll.* to beat up; give a (good) beating; thrash; **её отдéлали одноклáссницы за донóсы** her classmates beat her up/ gave her a good beating for squealing [4]

отдéльность *used in the idiom:*
- **по отдéльности** separately [4]

отдéльный *adj.* separate; independent [4]

отéц [*gen.* отцá] father [4]

óтзыв comment; review; opinion; notice; **óтзывы кри́тиков** the critics' comments/ reviews/ notices; **по óтзывам учáстников** in the opinions/ the judgments of the participants; according to the participants [5]

отзывáться [-áюсь, -áешься] *impfv* / *pfv* **отозвáться** [отзову́сь, отзовёшься; *past* -звáлся, -звалáсь, -звалóсь, -звали́сь & -звáлось, -звáлись] (**на** + *acc.*) to answer; respond; echo [4]

откáзываться [-аюсь, -аешься] *impfv* / *pfv* **отказáться** [-кажу́сь, -кáжешься] **1.** *used with infin.*; to refuse (to do sth.); **я отказáлся подтверди́ть егó показáния** I refused to corroborate his testimony; **2.** *от* + *gen.* to turn down; decline; refuse sth.; reject; **он отказáлся от нáшего предложéния** he declined/ turned down our offer [4, 6]

отклáдывать [-аю, -аешь] *impfv* / *pfv* **отложи́ть** [-ложу́, -лóжишь] *acc.* **1.** to put aside; set aside; **отложи́ть дéньги на лéто** set aside some money for the summer; **2.** to put off; postpone; **дирéктор отложи́л заседáние коми́ссии** the director postponed a committee meeting [6]

отоликáться [-áюсь, -áешься] *impfv* / *pfv* **откли́кнуться** [-кли́кнусь, -кли́кнешься] (**на** + *acc.*) to answer; respond (to) [1]

отклоня́ть [-я́ю, -я́ешь] *impfv* / *pfv* **отклони́ть** [-клоню́, -клóнишь] *acc.* to reject; turn down; decline [3]

открывáть [-áю, -áешь] *impfv* / *pfv* **откры́ть** [-крóю, -крóешь] *acc.* **1.** to open sth. (*so that the inside or the closed part become visible*); **откры́ть чемодáн** open a suitcase; **откры́ть рот** open one's mouth; **2.** (*to unfold sth.*

folded, open sth. drawn, etc., thus making some view or action possible) to open; pull/ draw apart; **откры́ть окнó** open a window; **откры́ть газéту** open a newspaper; **откры́ть занавéски** pull/ draw the curtains apart; **3.** (*dat.*) to reveal (a secret, a mystery, *etc.*); uncover; **он откры́л дру́гу тáйну** he revealed a secret to a friend; **4.** (*acc.* or *a subord. clause*) to discover; **Амéрику откры́л Колу́мб** it was Columbus who discovered America; **5.** (*to initiate sth.*) to open; set up; launch; **откры́ть ресторáн** set up/ open a restaurant; **откры́ть огóнь** open fire; **откры́ть нóвое издáтельство** launch a new publishing house [4, 5, 6]

открывáться [-áюсь, -áешься] *impfv* / *pfv* **откры́ться** [-крóюсь, -крóешься] **1.** [*3rd pers. only*] (*to become open*) to open; **дверь открывáется на балкóн** the door opens onto a balcony **2.** [*3rd pers. only*] (*dat.* or **пѐред** + *instr.*) to open up before s.o./ before s.o.'s eyes; **пѐред нáми откры́лась рекá** a river opened up before us/ before our eyes; **3.** [*3rd pers. only*] (*dat.* or **пѐред** + *instr.*) (*to become understandable, accessible, etc.*) to open up (before s.o.); **ей откры́лись нóвые возмóжности** new possibilities opened up before her; **4.** *dat.* to confide (in s.o.); open up (to s.o.); **онá реши́ла откры́ться сестрé** she decided to confide in her sister [6]

откры́тие 1. opening; **откры́тие Олимпи́йских игр** opening of the Olympic Games; **2.** discovery; **географи́ческие откры́тия** geographic discoveries; **откры́тие пеницилли́на** discovery of penicillin [6]

откры́тый *adj.* [откры́т, -а, -ы] open [5]

откры́ть *pfv* of открывáть [4, 5, 6]

откры́ться *pfv* of открывáться [6]

откýда *adv.* from where; from what source (origin, *etc.*); from which …; how; **«Онá не придёт». — «Откýда ты знáешь?»** "She won't come." "How do you know?" [4, 6]

откýда-то *adv.* from somewhere [4]

откупáть [-áю, -áешь] *impfv* / *pfv* **откупи́ть** [-куплю́, -кýпишь] **1.** *acc.*; *old-fashioned* to buy; acquire; **2.** *acc.* (& **от** + *gen.*) to bribe/ pay off (an official, a policeman, *etc.*) in order to gain exemption from a law or regulation for s.o.; **егó не арестовáли, потому́ что отéц откупи́л егó от мили́ции** he wasn't arrested because his father paid off the police [4]

откупáться [-áюсь, -áешься] *impfv* / *pfv* **откупи́ться** [-куплю́сь, -кýпишься] *от* + *gen.*; to pay off; buy off; **он сидéл бы сейчáс в тюрьмé, éсли бы не откупи́лся от мили́ции** he would have been now behind bars if he hadn't paid off the police [4]

отличáться [-áюсь, -áешься] *impfv* / *pfv* **отличи́ться** [-чу́сь, -чи́шься] **1.** [*impfv only*] *от* + *gen.* to differ (from); **мои́ взгля́ды во мнóгом отличáются от вáших** my views differ from yours in many respects; **2.** to excel (in, at); distinguish oneself (by, in, as); **отличи́ться в математи́ке/ в спóрте** excel in/ at math; excel in/ at sport; **отличи́ться в бою́** distinguish oneself in battle/ in action; **3.** [*impfv only*] *instr.* to be notable (for); have a remarkable/ unusual (quality, characteristic, *etc.*); **э́тот поэти́ческий сбóрник отличáется разнообрáзием** this collection of poems is notable for its variety; **он отличáлся умéнием слу́шать** he had an unusual ability to listen [6]

отли́чно *adv.* very well; perfectly (well); extremely well; excellently [5]

отли́чный *adj.* [-чен, -чна, -чны] **1.** excellent; superb; perfect; **2.** *от* + *gen.* different (from) [6]

отложи́ть *pfv* of отклáдывать [6]

отмечáть [-áю, -áешь] *impfv* / *pfv* **отмéтить** [-мéчу, -мéтишь] *acc*. **1.** to mark; mark off; check off; **я отмéтил егó фамúлию в спúске** I marked (off) his name on the list; I put a check mark next to his name; **2.** (*to write down*) to make a note of; note; take notes; **3.** to notice; take (mental) note (of/ that …); take notice of; **отмéть, все онú бéдно одéты** take note, they are all cheaply dressed; **4.** to make mention of; mention; remark on sth.; point out; **он отмéтил в доклáде этот слýчай** he mentioned that incident in his talk; **5.** (*instr*.) to observe (a holiday, an anniversary, *etc*.); celebrate; **онú всегдá отмечáют годовщúну свáдьбы** they always observe their wedding anniversary; **отмéтить прéмию похóдом в рсторáн** celebrate a bonus by going to a restaurant [3, 5, 6]

отношéние 1. к + *dat*. attitude to/ toward/ about; position on; **отношéние к войнé** attitude to/ toward war; **моё отношéние к спóрту** my attitude about sport; **отношéние правúтельства к проблéме бéженцев** the government position on the refugee problem; **2.** (**к** + *dat*.) relation; connection; bearing; **Какóе отношéние эта теóрия имéет к нáшей рабóте?** What is the relation/ connection between this theory and our work?; What bearing does this theory have on our work? **3.** [*pl. only*] (*of mutual connections of individuals or groups*) relations; relationship (with); terms; **международные отношéния** international relations; **он в дрýжеских отношéниях с коллéгами** he has a friendly relationship with his colleagues; **быть в хорóших отношéниях** be on good terms [6]

• **не имéть (никакóго) отношéния** (**к** + *dat*.) to have nothing to do (with s.o./sth.); have no connection (with sth.); have nothing in common (with s.o./sth.) [6]

отó *preposition—see* **от**

отозвáться *pfv* of **отзывáться** [4]

оторопéло *adv*. dumbfoundedly [5]

отослáть *pfv* of **отсылáть** [3]

отпевáние a religious funeral service (*over the body of the deceased, usu. in the church*) [6]

óтпуск [*pl.: nom.* отпускá, *gen.* отпускóв; *in prep. phrases stress varies:* в óтпуске *or, coll.,* в отпускý] **1.** (*a period of time intended to rest, travel, etc., when an employee is free from work and usu. paid by the employer*) vacation; **Кудá вы éдете в óтпуск?** Where are you going on vacation?; **2.** (*a period of time one is officially permitted to be absent from work or military duty*) leave; leave of absence; **óтпуск по болéзни** sick leave; **óтпуск за свой счёт** leave without pay [2]

• **академúческий óтпуск** (*for a scholar*) research leave; academic leave; (*for a student*) academic leave of absence; leave of absence from one's academic studies [2]

отрезáть [-áю, -áешь] *impfv* / *pfv* **отрéзать** [-рéжу, -рéжешь] **1.** *acc*. to cut off; slice off; cut; **отрéзать кусóк хлéба** to cut a slice of bread; **2.** *acc*. (**& от** + *gen*.); (*to isolate a part of a group from others, blocking their comunication, movement, etc.*) to cut off; **их рóта былá отрéзана от остальнýх войск** their company was cut off from the rest of the troops [1]

отсекáть [-áю, -áешь] *impfv* / *pfv* **отсéчь** [-секý, -сечёшь] **1.** *acc*. to chop off; cut off; sever sth.; **на рабóте былá авáрия, и емý отсеклó пáлец** an accident happened, and his finger was chopped off; **2.** *acc*. (**& от** + *gen*.) (*to isolate a part of a group from others, blocking their comunication, movement, etc.*) to cut off; **полúция**

отсеклá пéрвый ряд демонстрáнтов от остальнýх the police cut off the first row of demonstrators from the rest [5]

отсечённый *ppp*. of **отсéчь** *pfv*; [-чён, ченá, -ченý] cut off (from) [5]

отстóй *used in the following phrase*:
• **пóлный отстóй** *slang* crap; trash; outrage; something sickening and loathsome [4]

отсылáть [-áю, -áешь] *impfv* / *pfv* **отослáть** [-шлю, -шлёшь, -шлёт, -шлём, -шлёте, шлют; *past* отослáл, -ла, -ло] *acc*. to send; send off [3]

отсюда *adv*. from here; from this place [5]

оттéнок [*gen*. -нка] hue; tint; shade [6]

оттогó *adv*. for this reason; therefore; hence; **оттогó что** because [4, 6]

оттýда *adv*. from there [4]

отчáсти *adv*. partly; in part; partially [6]

отчáяние despair; **он был в отчáянии** he was desperate [5]

отчегó *adv*. why; for what reason [1]

отъéзд departure [3]

официáльно *adv*. officially; formally [5]

официáнтка [*gen. pl*. -ток] waitress [1]

охóта[1] hunt (for); hunting [4]

охóта[2] *coll*. **1.** wish; desire; **у меня нет охóты с тобóй спóрить** I have no desire to argue with you; **2.** *used predicatively; dat. & infin*.; to feel like (doing sth.); **Тебé охóта рабóтать?** D'you feel like working? [4]

охóтиться [охóчусь, охóтишься] *impfv* / *pfv-awhile* **поохóтиться**; **на** + *acc*. or **за** + *instr*. to hunt (for food or sport); go hunting (for) [4]

охрáна guard(s); security guards; bodyguard(s); sentries; **конвóйная охрáна** guards at prisons and labor camps [3]

очаровáтельный *adj*. [-лен, -льна, -льны] charming; attractive [6]

очевúдно *parenthetical* obviously; evidently; apparently [3]

óчень *adv*. very; [*with verbs*] very much; greatly [5, 6]

очереднóй *adj*. **1.** next; **нáша очереднáя задáча** our next task; **2.** yet another; one more (in a series); **очереднóе увольнéние** yet another firing [5]

óчередь [*pl.: nom*. óчереди, *gen*. очередéй] *fem*. **1.** turn; **сейчáс твоя óчередь** now it's your turn; **по óчереди** in turn; **2.** line; **мы стоя́ли час в óчереди за билéтами** we were standing in line for tickets for an hour; **3.** burst of fire (*from an automatic weapon*) [4]

очкú [*gen*. очкóв] *pl*. eyeglasses; glasses [5]

очнýться [-нýсь, -нёшься] *pfv* [*no impfv*] **1.** to regain/ recover consciousness; come around; come to; **2.** (*to return to thinking or acting reasonably*) to come to one's senses; wake up; awaken [5]

ошибáться [-áюсь, -áешься] *impfv* / *pfv* **ошибúться** [-бýсь, -бёшься; *past* ошúбся, -лась, -лось] **1.** to make a mistake/ make mistakes (*caused by carelessness, insufficient knowledge, etc.*); **в сонáте он нéсколько раз ошúбся** he made several mistakes in the sonata; **вы ошúблись нóмером** you dialed the wrong number; **2.** (*to misunderstand, misinterpret, etc.*) to be mistaken; be wrong; err; **я ошúблась в этом человéке** I was wrong/ mistaken about that man [3]

ощущáть [-áю, -áешь] *impfv* / *pfv* **ощутúть** [ощущý, ощутúшь] *acc*. to feel; sense; perceive; become aware of [5, 6]

П

па́дать [-аю, -аешь] *impfv / pfv* **упа́сть** [упаду́, упадёшь; *past* упа́л, -ла, -ло] **1.** (*to come down to a lower position*) to fall; drop; **меня́ кто́-то толкну́л, и я упа́л с ле́стницы** somebody pushed me, and I fell down the stairs; **из окна́ упа́л како́й-то предме́т** an object dropped from the window; **2.** (*to diminish in value or level; often of stocks, prices, etc.*) to fall; decline; drop; to go down; **це́ны па́дают** prices are falling/ dropping/ going down [4]

па́йка *slang* (*in prisons, military units, and the like*) food ration; daily food packet [5]

пала́та (*at a hospital*) ward [6]

па́лец [*gen.* па́льца] **1.** finger; **2.** toe [4, 6]

па́лка [*gen. pl.* па́лок] stick [4]

пальто́ *indecl., neut.* overcoat; coat (*for wearing outdoors*); topcoat [4]

па́мять *fem.* memory [4, 6]

па́па papa; dad [4]

папа́ша *highly coll., slightly offensive* dad, pop; poppy [4]

па́пка [*gen. pl.* па́пок] folder (*for papers*); file [5]

парализу́юще *adv.; used in the phrase* **де́йствовать парализу́юще на** + *acc.* petrify s.o.; paralyze s.o. with terror [5]

пара́метр (*a factor that defines how a system works*) parameter [2]

па́рень [*gen.* па́рня; *pl.: nom.* па́рни, *gen.* парне́й] *masc.* **1.** guy; (young) fellow; **2.** *coll.* boyfriend [4]

пари́ровать [-рую, -руешь] *impfv & pfv; also pfv* **отпари́ровать**; (*acc.*) to parry; counter [6]

парк park [6]

па́рта school desk [4]

па́ртия 1. (political) party; **2.** *music* part [5]

па́ста paste; **зубна́я па́ста** toothpaste [3]

па́уза pause [5, 6]

паху́чий *adj.* [-ху́ч, -а, -и] fragrant; odorous; sweet-smelling [6]

паца́н [*gen.* пацана́] *coll.* boy; kid [4]

певе́ц [*gen.* певца́; *male when sing., sex unspecified when pl.; female* **певи́ца**] singer [6]

педаго́г (*male or female*) teacher; pedagogue [6]

педагоги́ческий *adj.* pedagogic(al); teaching [6]

пе́нсия (*retirement benefits*) pension; **быть на пе́нсии** to be a retiree [2, 6]

• **уходи́ть / уйти́ (выходи́ть / вы́йти) на пе́нсию** to retire [2]

пе́рвый *adj.* first [6]

переводи́ть [-вожу́, -во́дишь] *impfv / pfv* **перевести́** [-веду́, -ведёшь; *past* перевёл, -вела́, вело́] **1.** *acc.* & **че́рез** + *acc.* to take across; lead across; **перевести́ стару́шку че́рез у́лицу** lead the old woman across the street; **2.** *acc.* & *place adverbial* to transfer; reassign; move; **его́ перевели́ в Сиби́рское отделе́ние фи́рмы** they transferred/ reassigned him to the company's Siberian office; **3.** *acc.* & **в/на** + *acc.* to switch; **перевести́ автома́т на стрельбу́ одино́чными вы́стрелами** switch the automatic rifle to single shot firing mode; **4.** to translate; **переводи́ть с англи́йского на ру́сский** translate from English to Russian [1, 4]

перевора́чивать [-аю, -аешь] *impfv / pfv* **переверну́ть** [-ну́, -нёшь] *acc.* to turn over [5]

переворо́т 1. revolution; coup; **вое́нный переворо́т** military coup (d'état); **2.** a drastic change; **произвести́ переворо́т в**

душе́ shake s.o. up; cause an emotional upheaval/ explosion [5]

перегова́риваться [-аюсь, -аешься] *impfv* [*no pfv*] (**с** + *instr.*) to exchange (a few) words (with); exchange remarks (with) [6]

пе́ред *preposition with instr.* [*variant* **пе́редо**, *often unstressed, is used in the prepositional phrase* **передо мной** *and, along with* **пе́ред**, *in* **пе́редо все́м**, **пе́редо все́ми**] **1.** (*of space or location*) before; in front of; **пе́ред до́мом стоя́ла полице́йская маши́на** there was a police car in front of the house; **2.** (*earlier than*) before; **пе́ред ле́кцией** before the lecture; **3.** (*in the presence of*) before; in front of; **вы́ступить пе́ред коми́ссией** appear before the committee; **4.** (*in store for*) before; (one is) facing; **пе́ред на́ми тру́дное зада́ние** we have a difficult task before us; we are facing a difficult task

передви́жник *peredvizhnik* (*a member of a group of painters who created the Itinerant movement in Russian art of the second half of the 19th century*)

пе́редо *preposition—see* **пе́ред**

переду́мывать [-аю, -аешь] *impfv / pfv* **переду́мать** [-аю, -аешь] to change one's mind; reconsider; think better of it; **он собира́лся что́-то сказа́ть, но переду́мал** he was about to say something, but changed his mind [4]

переезжа́ть [-а́ю, -а́ешь] *impfv / pfv* **перее́хать** [-е́ду, -е́дешь] **1.** *acc.* or **че́рез** + *acc.*; (*of vehicles or their passengers*) to cross; **авто́бус перее́хал (че́рез) мост** the bus crossed the bridge; **2.** to move (to a new city, a new place of residence, *etc.*); relocate; **они́ неда́вно перее́хали в но́вую кварти́ру** they recently moved to a new apartment; **я перее́хала в Москву́** I moved/ relocated to Moscow [6]

пережива́ть [-а́ю, -а́ешь] *impfv / pfv* **пережи́ть** [-живу́, -живёшь; *past* пе́режил, пережила́, пе́режило, пе́режили & (*coll.*) пережи́л, -жи́ло, -жи́ли] **1.** *acc.* to go through; experience; (*of experiencing sth. painful*) suffer; endure; **пережи́ть кри́зис** go through/ endure a crisis; **фи́рма пережива́ет подъём** the company is experiencing a period of growth; the company is on the rise/ is growing fast; **2.** [*impfv only*] *coll.* to be upset (about/ over); worry (about/ over); be worried (about/ over); be anxious (about/ over); **они́ пережива́ют из-за безопа́сности сы́на** they worry/ are worried about their son's safety [6]

перейти́ *pfv* of **переходи́ть** [5, 6]

переписывать [-аю, -аешь] *impfv / pfv* **переписа́ть** [-пишу́, -пи́шешь] *acc.* **1.** to rewrite; **2.** (*to produce a copy*) to copy (*in longhand or on a computer*); (*of audio and video tapes, CD's, etc.*) make a copy; **переписа́ть цита́ту** copy a quotation; **перепиши́ мне э́тот диск** make a copy of this CD for me [4]

переплёт (*of a book*) binding; cover [6]

переса́живаться [-аюсь, -аешься] *impfv / pfv* **пересе́сть** [*conjugates* like сесть] to change one's seat; move to a different seat [4]

переси́ливать [-аю, -аешь] *impfv / pfv* **переси́лить** [-лю, -лишь] *acc.*; (*of pain, emotion, shyness, etc.*) to overcome; master [6]

пересо́хнуть *pfv* of **пересыха́ть** [5]

перестава́ть [-стаю́, -стаёшь] *impfv / pfv* **переста́ть** [-ста́ну, -ста́нешь] **1.** [*3rd pers. only*] (*to come to an end*) to stop; cease; **снег переста́л** the snow stopped; **2.** to stop (*doing sth.*); cease (*doing sth.*); **переста́нь крича́ть на неё** stop yelling at her [4]

пересыхать [-áю, -áешь] *impfv* / *pfv* **пересóхнуть** [*past* пересóх, -ла, -ло] (*of one's throat, mouth, lips, skin, etc.*) [*with* гóрло *and* рот, *the verb can be also used impersonally*] to feel/ be dry; get/ be dried; get / be parched; one feels dryness in one's mouth/ throat; **у неё пересóхло гóрло/ в гóрле** her throat felt dry; she felt dryness in her throat; her throat got parched [5]

перехвáтывать [-аю, -аешь] *impfv* / *pfv* **перехватить** [-хвачý, -хвáтишь] **1.** *acc.* to intercept (a messenger, a letter, *etc.*); **2.** *used as impers. predicative or with the subject* **спазм, сýдорога,** *etc.*; (*of one's inability to speak or breathe because of strong emotion*) (one) is/ feels choked up; (one) is choked (with fear, hate, *etc.*); (one) feels/ gets a lump in one's throat; **у меня перехватило гóрло** I felt all choked up; **сýдорога перехватила мне гóрло** a spasm seized my throat [5]

переходить [-хожý, -хóдишь] *impfv* / *pfv* **перейти** [перейдý, перейдёшь; *past* -шёл, -шла, -шло; *imper.* перейди] **1.** *acc.* or **чèрез** + *acc.*; (*going on foot*) to cross; walk over; get over; go across; **мы перешли чèрез мост** we walked/ got over the bridge; we went across the bridge; **2.** (*from one place to another*) to go; move; walk; **мы перешли в соседнюю кóмнату** we went/ moved to the adjacent room; **3. к** + *dat.* or **на** + *acc.*; (*to make a transition from one subject, quality, etc., to another*) to switch (over) to; pass on to; proceed to; move to; **перейти к слéдующему вопрóсу** switch over/ proceed/ move to the next issue; **мы перешли к другóй тéме/ на другýю тéму** we changed the subject [5, 6]

перешёптываться [-аюсь, -аешься] *impfv* [*no pfv*] (**с** + *instr.*) to whisper to one another; conduct a conversation in a whisper; speak in whispers/ in a whisper [6]

переэкзаменóвка (*at school; generally after an earlier failure*) re-examination [3]

период period (*of time*) [1, 5]

перипетия *slightly bookish usu. pl.* **перипетии** vicissitudes; ups and downs (of life) [6]

пéсня [*gen. pl.* пéсен] song [4, 5]

петь [пою, поёшь] *impfv* / *pfv* **спеть & пропéть,** *pfv-begin* **запéть;** to sing; [*with acc.*] sing (a song, an aria, *etc.*) [4, 5]

печáль *fem.* sadness; sorrow; grief [3]

печáльный *adj.* [-лен, -льна, -льны] sad [6]

печáтать [-аю, -аешь] *impfv* / *pfv* **напечáтать;** *acc.* **1.** *also pfv* **отпечáтать;** to print (*in a print shop, on an electronic printer, etc.*); **егó книгу печáтают в хорóшей типогрáфии** his book is being printed at a quality print shop; **2.** *also pfv* **отпечáтать;** [*may be used intransitively*] to type (*on a typewriter or computer*); **он умéет печáтать на кириллице** he can type in Cyrillic; **3.** (*of a publisher*) to publish; print; **это издáтельство напечáтало нéсколько бестсéллеров** this publisher has published several bestsellers; **4.** to have one's book (poems, *etc.*) published; publish; **он печáтает свои статьи в наýчных журнáлах** he publishes his articles in scholarly journals [3, 5]

печáть *fem.* **1.** print; type; **мéлкая печáть** small print/ type; **2.** the press; **мéстная печáть** local press; **центрáльная печáть** metropolitan press; metropolitan newspapers and magazines [5]

пианино *indecl., neut.* (upright) piano [4]

пивкó *diminutive of* **пиво** beer [5]

писáтель *masc.* [*the masculine form may refer to a woman*] writer; author [5, 6]

писáть [пишý, пишешь] *impfv* / *pfv* **написáть 1.** (*acc. and/or instr.*) (*to produce letters, symbols, etc., with a pen, pencil, etc.*) to write; **писáть бýквы** write letters; **писáть карандашóм** write with a pencil; **2.** (*acc. & dat.*) (*to produce written text*) to write; **написáть óтзыв** write a comment/ a review; **ребёнок ещё не умéет писáть** the child cannot write yet; **3.** (*acc.*) (*to create a piece of literature or music*) to write; compose; **писáть стихи** write poetry; **написáть сонáту** compose/ write a sonata; **писáть для рояля** write/ compose for the piano; **4.** (*acc.*) (*to create a painting*) to paint; **писáть пейзáжи** paint landscapes; **писáть крáсками** paint in oil(s); **5.** *dat.*; (*to communicate by letter*) to write to s.o.; **пиши мне чáще** write to me more often; **писáть по электрóнной пóчте** email [1-6]

письменный *adj.* **1.** writing (*used as a modifier*); **письменный стол** desk; **2.** written; **письменное домáшнее задáние** written homework [6]

письмó [*pl.*: *nom.* письма; *gen.* писем] letter [1]

пить [пью, пьёшь; *past* пил, пила, пило, пили] *impfv* **1.** *pfv* **выпить,** *pfv-awhile* **попить;** (*acc.*); to drink (*any beverage*); have a drink (of); (*of a liquid medicine*) take; **пить винó** drink wine; **пить чай** drink/ have/ take tea; **выпей своё лекáрство** take your medicine; **2.** *pfv* **выпить;** **за** + *acc.*; to drink to (*the person's name, title, etc.*); drink to the health of; drink in honor of; **Выпьем за тебя!** Let's drink to you!; **3.** [*no pfv*] (*to consume alcohol heavily and/or regularly*) to drink heavily/ hard; be frequently drunk; **её муж пьёт** her husband drinks heavily; her husband hits the bottle regularly [1-6]

плáкать [плáчу, плáчешь] *impfv* / *pfv-begin* **заплáкать & расплáкаться,** *pfv-awhile* **поплáкать** to cry; weep; [*pfv-begin*] burst into tears [4, 6]

план 1. plan (of action); **2.** (*objective, goal*) target; plan [2, 5]

пластинка [*gen. pl.* -нок] (phonograph) record; **долгоигрáющая пластинка** long-playing record [5]

плебс *bookish* plebs; the common people; low-class people; the unwashed [3]

плевáть [плюю, плюёшь] *impfv* **1.** *pfv-once* **плюнуть** [-ну, -нешь] to spit; **2.** *pfv* **наплевáть,** *pfv-once* **плюнуть** [плюну, плюнешь] (**на** + *acc.*); *often impers. with dat. &* **на** + *acc.*; *coll.* to brush aside; (totally) ignore; not give a damn; care nothing for/ about; one couldn't care less; **он плевáл на советы мáтери** he brushed aside his mother's advice; **плюнь на всё** ignore it all totally; **ему наплевáть на твои книжки** he couldn't care less about your books [1, 2]

племя [*gen., prep. & dat.* плéмени; *pl.*: *nom.* племенá, *gen.* племён] tribe [4]

племянник nephew [6]

плечó [*pl.*: *nom.* плéчи, *gen.* плеч, *prep.* (на) плечáх] shoulder [1, 4, 6]

- **пожимáть / пожáть плечáми** to shrug one's shoulders [1]

плодотвóрный *adj.* [-рен, -рна, -рны] fruitful; useful; productive [6]

плóхо *adv.* [*compar.* хýже] **1.** poorly; badly; bad; **онá пéла плóхо** she sang poorly; **здесь плóхо пáхнет** it smells bad here; **он плóхо себя чýвствует** he feels unwell; he doesn't feel well; **2.** *used predicatively;* it's bad; **плóхо быть постоянно в долгáх** it's bad to be in debt all the time; **3.** *used predicatively; impers.; dat.;* (*of the way a person feels*) (one is/ gets) unwell/ sick; **ему стáло плóхо** he got sick [5]

плюнуть *pfv-once of* **плевáть** [1, 2]

плюс *conjunction* plus; and; and also [4]

по *preposition with dat., accus., or prep.*

With dat.: 1. *(usu. with motion verbs when referring to the place of motion)* around; over; across; **ходи́ть по ко́мнате** pace around the room; **е́здить по Евро́пе** travel over Europe; **идти́ по двору́** walk across the courtyard; **2.** *(when referring to the surface of some object or space where the action takes place)* along; on; down; across; **е́хать по у́лице** drive along the street; **спуска́ться по ле́стнице** go down the stairs **3.** *(when indicating means of communication)* by; on; over; **отпра́вить по по́чте** send by mail; **по телефо́ну** over the telephone; **4.** *(as indicated by)* according to; by; **по мне́нию исто́риков** according to historians; **су́дя по его́ отме́ткам** judging by his grades; **5.** *(when indicating the cause or reason)* because of; owing to; due to; on the account of; from; **отсу́тствовать по боле́зни** be absent because of illness; **оши́бка по невнима́тельности** a mistake from inattention/ from lack of attention; **6.** *(used when indicating the field, the area of action, etc.)* on; in; at; in the field of; **кни́га по эколо́гии** book on ecology; **специали́ст по математи́ческой ло́гике** specialist in mathematical logic; **чемпио́н по борьбе́** champion at wrestling; **7.** *(used when indicating a person's or pet's appellation)* **по и́мени (кли́чке, про́звищу,** *etc.)* by the name (nickname, sobriquet, *etc.*) of; whose name (nickname, sobriquet, *etc.*) is; **э́то был ма́льчик по и́мени Са́ша** it was a boy by the name of Sasha; **вот наш щено́к по кли́чке Террори́ст** here's our puppy whose name is Terrorist; **8.** [*with pl. nouns*] *(when the same action involves similar objects, dates, etc.)* on; in; at; into; **по пя́тницам он не рабо́тает** he doesn't work on Fridays; **по утра́м её бу́дит соба́ка** in the morning her dog wakes her up; **разли́ть вино́ по стака́нам** pour wine into glasses; **ходи́ть по теа́трам** frequent theaters;

With acc.: 1. *(when indicating limit, especially when showing it through parts of the human body)* to; up to; down to; **по коле́но в воде́** up to one's knees in water; **коса́ по по́яс** braid down to one's waist; **2.** *(when indicating a time limit; used with the preposition* **с** *to indicate the second of the two restricting points in time)* to; till; until; **по сего́дняшний день** to this day; **с ма́рта по ию́ль** from March till July;

With prep.: *(immediately following)* on; upon; after; as in **по прибы́тии** on arrival; **по достиже́нии совершенноле́тия** upon coming of age; **по оконча́нии университе́та** after/ upon graduating from the university

по-актёрски *adv.* like an actor; the way actors do; in a theatrical manner [6]

по-англи́йски *adv.* **1.** in English; **э́то напи́сано по-англи́йски** it's written in English; **говори́ть по-англи́йски** speak English; **2.** in the English manner/way; English style; **уйти́ не попроща́вшись называ́ется «уйти́ по-англи́йски»** to leave without saying goodbye is known as "leaving in the English manner"; **в 5 часо́в они́ пьют чай по-англи́йски** at 5 o'clock they have tea English style; at 5 o'clock they have an English tea [3]

побагрове́ть *pfv* of **багрове́ть** [6]

побе́да victory [2]

побежа́ть *pfv-begin* of **бежа́ть** [5]

поблагодари́ть *pfv* of **благодари́ть** [2]

побо́льше 1. *adj.* [*compar.* of **большо́й** large, big] a little bigger/ larger; somewhat bigger/ larger; **их дом побо́льше на́шего** their house is somewhat bigger than ours; **2.** *adv.* [*compar.* of **мно́го** much, many] a little more; somewhat

more; **он зна́ет об э́том побо́льше, чем ты** he knows a little more about it than you do [5]

побоя́ться *pfv* of **боя́ться** [4, 5, 6]

побыва́ть *pfv* of **быва́ть** [3, 4]

пове́рить *pfv* of **ве́рить** [1, 2, 6]

поверну́ться *pfv* of **повора́чиваться** [1, 4]

повести́ *pfv & pfv-begin* of **вести́** [5]

пове́стка [*gen. pl.* -сток] notice; notification; summons; **пове́стка в суд** (a court) summons; **пове́стка из военкома́та** call-up papers [3]

по́вод reason; occasion [6]

• **по по́воду** *gen.* regarding; in/ with regard to; in connection with [6]

поводо́к [*gen.* -дка́] leash [4]

поводо́чек [*gen.* -чка] *diminutive* of **поводо́к** leash [4]

повора́чиваться [-аюсь, -аешься] *impfv* / *pfv* **поверну́ться** [-ну́сь, -нёшься] to turn; turn to/ toward; turn around [1, 4]

повторя́ть [-я́ю, -я́ешь] *impfv* / *pfv* **повтори́ть** [-рю́, -ри́шь] *acc.* **1.** *(to do or say sth. again)* to repeat; **повтори́ть вопро́с** repeat a question; **2.** *(of sth. that was studied earlier)* to review; go over (again); **пе́ред экза́менами она́ повтори́ла материа́л** she has gone over the material before the exam [5]

поговори́ть *pfv* of **говори́ть** [1-6]

пого́да weather [6]

под *preposition with dat., accus., or prep.* [*variant* **подо,** *unstressed, is used in the prepositional phrases* **подо мной/ мно́ю, подо что** *and, along with* **под,** *in* **подо всем/ всей/ все́ми;** *also used before the consonant clusters beginning with* **р** *or* **л,** *e.g.,* **подо льдом**]

With acc.: 1. *(with verbs denoting moving or looking)* under *(some surface or object)*; **поста́вь чемода́н под стол** put the suitcase under the table; **2.** *(moving to the vicinity of some city, town, etc.)* (go to a place) near (some city, town, *etc.*); to the environs/ suburbs of; **пое́хать под Москву́** go to a place near Moscow; **3.** *(from a higher place to a lower one)* down; **доро́га шла под го́ру** the road went downhill/ down the hill; **4.** *(putting s.o. into a certain situation or condition)* **погра́ничники взя́ли их под аре́ст** the border guards put them under arrest; **5.** *(to the accompaniment of)* accompanied by; to; with; to the sound of; **танцева́ть под краси́вую мело́дию** dance to a beautiful tune; **петь под гита́ру** sing to/ with a guitar;

With instr.: 1. *(with verbs denoting location)* under *(some surface or object)*; beneath; **чемода́н стои́т под столо́м** the suitcase is under the table; **2.** *(located in the vicinity of some city, town, etc.)* near; in the environs/ suburbs of; **жить под Москво́й** live near Moscow; **3.** *(in a certain situation or condition)* under; **они́ под аре́стом** they are under arrest

подава́ть [*conjugates like* дава́ть] *impfv* / *pfv* **пода́ть** [*nonpast like* дать; *past* по́дал, подала́, по́дало, по́дали & *(coll.)* пода́л, пода́ло, пода́ли] **1.** *acc. & dat.* to give; hand; **он принёс докуме́нты и по́дал ей** he brought the documents and gave/ handed them to her; **2.** *acc.* (ру́ку, ладо́нь) (& *dat.*); *(when greeting or offering support)* to extend (one's hand/ palm to s.o.); outstretch (one's hand to s.o.); offer (one's hand); **он по́дал ру́ку, приве́тствуя меня́, и я пожа́л её** he extended his hand in greeting and I shook it; **он по́дал ей ру́ку, что́бы помо́чь встать** he offered his hand to help her up; **3.** *acc.;* *(to present sth. in writing for consideration)* to submit (an application, a report, a request, a proposal, a claim); file (an application, an appeal, a complaint); lodge (a petition, an appeal, a complaint) [4, 5]

пода́рок [*gen* -рка] gift; present [4]

пода́тливый *adj.* [-лив, -а, -ы] **1.** malleable; pliable; pliant; **пода́тливые мета́ллы** malleable metals; **2.** amenable; agreeable; pliant; complaisant; **пода́тливый челове́к** amenable/ agreeable person; **пода́тливый хара́ктер** pliant/ amenable disposition [6]

пода́ть *pfv* of **подава́ть** [4, 5]

подгля́дывать [-аю, -аешь] *impfv* / *pfv* **подгляде́ть** [-гляжу́, -гляди́шь] **за** + *instr.* to peep (at s.o. or sth., into some place, through a small hole, *etc.*); watch furtively (surreptitiously, secretly, *etc.*); spy (upon) [4]

поделённый *ppp.* of **подели́ть** *pfv*; [-лён, -лена́, -лены́] divided [5]

подели́ть *pfv* of **дели́ть** [5]

подзыва́ть [-а́ю, -а́ешь] *impfv* / *pfv* **подозва́ть** [подзову́, подзовёшь; *past* подозва́л, -звала́, -зва́ло] *acc.* to call up; motion/ signal s.o. to come over (in, *etc.*); (*by making a summoning gesture*) beckon [2]

подка́тывать [-аю, -аешь] *impfv* / *pfv* **подкати́ть** [-качу́, -ка́тишь] (**к** + *dat.*) *coll.* (*of a vehicle or driver*) to roll up (to); pull up (to); **такси́ подкати́ло к подъе́зду** the taxicab pulled up to the entrance [5]

поднима́ть [-а́ю, -а́ешь] *impfv* / *pfv* **подня́ть** [-ниму́, -ни́мешь; *past* по́днял, подняла́, по́дняло, по́дняли & (*coll.*) подня́л, подня́ло, подня́ли] *acc.* **1.** to pick up; lift; **подня́ть мяч** pick up a ball; **твой чемода́н о́чень тяжёлый—я с трудо́м могу́ подня́ть его́** your suitcase is very heavy—I can barely lift it; **2.** to raise; lift; **подня́ть ру́ку** raise one's hand; **подня́ть глаза́** lift one's eyes; **3.** to lift; raise; **поднима́ть настрое́ние** *dat.* lift/ raise s.o.'s spirits; cheer up (s.o.); put s.o. in a good mood [4, 5, 6]

поднима́ться [-а́юсь, -а́ешься] *impfv* / *pfv* **подня́ться** [-ниму́сь, -ни́мешься; *past* подня́лся, подняла́сь, подняло́сь, подняли́сь & подня́лся, подня́лось, подня́лись] **1.** to go up; rise; move up; (*of the sun, the moon, etc.*) come up; **мы хоте́ли подня́ться на ли́фте, но он подня́лся до второ́го этажа́ и останови́лся** we wanted to go up in an elevator, but it went up/ rose to the second floor and stopped; **ле́том со́лнце поднима́ется ра́но** the sun comes up/ rises early in the summer; **2.** to climb; go up; walk up; ascend; **мы подня́лись по ле́стнице** we walked up/ climbed the stairs; **он подня́лся на сце́ну** he ascended the stage [4]

подня́ть *pfv* of **поднима́ть** [4, 5, 6]

подоба́ть [*3rd pers. only;* -а́ет] *impfv* [*no pfv*] (*dat.* and/or *infin.*); to befit; become; **ему́ не подоба́ет так вести́ себя́** it doesn't become him to behave that way; **как подоба́ет** *dat.* as (it) befits/ becomes (s.o.) [3]

подо́бно *preposition with dat.* like [3]

подозва́ть *pfv* of **подзыва́ть** [2]

подозрева́ть [-а́ю, -а́ешь] *impfv* [*no pfv*] **1.** *acc.* & **в** + *prep.* to suspect (s.o. of sth.); **сосе́ди подозрева́ют его́ в преступле́нии** the neighbors suspect him of a crime; **2.** (*acc. or a subord. clause—usu. a* **что**- *or* **как**-*clause, or* **о** + *prep.*) to suspect; imagine; surmise; **она́ и не подозрева́ла, что тако́е мо́жет случи́ться** she didn't suspect/ imagine that such a thing could happen [6]

подозри́тельно *adv.* suspiciously [5]

подойти́ *pfv* of **подходи́ть** [1, 4, 5]

подра́ться *pfv.* of **дра́ться** [4]

подсме́иваться [-аюсь, -аешься] *impfv* [*no pfv*] **над** + *instr.* to make fun of; poke fun at; joke about [1]

подтвержда́ть [-а́ю, -а́ешь] *impfv* / *pfv* **подтверди́ть** [-твержу́, -тверди́шь] *acc.* to confirm; bear out; corroborate [5]

подте́кст underlying message (idea, theme); implication; (*the implicit meaning in a literary work*) subtext [3]

поду́мать *pfv* of **ду́мать** [1, 4, 5]

поду́мывать [-аю, -аешь] *impfv* [*no pfv*] **о** + *prep.*; *used to express a repeated occurrence* to consider (doing sth. every now and then); think (repeatedly of/ about doing sth.) [3]

по-дура́цки *adv.*; *coll.* foolishly; stupidly; like a fool [4]

подхва́тывать [-аю, -аешь] *impfv* / *pfv* **подхвати́ть** [-хвачу́, -хва́тишь] **1.** *acc.* to catch sth. (*so as to keep it from falling or stop its motion*); snatch; grasp; **ма́льчик подхвати́л мяч** the boy caught a ball; **2.** (*using s.o.'s words, often repeating or rephrasing them, to confirm or continue what s.o. said*) to seize on s.o.'s remarks (words, *etc.*); interject; interpose; join in (a conversation); «**Не пое́ду**». — «**Коне́чно, тебе́ не ну́жно е́хать**», — **подхвати́л оте́ц**. "I won't go." "Of course you shouldn't go," father said, seizing on my words; **3.** (*acc.*) to join in (singing, a chorus) [1]

подходи́ть [-хожу́, -хо́дишь] *impfv* / *pfv* **подойти́** [подойду́, подойдёшь; *past* подошёл, -шла́, шло́] **1.** (**к** + *dat.*); (*to come or go close or closer while walking*) to come up to; walk up to; go near/ nearer; approach; **я подошёл к воро́там** I walked up to the gates; I approached the gates **2.** *dat.* to suit s.o.; be appropriate for s.o.; **э́та рабо́та мне не подхо́дит** this job doesn't suit me [1, 4, 5]

подчиня́ться [-я́юсь, -я́ешься] *impfv* / *pfv* **подчини́ться** [-ню́сь, -ни́шься] *dat.* to submit (to s.o. or sth.); obey (s.o.); give in (to s.o. or sth.); comply (with sth.) [4]

подшу́чивать [-аю, -аешь] *impfv* / *pfv* **подшути́ть** [-шучу́, -шу́тишь] **над** + *instr.* **1.** to make fun of; poke fun at; joke about; **они́ всегда́ подшу́чивают друг над дру́гом** they always poke fun at each other; **2.** to play a trick on s.o.; play a prank/ a practical joke on s.o.; **жесто́ко подшути́ть** play a cruel/ heartless/ mean trick on s.o. [6]

подъе́зд entrance; doorway; entryway [4, 5]

подъём 1. lifting; raising; hoisting; **2.** enthusiasm; inspiration; upsurge; animation [3]

пое́хать *pfv* & *pfv-begin* of **е́хать** [5, 6]

пожа́луй *parenthetical* I guess; I think [5]

пожа́ть *pfv* of **пожима́ть** [1]

пожило́й *adj.* middle-aged [6]

пожима́ть [-а́ю, -а́ешь] *impfv* / *pfv* **пожа́ть** [-жму́, -жмёшь] *usu.* **пожима́ть** / **пожа́ть ру́ку** (*dat.*) (*usu. when greeting, parting, etc.*) to shake s.o.'s hand; squeeze s.o.'s hand [1]

позабы́ть [-бу́ду, -бу́дешь] *pfv* [*impfv* **позабыва́ть** *rare*] *acc.* or **о** + *prep.*; *coll.* to forget all about (s.o. or sth.); forget (completely/ utterly) [4]

позапро́шлый *adj.* before last [1]

позва́ть *pfv* of **звать** [4]

позволя́ть [-я́ю, -я́ешь] *impfv* / *pfv* **позво́лить** [-лю, -лишь] *acc.* & *dat.* to permit; allow [1]

• **позволя́ть / позво́лить себе́ 1.** *used with infin.*; to venture (to); permit oneself; take the liberty of; **2.** *acc.* & *infin.* to allow oneself (sth./ to do sth.); (be able) to afford (sth.) [1]

позвони́ть *pfv* of **звони́ть** [1, 2, 3, 6]

по́зже *adv.* **1.** [*compar.* of **по́здно** late] later; **сего́дня я встал по́зже, чем обы́чно** today I got up later than usual; **2.** (*subsequently*) later; later on; afterward(s); at a later time; **я верну́сь к э́тому вопро́су по́зже** I will return to this issue later; later on, I will return to this issue [3]

познако́миться *pfv* of **знако́миться** [3, 6]

поигра́ть *pfv-awhile* of **игра́ть** [4, 5]

пойма́ть *pfv* of **лови́ть** [4]

пойти́ *pfv* & *pfv-begin* of **идти́** [1-6]

пока́[1] *adv.* for the time being; for the present; for now; so far; [*in sentences containing a negation*] as yet; **подожди́ пока́ здесь** wait here for now; **там пока́ никто́ не живёт** nobody lives there for the time being; **кни́га пока́ не зако́нчена** the book is/ remains as yet unfinished [1, 4, 5, 6]

пока́[2] *conjunction* **1.** while; so long as; as long as; **пока́ ты рабо́таешь, я схожу́ в апте́ку** while you're working, I'll go to the pharmacy; **2.** *used in the construction* **пока́ … не** until; **не уходи́, пока́ он не вернётся** don't leave until he comes back [1, 4, 5, 6]

пока́[3] *interjection*; *used at parting*; coll. Bye!; Bye-bye!; So long!; Cheerio!; «**Нам пора́. Пока́!**» — «**Пока́!**» "Time to go. Bye!" "So long!" [1, 4, 5, 6]

показа́ть *pfv* of **пока́зывать** [4]

показа́ться *pfv* of **каза́ться** [3, 6]

пока́зывать [-аю, -аешь] *impfv* / *pfv* **показа́ть** [-кажу́, -ка́жешь] **1.** *acc.* & *dat.* to show; demonstrate; **он показа́л мне карти́ну** he showed me the painting; **2.** **на** + *acc.* to point (one's finger) at; point to/ towards; gesture/ motion towards; indicate; **показа́ть глаза́ми** point with one's eyes at/ to/ toward; **3.** *acc.* (& *dat.*) to perform; **показа́ть фо́кус** perform a (magic) trick; perform sleight of hand [4]

покале́ченный *ppp.* of **покале́чить** *pfv*; [-чен, -а, -ы] **1.** maimed; crippled; mutilated; **2.** ruined; destroyed [5]

покале́чить *pfv* of **кале́чить** [5]

покида́ть [-а́ю, -а́ешь] *impfv* / *pfv* **поки́нуть** [-ну, -нешь] *acc.*; *slightly bookish* to leave (a spouse, family, a country, etc.); abandon; forsake; desert [3]

поклони́ться *pfv* of **кла́няться** [5]

поколе́ние generation [5, 6]

покрасне́ть *pfv* of **красне́ть** [6]

покупа́ть [-а́ю, -а́ешь] *impfv* / *pfv* **купи́ть** [куплю́, ку́пишь] *acc.* to buy; purchase [1]

поку́ривать [-аю, -аешь] *impfv* [*no pfv*] coll.; *used to express a repeated occurrence*; to smoke a cigarette every now and then; smoke a little [6]

полага́ть [-а́ю, -а́ешь] *impfv* [*no pfv*] (*acc.*); *slightly bookish* to suppose; assume; believe; presume [5]

• **на́до полага́ть** [5] *see* **на́до**

полго́да *masc.* [*gen.* полуго́да] half a year [5]

по́ле [*pl.*: *nom.* поля́, *gen.* поле́й] **1.** (*a flat area of land without forest*) field; **кукуру́зное по́ле** cornfield; **2.** (*area of activity*) field; **по́ле де́ятельности** field of activity/ action; **3.** [*usu. pl.*] margin; **заме́тки на поля́х** marginal notes; notes on/ in the margins [6]

полежа́ть *pfv-awhile* of **лежа́ть** [2]

ползуба́ half a tooth; half of a tooth [4]

полива́ть [-а́ю, -а́ешь] *impfv* / *pfv* **поли́ть** [-лью, -льёшь; *past* поли́л, полила́, поли́ло, поли́ли & по́лил, по́лило, по́лили] **1.** *acc.* (& *instr.*) to water; pour water on; **поли́ть цветы́** water flowers; **2.** [*usu. impfv.*] to spray (bullets on/ at/ all over s.o.); spray with bullets [4]

полиста́ть *pfv-awhile* of **листа́ть** [1]

политехни́ческий *adj.* polytechnic [2]

полити́ческий *adj.* political [3]

по́лка [*gen. pl.* по́лок] shelf; **кни́жная по́лка** bookshelf [6]

по́лный *adj.* [по́лон, полна́, полно́ & по́лно, полны́ & по́лны; *compar.* полне́е & -е́й] **1.** full; filled with; **по́лная корзи́на грибо́в** a basket full of mushrooms; **2.** complete; total; absolute; **по́лное дове́рие** absolute confidence; **3.** (*of people*) stout; plump; portly; fat [4, 5, 6]

поло́жено *predicative, used with infin.* or **чтобы**; (one) is supposed to; (one) should; (one) is expected to; **у нас поло́жено помога́ть друг дру́гу** we are supposed/ expected to help each other; **кури́ть в спортза́ле не поло́жено** one shouldn't smoke in the gym [5]

• **как поло́жено** as one should; as one is supposed to; as it should be [3]

положи́ть *pfv* of **класть** [2]

полтора́ *masc.* & *neut.* [*fem.* полторы́; *gen.*, *prep.*, *dat.* & *instr.* for all genders полу́тора] *numeral* one and a half [5]

полупусто́й *adj.* [-пу́ст, -пуста́, -пу́сты & -пусты́] half-empty [1]

получа́ть [-а́ю, -а́ешь] *impfv* / *pfv* **получи́ть** [-лучу́, -лу́чишь] *acc.* **1.** to receive; get; be given; **получи́ть письмо́** receive/ get a letter; **2.** (*to achieve sth. desired as a result of effort or because of merit*) to obtain; get; gain; receive; acquire; **получи́ть разреше́ние** obtain permission; **получи́ть рабо́ту** get a job/ obtain employment; **получи́ть зна́ния** acquire/ gain knowledge [1, 2, 3]

получа́ться [*3rd pers. only*; -а́ется] *impfv* / *pfv* **получи́ться** [-лу́чится] **1.** to come about; happen; **всё получи́лось из-за них** everything came about because of them; **2.** [*used as a semi-auxiliary verb with adjectives and adverbs*] to turn out; come out; **всё получа́ется хорошо́** everything turns out well; **обе́д получи́лся о́чень вку́сный** the dinner came out very tasty [4]

полюби́ть *pfv* & *pfv-begin* of **люби́ть** [2, 3, 4, 5]

по́люс [*nom. pl.* по́люсы & полюса́] pole (*geographical*) [1]

поменя́ть *pfv* of **меня́ть** [3]

поменя́ться *pfv* of **меня́ться** [6]

помеша́ть *pfv* of **меша́ть** [3, 4]

по́мнить [-ню, -нишь] *impfv* [*no pfv*] *acc.* or **о** + *prep.*; to remember; retain in the memory; bear/ keep in mind; **я не по́мню, как зову́т э́ту де́вочку** I don't remember this girl's name; **по́мни, что ты отвеча́ешь за ка́чество** bear in mind that you are responsible for the quality [1, 4, 5, 6]

помога́ть [-а́ю, -а́ешь] *impfv* / *pfv* **помо́чь** [-могу́, -мо́жешь; *past* помо́г, -ла́, -ло́] *dat.* **1.** to help (s.o. to do sth.); assist (s.o. in sth.); **помоги́ мне подгото́виться к экза́мену** help me to prepare for the exam; **2.** (*to help s.o. by supplying with money, food, etc.*) to support s.o.; provide for s.o.; **он помога́ет роди́телям** he provides for/ he supports his parents [2, 4, 5]

по-мо́ему 1. *adv.* my way; (that's) the way I'd do it; **сде́лаешь по-мо́ему** you'll do it my way; **2.** *parenthetical*; (*expressing opinion*) I think; in my opinion; to my mind; **по-мо́ему, э́то ску́чный фильм** in my opinion, it's a boring film; **3.** *parenthetical*; (*expressing uncertainty*) it seems to me; I think; **по-мо́ему, он уже́ ушёл** I think he has already left [6]

помо́йка [*gen. pl.* -мо́ек] coll. garbage pit; (garbage) dump; garbage/ junk heap [6]

помо́чь *pfv* of **помога́ть** [2, 4, 5]

помя́ться *pfv-awhile* of **мя́ться** [5]

понима́ние 1. understanding; comprehension; grasp; **2.** interpretation; elucidation [6]

понима́ть [-а́ю, -а́ешь] *impfv* / *pfv* **поня́ть** [пойму́, поймёшь; *past* по́нял, -ла́, -ло] **1.** *acc.*; (*to perceive the meaning and essence of sth.*) to understand; comprehend; grasp (*mentally*); **непра́вильно поня́ть** misunderstand; **2.** *acc.*; (*to comprehend a language*) to understand; follow; **я немно́го понима́ю по-ру́сски, но мне тру́дно понима́ть**

ле́кции на ру́сском языке́ I understand Russian a little, but it's hard for me to follow lectures in Russian; **3.** *acc.*; (*to come to the realization of*) to realize; be/ become aware (of/ that …); **она́ поняла́, что не на́до бы́ло э́того говори́ть** she realized that she shouldn't have said it; **4.** [*impfv only*] *acc.* or **в** + *prep.*; to know something about; understand (sth.); **она́ понима́ет в диза́йне** she knows something about design; **5. понима́ешь/ понима́ете** *these forms only, parenthetical* you see; you know [1, 3, 4, 5, 6]

понра́виться *pfv* of **нра́виться** [3, 4, 6]

поня́тно *adv.* **1.** clearly; intelligibly; comprehensibly; **объясня́ть грамма́тику поня́тно** explain grammar clearly; **2.** *used predicatively,* it is understandable; it is easy to understand; it is clear that …; [*used as a question*] **Поня́тно?** Do you understand?; Understand?; Is that clear/ understood?; **3.** *used as an interjection* I see [4]

поня́ть *pfv* of **понима́ть** [1, 3, 4, 5, 6]

поощря́ть [-я́ю, -я́ешь] *impfv* / *pfv* **поощри́ть** [-рю́, -ри́шь] *acc.* to reward (for); offer/ give an incentive; encourage; stimulate [2]

попада́ть [-а́ю, -а́ешь] *impfv* / *pfv* **попа́сть** [-паду́, падёшь; *past* попа́л, -ла, -ло] **1. в** + *acc.*; to hit (s.o. or sth. when throwing, shooting, *etc.*); strike; **пу́ля попа́ла ему́ в плечо́** the bullet hit/ struck him in the shoulder; [*when negated*] miss (the target); **2.** *usu.* **в** or **на** + *acc.*; (*to arrive in some place or at a certain position*) to get (to/ at/ into); find o.s. (at/ in); wind up at/ in; end up at/ in; **мы не зна́ли, как попа́сть в аэропо́рт** we didn't know how to get to the airport; **Он попа́л в университе́т?** Did he get accepted to the university?; **мы попа́ли в э́тот рестора́н случа́йно** we ended up at that restaurant by chance; **3.** *used with nouns denoting an undesirable or dangerous situation* **попа́сть в беду́** get into trouble; **попа́сть в ава́рию** have an accident; **попа́сть в тюрьму́** go to prison; end up/ find o.s. behind bars; **попа́сть в плен** be taken prisoner [3]

по-пре́жнему *adv.* as before; as usual [4]

попро́бовать *pfv* of **про́бовать**) [1]

попроси́ть *pfv* of **проси́ть** [4, 5, 6]

по-профе́ссорски *adv.* like a professor; the way professors do; in a professorial manner/ fashion [6]

популя́рный *adj.* [-рен, -рна, -рны] popular [5]

попя́титься *pfv-begin* of **пя́титься** [5]

пора́ [*acc.* по́ру] **1.** time; **в ту по́ру** *old-fashioned* at that time; **2.** *used predicatively;* (*usu. dat. and/or infin.*); it is time (to do sth.); **пора́ спать** it's time to turn in; (**мне**) **пора́ на рабо́ту** it's time (for me) to go to work [1, 4, 5]

поража́ть [-а́ю, -а́ешь] *impfv* / *pfv* **порази́ть** [-ражу́, -рази́шь] *acc.* to amaze; astound; stagger; stun; startle; **нас порази́ло её стра́нное поведе́ние** we were amazed/ astounded at her odd behavior; **его́ реа́кция порази́ла всех** his reaction staggered/ stunned everyone [6]

поросёнок [*gen.* -нка; *pl.: nom.* -ся́та, *gen.* -ся́т] piglet; suckling pig; baby pig [4]

поро́ть [порю́, по́решь] *impfv* / *pfv* **вы́пороть** [-рю, -решь] to flog; whip; **поро́ть ремнём** strap [5]

портве́йн (*wine*) port [1]

портре́т portrait [4]

портфе́ль *masc.* briefcase [2]

поря́док [*gen.* -дка] (proper) order
- **Всё в поря́дке?** Is everything all right?; **У тебя́ всё в поря́дке?** Are you all right? [4]

посвисте́ть *pfv-awhile* of **свисте́ть** [4]

посели́ться *pfv* of **сели́ться** [3]

посети́тель [*male when sing., sex unspecified when pl.*; *female* **посети́тельница**] visitor [6]

посеща́ть [-а́ю, -а́ешь] *impfv* / *pfv* **посети́ть** [-сещу́, -сети́шь] *acc.* **1.** to visit; pay a visit; **делега́ция посети́ла штаб-кварти́ру ООН** the delegation visited the UN headquarters; **2.** [*impfv only*] (*of educational institutions, training courses, etc.*) to attend; **посеща́ть ле́кции** attend lectures [1, 6]

поскоре́е *adv.*; *coll.* **1.** quickly; quick; **возвраща́йся поскоре́е** come back quickly; **2.** soon [5]

посла́ть *pfv* of **посыла́ть** [1, 5]

по̀сле *preposition with gen.* after; **по̀сле за́втрака** after breakfast

после́дний *adj.* **1.** last; final; **в после́дний раз** for the last time; **после́дняя глава́ кни́ги** the final chapter of a book; **2.** latest; most recent; **после́дние собы́тия** the latest events; **3.** (*just mentioned*) the latter [1, 4, 6]

посме́ртный *adj.* posthumous [6]

посмотре́ть *pfv* of **смотре́ть** [1, 4]

посове́товать *pfv* of **сове́товать** [1, 5]

поспо́рить *pfv* of **спо́рить** [6]

поста́вить *pfv* of **ста́вить** [1, 5, 6]

посте́ль *fem.* bed [6]

постепе́нно *adv.* gradually; little by little [5, 6]

постоя́нно *adv.* constantly; always; all the time; continually [4]

постоя́ть *pfv-awhile* of **стоя́ть** [4, 5, 6]

пострада́ть *pfv-awhile* (sense **1.**) & *pfv* (senses **3.** & **4.**) of **страда́ть** [3, 5, 6]

поступа́ть [-а́ю, -а́ешь] *impfv* / *pfv* **поступи́ть** [-ступлю́, -сту́пишь] **1.** to act; do; **вы поступи́ли пра́вильно/ непра́вильно** you acted correctly/ wrongly; you did the right thing/ the wrong thing; **2. в/на** + *acc.*; (*to begin a new activity, become a part of*) to enter/ get into (the university); enroll (in art school); enlist in/ join (the army); take (a job); (*of a child*) enter/ start (school) [2, 3, 6]

поступле́ние entering; (*of an educational institution*) enrolling; (going through) the admission process; (*of military service*) enlisting; joining (the army); (*of a job*) being/ getting hired [6]

постуча́ть *pfv* of **стуча́ть** [6]

посу́да (*a collective noun*) dishes; tableware; dishware [6]

посыла́ть [-а́ю, -а́ешь] *impfv* / *pfv* **посла́ть** [пошлю́, -шлёшь, -шлёт, -шлём, -шлёте, -шлют; *past* посла́л, -ла, -ло] **1.** *acc.* & *dat.* or **в** + *acc.*; to send (sth. to s.o. or to some organization/ place); (*using postal service*) mail; dispatch; **посла́ть письмо́ авиапо́чтой** send a letter airmail; **2.** (*acc.* &) **за** + *instr.*; to send s.o. (*on an errand*); send out; **посла́ть за врачо́м** send (s.o.) for a doctor; **посла́ть за бутербро́дами** send out for sandwiches [1, 5]

потеря́ть *pfv* of **теря́ть** [4]

потихо́ньку *adv.*; *coll.* **1.** quietly; silently; **они́ разгова́ривали потихо́ньку, чтобы никого́ не разбуди́ть** they were talking quietly so as not to wake anyone up; **2.** (*concealing from others*) secretly; on the sly; **на уро́ках он потихо́ньку чита́л кни́гу** during the lessons he secretly read a book; **3.** slowly; little by little; **идти́ потихо́ньку** walk slowly; **она́ потихо́ньку научи́лась понима́ть их** little by little she learned to understand them [6]

пото́м *adv.* **1.** (*at a later time*) later; later on; afterward(s); **я тебе́ пото́м расскажу́ об э́тих лю́дях** I'll tell you about these people later; **2.** (*immediately afterward*) then; after that; next; **онá сыгрáла пьéсу, потóм ещё однý** she played a piece, then one more; **Что ты бýдешь дéлать потóм, когдá кóнчишь книгу?** What will you be doing next, after you finish the book?; **3.** besides (that); moreover; furthermore; **в теáтр я не пойдý: нет врéмени, и потóм мне не нрáвится эта пьéса** I won't go to the theater—I have no time, and besides, I don't like this play [1, 2, 4, 5, 6]

потомý[1] *adv.* that's why [1, 2, 5, 6]

потомý[2] *conjunction; used in the construction* **потомý что** (**потомý, что; потомý …, что**); because; as; since [1, 2, 5, 6]

потрёпанный *adj.* [-ан, -анна, -анны] tattered; shabby; threadbare; (*of a book only*) dog-eared [2, 6]

потрóгать *pfv* of **трóгать** [4, 6]

потрясти *pfv* of **трясти** [4, 5]

потянýть *pfv-begin* of **тянýть** [1]

потянýться *pfv-begin* of **тянýться** [5, 6]

похныкать *pfv-awhile* of **хныкать** [5]

похóд *military* campaign; march [2]

походить [-хожý, -хóдишь] *impfv* [*no pfv*] **на** + *acc.*; to resemble; be like; look like [4]

похóжий *adj.* [-хóж, -а, -и] **1. на** + *acc.* resembling; similar (to); like; **я никогдá не встречáла людéй, похóжих на негó** I've never met people resembling him/ like him; **2.** [*short forms only*] (**на** + *acc.*); (be/ look) like; **ты похóжа на мáму** you look like your mom; [*with pl. subject*] (be) alike; **брáтья óчень похóжи** (**друг на дрýга**) the brothers are very much alike [5, 6]

пóхороны [*gen.* -рóн, *prep.* (о) похоронáх] *pl.* funeral; burial [3, 6]

поцеловáть *pfv* of **целовáть** [4]

почемý[1] *adv.* [*in questions*] why …? [4, 6]

почемý[2] *conjunction* **1.** why; **я знáю, почемý ты опоздáл** I know why you're late; **2.** *often followed by* **и**; which is why; **я дýмал, вас нет в гóроде, почемý и не звонил** I thought you were out of town, which is why I didn't call; **3.** *used in the construction* (**и**) **вот почемý** that's why; **он был бóлен — вот почемý он не пришёл** he was sick, that's why he didn't come [4, 6]

почемý-то *adv.* for some reason; somehow; for no obvious reason; **её жених нам почемý-то не понрáвился** for some reason we didn't like her fiancé [4, 5, 6]

пóчерк handwriting [5]

почитáть [-áю, -áешь] **1.** *pfv-awhile* of **читáть**; **он почитáл журнáл пèред сном** he read a magazine for a while before bedtime; **2.** *pfv* [*no impfv*] *coll.* (*to familiarize oneself with the content of a book, report, article, etc., by reading it*) to spend some time reading (sth.); read (a book, a newspaper, *etc.*); **я почитáла вáшу книгу, но ещё не дочитáла её** I spent some time reading your book, but haven't finished it yet; **3.** (*to render aloud a written text or a text from memory*) read out; read (aloud); recite [4, 6]

почти *adv.* almost; nearly; just about; all but; next to; **я почти закóнчил статью** I've just about finished the article; **они почти забыты** they are all but forgotten; **это почти невозмóжно** it's next to impossible [3, 4, 5, 6]

почтительно *adv.* respectfully; (to treat s.o.) with respect; deferentially [5]

почýвствовать *pfv* of **чýвствовать** [1, 4, 5, 6]

пóшлый *adj.* [пошл, пошлá, пóшлы; *compar.* пошлéе & -éй] in bad taste; commonplace; trite; tacky; banal [3]

поэзия poetry [6]

поэт poet [3, 5, 6]

поэтический *adj.* poetic; of poetry; **поэтические произведéния** poetic works; **поэтический сбóрник** collection of poetry [6]

поэтому *adv.* therefore; because of that; for that reason; and so [1]

появляться [-яюсь, -яешься] *impfv / pfv* **появиться** [-явлюсь, -явишься] to appear; put in an appearance; show up [4]

прав [правá, прáво, прáвы] *short form adj.* [*no long forms*] (*of people*) right; correct; **вы прáвы, а я непрáвá** you're right, and I'm wrong [1]

прáвда 1. truth; [*when used predicatively*] (sth.) is true; **он сказáл вам прáвду** he told you the truth; **тó, что он говорит, — это правда** what he says is true/ the truth; **2.** *used adverbially* really; truly; indeed; **он прáвда знаменитый поэт** he is really/ indeed a famous poet; **3.** *parenthetical* true; it's true; to be sure; **4.** *parenthetical* [*used in a complex sentence, usu. along with* **но**, **затó**, *or* **но затó**, *to express concession*] it is true; true; though; although; admittedly; **онá, прáвда, не понимáла поэзию, но слýшать стихи любила** it's true, she didn't understand poetry, but she liked listening to it; though she didn't understand poetry, she liked listening to it; **зарплáта, прáвда, небольшáя, но затó рабóта интерéсная** admittedly, the salary is modest, but on the other hand, the job is interesting [1, 2, 3, 4, 6]

прáвило rule [2]

прáвильно *adv.* correctly; right; rightly; (to do) the right thing; **если я прáвильно понялá** if I understood correctly; **отвéтить на вопрóс прáвильно** answer the question correctly/ right; **вы поступили прáвильно** you did the right thing; **поймите меня прáвильно** don't get me wrong; don't misunderstand me [6]

прáво [*pl.* правá] right [5]

прáвый *adj.* right; right-hand [5]

прародитель/ прародительница ancestor; forebear; progenitor [6]

прáчечная *adj., used as a fem. noun* laundry [3]

преврáтно *adv.* (to understand the meaning of sth.) wrongly; incorrectly; falsely; **преврáтно понять** understand wrongly/ incorrectly; misunderstand [6]

предáтель *masc.* traitor; betrayer [4]

предлагáть [-áю, -áешь] *impfv / pfv* **предложить** [-ложý, -лóжишь] **1.** *dat. & acc.* or *dat. & infin.*; (*to present sth. to s.o. for possible acceptance*) to offer; **онá предложила мне кóфе** she offered me coffee; **я предложил емý свои услýги** I offered him my services; **он предложил помóчь мне** he offered to help me; **2.** (*dat. &*) *infin.* or *acc.*; (*to offer an idea, plan, etc., for consideration*) to suggest; offer a suggestion; make a suggestion; propose; **мы предложили пойти в кинó** we suggested going to the movies; **я предлагáю другóй план** I propose a different plan [2, 3, 4]

предмéт 1. object; thing; item; article; **все необходимые предмéты** all the necessary items; **2.** subject (*in school, college, etc.*); **её любимый предмéт — биолóгия** her favorite subject is biology [2, 6]

предшéственник predecessor; precursor [6]

прéжде *adv.; bookish* **1.** in the past; formerly; before; **2.** (*before doing something else*) first [6]

преклóнный *adj.* (*of age; used with* **вóзраст, гóды**, *etc.*) advanced (age); declining (years) [6]

прекра́сный *adj.* [-сен, -сна, -сны] **1.** beautiful; gorgeous; **прекра́сные глаза́** beautiful eyes; **2.** wonderful; excellent; **э́то прекра́сный фильм** it's a wonderful film [1, 2]

прекраща́ть [-а́ю, -а́ешь] *impfv / pfv* **прекрати́ть** [-кращу́, -крати́шь] *acc.* or *infin.*; to stop sth./ doing sth.; cease (doing sth.); end (sth.); put an end/ a stop (to sth.); halt (sth.); discontinue (sth.) [5]

прелéстно *adv.* charmingly; delightfully; enchantingly [6]

преодолева́ть [-а́ю, -а́ешь] *impfv / pfv* **преодоле́ть** [-е́ю, -е́ешь] *acc.* to overcome; surmount; get over; **преодоле́ть засте́нчивость** overcome one's shyness; **преодоле́ть все тру́дности** get over/ surmount all the difficulties [2]

преподава́ние teaching [6]

преподава́ть [*conjugates like* дава́ть] *impfv* [*no pfv*] **1.** [*usu. used with a place adverbial*] to teach; lecture; be a teacher (lecturer, instructor, professor, *etc.*); **я преподаю́ в шко́ле, а моя́ жена́ — в университе́те** I'm a school teacher, and my wife teaches/ lectures at the university; **2.** *acc.* (& *dat.*) to teach (a subject) to; **она́ преподаёт де́тям му́зыку** she teaches music to children [6]

прерыва́ться [*3rd pers. only;* -а́ется] *impfv / pfv* **прерва́ться** [-рвётся; *past* прерва́лся, -рвала́сь, -рвало́сь, -рвали́сь & -рва́лось, -рва́лись] to stop (suddenly); get interrupted; break off; **разгово́р прерва́лся** the conversation broke off/ suddenly stopped [5]

престу́пный *adj.* [-пен, -пна, -пны] criminal (*used as a modifier*) [5]

при *preposition with gen.* **1.** (*close to*) at; by; near; **скамья́ при доро́ге** a bench by the roadside; **2.** affiliated with; attached to; run by; associated with; **ку́рсы кро́йки и шитья́ при заво́де** the dressmaking group at/ affiliated with the factory; **ша́хматный кружо́к при клу́бе** the chess group run by the club; **магази́н при фа́брике** the factory store; **3.** in s.o.'s presence; in front of; **не говори́ об э́том при ма́ме** don't talk about it in mother's presence; **4.** in/ at the time of; (*of the government or a ruler*) under; during the reign of; **при Ли́нкольне** in Lincoln's time; **при Петре́ Вели́ком** under Peter the Great; during the reign of Peter the Great; **5.** (*having, possessing sth.*) with; on; **у меня́ не́ было при себе́ де́нег** I had no money on/ with me; **6.** (*possessing some quality*) with; **при таки́х зна́ниях он безусло́вно посту́пит в аспиранту́ру** with so much knowledge he'll certainly be accepted to the graduate school; **7.** [*usu.* при всём/ всей/ всех …] (*conceding sth.*) for (all); despite; **при всём своём тала́нте он ничего́ в жи́зни не доби́лся** for all his talent he has not achieved anything in life

прибавля́ться [-я́юсь, -я́ешься] *impfv / pfv* **приба́виться** [-влюсь, -вишься] **1.** to increase (*in size, quantity, or quality*); become bigger (larger, stronger, *etc.*); **зарпла́та приба́вилась** the salary has increased; **2.** *impers.; used with gen.*; there is/ are more …; one gets/ becomes + *compar.*; one has more …; **мы уви́дели, что наро́ду там приба́вилось** we saw that there were more people there/ that the crowd had increased; **здоро́вья у него́ не прибавля́ется** he is not getting healthier; **он заме́тил, что морщи́н у ма́тери приба́вилось** he noticed that his mother had more wrinkles [1]

прибира́ть [-а́ю, -а́ешь] *impfv / pfv* **прибра́ть** [*conjugates like* брать] *acc.; coll.* to clean up (the room, dishes, *etc.*); tidy up; put in order [6]

приближа́ться [-а́юсь, -а́ешься] *impfv / pfv* **прибли́зиться** [-бли́жусь, -бли́зишься] (**к** + *dat.*) to approach; advance on/ toward(s); near; draw near; draw nearer (to); come close(r) to [2]

прибра́ть *pfv* of **прибира́ть** [6]

прива́ливаться [-аюсь, -аешься] *impfv / pfv* **привали́ться** [-валю́сь, -ва́лишься] **к** + *dat.; coll.* to lean against (a door, a tree, *etc.*) [5]

привезти́ *pfv* of **привози́ть** [4, 5]

привести́ *pfv* of **приводи́ть** [5]

приве́т greetings; regards
- **приве́т от па́пы Ка́рло** *used to tell someone that he is a fool* [4]

приве́тливо *adv.* amiably; affably; in a friendly way [5]

приводи́ть [-вожу́, -во́дишь] *impfv / pfv* **привести́** [*conjugates like* вести́] *acc.* to bring (on foot); lead [5]

привози́ть [-вожу́, -во́зишь] *impfv / pfv* **привезти́** [-везу́, -везёшь; *past* привёз, -везла́, -везло́] *acc.* to bring (by vehicle) [4, 5]

привыка́ть [-а́ю, -а́ешь] *impfv / pfv* **привы́кнуть** [-ну, нешь; *past* привы́к, -ла, -ло] **к** + *dat.* or *infin.*; to be/ get used to; get accustomed to; **он привы́к ложи́ться по́здно** he is used to going to bed late [3]

привы́чный *adj.* [-чен, -чна, -чны] usual; habitual; customary; familiar [1]

привя́занность *fem.* (emotional) attachment; affection; fondness [6]

привя́зываться [-аюсь, -аешься] *pfv / pfv* **привяза́ться** [-вяжу́сь, -вя́жешься] *pfv* **к** + *dat.* to become/ grow attached to s.o.; become/ grow fond of s.o. [6]

приглаша́ть [-а́ю, -а́ешь] *impfv / pfv* **пригласи́ть** [-глашу́, -гласи́шь] *acc.* to invite; ask; **дава́й пригласи́м их на обе́д** let's invite/ ask them to dinner [5, 6]

пригоди́ться [-жу́сь, -ди́шься] *pfv* [*no impfv*] *dat.* to be/ prove useful (to s.o.); be of use; come in handy [4]

при́город suburb [5]

пригото́вить *pfv* of **гото́вить** [4]

приготовле́ние preparation(s) (for); getting ready (for) [2]

пригрева́ть [-а́ю, -а́ешь] *impfv / pfv* **пригре́ть** [-гре́ю, -гре́ешь] *acc.* to treat (s.o.) kindly; show kindness toward s.o.; give shelter to s.o.; take s.o. under one's wing; **оди́н из о́пытных игроко́в пригре́л новичка́** one of the experienced players took the rookie under his wing [5]

приду́рок [*gen.* -рка] *highly coll.* half-wit; moron; oaf [4]

приезжа́ть [-а́ю, -а́ешь] *impfv / pfv* **прие́хать** [-е́ду, -е́дешь] to come (by vehicle); to arrive [4, 5, 6]

прие́м **1.** method; procedure; technique; device; **2.** (*social function*) (formal) reception [6]

прие́хать *pfv* of **приезжа́ть** [4, 5, 6]

прижима́ть [-а́ю, -а́ешь] *impfv / pfv* **прижа́ть** [-жму́, -жмёшь] *acc.* (& **к** + *dat.*) to press (sth. to sth.); hold sth. tightly (to); clasp sth. (to); **он прижима́л кни́гу к груди́** he held the book tightly to his chest [6]

призва́ть *pfv* of **призыва́ть** [3]

признава́ться [-знаю́сь, -знаёшься; *imper.* признава́йся] *impfv / pfv* **призна́ться** [-зна́юсь, -зна́ешься] (*dat.* &) **в** + *prep.*; to confess (to); admit; own up to the fact that … [1]

призыва́ть [-а́ю, -а́ешь] *impfv / pfv* **призва́ть** [-зову́, -зовёшь; *past* призва́л, -ла́, -ло] *acc.* & *infin.* to call (upon s.o. to do sth.); urge (s.o. to do sth.); **призыва́ть / призва́ть в а́рмию** *acc.* to call up; draft; enlist s.o. [3]

прийти́ *pfv* of **приходи́ть** [4, 6]

прийти́сь *pfv* of **приходи́ться** [4, 5]

прики́дываться [-аюсь, -аешься] *impfv / pfv* **прики́нуться** [-нусь, -нешься] (*instr.*) to pretend; feign; **она́**

прики́нулась спя́щей she pretended to be asleep/ that she was asleep; **он прики́нулся сумасше́дшим** he feigned insanity [4]
прикла́д butt (of a rifle); rifle butt [5]
прико́л *slang* joke; quip; gag; [*when used as an interjection or predicative*] (That's) cool!; (How) funny! [4]
прико́льный *adj. slang* cool; amusing; interesting; funny [4]
прикрыва́ть [-а́ю, -а́ешь] *impfv* / *pfv* **прикры́ть** [-кро́ю, -кро́ешь] **1.** *acc.*; (*of a door, a window, etc.; also of one's eyes*) to close (partially, not completely); **он не закры́л дверь, а лишь прикры́л её** he didn't shut the door, but just closed it a little; **2.** *acc.* (& *instr.*) to cover; shield; screen; hide; **он прикры́л глаза́ руко́й** he covered/ shielded his eyes with his hand; **прикры́ть лицо́ газе́той** hide one's face behind the newspaper; screen one's face with the newspaper; **3.** *acc.* (& *instr.*) to mask sth. (behind/by/ with); **он прикрыва́л своё безразли́чие показны́м интере́сом** he masked his indifference by showing feigned interest [6]
приме́р example
- **не в приме́р** *dat.* unlike; not like [3]

приме́рно *adv.*; *coll.* approximately; roughly; (*with quantifiers*) about; **э́то бу́дет сто́ить приме́рно пять ты́сяч рубле́й** it will cost approximately/ about five thousand rubles; **я приме́рно дога́дываюсь, ско́лько ему́ лет** I can roughly guess his age; I have a rough idea of how old he is; **мы зна́ем их приме́рно три го́да** we have known them for about three years [4]
принадлежа́ть [-жу́, -жи́шь] *impfv* [*no pfv*] *dat.* **1.** to belong (to); be the property of; **э́та кни́га принадлежи́т не вам, а библиоте́ке** this book does not belong to you, it is the property of the library; **2.** be the work of; (*of a work of literature*) to be written by; (*of a painting*) be painted by; **принадлежа́ть перу́** (+ *gen. of the author's name*) come/ issue from s.o.'s pen; **принадлежа́ть ки́сти** (+ *gen. of the artist's name*) come from s.o.'s brush [6]
принима́ть [-а́ю, -а́ешь] *impfv* / *pfv* **приня́ть** [приму́, при́мешь; *past* при́нял, -ла́, -ло] *acc.* **1.** [*often used in the Indefinite Personal Construction, see Chapter 1*] (**в/на** + *acc.*) to accept s.o. (to college, to the university, to school, *etc.*; for the winter semester, for membership, *etc.*); admit s.o. (to); grant admission (to); **Са́шу при́няли в университе́т** Sasha is accepted/ admitted to the university; (*of a job*) **принима́ть/ приня́ть на рабо́ту** hire s.o.; take on s.o.; **2.** to receive (guests, visitors, a delegation, *etc.*); (*of a doctor*) see; **до́ктор вас ско́ро при́мет** the doctor will see you shortly [6]
приноси́ть [-ношу́, -но́сишь] *impfv* / *pfv* **принести́** [-несу́, несёшь; *past* принёс, -несла́, -несло́] *acc.* to bring (*to another place while going on foot*) [1, 5, 6]
при́нцип principle
- **в при́нципе** in general; in general/ broad terms [4]

приня́ть *pfv* of **принима́ть** [6]
приобрета́ть [-а́ю, -а́ешь] *impfv* / *pfv* **приобрести́** [-рету́, -ретёшь; *past* приобрёл, -ела́, -ело́] *acc.* **1.** (*to become the owner or user of*) to acquire; obtain; gain; get; **они́ приобрели́ э́ту карти́ну у самого́ худо́жника** they acquired/ obtained this painting from the artist himself; **2.** to acquire (a certain quality or feature); become/ look; **за ме́сяц в дере́вне она́ приобрела́ здоро́вый вид** after a month in the country she looked healthy [6]
приоткрыва́ть [-а́ю, -а́ешь] *impfv* / *pfv* **приоткры́ть** [-кро́ю, -кро́ешь] *acc.* (*of a door, window, etc.; also of one's eyes*) to open a crack; open slightly; open partially; open a little; open half(way); **дверь была́ приоткры́та** the door was open a crack; **де́вочка приоткры́ла глаза́** the girl partially opened/ half opened her eyes [5]
припи́сывать [-аю, -аешь] *impfv* / *pfv* **приписа́ть** [-пишу́, -пи́шешь] **1.** *acc.* (& **к** + *dat.*); to add (by writing); **Хо́чешь приписа́ть не́сколько слов к письму́?** Do you want to add a few words to the letter?; **2.** *acc.* & *dat.* to attribute (an action, behavior, *etc.* to a specific cause or origin); ascribe; put down; **он припи́сывал свои́ неуда́чи интри́гам сотру́дников** he ascribed his setbacks to his co-workers' intrigues [6]
приро́да **1.** nature; **2.** (*the essential characteristics*) nature; character; the essence of man [3, 6]
присни́ться *pfv* of **сни́ться** [4]
присоединя́ться [-я́юсь, -я́ешься] *impfv* / *pfv* **присоедини́ться** [-ню́сь, -ни́шься] **к** + *dat.* to join (a person or a group of people); **я присоединю́сь к вам че́рез полчаса́** I'll join you in half an hour [5]
пристава́ть [-стаю́, -стаёшь] *impfv* / *pfv* **приста́ть** [-ста́ну, -ста́нешь] **1. к** + *dat.* to stick (to sth. as if glued); adhere (to sth.); **у тебя́ к волоса́м приста́ла колю́чка** you have a thorn stuck in your hair; **2. к** + *dat.* (& **с** + *instr.*); *coll.* to pester s.o. (with); nag s.o.; bother/ badger s.o. (with); **он пристава́л к отцу́ с вопроса́ми** he pestered his father with questions; **она́ всё вре́мя пристаёт к нему́** she nags him all the time [6]
при́ступ *medical* fit; attack [6]
прису́тствие presence [6]
притя́гивать [-аю, -аешь] *impfv* / *pfv* **притяну́ть** [-тяну́, -тя́нешь] *acc.* to attract; draw; appeal to; **он притя́гивал к себе́ са́мых ра́зных люде́й** he attracted all kinds of people [6]
приходи́ть [-хожу́, -хо́дишь] *impfv* / *pfv* **прийти́** [приду́, придёшь; *past* пришёл, -шла́, -шло́] **1.** to come (*on foot*); arrive; come to see; come to visit; **мы придём к вам за́втра** we'll come to see you tomorrow; **2.** (*of letters, telegrams, etc.; also of buses, trains, etc.*) to arrive, come; **вчера́ ему́ пришло́ письмо́ от отца́** yesterday a letter arrived from his father; yesterday he got/ received a letter from his father; **3.** [*used as a semi-auxiliary verb with some prepositional phrases, which define the meaning of the whole phrase; the verb expresses a transition to the state or emotion indicated*] **прийти́ в восто́рг** become/ be ecstatic; **прийти́ в восхище́ние** become/ be delighted; **прийти́ в недоуме́ние** become/ be perplexed; become/ be confused; **прийти́ в отча́яние** become/ be desperate; **прийти́ в смуще́ние** become/ be embarrassed; **прийти́ в у́жас** become/ be horrified [4, 5, 6]
- **приходи́ть / прийти́ в себя́** **1.** to regain consciousness; come to one's senses; come to (himself/ herself); come around; **2.** to recover (from a shock, *etc.*); pull oneself together; get over it (the shock, *etc.*) [6]

приходи́ться [-хожу́сь, -хо́дишься] *impfv* / *pfv* **прийти́сь** [приду́сь, придёшься; *past* пришёлся, -шла́сь, -шло́сь] **1.** *dat.* & **по** + *dat.*; (*used in phrases with the general meaning to be right for s.o., to suit s.o.*) **прийти́сь по вку́су** be to s.o.'s liking/ taste; **прийти́сь по разме́ру** fit s.o.; **прийти́сь по душе́/ по́ сердцу** appeal to s.o./ to s.o.'s heart; **2.** *impers., used with dat.* & *adverb* **тру́дно, тяжело́, нелегко́**, *and their synonyms*; (one) has hard (difficult, a bad, *etc.*) time; **тебе́ там придётся тру́дно** you'll have hard/ difficult time there; **3.** *impers., used with dat.* & *infin.*; (one) has (to do sth.); **мне пришло́сь до́лго ждать** I had to wait a long time [4, 5]

причём *conjunction*; *used to introduce some additional information*; and (… at that); at that; moreover; **он продаёт конце́ртный роя́ль, причём недо́рого** he is selling a concert grand piano, and the price is cheap at that [3]

причи́на cause; reason [3]

прия́тель *masc.* friend (*not a close friend*); acquaintance; pal [3, 4]

прия́тный *adj.* [-тен, -тна, -тны] pleasant; nice; agreeable; pleasing [6]

про *preposition with acc.*; *coll.* about; on; **кни́га про Фро́ста** a book about/ on Frost

пробле́ма problem; difficulty; complication; **у дете́й пробле́мы с роди́телями** children have difficulties with their parents; children have problems interacting with their parents [3, 4]

про́бовать [-бую, -буешь] *impfv / pfv* **попро́бовать 1.** *used with infin.*; to try (to); attempt (to); to endeavor (to); **попро́буй реши́ть э́ту зада́чу** try to solve this problem; **2.** *acc.* to taste; try [1]

пробормота́ть *pfv* of **бормота́ть** [5]

пробужда́ться [-а́юсь, -а́ешься] *impfv / pfv* **пробуди́ться** [-бужу́сь, -бу́дишься] to wake up; awake; be awakened [6]

прова́ливаться [-аюсь, -аешься] *impfv / pfv* **провали́ться** [-валю́сь, -ва́лишься] **1.** (*of bridges, ceilings, roofs, etc.*) to collapse; **2.** (*to be unsuccessful*) (*of plans, projects, etc.*) to fail; fall through; miscarry; (*of a theater production*) be a flop; flop; **все их грандио́зные пла́ны провали́лись** all their grandiose plans miscarried/ fell through; **3.** (*of an exam, test, etc.*) to fail (an examination, a subject, *etc.*); flunk; **он провали́лся на экза́мене по фи́зике** he failed the physics exam [2, 3]

прове́рить *pfv* of **проверя́ть** [4]

прове́рка [*gen. pl.* -рок] **1.** check(up); checking; inspection; verification; **2.** testing; test [4]

проверя́ть [-я́ю, -я́ешь] *impfv / pfv* **прове́рить** [-рю, -ришь] *acc.* **1.** (*to examine, especially for defects, in order to make sure that everything is as it should be*) to check (over); inspect; examine; verify; **он прове́рил мою́ фами́лию по спи́ску** he checked my name against his list; (*when determining the accuracy of a statement, a hypothesis, etc.*) verify; **2.** (*of students' homework, exams, etc.*) to correct; check (over); go over; **мне ну́жно прове́рить студе́нческие сочине́ния** I have to correct/ to check the students' compositions; **сейча́с мы прове́рим ва́ше дома́шнее зада́ние** now we'll go over your homework [4]

провести́ *pfv* of **проводи́ть** [5, 6]

прови́нция 1. (*an administrative territory*) province; **2.** *occasionally condescending* (*of remote or culturally backward parts of a country*) the provinces; provincial hole; boondocks; the sticks [4]

проводи́ть¹ *pfv* of **провожа́ть** [6]

проводи́ть² [-вожу́, -во́дишь] *impfv / pfv* **провести́** [-веду́, -ведёшь; *past* провёл, -вела́, -ло́] *acc.* **1.** (*while going on foot; sometimes implies obstacles along the way*) to lead s.o. (to some place, through some inspection point, *etc.*); take s.o. (to some place); conduct s.o. (to/ through); escort s.o. (to/ through); **он провёл нас у́зкими у́лицами к реке́** he led us through the narrow streets to the river; **2.** (*used in phrases with the general meaning to organize, manage, or implement sth.*) **проводи́ть о́пыт (рефо́рму**, *etc.*) to carry out an experiment (a reform, *etc.*); **проводи́ть собра́ние (опро́с обще́ственного мне́ния**, *etc.*) conduct a meeting (a public opinion poll, *etc.*); **провести́ уро́к** give/ conduct a lesson; **провести́ ле́кцию** give/ deliver a lecture; **проводи́ть вы́боры** hold elections [5]

провожа́тый *adj.* [*used as a masc. and fem. noun*: провожа́тый, провожа́тая] guide; escort [5]

провожа́ть [-а́ю, -а́ешь] *impfv / pfv* **проводи́ть** [-вожу́, -во́дишь] *acc.* (& **до** + *gen.*) to accompany s.o. (on foot); walk s.o. to (a certain point); escort s.o. (on foot); see s.o. to; walk along with s.o.; **он проводи́л её домо́й/ до авто́буса** he saw her home/ to the bus stop [6]

прогресси́вный *adj.* [-вен, -вна, -вны] progressive [3]

прогу́л failure to report to work/ to attend class; unexcused absence from work/ school; cutting class; truancy [3]

прогу́ливать [-аю, -аешь] *impfv / pfv* **прогуля́ть** [-я́ю, -я́ешь] *acc.*; (*usu. of classes, lectures, work, etc.; to be absent with no good reason and without permission*) to miss; (*of students who miss classes only*) cut a class; skip a class; (*especially of students who miss classes*) play hooky/ truant [2]

продолжа́ть [-а́ю, -а́ешь] *impfv / pfv* **продо́лжить** [-жу, -жишь] *acc.* (*or infin.*) [*deverbal nouns are preferred with the pfv verb; pfv is not used with regard to states and processes*] to continue (doing sth.); keep (on) (doing sth.); go on with; **он продолжа́л говори́ть** he kept on talking; **он помолча́л, пото́м продо́лжил свой расска́з** he paused, then went on with his story; **температу́ра продолжа́ет па́дать** the temperature continues to fall/ keeps falling [5]

проза́ик prose writer [5]

про́игрывать [-аю, -аешь] *impfv / pfv* **проигра́ть** [-а́ю, -а́ешь] (*dat. and/or acc. or* **в** + *acc.*) **1.** (*of a contest, a game, a war, etc.*) to lose; **2.** to lose (*money or some other stake in a gambling game or a wager*); gamble away [4]

производи́ть [-вожу́, -во́дишь] *impfv / pfv* **произвести́** [-веду́, ведёшь; *past* произвёл, -вела́, -ло́] *acc.* **1.** to make; produce; manufacture; **э́тот заво́д произво́дит этано́л** this plant makes ethanol; **на́ша фа́брика произво́дит това́ры широ́кого потребле́ния** our factory produces/ manufactures consumer goods; **2.** [*used as a semi-auxiliary verb with certain nouns, which define the meaning of the whole phrase; the general meaning of the verb is* to produce, make, carry out, create] **произвести́ о́быск** make a search; **произвести́ о́пыт** carry out an experiment; experiment (on); **произвести́ впечатле́ние на** + *acc.* make an impression on/ upon s.o.; **произвести́ переворо́т в душе́** shake s.o. up; cause an emotional upheaval/ explosion [2, 5]

произво́дственный *adj.* production (*used as a modifier*); related to the production process; industrial [3]

произво́дство 1. production; manufacture; **произво́дство электро́нных прибо́ров** production of electronic devices; **2.** *coll.* industrial enterprise; factory; plant; **рабо́тать на произво́дстве** work at a factory/ plant [2]

произноси́ть [-ношу́, -но́сишь] *impfv / pfv* **произнести́** [-несу́, -несёшь; *past* произнёс, -несла́, -ло́] *acc.* **1.** (*to say correctly and clearly*) to pronounce; articulate; **ты произно́сишь э́то сло́во непра́вильно** you pronounce this word incorrectly; you mispronounce this word; **чётко произноси́ть слова́** articulate words distinctly; **2.** (*to express in words*) to utter; say; deliver; **я услы́шал, как кто́-то произно́сит моё и́мя** I heard someone uttering my name; **произнести́ речь/ тост/ приве́тствие** deliver a speech/ a toast/ a greeting [2, 6]

происходи́ть [-хожу́, -хо́дишь] *impfv / pfv* **произойти́** [-изойду́, -изойдёшь; *past* произошёл, -шла́, -шло́] **1.** [*3rd pers. only*] to happen; occur; take place; come about; go on;

вчера́ произошло́ ва́жное собы́тие an important event happened yesterday; вот как произошло́ э́то недоразуме́ние here's how this misunderstanding came about; **2.** от or из + *gen.* [*impfv only is used with из + gen.*] to be a descendent of; descend from; come from; челове́к произошёл от обезья́ны man descended from the ape; происходи́ть из рабо́чих/ из интеллиге́нтной семьи́ come from a working family/ from a family of intellectuals [6]

пройти́ *pfv* of **проходи́ть** [1, 4, 5, 6]

прокля́тый *adj.; coll.* damned; cursed; accursed [2]

пролежа́ть *pfv* of **лежа́ть** [3]

пролетариа́т proletariat; working class [3]

прома́чивать [-аю, -аешь] *impfv / pfv* **промочи́ть** [-мочу́, -мо́чишь] *acc.* (*usu. of one's feet or clothes*) to get one's feet (shoes, *etc.*) (soaking) wet; s.o.'s clothes (feet, *etc.*) got soaked [4]

пронза́ть [-а́ю, -а́ешь] *impfv / pfv* **пронзи́ть** [пронжу́, пронзи́шь] *acc.* **1.** to stab; pierce; impale; spear; **пронзи́ть кинжа́лом** stab with a dagger; **се́рдце, пронзённое стрело́й** a heart pierced with an arrow; **пронзи́ть мечо́м** impale with a sword; **2.** *bookish* (*of sudden fear or pain, a sudden thought or feeling, etc.*) to strike s.o.; run through (s.o.'s mind/ body); s.o. feels pain (fear, *etc.*); **его́ пронзи́л страх** he was struck with fear; **его́ пронзи́ла боль** he felt sudden pain; a sudden pain shot through (*some part of his body*); a sudden pain ran through his body; **его́ пронзи́ла стра́шная мысль** an awful thought struck him [5]

пропе́ть *pfv* of **петь** [4, 5]

пропуска́ть [-а́ю, -а́ешь] *impfv / pfv* **пропусти́ть** [-пущу́, -пу́стишь] *acc.* **1.** (*to allow to enter*) to admit s.o. (to); let/ allow s.o. in; let s.o. into (a place, event, *etc.*); let s.o. through (the door, the gates, *etc.*); let s.o. pass; **бы́ло по́здно, и в больни́цу меня́ не пропусти́ли** it was late, and they didn't let me in(to) the hospital; **2.** (*to move aside so that s.o. could pass*) to make way for s.o.; let s.o. pass; **пропусти́те же́нщину в инвали́дной коля́ске** make room for a woman in a wheelchair [5]

прорисо́вываться [*3rd pers. only;* -ается] *impfv / pfv* **прорисова́ться** [-рису́ется] *not common, slightly bookish* to become visible; become/ get apparent; become clear [6]

про́седь *fem.* streak(s) of gray; **во́лосы с про́седью** hair touched with gray; salt-and-pepper hair [1]

проси́живать [-аю, -аешь] *impfv / pfv* **просиде́ть** [-сижу́, -сиди́шь] *coll.* to spend some time at some place/ sitting somewhere; stay (the whole day, for several hours, *etc.*) at some place; remain somewhere for some time; **она́ просиде́ла весь день в библиоте́ке** she spent the whole day in the library [6]

проси́ть [прошу́, про́сишь] *impfv / pfv* **попроси́ть 1.** *acc. & infin.* or **а чтобы**-*clause*; to ask s.o. to do something; ask that sth. be done; request that sth. be done; **он попроси́л их продолжа́ть рабо́ту** he asked them to go on with their work/ to continue working/ to keep working; **2.** *acc./gen.* (& **у** + *gen.*) or *acc.* & **о** + *prep.*; to ask s.o. for sth.; request sth. (from s.o.); **она́ попроси́ла (у него́) сигаре́ту** she asked (him) for a cigarette; **он попроси́л меня́ об одолже́нии** he asked me for a favor; he asked a favor of me; **проси́ть разреше́ния** ask permission (from s.o./ to do sth.); ask s.o. for permission (to do sth.) [4, 5, 6]

прослужи́ть [-служу́, -слу́жишь] *pfv* [*no impfv*] **1.** [*used with a time adverbial*] (*of people*) to serve (*for an indicated period of time*); work (*for an indicated period of time*); **он прослужи́л три го́да в а́рмии** he served in the army for

three years; **2.** (*of things that remain in good condition for some time*) to last; serve; be in (regular) use; **мой портфе́ль прослужи́л мне мно́го лет, а вы́глядит но́вым** my briefcase has been in regular use for many years, yet it looks new [3]

просма́тривать [-аю, -аешь] *impfv / pfv* **просмотре́ть** [-смотрю́, -смо́тришь] *acc.*; (*to leaf through a paper, a book, etc., hastily*) to look over/ through; glance over/ through; scan; skim; **я просмотре́л газе́ту, но ещё не прочита́л её** I've looked/ glanced over the paper, but haven't read it yet [6]

просну́ться *pfv* of **просыпа́ться** [4]

простира́ть [-а́ю, -а́ешь] *impfv / pfv* **простере́ть** [*past* простёр, -ла, -ло; *pfv future is not used*] *bookish, old-fashioned; used with* **рука́/ ру́ки** arm(s); to stretch one's arm(s) (forward, toward s.o., *etc.*); extend one's arm(s) (in the direction of); hold out one's arm(s) [5]

проститу́тка [*gen. pl.* -ток] prostitute; hooker [3]

прости́ть *pfv* of **проща́ть** [5, 6]

про́сто[1] *adv.* [*compar.* про́ще] **1.** simply; in a simple manner/ fashion/ style; in an easy manner/ fashion/ style; **расска́з напи́сан про́сто и поня́тно** the story is written simply and clearly; **2.** *used predicatively,* it is simple; it is easy; **тебе́ найти́ рабо́ту про́сто, а мне — нет** it's easy for you to find a job, but it's not easy for me [1, 3, 4, 6]

про́сто[2] *particle* **1.** *used for emphasis;* (*absolutely, utterly*) simply; just; **им про́сто не́ на что жить** they simply/ just have nothing to live on; **он про́сто никого́ и ничего́ не бои́тся** he is simply/ just not afraid of anyone or anything; **мне про́сто сты́дно за тебя́** I'm just ashamed for you; [*with adjectives and participles*] (just) plain; **он про́сто глуп** he is (just) plain stupid; **2.** [*restrictive*] (*nothing more than, nothing else than*) merely; only; simply; just; **э́то про́сто вопро́с вре́мени** it's merely/ simply a matter of time; **э́то про́сто уку́с комара́** it's only/ just a mosquito bite; **3.** *also* **а про́сто**; *used to express contrast;* it's just that …; **там мно́го люде́й, про́сто тебе́ отсю́да не ви́дно** there are many people there, it's just that you cannot see them from here [1, 3, 4, 6]

простоду́шный *adj.* [-шен, -шна, -шны] simple-hearted; unsophisticated; ingenuous; unpretentious; artless [6]

просто́й *adj.* [прост, проста́, просты́; *compar.* про́ще] **1.** simple; uncomplicated; easy (to understand or to do); **просто́й экза́мен** easy exam; **просто́е объясне́ние** simple explanation; **2.** (*of people or things*) simple; ordinary; plain; unremarkable; **проста́я пи́ща** simple/ plain food; **просты́е лю́ди** simple/ plain people; ordinary people; **происходи́ть из просто́й семьи́** come from a simple/ ordinary family; **он был просты́м слу́жащим** he was a simple/ unremarkable office worker [6]

простота́ 1. simplicity; **простота́ э́той тео́рии** simplicity of this theory; **2.** lack of sophistication/ refinement; naiveté; artlessness [6]

просуществова́ть [-ству́ю, -ству́ешь] *pfv* [*no impfv; used with a time adverbial*] to exist (*for a certain period of time*); function; last [1]

просыпа́ться [-а́юсь, -а́ешься] *impfv / pfv* **просну́ться** [-сну́сь, -снёшься] to wake up [4]

про́тив *preposition with gen.* **1.** opposite; facing; across from; **он сиде́л про́тив меня́** he was sitting opposite me/ facing me; **2.** against; **вы́ступить про́тив предложе́ния дире́ктора** to come out against the director's proposal; **3.** for; **лека́рство про́тив а́стмы** medicine for asthma [1]

противостоя́ть [-стою́, -стои́шь] *impfv* [*no pfv*] *dat.* to resist (sth.); withstand (sth.) [5]

протя́гивать [-аю, -аешь] *impfv / pfv* **протяну́ть** [-тяну́, -тя́нешь] *acc.* **1.** (& *dat.*) to extend (one's hand/ palm to s.o.); outstretch (one's hand to s.o., to greet s.o., *etc.*); offer sth.; hold out sth.; **она́ протяну́ла ему́ ру́ку** she extended her hand to him; **ма́льчик протяну́л мне газе́ту** the boy offered me a newspaper/ held out a newspaper to me; **2.** *also impfv* **тяну́ть**; to reach for sth.; reach out one's hand (for sth.); stretch one's arm (trying to reach sth.); **он протяну́л ру́ку к ди́ску** he reached for the disk; **3.** *also impfv* **тяну́ть**; to drawl (out); say sth., drawing out vowels; **«Да-а-а...» — протяну́л он, не зна́я, что сказа́ть** "We-e-ell..." he drawled out, at a loss what to say [5, 6]

протяну́ть *pfv* of **протя́гивать** [5, 6] & **тяну́ть** [5]

профессиона́л a professional [3]

профессиона́льно-техни́ческое учи́лище (ПТУ) vocational school (*for teenagers who were not academically equipped for careers in the white-collar professions*) [5]

профе́ссия profession; occupation [6]

профе́ссор professor [6]

профе́ссорша *highly coll., occasionaly slightly denigrating* professor (*female*) [6]

проходи́ть [хожу́, хо́дишь] *impfv / pfv* **пройти́** [пройду́, пройдёшь; *past* прошёл, -шла́, -шло́] **1.** to walk along (through, down, *etc.*); go along (through, down, *etc.*); **мы прошли́ по гла́вной у́лице** we walked along the main street; **2.** *acc.* or **ми́мо** + *gen.*; to pass (by); go by/ past; [*on foot*] walk past; **авто́бус прошёл ми́мо остано́вки** the bus passed the bus stop; **мы прошли́ шко́лу/ ми́мо шко́лы** we walked past the school; **3.** *acc.* to cover (*a topic in school*); study; **Что́ вы прохо́дите сейча́с по грамма́тике?** What grammar topic are you now studying?; **4.** (*of time*) to pass; elapse; go by; **прошло́ полтора́ го́да** a year and a half passed/ went by; **5.** (*of temporary conditions*) to pass; be over; (*of pain*) go away; **головна́я боль прошла́** the headache passed/ went away; **гроза́ прошла́** the thunderstorm passed/ was over; **дождь прошёл** the rain stopped; it stopped raining; **6.** (*of injuries, bruises, etc.*) to heal; **синяки́ до́лго не проходи́ли** it took the bruises a long time to heal/ to go away; **7.** to go (off); be conducted; be performed; **собра́ние прошло́ хорошо́** the meeting went (off) well [1, 4, 5, 6]

проходна́я *adj., used as a fem. noun* (*shorthand for* проходна́я бу́дка, *located at the entrance to a plant, factory, etc.*) checkpoint; security post; security gate [5]

проче́сть *pfv* of **чита́ть** [1, 2, 6]

прочита́ть *pfv* of **чита́ть** [1, 2, 6]

прошвырну́ться [-ну́сь, -нёшься] *pfv* [*no impfv*] *coll.* to take a (leisurely) walk; have a (leisurely) walk/ stroll [5]

прошепта́ть *pfv* of **шепта́ть** [6]

про́шлое *adj., used as a neut. noun* the past [3]

про́шлый *adj.* **1.** last; **на про́шлой неде́ле** last week; **в про́шлый раз** last time; **2.** past; previous; earlier; **про́шлые достиже́ния** past/ earlier accomplishments [1, 4]

проща́ние parting; saying goodbye; **на проща́ние** at parting; **махну́ть (помаха́ть) руко́й на проща́ние** wave goodbye [5]

проща́ть [-а́ю, -а́ешь] *impfv / pfv* **прости́ть** [прощу́, прости́шь] *acc.* to forgive [6]

проявля́ть [-я́ю, -я́ешь] *impfv / pfv* **прояви́ть** [-явлю́, -я́вишь] *acc.* to show (*some quality, emotion, reaction, etc.*); display; demonstrate; manifest; **прояви́ть хра́брость** show/ display courage; **прояви́ть интере́с к рабо́те** show/ display/ demonstrate/ manifest/ take an interest in one's work [6]

проясня́ться [*3rd pers. only;* -я́ется] *impfv / pfv* **проясни́ться** [-ни́тся] **1.** [*may be used impersonally*] (*of weather*) to clear up; **не́бо проясни́лось** the sky cleared up; **на у́лице проясни́лось** it cleared up outside; **2.** (*of a person's face*) to brighten (up); **его́ лицо́ проясни́лось: он нашёл реше́ние** his face brightened up—he had hit upon a solution; **3.** (*of a situation, combination of circumstances, etc.*) to become clear/ clearer; get clear/ clearer; become clarified; become understandable; **постепе́нно положе́ние ста́ло проясня́ться** little by little the situation was getting clearer [6]

прут [*gen.* прута́; *pl.: nom.* пру́тья, *gen.* пру́тьев] (metal) rod/ strip/ bar [5]

пря́мо¹ *adv.* [*compar.* пряме́е & -е́й] **1.** (*in a straight line*) straight; **иди́те пря́мо, а на углу́ поверни́те напра́во** go straight and turn right at the corner; **2.** (*without delay, not stopping anywhere else*) straight; **иди́ пря́мо домо́й** go straight home; **3.** (*maintaining upright posture*) straight (up); upright(ly); **стой пря́мо, не наклоня́йся** stand straight/ upright, don't bend over; **он сиде́л за роя́лем соверше́нно пря́мо** he was sitting absolutely straight/ ramrod straight at the piano; **4.** (*candidly*) straight; frankly; **я скажу́ тебе́ пря́мо** I'll give it to you straight; **5.** (*immediately, directly*) straight; **пить пря́мо из го́рлышка буты́лки** drink straight from the neck of the bottle [4]

пря́мо² *particle; used for emphasis, especially with prepositional phrases; coll.* right; **пря́мо на углу́** right at the corner; **пря́мо за окно́м** right outside the window [4]

прямоуго́льность *fem.* the rectangular shape; (*of a person's build*) (s.o.'s) sturdy/ rectangular figure [6]

пря́тать [пря́чу, пря́чешь; *imper.* пря́чь, пря́чьте] *impfv / pfv* **спря́тать** *acc.* to hide; conceal [4]

психоанали́тик psychotherapist [3]

пу́блика 1. (the) public; the community; people; **широ́кая пу́блика** the general public; **чита́ющая пу́блика** the reading public; the readership; **делова́я пу́блика** the business community; the business people; **2.** (*people in the capacity of spectators or listeners at a performance, passengers, etc.*) audience; **пу́блика до́лго аплоди́ровала певцу́** the audience was applauding the singer for a long time; the audience gave the singer a lengthy aplause; **3.** *coll., often joking or ironic;* (*people grouped together according to some common features*) people; folks; **Ну и пу́блика у вас!** Some folks you have! [6]

публикова́ть [-ку́ю, -ку́ешь] *impfv / pfv* **опубликова́ть**; *acc.* **1.** (*of a publisher, journal, newspaper, etc.*) to publish (a book, article, *etc.*); **во вре́мя предвы́борных кампа́ний все газе́ты публику́ют репорта́жи о вы́борах** during election campaigns, all newspapers publish election reports; **2.** (*of the author; to have one's book, article, etc., published*) to publish; **неда́вно Людми́ла Ули́цкая опубликова́ла но́вый рома́н** recently Ludmila Ulitskaya published a new novel [6]

публикова́ться [-ку́юсь, -ку́ешься] *impfv / pfv* **опубликова́ться 1.** (*of a book, article, etc.*) to be published; **его́ расска́зы ча́сто публику́ются в журна́лах** his short stories are often published in magazines; **2.** (*of the author; to have one's book, article, etc., published*) to publish one's work (poetry, book, *etc.*)

он впервы́е опубликова́лся год наза́д he first published his work a year ago [3]

пункти́р 1. a dotted line; **2. пункти́ром** *adv.* [*this form only; used with verbs that have the general meaning "to relate, to describe, to write down" and with nouns that have a similar meaning*] without details; briefly; in a few words; in brief; in brief outline; **расска́з пункти́ром** an account without details; an account in brief; **рассказа́ть пункти́ром** relate briefly/ in brief; **написа́ть/ за́писать пункти́ром** write (down) in brief outline; write (down) in a few words [3]

пуска́й *coll. variant* of **пусть**

пусть¹ *conjunction; used to express concession or assumed concession;* (even) though; even if; **пусть дождь, всё равно́ на́до идти́** even though it's raining, I/ we/ you still have to go [4, 5]

пусть² *particle* **1.** *used when expressing a command or suggestion;* let; **пусть она́ позвони́т мне за́втра** let her call me tomorrow; **2.** *used to express consent or permission;* let; **е́сли он хо́чет помо́чь нам, пусть помо́жет** if he wants to help us, let him [4, 5]

путёвка [*gen. pl.* -вок] **1.** ticket for a group travel/ tour; place in a tourist group; vacation pass/ certificate; sanatorium pass; **2.** an authorization of a work assignment (*in writing*) [5, 6]

путь [*gen., prep. & dat.* пути́; *pl.: nom.* пути́, *gen.* путе́й, *prep.* (на) путя́х] *masc.* **1.** (*a road or place for movement from one place to another*) way; route; **еди́нственный путь к мо́рю** the only way to the sea; **кратча́йший путь к вокза́лу** the shortest route to the railroad station; **2.** journey; travel; traveling; way; **отпра́виться в путь** set out on a journey; start (out) on a journey; start on a travel; **мы проде́лали обра́тный путь пешко́м** we made our way back on foot; **в пути́ он мно́го чита́л** while traveling, he read a lot; **за́втра в э́то вре́мя мы уже́ бу́дем в пути́** tomorrow at this time we'll be on our way/ en route; **3.** (*a method of doing sth. or a course of action*) way; means; road; track; **путь к успе́ху** way/ road to success; **зако́нным путём** in a legitimate way; **Каки́м путём ты надее́шься доби́ться свое́й це́ли?** By what means do you hope to gain your objective?; **вы на пра́вильном пути́** you are on the right track [5, 6]

• **по пути́** along the way; on the way; as one is walking/ riding/ driving [5]

• **вступа́ть / вступи́ть на путь** + *gen.* to embark on the path of [6]

пыл [*loc.* (в) пылу́] ardor; passion; enthusiasm; zeal [6]

пы́льный *adj.* [-лен, -льна, -льны; *compar.* пыльне́е *rare*] dusty; covered with dust [1, 6]

пыта́ться [-а́юсь, -а́ешься] *impfv / pfv* **попыта́ться**; *used with infin.;* to attempt; try; make an effort/ efforts; endeavor [6]

пытли́вый *adj.* [-ли́в, -а, -ы] inquisitive; curious; probing [5]

пья́нка *coll.* **1.** drunken feast; drinking party; drinking spree; drinking revel; (drinking) binge; **у них до́ма ча́сто быва́ли пья́нки** they had frequent drinking sprees in their house; **2.** (*a long period of drinking*) drinking bout [3]

пя́титься [пя́чусь, пя́тишься] *impfv / pfv-begin* **попя́титься**; to walk backwards; move backwards (*on foot*) [5]

Р

рабо́та 1. (*activity*) work; **тру́дная/ тяжёлая рабо́та** hard work; **нау́чная рабо́та** research; **2.** job; employment;

---

work; **он и́щет рабо́ту** he is looking for a job/ for work; **3.** (*place of employment*) work; place of work; office; **позвони́ мне на рабо́ту** call me at work/ at the office; **4.** (*a finished product produced by a writer, researcher, artist, etc.*) work; [*a researcher's work*] paper; article; **кри́тики хва́лят его́ после́днюю рабо́ту** critics praise his latest work [2, 3, 6]

рабо́тать [-аю, -аешь] *impfv / pfv-awhile* **порабо́тать 1.** to work; do work; **он мно́го рабо́тает** he works a lot; **им не разреша́ется рабо́тать по пра́здникам** they are not allowed to do work on holidays; **2.** (*to be employed*) to work; have a job; [*with a negation*] be out of work; be without a job; **он уже́ три ме́сяца не рабо́тает** he hasn't been working for three months; he's been out of work for three months; **3. над** + *instr.;* (*to apply one's efforts, talent, etc., to some project or study*) to work on sth.; be at work on; **он рабо́тает над диссерта́цией** he is working on his dissertation; **она́ рабо́тает над но́вым рома́ном** she is at work on a new novel; **4.** [*3rd pers. only*] *pfv-begin* **зарабо́тать**; (*of a machine, device, etc.*) to work; function; operate; [*with a negation*] be out of order; **дви́гатель рабо́тает почти́ бесшу́мно** the motor operates almost noiselessly [2, 4]

равно́ *predicative; dat.* (to be) equal (to) [3, 4]

• **всё равно́ 1.** *used predicatively, with dat.;* it's all the same (to s.o.); it doesn't make any difference (to s.o.); it doesn't matter (to s.o.); **ей бы́ло всё равно́, кака́я в ко́мнате ме́бель** it didn't matter to her how the room was furnished; **2.** *used as adv. or particle;* in any case; in any event; all the same; anyway; **на аукцио́н я не пойду́ — я всё равно́ ничего́ купи́ть не могу́** I'm not going to the auction—I can't afford to buy anything there anyway [4]

• **всё равно́ что** *conjunction; used to introduce a comparison;* (just) like; (just) the same as [3]

равнове́сие balance; equilibrium [5]

равноду́шие indifference [3]

равноду́шный *adj.* [-шен, -шна, -шны] (**к** + *dat.*); indifferent (to) [3]

рад [ра́да, ра́до, ра́ды] *short form adj.* [*no long forms; no compar.*] *used predicatively with dat. or infin. or a* **что-** *or* **е́сли-***clause;* (to be) glad (of sth., to do sth., if); be happy (about sth., to do sth., if); (to be) pleased (about sth., to do sth., if); **мы вам о́чень ра́ды** we are very happy/ glad to see you; **бу́ду рад помо́чь вам** I'll be glad/ happy/ pleased to help you [2]

ра́ди *preposition with gen.* for the sake of s.o./sth.; for s.o.'s sake; for; **мы пое́хали туда́ ра́ди вас** we went there for your sake [5]

ра́достно happily; joyfully; gladly; **мы предложи́ли ему́ пое́хать с на́ми, и он ра́достно согласи́лся** we offered him to go with us, and he happily agreed; **она́ ра́достно улыбну́лась** she joyfully smiled [5]

раз¹ [*pl.: nom.* разы́, *gen.* раз, *prep.* (в) раза́х] time; occasion; **на/в э́тот раз** this time; on this occasion; **в друго́й раз** some other time; another time; **в про́шлый раз** last time; **ка́ждый раз** every/ each time; **ещё раз** once more; once again; **раз в день** once a day; **оди́н раз** once; **два ра́за** twice; **мно́го раз** many times [1-6]

• **как раз** *particle* **1.** *used to emphasize the word or phrase to which it refers;* exactly; precisely; right (when, then, *etc.*); exactly/ precisely/ just (the person, thing, place, *etc.*); **кто́-то постуча́л, и как раз в э́тот моме́нт зазвони́л телефо́н** somebody knocked on the door, and precisely at that moment the telephone began ringing; **как ра́з вас я и ищу́** you're just the person I'm looking for; **2.** *used to emphasize that something happens differently from the way stated or suggested*; in fact …; actually; quite the contrary; **все счита́ли, что он прова́лится, а я как ра́з так не ду́мал** everyone thought he would fail, but I actually did not think so [2, 5, 6]

- **ни ра́зу не…** never (once); not once [6]
- **раз и навсегда́** once and for all; for good [5]

раз[2] *conjunction*; *used to introduce condition or condition and comparison*; *coll.* since; if; **раз ты не идёшь, то и я не пойду́** since you're not going, I won't go either; **раз его́ нет на рабо́те, зна́чит он уже́ в пути́** if he isn't in the office, it means that he is already on his way

разбега́ться [-а́юсь, -а́ешься] *impfv* / *pfv* **разбежа́ться** [-бегу́сь, -бежи́шься, -бегу́тся] to scatter; disperse; run away/ off in all/ different directions; **услы́шав сире́ну, толпа́ разбежа́лась** at the sound of a siren the crowd scattered/ dispersed [4]

разбива́ть [-а́ю, -а́ешь] *impfv* / *pfv* **разби́ть** [разобью́, разобьёшь; *imper.* разбе́й] *acc.* **1.** (*of glass, mirror, cups, etc.*) to break; smash; shatter; **разби́ть окно́** break the window; **2.** (*of one's face, nose, leg, etc.*) to smash; hurt badly; bruise; **он разби́л па́рню нос** he smashed the guy's nose; **3.** (*of an enemy*) to defeat; beat; vanquish; **разби́ть вра́жескую а́рмию** defeat the enemy army [4, 5, 6]

разбира́ться [-а́юсь, -а́ешься] *impfv* / *pfv* **разобра́ться** [-беру́сь, -берёшься; *past* разобра́лся, -брала́сь, -брало́сь, -брали́сь & -бра́лось, -бра́лись] **в** + *prep.* **1.** to look into; come to understand; gain an understanding of; sort out; figure out; **мне ну́жно в э́том разобра́ться** I need to look into it/ to sort it out; **2.** [*impfv only*] to know sth.; know much about sth.; be knowledgeable about sth.; understand; **он разбира́ется в жи́вописи** he knows much/ he is knowledgeable about art; **он разбира́ется в лю́дях** he understands people [4]

разби́тый 1. *ppp.* of **разби́ть** *pfv*; [-би́т, -а, -ы] smashed; hurt; bruised; **2.** *adj.* battered; bruised; smashed; **па́рень с разби́тым лицо́м** a guy with the battered face; **разби́тое коле́но** bruised knee; **3.** *adj.* (*of musical instruments, sounds, etc.*) battered; grating; **разби́тый роя́ль** battered grand piano [4, 5]

разби́ть *pfv* of **разбива́ть** [4, 5, 6]

ра́зве[1] *particle*; *used in questions to emphasize surprise, doubt, incredulity, etc.*; really; «**Я его́ не зна́ю**». — «**Ра́зве?**» "I don't know him." "Really?"

ра́зве[2] *conjunction*; *used to express assumption, possibility*; *coll.* unless; **на пляж пое́дем обяза́тельно, ра́зве дождь пойдёт** we'll sure go to the beach unless it starts raining [6]

- **ра́зве что** *conjunction*; *used to express assumption, possibility* except (perhaps) when/ if/ that…; except (maybe) when/ if/ that [6]

развести́сь *pfv* of **разводи́ться** [1, 3]

разво́д (*dissolution of marriage*) divorce [3]

разводи́ться [-вожу́сь, -во́дишься] *impfv* / *pfv* **развести́сь** [-веду́сь, -ведёшься; *past* развёлся, -вела́сь, -вели́сь] (**с** + *instr.*) to divorce; get a divorce (from); be divorced (from); get divorced; **Пётр развёлся с жено́й** Pyotr divorced his wife; Pyotr got a divorce from his wife; **Пётр и А́нна развели́сь** Pyotr and Anna got divorced [1, 3]

разгляде́ть *pfv* [-гляжу́, -гляди́шь] *acc.* **1.** *pfv* of **разгля́дывать; 2.** [*no impfv*] (*peering into sth., become visually aware*) to make out; see clearly; discern; descry; **я**

не могу́ разгляде́ть но́мер кварти́ры на две́ри I cannot make out the apartment number on the door; **3.** [*no impfv*] (*to perceive mentally*) to see; discern; descry; recognize; **он разгляде́л в ней большо́й тала́нт** he saw/ discerned a great talent in her; **3.** *pfv* of **разгля́дывать** [2]

разгля́дывать [-аю, -аешь] *impfv* / *pfv* **разгляде́ть** [-гляжу́, -гляди́шь] *acc.* to examine closely; scrutinize (closely); look over; **полице́йский внима́тельно разгля́дывал мой па́спорт** the policeman was closely examining my passport [5]

разгова́ривать [-аю, -аешь] *impfv* [*no pfv*] **1.** (**с** + *instr. and/or* **о** + *prep.*) to speak (to, with); talk (to, with); converse (with); **мы разгова́ривали обо всём** we talked about everything; **мы разгова́ривали по-ру́сски** we spoke Russian; **вчера́ я разгова́ривал о на́ших пла́нах с дире́ктором** yesterday I talked to the director about our plans; **2.** [*usu. used with a negation*] (**с** + *instr.*) to speak (to); be on speaking terms (with); **он не разгова́ривает со мной уже́ ме́сяц** he hasn't spoken to me for a month; **они́ не разгова́ривают, да́же не здоро́ваются** they are not on speaking terms, they don't even say hello to each other [1, 4, 6]

разгово́р conversation; talk; **те́ма разгово́ра** the subject; the topic [6]

разгоня́ть [-я́ю, -я́ешь] *impfv* / *pfv* **разогна́ть** [разгоню́, разго́нишь; *past* разогна́л, -ла́, -ло] *acc.* to drive away; disperse; break up (with); **поли́ция разогнала́ толпу́ дуби́нками** the police broke up the crowd with clubs [4]

разгу́ливать [-аю, -аешь] *impfv* [*no pfv*] *coll.* to stroll (around/ about); walk around; saunter [3]

раздава́ть [*conjugates like* дава́ть] *impfv* / *pfv* **разда́ть** [*like* дать; *past* ро́здал, раздала́, ро́здало, ро́здали & ро́здал, ро́здало, ро́здали] *acc. & dat.*; (*to dispense in portions to a number of recipients*) to distribute; divide among; give out; hand out; **я раздала́ де́тям конфе́ты** I divided the candy among the children [4]

раздража́ть [-а́ю, -а́ешь] *impfv* / *pfv* **раздражи́ть** [-жу́, -жи́шь] *acc.* to annoy; irritate; get on s.o.'s nerves; **меня́ раздража́ет её глу́пость** her stupidity irritates me/ gets on my nerves [3]

раздраже́ние annoyance; irritation [1, 6]

разлета́ться [-а́юсь, -а́ешься] *impfv* / *pfv* **разлете́ться** [-лечу́сь, -лети́шься] **1.** to fly (off) in all directions/ in every direction; scatter/ be scattered into the air; **пти́цы испуга́лись и разлете́лись** the birds got frightened and scattered into the air; **2.** (*of breakable objects*) to shatter; smash; **разлете́ться на куски́** break/ shatter into pieces; fly to bits [6]

разлива́ть [-а́ю, -а́ешь] *impfv* / *pfv* **разли́ть** [разолью́, разольёшь; *past* разли́л, -лила́, -ли́ло] *acc.* **1.** to spill (a liquid); **я разли́л молоко́** I spilled some milk; **2.** to pour (out) (*a liquid into more than one container*); **разли́ть вино́ в бока́лы** pour (out) wine into glasses [1]

разлуча́ть [-а́ю, -а́ешь] *impfv* / *pfv* **разлучи́ть** [-чу́, -чи́шь] *acc.* (**& с** + *instr.*) to separate (s.o. from); part (s.o. from) [3]

разма́х swing; sweep [5]

- **с разма́ха / с разма́ху** with all one's might; full force; hard; as hard as one can [5]

разно́с *coll.* dressing-down; sharp rebuke/ criticism; rating; **он опя́ть опозда́л и получи́л за э́то разно́с от нача́льника** he was late again, and got a dressing down from his boss for it [6]

разноцве́тный *adj.* [-тен, -тна, -тны] multicolored; motley; variegated; of different colors [3]

ра́зный *adj.* **1.** *used mostly with pl. nouns* different; dissimilar; not the same; **у нас с ним ра́зные взгля́ды на э́ту пробле́му** he and I have different views of this problem; **2.** various; all kinds of; sundry; **в э́ту антоло́гию включены́ стихи́ ра́зных поэ́тов** this anthology includes poems by various poets [1, 4, 6]

разоблаче́ние exposure; disclosure [6]

разобра́ться *pfv* of **разбира́ться** [4]
• **разобра́ться в себе́** [*pfv only*] to figure out what you are and what you want (*by analyzing your goals, values, priorities, etc.*); come to understand oneself [4]

разогна́ть *pfv* of **разгоня́ть** [4]

разозли́ться *pfv* [*no impfv*] (**на** + *acc.*); to get/ become angry (with s.o./ at s.o.); get mad (at s.o./ with s.o.) [4]

разойти́сь *pfv* of **расходи́ться** [1, 6]

разоря́ть [-я́ю, -я́ешь] *impfv* / *pfv* **разори́ть** [-рю́, -ри́шь] *acc.* **1.** to destroy; wreck (a house, a shop, *etc.*); ravage (a country, a town, *etc.*); **2.** (*to destroy financially*) to ruin; bring to ruin [6]

разреша́ть [-а́ю, -а́ешь] *impfv* / *pfv* **разреши́ть** [-шу́, -ши́шь] *dat. & infin. or acc.* (*& dat.*) to permit; allow; (*in official contexts*) authorize; **мать разреши́ла ей пое́хать за грани́цу** her mother permitted her to travel abroad; **разреши́ть строи́тельные рабо́ты** authorize construction work [6]

разрисо́вывать [-аю, -аешь] *impfv* / *pfv* **разрисова́ть** [-рису́ю, -рису́ешь] *acc.* to ornament sth. with drawings/ designs; cover sth. with designs/ drawings [6]

разу́чиваться [-аюсь, -аешься] *impfv* / *pfv* **разучи́ться** [-учу́сь, -у́чишься] *used with infin.*; to lose the skill (of doing sth.); forget how (to do sth.); lose one's ability (to do sth.); (*in negated contexts*) unlearn (how to do sth.); **мы разучи́лись вести́ серьёзный разгово́р** we lost the skill of carrying on a serious conversation; **челове́к, кото́рый научи́лся чита́ть, не мо́жет разучи́ться** a person who learned how to read, can't unlearn it [5]

райо́н 1. (*administrative unit*) district; **2.** neighborhood; area; vicinity; **в на́шем райо́не мно́го хоро́ших рестора́нов** there are many good restaurants in our neighborhood [4]

ра́но *adv.* [*compar.* ра́ньше] **1.** early; **2.** *used predicatively*; it is (too/ still) early; **у́жинать ещё ра́но** it's too early for supper [1]

ра́ньше *adv.* **1.** [*compar. of* ра́но early] earlier; sooner; **2.** before; formerly; (at some time) in the past; once; previously; **э́та фи́рма ра́ньше называ́лась ина́че** this firm was formerly known under a different name; **он ра́ньше рабо́тал в газе́те** he worked once at a newspaper; **э́то лека́рство ме́нее эффекти́вно, чем счита́ли ра́ньше** this medication is less effective than previously thought; **3.** *used as a preposition with gen., usu. with a negation*; (*at an earlier time than*) before; until; ahead of; **я ничего́ не бу́ду знать ра́ньше ве́чера** I won't know anything before evening; **он не прие́дет ра́ньше суббо́ты** he won't come before/ until Saturday; **собра́ние бы́ло назна́чено на 5 часо́в, но все пришли́ ра́ньше вре́мени** the meeting was scheduled for five o'clock, but everybody came ahead of time [1, 4]

раскладно́й *adj.* (*of a chair, table, bed, etc.*) folding; collapsible [6]

расколошма́тить [-ма́чу, -ма́тишь] *pfv* [*no impfv*] *acc.*; *highly coll.* to smash; shatter; break to pieces [4]

раскрыва́ть [-а́ю, -а́ешь] *impfv* / *pfv* **раскры́ть** [-кро́ю, -кро́ешь; *imper.* раскро́й] *acc.* **1.** to open (the window, the book, one's mouth, *etc.*); **когда́ жа́рко, я раскрыва́ю все окна́ и две́ри** when it's hot, I open all the windows and doors; **2.** to expose (corruption, s.o.'s lie, *etc.*); unmask (a spy, deception, *etc.*); solve (a crime) [4]

распознава́ть [-знаю́, -знаёшь] *impfv* / *pfv* **распозна́ть** [-а́ю, -а́ешь] *acc.* **1.** to identify; recognize; **он смог распозна́ть крича́вшего по го́лосу** he was able to recognize/ identify the shouter by his voice; **распозна́ть исто́чник инфе́кции** identify the source of infection; **2.** *coll.* to make out; discern; see; **в темноте́ он с трудо́м распознава́л де́тские ли́ца** in the dark, he could barely make out/ see the children's faces [6]

располо́женный *adj.* [-жен, -а, -ы] **1. к** + *dat.* well-disposed toward/ to s.o.; (to be) fond of s.o.; **он к тебе́ располо́жен** he is well disposed toward you; he is fond of you; **2.** *used with infin.*; inclined (to do sth.); in the mood (to do sth./ for doing sth.); **она́ не располо́жена шути́ть** she is not inclined to joke; **он не располо́жен идти́ на компроми́сс** he is not in the mood to compromise [6]

распоряже́ние order; directive; instruction [2, 6]

распределе́ние (*of a job assignment received by a graduate or a young specialist*) appointment; assignment [2]

распределя́ться [-я́юсь, -я́ешься] *impfv* / *pfv* **распредели́ться** [-лю́сь, -ли́шься] *pfv* to receive a job assignment/ appointment (upon graduation) [1]

распрокля́тый *adj.*; *coll.* damned; cursed; accursed [5]

распуска́ть [-а́ю, -а́ешь] *impfv* / *pfv* **распусти́ть** [-пущу́, -пу́стишь] *acc.* **1.** (*of an organization, a team, a group, etc.*) to disband; dissolve; dismiss; **они́ потре́бовали распусти́ть коми́ссию** they demanded that the commission be disbanded; **распусти́ть парла́мент** dissolve parliament; **2.** (*to make sth. less restrained*) to loosen (one's hair, a corset, a belt, a rope); let out (reins); unfurl (a banner, a flag); let down (one's hair) [4]

распуха́ть [-а́ю, -а́ешь] *impfv* / *pfv* **распу́хнуть** [-ну, -нешь; *past* распу́х, -ла, -ло] to swell up/ out; get/ become swollen; **у него́ распу́хла губа́** his lip swelled up/ got swollen; **у меня́ так распу́хли но́ги, что я не могу́ наде́ть ту́фли** my feet got so swollen that I can't get into my shoes [6]

расска́з 1. story; account; tale; **Вы слы́шали его́ расска́з о вчера́шних собы́тиях?** Have you heard his account of yesterday's events? **2.** (*the literary genre*) the short story; **3.** (*a piece of literature*) a short story; **Кто из вас чита́л расска́зы Че́хова?** Who of you has read Chekhov's short stories? [3, 5, 6]

рассказа́ть *pfv* of **расска́зывать** [3, 4]

расска́зик *diminutive* of **расска́з** short story [5]

расска́зывать [-аю, -аешь] *impfv* / *pfv* **рассказа́ть** [-скажу́, -ска́жешь] *acc. or* **о** + *prep.* (*& dat.*); (*to give an oral account of sth.*) to tell s.o. about/ of sth.; recount; relate; narrate; talk about sth.; **он рассказа́л (нам) о свои́х приключе́ниях** he told us of his adventures; he recounted/ related his adventures; **уме́ть хорошо́ расска́зывать** know how to tell stories well; be a good storyteller [3, 4]

расстава́ться [-стаю́сь, -стаёшься; *imper.* расстава́йся] *impfv* / *pfv* **расста́ться** [-ста́нусь, -ста́нешься; *imper.* расста́нься] (**с** + *instr.*) **1.** to part (with s.o.); part company (with s.o.); separate (from s.o.); **расста́ться навсегда́** part forever; **чемпио́ны ми́ра по фигу́рному ката́нию расста́лись со свои́м тре́нером** world champions in figure skating parted company with their coach; **2.** to give up sth.; abandon; relinquish; forget; **расста́ться с наде́ждами** abandon/ give up all hope; **расста́ться с мы́слью/ с иде́ей** relinquish the idea; put the thought out of one's mind [3]

расти́ [расту́, растёшь; *past* рос, -ла́, -ло́] *impfv / pfv* **вы́расти** [-расту, -растешь; *past* вы́рос, -ла, -ло] **1.** to grow; (*of a child*) grow up; э́тот сорт роз растёт бы́стро this variety of rose grows fast; **он ру́сского происхожде́ния, но вы́рос он в А́нглии** he is of Russian extraction, but he grew up in England; **2.** (*to increase in quantity, degree, etc.*) to grow; increase; be on the increase; **це́ны/ нало́ги расту́т** prices/taxes are going up/ growing; prices/ taxes are on the increase [3]

расходи́ться [-хожу́сь, -хо́дишься] *impfv / pfv* **разойти́сь** [разойду́сь, разойдёшься; *past* разошёлся, -шла́сь, -шло́сь] **1.** [*used with pl. subject*] (*of at least two persons, a group, crowd, etc.*) to depart (in different directions); leave; disperse (in different directions); (*of two or three persons*) go separate ways; separate (at); split up; (*of a crowd*) break up; **го́сти разошли́сь ра́но** the guests left early; **мы разошли́сь по дома́м** we split up and went home; **2.** (*of a relationship, friendship, etc.*) to part company (with s.o.); break off; break up; (*of a married couple*) separate; **они́ бы́ли друзья́ми, но пото́м разошли́сь** they used to be friends, but later they parted company; **он разошёлся с друзья́ми из-за поли́тики** he broke off with his friends because of politics [1, 6]

расцве́т 1. bloom(ing); blossoming; flowering; **2.** flourishing; pinnacle; heyday; flowering; **расцве́т романти́зма в литерату́ре** flourishing of romanticism in literature; **расцве́т иску́сства и архитекту́ры** flowering of art and architecture; **бу́йный расцве́т** furious growth/ flowering/ flourishing; violent growth/ flowering [4]

ра́ут *bookish*; *old-fashioned* formal party; reception [6]

ра́фик small van (*seating fewer than a dozen people*) [5]

рва́ться [рвусь, рвёшься; *past* рва́лся, рвала́сь, рвало́сь, рвали́сь & рва́лось, рва́лись] *impfv* [*no pfv*] **1.** *used with infin.*; to be dying (to do sth., to become sth., or to obtain sth.); strive (to do sth./ for sth.); thirst (for sth./ to do sth.); be eager, **он рвётся познако́миться с тобо́й** he is dying to meet you; **они́ рву́тся к вла́сти** they thirst for power; **она́ рвала́сь в Москву́** she couldn't wait to get to Moscow; **он рва́лся в дра́ку** he was spoiling for a fight; **2. рва́ться с поводка́ (с при́вязи, с цепи́,** *etc.***)** to strain at a leash (a chain, *etc.*); **соба́ка зала́яла и ста́ла рва́ться с поводка́** the dog began barking and straining at the leash [4]

реаги́ровать [-рую, -руешь] *impfv / pfv-once* **отреаги́ровать, прореаги́ровать,** *and* **среаги́ровать; на** + *acc.* to react (to); respond (to sth.) by doing sth.; show one's reaction to sth.; [*with a negation*] show no reaction to sth.; **она́ ника́к не реаги́ровала на поведе́ние ма́льчика** she showed no reaction to the boy's behavior [1]

ребро́ [*pl.: nom.* рёбра, *gen.* рёбер, *prep.* (на) рёбрах] **1.** (*part of the body*) rib; **2.** (*a thin side of some object*) edge; **кирпичи́ на́до класть плашмя́, а не на ребро́** bricks should be laid flat, not on edge; **пода́ть ладо́нь ребро́м** extend one's hand, holding it edgewise [3, 4, 5]

ребя́та [*gen. pl.* ребя́т] **1.** [*pl. of* ребёнок] children; kids; **на́ши де́ти хо́дят в хоро́ший де́тский сад** our children/ kids are attending a good kindergarten; **2.** [*pl. only*] (*young men or, occasionally, young men and women*) guys; boys; kids; **Ребя́та, вы отли́чно игра́ли!** Guys, you played a great game!; **по̀сле оконча́ния университе́та ребя́та сра́зу же нашли́ интере́сную рабо́ту** upon graduation from the university the boys found interesting jobs right away; **«Эй, ребя́та, куда́ вы?» — закрича́л он вслед Та́не и Ви́ктору** "Hey, guys, where're you going?" he shouted behind Tanya and Viktor [5]

реве́ть [-ву́, -вёшь] *impfv / pfv-begin* **взреве́ть & зареве́ть;** (*of animals*) to howl; bellow; roar; [*pfv only*] let out/ utter a roar [5]

револю́ция revolution [6]

реги́стр *music* register [5]

ре́дко *adv.* [*compar.* ре́же] rarely; seldom [2]

редковоло́сый *adj.* [-ло́с, -а, -ы] thin-haired; with thin hair; having thin hair [6]

ре́же *adv.* [*compar. of* ре́дко rarely] less often; less frequently; less commonly [2]
- **как мо́жно ре́же** as rarely as possible; as rarely as one can [2]

режиссёр (*in theatre and cinematography*) (stage/ film) director [3]

религио́зный *adj.* [-зен, -зна, -зны] religious [3]

ремесло́ [*pl.: nom.* ремёсла, *gen.* ремёсел] craft; trade [3]

ремо́нтный *adj.* repair (*used as a modifier*) [5]

речь [*pl.: nom.* ре́чи, *gen.* рече́й, *prep.* (в) реча́х] **1.** (*ability to speak*) speech; **дар ре́чи** gift/ faculty of speech; **2.** a speech; oration; **надгро́бная речь** graveside oration/ speech; **речь шла о** + *prep.* we (they, *etc.*) were talking about …; we (they, *etc.*) mentioned … [3, 6]

реша́ть [-а́ю, -а́ешь] *impfv / pfv* **реши́ть** [-шу́, -ши́шь] **1.** *acc.*; (*of math problems*) to (try to) solve; **2.** *acc.* to (try to) solve/ resolve (a problem, an issue, a conflict, difficulties, *etc.*); decide (a dispute, an issue, *etc.*); settle (a case, a dispute, a problem, *etc.*); **ему́ приходи́лось реша́ть ва́жные вопро́сы** he had to resolve important issues; **3.** *infin. or a subord. clause* to decide (to do sth.); make a decision (to do sth.); make up one's mind (to do sth.); arrive at the conclusion (to do sth.); **он реши́л не спо́рить с нача́льником** he decided not to argue with his boss [2, 4, 5, 6]

решётка [*gen. pl.* -ток] grating; grate; lattice; (security) bars [5]

решётчатый (*also* **решёчатый**) *adj.* lattice (*used as a modifier*); latticed; barred [5]

ржать [ржу, ржёшь] *impfv / pfv-begin* **заржа́ть 1.** (*of a horse*) to neigh; whinny; **2.** *highly coll.*; *rude* to laugh (loudly and) coarsely; give a neighing laugh [4]

ри́мский *adj.* Roman [4]

рису́нок [*gen.* -нка] **1.** drawing; (*in a book*) picture; **вы́ставка рису́нков Ван-Го́га** exhibition of Van Gogh's drawings; **наска́льный рису́нок** rock painting/ carving; **2.** design; pattern; **ткань с геометри́ческим рису́нком** fabric with a geometric design/ pattern; **ковёр с краси́вым рису́нком** rug with a beautiful pattern [1]

ри́фма rhyme [5]

ро́бко *adv.* [*compar.* ро́бче] timidly; shyly; diffidently; bashfully; **он ро́бко спроси́л, когда́ ему́ даду́т приба́вку к зарпла́те** he timidly asked when he would get a pay raise [6]

рове́сник [*male when sing., sex unspecified when pl.; female* **рове́сница**] (*a person*) of the same age (as another); the same age (as); (a person) s.o.'s age; peer; **мы с ним рове́сники** he and I are (of) the same age; he is (of) the same age as I; he is my age; he and I are peers [4]

ро́вный *adj.* [-вен, -вна́, ро́вны & ровны́; *compar.* ровне́е & -е́й] **1.** (*of a surface*) even; level; flat; smooth (*usu. by touch*); **ро́вная пове́рхность** flat/ level/ even surface; **2.** (*not curved*) straight; even; **сту́лья бы́ли расста́влены ро́вными ряда́ми** the chairs were arranged/ placed in straight rows; **3.** (*of the same height or size*) even; regular;

level; ро́вные зу́бы even teeth; ро́вные ряды́ компа́кт-ди́сков regular rows of compact disks [6]

род sort; kind; type [5]

- **что́-то в э́том ро́де** something like that; something of the/ this/ that kind; something of the/ this/ that sort; something of that nature; something along that line/ those lines [5]

ро́дина motherland; native land [3]

роди́тели [*pl. only; gen.* -лей] parents [4, 5, 6]

роди́ть [рожу́, роди́шь; *past* роди́л, родила́ (*pfv*) & роди́ла (*impfv*), роди́ло] *impfv* & *pfv; acc.* **1.** *also impfv* **рожда́ть** &, *coll.,* **рожа́ть;** (*of women and some female animals*) to give birth (to); bear (a child or a cub); **2.** (*of men, parents, and some male animals*) to sire; (*of men only*) beget; father [6]

ро́жа *coll., rude* mug; ugly face/ puss [5]

рожде́ние birth [4]

рождённый *ppp.* of **роди́ть** *impfv* & *pfv*; [-дён, -á, -ы́] born [6]

рома́н 1. (*the literary genre*) the novel; **ру́сский реалисти́ческий рома́н** the Russian realist novel; **2.** (*a work of literature*) a novel; **рома́н Толсто́го «Война́ и мир»** Tolstoy's novel *War and Peace*; **3.** *coll.* romance; love affair [3, 6]

роня́ть [-я́ю, -я́ешь] *impfv* / *pfv* **урони́ть** [уроню́, уро́нишь] *acc.* to drop; let sth. fall/ drop [4]

роско́шный *adj.* [-шен, -шна, -шны] **1.** luxurious; sumptuous; **роско́шное пода́рочное изда́ние** luxurious gift edition; **им по́дали роско́шный обе́д** they were treated to a sumptuous dinner; **2.** (*of foliage, verdure, and the like*) lush; luxuriant; luxurious; **3.** *highly coll.* awesome; super; **У тебя́ роско́шный би́знес! Возьми́ меня́ в партнёры!** You have an awesome business! Take me as a partner! [6]

росси́йский *adj.* Russian (*used as a modifier*); of Russia [3]

рот [*gen.* рта, *loc.* (во) рту] mouth [4]

- **раскрыва́ть / раскры́ть рот/рты** [*usu.* слу́шать раскры́в рот/ рты *or* слу́шать с раскры́тым ртом/ с раскры́тыми рта́ми] **он слу́шал с раскры́тым ртом** he listened open-mouthed/ with open mouth/ with his mouth wide open [4]

руга́ть [-а́ю, -а́ешь] *impfv; acc.* **1.** *pfv* **вы́ругать, обруга́ть, отруга́ть;** to scold s.o. (angrily); berate s.o. (for sth.); give s.o. a scolding; **оте́ц никогда́ не крича́л на ма́льчика, не руга́л его́** father never yelled at the boy, never scolded him; **2.** *pfv* **обруга́ть;** to revile; criticize harshly/ sharply; speak ill of; **кри́тики руга́ли спекта́кль** critics reviled the show [3]

руга́ться [-а́юсь, -а́ешься] *impfv* / *pfv* **вы́ругаться 1.** to swear; curse; **2.** [*impfv only*] to bicker; wrangle; quarrel; **их сосе́ди постоя́нно руга́лись** their neighbors were constantly bickering [4]

рука́ [*acc.* ру́ку; *pl.: nom.* ру́ки, *gen.* рук, *prep.* (в) рука́х] **1.** hand; **2.** arm [1, 4, 5, 6]

- **здоро́ваться / поздоро́ваться за́ руку** to shake hands (as a greeting) [4]

руково́дство 1. leadership; guidance; **рабо́тать под руково́дством изве́стного учёного** work under the leadership/ the guidance of a famous scientist; **2.** leaders; bosses; management; **руково́дство профсою́зов** the leaders/ the bosses of the unions; **руково́дство фи́рмы** the firm's management [2]

ру́копись *fem.* manuscript; typescript [3]

руль [*gen.* руля́] *masc.* (*of an automobile*) steering wheel; (*of a vessel*) rudder; helm; (*of a bicycle*) handlebar(s) [5]

румя́ный *adj.* [-мя́н, -а, -ы] (*of cheeks or face*) rosy; pink; pink-cheeked; ruddy; rubicund [6]

ру́сский *adj.* **1.** Russian (*used as a modifier*); **2.** *used as noun male when sing., sex unspecified when pl.; female* **ру́сская**] a Russian [3, 6]

рыда́ть [-а́ю, -а́ешь] *impfv* / *pfv-begin* **зарыда́ть** to sob; weep; [*pfv-begin*] begin to sob/ to weep; burst out crying/ sobbing [6]

рюкза́к [*gen.* -зака́] backpack; knapsack [6]

рю́мка [*pl.: gen.* рю́мок, *prep.* (в) рю́мках] shot glass; small vodka *or* liquor glass [1, 6]

ряд [*gen.* ря́да, *but* 2, 3, 4 ряда́; *prep.* (в) ря́де, *loc.* (в) ряду́; *nom. pl.* ряды́] row; **пере́дний ряд** front row; **за́дний ряд** back row [5]

ря́дом *adv.* **1.** side by side; alongside; next to (each other); **мы сиде́ли ря́дом** we were sitting side by side/ next to each other; **2.** nearby; close by; next door; **я живу́ ря́дом** I live nearby [1]

- **ря́дом с** (+ *instr.*) preposition **1.** next to; beside; **2.** next door to s.o./ sth. [1]

С

с *preposition with acc., gen., or instr.* [*variant* **со** *is usu. used before* щ *and (optionally) before consonant clusters beginning with* с, з, ш, ж, *e.g.,* со среды́, с(о) значе́нием; *also used in the prepositional phrases* со мной, со льдом, *etc., before the words* весь *and* вся́кий, *and in some idioms, e.g.,* со вре́менем]

With acc.: 1. (*when indicating approximate distance, size, measure, amount of time, etc.*) about; approximately; **он поспа́л с полчаса́** he slept about half hour; **длино́й/ величино́й с метр** about/ approximately a meter long; **2.** (*when equating a person or thing with s.o. or sth.; often used with words* разме́ром, длино́й, высото́й, *etc.*) the size of; about; as (tall, big, long, *etc.*) as …; **двор разме́ром с футбо́льное по́ле** courtyard the size of a soccer field; **он ро́стом с отца́** he is about his father's height; he is about the same height as his father; he is as tall as his father

With gen.: 1. (*when indicating removal, withdrawal, separation, and the like*) from; off; (*from a higher to a lower place only*) down; down from; (*from a lower to a higher place only*) up from; out of; **взять кни́гу с по́лки** take a book from the shelf; **соскочи́ть с по́езда** hop off the train; **она́ спусти́лась пешко́м с 17-ого этажа́** she walked down from the 17th floor; **встать с по́ла** get up from the floor; **встать с посте́ли** get out of the bed; **2.** (*when indicating the place of origin or the region, place, surface, etc., where some action or movement originates*) from; **верну́ться с Кавка́за/ с рабо́ты** come back from the Caucasus/ from work; **со двора́ слы́шалось пе́ние** singing was heard from the courtyard; **3.** (*when indicating a starting point of a time period*) from; **со среды́ до суббо́ты** from Wednesday till Saturday; **с двух до восьми́ ве́чера** from 2:00 pm till 8:00 pm; **4.** (*used along with another preposition, e.g.,* **на, до** *or* **в,** *when indicating that sth. is not in effect any longer and is superseded by sth. else*) from; **пересе́сть с по́езда на самолёт** change from train to plane; **им увели́чили о́тпуск с одно́й неде́ли до двух** their vacation was increased from one week to two; **5.** *also:* **со вре́мени** + *gen.;* (*when indicating that a certain event or period is a starting point of sth.*) since; from the time of; **мы дру́жим с де́тства** we've been friends since childhood; **6.** (*because of*) from; of; **со стра́ха у него́ трясли́сь ру́ки** his hands were shaking from fear; **я уста́л с доро́ги** I got tired from the trip; the trip made me tired; **сгора́ть со стыда́** be dying of shame; **7.** *used in a number of idioms:* **с друго́й стороны́** (*see* **сторона́**), **со слу́ха** (*see* **слух**), **с разма́ха** (*see* **разма́х**), *etc.*

With instr.: 1. (*when indicating togetherness*) with; and; together with; **она́ пришла́ с му́жем** she came (together) with her husband; **мы с бра́том** my brother and I; **мы с ней обсу́дим э́то** she and I will talk it over; **ко́шка с котя́тами** the cat and her litter/ kittens; **мя́со с карто́шкой** meat and potatoes; **2.** (*with respect to s.o. or sth., in s.o.'s company*) with; **с ним ску́чно** he is boring to be with; it's boring to be with him; **3.** (*when introducing s.o. or sth. in relation to s.o. or sth. else*) with; **поссо́риться с отцо́м** quarrel with one's father; **ознако́миться с диссерта́цией** familiarize oneself with the dissertation; **сравни́ть перево́д с оригина́лом** compare the translation with the original; **4.** (*as the specified event happens, the specified time arrives or progresses; in proportion to sth.*) with; as; upon; **он проснулся с пе́рвыми луча́ми со́лнца** he woke up with the first rays of the sun; **с во́зрастом она́ си́льно измени́лась** she changed greatly with age/ as she grew older; **с проведе́нием пе́рвых о́пытов** upon conducting the first experiments; **5.** (*when indicating the purpose or intent*) with; in order to; to-*infin.*; **обрати́ться к колле́ге с про́сьбой** turn to a colleague with a request; **он пришёл ко мне с жа́лобой** he came to me to complain/ with a complaint/ in order to complain; **6.** (*when introducing a characteristic or distinguishing feature of s.o. or sth.*) with; **мужчи́на с бородо́й** man with a beard; bearded man; **во́лосы с про́седью** hair touched with gray; salt-and-pepper hair; **пальто́ с мехо́вым воротнико́м** coat with a fur collar; **7.** (*in a manner specified*) with; **говори́ть с энтузиа́змом** speak with enthusiasm; speak enthusiastically; **чита́ть с выраже́нием** read with feeling/ emotion/ expression; **8.** (*when indicating accompanying condition, circumstance, or detail*) with; **они́ слу́шали с раскры́тыми рта́ми** they listened open-mouthed/ with open mouths/ with their mouths wide open; **9.** (*when indicating contents*) with; of; containing; **я́щик с кни́гами** a box with/ of books; **стака́н с вино́м** glass with wine in it; **тетра́дь с мои́ми стиха́ми** notebook with/ containing my poems; **10.** (*in greetings and idioms*) **С днём рожде́ния!** Happy Birthday!; **с молниено́сной быстрото́й** with lightning speed

сад [*loc.* (в) саду́; *nom. pl.* сады́] garden; **де́тский сад/ са́дик** kindergarten; (*for children younger than kindergarten age*) preschool; nursery school [4]

сади́ться [-жу́сь, -ди́шься] *impfv / pfv* **сесть** [ся́ду, ся́дешь; *past* сел, -ла, -ло] **1.** (*to assume a sitting position*) to sit down; take a seat; **сесть на стул** sit down in/ on a chair; **Сади́тесь, пожа́луйста!** Please take a seat!; **Переста́нь спо́рить и сядь!** Stop arguing and sit down!; **2.** *infin.* or **за** + *acc.* to start (doing sth.); sit down for/ to (sth.); **они́ всегда́ садя́тся обе́дать в одно́ и то же вре́мя** they always sit down to/ for dinner at the same time; **сесть за ша́хматы** sit down to/ for a game of chess; **сади́ться за уро́ки** sit down to one's homework; sit down to do one's homework; **3. в/ на** + *acc.* to board; get/ go aboard (a ship, airplane, train, *etc.*); get on (a train, a bus, *etc.*); get into (a car, a train, *etc.*); take (a bus, the subway, *etc.*); **я уста́ла,**

дава́й ся́дем на авто́бус I'm tired, let's take a bus; **я тебе́ всё расскажу́, когда́ мы ся́дем в авто́бус** I'll tell you all about it after we get on the bus **4.** (*of an aircraft, helicopter, spacecraft etc.*) to land [3, 4, 5, 6]

садо́вый *adj.* garden; park; orchard (*all used as modifiers*); **садо́вая скамья́** park/ garden bench [6]

сам [сама́, само́, са́ми; *masc. & neut. sing.:* gen. самого́, *prep.* (о) само́м, *dat.* самому́, *instr.* сами́м; *fem. sing.:* acc. саму́ or само́ё, gen., prep., dat. & instr. само́й; *pl.:* gen. & prep. сами́х, dat. сами́м, instr. сами́ми] *special pronoun* **1.** *used for emphasis;* (*precisely the person or thing specified*) oneself (myself, yourself, himself, herself, itself, ourselves, yourselves, themselves); **мне сказа́л э́то сам дире́ктор/ дире́ктор сказа́л мне э́то сам** the director himself told me this; the director told me this himself; **2.** (*alone, without any participation, intervention, help, etc.*) oneself (myself, yourself, *etc.*); by oneself (myself, *etc.*); on one's own; **он написа́л э́ту кни́гу сам** he has written this book himself/ by himself/ on his own; **Её вы́гнали с рабо́ты или она́ ушла́ сама́?** Did they sack her or did she leave on her own? [1, 4, 5, 6]

- **сам по себе́** on its/ one's own; (all) by itself/ oneself; [*of things and phenomena only*] (be) a separate entity [6]
- **сам (сама́, само́, са́ми) собо́й** (all) by itself/ themselves; on its/ their own; of its/ their own accord; automatically [4, 6]

самокрити́чно *adv.* (*being critical of one's weaknesses, blunders, lack of abilities, etc.*) judging o.s. (assessing o.s., thinking of o.s., looking at o.s., facing up to reality, *etc.*) self-critically; (being) self-critically aware of …; (being) self-critical; (being) critical of o.s.; (having) a self-critical attitude; **вы отно́ситесь к себе́ бо́лее самокрити́чно, чем сле́дует** you judge yourself more self-critically/ you are more critical of yourself than you should [3]

самолёт airplane; plane; aircraft [4]

самолю́бие pride; self-esteem; self-respect; (*often used in reference to a person who is too sensitive and quick to take offense*) touchiness; petty pride [5]

- **а́вторское самолю́бие** literary ego; author's pride [5]

са́мый *special pronoun* **1.** the very; right; **в са́мом нача́ле фи́льма** at the very beginning of the film; **в са́мой середи́не дра́ки** right in the middle of a fist fight; **2.** *used for emphasis with demonstrative pronouns;* **тот са́мый …** the/ that very …; exactly the …; **э́тот са́мый …** the/ this very …; **тот/ э́тот же са́мый** the same; selfsame; **в тот са́мый моме́нт** at that very moment; **э́то тот са́мый дом, кото́рый мы и́щем** this is the very house/ exactly the house we're looking for; **тот же са́мый вопро́с** the same question; **3.** (*used with adjectives to form the superlative degree*) the (my, your, *etc.*) most; -est; **са́мое ва́жное зада́ние** the/ my (your, *etc.*) most important task; **са́мый коро́ткий день в году́** the shortest day in the year; **4.** (*with adjectives used as nouns*) the most; **са́мое гла́вное/ ва́жное** the most important thing; the most essential thing [1, 3, 4, 5, 6]

сара́й shed [3]

сбо́рник collection (of stories, poetry, *etc.*); **стихотво́рный сбо́рник** collection of poems/ poetry; collected poetry [6]

сбо́рничек *diminutive of* **сбо́рник** collection (of stories, poetry, *etc.*) [6]

сва́ливаться [-аюсь, -аешься] *impfv / pfv* **свали́ться** [свалю́сь, свали́шься] *coll.* **1.** to fall down; fall off; come tumbling down; topple; **свали́ться с ле́стницы** fall down the stairs; come tumbling down the stairs; **свали́ться со**

сту́ла/ с ло́шади fall off the chair/ the horse; **свали́ться в во́ду** fall/ topple into the water; **2.** *often used with* **в посте́ль, в крова́ть;** (*to become ill*) to take ill; take to one's bed; come down with (*the name of a disease*); (*to lie down when exhausted*) collapse from exhaustion; tumble into bed; **свали́ться с воспале́нием лёгких** come down with pneumonia [4, 6]

све́рить *pfv* of **сверя́ть** [5]

све́рстник [*male when sing., sex unspecified when pl.; female* **све́рстница**] (*a person of about the same age as another*); a person one's own age; (to be) the same age (as); of the same age (as); my (your, his, *etc.*) age; peer; contemporary; coeval; **Ма́ша и я све́рстницы** Masha and I are the same age; I'm (of) the same age as Masha; **он мой све́рстник** he is my age; **де́ти лю́бят проводи́ть вре́мя со свои́ми све́рстниками** children like to spend time with their peers [5]

сверя́ть [-я́ю, -я́ешь] *impfv / pfv* **све́рить** [-рю, -ришь] *acc.* (**& с** + *instr.*) to check sth. (out) against (the original, the master copy, *etc., in order to determine accuracy, legitimacy, or authenticity*); compare sth. to; verify sth. against; verify sth. by consulting …; collate sth. with; **он внима́тельно све́рил ко́пию с оригина́лом** he carefully compared a copy with the original [5]

свет[1] [*sing. only; partitive gen.* -у; *loc.* (на) свету́] **1.** (*electromagnetic radiation*) light; **2.** (*illumination, its source, or the place that is illuminated*) light; lights; **включи́ть (вы́ключить) свет** turn on (turn off) the light(s); **3.** [4, 6]

свет[2] [*sing. only; partitive gen.* -у] world [1, 2, 6]

- **на све́те** (*used to intensify the phrase, often a pronoun, that precedes it*) … in the world/ on earth; **бо́льше всего́ на све́те** more than anything (in the world); **никто́ на све́те** no one in the world; no one on earth; no one at all; **ничто́ на све́те** nothing in the world; nothing on earth; nothing at all [2, 6]

- **свет не кли́ном сошёлся (свет кли́ном не сошёлся) на** + *prep.* he/ she/ it, *etc.,* is not the only … in the world; there are plenty of other fish in the sea; [*may be used without negation to convey the opposite meaning*] **свет кли́ном сошёлся на** + *prep.* he/ she/ it, *etc.,* is everything/ the whole world to s.o.; (one thinks) the sun rises and sets on him/ her/ it, *etc.* [1]

свисте́ть [свищу́, свисти́шь; *imper.* свисти́] *impfv / pfv-once* **сви́стнуть** [-ну, -нешь], *pfv-begin* **засвисте́ть,** *pfv-awhile* **посвисте́ть;** to whistle; [*pfv-once*] give a whistle; (*when using a whistling device*) blow one's whistle [4, 5]

свобо́дно *adv.* **1.** (*without restrictions or difficulties*) freely; **свобо́дно торгова́ть с други́ми стра́нами** trade freely with other countries; **2.** (*without much effort, tension, haste, etc.*) easily; easy; with ease; freely; free; **свобо́дно обща́ться** communicate easily/ freely; **её го́лос звуча́л свобо́дно** her voice sounded free; **3.** (*of knowing, applying, or handling sth. very well, effortlessly*) fluently; skillfully; masterfully; **она́ свобо́дно говори́т по-ру́сски** she speaks Russian fluently; she has a skillful command of Russian; **он свобо́дно владе́ет ри́фмой** he uses rhyme skillfully/ masterfully; he has a masterful command of rhyming [5]

свобо́дный *adj.* [-ден, -дна, -дны] **1.** free; independent; **свобо́дный челове́к** free man/ woman/ person; **свобо́дный наро́д** independent/ free nation; **2.** vacant; unoccupied; available; free; **в за́ле бы́ло не́сколько свобо́дных мест** there were a few unoccupied/ vacant seats in the hall; **3.** (*of time*) (time to) spare; free; **у него́ нет**

свобо́дного вре́мени he has no time to spare/ no free time [2]

своеобра́зный *adj.* [-зен, -зна, -зны] distinctive; singular; peculiar; original; **своеобра́зная мето́дика преподава́ния** distinctive/ singular teaching methods [6]

свой [своя́, своё, свои́; *masc. & neut.: gen.* своего́, *prep.* (о) своём, *dat.* своему́, *instr.* свои́м; *fem.: acc.* свою́, *prep.* (о) свое́й, *gen., dat., & instr.* свое́й; *pl: gen.* свои́х, *prep.* (о) свои́х, *dat.* свои́м, *instr.* свои́ми] *special pronoun* **1.** one's (my, your, his, her, its, our, their); **пригласи́ть свои́х друзе́й** invite one's friends; **я потеря́л свой ключ** I lost my key; **2.** one's (my, your, *etc.*) own; … of one's (my, your, *etc.*) own; **у них свой дом** they have their own house; **ему́ давно́ хо́чется име́ть свою́ маши́ну** he's wanted a car of his own for a long time [2, 3, 4, 5, 6]

свя́зывать [-аю, -аешь] *impfv / pfv* **связа́ть** [свяжу́, свя́жешь] *acc.* **1.** to tie; tie up; tie together; bind; **конво́иры связа́ли заключённого** the guards bound the prisoner/ tied the prisoner up; **ему́ связа́ли но́ги** they tied his legs together; **2.** (**с** + *instr.*) to tie (sth. & sth. else) together; tie (sth.) with; **связа́ть концы́ верёвки** tie the ends of the cord together; **связа́ть одну́ верёвку с друго́й** tie one cord with another; **3.** (**с** + *instr.*) [*usu. used as past passive participle*] (*to establish a connection between*) to connect to/ with; relate to; link to; associate with; have to do with; **э́ти два собы́тия ника́к не свя́заны** these two events are not connected/ related at all; these two events have nothing to do with each other; **её нау́чные интере́сы свя́заны с измене́нием кли́мата** her research interests are linked to climate change; **вот спи́сок опублико́ванных стате́й, свя́занных с на́шим прое́ктом** here is a list of published articles, related to our project [2]

сгоня́ть [-я́ю, -я́ешь] *impfv / pfv* **согна́ть** [сгоню́, сго́нишь; *past* согна́л, -ла́, -ло] *acc.* **1.** (*to drive off a person, an animal, etc., from a spot*) to shoo away; drive away; **сгони́ ко́шку с дива́на** shoo the cat away from the couch; **2.** (*to compel many or all people or animals to gather at some place*) to drive together; round up; force to gather (at a certain place); herd together; **жи́телей дере́вни согна́ли на пло́щадь** the villagers were driven/ herded together into the square; the villagers were rounded up at the square; **бу́дет гроза́, на́до согна́ть ове́ц** there'll be a thunderstorm, we/ you need to round up the sheep/ herd the sheep together [5]

сгора́ть [-а́ю, -а́ешь] *impfv / pfv* **сгоре́ть** [-рю́, -ри́шь] **1.** to burn up; burn down; burn (completely/ to the ground); be burned down (by fire); **в про́шлом году́ бара́ки сгоре́ли** last year the barracks burned up/ down; last year the barracks were burned down by the fire; **2.** (*of candles, bulbs, firewood, etc.; to be used up*) to burn away/ down/ out; **э́ти све́чи сгора́ют быстре́е, чем други́е** these candles burn (down)/ burn away faster than others; **дрова́ сгоре́ли бы́стро** the firewood burned out/ away quickly; **сгоре́ли все ла́мпочки** all the bulbs have burned out [4]

сдава́ть [*conjugates like* дава́ть] *impfv / pfv* **сдать** [*nonpast like* дать; *past* сдал, сдала́, сда́ло] *acc.* **1.** *often* **в/на** + *acc.*; (*to place sth. somewhere for a certain reason*) to take; put; check; deposit; **сдать пальто́ в чи́стку** take a coat to the cleaners; **он сдал свои́ ве́щи на хране́ние** he put his stuff in storage; **сдать ве́щи в бага́ж** check in one's luggage; **сдать пальто́ на ве́шалку** check one's coat (in a cloakroom); **сдать кровь на ана́лиз** have one's blood sample taken; **2.** (*to submit sth. to s.o. for evaluation, checking, etc.*) to hand in; turn in; **студе́нты должны́**

сдать эссе к среде the students are supposed to hand in their essays by Wednesday; **3.** to return (*sth. used temporarily*); **сдать книги в библиотеку** return books to the library; **4.** (*of premises for living or working, or of land*) to rent (out) (to s.o.); let; **они сдали на лето свою городскую квартиру** they rented their city apartment out for the summer; **она собирается сдавать квартиру туристам** she is going to let her apartment to tourists; **сдать в аренду** lease (to s.o.); **5.** also: **сдавать / сдать экзамен**; *impfv.*: to take (an exam, a test); *pfv.*: pass (an exam, a test); [*negated pfv*] fail (an examination); flunk; **он сдавал физику / экзамен по физике три раза, но так и не сдал** he took his physics exam three times, but he never did pass it/ but failed each time [3, 6]

сделать *pfv* of **делать** [4, 5, 6]

сдержанный *adj.* [-ан, -анна, -анны] (*of a person, a person's ability to control the expression of his emotions, etc.*) restrained; reserved; discreet; **сдержанное волнение** restrained nervousness; **со сдержанным достоинством** with restrained/ reserved dignity; **он сдержанный человек** he is a reserved/ discreet man [5]

себе *pronoun* **1.** *prep. & dat.* of **себя**; **2.** one's (my, your, his, her, its, our, their); **порезать себе щёку** cut one's cheek; **ты испортишь себе репутацию** you will damage your reputation; **он назначил себе помощников** he appointed his assistants; **забивать/ забить себе голову ерундой** fill/ stuff one's head with nonsense [1, 3, 4, 6]

• **сам по себе** [6] *see* **сам**

себя [*no nom.*; *prep. & dat.* себе, *instr.* собой] *pronoun* **1.** oneself (myself, yourself, himself, herself, itself, ourselves, yourselves, themselves); **говорить только о себе** talk only about oneself; **я беспокоюсь о тебе, а не о себе** I worry about you, not about myself; **2.** *used in various set expressions and idioms* **она неважно себя чувствует** she doesn't feel too well; **у меня не было при себе денег** I had no money on/ with me; **он чувствовал себя одиноким** he felt lonesome; **она всегда носит с собой паспорт** she always carries her passport [1, 2, 4, 5, 6]

север (*spelled* **Север** *when used as a part of, or instead of, the name of a territory*) north [1]

сегодня <*pronounced* -во-> *adv.* **1.** today; **я не могу прийти сегодня** I cannot come today; **сегодня утром** this morning; **сегодня вечером** tonight; this evening; **2.** at the present time; nowadays; now; today; **сегодня меня уже не интересует то, что интересовало раньше** now/ today I am no longer interested in things that once interested me [2, 4, 6]

седина [*used as a collective noun; sometimes the stylistically elevated plural form* седины *is used, especially in poetry*] gray hair; gray streak(s) [1]

седой [сед, седа, седо] **1.** (*of hair*) gray <*also spelled* grey>; white; **старик с седой бородой** an old man with a gray/ white beard; **2.** (*of people*) gray-haired; gray-headed; white-haired; **седая женщина** a gray-haired woman [6]

сейчас <*pronounced* сичас or, *coll.*, щас> *adv.* **1.** now; right now; at present; at the present moment; **больному сейчас лучше** the patient is/ feels better now; **2.** *coll.*; (*very soon*) right away; in a minute; **он сейчас вернётся** he'll be back in a minute; he'll be right back; **3.** *usu. with the particle* же: **сейчас же**; *coll.*; (*immediately*) at once; right away; now; right now; **сейчас же позвони им** call them at once/ right away/ right now [2, 4, 5, 6]

секрет secret [2, 4]

• **секрет фирмы** *coll.* trade secret [4]

сексуальный *adj.* [-лен, -льна, -льны] **1.** [*long forms only*] (*of human sexual development*) sexual; sex (*used as a modifier*); **2.** sexy [3]

секунда 1. (*unit of time*) second; **2.** (*a very small interval of time*) second; instant; **песня прервалась лишь на секунду** the song broke off just for a second/ an instant [5]

селиться [селюсь, селишься, селится, селятся & селишься, селится селятся] *impfv / pfv* **поселиться** to take up residence (*in some place*); settle [3]

семейный *adj.* family (*used as a modifier*); domestic; **семейная жизнь** family life; **семейная ссора** domestic quarrel [6]

семья [*pl.*: *nom.* семьи, *gen.* семей, *prep.* (о) семьях] family [1, 6]

сердечный *adj.* [-чен, -чна, -чны] **1.** *medical* heart (*used as a modifier*); cardiac; **сердечный приступ** heart attack; **сердечная мышца** heart/ cardiac muscle; **2.** (*friendly, generous, warm*) warm-hearted; cordial; kind; **сердечные люди / слова** warm-hearted people/ words; **сердечные отношения** cordial relations; **сердечный приём / разговор** cordial welcome/ conversation; **3.** (*sincere, genuine*) heartfelt; deeply felt; **сердечное пожелание** heartfelt wish; **сердечная благодарность** deeply felt gratitude [2, 6]

сердитый *adj.* [-дит, -а, -ы] (на + *acc.*) angry (at/ with s.o., at/ about sth.) [5]

сердце [*pl.*: *nom.* сердца, *gen.* сердец, *prep.* (в) сердцах] **1.** (*organ*) heart; **болезнь сердца** heart disease; **2.** (*the center of a person's feelings, sentiments, emotional experiences, etc.*) heart; **золотое сердце** golden heart [6]

серебряный *adj.* silver; **серебряный век** Silver Age [6]

середина middle; mid-; **в середине месяца** in the middle of the month; in mid-month [6]

серия series [6]

сёро-чёрный *adj.* black-and-gray <*also spelled* -grey> [5]

серый *adj.* [сер, сера, серы; *compar.* серее] **1.** (*of color*) gray <*also spelled* grey>; **серые глаза** gray eyes; **2.** (*very pale; of a person's face or a person with such face*) gray; ashen; **серый от страха** gray/ ashen with fear; **3.** (*cloudy*) gray; dull; dreary; dismal; **серое утро** gray/ dull morning; **4.** (*uninspiring, uninteresting, lacking intellectual or emotional appeal*) dull; drab; lackluster; humdrum; colorless; uninspired; **серый спектакль** a dull/ drab/ lackluster performance; **серая жизнь** dull/ lackluster/ humdrum/ colorless life; humdrum/ colorless existence [5]

серьёзно *adv.* **1.** (*responsibly, not casually or jokingly*) seriously; earnestly; **отнесись к моей просьбе серьёзно** take my request seriously; **серьёзно поговорить** talk seriously; **2.** (*of a considerable scope, depth, danger, etc.*) seriously; severely; gravely; badly; **серьёзно критиковать** criticize seriously/ severely; **она серьёзно больна** she is seriously/ gravely ill; **он был серьёзно ранен** he was seriously/ badly wounded [1]

сесть *pfv* of **садиться** [3, 4, 5, 6]

сигарета cigarette [3, 4, 6]

сидеть [сижу, сидишь; *verbal adverb* сидя] *impfv / pfv-awhile* **посидеть 1.** to sit; be sitting; (*of birds*) perch; be perched; **сидеть на скамье** sit on a bench; **все встали, а он остался сидеть** everybody stood up, but he remained seated; **2.** за, на, or над + *instr.*; (*to be engrossed in some activity, often for a long time*) **сидеть за книгой** spend one's time reading; be (engaged in) reading; **сидеть за рулём** drive; be a driver; **сидеть на вёслах** be on the oars; row; **сидеть над диссертацией** be hard at work on one's dissertation; **3.** (*to be somewhere for an extended period of time*) to stay; be; spend (*a specified amount of time at some place*) **сиде́ть до́ма** stay home; **мы сиде́ли в кафе́ два часа́** we were at the café for two hours; we spent two hours at the café; **4.** [*used as a semi-auxiliary verb with some words or prepositional phrases, where the meaning is defined by the word or phrase*] **сиде́ть без де́нег** have no money; **сиде́ть без де́ла** have nothing to do; **сиде́ть в тюрьме́** be in prison; be doing time; **сиде́ть голо́дным** be/ stay hungry; **сиде́ть на дие́те** be on a diet [1, 2, 4, 5, 6]

си́ла 1. (*the quality of being strong*) strength; **набира́ть си́лу** gain strength; **2.** (*the degree of intensity*) force; power; **си́ла взры́ва** the force/ the power of explosion; **3.** (*powerful effect*) power; force; **си́ла слов** the power of words; **си́ла привы́чки** the force of habit [3, 4, 5]
  • **изо всех сил** as hard as one can; with all one's strength/ might [4]

си́льно *adv.* [*compar.* -ée] **1.** strongly; with (great) force; hard; **си́льно уда́рить** strike with (great) force; hit hard; **2.** very much; very; greatly; badly; deeply; **си́льно раздража́ть** irritate greatly/ very much; **си́льно оби́жен** very/ deeply offended; very/ deeply hurt; **си́льно простуди́ться** catch a bad cold [6]

симпати́чный *adj.* [-чен, -чна, -чны] **1.** (*of people; possessing the qualities that evoke another's or others' affection*) nice; likable; pleasant; **у нас о́чень симпати́чные сосе́ди** we have very nice/ pleasant neighbors; **2.** (*of people or things; pleasing to the eye, ear, etc.; charming*) attractive; nice-looking; pleasant; nice; **о́чень симпати́чный дом** a very attractive/ nice-looking house; **Како́е симпати́чное пла́тье!** What a nice dress! [6]

симпо́зиум symposium [2]

синева́тый *adj.* bluish [6]

си́ний *adj.* dark blue [6]

си́нтез <*pronounced* -тэ-> (*the combining of separate constituents into a whole*) synthesis; **си́нтез нау́чных да́нных** synthesis of the research data [2]

синя́к bruise; black-and-blue mark [4]
  • **весь в синяка́х** all covered with bruises; with bruises everywhere/ all over [4]

сказа́ть *pfv* of **говори́ть** [1-6]

скамья́ [*pl.*: *nom.* ска́мьй, *gen.* скаме́й, *prep.* (на) ска́мья́х] bench [2, 6]
  • **со шко́льной скамьи́** from one's school/ schoolroom days; from childhood; since one was a schoolboy/ schoolgirl [2]

ска́терть [*pl.*: *nom.* ска́терти, *gen.* скатерте́й, *prep.* (на) скатерта́х] *fem.* tablecloth [1]

сквер small city park; small neighborhood park [5]

скеле́т skeleton [4]

скла́дывать [-аю, -аешь] *impfv* / *pfv* **сложи́ть** [сложу́, сло́жишь] *acc.* **1.** (*to put many items together or into a certain order*) to put (together); lay (together); arrange; pile (up); stack (up); **сложи́ть дрова́ в сара́й** put the firewood into the woodshed; **он сложи́л бума́ги и пи́сьма на столе́** he piled the papers and letters on the table; **2.** to fold; **сложи́ть ска́терть вдво́е** fold a tablecloth in half [6]

скло́нность к + *dat.*; *fem.* **1.** inclination (for, to, toward, or to-*infin.*); tendency (toward or to-*infin.*); disposition (to-*infin.*); susceptibility (to); **скло́нность к полноте́** inclination to gain weight/ toward weight gain; tendency/ disposition to gain weight; **скло́нность к просту́дам** tendency to catch cold; susceptibility to colds; **2.** gift (for);

aptitude (for); bent (for); **скло́нность к языка́м** gift/ aptitude for languages; **скло́нность к поэ́зии** bent for poetry [2]

ско́ванность *fem.* (feeling of) awkwardness; (feeling of) inhibition; (feeling of) constraint [6]

скола́чивать [-аю, -аешь] *impfv* / *pfv* **сколоти́ть** [-лочу́, -ло́тишь] *acc.* to build (from wooden planks); knock together [5]

сколо́ченный *ppp.* of **сколоти́ть** *pfv*; [-чен, -а, -ы] built (from wooden planks) [5]

скользи́ть [скольжу́, скользи́шь] *impfv* / *pfv-once* **скользну́ть** [-ну́, -нёшь] (*to move easily, smoothly*) to slide; glide; float [5]

ско́лько *quantifier* [ско́лько *is a special form of nom. & acc.; animate acc. may = nom. or gen.; nom. & acc. are usu. followed by the genitive case, otherwise it declines like pl. adjective and agrees with the modified noun; some exceptions*: по ско́льку/ по ско́лько + *gen.*] **1.** how much; how many; **Ско́лько у тебя́ при себе́ де́нег?** How much money do you have with/ on you? **я не зна́ю, ско́лько / ско́льких челове́к он пригласи́л** I don't know how many people he has invited; **2.** (*used with* сто́лько) **сто́лько … ско́лько …** as much/ many … as …; **мне да́ли сто́лько де́нег, ско́лько я попроси́л** I was given as much money as I asked for; **3.** (*used in exclamations to express a large amount or quantity*) so much/ many …! **Ско́лько у них книг!** They have so many books! [1, 4, 5]
  • **Ско́лько мо́жно!** *coll.* (used disapprovingly in reference to s.o's actions or behavior, implying that it is time to stop) How long will that be going on?!; That's enough! [1]

скорбь *fem.*, *bookish* grief; sorrow [3]
  • **вселе́нская скорбь** *often ironic or humorous* sorrow over the evils of the world; world-weariness; tragic outlook on life [3]

скоре́е 1. *adj.* [*compar.* of **ско́рый** fast, quick] faster; quicker; **2.** *adv.* [*compar.* of **ско́ро** soon; quickly] sooner; more quickly; **3.** *used as conjunction to express the preferred or more probable of the two juxtaposed or compared things, qualities, or actions*); **скоре́е … чем …** more … than …; rather … than …; sooner … than …; **его́ интересу́ет скоре́е проце́сс, чем результа́т** he is more interested in the process than in the outcome; **он бы скоре́е ушёл с рабо́ты, чем согласи́лся на пониже́ние в до́лжности** he'd rather quit his job than agree to be demoted; [*when the comparison is expressed in the preceding context*] more; more likely; rather; sooner; **он не согласи́тся на пониже́ние в до́лжности — он скоре́е уйдёт с рабо́ты** he won't agree to be demoted—he'll rather quit his job; **4.** *parenthetical*; *used to rephrase something previously said*; (or) rather; put more exactly; **у меня́ к вам вопро́с или, скоре́е, про́сьба** I have a question for you, or rather a request; I have a question for you, or put more exactly, a request [5]

ско́ро *adv.* [*compar.* -ée & -éй] **1.** soon; shortly; **я тебе́ ско́ро позвоню́** I'll call you soon; **он ско́ро вернётся** he'll be back shortly; **2.** *coll.* quickly; fast; **дрова́ сгоре́ли сли́шком ско́ро** the firewood burned out too quickly [4]

скоростно́й *adj.* high-speed; rapid; fast [6]

скро́мный *adj.* [-мен, -мна́, -мны; *compar.* скромне́е & -éй] **1.** (*of people; lacking vanity or pretention, not flaunting one's talents or accomplishments*) modest; unpretentious; unassuming; **тру́дно пове́рить, что э́тот скро́мный челове́к — Но́белевский лауреа́т** it's hard to believe that this modest/ unassuming man is a Nobel prize winner; **2.** (*of* *people or things; ordinary, average*) simple; plain; modest; unpretentious; unassuming; **скро́мная ме́бель** simple/ plain furniture; **он всего́ лишь скро́мный инжене́р** he is just a simple engineer; **скро́мная кварти́ра** modest apartment; **скро́мный пода́рок** simple/ modest gift; **скро́мная оде́жда** unpretentious/ unassuming clothes [5]

сла́бо *adv*. [*compar*. -ее & -е́й] weakly; faintly; feebly; **сла́бо спроси́ть** ask weakly/ faintly/ feebly; **сла́бо прошепта́ть** whisper weakly/ feebly; **он сла́бо владе́ет англи́йским** his command of English is weak/ inadequate [5]

сла́бость *fem*.; (*physical condition*) weakness [5]
- **сла́бость в коле́нках** (чу́вствовать, испы́тывать) feeling weak at the knees; (feeling that) one's knees are shaking/ knocking (together); shaking in one's boots/ shoes [5]

сла́ва fame; glory [5]
- **сла́ва бо́гу** <*also spelled* Бо́гу> thank God; thank goodness [1]

сла́живаться [*3rd pers. only*; -ается] *impfv / pfv* **сла́диться** [сла́дится] (*of events*) to work out; get (well) arranged; go smoothly; **всё ка́к-то сла́дилось** everything somehow worked out/ got well arranged [6]

сле́ва *adv*. on the left; on the left hand side; to the left; from the left; **наш дом — после́дний сле́ва** ours is the last house on the left/ on the left hand side; **парко́вка — сле́ва от гла́вного зда́ния** parking is to the left of the main building; **зда́ние сле́ва — э́то музе́й** the building to the/ your left is the museum; **сле́ва послы́шался крик** a cry came from the left [5]

слегка́ *adv*. **1.** (*to a small extent*) a little; slightly; somewhat; **я слегка́ разозли́лась** I got a little/ slightly/ somewhat angry; **слегка́ удиви́ть** surprise a little/ somewhat/ slightly; **2.** (*without force, as if in passing*) lightly; gently; softly; **он слегка́ постуча́л па́льцами по столу́** he lightly/ softly/ gently tapped his fingers on the table; **она́ слегка́ покритикова́ла стихотворе́ние** she gently/ lightly criticized the poem [3, 6]

сле́довательно[1] *conjunction* **1.** *used to introduce the consequence or result*; therefore; consequently; (and) so; hence; **он не винова́т, сле́довательно его́ не́ за что наказа́ть** he is not to blame, therefore/ hence there is nothing to punish him for; **2.** *used to introduce a deduction, a logical conclusion*; so; which means; it follows that …; **соба́ка твоя́, сле́довательно она́ должна́ тебя́ слу́шаться** it's your dog, which means it should obey you/ so it should obey you [1]

сле́довательно[2] *parenthetical*; *used in clauses expressing a consequence, a result*; therefore; consequently; hence; **вас охраня́ют, и вам, сле́довательно, не́чего боя́ться** you are under guard, and therefore you have nothing to be afraid of; **э́то шкату́лка ручно́й рабо́ты — сле́довательно, дорога́я** the box is handmade and hence expensive [1]

сле́дующий *adj*. next; following; **на сле́дующей неде́ле** next week; **об э́том вы прочита́ете в сле́дующей главе́** you'll read about it in the following chapter [4]

слеза́ [*pl*.: *nom*. слёзы, *gen*. слёз, *prep*. (в) слеза́х] tear [3]

слепи́ть [слеплю́, слепи́шь] *impfv* [*no pfv*] *acc*. to blind (s.o., s.o.'s eyes); **он ничего́ не ви́дел: со́лнце слепи́ло глаза́** he couldn't see anything: the sun blinded him/ his eyes [5]

сли́ва 1. (*fruit*) plum; **2.** plum tree [4]

слове́сный *adj*. verbal; oral [6]

сло́вно *conjunction*; *used to introduce a comparison* **1.** as if; as though; as; **я слы́шала всё сло́вно сквозь сон** I heard everything as (if) in a dream; **цветы́ вы́глядели, сло́вно**

жи́вые the flowers looked as if/ as though they were real; **2.** *coll*. like; **он ел, сло́вно челове́к, кото́рый ничего́ не ел неде́лю** he was eating like a man who hadn't eaten for a week/ who had been starving for a week [2, 5]

сло́во [*pl*.: *nom*. слова́, *gen*. слов, *prep*. (в) слова́х] word [2, 6]
- **говори́ть прекра́сные слова́** to say wonderful things (about); praise s.o./ sth. to the skies [2]
- **нет слов** Awesome!; (this is/ she is, *etc*.) beyond belief; I can't find words … [4]
- **че́стное сло́во** *often parenthetical*; *used to emphasize the truth of a statement*; honest; honest to goodness; (up)on my word; I swear (it) [6]

сло́вом *parenthetical* in a word; in short [6]

слоёный *adj*. (*of dough used to make layered pastry and of baked goods made with it*) puff (*used as a modifier*); flaky; **слоёное те́сто** puff(ed) dough [6]

сложи́ть *pfv* of скла́дывать [6]

сло́жный *adj*. [-жен, -жна́, сло́жны & сложны́; *compar*. сложне́е & -е́й] **1.** (*consisting of several components*) complex; composite; compound; **сло́жный механи́зм** complex mechanism; **сло́жные материа́лы** composite materials; **«книголю́б» — э́то сло́жное сло́во** 'bibliophile' is a compound word; **2.** complicated; difficult; hard (to understand, resolve, *etc*.); **сло́жная опера́ция** complicated/ difficult surgery; **са́мый сло́жный для меня́ предме́т — матема́тика** for me, the hardest subject is math; **3.** (*elaborate, characterized by the complexity of intertwining elements*) intricate; complicated; involved; **сло́жный цвето́чный узо́р** intricate/ complicated floral design; **о́чень сло́жная полити́ческая ситуа́ция** very complicated/ involved political situation [6]

слома́ть *pfv* of лома́ть [4]

слоня́ться [-я́юсь, -я́ешься] *impfv* [*no pfv*] *coll*. to hang around; loiter (about/ around); loaf (around/ about) [5]

слу́жба *slightly old-fashioned* work; job [2]

служе́ние *bookish* service; **беззаве́тное служе́ние** *dat*. selfless service to … [2]

служи́ть [служу́, слу́жишь] *impfv / pfv-awhile* **послужи́ть 1.** *slightly old-fashioned* to work (as); be employed; be (s.o.); **он мно́го лет служи́л ме́лким чино́вником** he worked as/he was a minor bureaucrat for many years; **2.** to serve (in the military); be in the military; **её сын слу́жит в а́рмии** her son is serving in the army; **3.** (*dat*) to serve (one's country, a noble cause, science, art, *etc*.) [6]

слух 1. [*sing. only*] (*the capacity to perceive sound*) hearing; **потеря́ть слух** lose one's hearing; **2.** [*pl*.: *nom*. слу́хи, -ов]: rumor; hearsay; **хо́дят слу́хи …** there are rumors …; it is rumored …; rumors circulate/ go around …; the grapevine has it …; **по слу́хам** from/ through hearsay [2]

слу́чай 1. (*sth. that is taking place or has already occurred*) occurrence; incident; event; **необы́чный слу́чай** unusual occurrence; **смешно́й слу́чай** funny/ amusing incident; **сенсацио́нный слу́чай** sensational event; **несча́стный слу́чай** accident; **2.** (*a situation, certain circumstances*) case; instance; **в не́которых слу́чаях** in some/ certain cases; in some/ certain instances [6]

случа́йно *adv*. **1.** by chance; accidentally; by accident; **мы встре́тились случа́йно** we met by chance; **в Москве́ он оказа́лся случа́йно** he wound up in Moscow by accident; **2.** *used parenthetically in questions containing a negation*; by any chance; incidentally; **Вы, случа́йно, не музыка́нт?** Are you a musician, by any chance? [6]

случа́ться [*3rd pers. only*; -а́ется] *impfv* / *pfv* **случи́ться** [-чи́тся] (*often of sth. undesirable or unusual*) to happen; occur; come about; **Когда́ случи́лась ава́рия?** When did the accident happen/ occur?; **Как э́то случи́лось?** How did it come about?; **Что случи́лось?** What's happened?; What's the matter?; What's up?; [*used as impers. predicative*] **случи́лось так, что по́езд опозда́л** the train happened to be late; it happened so that the train was late [4]

слу́шать [-аю, -аешь] *impfv*; (*acc.*) **1.** *pfv-awhile* **послу́шать**; to listen (to); **слу́шать преподава́теля/ му́зыку/ но́вости** listen to the instructor/ to music/ to the news; **напряжённо слу́шать ле́ктора/ ле́кцию** listen intently to the lecturer/ the lecture; **2.** *pfv* **вы́слушать**, *pfv-awhile* **послу́шать**; (*of a doctor; to check a patient's condition by listening to sounds produced by the internal organs, usu. his heart or lungs*) to examine (a patient); **3.** *pfv* **прослу́шать**; (*to study sth. by regularly attending classes, usu. at college level*) to attend (lectures); take (a course); **она́ прослу́шала курс ле́кций по лингви́стике** she has attended a course of lectures on linguistics; **сейча́с она́ слу́шает ле́кции по ру́сской литерату́ре** now she is taking a course in Russian literature; **4.** *pfv* **послу́шать**; *coll.*; (*to act as s.o. orders, requests, or wishes*) to listen to s.o.; obey s.o.; comply with (s.o.'s commands, orders); follow/ take s.o.'s advice; **Ми́тя во всём слу́шает отца́, но не слу́шает мать** Mitya obeys his father in everything, but disobeys his mother; **5.** [*imper.* **слу́шай(те)** & *pfv* **послу́шай(те)** only] *usu. used parenthetically, coll.*; (*used to attract s.o.'s attention, usu. at the beginning of a conversation, when making a suggestion, etc.*) listen; look (here); **слу́шайте, вы мне вчера́ присни́лись** listen, I saw you in my dream yesterday [1, 2, 4, 6]

слы́шать [слы́шу, слы́шишь] *impfv* / *pfv* **услы́шать 1.** *acc.*; (*to perceive sound*) to hear; **он услы́шал стра́нный звук** he heard a strange sound; **2.** [*impfv only*] (*to have the capacity to perceive sound*) to hear; be able to hear; **хорошо́ слы́шать** have good hearing; **он пло́хо слы́шит** he is hard of hearing; **он (почти́) совсе́м не слы́шит** he is (almost) deaf; **3.** *a clause* or **о** + *prep.*; (*to learn by hearing from others, to have information*) to hear; learn/ hear through the grapevine; **я слы́шал, что она́ вы́шла за́муж** I've heard that she got married [1, 4, 5, 6]

слы́шно *adv.* [*compar.* -ée & -éй] **1.** audibly; **2.** *used predicatively,* (*acc. and/or dat.*); audible; one can hear; can be heard; **её доста́точно хорошо́ слы́шно да́же в большо́м за́ле** she is audible enough even in a large hall; **Тебе́ отсю́да слы́шно?** Can you hear from here?; **3.** *used predicatively,* (*acc.* &) **о** + *prep.* or **про** + *acc.*; *coll.*; (*to have information about s.o. or sth.*) is heard/ known (about); **Что слы́шно об А́нне?** What is heard about Anna? [4]

сме́лый *adj.* [смел, смела́, сме́лы & смелы́; *compar.* смеле́е & -е́й] brave; courageous [5]

сменя́ть [-я́ю, -я́ешь] *impfv* / *pfv* **смени́ть** [сменю́, сме́нишь] *acc.*; **1.** (*to fill the place of a person or thing with another of the same kind*) to change sth.; replace s.o./ sth.; supersede s.o./ sth.; **смени́ть посте́льное бельё** change bed linens; **дире́ктор смени́л обо́их свои́х замести́телей** director superseded both of his deputies; **2.** (*of people; to take the place of another*) to replace; supersede; **когда́ оте́ц заболе́л, его́ смени́л в семе́йном би́знесе ста́рший сын** when father got ill, oldest son replaced/ superseded him in the family business [6]

смерть [*pl.*: *nom.* сме́рти, *gen.* смерте́й, *prep.* (в) смертя́х] *fem.* death [6]

смета́нка *diminutive of* **смета́на** sour cream [6]

смешно́ *adv.* [*compar.* -ée & -éй] **1.** amusingly; in a funny way; in a funny manner; comically; **смешно́ напи́санный расска́з** a story amusingly/ comically written; **он смешно́ расска́зывает э́ту исто́рию** he tells this story in a funny way/ in a funny manner; **2.** *used predicatively,* (*dat.*); *may be used impersonally,* (sth. is/ one finds sth.) funny; (sth. is/ one finds sth.) amusing; (one is) amused; **все смея́лись, а мне бы́ло не смешно́** everyone was laughing, yet I didn't find it funny/ I wasn't amused; **3.** *used predicatively; infin.*; (*inconsistent with common sense, logic, experience, etc.*) (it is) ludicrous/ ridiculous; (it is) unreasonable; (it is) absurd; **смешно́ волнова́ться из-за тако́й ерунды́** it's ridiculous to worry over such trifling matter; **бы́ло бы смешно́ ждать от ребёнка друго́й реа́кции** it would have been unreasonable to expect a different reaction from a child [1]

смешно́й *adj.* [-шо́н, -шна́, -шны́] **1.** funny; amusing; comical; **смешны́е расска́зы** funny/ amusing short stories; **2.** ridiculous; ludicrous; unreasonable; absurd; **смешно́й до́вод** ridiculous/ ludicrous/ absurd argument; **оказа́ться в смешно́м положе́нии** find oneself in a ridiculous/ ludicrous position [5, 6]

смея́ться [смею́сь, смеёшься] *impfv* **1.** *pfv-begin* **засмея́ться**, *pfv-awhile* **посмея́ться**; to laugh; (*dat.*) laugh at; **гро́мко смея́ться** laugh out loud; **Чему́ ты смеёшься?** What are you laughing at?; **2.** *pfv* **посмея́ться**; **над** + *instr.*; (*to treat s.o. or sth. with amusement*) to make fun of; laugh at; **3.** *pfv* **посмея́ться**; **над** + *instr.*; (*to treat s.o. or sth. with derision*) to mock (s.o.); laugh off/ away/ at; scoff at; **его́ сотру́дники над ним смея́лись** his coworkers mocked him/ scoffed at him; **она́ лишь посмея́лась над невероя́тными слу́хами** she just laughed off the incredible rumors [4, 6]

смотре́ть [смотрю́, смо́тришь] *impfv* / *pfv* **посмотре́ть 1.** (**на** + *acc.*) (*to direct one's glance in order to see s.o. or sth.*) to look (at); (*to look intently*) gaze (at); stare (at); **посмотри́ вверх/ вокру́г/ на у́лицу** look upward/ around/ out onto the street; **все смотре́ли на меня́** everyone was gazing at me; **смотре́ть на фотогра́фию** look at the photograph; **смотре́ть в бино́кль/ в микроско́п** look through binoculars/ a microscope; **2.** *acc.* to watch (a movie, a play, television, game, *etc.*); see; **не меша́й отцу́, он смо́трит футбо́л** don't disturb father, he is watching soccer; **вчера́ я посмотре́л ста́рый фильм Хичко́ка «Окно́ во двор»** yesterday I saw/ watched Hitchcock's old movie, *Rear Window*; **3.** **за** + *instr.*; *coll.*; (*to give attention to*) to look after; take care of; see after; watch; keep an eye on; **Кто бу́дет смотре́ть за детьми́?** Who will look after the children?; **Посмотри́ за мои́м багажо́м, ла́дно?** See after/ Keep an eye on/ Watch my luggage, okay?; **4.** [*impfv only*] **в/на** + *acc.*; to open to/ onto; look out into/ on/ onto; face; front; **э́та дверь смо́трит в сад** this door opens onto the garden; **о́кна спа́льни смо́трят на о́зеро** the bedroom windows look out onto the lake/ face the lake; **э́то окно́ смо́трит на се́вер** this window faces the north; **дом смо́трит на океа́н** the house fronts the ocean; **5.** [*imperative* **смотри́(те)** only] *interjection*; *usu. used with a negated imperative or a* **что́бы** *or* **как бы** *clause; used to express a prompting, warning, threat, etc.*; watch/ look out …; take care …; watch that …; see to it that …; be sure not to …; mind you don't …; **смотри́те, не поскользни́тесь** watch/ look out that you don't slip; **смотри́, чтóбы тебя́ не обману́ли** see to it/ watch that they don't cheat you; **смотри́, не порéжь ру́ку** be sure not to cut your hand; mind you don't cut your hand; **6. посмóтрим** [*this form only; used as an independent sentence or a clause*] we'll see (what happens); (let's) wait and see; let's see; **«Ты при́мешь их предложéние?» — «Ещё не знáю. Посмóтрим»** "Will you accept their offer?" "I don't know yet. We'll see what happens"; **посмóтрим, что из э́того вы́йдет** we'll see/ let's see what'll come out of it [1, 3, 4]

смотрéться [смотрю́сь, смóтришься] *impfv* **1.** *pfv* **посмотрéться**; *(to look at one's own reflection in the mirror, in water, etc.)* to look at oneself; **2.** [*impfv only; often used with adverbs such as* отли́чно, хорошó, плóхо, *etc.*] *(to give a positive impression or the impression as conveyed by the adverb)* coll.; to look (well, good, pretty good, all right, bad, *etc.*); **вы вдвоём отли́чно/ неплóхо смóтритесь** you two look cool/ not too bad together; you two look like a good match; **Как я смотрю́сь?** Do I look OK?; How do I look? [4]

смочь *pfv* of **мочь** [1, 3, 4, 5, 6]

смути́ть *pfv* of **смущáть** [5]

сму́тно *adv.* dimly; vaguely; hazily; **сму́тно пóмнить** to remember dimly/ vaguely/ hazily [6]

смущáть [-áю, -áешь] *impfv* / *pfv* **смути́ть** [смущу́, смути́шь] *acc.*; **1.** *(to make s.o. feel uncomfortable, uneasy)* to disconcert; discomfort; confuse; embarrass; **егó смути́ла реáкция однокла́ссников** he was disconcerted/ discomforted by his classmates' reaction; **2.** *(to cause anxiety, apprehension)* to disturb; trouble; dismay; **дéвушку осóбенно смути́ло отсу́тствие охрáны** the girl was especially disturbed/ dismayed by the absence of the guards [5]

смысл 1. *(an idea conveyed by sth.)* sense; meaning; **смысл собы́тий/ ромáна** the sense of the events/ the novel; **испóльзовать слóво в прямóм/ перенóсном смы́сле** use a word in its direct/ figurative meaning; **2.** *(usefulness)* sense; point **нам нет смы́сла ждать** there's no sense/ point for us to wait; there is no point in waiting [6]

• **в какóм-то/ в нéкотором смы́сле** in a sense [6]

сначáла *adv.* **1.** *(initially; before other things)* at first; in the beginning; first(ly); **сначáла я ему́ не повéрил** at first I didn't believe him; **2.** all over again; **прожи́ть жизнь сначáла** live one's life all over again [1, 4, 6]

снимáть [-áю, -áешь] *impfv* / *pfv* **снять** [сниму́, сни́мешь; *past* снял, сняла́, сня́ло] *acc.* **1.** to take down (a painting, a photograph, a book from the shelf, *etc.*); take (off); remove; **помоги́ мне снять карти́ну** help me to take down the painting; **онá сняла́ пальтó с вéшалки** she took the coat off/ from the hanger; **2.** to take off (one's coat, hat, shoes, glasses, *etc.*); remove (one's shoes, one's make-up, *etc.*); **3.** *photography & cinematography* to photograph; take a photograph/ a picture; film; shoot a film; make a movie; **э́тот фильм снимáли на сéвере Рóссии** this film was shot in Northern Russia; **4.** to rent (an apartment, a house, *etc.*); **дéвушки снимáют кварти́ру втроём** the three young women rent an apartment together [4]

снимáться [-áюсь, -áешься] *impfv* / *pfv* **сня́ться** [сниму́сь, сни́мешься; *past* снялся́, -лáсь, -лóсь, -ли́сь & сня́лось, сня́лись] *photography & cinematography*, *(of people)* to be photographed; have one's photograph/ picture taken; act in a film/ in films; appear in a film/ in films; *(of a movie, an event, etc.)* be shot/ filmed; **он снимáлся у рáзных режиссёров** he acted/ appeared in films by different

directors; **Смотри́, снимáется кинó!** Look, a movie is being shot!; Look, they're shooting a movie! [4]

сни́ться [снюсь, сни́шься] *impfv* / *pfv* **присни́ться**; *dat.* to appear in s.o.'s dream; [*when the experiencer is the subject of the English sentence*] see s.o. or sth. in one's dream; dream of; have a dream about; **ему́ присни́лась та дéвушка** that girl appeared in his dream; he had a dream about that girl; **тебé э́то присни́лось** you saw it in your dream [4]

снóва *adv.* again; once again; over again; anew; **мы снóва уви́делись чéрез год** we saw each other again a year later; **он сби́лся и нáчал читáть стихотворéние снóва** he forgot the lines and began to recite the poem over again [1, 4]

снять *pfv* of **снимáть** [4]

со variant of the preposition **с**—*see* **с**

собирáтельница collector *(female)* [6]

собирáть [-áю, -áешь] *impfv* / *pfv* **собрáть** [-беру́, -берёшь; *past* собрáл, -лá, -ло] *acc.* **1.** *(of people)* to gather (together); assemble; bring together; **они́ собрáли детéй во дворé шкóлы** they gathered/ assembled the children in the school courtyard; **2.** *(of things)* to gather (together); collect; **мáльчик собрáл все свои́ игру́шки** the boy gathered all his toys; **собирáть информáцию** gather/ collect information; **3.** to collect (taxes, money, signatures, *etc.*); raise (money, funds); **4.** to gather (nuts, flowers, berries, *etc.*); pick (mushrooms, fruit, *etc.*); harvest (crops); **5.** *(to put together a collection of objects as a hobby or for study)* to collect; **собирáть мáрки** collect stamps [4, 6]

собирáться [-áюсь, -áешься] *impfv* / *pfv* **собрáться** [-беру́сь, -берёшься; *past* собрáлся, -бралáсь, -бралóсь, -брали́сь & -брáлось, -брáлись] **1.** *(of people)* to gather (together); assemble; get together; meet; **собрáли́сь стáрые друзья́** old friends gathered/ got together/ met; **2.** *used with infin.*; *(to plan to do sth.)*; to intend (to do sth.); be going (to do sth.); be about (to do sth.); [*pfv only*] make up one's mind (to do sth.); **3.** to prepare for; get ready for; **собирáться в дорóгу** get ready for one's trip/ journey; **4.** *(of rain, a storm, etc.)* it is about to start (raining, snowing, *etc.*); it is about (to rain, to snow, *etc.*); be gathering; be in the offing; **собирáется дождь** it's about to rain/ to start raining; rain is in the offing [4, 6]

собрáть *pfv* of **собирáть** [4, 6]

собрáться *pfv* of **собирáться** [4, 6]

сóбственный *adj.* [*often used with possessive pronouns for emphasis*] one's own; personal; private; **ей хóчется (свою́) сóбственную маши́ну** she wants her own car; **он сóздал свой сóбственный худóжественный стиль** he created an art style all his own; **у негó нет своегó кабинéта, нет дáже своегó сóбственного столá** he doesn't have his own office, nor even his personal desk; **у ребёнка должнá быть сóбственная кóмната** a child should have his/her own private room [3, 6]

совáться [сую́сь, суёшься] *impfv* / *pfv* **су́нуться** [-нусь, -нешься] *(в + acc.)*. *coll. (to involve oneself into a situation without invitation or sufficient knowledge, to intrude into other people's affairs, etc.)* to interfere (with a suggestion, an idea, *etc.*); butt into (s.o.'s affairs); butt in; meddle in; poke one's nose into (s.o.'s affairs) [6]

совершéнно *adv.* **1.** completely; totally; absolutely; entirely; perfectly; **совершéнно порядочный человéк** completely/ totally/ perfectly decent person; **он был совершéнно увéрен, что не оши́бся** he was absolutely/ totally/ entirely positive that he didn't make a mistake; **2.** [*when followed by* *a negation*] not at all; not in the least; by no means; **мне совершённо не хотéлось идтѝ тудá**; I didn't want to go there at all; **её словá меня совершённо не удивѝли** her words did not surprised me at all/ in the least; her words by no means surprised me [1, 3, 5, 6]

совершённый *adj.* [-шéнен, -шéнна, -шéнны] **1.** perfect; flawless; **совершённая пáмять** perfect/ flawless memory; **2.** absolute; utter; complete; total; **это совершённая чепухá** this is absolute/ utter nonsense [6]

совéт 1. advice; counsel; recommendation; **я послéдовал твоемý совéту** I took/ followed your advice/ recommendation; **по совéту врачá** (acting) on one's doctor's advice; **онá воспóльзовалась совéтом своегó адвокáта** she followed/ accepted her attorney's counsel; **2.** (*collective governing or representative body*) council; **учёный совéт** learned council; **совéт директорóв** board of directors [2, 6]

совéтовать [-тую, -туешь] *impfv / pfv* **посовéтовать; 1.** *usu.* (*dat. &*) *infin.* or (*dat. &*) *acc.*; (*to suggest a specified course of action*) to advise (s.o. to do sth.); counsel (s.o. to do sth.); recommend/ suggest (that s.o. do sth.); **друзья́ совéтуют емý поéхать за гранѝцу** friends advise/ counsel him to go abroad; **онá посовéтовала (нам) подождáть** she recommended/ suggested that we wait; **врачѝ совéтуют лечéние антибиóтиками** doctors recommend treatment with antibiotics; **2.** (*to express a favorable opinion of s.o. or sth.*) to recommend (sth. to s.o. or that s.o. do sth.); **Что ты совéтуешь — мотоцѝкл или моторóллер?** What do you recommend, a motorcycle or a motor scooter? [1, 5]

совéтский *adj.* Soviet [6]

совещáние conference; meeting [2]

совмéстный *adj.* joined; combined; **совмéстное обучéние** coeducation [3]

совремéнный *adj.* [-мéнен, -мéнна, -мéнны] **1.** (*relating to the present, current*) contemporary; modern; **совремéнные писáтели** contemporary writers; **совремéнный óбраз жѝзни** modern lifestyle; **2.** (*in keeping with the latest achievements, styles, etc.*) modern; up-to-date; **совремéнное оборýдование** up-to-date equipment [6]

совсéм *adv.* **1.** quite; completely; entirely; totally; absolutely; fully; [*when preceded by a negation*] **не совсéм** not quite; not entirely; **он был совсéм одѝн** he was quite/ completely alone; **я совсéм забы́л об этом** I totally/ completely/ entirely forgot about it; **я не совсéм понимáю это предложéние** I don't quite/ entirely understand this sentence; **2.** [*when followed by a negation*] not at all; not in the least; by no means; **там совсéм никогó нé было** there was no one there at all; **онá совсéм не такáя, как её брат** she is not at all/ not in the least like her brother; **он совсéм не лицемéр** he is by no means a hypocrite [4, 6]

соглашáться [-áюсь, -áешься] *impfv / pfv* **согласѝться** [-глашýсь, -гласѝшься] **1.** (*infin.* or **на** + *acc.*); to agree (to sth., to do sth.); consent (to); assent; say yes (to sth.); **онѝ согласѝлись на нáше предложéние** they agreed/ assented to our suggestion/ offer; **он не согласѝтся жить с её родѝтелями** he won't agree/ consent to live with her parents; **2.** (*infin.* or **с** + *instr.*); to agree (with); voice one's agreement (to do sth., with s.o./ sth.); **я согласѝлся с егó решéнием** I agreed with his decision; **3.** **на** + *prep.*; [*used with pl. or collective subject*] *coll.* to agree (that …); come to the agreement (about sth./ that …); arrive at the agreement (about sth./ that…); **онѝ согласѝлись на том,**

что подавáть на сосéдей в суд бесполéзно they agreed it would be useless to sue the neighbors [4, 5, 6]

согнáть *pfv* of **сгонять** [5]

содрýжество *bookish* **1.** cooperation; collaboration; **нáша фѝрма рабóтает в тéсном содрýжестве со мнóгими европéйскими фѝрмами** our company engages/ works in close collaboration/ cooperation with many European firms; **2.** commonwealth; community; **Содрýжество незавѝсимых госудáрств** (abbreviated **СНГ**) Commonwealth of Independent States (abbreviated CIS) [6]

сойтѝ *pfv* of **сходѝть** [2]

сóлнце <*pronounced* сóнц-> sun [1]

сон [*gen.* снá] **1.** sleep; **2.** a dream (*while being asleep*); **вѝдеть во сне** *acc.* have a dream about s.o./ sth. [3, 4, 5]
  • **как в дурнóм сне** as if (I, he, *etc.*, were) having a bad dream [5]

сообрáжать [-áю, -áешь] *impfv / pfv* **сообразѝть** [-ражý, -разѝшь] (*used with a complement clause*) to figure out; understand; grasp; think (up); **онá пытáлась сообразѝть, что дéлать** she was trying to figure out/ to think what to do; **я всё объясню́, éсли ты ещё не сообразѝл сам** I'll explain everything if you haven't already grasped it/ figured it out yourself [6]

сообщáть [-áю, -áешь] *impfv / pfv* **сообщѝть** [-щý, -щѝшь] (*dat. &*) *acc.* or (*dat. &*) **о** + *prep.*; to report sth. (to s.o.); communicate sth. (to s.o.); let s.o. know (of/ about sth. *or* that …); inform s.o. (of sth.); convey sth. (to s.o.); **газéты сообщáют, что** … newspapers report that …; **он сообщѝл дирéктору о результáтах óпыта** he communicated/ conveyed the test results to the director; **сообщѝть друзья́м о своём решéнии** let one's friends know of/ about one's decision [3]

сопромáт *coll.* (*acronym for* **сопротивлéние материáлов**) strength of materials (*a field of engineering and a required course in most engineering colleges in the U.S.S.R and Russia*) [2]

сопýтствовать [-ствую, -ствуешь] *impfv* [*no pfv*] *dat.*; to accompany (*as a circumstance*); attend; be with; have (luck, success, *etc.*) on one's side; **егó выступлéниям/емý постоя́нно сопýтствовал успéх** success was always with him; he always had success on his side [5]

сосéд [*pl.*: *nom.* сосéди, *gen.* сосéдей, *prep.* (о) сосéдях; *male when sing., sex unspecified when pl.*; *female* **сосéдка**, *gen. pl.* -док] neighbor [4, 6]

сосéдка [*gen. pl.* -док] neighbor (*female*) [6]

сосéдний *adj.* neighboring; adjacent; next-door [3, 4, 6]

сосéдствовать [-ствую, -ствуешь] *impfv* [*no pfv*] (**с** + *instr.*); to be neighbors; be near (s.o. or sth.); be (live, be situated, *etc.*) next to s.o. or sth./ to each other; **эти племенá мѝрно сосéдствовали нéсколько векóв** these tribes had been peaceful neighbors for several centuries; **вот стáрая цéрковь сосéдствует с совремéнным здáнием** here an old church is next to a modern building [6]

сослáться *pfv* of **ссылáться** [5]

сослужѝвец [*gen.* -вца] co-worker [2]

состоя́ние (*a large sum of money; wealth*) fortune [4]

сотрясáться [-áюсь, -áешься] *impfv / pfv* **сотрястѝсь** [-трясýсь, -трясёшься; *past* сотря́сся, -лáсь, -лóсь] to shake; tremble [5]

сохраня́ть [-я́ю, -я́ешь] *impfv / pfv* **сохранѝть** [-ню́, -нѝшь] *acc.* **1.** (*to maintain sth. in safety, preventing the loss of it*) to preserve; save; keep; **сохранѝть рýкопись** preserve/ save a manuscript; **сохранѝть на пáмять** keep (sth.) as a memento; **2.** (*to keep in the same condition*) to preserve;

save; maintain; retain; **сохраня́ть мир** preserve/ keep peace; **несмотря́ на боле́знь, она́ сохрани́ла чу́вство ю́мора** despite her illness, she retained her sense of humor [6]

сочиня́ть [-я́ю, -я́ешь] *impfv / pfv* **сочини́ть** [-ню́, -ни́шь] **1.** *acc. (to create a literary work or a musical piece)* to compose; write; **2.** *(acc.)* to make up; fabricate; concoct; invent (things); **Это действи́тельно случи́лось или ты всё сочини́ла?** Did it really happen or did you make it up?; **сочини́ть себе́ биогра́фию** fabricate one's biography; **де́вочка лю́бит сочиня́ть** the girl likes to invent things [6]

спа́льня [*gen. pl.* -лен] bedroom [4]

спасе́ние 1. *(an act of saving)* rescue; **2.** *(escaping from evil or from a difficult situation)* salvation [5]

спаси́бо 1. *particle (used to express gratitude)* thank you; thanks; **большо́е спаси́бо** many thanks; thank you very much; **2.** *impers. predicative*; one is fortunate that …; fortunately; one must thank …; **я не знал, что де́лать, — спаси́бо, друзья́ помогли́** I didn't know what to do—I am fortunate that (my) friends helped me/ …I must thank my friends for helping me [4]

спать [сплю, спишь; *past* спал, спала́, спа́ло] *impfv / pfv-awhile* **поспа́ть**; to sleep; be asleep; **де́ти должны́ спать во́семь часо́в** children should sleep for eight hours; **я хочу́ спать** I feel/ am sleepy [4]

сперва́ *adv.; coll.* at first; in the beginning; first [4]

спеть *pfv* of **петь** [4, 5]

специа́льно *adv.* specially; expressly; specifically; **специа́льно для того́, чтобы … / специа́льно …, чтобы …** with the express purpose of (doing sth.); **э́тот курс подгото́влен специа́льно для носи́телей языка́** this course is prepared specially/ expressly for native speakers; **э́та програ́мма напи́сана специа́льно для дете́й** this software is designed specifically for children; **он специа́льно пришёл, чтобы уви́деть вас** he came with the express purpose of seeing you [4]

специа́льный *adj.* [-лен, -льна, -льны] **1.** *(having a specific goal, function, etc.)* special; **специа́льный корреспонде́нт** special correspondent; **со специа́льной це́лью** with the express purpose of (doing sth.); **2.** *(relating to a particular activity, field of study, etc.)* specialized; **специа́льные уче́бные заведе́ния** specialized educational institutions [2, 4]

спина́ [*acc.* спи́ну; *nom pl.* спи́ны] *(part of the body)* back [5]

сплошь *adv.* **1.** *(with no space left uncovered)* all over; completely; everywhere; **его́ ру́ки бы́ли сплошь в синяка́х** his arms were covered all over with bruises; he had bruises on his arms everywhere; **2.** entirely; without exception; **гру́ппа по́иска состоя́ла сплошь из доброво́льцев** the search group consisted entirely of volunteers [6]

спо́рить [-рю, -ришь] *impfv / pfv* **поспо́рить 1.** *(о + prep. and/or с + instr.)* to argue (about/ over; with); have an argument; **О чём вы спо́рите?** What are you arguing about?; **вчера́ он поспо́рил с бра́том о поли́тике** yesterday he had an argument with his brother about politics; **2.** *(с + instr. & на + acc.); coll.* to bet (s.o. a certain amount of money or sth. valuable); make a bet (with); wager; **спо́рю (с тобо́й) на что уго́дно, что на́ши вы́играют** I bet you anything that our guys will win [6]

спортсме́н athlete [6]

спосо́бность *fem.* **1.** *infin.* or **к** + *dat.*; ability; capability; **спосо́бность всем нра́виться** one's ability to be liked by everybody; **спосо́бность к переме́нам** ability/ capacity to

change/ for change; **2.** [*usu. pl.*] **(к** + *dat.*)** talent (for); gift (for); aptitude (for); ability; **спосо́бности к му́зыке** talent/ gift/ aptitude for music; **у ма́льчика сре́дние спосо́бности** the boy has average ability [2]

спосо́бный *adj.* [-бен, -бна, -бны] **1. на** + *acc.* or **к** + *dat.* or *infin.* capable (of doing sth.); can; **э́тот челове́к спосо́бен на обма́н/ обману́ть вас** this person is capable of deception/ can deceive you; **2. (к** + *dat.*)** gifted; talented; capable; able; good at; **о́чень спосо́бный ребёнок** a very gifted/ talented/ able child; **он спосо́бен к языка́м** he is good at languages [5]

спра́ва *adv.* on the right; on the right hand side; to the right; from the right; **моя́ маши́на — пе́рвая спра́ва** my car is the first one on the right/ on the right hand side/ on your right; **моя́ кварти́ра — спра́ва от ли́фта** my apartment is to the right from the elevator; **вдруг спра́ва вы́ехала маши́на** suddenly a car came out from the right [5]

справедли́вость *fem.* justice; fairness [5, 6]
• **ра́ди справедли́вости (справедли́вости ра́ди)** to be fair; in all fairness [5]

справля́ться [-я́юсь, -я́ешься] *impfv / pfv* **спра́виться** [-влюсь, -вишься] **с** + *instr.* **1.** to cope with; manage/ handle a task (a job, *etc.*) well; be equal to the task; **он отли́чно спра́вился с зада́нием** he coped with/ managed the task excellently; he was equal to the task; **2.** to overcome sth.; get over sth.; conquer sth.; get sth. under control; **спра́виться с тру́дностями/ со стра́хом** overcome difficulties/ one's fear; **спра́виться с гри́ппом/ с волне́нием** get over a flu/ one's nervousness; **спра́виться с эпиде́мией** conquer the epidemic [2]

спра́шивать [-аю, -аешь] *impfv / pfv* **спроси́ть** [спрошу́, спро́сишь] **1.** *acc. (animate or inanimate)*; *acc.* & **у** + *gen.* or *acc.* & **о** + *prep.*; *(to seek information, to put a question or questions to s.o.)* to ask (s.o. for sth. or about s.o. or sth.); inquire (about, of, for); *(when asking about s.o.'s health or condition)* inquire after (s.o.); **спроси́ ма́му, где ключ** ask mom where the key is; **спроси́ у ма́мы а́дрес Анто́на** ask mom for Anton's address; **они́ спроси́ли меня́ о ле́кции** they inquired me about the lecture; **я спроси́ла о здоро́вье его́ отца́** I inquired after his father's health; **2.** *acc.* or *gen.*; *coll.* to ask for (sth.); request sth.; **спроси́ть кни́гу/ сигаре́ту** ask for a book/ a cigarette; **спроси́ть разреше́ния/ сове́та** ask for a permission/ s.o.'s advice; **3.** *acc.*; *coll. (to make a request for seeing s.o. or speaking to s.o.)* to ask for; ask to see s.o./ to speak to s.o.; **вас спра́шивал дире́ктор** the director asked for you; *(in a telephone conversation)* **«Мо́жно Петра́ Петро́вича?» — «Кто его́ спра́шивает?»** "May I speak to Pyotr Petrovich?" "Who's calling?" [1, 4, 5, 6]

спуска́ть [-а́ю, -а́ешь] *impfv / pfv* **спусти́ть** [спущу́, спу́стишь] *acc.* **1.** *(to move sth. down to a lower level)* to lower sth.; let down; pull down; **спусти́ть жалюзи́** pull down/ lower venetian blinds; **спусти́ть флаг** lower a flag; **2.** *(of water or air)* to let (the water/ the air) out of; *(of water only)* drain; **спусти́ть во́ду из бассе́йна** drain a swimming pool; **спусти́ть во́ду в туале́те** flush the toilet [6]

спуска́ться [-а́юсь, -а́ешься] *impfv / pfv* **спусти́ться** [спущу́сь, спу́стишься] **1.** *(to move to a lower position or place)* to go down; come down; lower; descend; **я нажа́л кно́пку, и лифт стал спуска́ться** I pushed the button, and the elevator began going down; **со́лнце спусти́лось к горизо́нту** the sun lowered to the horizon; **самолёт продолжа́л спуска́ться** the plane kept descending; **2.** *(to* *move down using one's feet or feet and hands*) to walk down (stairs/ the stairs, the steps, a hill, *etc.*); go/ come downstairs/ down the stairs; climb down (a ladder, a rope, *etc.*); descend [4]

сравне́ние comparison
- **в сравне́нии с** + *instr.* (as) compared with/ to; in comparison with/ to [5]

сра́внивать [-аю, -аешь] *impfv* / *pfv* **сравни́ть** [-ню́, -ни́шь] *acc.* (& **с** + *instr.*) **1.** (*to inspect in order to discern similarities or differences*) to compare with; compare; **сравни́те на́шу систе́му образова́ния с япо́нской** compare our educational system with Japan's; **сравни́те э́ти две систе́мы** compare these two systems; **2.** (*to see as similar*) to compare to/ with; liken to/ with; **сравни́ть челове́ческий мозг с компью́тером** compare/ liken the human brain to a computer; **Как мо́жно сра́внивать э́тот скро́мный музе́й с Лу́вром?!** How can one compare/ liken this modest museum with the Louvre?! [6]

сра́зу *adv.* **1.** (*instantly, without delay*) at once; right away; right off; immediately; straight off; **он сра́зу по́нял, что продолжа́ть разгово́р бесполе́зно** he realized at once/ right away that it was useless to continue the conversation; **не сра́зу** (*with verbs of mental activity, emotions, etc.*) it takes s.o. a moment/ a few moments/ some time to …; **он не сра́зу по́нял, что продолжа́ть разгово́р бесполе́зно** it took him a few moments/ some time to realize that it was useless to continue the conversation; **2.** (*in a single action*) at once; at/ in one sitting (in one gulp, with one stroke, *etc.*); at/in one fell swoop; at a stretch; **он вы́пил всю во́дку сра́зу** he downed all the vodka at once; he drank all the vodka in one gulp/ in several gulps without pause; **они́ уво́лили весь отде́л сра́зу** they fired the whole department at/in one fell swoop; **она́ проспала́ 12 часо́в сра́зу** she slept twelve hours at a stretch; **3.** (*simultaneously*) (all) at once; (all) at the same time; all at one time; **дире́ктор не мо́жет приня́ть вас всех сра́зу** the director cannot receive you all at once; **говори́те не сра́зу, а по о́череди** don't speak all at the same time, take turns [1, 2, 4, 5]

среда́ [*acc.* среду́] environment; surroundnings; milieu [6]

среди́ *preposition with genitive* **1.** (*in the center of or within the confines of*) in the middle of; in the midst of; in the center of; **среди́ двора́** in the middle of the courtyard; **среди́ реки́** in the midst of the river; **стоя́ть среди́ ко́мнаты** stand in the middle/ the center of the room; **2.** (*at some time between the beginning and the end of a time period or an event*) in the middle of; during; **просну́ться среди́ но́чи** wake up in the middle of the night; (*of a repeated action*) **он обы́чно просыпа́лся среди́ но́чи** he usually woke up during the night; **среди́ грозы́** during the thunderstorm; **3.** (*surrounded by*) in the midst of; among; amongst; (*of people only*) in our (your, their) midst; **дом среди́ кипари́сов** a house in the midst of cypresses; **я уви́дел среди́ тури́стов знако́мое лицо́** I saw a familiar face among tourists; **среди́ старья́ иногда́ попада́лись антиква́рные ве́щи** amongst the old junk we occasionally came across antique items; **преда́телей среди́ нас не́ было** there were no traitors in our midst/ among us [3]

сре́дний *adj.* **1.** (*positioned in the middle*) middle; in the middle; **сре́дняя дверь** middle door; the door in the middle; **2.** (*characterized by being midway between two extremes*) medium; intermediate; **мужчи́на сре́днего ро́ста** man of medium height; **раке́ты сре́дней да́льности** intermediate-range missiles; **3.** mediocre; run-of-the-mill;

average; ordinary; middling; **сре́дний спекта́кль** mediocre/ run-of-the-mill show; **лю́ди со сре́дними спосо́бностями** people of average/ ordinary abilities; **сре́дний писа́тель/ поэ́т** middling writer/ poet; **4.** (*of education & school*) secondary; **сре́днее образова́ние** secondary education; **сре́дняя шко́ла** secondary/ high school [3, 6]
- **сре́дних лет** [6] *see* год

срок 1. period; time; term; **в/за неде́льный срок** in a one-week period; **в/за коро́ткий срок** in a short time; **испыта́тельный срок** test/ trial period; **срок обуче́ния в университе́те** the term of study at the university; **2.** date; deadline; **са́мый после́дний срок** absolute deadline; **установи́ть / назна́чить срок** set a date; set (up)/ establish a deadline; **3.** *coll.* prison term; time; **отбыва́ть срок** do/ serve time; serve a prison term [4, 5]

ссо́ра quarrel; falling-out [6]

ссыла́ться [-а́юсь, -а́ешься] *impfv* / *pfv* **сосла́ться** [-шлю́сь, -шлёшься] **на** + *acc.* **1.** to refer to; allude to; cite; quote; **он сосла́лся на изве́стного кри́тика N. / на одного́ изве́стного кри́тика** he referred to the well-known critic N./ he alluded to a certain well-known critic; **сосла́ться на пу́шкинскую «Пи́ковую да́му»** cite/ quote Pushkin's *Queen of Spades*; **2.** (*to present as excuse, proof of innocence, defense, etc.*) to plead; cite (as an excuse, a justification, a reason, *etc.*); allege; claim; **сосла́ться на боле́знь** plead/ claim/ allege illness; **она́ не пришла́ на семина́р, сосла́вшись на уста́лость** she pleaded/ cited fatigue as a reason for not attending the seminar [5]

ста́вить [-влю, -вишь] *impfv* / *pfv* **поста́вить**; *acc.* **1.** (*usu. of objects that have a base or legs; to place an object upright* and/or *in an indicated location*) (*emphasizing the vertical position*) to set up sth.; set sth. upright; stand sth.; make sth. stand; (*emphasizing the location*) put sth. (*in some place*); put sth. down (on the table, the desk, the floor, *etc.*); place; set; **поста́вить свечу́ в подсве́чник** set up a candle in the candle holder; **он поста́вил кни́ги на по́лку** he put the books on the shelf; **она́ поста́вила чемода́н на́ пол** she put the suitcase down on the floor; **поста́вь ва́зу на стол** set/ place/ stand the vase on the table; **поста́вить ча́йник на плиту́** put a kettle on the stove; **2.** (*of people or animals*) to make s.o. stand; bring s.o. to a standing position; **она́ попро́бовала поста́вить ма́льчика на́ ноги, но он сно́ва упа́л** she tried to make the boy stand, but he fell again; **3.** *dat.* (*with the nouns* оце́нка, отме́тка, *etc.*) to grade (a student's paper, composition, *etc.*); give (a grade to a student) [1, 5, 6]

стадио́н stadium [6]

стаж length of service; record of service; work record; **чем бо́льше стаж, тем бо́льше опла́ченный о́тпуск** the longer length of service is, the longer paid vacation is; **большо́й стаж** long record of service; long work record; **произво́дственный стаж** industrial work record [3]

стака́н glass [5]

ста́лкиваться [-аюсь, -аешься] *impfv* / *pfv* **столкну́ться** [-ну́сь, -нёшься] **1.** (**с** + *instr.*) (*to meet with s.o. by chance*) to run into; come across/ upon; bump into; encounter s.o.; **вчера́ я столкну́лась с ним в теа́тре** yesterday I ran into/ bumped into/ came across him at the theater; **вчера́ мы с ним столкну́лись в теа́тре** yesterday we ran into each other at the theater; **2. с** + *instr.*; (*to meet with some phenomenon, difficulty, etc., by chance, and to have to deal with it*) to encounter; come across; run into; come up against; **столкну́ться с пробле́мой** run into/

encounter a problem; **столкну́ться с препя́тствиями** come up against/ encounter obstacles [1]

станови́ться [становлю́сь, стано́вишься] *impfv* / *pfv* **стать** [ста́ну, ста́нешь] **1.** *instr.* or (*with short-form adjectives or participles*) *nom.*; (*of people or things: to acquire a new profession, status, quality, etc.*) to become; get; grow; come to be; **расскажи́те, как вы ста́ли мэ́ром** tell us how you came to be/ how you became mayor; **ситуа́ция стано́вится всё бо́лее опа́сной** the situation is getting/ growing more and more dangerous; **2.** *impers.* (*of changes in natural phenomena*) to become; grow; get; (*of changes in human conditions or emotions*) *dat.* one gets; one becomes; one grows; one feels; one is; **станови́лось хо́лодно** it was getting/ growing/ becoming cold; **мне ста́ло хо́лодно** I felt cold; **ей ста́ло стра́шно** she got/ grew/ felt scared [3, 4, 6]

стара́тельно *adv.* diligently; carefully; studiously; painstakingly; assiduously; **стара́тельно занима́ться** to study diligently; **он стара́тельно избега́л разгово́ров о семье́** he carefully/ studiously avoided talking about his family; **она́ стара́тельно прочита́ла диссерта́цию** she painstakingly/ diligently/ assiduously read the dissertation [5]

стара́ться [-а́юсь, -а́ешься] *impfv* / *pfv* **постара́ться 1.** *infin.*; (*to attempt to accomplish sth.*) to try (to do sth.); make an effort (to do sth.); strive (to do sth.); endeavor (to do sth.); **они́ постара́ются зако́нчить рабо́ту сего́дня** they'll try/ make an effort to finish the job today; **2.** (*to do sth. with zeal*) to try; make an effort; exert o.s.; **он мно́го занима́ется — он действи́тельно о́чень стара́ется** he studies a lot—he is really trying hard/ exerting himself; **не зна́ю, спра́влюсь ли я, но я постара́юсь** I don't know if I can handle the job well, but I'll give it a good try/ my best shot [4, 5, 6]

стари́к [*gen.* -рика́] old man [1]

стару́ха old woman [4]

стару́шка [*gen. pl.* -шек] *affectionate* and/or *diminutive of* **стару́ха** (little) old woman; (little) old lady [4, 6]

ста́рший *adj.* **1.** older; elder; **ста́ршее поколе́ние** the older generation; **э́то мой ста́рший брат, а э́то — мла́дший** this is my elder brother, and here is my younger one; **2.** oldest; eldest; **посмотри́ за малыша́ми — ты ведь тут са́мый ста́рший** look after the tots, after all you're the oldest one here; **Ма́ша — ста́ршая из трёх сестёр** Masha is the eldest of three sisters **3.** (*of seniority in rank, title, etc.*) senior; superior; **ста́рший нау́чный сотру́дник** senior researcher; senior research fellow; **ста́рший офице́р** senior/ superior officer; **4.** *used as a noun*; (the person) in charge; chief; **Кто в брига́де ста́рший?** Who is in charge of the crew? [6]

ста́рый *adj.* [стар, стара́, ста́ро & старо́, ста́ры & стары́; *compar.* старе́е *rare*] **1.** (*of people; advanced in age*) old; elderly; **2.** (*of things; having been used for a relatively long time* and/or *showing the signs of being used*) old; worn; used; **ста́рая оде́жда** old/ worn/ used clothes; **3.** (*long in existence*) old; **ста́рая дру́жба** old friendship; **4.** (*no longer in effect*) old; invalid; former; **ста́рый про́пуск** old/ invalid/ former permit; **ста́рые води́тельские права́** invalid/ old driver's license [4, 6]

стать [*nonpast* ста́ну, ста́нешь] **1.** *pfv* of **станови́ться**; **2.** [*impfv only*] *infin.* to begin (doing/ to do sth.); start (doing/ to do sth.); fall to (doing sth.); come (to be done); **он стал спо́рить с друзья́ми** he began/ fell to arguing with his friends; **э́то лече́ние ста́ли широко́ испо́льзовать** this treatment came to be widely used; **3.** [*impfv only*; *nonpast*

forms only; *used with an impfv infinitive of another verb to form the future tense, usu. in negative sentences*] **он не ста́нет врать** he won't tell lies [1, 3, 4, 5, 6]

стена́ [*acc.* сте́ну; *pl.*: *nom.* сте́ны, *gen.* стен, *prep.* (на) сте́нах *but* в стена́х университе́та] wall [4, 5, 6]

сте́нка [*gen. pl.* -нок] *coll.* wall [4]

стесня́ться [-я́юсь, -я́ешься] *impfv* / *pfv* **постесня́ться 1.** [*impfv only*] (*gen.*) (*to feel uncomfortable; lack self-confidence*) to be/ feel shy; be/ feel timid; feel ill at ease; **ма́льчик стесня́лся незнако́мых люде́й** the boy felt shy/ ill at ease in the presence of strangers; **не стесня́йся, ты всех тут зна́ешь** don't be shy/ timid, you know everyone here; **2.** [*impfv only*] *gen.* (*to feel self-conscious about sth.*) to be/ feel embarrassed (by, about, because of); be ashamed of; **де́вочка стесня́лась своего́ постоя́нно пья́ного отца́** the girl was ashamed of her constantly drunk father; **3.** *used with infin.*; (*not to be able to bring oneself to do sth.*) to be (too) shy (to do sth.); be (too) timid (to do sth.); be ashamed (to do sth.); **я постесня́лся подойти́ к ним** I was too shy/ timid to approach them [6]

сти́скивать [-аю, -аешь] *impfv* / *pfv* **сти́снуть** [-ну, -нешь] *acc.* **1.** (*to seize and hold tightly in one's arm, hand, teeth, etc.*) to squeeze; clasp; clench; **он сти́снул её ру́ку** he squeezed her hand; **она́ сти́снула ребёнка в объя́тиях** she clasped the child in her arms; **она́ сти́снула руль обе́ими рука́ми** she clenched the steering wheel with both hands; **2.** (*to close tightly*) to clench (one's teech, fists, hands, fingers); **сти́снуть па́льцы в кула́к** clench one's fists [2]

стихи́ [*gen.* стихо́в] *pl. only*, (*may refer to one composition or a number of compositions*) a poem; (short) poems; poetry; verse; **«Кто написа́л э́то стихотворе́ние?» — «Э́то стихи́ Пастерна́ка»** "Who wrote this poem?" "This is a poem by Pasternak"; **сбо́рник сатири́ческих стихо́в** a collection/ a book of satirical poems/ poetry/ verse; **рома́н в стиха́х** novel in verse; verse novel; **пье́са в стиха́х** verse play; play in verse [6]

стихотворе́ние a (short) poem [3, 6]

стихотво́рный *adj.* poetry (*usu. used as a modifier*); of poetry; **стихотво́рный сбо́рник** collection of poems/ poetry; collected poetry [6]

сто́ить [сто́ю, сто́ишь] *impfv* [*no pfv*] **1.** to cost; **э́та ме́бель сто́ила бо́льше ста ты́сяч рубле́й** this furniture cost over one hundred thousand rubles; **2.** (*to have value or merit as specified*) *gen.* to be worth; **э́та ме́бель сто́ила бо́льше ста ты́сяч рубле́й, и она́ сто́ит э́тих де́нег** this furniture cost over one hundred thousand rubles, and it's worth the money; **3.** [*only nonpast and past 3rd pers. sing. forms*, сто́ит & сто́ило, *are used*] *used with infin.*; to be worth (doing sth.); **не сто́ит спо́рить из-за тако́й чепухи́** it's not worth arguing over such trifling matter [4, 5]

стол [*gen.* стола́] **1.** table; **2.** [*also* **пи́сьменный стол**] desk [2, 5]

сто́лик *diminutive* of **стол 1.** table; **2.** desk [1, 6]

столи́чный *adj.* (*related to the capital of a country*) capital (*used as a modifier*); in/ of the capital; metropolitan [5]

столкну́ться *pfv* of **ста́лкиваться** [2]

столо́вая *adj., used as a fem. noun* **1.** dining room; **2.** cafeteria; dining hall [1, 4]

сто́лько *special quantifier* [сто́лько *is a special form of nom. & acc.*; *animate acc. may = nom. or gen.*; *nom. & acc. are usu. followed by the genitive case*; *otherwise it declines like pl. adjective and agrees with the modified noun*; *some exceptions:* по сто́льку/ по сто́лько + *gen.*] **1.** (*the amount specified or implied*) that much; that amount; that many;

that number; **мне обеща́ли заплати́ть две ты́сячи рубле́й и заплати́ли и́менно сто́лько** they promised to pay me two thousand rubles, and I was paid precisely that much/ that amount; **2.** (*used with* ско́лько) **сто́лько … ско́лько …** as much/ many … as …; **я купи́л сто́лько биле́тов, ско́лько нам ну́жно** I bought as many tickets as we needed; **3.** (*used to express a large amount or quantity*) so much; so many; **он сто́лько рабо́тает** he works so much; **Там сто́лько наро́ду!** There are so many people there! [1, 4, 6]

- **не сто́лько … ско́лько …** *conjunction* not so much … as …; less … than … [6]

сторона́ [*acc.* сто́рону; *pl.: nom.* сто́роны, *gen.* сторо́н, *prep.* (о) сторона́х; по о́бе сто́роны & по о́бе стороны́] **1.** (*a space or place located in a specified direction*) side; direction; way; **сто́роны горизо́нта** sides of the horizon; **разойти́сь в ра́зные сто́роны** disperse (in different directions); (*of two or three persons*) go separate ways; **2.** [*usu. used with a modifier*] (*a perpendicular surface of an object or either surface of a flat object*) side; **обра́тная сторона́ фотогра́фии** the reverse side/ the back of the photograph; **пере́дняя сторона́ шка́фа** the front side of the wardrobe; **3.** (*the space to the left or to the right from the center of sth. or from s.o.*) side; **с пра́вой стороны́ са́да** on the right side of the garden; **с ле́вой стороны́ от тебя́** on the left (side) from you; on your left [4, 5]

- **в стороне́** (*от* + *gen.*) **держа́ться** to keep one's distance (from s.o., from others); remain aloof (from others) [6]
- **в сто́рону 1.** aside; away; **отводи́ть в сто́рону** take (s.o.) aside; **смотре́ть в сто́рону** look away; **2.** *used with gen. or a modifier*; in the direction of; in (this, that, my, our, etc.) direction; towards; **иди́ в сто́рону реки́** go in the direction of the river; go towards the river; **он пошёл в ту сто́рону** he went in that direction; he went that way [5]
- **с друго́й стороны́** [*part of the idiom* **с одно́й стороны́ … с друго́й стороны́ …**; *the first component of the idiom may be omitted when clearly implied in the context*] on the one hand … on the other (hand) …; on the other hand [6]
- **с мое́й (твое́й, его́…) стороны́; со стороны́** + *gen.* for/ on s.o.'s part; on the part of; of you/ him/ her, *etc.* [1]

стоя́ть [сто́ю, сто́ишь; *imper.* стой; *verbal adverb* сто́я] *impfv / pfv-awhile* **постоя́ть 1.** (*of people; to be in an upright position*) to stand; **он немно́го постоя́л, а пото́м ушёл** he stood there for a while and then walked away; **2.** (*of objects that have a base, legs, or some other support; to be in an upright or vertical position*) to be; stand; **ла́мпа стои́т на столе́** the lamp is on the desk; **в гости́ной на полу́ стоя́т огро́мные часы́** there is a huge clock standing on the floor in the living room; a huge clock stands on the floor in the living room; **3.** [*impfv only*] (*to be placed or situated*) to be; sit; stand; be located; **дом стои́т у реки́** the house is/ sits/ stands by the river; **4.** [*impfv only, except for temperature conditions*] (*of seasons, certain weather conditions, times, etc.*) to be; there is …; **стои́т моро́з** there is a frost; it is freezing; **стоя́ла ужа́сная жара́** it was swelteringly hot; there was sweltering heat; **5.** (*of a mechanism, factory, etc.; not to be working or progressing*) not to be functioning; be/ stand idle; be inactive; come to a halt/ a standstill; be at a standstill; stop; **маши́ны стоя́т** the machinery is idle/ inactive; **рабо́та стои́т** work came to a standstill; **часы́ стоя́т** the clock stopped/ isn't functioning; **6.** [*impfv only; used as a semi-auxiliary verb with some prepositional phrases, indicating involvement in what is*

defined by the phrase] **стоя́ть на стра́же** stand guard; **стоя́ть в о́череди** 1) stand in line; 2) be on a waiting list; **стоя́ть на пе́рвом ме́сте** take the first place; be number one; take precedence; **7.** [*impfv only; used as an auxiliary verb in the nominal predicate, expressing a certain state or characteristic*] to be (*as specified by the nominal part of the predicate*); **дверь стоя́ла неза́пертой** the door was unlocked [1, 4, 5, 6]

страда́ть [-а́ю, -а́ешь] *impfv / pfv* **пострада́ть 1.** *pfv-awhile* **пострада́ть**; (*от* + *gen.*) (*to feel pain or physical or emotional distress*) to suffer (from); **страда́ть от ностальги́и** suffer from nostalgia; **он о́чень страда́ет по́сле сме́рти сы́на** he suffers intensely after his son's death; **2.** [*impfv only*] *instr.* (*to have a specified disease or shortcoming, problem*) suffer from; **страда́ть постоя́нными головны́ми бо́лями** suffer from constant headache; **она́ страда́ет забы́вчивостью** she suffers from forgetfulness; **3.** *от* + *gen.*; (*to experience harm, to incur losses*) to suffer from; be/ become victim of; be/ get harmed by; be/ get damaged by; **си́льно пострада́ть от землетрясе́ния** suffer greatly from the earthquake; be seriously injured by the earthquake; **де́ти в э́том де́тском саду́ ра́ньше страда́ли от плохо́го обраще́ния** some time ago the children at that kindergarten suffered from/ were victims of maltreatment; **4.** *за* + *acc.* or *из-за* + *gen.*; (*to suffer persecution on account of s.o. or sth.*) to suffer for; suffer because of; **пострада́ть за пра́вду** suffer for the truth; **пострада́ть из-за свои́х убежде́ний/ за свои́ убежде́ния** suffer because of/ for one's convictions [3, 5, 6]

страна́ [*pl.* стра́ны] country; nation; state [3, 6]

страни́ца page [4, 5, 6]

страннова́тый *adj.* [-ва́т, -а, -ы] rather strange/ odd; rather unusual/ weird; fairly strange/ odd/ unusual/ weird [5]

стра́нный *adj.* [стра́нен, странна́, стра́нно; *compar.* страннее & -е́й] strange; odd; weird; unusual (4, 6)

- **как (э́то) ни стра́нно** curiously/ oddly enough; strange as it may seem [5]

стра́стно *adv.* (to love, hate, embrace, *etc.*) passionately/ with passion; (to argue, advocate, *etc.*) ardently; (to believe, try to convince; devoted, *etc.*) fervently; (to want, wish, *etc.*) (very) badly; [5]

стра́стный *adj.* [стра́стен, стра́стна & страстна́, стра́стны; *compar.* страстне́е *rare*] **1.** (*filled with a strong emotion, showing strong enthusiasm, etc.*) passionate; impassioned; ardent; fervent; **стра́стная любо́вь к жи́зни** passionate love for/ of life; **стра́стная речь** passionate/ impassioned speech; **стра́стная не́нависть** passionate/ ardent/ fervent hatred; **2.** (*capable of strong emotions; entirely devoted to some occupation or hobby*) ardent; fervent; passionate; (*used as a post-modifier*) with fire in his/ her heart; (*of devotion to occupation or hobby only*) avid; enthusiastic; **стра́стное се́рдце** passionate/ ardent/ fervent heart; **стра́стный челове́к** a passionate person; a person with fire in his/ her heart; **стра́стный люби́тель о́перы** a fervent lover of opera; **стра́стный рыболо́в** avid/ ardent fisherman; passionate/ enthusiastic fisherman; **3.** (*capable of loving another person with passion or showing passion in love*) passionate; ardent; **стра́стная любо́вь** passionate/ ardent love [5]

страх fear [5]

стра́шно *adv.* [*compar.* -ée & -е́й] **1.** terribly; awfully; horribly; **он стра́шно вы́глядит** he looks terrible/ awful; **2.** *intensifier; coll.* awful(ly); terribly; frightfully; **он был стра́шно бо́лен** he was awfully/ terribly sick; **стра́шно**

смешной анекдот terribly/ awfully/ frightfully funny joke; **3.** *used predicatively, usu. with infin.* and/or *dat.*; it is scary/ frightening; it is terrible/ awful; it is horrible; one is/ feels scared (to do sth., of doing sth.); one is frightened/ terrified; **было страшно думать о будущем** it was frightening/ scary to think about the future; **здесь страшно** it's scary/ frightening here; **мне страшно** I'm scared/ frightened; **мне страшно здесь находиться** I'm scared/ frightened/ terrified to be here [4, 6]

стрельба shooting; firing [4]

стреляный *adj.; coll.* (one who) has been under fire [1]

стрелять [-яю, -яешь] *impfv / pfv* **выстрелить** [-лю, -лишь] (**в** + *acc.* or **по** + *dat.*; **из** + *gen.*) to fire (at); shoot (at); [*pfv only*] fire a shot; let off a shot; **стрелять по врагу** fire/ shoot at the enemy; **выстрелить из пистолета** fire a gun [4]

стремиться [-млюсь, -мишься] *impfv* [*no pfv*] **1.** **к** + *dat.* to seek; aim for; strive for; aspire to; **стремиться к славе** aim for/ strive for/ seek glory; **стремиться к образованию** aspire to/ strive for/ seek education; **2.** *used with infin.*; try (hard) (to do sth.); seek (to do sth.); aspire/ aim (to do sth.); **она стремилась избежать этой встречи** she tried hard to avoid that meeting; **они стремились улучшить работу отдела** they sought to improve their department's work [5]

строй [*prep.* о/в строе; *pl.*: *nom.* строи, *gen.* строев] (*a social, political, etc., organizational pattern*) system; regime; **общественный строй** social system [3]

строчка [*gen. pl.* -чек] line (of a printed or written text) [5]

струйка [*gen. pl.* струек] *diminutive* of струя stream; trickle (of water, sweat, blood, *etc.*) [5]

студент [*male when sing., sex unspecified when pl.*; *female* **студентка**, *gen. pl.* -ток] (undergraduate) student [6]

студенческий *adj.* student (*used as a modifier*); student's [3]

стукнуть *pfv-once* of **стучать** [1, 5, 6]

стул [*pl.*: *nom.* стулья, *gen.* стульев, *prep.* (на) стульях] chair [4, 6]

стучать [-чу, -чишь] *impfv / pfv* **постучать**, *pfv-once* **стукнуть** [-ну, -нешь] **1.** to knock; tap; rap; bang; **постучать в дверь** knock/ tap on the door; **стукнуть в дверь** rap/ bang on the door; **он стукнул кулаком по столу** he banged his fist on the table; he rapped the table with his fist; **2.** (*to make a rattling sound*) to clatter; rattle; **официанты стучали посудой** waiters were clattering dishes; **на кухне стучали ножи и вилки** knives and forks were clattering/ rattling in the kitchen; one could hear the clatter/ the rattle of knives and forks in the kitchen; **3.** *impers.* (*of the sensation of noise in one's head, temples, ears, etc., created by pulsating blood*) **у меня стучит в голове** my head is throbbing; I have a pounding in my head; **у меня стучит в висках/ в ушах** my temples/ ears are throbbing; I hear a pounding in my temples/ ears [1, 5, 6]

стыд shame [4, 5]

стыдно *predicative, used with dat.* and/or *infin.*; it is a shame; one is ashamed (of … or *infin.*); **стыдно не знать классическую литературу** it's a shame not to know classical literature; **мне очень стыдно** I am deeply ashamed of myself; **мне стыдно за брата** I am ashamed of my brother (of my brother's words, behavior, *etc.*) [1]

сувенир souvenir; memento [6]

суд [*gen.* суда] **1.** (*an organ administering justice; also, the premises where it is located*) court; court of law; **повестка в суд** (a court) summons; **2.** (*legal proceedings*) trial; **преступник предстанет перед судом** the criminal will stand trial [4]

• **подавать / подать в суд** (**на** + *acc.*) to sue (s.o.); go to court; take (s.o.) to court; file/ bring suit against s.o. [4]

судорожно *adv.* frantically; feverishly; frenziedly; **он судорожно схватил свой мобильник и позвонил в полицию** he frantically grabbed his cell phone and called the police [5]

судьба [*pl.*: *nom.* судьбы, *gen.* судеб, *prep.* (о) судьбах] **1.** fate; fortune; destiny; **он каждый день благодарил судьбу за своё спасение** he thanked fate every day for having saved him; **2.** (s.o.'s) fate; (s.o.'s) lot in life; **она никогда не жаловалась на свою судьбу** she never complained about her lot in life [3, 5]

суетливо *adv.* fussily; restlessly; bustlingly; in a fussy way/ manner; in a fidgety way/ manner [5]

суждено *predicative, used with dat. & infin.*; *bookish*; (s.o. or sth.) is destined to; (s.o. or sth.) is fated to; it is s.o.'s fate to; [*with a negation*] (s.o. or sth.) is/ are not; is/ are never to; **им суждено было встретиться снова** they were destined/ fated to meet once again; **ему суждено было умереть молодым** it was his fate to die young; he was destined/ fated to die young; **книге не суждено было увидеть свет ещё много лет после смерти писателя** the book was not to be published until many years after the writer's death [3]

сумасшедший *adj.* mad; crazy; insane [4]

суметь [-ею, -еешь] *pfv* [*no impfv*] to be able (to accomplish sth.); manage (to accomplish sth.); succeed (in accomplishing sth.); **он сумел скрыть свои чувства** he managed/ was able to hide his feelings [5]

сумка [*gen. pl.* -мок] bag; handbag; pocketbook; purse [5, 6]

сунуться *pfv* of **соваться** [6]

суровый *adj.* [-ров, -а, -ы] **1.** (*of a person who is exacting with others*) severe; stern; strict; **2.** (*of climate, season, etc.*) harsh; inclement; severe; **3.** (*of punishment, a prison sentence, etc.*) severe; harsh; stiff; **4.** (*of a person's voice, look, etc.*) stern; severe [5]

существовать [-ствую, -ствуешь] *impfv* [*no pfv*] to exist; be; there is/ are; there exist(s); **существуют разные точки зрения на это явление** there are/ exist different viewpoints about this phenomenon [5]

схватить *pfv* of **хватать** [4]

сходить [схожу, сходишь] *impfv / pfv* **сойти** [сойду, сойдёшь; *past* сошёл, -шла, -шло] to walk/ go/ come down; descend; **она медленно сходила с лестницы** she was slowly walking down the stairs [2]

сцена 1. (*an elevated platform for theatrical performances*) stage; (*by extension, the world of theatre*) the stage; **в театре была маленькая сцена** the theater had a small stage; **выйти на сцену** go on/ onto the stage; **люди сцены** people of the stage; **2.** (*a separate incident in a book, play, film, etc., as well as in real life*) scene; episode; **сцена Бородинской битвы в «Войне и мире» Толстого** the scene of the Battle of Borodino in Tolstoy's *War and Peace*; **3.** *coll.* (*a display of temper*) scene; **устроить сцену** make/ create a scene [5]

сцеплять [-яю, -яешь] *impfv / pfv* **сцепить** [сцеплю, сцепишь] to join (hands)/ (hands together); link (hands/ fingers)/ (hands/ fingers together); interlock (one's fingers) [6]

счастливый <*pronounced* щасли-> *adj.* [счастлив & (*dated*) счастлив, -а, -ы] **1.** (*experiencing or expressing happiness*) happy; joyful; joyous; **он был счастлив** he was happy; **счастливая семья** happy family; **счастливое сердце** joyful heart; **счастливая улыбка** joyous smile; **2.** *used as a* *noun*; a happy person; (*when used as a title, a sobriquet, etc.*) the happy one; **3.** [*long forms only*] (*bringing luck, success, happiness*) fortunate; lucky; happy; **счастли́вая мысль** fortunate/ lucky thought; **счастли́вая дога́дка** lucky guess; **счастли́вый день** happy/ lucky day [1]

счита́ть [-áю, -áешь] *impfv / pfv* **счесть** [сочту́, сочтёшь; *past* счёл, сочла́, -чло́] &, *coll.*, **посчита́ть 1.** [*impfv only*] *acc.*; *acc. or gen. when negated*; (*to consider as part of a group or part of total*) to count; include; **шесть ко́шек, е́сли счита́ть котя́т** six cats, counting the kittens/ if you count the kittens; **там бы́ло пять челове́к, не счита́я меня́** there were five people there, not counting me/ not including me; **2.** *acc. & instr. or acc. + за + acc. or a* **что**-*clause*; (*to think s.o. or sth. to be as specified; to have an opinion*) to consider; consider to be; regard as; think; believe; count (as); **мы счита́ли его́ дру́гом** we considered him (to be) a friend; we regarded/ counted him as a friend; we thought/ believed him to be a friend; **не счита́йте меня́ за дурака́** don't consider/ count me a fool; don't regard me as a fool; **счита́й, что тебе́ повезло́** consider/ count yourself lucky [5]

счита́ться [-áюсь, -áешься] *impfv / pfv* **посчита́ться 1. с +** *instr*; (*to bear in mind s.o.'s opinions, suggestions, wishes, etc., or the specified circumstances when making a judgment*) to consider (s.o.'s opinion, wish, *etc.*); take (s.o.'s opinion, wish, *etc.*) into account/ consideration; reckon with; [*when negated*] ignore; leave out of account; take no account of; **её нача́льник с ней счита́ется** her boss takes her opinions into account/ consideration; her boss reckons with her opinions; **с ним обы́чно не счита́ются** he is usually ignored; his opinions (wishes, *etc.*) are usually left out of account; **2.** [*impfv only*] *instr.* to be considered; be regarded as; be regarded/ reputed to be; **Кака́я гости́ница там счита́ется лу́чшей?** Which hotel is regarded as/ reputed to be/ considered the best one there?) [5]

съе́здить [съе́зжу, съе́здишь] *pfv*; (*to move there and back, using some means of transportation*) to go; make a trip (to); visit s.o.; **съе́здить в апте́ку** go/ make a trip to the pharmacy; **съе́здить к ба́бушке** go to grandma's; visit grandma [6]

сыгра́ть *pfv* of **игра́ть** [4, 5]

сын [*pl.*: *nom.* сыновья́, *gen.* сынове́й, *prep.* (о) сыновья́х] son [1]

сы́паться [*3rd pers. only*; сы́плется] *impfv / pfv-begin* **посы́паться 1.** (*of a loose dry substance, like flour, granulated sugar, etc.; also of many objects*) to pour (out of *some container*); spill; fall; (*of rain, snow, etc.*) come down; fall; **из мешка́ посы́палась мука́** flour poured out of the sack; **2.** (**на +** *acc.*) (*of blows, punches, etc.; also of sounds, words, etc.*) to rain down (on s.o.); come (at s.o.) (thick and fast); (*of blows, etc., only*) fall (thick and fast); **на него́ сы́пались уда́ры** blows were raining down on him; blows were falling on him/ were coming at him thick and fast; **на меня́ посы́пались вопро́сы** the questions rained down on me/ came at me thick and fast [6]

Т

табли́чка [*gen. pl.* -чек] nameplate; doorplate [5]
таи́нственный *adj.* [-вен & -венен, -венна, -венны] mysterious; enigmatic [6]
так[I] *adv.* **1.** (*in the manner indicated*) this/ that way; like this/ that; so; thus; **лу́чше бы вам сде́лать так** it would be better if you do it this way/ like this/ thus; **держи́ ру́чку**

так hold the pen so; **2.** (*in the same state or form, with no changes*) as it is; (just) the way it is; **я её попроси́ла прибра́ть в ко́мнате, а она́ всё оста́вила так** I asked her to clean up the room, and she left everything the way it was/ as it was; **3.** *intensifier*; so; (*when used before some short-form adjectives, adverbs, or quantifiers only*) that; **она́ так интересу́ется фи́зикой** she is so interested in physics; she takes such interest in physics; **мне не ну́жно так мно́го помо́щников** I don't need so/ that many helpers; **4.** *coll.* (*without a special reason or intent*) for no (particular) reason; without a/ any (particular) reason; (s.o.) just does (did, *etc.*); **мне ничего́ не ну́жно, я так пришёл** I don't need anything, I came without a particular reason/ I just came; **5. та́к же;** (*with adverbs*) equally; just as; also; **он стара́тельно переписа́л страни́цу, пото́м, та́к же стара́тельно, ещё одну́** he carefully copied a page, then, just as/ equally carefully, one more [1, 3, 4, 5, 6]

так[2] **1.** *conjunction*; *used to introduce the consequence or result*; *coll.* so; then; in that case; **он проспа́л, так мы пое́хали без него́** he overslept, so we went without him; **Ты хо́чешь порабо́тать? Так я пойду́ куда́-нибудь, что́бы не меша́ть** You want to work, do you? In that case/ Then I'll go somewhere else so as not to disturb you; **2.** *particle, used for emphasis*; *coll.* so; well; **Так что же мне сказа́ть им?** Well,/ So what should I tell them? [1, 3, 4, 5, 6]

- **Зна́чит, так** *used to introduce a statement, a conclusion of the preceding discussion, etc.*; *coll.* So here's the way it is; Well then; **Зна́чит, так. Никуда́ ты в таку́ю пого́ду не пое́дешь** So here's the way it is. You're not going anywhere in such weather [5]

- **и так** *particle* anyway; anyhow; as it is; **«Поторопи́сь» — «Я и так успе́ю»** "Hurry up" "I'll manage anyway"; **со мной (с тобо́й,** *etc.***) и так всё я́сно** my (your, *etc.*) case is open and shut [4]

- **и так да́лее** [3] *see* **да́лее**

- **так и не...** *used for emphasis when stating that sth. never occurred; often about an event that was expected or planned but did not take place;* ... never (really) ...; **она́ так и не научи́лась ...** she never (really) learned ... [6]

- **та́к как** *conjunction; used to introduce a clause of reason*; because; as; since [5]

- **та́к что** *conjunction; used to introduce the result or consequence*; so; and so; therefore; hence; consequently [5, 6]

тако́й *pronominal adj.* **1.** (*with nouns*) such; such a ...; ... like that; **у нас мно́го таки́х специали́стов** we have many such specialists/ specialists like that; **рабо́тать с таки́м челове́ком, как он, ...** work with such a man/ with a man like him ...; **2.** *used with long-form adjectives to indicate a high degree of the quality named*; so ...; that (+ *adj.*); **на́ша кварти́ра така́я заста́вленная** our apartment is so crammed; **моя́ маши́на ещё не така́я ста́рая** my car is not that old yet; **3.** *used before an explanation* such that; like this; as follows; **ситуа́ция така́я, что измени́ть ничего́ нельзя́** the situation is such that nothing can be changed; **дела́ у нас таки́е: то де́ти боле́ют, то ба́бушка** things are like this here: now the kids get sick, now the grandma; **4.** *used in exclamations for emphasis*; so ...! such ...!; **Она́ така́я спосо́бная!** She is so gifted!; **Тако́й у́мный челове́к!** Such an intelligent person!; **5. тако́й же** the same (kind/ sort of); **тако́й же, как ...** the same as; just like; **тако́й же** [*noun*]**, как ...** as much of a ... as ...; **тако́й же** [*adj.*]**, как ...** as ... as ...; just as; **не тако́й, как ...** not like …; **он такóй же дурáк, как и его брат** he is as much of a fool as his brother; **они не такие, как мы** they are not like us; **6.** *used as a neuter noun* **такóе**, *often in phrases* **что это такóе, чтó-то такóе, ничего такóго**, *etc.*; (*sth. unusual, important, terrifying, etc., depending on the context*) such a thing; a thing like that; **он такóе сказáл, что мне дáже повторить стыдно** he said such a thing that I'm ashamed even to repeat it; **в ней есть чтó-то такóе …** there is something special (unusual, *etc.*) about her; **ничего такóго там нет** there is nothing special (unusual, *etc.*) there; **Посмотри! Что это такóе?** Look! What is this? [1-6]

• **Что такóе?** [1] *see* что

таксист *coll.* taxi driver; cab driver [3]

тáк-то *adv.* actually; as a matter of fact; in fact [4]

талáнтливый *adj.* [-лив, -а, -ы] gifted; talented [5]

там¹ *adv.* **1.** (*at/ in the place specified or implied*) there; **я позвонил ему на рабóту, но его там нé было** I called him at work, but he wasn't there; **2.** *coll.*; (*at a later point*) then; later; after that; **сдéлай домáшнее задáние, посмотри телевизор, а там и обéд бýдет готóв** do your homework, watch TV, and then dinner will be ready [1, 4, 5, 6]

там² *particle*; *coll.* **1.** *used after* **какóй, где, кудá, когдá**, *etc., to express an emphatic negation or to emphasize the objection to or the impossibility of sth.*; **«Он говорит, что его приняли (в университéт)». — «Какóе там приняли! Провалился он…»** "He says he's been accepted (to the university)." "Accepted indeed! Actually, he failed."; **Какáя там рабóта! Никтó тебя на рабóту не возьмёт!** What job?! Nobody is going to hire you!; **2.** *used with some pronouns and adverbs to express disregard, doubt, or uncertainty*; **заходил этот пáрень, как его там? — ну, котóрый чáсто краснéет** the guy, what's-his-name, dropped by—well, I mean the one who often blushes; **говорил всякую там ерундý** he was talking all kinds of rubbish [1, 4, 5, 6]

тáчка [*gen. pl.* -чек] *slang* car; whip [4]

тащить [тащý, тáщишь] *impfv / pfv* **потащить**; *acc.* **1.** (*to move by pulling with difficulty over a surface*) to pull; drag; draw; **он тащил за собóй большóй чемодáн** he was dragging a large suitcase behind him; **2.** (*to carry a heavy load with difficulty*) to lug; haul; **онá тащила тяжёлый мешóк** she was lugging a heavy bag [5]

тащиться [тащýсь, тáщишься] *impfv* [*no pfv*] **от/с** + *gen.*; *slang*; to be crazy about/ over s.o./ sth.; be nuts over s.o./ sth.; go into raptures about/ over s.o./ sth.; swoon over s.o. [4]

твёрдо *adv.* [*compar.* твёрже] (*with certainty, without any doubt*) (to say, repeat, insist, *etc.*) firmly; resolutely; decidedly; definitely; **твёрдо отвéтить** reply firmly/ resolutely/ decidedly; **твёрдо настáивать** insist firmly/ resolutely [5]

твёрдый *adj.* [твёрд, твердá, твёрды & тверды; *compar.* твёрже] **1.** hard; firm; **твёрдая повéрхность** hard surface; **твёрдый дивáн** hard/ firm couch; **твёрдый переплёт** hard cover; **2.** (*of a person*) firm; resolute; unwavering; **он остáлся твёрд и не изменил своегó решéния** he remained firm/ unwavering and did not change his mind; **3.** (*of convictions, decisions, etc.*) firm; strong; steadfast; unshakable; unwavering; **твёрдые убеждéния** firm/ strong beliefs; **твёрдая решимость** steadfast resolve; **твёрдая увéренность** unshakable confidence; **твёрдая поддéржка** firm/ unwavering support; **4.** (*of tone of voice, handwriting,*

etc.) firm; steady; unwavering; **сказáть твёрдым гóлосом** say in a firm/ steady/ unwavering voice; **твёрдый пóчерк** firm/ steady handwriting [5]

твóрческий *adj.* creative; **твóрческий процéсс** creative process; **твóрческая мысль** creative thought; **твóрческая дéятельность** creative activity; **твóрческий подъём** creative upsurge; **твóрческий óтпуск** (*for a scientist or scholar, especially a member of the academic comunity*) sabbatical; **твóрческий багáж** *ironic* collected works [3, 5]

текст text [5]

телевизор television set; TV set [4]

телефóн telephone (set); phone [2]

телефóнный *adj.* telephone (*used as a modifier*) [5]

тéло [*pl.: nom.* телá, *gen.* тел, *prep.* (в) телáх] body [5]

тем *conjunction*; *used with comparatives* **1.** so much the …; all the …; **тем хýже** so much the worse; all the worse; **2.** **чем …, тем …**; the … the …; **чем бóльше людéй, тем лýчше** the more people the better [3, 5]

• **тем бóлее** [3] *see* бóлее

• **тем бóлее что** [3, 5] *see* бóлее

тéма subject; topic; theme; **диссертациóнная тéма** dissertation topic; **тéма разговóра** the subject (of a conversation); the topic (of a conversation) [2, 3, 5, 6]

тёмно-зелёный *adj.* (*of color*) dark green [5]

тёмно-синий *adj.* (*of color*) dark blue [6]

тéннис <*pronounced* тэ-> tennis [4]

тень *fem* **1.** [*loc.* (в) тени; *sing. only*] (*a space protected from the sun*) shade; **мы нашли тень и решили посидéть в тени** we found a shady place and decided to sit in the shade; **2.** [*loc.* (в) тени; *pl.: nom.* тéни, *gen.* тенéй, *prep.* (в) тенях] shadow; **он стоял в тени дéрева** he was standing in the shadow of a tree; **3.** [*nom. pl.* тéни] ghost; apparition; phantom; shade; **тень отцá Гáмлета** the ghost/shade of Hamlet's father [5]

теорéма theorem [2]

тепéрешний *adj.*; *coll.* today's; present-day; current; **тепéрешняя жизнь** today's/ present-day life; **тепéрешняя мóда** today's/ current fashion [6]

тепéрь *adv.* **1.** (*at the present moment*) now; **поговорим зáвтра, а тепéрь ложись спать** we'll talk tomorrow, and now go to bed; **2.** (*at the present time*) now; nowadays; today; **такие плáтья тепéрь не мóдны** such dresses are not in vogue/ in fashion nowadays; **3.** (*in the given circumstances, as a consequence of sth. that happened earlier*) now; **мы поссóрились, и тепéрь он дóлго не бýдет звонить** we've had a falling-out, and now he won't call me for a long time [1, 3, 4, 5, 6]

терéть [тру, трёшь; *past* тёр, -ла, -ло] *impfv / pfv-awhile* **потерéть**; *acc.*; to rub; **терéть глазá/ виски/ лоб/ затылок** rub one's eyes/ one's temples/ one's forehead/ the back of one's head [6]

терпéть [терплю, тéрпишь] *impfv / pfv* **вытерпеть, перетерпéть, & стерпéть 1.** (*acc.*); (*to withstand patiently sth. painful or disagreeable*) to endure; bear; stand; suffer; **терпéть боль** endure/ bear/ stand pain; **терпéть хóлод и гóлод** endure cold and hunger; suffer from cold and hunger; (*of an insult, indignity, abuse, etc.*) take; swallow; suffer; **терпéть обиды** take/ suffer insults; **стерпéть обиду/ унижéние** swallow an insult/ indignity; **2.** [*impfv only*] *acc.* (*to endure sth. unpleasant for a long time*) to tolerate; put up with; stand; **им приходится терпéть всяческие неудóбства** they have to put up with/ tolerate all kinds of inconvenience; **3.** [*impfv only; usu. used with a negation or with negated* мочь] *acc./gen.*; (*to dislike s.o. or sth. very* *much*) not to stand / tolerate / brook; not be able to stand / tolerate / brook; **я терпе́ть не могу́/я не терплю́ люде́й, кото́рые постоя́нно хны́чут** I can't stand people who whine all the time; **Как ты мо́жешь терпе́ть э́то безобра́зие?** How can you tolerate this outrage?; **он не те́рпит возраже́ний** he can't brook any objections [4]

теря́ть [-я́ю, -я́ешь] *impfv / pfv* **потеря́ть**; *acc.* **1.** (*because of one's carelessness, to drop sth., mislay it, or leave it somewhere*) to lose; **на про́шлой неде́ле я потеря́л ключ, и он пока́ не нашёлся** last week I lost my key, and it hasn't turned up yet; **2.** (*to fail to preserve fully some specific quality, characteristic, state, etc.*) to lose; **потеря́ть наде́жду** lose/ abandon/ give up hope; **потеря́ть аппети́т/па́мять** lose appetite/ memory; **3.** (*of time, money, etc.; to use or consume thoughtlessly*) to lose; waste; **е́сли ты пода́шь на них в суд, ты то́лько потеря́ешь вре́мя и де́ньги** if you sue them, you'll just waste/ lose time and money [4]

те́сто dough; pastry [6]
- **из друго́го те́ста** (сде́лан, испечён) *used predicatively with* **быть**; (to be) cut from a different cloth (than s.o. else); (to be) cast in a different mold (than s.o. else); (to be) a breed apart [6]

тётка [*gen. pl.* тёток] **1.** aunt; **2.** *slang* girl; woman [4]

тетра́дка [*gen. pl.* -док] *coll.* notebook [6]

тетра́дь *fem.* notebook [4, 6]

ти́па *parenthetical; highly coll.* (*used to express hesitation or to provide a pause when the speaker is looking for the right word; also used to express approximation, similarity*) kinda (kind of); sorta (sort of); like; it'd seem (it would seem) [4]

типогра́фия print shop; printing house/office [3]

ти́хий *adj.* [тих, тиха́, ти́хи & тихи́; *compar.* ти́ше] **1.** (*not loud*) quiet; low; soft; **ти́хое пе́ние** quiet/ soft singing; **сказа́ть ти́хим шёпотом** say in a low/ soft whisper; **2.** (*making no noise or sound, or making very little noise*) quiet; noiseless; soundless; **ти́хие сосе́ди** quiet neighbors; **ти́хие шаги́** noiseless/ soundless steps [5]

ти́хо *adv.* [*compar.* ти́ше] **1.** (*not loudly*) quietly; softly; low; **они́ разгова́ривали ти́хо** they were speaking quietly/ softly/ low/ in low voices; **2.** (*without making any noise or sound*) quietly; noiselessly; soundlessly; **кто́-то ти́хо вошёл в ко́мнату** somebody quietly/ noiselessly entered the room; **сиде́ть ти́хо** sit quietly/ still [2]

тишина́ silence; quiet [5]
- **гробова́я тишина́** dead silence; absolute silence [5]

то¹ *pronoun; neuter of* **тот** that [1, 3, 4, 5, 6]
- **а то** [5] *see* **а**
- **и без того́** as it is (was); (even) without that; anyway; anyhow [6]
- **кро̀ме того́** *parenthetical* besides (that); furthermore; moreover [1, 3]
- **то́ есть** (*abbreviated to* **т.е.**) *conjunction* that is; that is to say; (or) to put it another way; i.e.; in other words; meaning… [3]
- **то, что …** [*either word or both may be declined*] **1.** what; **то, что он говори́т, — ложь** what he is saying is a lie; **э́то и́менно то, чего́ я ожида́ла** this is precisely what I expected; **2.** the fact that; that; **то, что у него́ небольшо́й о́пыт рабо́ты, не име́ет значе́ния** (the fact) that he doesn't have much experience is not significant; **мать ма́льчика огорчена́ тем, что он недоста́точно занима́ется** the boy's mother is upset by the fact that he doesn't study enough [5, 6]

то² *conjunction* **1.** *used to introduce the main clause when it is preceded by a conditional clause*; then; **е́сли ты не пойдёшь, то и я не пойду́** if you aren't going, then I'm not going either; **2.** *used in the construction* **то … то …**; now … now …; first … then …; one moment … the next …; **пого́да всё вре́мя меня́ется: то начина́ется дождь, то выхо́дит со́лнце** the weather is constantly changing: now it begins to rain, now the sun is out/ first it begins to rain, then the sun is out; **она́ то смеётся, то пла́чет** one moment she is laughing, the next she is crying; **3.** *used in the construction* **то ли … то ли …**; either … or (perhaps) …; perhaps … or …; **она́ уезжа́ет то ли за́втра, то ли послеза́втра** she is leaving either tomorrow or the day after [1, 3, 4, 5, 6]

това́рищ 1. (*used before a person's last name, rank, position, etc., especially when addressing s.o.*) comrade; **2.** friend; mate; **шко́льный това́рищ** school friend; schoolmate; **това́рищ по университе́ту** university friend; college pal; **3.** fellow; companion; mate; comrade; associate; **това́рищ по рабо́те** (s.o.'s) fellow worker; (s.o.'s) work associate; colleague; coworker; **мой това́рищ по путеше́ствию** my travel companion/ mate [3, 5]

тогда́ *adv.* **1.** then; at that time; back then; at that moment; **он тогда́ ещё не́ был изве́стным писа́телем** at that time/ back then he wasn't yet a well-known writer; **2.** then; in that case; **«Я не пойду́ в кино́» — «Тогда́ и я не пойду́»** "I'm not going to the movies." "In that case/Then I'm not going either." [4, 5, 6]

то́же *adv.* **1.** also; too; as well; **я е́ду в Москву́, и моя́ сестра́ то́же е́дет** I'm going to Moscow, and my sister is also going; **она́ подошла́ к окну́, и я то́же** she came up to the window, and I did, too; **2.** [*with a negated predicative*] either; **он не реши́л зада́чу, и я то́же не реши́л** he didn't solve the problem, and I didn't solve it either/ and neither did I [1, 4, 5, 6]

толка́ть [-а́ю, -а́ешь] *impfv / pfv-once* **толкну́ть** [толкну́, толкнёшь] *acc.* to push; shove [4]

то́лстый *adj.* [толст, толста́, то́лсты & толсты́; *compar.* то́лще] **1.** thick; **то́лстая ру́копись** thick manuscript; **2.** (*of people or animals; especially of a person's figure or parts of human body*) fat; stout; fleshy; pudgy; **то́лстая де́вочка** fat girl; **то́лстые па́льцы/ ру́ки** pudgy fingers/ arms; **о́чень то́лстый мужчи́на** obese/ corpulent man [3, 6]

то́лько¹ *adv.* (*very recently, a moment ago*) just; only just; **они́ то́лько верну́лись** they've just come back [1-6]

то́лько² *conjunction* **1.** *often used as part of conjunctions* **как то́лько, лишь то́лько, едва́ то́лько**, *etc.*; as soon as; hardly … (when …); **то́лько ты ушёл, они́ позвони́ли** as soon as you left, they called; **2.** (*however*); only; but; **я поговорю́ с ней, то́лько не сего́дня** I'll talk to her, but/ only not today [1-6]

то́лько³ *particle* **1.** not until; not till; only; as late as; **он обеща́л верну́ться ко вто́рнику, но верну́лся то́лько в сре́ду** he promised to be back by Tuesday, but didn't come back until Wednesday/ but came back only on Wednesday/ but came back as late as Wednesday; **2.** (*nothing more; no more than*) only; just; merely; **у нас мно́го вре́мени — сейча́с то́лько три часа́** we have plenty of time—it's only/ just three o'clock; **э́то то́лько синя́к** this is only/ just/ merely a bruise; **3.** only; exclusively; solely; **они́ беру́т на рабо́ту то́лько матема́тиков** they hire only/ exclusively mathematicians; **4.** (*not counting others*) alone; only; **то́лько Ми́ша смог реши́ть зада́чу** Misha alone/ only Misha could solve the problem; **5.** *used for emphasis*;

coll. only; just; (*with question words*) on earth; **я могу́ жить то́лько здесь и бо́льше нигде́** I can live only here and nowhere else; **поду́май то́лько** just think; **Заче́м то́лько ты э́то сде́лал?** Why on earth have you done it?; (*after question words in exclamations with negated predicates*) **Чего́ то́лько он не чита́л!** Are there books he hasn't read?!; He has read all sorts of books!; **Где то́лько он не быва́л!** Is there any place he hasn't been to?!; He has been/ traveled everywhere! [1-6]
  • **то́лько и всего́** (and/ but) that's all; (and/ but) that's it; it's as simple as that; just…, nothing more [3]
том [*nom. pl.* тома́] volume (*one of the books in a set*); tome [6]
то́нкий *adj.* [то́нок, тонка́, то́нки & тонки́; *compar.* то́ньше] **1.** thin; **то́нкая кни́жка** thin book; **2.** (*thin materials and items made of thin materials*) light; lightweight; thin; **то́нкая блу́зка** light/ lightweight blouse; **то́нкое стекло́/ то́нкий стака́н** thin glass; **3.** (*of smells, taste of food & beverages, etc.; refined, appealing to senses*) subtle; delicate; fine; **то́нкий арома́т** delicate/ subtle aroma; **то́нкие ви́на** fine wines; **у э́того вина́ то́нкий вкус** this wine has a delicate taste; **4.** (*of people, their minds, perceptions, etc.; characterized by sensitivity*) subtle; delicate; keen; astute; shrewd; perceptive; **то́нкий ум** subtle/ keen mind; subtle/ shrewd/ astute intellect; **то́нкое восприя́тие** subtle/ delicate perception; **то́нкое замеча́ние** perceptive/ astute/ shrewd comment; **то́нкий кри́тик** perceptive/ astute/ keen critic; **5.** (*barely perceptible*) subtle; delicate; gentle; **то́нкий намёк** subtle/ delicate/ gentle hint; **то́нкая улы́бка** subtle/ delicate smile; **то́нкий ю́мор** subtle humor [6]
то́нко *adv.* [*compar.* то́ньше] **1.** thinly; **то́нко наре́зать сыр** slice cheese thinly; **2.** (*in a barely perceptible manner*) subtly; delicately; **то́нко намекну́ть** (на + *acc.*) hint (at s.o./sth.) subtly/ delicately [6]
то́нкость *fem.* **1.** [*sing. only*] thinness; **то́нкость стекла́** thinness of the glass; **2.** [*sing. only*] (*sensitivity, fine distinctions in perception or thought*) subtlety; delicacy; keenness; astuteness; shrewdness; perceptiveness; **то́нкость восприя́тия** subtlety/ delicacy of perception; **то́нкость его́ замеча́ний** keenness/ astuteness/ shrewdness of his observations; **3.** [*pl.: nom.* то́нкости, *gen.* то́нкостей] (*a minute detail, sth. subtle*) fine point; nicety; subtlety; **расскажи́ мне в о́бщих черта́х, без то́нкостей** give me a general idea, without fine points; **то́нкости этике́та** the niceties of etiquette; **он понима́ет все то́нкости э́той ситуа́ции** he understands all the subtleties of this situation [6]
то́пать [-аю, -аешь] *impfv / pfv-once* **то́пнуть** [-ну, -нешь], *pfv-begin* **затопать**, *usu.* (за)то́пать нога́ми, то́пнуть ного́й; to stamp one's feet/ foot; begin stamping one's feet/ foot [5]
торжествова́ть [-ству́ю, -ству́ешь] *impfv* [*no pfv*] **1.** (над + *instr.*) to triumph over; win; be victorious/ triumphant; **пра́вда торжеству́ет над ло́жью** truth triumphs over falsehood; **пра́вда всегда́ торжеству́ет** truth is always victorious/ triumphant; truth always wins; **2.** (*acc.*) to rejoice (over one's victory, at one's success, *etc.*); exult (in one's victory, success, *etc.*); celebrate (one's victory); **вы сли́шком ра́но торжеству́ете побе́ду** you are rejoicing over/ celebrating your victory too early [2]
торопли́во *adv.* hastily, hurriedly [5]
тоска́ 1. (*state of gloom*) melancholy; anguish; **у неё тоска́ на се́рдце** her heart is heavy; there is a heaviness in her heart; she feels depressed; **смерте́льная тоска́** mortal anguish; **2.** boredom; ennui; **я провёл о́тпуск в дере́вне — стра́шная тоска́** I spent my vacation in the country—one could die of boredom there/ I was bored stiff [2]
тост (*when drinking to s.o. or sth.*) toast; **я хочу́ предложи́ть тост за наш успе́х** I want to propose a toast to our success; here's to our success [6]
тот [та, то, те; *acc. fem.* ту; *gen.* того́, той, тех; *prep.* (на) том, той, тех; *dat.* тому́, той, тем; *instr.* тем, той, те́ми] *pronominal adj.* **1.** (*located father, less visible, etc.*) that; **та у́лица ши́ре, чем э́та** that street is wider than this one; **2.** (*just mentioned, implied, pointed out, etc.*) that; **мне те лю́ди совсе́м не понра́вились** I didn't like those people at all; **с того́ вре́мени** from that time on; since that time; since then; **в ту по́ру** old-fashioned at that time; **3.** (*another*) the other; **та сторона́ была́ в тени́** the other side was in the shade; **на том берегу́ реки́** on the other bank/ side of the river; **4.** *coll.; of a time span:* (*just past*) last; (*immediately following*) next; **я звони́л им на той неде́ле** I called them last week; **я позвоню́ им на той неде́ле** I'll call them next week; **5.** (*such as needed*) the right; [*with a negation*] the wrong; (*when used as a noun*) the right/ wrong one; **Ты набра́л тот но́мер?** Have you dialed the right number?; **«Ты набра́л не тот но́мер». — «Как, опя́ть не тот?»** "You've dialed the wrong number" "What, the wrong one again?"; **6.** тот же (са́мый); тот са́мый; (*used to indicate sameness; identical*); the same; the very same; the/ that very; **э́то был тот (же) са́мый челове́к, кото́рого мы ви́дели ра́ньше** it was the same/ the very man we had seen earlier; **7.** (*used with* кото́рый, кто, что) **тот** (*noun*), **кото́рый** … the/ that … (who …); the … (that …); that …; which; **тот, кото́рый/ кто/ что** the one that …; the one who …; he who …; **те, кото́рые** … those who …; **э́то тот преподава́тель, кото́рого вы иска́ли** this is the instructor you were looking for; **э́ти кни́ги не мои́ — вот те, кото́рые я хочу́ купи́ть** these books are not mine— here are the ones I want to buy; **8.** *used as a pronoun;* that one; the other one; **э́та кварти́ра мне не нра́вится, а та понра́вилась** I don't like this apartment, but I liked that one/ the other one [2, 3, 4, 5, 6]
  • **и без того́** as it is/was; even without that; anyway; anyhow [6]
точи́ть *impfv* [*3rd pers. only;* то́чит] / *pfv* **источи́ть**; *acc.*; (*to destroy gradually by its action; often of water or wind*) to erode; corrode; gnaw; wear away; **вода́ то́чит ка́мень** water wears away rock/ stone [5]
то́чка [*gen. pl.* -чек] **1.** (*precisely localized place*) point; **покажи́те мне на ка́рте то́чку пересече́ния э́тих двух доро́г** show me the point of intersection of these two roads on the map; **2.** (*a mark used in orthography, e.g., above the letters "i" & "j"*) dot; **3.** (*punctuation mark*) period [6]
  • **то́чка отсчёта** point of reference; point of departure; starting point [6]
то́чно¹ *adv.* [*compar.* -е́е & -е́й] exactly; precisely; accurately; **дом вы́глядел то́чно так, как на фотогра́фии** the house looked exactly/ precisely as in the photograph; **то́чно описа́ть** describe accurately; **то́чно перевести́** translate accurately/ faithfully; **то́чно в три часа́ дня** precisely at three p.m.; at three p.m. sharp [1, 6]
то́чно² *particle; used to confirm sth. with assurance; coll.;* (*in reality*) indeed; really; one *does* do/have, *etc.*; **Ты то́чно пойдёшь?** Will you really go?; **он то́чно вчера́ звони́л** he *did* call yesterday [1, 6]

то́чный *adj.* [то́чен, точна́, то́чны & точны́; *compar.* точне́е & -е́й] **1.** exact; precise; accurate; **то́чное вре́мя** exact/ precise time; **то́чные весы́** accurate scales; **то́чный перево́д** accurate/ faithful translation; **то́чные инструме́нты/ прибо́ры** precision tools/ instruments; **2.** *used in* **то́чные нау́ки** sciences; hard sciences (*as contrasted with social sciences, humanities, and the arts*) [2, 3]

тошни́ть [*3rd pers. sing. only;* тошни́т] *impfv; impers., used with acc.* **1.** *pfv* **стошни́ть & вы́тошнить;** (one) is/ feels nauseous; (one is/ feels) queasy; (one) feels like throwing up; (one) throws up; (one) feels like vomiting; (one) vomits; **её тошни́т** she is/ feels nauseous; she is/ feels queasy; she feels like vomiting/ throwing up; **его́ стошни́ло** he threw up; he vomited; **2.** [*impfv only*] (**от** + *gen.*) (*of a strong feeling of disgust*) (one) is sick in his (her, *etc.*) stomach (over sth., because of sth., *etc.*); (sth.) sickens s.o.; (one) feels like vomiting; (sth.) nauseates/ repels s.o.; (one) is repelled by sth.; **меня́ тошни́ло от их лицеме́рия** I was sick to my stomach over their hypocrisy; their hypocrisy sickened/ nauseated/ repelled me [2]

трава́ [*nom. pl.* тра́вы] grass [6]

тра́вма (*physical or emotional harm*) injury; trauma [6]
 • **душе́вная тра́вма** emotional trauma/ wound; psychological trauma [6]

тра́нспорт **1.** (*the system or act of transporting*) transport; transportation; **2.** (*a vehicle used to transport passengers or goods*) transport; transportation; conveyance; **пусть они́ предоста́вят тебе́ тра́нспорт** let them provide transportation for you [5]

тра́тить [тра́чу, тра́тишь] *impfv / pfv.* **истра́тить & потра́тить;** *acc.* to spend (money, many years, one's life, *etc.*); expend (funds, one's energy, *etc.*); (*to spend or expend in vain*) waste; [*pfv only*] use up (one's energy, resources *etc.*); **он потра́тил мно́го де́нег на пое́здку** he spent a lot of money on his trip [6]

тре́нер coach; trainer; **тре́нер по футбо́лу** soccer coach; **ли́чный тре́нер** personal trainer [4]

тренирова́ться [-ру́юсь, -ру́ешься] *impfv / pfv* **натренирова́ться,** *pfv-awhile* **потренирова́ться;** to train/ be trained; undergo training; practice; **тренирова́ться в стрельбе́** train/ be trained/ undergo training in shooting; **тренирова́ться для уча́стия в соревнова́ниях** train/ practice for the competition(s); **я уже́ потренирова́лся** I've already had my training session/ workout [4]

трепа́ться [трепл́юсь, тре́плешься] *impfv; coll. / pfv & pfv-awhile* **потрепа́ться 1.** (*to chatter, to talk idly or meaninglessly*) to blabber; prattle; babble; chew the fat/ rag; jabber; blather; yak; **она́ часа́ми тре́плется с подру́гами** she blabbers/ prattles with her friends for hours; she spends hours shewing the fat/ rag with her friends; **эй, ребя́та, конча́йте трепа́ться, пора́ идти́** hey guys, stop babbling/ yakking, it's time to go; **2.** [*impfv only*] (*to talk indiscreetly, to reveal secrets*) to blab; gossip; tattle; **не говори́ о мои́х пла́нах Ма́ше — она́ лю́бит трепа́ться** don't say anything about my plans to Masha—she likes to blab [5]

трепета́ть [трепещу́, трепе́щешь] *impfv / pfv-begin* **затрепета́ть 1.** (*to move tremulously, making a slight motion*) to tremble; shiver; sway (in the breeze); (*of lips, nostrils, etc.*) quiver; (*of flags, banners, etc.*) flutter; wave (in the wind); (*of flames or light*) flicker; (*of a person's heart*) palpitate; **2.** (**от** + *gen.*) (*of a person; to shake inwardly from a strong emotion*) to tremble; thrill; be/ get thrilled; **трепета́ть от стра́ха** tremble with/ from fear;

трепета́ть от гне́ва tremble with/ from anger; **трепета́ть от сча́стья / от восто́рга** thrill/ be thrilled with happiness/ with delight [5]

тре́снуть [-ну, -нешь] *pfv* [*no impfv*] *highly coll.; acc.* (& *instr.* and/or **по** + *dat.*) to whack; smack; bang; **он тре́снул меня́ по голове́ (свое́й па́лкой)** he whacked/ smacked/ banged me on the head (with his cane) [4]

трёхдне́вный *adj.* three-day (*used as a modifier*); three-day long; for/ of/ within three days; three days' …; **мне да́ли трёхдне́вный о́тпуск** they gave me a three-day leave; **трёхдне́вный запа́с пи́щи** a three-day food supply; a supply of food for three days; **трёхдне́вное приключе́ние** a three-day-long adventure [3]

тро́гать [-аю, -аешь] *impfv / pfv-once* **тро́нуть** [-ну, -нешь] *acc.* **1.** *pfv* **потро́гать;** to touch; feel; **кто́-то тро́нул его́ за плечо́, и он просну́лся** somebody touched his shoulder, and he woke up; **она́ потро́гала лоб ребёнка — у де́вочки был жар** she felt the child's forehead—the girl had a fever; **2.** *frequently used with a negation;* to use; take; touch; rearrange; **э́ти де́ньги отло́жены на о́тпуск — мы их тро́нуть не мо́жем** this money is set aside for vacation—we can't use it; **не тро́гай ничего́ у меня́ на столе́** don't touch/ rearrange anything on my desk [4, 6]

тро́нутый *ppp.* of **тро́нуть** *pfv;* [-нут, -а, -ы] touched [4, 6]

труба́ [*nom. pl.* тру́бы] pipe [4]

труд [*gen.* труда́] work; labor; **производи́тельный труд** productive work/ labor; **уда́рный труд** high-efficiency work; extra-productive work/ labor [5]

тру́дно *adv.* [*compar.* -е́е & -е́й] **1.** with difficulty; hard; difficult; **нам живётся тру́дно, а им ещё трудне́е** our life is hard, but theirs is even harder; **2.** *used predicatively; impers.; dat.;* (*one is in a difficult situation*) (sth. is) hard/ difficult for s.o.; (one finds sth.) hard/ difficult; one has a hard time; one is in difficulty; **ему́ сейча́с тру́дно** it's hard for him now; he's having a hard time now; he is now in difficulty; **3.** *used predicatively;* (*dat.* &) *infin;* (*doing sth. is difficult or problematic for s.o.*) it is hard/ difficult (for s.o.) to do sth.; one is hard put to do sth.; **тру́дно сказа́ть, что из э́того вы́йдет** it's hard/ difficult to say what will come out of it; **ей бы́ло тру́дно объясни́ть, почему́ она́ так поступи́ла** she was hard put to explain why she had acted that way [1, 3, 4, 6]

трясти́ [трясу́, трясёшь; *past* тряс, -ла́, -ло́] *impfv / pfv* **потрясти́ 1.** (*acc.*) (*to cause to move from side to side or up and down with abrupt movements*) to shake; **трясти́ де́рево** shake a tree; **он потря́с мне ру́ку** he shook my hand; **2.** [*impfv only*] *impers., used with acc.* (& **от** + *gen.*); (one) is shaking/ quaking (with/ from fright, cold, *etc.*); (one) is trembling (with fear, fury, *etc.*); (one) is shivering (with cold, fever, *etc.*); **его́ всего́ трясло́** he was shaking/ quaking from head to toe/ all over; **её трясло́ от хо́лода** she was shivering/ shaking with cold; **3.** *acc.; slang;* (*to extort money from s.o. or obtain it by pleading, persuasion, etc.*) to shake down s.o.; coax money out of/ from s.o.; **де́нег у них не́ было, и они́ реши́ли потрясти́ роди́телей** they had no money, and they decided to shake down their parents for money/ coax money out of their parents [4, 5]

трясти́сь [трясу́сь, трясёшься; *past* тря́сся, -ла́сь, -ло́сь] *impfv / pfv-begin* **затрясти́сь 1.** (**от** + *gen.*); to shake/ quake (with/ from fright, cold, *etc.*; with laughter); tremble (with fear, fury, *etc.*); shiver (with cold, fever, *etc.*); **он тря́сся от хо́лода** he was shivering/ shaking with cold; **от стра́ха у него́ трясли́сь ру́ки** his hands were shaking from fear/ trembling with fear; he was so scared that his hands were shaking/ trembling; **2.** [*impfv only*] **за**+ *acc.*; *coll.* (*to be continually afraid that s.o. or sth. may be harmed*) fear for s.o. or sth.; be in a state of fear/ worry that harm may come to s.o. or sth.; **она́ трясётся за ребёнка** she fears for her child; she always worries that harm may come to her child [5]

туда́ *adv.* (*indicates direction*); there; over there; to that place; **я туда́ бо́льше не пойду́** I won't go there again; **сядь туда́** sit over there; **возьми́ меня́ туда́** take me to that place [4]

тума́нно *adv.* vaguely; obscurely; cryptically; **выража́ться тума́нно** express o.s. vaguely/ cryptically [3]

ту́мбочка [*gen. pl.* -чек] bedside table; bedside stand [6]

тупо́й *adj.* [туп, тупа́, тупы́ & ту́пы] **1.** (*of a knife, saw, etc.*) blunt; dull; **тупо́й нож** blunt/ dull knife; **2.** (*of a person; stupid, unintelligent*) dull; slow-witted; obtuse; dumb [4]

ту́склый *adj.* [тускл, тускла́, ту́склы; *compar.* тусклёе & -ёй] **1.** (*of light or source of light*) dim; faint; dull; wan; **ту́склый свет луны́** dim/ faint/ dull/ wan moonlight; **2.** (*devoid of brightness, discolored; of metals: opaque*) faded; dull; lackluster; dingy; (*of metals*) tarnished; **карти́на напи́сана ту́склыми кра́сками** the picture is painted in faded/ dull colors; **ту́склое серебро́** tarnished/ dull/ lackluster silver; **ту́склое стекло́** dull/ dingy glass; **3.** (*of a person's eyes or glance*) dull; lackluster; **4.** (*of sth. unimaginative, devoid of interest and originality*) dull; insipid; colorless; **ту́склая кни́га** dull/ insipid/ colorless book [3, 5]

тусо́вка [*gen. pl.* -вок] *coll.* **1.** (*ironic when used in reference to formal receptions or meetings*) get-together; gathering; party; **2.** (*of people with common pursuits*) crowd; group [4]

тут *adv.* **1.** (*of place; indicates location*) here; at/ in this place; **тут ра́ньше был кинотеа́тр** there was once a movie theater here; **2.** (*of time; at this time*) here; now; at this/ that moment; at this/ that point (in time); **он скепти́чески улыбну́лся, и тут я рассерди́лась** he smiled skeptically, and here/ now/ at that point I got angry; **3.** (*with regard to the given circumstance, detail, argument, etc.*) here; on this point; in this case; **насчёт сро́ка пое́здки… тут я с тобо́й не согла́сен** concerning the time of our trip…on this point/ here you and I disagree [1, 5, 6]

  • **тут же 1.** (*of place*) right here; right there; **мы живём ту́т же, за угло́м** we live right here, around the corner; **2.** (*of time*) immediately; at once; instantly; right away, right then and there; **мы предложи́ли ему́ пойти́ с на́ми, и он тут же согласи́лся** we suggested that he join us, and he agreed right away/ at once [4, 6]

тюрьма́ [*pl.: nom.* тю́рьмы, *gen.* тю́рем, *prep.* (в) тю́рьмах] prison; jail [5]

тя́га к + *dat.* thirst for; craving for; bent for; taste for; **тя́га к зна́ниям** thirst/ craving for knowledge; **тя́га к прекра́сному/ к красоте́** thirst/ craving for beauty; **тя́га к никоти́ну** craving for nicotine; **тя́га к приключе́ниям** taste/ bent for adventure [3]

тяжёлый *adj.* [-жёл, -жела́, -желы́; *compar.* тяжеле́е & -е́й] **1.** (*of weight*) heavy; **2.** (*difficult to endure, burdensome*) hard; arduous; tough; difficult; grave; heavy; trying; distressing; **тяжёлый труд** hard/ arduous toil; **тяжёлые усло́вия** difficult/ tough/ trying/ distressing conditions; **тяжёлая жизнь** hard/ tough/ difficult life; **тяжёлая обя́занность** grave/ heavy/ onerous responsibility; **3.** (*of a wound, illness, etc.; also, of a seriously sick or wounded*

person) serious; grave; critical; severe; **тяжёлые тра́вмы** serious injuries; **тяжёлое состоя́ние больно́го** the patient's grave/ critical condition; **тяжёлая душе́вная боле́знь** severe/ serious mental illness; **тяжёлый серде́чный при́ступ** severe/ serious heart attack [5, 6]

тя́жкий *adj.* [тя́жек, тяжка́, тя́жки; *compar.* тя́жче] **1.** (*difficult to endure*) heavy; onerous; hard; unbearable; **тя́жкое бре́мя отве́тственности** heavy/ onerous burden of responsibility; **тя́жкая судьба́** hard lot in life; **тя́жкие страда́ния** unbearable/ heavy suffering; **2.** (*serious, having serious consequences*) grave; terrible; horrendous; heavy; **тя́жкое преступле́ние** grave/ horrendous/ heinous crime; **тя́жкая вина́** heavy/ terrible guilt [3, 5]

тяну́ть [тяну́, тя́нешь] *impfv* **1.** *pfv-begin* **потяну́ть**; *impers.*, used with acc. & в/на + acc. or к + dat.; (one) is/ feels drawn to/ toward; one is attracted to; one wants/ longs (to do sth.); (one) feels like (doing sth.); (one) has an urge to do sth.; **его́ тя́нет к пи́сьменному столу́** he is drawn to his desk; **2.** *pfv* **протяну́ть** [*pfv is not used in reference to singing*] (*acc.*) (*to speak or sing slowly, lengthening vowels*) to drawl; drag out (words, vowels); (*of singing*) sing slowly, prolonging some notes; «**Да-а-а**», — **протяну́л он, не зна́я, что́ сказа́ть** "We-e-ell," he drawled, not sure what to say [1, 5]

тяну́ться [тяну́сь, тя́нешься] *impfv* **1.** *pfv* **потяну́ться**; **к** + *dat.* or **за** + *instr.*; to try to reach for sth.; reach out for sth.; try to touch or grasp sth.; stretch out to get/ grasp sth.; **он потяну́лся к автома́ту** he tried to reach the automatic rifle; **она́ потяну́лась за мячо́м** she reached out for the ball; she stretched out to get the ball; **2.** *pfv-begin* **потяну́ться**; **к** + *dat.*; to be drawn to/ toward; be attracted to; reach for; **ма́льчик всё бо́льше тяну́лся к му́зыке** the boy was increasingly drawn toward music; **тяну́ться к сла́ве** reach/ strive for glory [5, 6]

У

у *preposition with gen.* **1.** (*when indicating proximity to s.o. or sth. and, by extension, place or instrument of s.o.'s activity*) by; at; next to; close to; **стоя́ть у окна́** stand by/ at the window; **стол стоя́л у окна́** the table was by the window/ next to the window; **це́рковь стои́т у са́мого вокза́ла** the church is right next to/ close to the station; **сиде́ть у компью́тера** sit at the computer; **2.** (*when indicating possession or belonging*) (one/ sth.) has; **у них тро́е дете́й** they have three children; **ру́чка у чемода́на слома́лась** the suitcase handle/ the handle of the suitcase broke off; **3.** (*when indicating the source—usu. a person who provides information, participates in some action, etc.*) from; **взять де́ньги в долг у дру́га** borrow money from a friend; **он мно́гому научи́лся у бра́та** he learned a great deal from his brother; **спроси́ у ма́мы** ask mother; **4.** (*when indicating s.o.'s home or some place*) at (s.o.'s place); with; **дава́й встре́тимся у меня́** let's meet at my place; **он останови́лся у дру́га** he stayed with a friend; a friend put him up

убега́ть [-а́ю, -а́ешь] *impfv / pfv* **убежа́ть** [убегу́, убежи́шь] **1.** to run away (*from s.o. or sth., from/ to some place*); run off; run; make off; **кто́-то позвони́л в наш звоно́к и сра́зу убежа́л** someone rang our doorbell and immediately ran away/ off; **он вы́хватил у меня́ су́мку и убежа́л** he snatched my pocketbook and made off/ ran (away); **2.** to flee (*from s.o. or sth., from some place*); run away from (*danger, punishment, etc.*); escape; **он убежа́л от охра́ны**

he ran away/ fled from the guards; **он убежа́л с ме́ста преступле́ния** he ran away from/ fled the scene of crime; **престу́пнику удало́сь убежа́ть** the criminal managed to escape [4]

убеди́ться *pfv* of **убежда́ться** [3, 5]

убежа́ть *pfv* of **убега́ть** [4]

убежда́ться [-а́юсь, -а́ешься] *impfv* / *pfv* **убеди́ться** [*nonpast 1st pers. sing. not used*, убеди́шься] **в** + *prep.* or *a* что-*clause*; **1.** to become/ be convinced (of sth. *or* that …); come to realize/ to believe/ to understand; **убеди́вшись в свое́й неправоте́ (в том, что он был непра́в), он извини́лся** having become convinced that he was wrong, he apologized; **2.** to make sure/ certain (of sth. *or* that …); (*usu. when used with* сам) see for o.s.; **я убеди́лся, что всё в поря́дке** I made sure that everything was all right; **дверь за́перта, мо́жешь убеди́ться сам** the door is locked—you can see for yourself [3, 5]

убежде́ние (*an opinion held with confidence*) belief; conviction; **твёрдое/ глубо́кое убежде́ние** strong/ deep conviction; firm/ strong belief [5]

убива́ть [-а́ю, -а́ешь] *impfv* / *pfv* **уби́ть** [убью́, убьёшь] *acc.*; to kill; (*intentionally*) murder; (*of a statesman, political leader, etc.*) assassinate; **он уби́л охра́нника одни́м вы́стрелом** he killed the guard with a single shot [4]

убо́гий *adj.* [убо́г, -а, -и] **1.** (*characterized by poverty, misery, deterioration*) wretched; miserable; shabby; **убо́гая жизнь** wretched/ miserable life; **убо́гая оде́жда** shabby/ wretched clothes; **2.** crippled; [*used as a noun*] cripple; **3.** (*of very poor quality, lacking creativity*) wretched; sterile; worthless; ineffectual; **убо́гая про́за** wretched/ sterile prose; **убо́гие стихи́** wretched poems [3]

убо́рная *adj., used as a fem. noun* bathroom; lavatory; restroom [6]

уве́ренность *fem.* confidence; certainty; assurance; **говори́ть с уве́ренностью** speak with confidence/ certainty; **я была́ в по́лной уве́ренности, что они́ винова́ты** I had absolute confidence/ complete assurance in their guilt; I was supremely confident that they were guilty [2, 6]

уве́ренный *adj.* [уве́рен, -а, -ы] **1.** [*often short form*] **в** + *prep.* or *a* что-*clause*; (*having confidence, feeling no doubt*) sure (of); certain (of); confident (of/ in; that …); positive (about); **он уве́рен в побе́де свое́й кома́нды** he is sure/ certain/ confident of his team's victory; **я уве́рена, что ты непра́в** I'm positive/ sure you're wrong; **уве́ренный в себе́ челове́к** self-confident/ self-reliant person; **2.** (*marked by confidence*) sure; steady; confident; **уве́ренный отве́т** sure/ confident answer; **тут нужна́ уве́ренная рука́** this requires a steady/ sure hand; **уве́ренный го́лос/ тон** confident voice/ tone [2, 6]

уве́рить *pfv* of **уверя́ть** [5]

уверну́ться *pfv* & *pfv-once* of **уве́ртываться** [4]

уве́ртываться [-аюсь, -аешься] *impfv* / *pfv* & *pfv-once* **уверну́ться** [-ну́сь, -нёшься] (**от** + *gen.*); to dodge; evade; **уверну́ться от уда́ра** dodge/ evade a blow; **он уверну́лся от отве́та на вопро́сы журнали́стов** he evaded/ dodged the journalists' questions [4]

уверя́ть [-я́ю, -я́ешь] *impfv* / *pfv* **уве́рить** [-рю, -ришь] *acc.* (& **в** + *prep.* or *a* что-*clause*) to assure (s.o. of sth. *or* that …); (to try) to convince (s.o. of sth. *or* that …); (to try) to make s.o. think/ believe (that …); **уверя́ю вас, что ничего́ из э́того не вы́йдет** I assure you that nothing will come out of it; **меня́ уве́рили, что к ве́черу мы туда́ доберёмся** they assured me/ I was made to believe that we'll get there by nightfall [5]

уви́деть *pfv* of **ви́деть** [1, 2, 4, 5, 6]

уви́деться *pfv* of **ви́деться** [1]

уга́дывать [-аю, -аешь] *impfv* / *pfv* **угада́ть** [-а́ю, -а́ешь] *acc.* or *a complement clause* **1.** (*to make a correct conjecture*) to guess (right); figure out; (*often in the phrase* **попро́бовать** *or* **попыта́ться угада́ть**) take/ make a guess; **вы угада́ли мою́ та́йну** you've figured out/ guessed my secret; **«Кто звони́л?» — «Попро́буй угада́ть! / Угада́й!»** "Who has called?" "Take a guess!/ Try to guess!"; **Ты угада́л!** You've made a lucky guess/ a shrewd guess! **2.** (*to recognize based on intuition or careful consideration*) to divine; figure out; recognize; **она́ угада́ла в де́вочке бу́дущую звезду́ экра́на** she divined/ recognized a future movie star in the girl [6]

угова́ривать [-аю, -аешь] *impfv* / *pfv* **уговори́ть** [-рю́, -ри́шь] *acc. & infin.*; (to try) to talk s.o. (into doing sth.); (to try) to persuade s.o. (to do sth.); **они́ уговори́ли меня́ пое́хать с ни́ми** they talked me into going with them; they persuaded me to go with them [4]

угово́р *coll.* agreement; understanding; deal; **у нас с му́жем угово́р: я гото́влю, а он мо́ет посу́ду** my husband and I have an agreement/ a deal: I cook and he washes the dishes [4]

уго́дно[1] *particle* (*used with pronouns* кто & что, *pronominal adjectives* како́й & чей, *and adverbs* как, где, куда́, отку́да, когда́, ско́лько); any-; any; **кто уго́дно** anyone (at all); anybody (at all); absolutely anyone/ anybody; anyone, it doesn't matter who; **что уго́дно** anything at all; anything whatsoever; **како́й уго́дно** any (one); any … (whatsoever); **когда́ уго́дно** anytime; at any time [3]

уго́дно[2] *predicative, used with* (*dat.*); old-fashioned or formal; (*as one desires*); (one) likes/ wishes/ pleases; **Что вам уго́дно?** What would you like?; **он всегда́ поступа́ет как ему́ уго́дно** he always acts as he pleases/ likes/ wishes; he always does whatever he likes/ whatever pleases him [3]

у́гол [*gen.* угла́, *loc.* (в) углу́] **1.** corner (of the room, the courtyard, *etc.*); **сиде́ть в углу́** sit in the corner; **2.** corner (of the street); **на углу́ на́шей у́лицы** on/ at the corner of our street; on/ at our street corner [6]

угрю́мый *adj.* [-рю́м, -а, -ы] gloomy; sullen; morose; **угрю́мый вид** gloomy/ sullen/ morose look; **угрю́мый го́лос** gloomy/ sullen voice; **угрю́мые глаза́** gloomy/ sullen/ morose/ glowering eyes; gloomy/ sullen look in s.o.'s eyes; **он был угрю́м и всегда́ держа́лся в стороне́** he was gloomy/ sullen and always kept his distance from others [5]

уда́рить *pfv* of **ударя́ть** [5]

уда́рный *adj.* (*related to highly productive work*) high-efficiency (*used as a modifier*); high-powered; **уда́рная брига́да** high-efficiency/ high-powered (work) team; **уда́рный труд/ уда́рная рабо́та** shock effort; extra productive labor; work in high gear [5]

ударя́ть [-я́ю, -я́ешь] *impfv* / *pfv* **уда́рить** [-рю, -ришь] **1.** *acc.* (& **по** + *dat.* or **в** + *acc.*; *instr.*); to strike (a person or an animal) (in/on … with …); hit; (*when hitting with the fist*) punch; (*when striking with a knife, dagger, etc.*) stab; (*when striking with the foot*) kick; (*when striking with the palm of the hand or a flat object*) slap; **он уда́рил па́рня и убежа́л** he struck/ hit the guy and made off; **он уда́рил па́рня по ноге́** he hit/ struck the guy in the leg; **он уда́рил па́рня в грудь** he hit/ struck the guy in the chest; **он уда́рил па́рня в грудь прикла́дом винто́вки** he hit/ struck the guy in the chest with the butt of his rifle; **2.** *instr.* & **по** + *dat.* or **в** + *acc.*; to strike/ hit sth. with sth.; bang;

pound; **я уда́рила ного́й в дверь** I struck/ hit the door with my leg; **он уда́рил кулако́м пó столу́/ по столу́** he banged/ pounded his fist on the table [5]

уде́рживать [-аю, -аешь] *impfv / pfv* **удержа́ть** [удержу́, уде́ржишь] *acc.* **1.** (**от** + *gen.*) (*to prevent s.o. from pursuing a certain course of action by using persuasion or force, exercising one's authority, etc.*) to keep s.o. (from sth.); hold s.o. back (from sth.); restrain s.o. (from doing sth.); (*by persuasion*) deter (s.o. from sth.); dissuade; discourage; **мы с трудо́м смогли́ удержа́ть их от дра́ки** we could barely keep them from getting into a fight; **он гото́в был уда́рить па́рня, но мы его́ удержа́ли** he was about to hit the guy, but we held him back/ restrained him; **он хоте́л бро́сить университе́т, но я его́ удержа́л** he wanted to quit the university, but I deterred/ dissuaded him; **2.** (*to control the expression of some emotion*) to suppress (a smile, one's tears, one's indignation, *etc.*); hold back; keep back; restrain; **она́ не могла́ удержа́ть слёзы** she couldn't suppress/ hold back/ restrain her tears; **удержа́ть негодова́ние** restrain/ suppress/ bridle one's indignation; **3.** (*to maintain a certain position or state*) to keep; preserve; **удержа́ть равнове́сие** keep/ maintain one's balance; [*when negated*] lose one's balance [5]

удиви́тельно *adv.* **1.** *used with adjectives and adverbs; intensifier;* (*in a very high degree, unusually and often unexpectedly*) surprisingly; astonishingly; remarkably; amazingly; extremely; **ма́льчик удиви́тельно начи́тан** the boy is astonishingly/ remarkably/ surprisingly well-read; **удиви́тельно вку́сный напи́ток** extremely/ amazingly delicious drink; **2.** *used predicatively,* (it is) surprising; (it is) strange/ queer; [*when negated*] it's no wonder; (it's) small wonder; **удиви́тельно, что им удало́сь вы́играть** it is surprising that they managed to win; **не удиви́тельно, что не́которые (лю́ди) боя́тся лета́ть** it's not surprising that /it's no wonder that/ it's small wonder (that) some people are afraid of flying [6]

удиви́тельный *adj.* [-лен, -льна, -льны] **1.** surprising; astonishing; startling; striking; **удиви́тельное приключе́ние** surprising/ astonishing adventure; **удиви́тельный слу́чай** startling/ striking incident; **2.** marvelous; wonderful; **э́то удиви́тельные лю́ди** they are marvelous/ wonderful people; **3.** (*exceptional*) extraordinary; amazing; remarkable; **удиви́тельный врун** extraordinary/ amazing liar; **удиви́тельный негодя́й** amazing/ remarkable villain [6]

удивля́ться [-я́юсь, -я́ешься] *impfv / pfv* **удиви́ться** [-влю́сь, -ви́шься] (*dat.*) to be surprised (at); be astonished (at); wonder (at); marvel (at); **Чему́ вы удивля́етесь?** What are you surprised at?; **я ничему́ не удивля́юсь** nothing surprises/ astonishes me; **он удиви́лся, что ему́ ничего́ не сообщи́ли** he was surprised that they did not inform him; **я удивля́лся его́ терпе́нию** I wondered at his patience; **удивля́юсь, почему́ я сама́ не догада́лась** I wonder why I haven't figured it out myself [3]

удовлетворённо *adv.* with satisfaction; contentedly; with contentment [5]

уезжа́ть [-а́ю, -а́ешь] *impfv / pfv* **уе́хать** [уе́ду, уе́дешь] (**в/на/за** + acc. or **к** + *dat.*; **из/с/от** + *gen.*) (*to depart from or to some place, using some means of transportation*) to leave (for); go away (from); set out (for/ from); **уе́хать в Пари́ж/ на рабо́ту/ в дере́вню/ к роди́телям** leave for Paris/ for work/ for the countryside/ for one's parents' place; **уе́хать из Пари́жа/ с рабо́ты/ от роди́телей** leave Paris/ one's workplace/ one's parents' place; **он уе́хал, но**

не зна́ю куда́ he went away, but I don't know where; **они́ уе́хали на рассве́те** they set out/ left at dawn [1, 3, 4]

уж[1] *colloquial variant of* **уже́**

уж[2] *particle; used for emphasis with pronouns and adverbs;* certainly; to be sure; [*in questions and negated sentences*] **так уж** (+ *adv.*), **тако́й уж** (+ *adj.*) that; **уж я-то зна́ю, почему́ он э́то сде́лал** I certainly know/ I, for one, know why he did it; **уж он-то с рабо́той спра́вится** he'll handle the job well, to be sure; **э́то не так уж пло́хо напи́сано** it's not that poorly written; **они́ не таки́е уж бе́дные** they are not that poor; **так поступи́ть — э́то уж про́сто глу́по** to do a thing like that is certainly foolish/ is just plain foolish/ is simply foolish [1, 6]

у́жас horror; terror; intense/ strong fear; **быть в у́жасе** be horrified; **в у́жасе она́ закрича́ла** she screamed in horror; horrified, she screamed; **э́то преступле́ние привело́ в у́жас жи́телей дере́вни** the crime struck terror into the villagers [5]

ужа́сно *adv.* **1.** terribly; horribly; awfully; **поёт она́ ужа́сно** she sings terribly/ horribly; **он говори́т по-ру́сски хорошо́, но пи́шет ужа́сно** he speaks Russian well, but writes terribly/ awfully; **2.** *used with adjectives, adverbs, and some verbs; intensifier; coll.* terribly; awfully; very; **он ужа́сно засте́нчив** he is terribly/ awfully shy; **я вам ужа́сно ра́да** I'm awfully/ terribly/ very happy to see you; **он ужа́сно оби́делся/ рассерди́лся** he got terribly offended/ angry; **3.** *used predicatively,* (it is) terrible/ horrible/ awful; **ужа́сно, что и он, и его́ жена́ потеря́ли рабо́ту** it's terrible that both he and his wife have lost their jobs [4]

уже́[1] <*variant* **уж**> *adv.* already; by now; now; *in questions, also:* yet; **уже́ не** no longer; not … any longer; not … anymore; **он уже́ уе́хал** he has already left; **он, должно́ быть, уже́ уе́хал** he must have left by now; **ты уже́ больша́я** you're a big girl now; **Вы уже́ ви́дели э́тот фильм?** Have you seen this film yet?; **он уже́ не мо́лод** he is no longer young; he is not young anymore [1-6]

уже́[2] *particle; used for emphasis;* **1.** already; very; **Замолчи́! Хва́тит уже́!** Stop talking! Enough already!; **уже́ пе́рвые его́ слова́ испуга́ли меня́** his very first words scared me; **2.** *used in time phrases;* **мы не ви́делись уже́ не́сколько лет** it's been several years since we saw each other; **она́ верну́лась уже́ по́сле полу́ночи** she returned as late as after midnight [1-6]

узнава́ть [узнаю́, узнаёшь] *impfv / pfv* **узна́ть** [узна́ю, узна́ешь] *acc.* **1.** to recognize; know; **Как я вас узна́ю?** How will I recognize you?; How will I know it's you?; **2.** *also:* **о** + *prep.* or **про** + *acc.*; (*to obtain new information*) to learn; find out; **я узна́л, что они́ перее́хали в Москву́** I learned/ found out that they had moved to Moscow; **Как ты узна́л об э́том?** How did you find out about it?; How did you get wind of it?; **3.** (*to seek information through inquiry*) (to try) to find out; inquire; **Ты узна́ла, каку́ю оце́нку тебе́ поста́вили?** Have you found out/ inquired what grade you got? [1, 4, 6]

уйти́ *pfv* of **уходи́ть** [2, 4, 6]

ука́зывать [-аю, -аешь] *impfv / pfv* **указа́ть** [укажу́, ука́жешь] *acc.* (or **на** + *acc.*); to indicate; give; provide; state; specify; **вы должны́ указа́ть да́ту рожде́ния** you should indicate/ provide/ state your date of birth; **указа́ть обра́тный а́дрес** provide/ give/ specify the return address; **укажи́те, кто мо́жет дать вам рекоменда́тельное письмо́** indicate/ specify who can write a letter of recommendation for you; **да́та почему́-то не**

ука́зывается for some reason, the date is not indicated/ provided [6]

ука́зываться *passive* of **ука́зывать** [6]

укла́дывать [-аю, -аешь] *impfv* / *pfv* **уложи́ть** [уложу́, уло́жишь] *acc.* **1.** (*to place horizontally*) to lay (down); put (down); **они́ уложи́ли ра́неного на крова́ть** they laid the wounded man (down) on a bed; they put the wounded man on a bed; **2.** (*to confine s.o. with a disease, injury, etc.*) to order to bed; confine to bed; lay up; **у него́ был жар, и врач уложи́л его́ в посте́ль** he had a fever, and the doctor ordered him to bed; **серьёзная тра́вма уложи́ла его́ в посте́ль на ме́сяц** a serious injury laid him up for a month; **её уложи́ли в больни́цу** she was hospitalized [6]

укло́нчиво *adv.*; *usu.* with **отвеча́, говори́ть, выска́зываться,** *etc.*; evasively; vaguely; equivocally; ambiguously; **он отвеча́л укло́нчиво** he answered evasively/ vaguely/ ambiguously; he equivocated [6]

у́лица 1. street; **2.** (*in, into, or from the open*) **на у́лицу/на у́лице** outside; outdoors; out-of-doors; **с улицы́** from outside/ outdoors [1, 4]

уложи́ть *pfv* of **укла́дывать** [6]

улучше́ние improvement; improving; **улучше́ние ка́чества рабо́ты** labor quality improvement [2]

улыба́ться [-а́юсь, -а́ешься] *impfv* / *pfv* & *pfv-once* **улыбну́ться** [-ну́сь, -нёшься] to smile; **она́ улыбну́лась мне** she smiled at me; **ве́село улыбну́ться** smile cheerfully; **приве́тливо улыбну́ться** give a friendly smile [4, 6]

улы́бка [*gen. pl.* -бок] smile [6]

ум [*gen.* ума́] (*inherent ability to think and reason*) mind; intellect [2]
• **сходи́ть/сойти́ с ума́** to go mad/crazy/out of one's mind; lose one's mind [2]

умере́ть *pfv* of **умира́ть** [4, 6]

уме́ть [-е́ю, -е́ешь] *impfv* [*no pfv*]; *used with infin.*; to know how (to do sth.); be able (to do sth.); be skilled at/ in (doing sth.); have the know-how (to do sth.); **в три го́да ма́льчик уме́л чита́ть** at the age of three the boy knew how to read/ could read; **она́ уме́ет рабо́тать с людьми́** she knows how to work with people; she is skilled at working with people; **он объясни́л как уме́л, в чём пробле́ма** he explained as best he could what the problem was [4, 5, 6]

умира́ть [-а́ю, -а́ешь] *impfv* / *pfv* **умере́ть** [умру́, умрёшь; *past* у́мер, -ла́, -ло] to die; pass away; [*pfv only*] be dead; **она́ умерла́ год наза́д** she died/ passed away a year ago; **хо́дят слу́хи, что он у́мер** rumors go around that he is dead [4, 6]

у́мный *adj.* [умён, умна́, у́мно & умно́, у́мны & умны́; *compar.* умне́е & -е́й] **1.** (*of a person or a person's face, eyes, glance, etc.; mentally keen or expressing mental keenness*) intelligent; clever; smart; **у́мная же́нщина** intelligent/ clever/ smart woman; **у́мное лицо́** intelligent/ clever face; **2.** (*governed by intellect, expedient*) intelligent; sensible; reasonable; smart; **у́мный сове́т** intelligent/ sensible/ smart advice; **у́мное реше́ние** intelligent/ sensible/ reasonable/ smart decision [1]

унасле́довать [-дую, -дуешь] *pfv* [*no impfv*] *acc.* to inherit [6]

унести́ *pfv* of **уноси́ть** [5]

университе́т university [3, 6]

унима́ться [-а́юсь, -а́ешься] *impfv* / *pfv* **уня́ться** [уйму́сь, уймёшься; *past* уня́лся, -ла́сь, уняло́сь, уняли́сь & уня́лось, уняли́сь] **1.** (*of a person; to stop yelling, crying, making noise, etc.*) to quiet down; calm down; grow quiet;

они́ руга́ются всё у́тро и ника́к не уйму́тся they've been bickering the whole morning and won't quiet down; **2.** (*of actions, physical sensations, emotions, etc.*) to abate; subside; die down; stop; **ве́тер уня́лся** the wind abated/ subsided/ died down; **боль уняла́сь** the pain subsided/ stopped/ abated; **дрожь у него́ в рука́х уняла́сь** his hands stopped trembling; the trembling in his hands stopped [5]

уноси́ть [уношу́, уно́сишь] *impfv* / *pfv* **унести́** [унесу́, унесёшь; *past* унёс, унесла́, -ло́] *acc.* **1.** to carry away/ off; take away; **унести́ с собо́й** take (sth.) with one; **он унёс мой чемода́н** he carried/ took away my suitcase; **оста́тки то́рта вы унесёте с собо́й** you'll take the leftovers of the cake with you; **2.** (*of wind or water; also of means of transportation*) to carry away (off, to, up, over, *etc.*) **ве́тер унёс возду́шный шар (вверх)** the wind carried the balloon up [5]

уны́лый *adj.* [уны́л, -а, -ы] **1.** (*of a person or a person's facial expression, voice, etc.*) dejected; downcast; sad; **уны́лое выраже́ние лица́** downcast/ dejected expression; **он говори́л уны́лым го́лосом** he spoke in a sad/ dejected tone of voice; **2.** (*causing gloom with its dullness and monotony*) dismal; drab; dreary; bleak; cheerless; depressing **уны́лая пого́да** dismal/ dreary/ bleak weather; **уны́лая жизнь** drab life; **уны́лая зима́** depressing/ cheerless winter [5]

уня́ться *pfv* of **унима́ться** [5]

упа́д used only in the idiom:
• **до упа́ду хохота́ть, смея́ться** to laugh one's head off; laugh till one splits one's sides [6]

упа́сть *pfv* of **па́дать** [4]

упира́ться [-а́юсь, -а́ешься] *impfv* / *pfv* **упере́ться** [упру́сь, упрёшься; *past* упёрся, упёрлась, упёрлось] **в** + *acc.*; (*to come across an obstacle while moving*) to run into; **мы шли, пока́ не упёрлись в реку́** we kept walking until we ran into a river [5]

упо́рно *adv.* **1.** (*with unreasonable inflexibility*) persistently; stubbornly; obstinately; **они́ упо́рно игнори́руют пра́вила безопа́сности** they persistently ignore safety regulations; **хотя́ его́ вина́ была́ дока́зана, он упо́рно продолжа́л отрица́ть её** even though his guilt was proved, he stubbornly/ obstinately kept denying it; **2.** (*with great effort, intently*) persistently; hard; arduously; **она́ упо́рно пыта́ется уговори́ть его́ эмигри́ровать** she has been persistently trying to persuade him to emigrate; **у ма́льчика сре́дние спосо́бности, но он упо́рно занима́ется** the boy has average ability, but he studies hard; **он упо́рно рабо́тает над диссерта́цией** he has been working hard/ arduously on his dissertation [6]

упражне́ние 1. (*physical activity*) exercise; **2.** (*skill-increasing activity*) exercise; assignment [3]

упря́тывать [-аю, -аешь] *impfv* / *pfv* **упря́тать** [упря́чу, упря́чешь] *acc.*; *coll.* to hide; conceal; put away; **никто́ не знал, куда́ он упря́тал де́ньги** no one knew where he had hidden/ concealed the money; **ма́ма упря́тала мои́ сигаре́ты — не могу́ найти́** mother put away my cigarettes—they're nowhere to be found [6]

у́ровень [*gen.* -вня] *masc.* **1.** level; height; **вода́ была́ почти́ на у́ровне о́кон** the water was almost at window level/ height; the water was almost at the level/ height of the windows; **2.** (*a degree of requirement or achievement*) level; standard; **у́ровень зна́ний** level of knowledge; **высо́кий у́ровень жи́зни** high standard of living [5]

уроди́ться [урожу́сь, уроди́шься] *pfv* [*no impfv*] *coll.* **1.** *instr.* (*of a person's appearance, build, etc.*) to be born (a certain way); have been (a certain way) since birth; **ребёнок уродился слабеньким** the child was born weak; the child has been weak since birth; **2. в** + acc.; (to resemble s.o. in appearance, character, etc.) to take after; be/ look like; **мальчик уродился в отца — такой же упрямый** the boy took after his father—he is just as stubborn as his father; **девочка уродилась в мать — такая же красавица** the girl looks like her mother—she is as much of a beauty as her mother [6]

уро́к 1. (a period of instruction) lesson; class; **уро́к фи́зики** physics lesson; **расписа́ние уро́ков** schedule of classes; **прогуля́ть уро́к** cut a class; **2.** (schoolwork students below college level are assigned to do at home) homework; (homework) assignment; **гото́вить / де́лать уро́ки** do one's homework; **уро́к по фи́зике** (homework) assignment in physics [4]
• **дава́ть уро́ки** to give private lessons; tutor privately [4]

урони́ть pfv of **роня́ть** [4]

уса́живать [-аю, -аешь] impfv / pfv **усади́ть** [усажу́, уса́дишь] **1.** acc. to help/ ask s.o. to sit down; offer s.o. a seat; **они́ усади́ли меня́ и попроси́ли подожда́ть** they offered me a seat and asked me to wait; they asked me to sit down and wait; **2.** acc. & **за** + acc. or infin.; (to make s.o. sit down and do sth. that requires the person to be sitting) to sit s.o. down (at sth., to do sth., etc.); set s.o. down (to sth./ to do sth.); **усади́ть де́вочку за фортепиа́но** sit the girl down at the piano; **усади́ть ма́льчика за уро́ки /де́лать уро́ки** set the boy down to his homework; set the boy to do his homework; put textbooks in front of the boy; **усади́ть ребёнка за кни́гу** sit the child down with a book; sit the child to read a book; set the child to read (sth.) [5]

усе́рдно adv. diligently; assiduously; painstakingly; **она́ усе́рдно рабо́тала над докла́дом** she diligently/ assiduously worked on her paper [6]

уси́ленно adv. **1.** intensely; hard; with great force; **он уси́ленно гото́вится к экза́менам** he has been studying hard/ intensely for his exams; **она́ уси́ленно стара́лась избега́ть э́той те́мы** she tried hard/ she tried her best to avoid that subject; **у нас уси́ленно развива́ется техноло́гия** technology has been developing here with great force; **2.** persistently; insistently; **мне уси́ленно напомина́ют о моём обеща́нии** I am persistently reminded of my promise; **они́ уси́ленно приглаша́ют меня́ прие́хать** they insistently invite me to come [6]

уси́лие (physical or mental exertion) effort; **дру́жными уси́лиями** by concerted effort(s); **приложи́ть уси́лие** put forth/ make an effort; **уси́лием во́ли** by effort of will; by exerting one's will [5]

уследи́ть [услежу́, уследи́шь] pfv [no impfv] **за** + instr. **1.** (to prevent sth. undesirable while watching s.o. or sth.) to keep an eye on; watch; **она́ не уследи́ла за багажо́м, и оди́н чемода́н исче́з** she failed to keep an eye on the luggage/ to watch the luggage, and one suitcase disappeared; **2.** (to pay attention to sth. and be able to comprehend it fully; not to miss anything) to follow (the latest events, the plot, the market, s.o.'s argument, etc.); keep track of; [when used with a negation] lose track of; **он не мог уследи́ть за тем, что происхо́дит** he couldn't keep track of/ he lost track of what was going on [6]

услу́га 1. favor; service; good turn; **плоха́я услу́га** ill turn; disservice; **он бу́дет рад оказа́ть вам услу́гу** he'll be glad to do you a favor/ a good turn; **он оказа́л мне услу́гу, согласи́вшись быть мои́м консульта́нтом** he did me a service by agreeing to be my consultant; **2.** [usu. pl.: услу́ги]

(work done for others in one's official capacity) service(s); **предложи́ть свои́ услу́ги** + dat. offer one's services (to s.o.) [3]

услы́шать pfv of **слы́шать** [1, 4, 5, 6]

усну́ть pfv [no impfv] to fall asleep [4]

успева́ть [-а́ю, -а́ешь] impfv / pfv **успе́ть** [успе́ю, успе́ешь] **1.** used with infin.; to have time (to do sth.); manage (to do sth. in a timely fashion); **он успе́л зайти́ в апте́ку до рабо́ты** he had time/ he managed to stop at the pharmacy before going to work; **2. на** + acc. or **к** + dat.; to be in time/ on time (for sth.); **она́ успе́ла на спекта́кль** she was in time/ on time for the show; **успе́ть к самолёту/ на самолёт** be in time for the plane; make the plane; **3.** [impfv only] **в** + prep. and/or **по** + dat.; to do well (in/ at); fare well (in); **успева́ть в шко́ле** do well in/ at school; **успева́ть по хи́мии** do well in chemistry; get good grades in chemistry [4, 5, 6]

успе́х 1. success; **ваш пе́рвый большо́й успе́х** your first great success; **наде́яться на успе́х** hope for success; **2.** [pl. only: успе́хи] (achievements in work or study) progress; **ва́ши ученики́ сде́лали значи́тельные успе́хи** your students have made considerable progress [2]

успока́иваться [-аюсь, -аешься] impfv / pfv **успоко́иться** [-ко́юсь, -ко́ишься] (of a person) to calm down; cool off/ down; **я не бу́ду обсужда́ть э́то, пока́ ты не успоко́ишься** I won't discuss it until you've calmed down/ cooled off [4]

уставля́ть [-я́ю, -я́ешь] impfv / pfv **уста́вить** [-влю, -вишь] acc. & instr.; (to place some objects over the whole area or surface) to fill with; stuff with; cram with; cover with; **весь коридо́р был уста́влен чемода́нами** the whole hallway was filled/ crammed with suitcases [5]

ута́скивать [-аю, -аешь] impfv / pfv **утащи́ть** [утащу́, ута́щишь] acc. to drag away; pull away; **он схвати́л ребёнка и утащи́л его́ с собо́й** he grabbed the child and dragged/ pulled him away with him [4]

утвержда́ть [-а́ю, -а́ешь] impfv / pfv **утверди́ть** [утвержу́, утверди́шь] **1.** [impfv only] acc. or a **что**-clause; to assert; maintain; claim; state; affirm; **он утвержда́ет, что никогда́ не сиде́л в тюрьме́** he asserts/ maintains/ claims that he has never been behind bars; **2.** acc. to approve (an appointment, a proposal, a project, etc.); confirm; **коми́ссия утверди́ла уче́бный план но́вой програ́ммы** the committee approved the curriculum for the new program; **дире́ктор утверди́л моё назначе́ние на до́лжность гла́вного инжене́ра** the director confirmed my appointment as chief engineer/ to the post of chief engineer [2]

утеша́ть [-а́ю, -а́ешь] impfv / pfv **уте́шить** [-шу, -шишь] acc. to comfort; console [6]

утонча́ться [-а́юсь, -а́ешься] impfv / pfv **утончи́ться** [-чу́сь, -чи́шься] **1.** to become/ get thinner (than before); **лёд на реке́ утончи́лся** the ice on the river became thinner; **2.** (of a person's taste, hearing, intelligence, etc.) to become/ get quite refined; **у де́вушки утончи́лся вкус** young woman's taste became quite refined [6]

у́тренний adj. morning (used as a modifier) [6]

у́тро [gen. у́тра, but **с** утра́, до утра́; the form утра́ is used after the time of day; dat. у́тру, but **к** утру́] morning; **в во́семь часо́в утра́** at eight (o'clock) in the morning; **тако́го холо́дного у́тра давно́ не́ было** we haven't had such a cold morning for a long time; **по утра́м** in the morning(s); each morning [3, 4]

утрясáться [*3rd pers. only; -áется*] *impfv / pfv* **утрястúсь** [-сётся] *coll.* (*of disagreements, unsteady situations, problems, etc.*) to be/ get straightened out; be/ get settled; be/ get worked out; **пéрвое врéмя им бы́ло трýдно, но постепéнно всё утряслóсь** initially it was hard for them, but little by little everything got straightened out [4]

утю́г [*gen.* утюгá] (*an appliance for pressing fabric*) iron [6]

ýхо [*pl.: nom.* ýши, *gen.* ушéй, *prep.* (в) ушáх] ear; **врéзать в ýхо** + *dat.* to box s.o.'s ear(s); box/ clout/ bash s.o. on the ear [1, 4]

ухóд 1. leaving; departure; **пèред ухóдом из гостúницы** before leaving the hotel; **ухóд корабля́ из пóрта** the departure of the ship from the port; **2.** *usu.* **с/из** + *gen.*; quitting; leaving; departure; **её ухóд с рабóты** her quitting her job; **твой ухóд из университéта** your quitting/ leaving the university; **ухóд со сцéны** departure from the stage; **пèред ухóдом с постá премьéр-минúстра** before (his/her) departure from the position of Prime Minister; **ухóд на пéнсию** retirement [3]

уходúть [ухожý, ухóдишь] *impfv / pfv* **уйтú** [уйдý, уйдёшь; *past* ушёл, ушлá, ушлó, ушлú] **1.** to leave; go away/ off; depart; **онá ухóдит с рабóты в пять часóв** she leaves the office at 5 o'clock; **автóбус ужé ушёл** the bus has already left; **уходú, я не хочý тебя́ вúдеть** go away—I don't want to see you; **он ушёл не попрощáвшись** he went off without saying goodbye; **он ушёл из дерéвни нóчью** he departed from/ he left the village at night; **2.** to leave (one's job, an educational institution, a profession, sport, *etc.*); quit; **емý пришлóсь уйтú из университéта и пойтú рабóтать** he had to leave the university and get a job; **трáвма былá настóлько серьёзной, что емý пришлóсь уйтú из спóрта** the injury was so serious that he had to quit sport; **егó не вы́гнали, он ушёл с рабóты сам** he wasn't sacked, he quit his job himself; **уйтú на пéнсию** retire [2, 4, 6]

уцелéть [-éю, -éешь] *pfv* [*no impfv*] **1.** (*to remain unharmed*) to escape damage/ destruction; escape injury; come off unhurt; remain unhurt; remain intact; **городóк сúльно пострадáл от урагáна: уцелéло лишь нéсколько домóв** the town suffered greatly from the hurricane: only a few houses escaped destruction/ damage; **2.** (*to remain alive*) to survive; stay alive; **из всей большóй семьú он одúн уцелéл** out of the whole big family he is the only one who survived/ stayed alive [3]

учáствовать [-ствую, -ствуешь] *impfv* [*no pfv*]; **в** + *prep.*; to take part (in); participate (in); **учáствовать в кóнкурсе** take part in a competition [2, 6]

учáщийся 1. *present participle* of учúться or *adj.*; *usu. used in the phrase* **учáщаяся молодёжь** students; **2.** *used as a noun* [*male when sing., sex unspecified when pl.; female* **учáщаяся**] student (*at any level at an educational institution*); **учáщиеся 5-ого клáсса** fifth grade students [5]

ученúк [*gen.* -никá; *male when sing., sex unspecified when pl.; female* **ученúца**] **1.** (*below the college level*) student; pupil; **ученикú начáльных клáссов** elementary school students/ pupils; **2.** (*a person who studies or studied under another's guidance and/or adheres to another's teachings*) pupil; student; follower; disciple; **он был ученикóм извéстного филóсофа** he was the student of a well-known philosopher [6]

учúлище (*a high-school level specialized educational institution*) school; academy; **воéнное учúлище** military

school/ academy; **циркóвое учúлище** circus school; circus (arts) academy [4]

учúлка *children and young adolescents' slang for* **учúтельница**; (school)teacher (*female*) [4]

учúтель [*male when sing., sex unspecified when pl.; female* **учúтельница**] (*below the college level*) (school)teacher [4, 5]

учúтельница (*below the college level*) (school)teacher (*female*) [4]

учúть [учý, ýчишь] *impfv / pfv* **вы́учить** [-чу, -чишь], *pfv-awhile* **поучúть 1.** *pfv also:* **научúть**; *acc. & dat. or infin.* (*to pass along knowledge or skill to s.o.*) to teach; instruct; train; school; **онá ýчит детéй мýзыке** she teaches children music; **учúть детéй плáвать** instruct children how to swim; **учúть студéнтов мы́слить логúчески** train students to think logically; **мáльчик не хóдит в шкóлу, егó ýчат дóма** the boy doesn't go to school, he is home-schooled; **2.** *acc.*; (*to acquire knowledge in some field or comprehension of a subject*) to study; be learning; **Какúе предмéты ты ýчишь в шкóле?** Which subjects do you study at school?; **он ýчит французский** he is learning French; **3.** *acc.*; (*to commit sth. to memory*) to memorize; learn by heart/ by rote; **я хочý вы́учить это стихотворéние** I want to memorize this poem; **тебé нýжно вы́учить таблúцу умножéния** you must learn the multiplication table by heart [2, 4, 5]

учúться [учýсь, ýчишься] *impfv / pfv* **научúться** & **вы́учиться** [-чусь, -чишься] **1.** *dat. or infin.* (and/or **у** + *gen.*); (*to acquire knowledge or skill*) to study sth. (with s.o.); learn sth.; learn (how) to do sth.; [*impfv only*] (*especially when studying privately*) take (music, tennis, sewing, *etc.*) lessons; take lessons in (Japanese, dancing, choral singing, *etc.*); **онá ýчится немéцкому языкý** she studies German; **онá ýчится у своéй тёти** she has been studying with her aunt; **я хочý научúться игрáть в тéннис** I want to learn (how) to play tennis; **онá ýчится пéнию три гóда** she has been taking singing lessons for three years; **2.** *impfv or pfv-awhile* **поучúться**; to be a student (*at a certain college or department*); study (*at a specified school or grade*); attend school; **онá ýчится в Москóвском университéте** she is a student/ she studies at Moscow State University; **он ýчится в шкóле** he goes to school; **он ýчится в десятом клáссе** he is a tenth-grader; he studies in the tenth grade; **Где он учúлся?** Where did he attend school?; **3.** [*impfv only*] (*to be engaged in the learning process*) to study; **хорошó учúться** study well; do well in/at school; be a good student; **мáльчик учúлся невáжно** the boy studied rather poorly/ was a rather mediocre student [4, 5, 6]

Ф

фамúлия last name; family name; surname; **напишúте здесь свою́ фамúлию, úмя и óтчество** write here your last name, first name, and patronymic [1]

фантастúческий *adj.* **1.** (*unreal, existing only in imagination*) fantastic; imaginary; **Хóчешь почитáть о фантастúческих живóтных, котóрые появля́ются в скáзках?** Do you want to read about fantastic beasts that appear in fairy-tales?; **2.** *coll.* (*extraordinary in some respect*) fantastic; phenomenal; fabulous; amazing; **фантастúческая поéздка в Австрáлию** fantastic/ fabulous/ amazing trip to Australia; **он фантастúческий врун** he is a phenomenal liar [6]

фи́бра [*pl. only; used mainly in phrases* фи́бры души́, фи́бры се́рдца, *etc.*] (ненави́деть, презира́ть …) **все́ми фи́брами души́** (to hate, despise …) with every fiber of one's being/ with all one's being [5]

фиг
- **до фига́** *highly coll.* (*used to denote a very large quantity of people or things or a very large amount of some substance or quality*) (there are) tons of …; there are a hell of a lot of …; … galore; **ду́рных привы́чек у меня́ до фига́** I have a hell of a lot of bad habits; I have bad habits galore [4]
- **ни фига́** *highly coll.* absolutely not; nothing of the kind; far from it [4]
- **фиг зна́ет что** *slang* who knows what; devil knows what; (I'll be) damned if I know what [4]

фигу́ра 1. (*the shape or contour of a human body*) figure; build; body; **широ́кая фигу́ра** broad figure/ build; **краси́вая фигу́ра** beautiful figure/ body; **2.** (*a human*) figure; person; **вдруг я заме́тил знако́мую фигу́ру** suddenly I saw a familiar figure/ person [6]

фигури́ровать [-ри́рую, -ри́руешь] *impfv* [*no pfv*] (*to be present and involved in sth., to be named somewhere*) to figure; appear; be mentioned; **он нигде́ не фигури́рует в ка́честве одного́ из а́второв э́того докуме́нта** nowhere does he figure/ appear as an author of this document; nowhere is he mentioned as an author of this document [5]

фи́зика physics [2, 6]

физионо́мия *coll.* (*of a person*) face; visage; (*mainly in humorous contexts*) physiognomy; **вы́тянутая физионо́мия** long face/ visage; **шкодли́вая физионо́мия** mischievous face/ visage/ physiognomy [5]

филфа́к *abbreviation of* **филологи́ческий факульте́т**; *coll.* school/ division/ department of languages and literatures; (*in the former U.S.S.R. and Russia*) department/ faculty of philology [3]

фильм movie; film [4]

фи́рма (business) firm; company [4]

флома́стер felt-tip pen; soft-tip pen [6]

фо́кус (magic) trick; conjuring trick; sleight of hand; **пока́зывать фо́кусы** perform magic tricks [4]

фо́рма 1. (*the external outline or contour of a thing, including three-dimensional things*) form; shape; **буты́лка в фо́рме гру́ши** bottle in the form of a pear; bottle shaped as a pear/ having the shape of a pear; **2.** [*sing. only*] (*a person's proper physical or general condition*) form; shape; **он в (хоро́шей) фо́рме** he is in good/ fine form; he is in top/ great shape; (*usu. in sporting contexts*) he is at the top of his game; **он не в фо́рме** he is not up to par; (*of one's level of fitness*) he is out of shape; **3.** [*sing. only*] (*standardized outfit for those who belong to the same group: the military, some categories of students, pilots, train conductors, etc.*) uniform [5]

фо́рменный *adj.* uniform (*used as a modifier*) [5]

фортепиа́но <*also spelled* форте́пья́но; *pronounced* -тэ-> *indecl., neut.* piano; **игра́ть на фортепиа́но** play the piano [4, 5]

фо́тоателье́ <*pronounced* -тэ-> *indecl., neut.* photo studio; photography studio [3]

фотогра́фия 1. photography; **2.** photograph; photo; picture [5, 6]

фрагме́нт *bookish*; (*an isolated part of a whole*) fragment; segment; detail; **фрагме́нт рома́на** fragment/ segment of a novel; **фрагме́нт карти́ны** segment/ detail of a painting; **фрагме́нт зда́ния** detail/ fragment of a building;

фрагме́нт исто́рии культу́ры fragment of cultural history [6]

фраки́йский *adj.* Thracian (*pertaining to Thrace, an ancient region in the Balkan Peninsula*) [4]

Х

хами́ть [-млю́, -ми́шь] *impfv* / *pfv* **нахами́ть**; *dat.; coll.* to be rude (to s.o.); speak rudely (to s.o.) [4]

хана́ *used predicatively; slang;* (*of a person or thing that is doomed to fail, to be ruined, or to be killed*) it's the end (of s.o./ sth.); it's curtains; it's all over (for s.o./ sth.); **е́сли ма́фия его́ найдёт, ему́ хана́** if the mafia finds him, it's the end of him/ it's curtains for him [5]

хара́ктер 1. (*the complex of characteristic features that determines a person's behavior*) character; disposition; personality; **формирова́ть хара́ктер ребёнка** form/ mold a child's character; **у неё лёгкий хара́ктер** she has an agreeable disposition; she is an agreeable personality; she is easy to get along with; **2.** (*resoluteness, strong will*) (strong/ firm) character; **они́ прояви́ли хара́ктер** they showed character; they demonstrated their strong/ firm character; **челове́к с хара́ктером** man/ woman of character/ of strong character/ of firm character; strong-willed person/ man/ woman [5]

хвата́ть[1] [-а́ю, -а́ешь] *impfv* / *pfv* **схвати́ть** [схвачу́, схва́тишь] *acc.* to seize; grab; grasp; snatch; **он схвати́л меня́ за́ руку** he seized/ grasped/ caught me by the arm; **соба́ка схвати́ла кусо́к мя́са и убежа́ла** the dog grabbed/ snatched a piece of meat and ran off [4]

хвата́ть[2] [*3rd pers. only;* -а́ет] *impfv* / *pfv* **хвати́ть** [хва́тит] *impers., used with gen.* (& *dat.*); (one) has enough; (sth.) is enough/ sufficient; (sth.) suffices; [*when used with a negation*] (one) is short of; (one) is short on; (one) lacks; **Тебе́ ты́сячи рубле́й хва́тит на пое́здку?** Will a thousand rubles be enough/ sufficient for your trip?; **мне э́того хва́тит** that will suffice for me; **мне не хвата́ет де́нег** I'm short of money; **ему́ не хвати́ло вре́мени** he didn't have enough time; he was short on time; **ей не хвата́ет о́пыта** she lacks experience; she is short on experience [4, 6]

хвать! *used as interjection; ungrammatical variant of* хва́тит; *substandard;* (*stop doing what you are doing*); Enough!; Enough of that!; Cut it out! [5]

хи́мия chemistry [6]

химчи́стка [*gen pl.* -ток] *coll.* **1.** (*the process*) dry-cleaning; **2.** (*a dry-cleaning business*) dry cleaner(s); dry cleaner's [3]

хи́щник 1. (*animal*) predator; **лев — хи́щник** the lion is a predator; **2.** (*of a person*) [*male when sing., sex unspecified when pl.; female* **хи́щница**] predator [5]

хлеб bread [6]

хлебосо́льство hospitality; **э́та семья́ сла́вится свои́м хлебосо́льством** this family is famous for its hospitality [5]

хле́бушек *diminutive of* хлеб bread [6]

хло́пать [-аю, -аешь] *impfv* / *pfv-awhile* похло́пать; **1.** *pfv-once* хло́пнуть [-ну, -нешь] (*acc. &* по + *dat.; instr. +* по + *dat.*) (*to strike making a brief hollow sound*) to slap; clap; (*when striking gently*) pat; tap; **я хло́пнул его́ по плечу́** I slapped/ clapped him on the shoulder; **она́ хло́пнула кни́гой по́ столу́** she clapped a book on the table; **он похло́пал меня́ по плечу́** he patted/ tapped me on the shoulder; **он хло́пнул кулако́м по́ столу́** he banged/ struck his fist on the table; he struck the table with his fist;

2. (*dat.*); *usu. used when expressing approval, admiration, especially after a performance* to applaud (s.o.); clap (one's hands); give s.o. an applause; **они́ до́лго ей аплоди́ровали** they were applauding her/ they were clapping their hands for a long time; they gave her a lengthy applause [4, 5]

хны́кать [хны́чу, хны́чешь & хны́каю, -аешь] *impfv* / *pfv-awhile* **похны́кать**; *coll.* to whine; whimper; complain plaintively [5]

ходи́ть [хожу́, хо́дишь] *impfv*; *multidirectional of* идти́ **1.** *pfv-awhile* **походи́ть**; (*to move on foot at a moderate pace, in different directions or at different times*) to walk (around, up and down, back and forth); go; **всё у́тро он ходи́л по у́лицам** he walked the streets all morning; **ходи́ть по па́рку** walk around the park; **2.** [*no pfv*] **в/на +** *acc.* or **к +** *dat.* or *infin.* (*to go somewhere, often to go regularly, pursuing a certain goal;*) to go; attend; visit; go to see; **ходи́ть на рабо́ту** go to work/ to the office; **я ходи́ла в библиоте́ку занима́ться** I went to the library to study; **ходи́ть в музе́и/ по музе́ям** go to museums; visit museums; **ходи́ть на заня́тия** attend classes; **она́ регуля́рно хо́дит к зубно́му врачу́** she regularly visits her dentist; **вчера́ он ходи́л к дру́гу** yesterday he went to see his friend/ went to his friend's place; **ей прихо́дится ча́сто ходи́ть за проду́ктами** she has to go and buy groceries often; **ча́сто ходи́ть в рестора́н** frequent a restaurant; **3.** [*no pfv*] (*of buses, trains, etc.*) to run; go; operate; **поезда́ хо́дят по расписа́нию** trains run on schedule; **деся́тый авто́бус сего́дня не хо́дит** bus 10 isn't running today; **в э́то ме́сто поезда́ не хо́дят** trains do not go to that location; **авто́бусы по пра́здникам не хо́дят** these buses do not operate on holidays; there is no bus service on holidays; **4.** [*no unidirectional; no pfv*] (*of a rumor, gossip, joke, etc.; to become known to many, usu. by word of mouth*) to go around; circulate; **хо́дят слу́хи …** rumors go around/ circulate …; there are rumors …; it is rumored that …; the grapevine has it …; **5.** [*no unidirectional; no pfv*] *used as a semi-auxiliary verb with an adjective (nom. or instr.), an adverb, a phrase, etc., expressing a state, condition, or mood*; to walk around; be; **он хо́дит угрю́мый це́лый день** he's been walking around sullen/ he's been sullen all day long; **она́ хо́дит го́рдая и счастли́вая** she walks around proud and happy [1, 4, 6]

ходьба́ walking; walk; **отсю́да до музе́я не бо́льше десяти́ мину́т ходьбы́** the museum is within ten minutes' walk from here; it's not more than ten minutes' walk from here to the museum [6]

хозя́йка [*gen. pl.* хозя́ек] **1.** (*the female possessor of*) owner; proprietor; **2.** landlady; **3.** hostess [6]

хо́лод 1. (*low temperature*) cold; **хо́лод был невыноси́мый** the cold was unbearable; **2.** [*pl. only; nom. pl.* холода́] (*a period of low temperature outside*) cold weather; **в про́шлом году́ холода́ стоя́ли недо́лго** last year the cold weather did not last long [5]

хо́лодно *adv.* [*compar.* -ее & -ей] **1.** coldly; coolly; frostily; **хо́лодно отве́тить** answer coldly/ coolly; **он о́чень хо́лодно поздоро́вался с на́ми** he greeted us frostily/ very coldly; **2.** *used predicatively*, (*of the outside or inside temperature*) it is cold; **в до́ме бы́ло хо́лодно** it was cold in the house; **3.** *used predicatively;* (*dat.*); (*of a person feeling chilly*) (one is/ feels) cold; **Вам не хо́лодно?** Aren't you cold? [4]

холо́дный *adj.* [хо́лоден, холодна́, хо́лодны & холодны́; *compar.* холодне́е & -е́й] **1.** (*having a low temperature*) cold; **холо́дный день** cold day; **холо́дное молоко́** cold milk; **2.** [*long form only*] (*not providing enough protection from the cold*) light; lightweight; thin; **холо́дное пальто́** light/ lightweight coat; **холо́дное одея́ло** thin/ light/ lightweight blanket; **3.** (*unfriendly, aloof*) cold; cool; **холо́дный челове́к** cold person; **челове́к с холо́дным се́рдцем** cold-hearted person; **сказа́ть холо́дным го́лосом** say in a cold/ cool voice; say coldly [5]

хоро́ший *adj.* [хоро́ш, -а́, -и́; *compar.* лу́чше, лу́чший] **1.** (*having positive qualities or characteristics*) good; fine; **хоро́ший о́пыт** good/ fine experience; **2.** (*of high quality*) good; fine; **хоро́ший перево́д** good/ fine translation; **3.** (*pleasing, attractive*) nice; pleasant; **у него́ хоро́шее лицо́** he has a nice/ pleasant face; **4.** (*skilled, well-qualified*) good; fine; **хоро́ший писа́тель** good/ fine writer; **хоро́ший тенниси́ст** good/ fine tennis player; **5.** (*exemplary in a certain capacity as specified*) good; **он счита́ет себя́ хоро́шим му́жем** he considers himself a good husband [1, 4]

хорошо́ *adv.* [*compar.* лу́чше] **1.** well; good; **она́ хорошо́ поёт** she sings well; **он не о́чень хорошо́ себя́ чу́вствует** he doesn't feel well; **ма́льчик хорошо́ у́чится** the boy does well at school/ in his studies; **ты хорошо́ вы́глядишь** you look good/ fine; **здесь хорошо́ па́хнет** it smells good here; **2.** *used predicatively,* (*dat.*); *may be used impersonally*; (*sth. is, one finds sth.*) nice/ comfortable; (one) likes (it); (one is) happy/ comfortable; **там бы́ло хорошо́** it was nice there; **мне там бы́ло хорошо́** I was comfortable/ happy there; I liked it there; **3.** *used predicatively* (*sth. is*) good/ nice/ fine; **бы́ло бы хорошо́ съе́здить на юг** it would be good/ it would be a good thing/ it would be nice to make a trip to the south; **хорошо́, что у тебя́ свой блог** it's good/ it's a good thing/ it's nice that you have your own blog [6]

хоте́ть [хочу́, хо́чешь, хо́чет, хоти́м, хоти́те, хотя́т] *impfv* / *pfv-begin* **захоте́ть**; *infin.,* or *partitive gen./ acc.,* or *a* **чтобы**-*clause*; to want (sth., to do sth., sth. to happen); like; wish (for); **он хоте́л им позвони́ть** he wanted to call them; **Хо́чешь ча́я/ ча́ю?** Do you want some tea?; Would you like some tea?; **хочу́ конфе́ту** I want/ I'd like a (piece of) candy; **я хочу́, что́бы э́ти лю́ди ушли́** I want these people to leave; **мы хоти́м в кино́** we want to go to the movies; **де́лай, как хо́чешь** do as you want/ please/ like/ wish [1, 4]

хоте́ться [*3rd pers. sing. only;* хо́чется] *impfv* / *pfv-begin* **захоте́ться**; *impers., used with dat. & infin.,* or *partitive gen.* or *acc.,* or *a* **чтобы**-*clause*; (one) wants; (one) feels like (doing sth.); (one) would like (sth.); **ей хо́чется посмотре́ть э́тот фильм** she wants/ she would like to see that film; **ему́ хоте́лось закури́ть** he felt like having a cigarette/ a smoke; **ему́ хо́чется спать/ есть/ пить** he is/ feels sleepy/ hungry/ thirsty; **всем хо́чется сча́стья** everyone wants happiness/ to be happy; **мне не хо́чется с ней разгова́ривать** I don't feel like talking to her [1, 5, 6]

хоть¹ (*also:* хоть и) *conjunction*; *used to introduce concession*; although; (even) though; **хоть он и о́чень за́нят, он найдёт вре́мя тебе́ помо́чь** although/ even though he is very busy, he'll find time to help you; busy as he is, he'll find time to help you [6]

хоть² *particle* **1.** even; **соглаша́йся на любу́ю рабо́ту, хоть са́мую тяжёлую** take any job, even the hardest one; **мо́жешь жа́ловаться кому́ хо́чешь, хоть самому́ дире́ктору** you may complain to anyone you want, even to the director himself; **2.** at least; **ему́ на́до хоть немно́го поспа́ть** he needs to get at least some sleep [5, 6]

хотя́ (*also:* **хотя́ и**) *conjunction* **1.** *used to introduce concession*; although; (even) though; **хотя́ он мно́го занима́лся, он провали́лся на экза́мене** although/ even though he studied a lot, he flunked the exam; **хотя́ я люблю́ сла́дкое, я стара́юсь его́ избега́ть** although I like sweet things/ fond though I am of sweet things, I try to avoid them; even though I have a sweet tooth, I try to avoid sweet things; **2.** *used to introduce contrast*; but; yet; though; albeit; **он челове́к че́стный, хотя́ и не о́чень у́мный** he is an honest man, but/ yet/ albeit not very smart [6]

хохота́ть [хохочу́, хохо́чешь] *impfv / pfv-begin* **захохота́ть**; (*to laugh intensely and loudly*) to laugh out loud; laugh heartily/ uproariously/ boisterously; guffaw; roar with/ in laughter; **хохота́ть до упа́ду** laugh one's head off; laugh till one splits one's sides [6]

хрен [*used in a number of highly colloquial, occasionally rude phrases*]
• **ни хрена́** не знать, не понима́ть, не боя́ться, *etc.*; *highly coll.* (to know, understand, be afraid of) absolutely nothing; not a damn/ damned/ darn thing [5]

хру́пкий *adj.* [-пок, -пка́, -пки] **1.** (*of things that can be easily broken or ruined*) fragile; brittle; delicate; frail; **хру́пкий лёд** fragile/ brittle ice; **хру́пкие бока́лы** delicate/ fragile wineglasses; **хру́пкие ко́сти** brittle/ frail bones; **2.** (*of people or phenomena; lacking strength, unreliable*) frail; delicate; fragile; **хру́пкий ребёнок** frail/ delicate/ fragile child; **хру́пкий мир** fragile peace [6]

хруста́льный *adj.* crystal; cut-glass (*used as a modifier*) [6]

худо́жник 1. [*male when sing., sex unspecified when pl.; female* **худо́жница**] artist; painter; **худо́жники нача́ла двадца́того ве́ка** the artists/ the painters of the early 20th century; **2.** (*a person of outstanding accomplishments, especially in the arts or literature*) artist; master; master painter/ musician; master of the piano/ of the written word; **три́о Чайко́вского «Па́мяти вели́кого худо́жника»** Tchaikovsky's trio "In Memory of a Great Artist"; **худо́жник сло́ва** literary artist; master of the written word [1]

худо́й *adj.* [худ, худа́, худы́] (*of people or animals; also, of parts of human body*) thin; lean; (*too thin*) skinny; **па́рень был высо́кий и худо́й** the young fellow was tall and thin/ lean; **худы́е но́ги** skinny legs [4, 6]

ху́дший *adj.* [*superl.* of **плохо́й** bad] (the) worst [3]

ху́же 1. *adj.* [*compar.* of **плохо́й** bad] worse; **2.** *adv.* [*compar.* of **плохо** poorly, badly] worse [2]

Ц

царь [*gen.* царя́] *masc.* czar <*also spelled* tsar> [2]

цвет [*nom. pl.* цвета́] color; hue; **тёмно-си́ний цвет** dark blue color; **пла́тье тёмно-си́него цве́та** dark blue dress; **все цвета́ ра́дуги** all the colors/ hues of the rainbow [4, 6]

целова́ть [целу́ю, целу́ешь] *impfv / pfv* **поцелова́ть**; *acc.* to kiss; **он поцелова́л ребёнка в щёку** he kissed the child's cheek; he kissed the child on the cheek [4]

це́лый *adj.* [цел, цела́, це́лы] **1.** (*in its entirety, with nothing missing or omitted*) whole; entire; (*in some time phrases*) all; **я живу́ здесь уже́ це́лый год** I've been already living here a whole year; **сгоре́ла це́лая дере́вня** the entire village burned to the ground; **они́ проговори́ли це́лый день** they talked all day long; **2.** (*of people and things*) sound; safe; not injured; unharmed; (*of things only*) intact; undamaged; **ру́ки и но́ги у него́ це́лы** his limbs are sound;

все це́лы и невреди́мы everyone is safe and sound; **дом твой цел, не пострада́л от землетрясе́ния** your house is undamaged/ intact, it didn't suffer from the earthquake; **3.** [*long form only*] *coll.* (*used to emphasize or exaggerate the size or scope*) real; whole; **Заче́м ты устро́ила це́лую сце́ну из-за тако́й чепухи́?** Why did you make a real scene over such trifling matter?; **це́лый го́род сбежа́лся посмотре́ть, что происхо́дит** the whole city came running to see what was happening [4, 6]

цени́ть [ценю́, це́нишь] *impfv*; [*no pfv.*] *acc.* (*to recognize the significance, role, scope, etc., of s.o. or sth., to treat s.o. or sth. with respect or admiration*) to value (highly); appreciate; hold (s.o.) in high esteem; think highly of; **я ценю́ то́, что вы для меня́ сде́лали** I value what you have done for me; **мы це́ним его́ как прекра́сного специали́ста** we hold him in high esteem as a first-rate specialist [2]

центр 1. center; middle; **в са́мом це́нтре ко́мнаты был большо́й стол** there was a large table right in the middle/ center of the room; **2.** (*the busiest part of a city, often centrally located*) the center of a city; the most animated/ lively part of a city; central area/ part of a city; downtown; **в це́нтре Москвы́** in the center of Moscow [6]

центра́льный *adj.* **1.** (*cenrally located*) central; **гости́ница в центра́льной ча́сти го́рода** a hotel in the central area of the city; **2.** (*having controlling authority, most influential*) central; main; **Центра́льная избира́тельная коми́ссия** Central Election Commission; **Центра́льная городска́я библиоте́ка** main city library; **3.** (*related to the capital where the central governing bodies are located*) metropolitan; national; **центра́льные сре́дства ма́ссовой информа́ции (СМИ)** metropolitan media; metropolitan-area media; **центра́льная печа́ть/ пре́сса** national newspapers [5]

це́рковь [*gen., prep. & dat.* це́ркви, *instr.* це́рковью; *pl.: nom.* це́ркви, *gen.* церкве́й, *prep.* (в) церква́х *or* -я́х] *fem.* church [6]

цех [*loc.* (в) цеху́; *pl.: nom.* це́хи & цеха́, *gen.* це́хов & цехо́в] shop (*at a factory*); workshop [5]

цирково́й *adj.* circus (*used as a modifier*); **цирково́е учи́лище** circus school; circus (arts) academy [4]

цита́та quotation; (*coll.*) quote; **слова́рь цита́т** dictionary of quotations; **она́ привела́ цита́ту из «Ма́стера и Маргари́ты»** she quoted (something) from *The Master and Margarita* [6]

цы́почки [*pl. only, gen.* -чек, *prep.* -чках] *usu.* **на цы́почках** ходи́ть, стоя́ть; **на цы́почки** стать, подня́ться, *etc.*; walk/ stand/ get on tiptoe; walk/ stand on one's tiptoes; tiptoe [5]

Ч

ча́йник (*for boiling water*) kettle; teakettle; (*for steeping and serving tea*) teapot [6]

час [*gen.* ча́са, *but* 2, 3, 4, полтора́, че́тверть часа́; *pl.: nom.* часы́, *gen.* часо́в] **1.** (*unit of time measurement*) hour; **мы дое́хали до це́нтра го́рода всего́ за час** it took us only an hour to get to the center of the city; **2.** (*with the time of day*) o'clock; **три часа́ дня** three o'clock (in the afternoon); 3 p.m.; **3.** [*often pl.*] (*time allotted for some activity*) time; hour(s); **час обе́да** dinner time; the dinner hour; **часы́ рабо́ты библиоте́ки** library hours [2, 4, 5, 6]

часа́ми *adv.* for hours [6]

ча́сто *adv.* [*compar.* ча́ще] often; frequently [6]

часть [*pl.*: *nom.* ча́сти, *gen.* часте́й, *prep.* (в) частя́х] *fem.* **1.** (*segment of a whole*) part; portion; **часть го́рода** part of the city; **часть фа́йла** portion of the file; **бо́льшая часть вре́мени** most of the time; **бо́льшая часть жи́зни** the greater part of one's life; **бо́льшая часть на́ших студе́нтов** the majority of our students; **2.** *military* unit [5]

часы́ [*pl. only*; *gen.* часо́в] clock; watch [4]

ча́шка [*gen. pl.* ча́шек] cup [6]

чей [*fem.* чья, *neut.* чьё, *pl.* чьи; *acc.* чьего́/чьё, чью, чьих/чьи; *gen.* чьего́, чьей, чьих; *prep.* (на) чьём, чьей, чьих; *dat.* чьему́, чьей, чьим; *instr.* чьим, чьей, чьи́ми] *pronominal adj.* whose; **Чьи э́то стихи́?** Whose poem/ poetry is this? [4]

челове́к [*pl.*: *nom.* лю́ди; *acc. & gen.* люде́й, *prep.* (о) лю́дях, *dat.* лю́дям, *instr.* людьми́; *pl. forms* челове́к, (о) челове́ках, челове́кам, челове́ками *are used only with numerals and some quantifying nouns*] **1.** (*a member of the human race*) man; human; **сравни́ть челове́ка с живо́тным** to compare man/ a human with an animal; **кни́га Сте́йнбека «О мыша́х и лю́дях»** Steinbeck's book *Of Mice and Men*; **2.** (*the human race as a whole*) man; **челове́к — сло́жное существо́** man is a complex being; **стремле́ние челове́ка к зна́ниям** man's/ mankind's quest for knowledge; **3.** (*an individual*) person; man; (*pl.*) people; persons; men; (*coll.*) folk(s); **благоро́дный челове́к** honorable man/ person; **она́ тру́дный челове́к** she is a difficult person; **он прия́тный челове́к** he is a pleasant man; he has a pleasant personality; **там бы́ло де́сять челове́к** there were ten people/ persons there; **бога́тые лю́ди** rich folk [1, 2, 3, 5, 6]

челове́ческий *adj.* **1.** (*relating to human beings*) human; **челове́ческая жизнь** human life; **челове́ческий го́лос** human voice; **2.** (*such as befits human beings*) humane; **челове́ческие слова́** humane words; **челове́ческие усло́вия** humane conditions [3, 5, 6]

челове́чество mankind; humanity [5]

чем *conjunction*; *used with comparatives* **1.** than; он владе́ет испа́нским языко́м лу́чше, **чем** ру́сским he has a better command of Spanish than of Russian; **2. чем …, тем …**; the … the …; **чем скоре́е, тем лу́чше** the faster the better [2, 3, 6]

чемода́н suitcase [3]

чепуха́ *coll.* **1.** nonsense; drivel; rubbish; **болта́ть чепуху́** talk/ spout nonsense/ drivel/ rubbish; come out with all sorts of nonsense/ drivel/ rubbish; **2.** trifle; trifling matter; mere nothing; **Заче́м ты тра́тишь вре́мя на э́ту чепуху́?** Why are you wasting time on this trifling matter? [4]

череда́ *bookish* sequence; chain; line; **череда́ собы́тий** sequence/ chain of events; **череда́ поколе́ний** chain of successive generations; **дли́нная череда́ люде́й** a long line of people [6]

че́рез *preposition with acc.* **1.** (*when indicating that sth. is located at/on the other side of sth. or that movement is directed from one side to the other*) across; over; **кафе́ — че́рез доро́гу** the café is across the road; **перейти́ че́рез у́лицу** walk across the street; cross the street; **мы перее́хали че́рез мост** we crossed over the bridge; **2.** (*above and from one side to the other*) over; **лезть че́рез забо́р** climb over a fence; **3.** (*entering on one side and exiting on another*) through; **идти́ че́рез лес** go through the woods; **е́хать че́рез тонне́ль** go through the tunnel; **4.** (*in time phrases; upon the expiration of the indicated span of time*) (*from the present moment on*) in; (*from a certain moment in the past*) after; later; **я уезжа́ю и верну́сь**

че́рез неде́лю I'm leaving and will be back in a week; **че́рез не́которое вре́мя он сно́ва позвони́л** he called again after a while; **он уе́хал и верну́лся че́рез неде́лю** he left and came back a week later; **5.** (*by the means of*) through; with the help of; **сообщи́ть че́рез газе́ту** inform through the newspaper; **он доста́л биле́т че́рез знако́мых** he got a ticket through friends/ with the help of friends; **6.** (*applying or using sth.*) with; using; **Каки́е из э́тих слов пи́шутся че́рез дефи́с?** Which of these words are spelled with a hyphen? [1, 4, 5, 6]

чёрно-бе́лый *adj.* black-and-white [4]

чёрный *adj.* [чёрен, черна́, черны́; *compar.* черне́е & -е́й] (*of color*) black [6]

чёрствый *adj.* [чёрств, черства́, чёрствы & черствы́; *compar.* черстве́е & -е́й] **1.** (*of bread, baked goods, etc.*) stale; old; dried, hardened; **чёрствый хлеб** stale/ old/ dried/ hardened bread; **2.** (*of people*) hard-hearted; cold-hearted; callous; unfeeling; **чёрствый челове́к** hard-hearted/ cold-hearted person; **чёрствое се́рдце** callous/ unfeeling heart [3]

чёрт [*pl.*: *nom.* че́рти, *gen.* черте́й, *prep.* (о) чертя́х] devil [1]
 • **чёрт подери́/ побери́/ возьми́!** *highly coll.* (God) damn it!; (god)dammit!; what the hell! [1]

черта́ 1. line; **пряма́я черта́** straight line; **2.** trait; characteristic; feature; **черты́ хара́ктера** character traits; **отличи́тельные черты́** distinctive characteristics/ features [4]
 • **в о́бщих черта́х** in general/ broad terms; in broad outline; (have/ give s.o.) a general idea (of sth.) [4]

черти́ть [черчу́, че́ртишь] *impfv* / *pfv* **начерти́ть**; *acc.* to draw (a line, diagram, *etc.*) [2]

че́стный *adj.* [че́стен, честна́, че́стны & честны́; *compar.* честне́е & -е́й] honest; truthful [6]

чи́стый *adj.* [чист, чиста́, чи́сты & чисты́; *compar.* чи́ще] clean; pure [1]

чита́ть [-а́ю, -а́ешь] *impfv* / *pfv* **прочита́ть & проче́сть** [-чту́, -чтёшь; *past* -чёл, -чла́, -чло́, -чли́] **1.** *pfv-awhile* **почита́ть**; (*acc.*) (*to understand the meaning of written or printed words or text*) to read; **прочита́ть статью́** read an article; **она́ мно́го чита́ет** she reads a lot; **чита́ть вслух** read aloud; **он люби́л почита́ть пе́ред сном** he liked to read for a while before turning in; **2.** [*impfv only*] (*acc.*) (*to be able to understand the meaning of written or printed text in a certain language or of a certain notation*) to read; **он не говори́т по-францу́зски, но чита́ет свобо́дно** he doesn't speak French, but he reads fluently; **чита́ть но́ты** read music; **3.** *pfv-awhile* **почита́ть**; *acc.* (& *dat.* or **пе́ред** + *instr.*) (*to render aloud sth. written, printed, or memorized, especially before listeners*) to recite; read (from memory); **прочита́й мне э́то стихотворе́ние** (*from a book*) read this poem to me; (*from memory*) recite this poem to me; **чита́ть свои́ стихи́ пе́ред пу́бликой** read one's poetry before an audience; **чита́ть моли́тву** say a prayer; **4.** *acc.* (*with the direct object* **речь, ле́кцию, докла́д,** *etc.*) to give; deliver; **он бу́дет чита́ть ле́кцию о глоба́льном измене́нии кли́мата** he will give/ deliver a lecture on global climate change [1, 2, 4, 6]

член-корреспонде́нт corresponding member (*of the Academy of Sciences and other academies in the former U.S.S.R. and present-day Russia*) [2]

чо́каться [-аюсь, -аешься] *impfv* / *pfv. & pfv-once* **чо́кнуться** [-нусь, -нешься] (**с** + *instr.*) (*to touch glasses with s.o. when drinking together and making or implying a* *toast*) to clink glasses (with); **мы чо́кнулись и вы́пили** we clinked glasses and drank [1, 6]

чрезме́рно *adv.* excessively; unduly; overly; (far) too; **чрезме́рно суро́вое наказа́ние** unduly/ overly/ excessively harsh punishment; **он чрезме́рно наи́вен** he is excessively/ far too naive [6]

чте́ние (*the process or act*) reading; (*before the audience*) (public) reading; reciting; recitation; (*of lectures*) lecturing; **ко́нкурс на чте́ние стихо́в** poetry reading contest; recitation contest [6]

что[1] [*gen.* чего́, *prep.* (о) чём, *dat.* чему́, *instr.* чем] *pronoun* **1.** *interrogative*; what; **Что́ ты купи́л?** What have you bought?; **2.** *relative* [*serves as the subject or object in the subord. clause; often used along with* тот, всё, *etc., in the main clause; usu. not translated when used with* всё] what; **покажи́ мне, что́ ты купи́л** show me what you've bought; **здесь всё, что тебе́ ну́жно** here is everything you need; **3.** *relative* [*has the same meaning as* кото́рый; *often co-occurs with* тот *in the main clause*]; *coll.* that; which; who; **вот кни́га, что ты проси́л** here's the book (that/ which) you asked for; **Такси́ст/ Тот такси́ст, что тебя́ привёз, уже́ уе́хал?** Has the cab driver who brought you already left?; **4.** [*introduces a comment clause that refers to the entire preceding statement*] which; **он ушёл ра́но, что всех нас удиви́ло** he left early, which surprised us all; **5.** *used as particle*; *coll.* (*used in "yes-no" questions, adding conversational flavor or a touch of surprise, impatience, dissatisfaction, etc.; also used to induce one's interlocutor to answer a question*) why; or what?; well; now; **Ты что, идёшь с на́ми?** Why/ Well/ Now, are you coming with us?; Are you coming with us or what?; **Что, вы собира́етесь уходи́ть?** (*or* **Вы что, собира́етесь уходи́ть?**) Why/ Now, are you about to leave? [1-6]

- **за что** (*for what reason*) why; what for; **я не зна́ю, за что наказа́ли ма́льчика** I don't know what for/ why the boy was punished [4]
- **ни к чему́** (*dat.*) (sth.) is of no use to s.o.; (sth.) isn't (of) much use to s.o.; s.o. has no use for sth. [5]
- **что́ ж(е)** *particle* [*used in questions and subord. clauses*] *coll.*; why?; how come?; what for?; **Что́ ж ты так ра́но ушёл?** Why did you leave so early?; How come you left so early? [5]
- **что́ за** … [*used in exclamation expressing the speaker's feelings about a person or thing*] what a …!; what a beautiful (terrible, *etc.*) …!; **Что́ за во́зраст!** What an age (to be)!; It is wonderful to be of that age! [6]
- **Что́ тако́е?** *coll.* What's the matter?; What's going on?; What is it? [1]

что[2] *conjunction* [*not optional*] **1.** *used to introduce a complement clause*; that; **он сказа́л, что был жена́т** he said (that) he had been married; **мы счита́ли, что он наш друг** we thought/ believed he was our friend; we thought/ believed him to be a friend; we regarded/ counted him as a friend; **2.** *used to introduce a subject clause*; *often used along with* то *in the main clause*; that; the fact that; **стра́нно, что они́ ещё не верну́лись** it's strange that they're not back yet; **то́, что он дура́к, для меня́ не но́вость** (the fact) that he is a fool is not news to me; **3.** *used to introduce a relative clause*; *often used along with* тот *or* тако́й *in the main clause*; *coll.* that; **ма́ма потеря́ла наде́жду (на то́), что я попаду́ в аспиранту́ру** mother has lost hope that I'll get accepted to graduate school; **4.** *used to introduce a clause of measure or degree*; *often used along with* так, насто́лько, *etc., in the main*

clause; that; **я так уста́ла, что не могу́ да́же говори́ть** I'm so tired that I can't even talk [1-6]

- **всё равно́ что** *conjunction*; *used to introduce a comparison*; (just) like; (just) the same as [3]
- **ра́зве что** [6] *see* **ра́зве**
- **так что** *conjunction*; *used to introduce the result or consequence*; so; and so; **я сего́дня ве́чером рабо́таю, так что приду́ по́здно** I work tonight, so I'll come late [5, 6]
- **что …, что …** *conjunction*; *used to indicate similarity between the two items mentioned*; *coll.* both … and …; whether … or …; **врать они́ уме́ют — что он, что его́ прия́тель** they know how to lie—both he and his pal; **ужа́сно хо́лодно — что на у́лице, что до́ма** it's bitter cold, whether outside or at home [4]

чтоб *coll variant of* **чтобы** [1, 3, 5]

чтобы[1] *conjunction* **1.** *used to introduce purpose*; in order to; in order that; (so) that; so as to; (*when introducing certain negated clauses*) lest; **мне придётся рабо́тать в воскресе́нье, чтобы зако́нчить прое́кт** I'll have to work on Sunday (in order) to finish the project; **чтобы встать в 5 утра́, тебе́ ну́жно лечь ра́но** in order that you can get up at 5 a.m., you need to turn in early; **он шёл на цы́почках, чтобы не помеша́ть мне** he was tiptoeing so as not to disturb me/ lest he should disturb me; **2.** *used to introduce a complement clause*; that; whether; (*in certain contexts, especially after the verbs of desire*) object + to-infin.; **мы предложи́ли, чтобы они́ останови́лись у нас** we suggested that they stay with us; **сомнева́юсь, чтобы он знал об э́том** I doubt whether he knows about it; **я не хочу́, чтобы вы уходи́ли** I don't want you to leave; **я не ви́дел, чтобы он выходи́л** I didn't see him go/ going out [1, 3, 5]

чтобы[2] *particle*; *coll.* **1.** *used to express an order*; **Чтобы в де́сять часо́в ты была́ до́ма!** Be home at ten o'clock, will you?; You *must* be home at ten o'clock!; You *will* be home at ten o'clock!; **Чтобы вся посу́да была́ вы́мыта!** All the dishes *must* be washed!; You *will* wash all the dishes(, and no argument)!; **2.** *used to express incredulity, strong doubt, disapproval, sarcasm, etc.*; to think that …; that …; **чтобы я всё прости́л и забы́л…** to think that I may forgive and forget everything…; **Чтобы я э́того идио́та взял на рабо́ту? Да ни за что на све́те!** To think that I may hire this idiot! Not on your life!; **Чтобы всю жизнь прорабо́тать в одно́м ме́сте!** That he should have worked all his life in the same place! [1]

- **нет чтобы** [3] *see* **нет**

что́-то [*only* что *is declined*] *pronoun*; (*of a specific but unnamed thing*) something; **они́ о чём-то поговори́ли и разошли́сь** they talked something over and split up; **это что́-то но́вое** this is something new; **что́-то в э́том ро́де** something like that; something of the/ this/ that kind; something along that line/ those lines; **бы́ло в ней что́-то тако́е, что де́лало её привлека́тельной** there was that certain something about her that made her attractive [1, 5, 6]

чу́вство 1. (*one of the five faculties of perception*) sense; **шесто́е чу́вство** the sixth sense; **2.** (*of a physical or emotional sensation*) feeling; emotion; sense; **чу́вство бо́ли** sense/ feeling of pain; **чу́вство раздраже́ния** feeling of annoyance/ irritation; **3.** [*often pl.*] (*normal ability to perceive and judge reality*) consciousness; senses [5]

- **приводи́ть/привести́ в чу́вство**; *acc.* to bring s.o. to his/her senses; bring s.o. (a)round [5]

чу́вствовать <*pronounced* -ýств-> [чу́вствую, -ешь] *impfv /
pfv* **почу́вствовать**; *acc.* **1.** (*to have a physical sensation,
an emotion, etc.*) to feel; have a feeling of; experience;
вдруг она́ почу́вствовала си́льную боль suddenly she
felt/ experienced an intense pain; **чу́вствовать
раздраже́ние** feel irritation; feel irritated; **постоя́нно
чу́вствовать страх** have a constant feeling of dread;
чу́вствовать стыд feel ashamed; **2.** (*to perceive
emotionally, to believe intuitively or on the basis of some
insufficient indications*) to sense; feel; be aware of; **он
чу́вствовал опа́сность** he sensed/ felt/ was aware of
danger; **почу́вствовать что́-то нела́дное** feel something
wrong; feel that something bad is happening/ is going on; **3.**
with **себя́** + *adv.* or *adj* (*instr.*); to feel (+ *adj.* or *a phrase*);
он чу́вствовал себя́ несча́стным he felt miserable; **она́
пло́хо себя́ чу́вствует** she feels sick/ unwell; **сего́дня я
чу́вствую себя́ норма́льно** today I feel normal/ like
myself [1, 4, 5, 6]

чуде́сный *adj.* [-сен, -сна, -сны] **1.** miraculous; **чуде́сное
спасе́ние** miraculous rescue; **2.** wonderful; marvelous;
lovely; splendid; beautiful; **они́ чуде́сные лю́ди** they are
wonderful/ lovely/ marvelous people; **чуде́сная пого́да**
beautiful/ lovely/ splendid weather [6]

чуть *adv.* **1.** (*to a small extent*) slightly; a little; a little bit;
сего́дня больно́му чуть лу́чше today the patient is a little
better; **2.** (*with difficulty, almost not*) barely; hardly; **я чуть
хожу́, боля́т но́ги** I can barely/ hardly walk, my legs hurt
[4]

• **чуть не** [*usu. followed by a pfv past verb*] (*used when
s.o. was about to do sth. but did not, or began doing sth.
but quickly stopped; when sth. was about to happen, but
did not or began happening but was quickly interrupted*)
nearly; all but; almost; **он чуть не упа́л** he nearly/
almost fell; **я чуть не закрича́ла от стра́ха** I all but/
almost cried out with fear [4]

Ш

ша *interjection*; *used as a demand for silence or as a demand
to stop doing sth.*; *highly coll.*; Hush!; Shush!; Quiet!; Cut
the noise!; Hold it!; Stop it! [5]

ша́ркать [-аю, -аешь] *impfv / pfv-once* **ша́ркнуть** [-ну,
-нешь] (*instr.*); to shuffle; **ша́ркать нога́ми** shuffle one's
feet [1]

шелохну́ться [-ну́сь, -нёшься] *pfv* [*no impfv*; *used mostly
with a negation*] to stir; move; **он не шелохну́лся** he didn't
stir; he remained motionless/stock-still/immobile [5]

шепта́ть [шепчу́, шёпчешь] *impfv / pfv* **прошепта́ть** &
шепну́ть [-ну́, -нёшь], *pfv-begin* **зашепта́ть** to whisper [6]

шерсти́ть [*nonpast 1st pers. avoided*, -ти́шь] *impfv / pfv* &
pfv-awhile **пошерсти́ть** *acc.*; *slang* (*to reprimand severely
or punish*) to come down (hard) on (s.o.); crack down on
(s.o.); give (s.o.) what-for; give (s.o.) hell; give it to (s.o.) [4]

ширина́ width; breadth; **ширина́ ко́мнаты** width of the
room; **ширина́ воро́т** the width/ breadth of the gates;
о́зеро ширино́й в сто ме́тров a lake one hundred meters
wide [6]

ширококо́стный *adj., not common*; big-boned; big-hipped;
of broad build [6]

шкаф [*loc.* (в) шкафу́; *nom. pl.* шкафы́] cabinet; closet; (*for
food and utensils*) cupboard; (*for clothes, free-standing*)
wardrobe; armoire; **кни́жный шкаф** bookcase [6]

шкодли́вый *adj.* [-и́в, -а, -ы] *coll.*; mischievous; roguish;
impish; **шкодли́вая улы́бка** mischievous/ roguish/ impish
smile [5]

шко́ла 1. (*educational institution for ages between
kindergarten and college; also, the building where it is
located*) school; (*of the building only*) schoolhouse; school
building; **музыка́льная шко́ла** music school; **2.** [*sing.
only*] (*learning experience*) school; schooling; training;
суро́вая шко́ла войны́ hard school of war; **пройти́
отли́чную шко́лу** (*of education*) receive a first-rate
schooling; (*of education or sports*) receive excellent
training; **3.** (*a trend in science, literature, art, etc.*) school;
худо́жники шко́лы Ре́мбрандта artists of the Rembrandt
school [2, 4, 5, 6]

шко́льный *adj.* school (*used as a modifier*) [2]

шлю́ха *highly coll., rude* whore; slut [4]

шпана́ [*sing. only*] *highly coll.*; (*usu. used as a collective
noun*) hoodlums; thugs; (*of one person*) hoodlum; thug [4]

шпа́рить [-рю, -ришь] *impfv* [*no pfv; the verb has the same
government pattern as the neutral verb it substitutes for*]
slang (*to do sth. fast and with zeal*) (*of running, walking,
moving, etc.*) to run/ go hell-bent (for leather); run like hell;
go full speed ahead; move at full tilt; (*of driving*) speed (up);
step on it; (*of radio, TV, etc.*) go at full blast; (*of speaking,
writing, etc.*) speak/ read/ write rapidly (without stopping);
speak snappily/ briskly; rattle on (and on); (*of reciting from
memory*) reel off [5]

шрам scar [4]

шта́бель [*pl.: nom.* штабеля́, *gen.* штабеле́й] *masc.* (*of things
that can be arranged in layers or rows*) stack; pile;
штабеля́ я́щиков piles/ stacks of boxes [5]

штаны́ [*pl. only, gen.* -но́в] *masc.*; *coll.*; pants; slacks;
trousers [4]

шути́ть [шучу́, шу́тишь] *impfv / pfv* **пошути́ть 1.** to joke
(about s.o./ sth.); jest (about s.o./ sth.); make jokes (a joke)
(about s.o./ sth.); **он лю́бит шути́ть** he likes to joke/ to
make jokes; **2.** [*impfv only.*] **над** + *instr.* to play jokes (a
joke) on s.o.; make fun of s.o.; laugh at s.o.; **не на́до над
ним шути́ть — он обижа́ется** don't make fun of him—
he resents jokes [4]

шу́тка [*gen. pl.* шу́ток] joke; witticism; jest [6]

Щ

щека́ [*acc.* щёку; *pl.: nom.* щёки, *gen.* щёк, *prep.* (на)
щека́х] cheek [4]

Э

э́дак *adv.*; *coll.* rather; sort of; kind of [6]

экза́мен examination; exam; **провали́ться на экза́мене** to
fail an examination/ a test; flunk; **сдать экза́мен** pass an
exam/ a test [3, 5, 6]

эконо́мика 1. (*economic system of a country*) economy; **2.**
(*science*) economics [3]

экскурсио́нный *adj.* tour (*used as a modifier*); travel (*used
as a modifier*); **экскурсио́нное бюро́** travel agency [3]

электри́ческий *adj.* electric; electrical; **электри́ческий свет**
electric light; **уда́р электри́ческим то́ком** electric shock;
электри́ческая прово́дка electrical wiring [5]

электромонтёр electrician [3]

эмигра́нт emigrant; émigré [3]

эмиграция 1. emigration; **2.** [*used as a collective noun*] emigrants; émigrés [3]

эмоция emotion; feeling [6]

энергично <*pronounced* -нэ-> *adv.* energetically; vigorously; forcefully; spiritedly [1]

эпиграмма epigram [3]

эпоха epoch; age; era; period; **эпоха Петра Первого** the age/ the epoch of Peter the Great; **эпоха динозавров** the era of dinosaurs; **эпоха романтизма** the age/ the period of Romanticism [4]

это[1] *pronoun* **1.** (*used as a subject*) this (is)/ these (are); that (is)/ those (are); it (is); they (are); (*used as an object*) this/ these; that/ those; it; **это моя машина** this/ that/ it is my car; **из-за этого** because of this/ that/ it; **мы поговорим об этом позже** we'll talk about that/ it later; **2.** [*this form only*] *used before a nominal predicate; omitted in translation;* **я считаю, что хорошая фотография — это произведение искусства** I think a good photograph is a work of art; **3.** (*used when referring to actions, events, circumstances, etc., in the preceding context*) this; that; it; all this; all that; **он пересел на диван и стал просматривать газету: это была его обычная реакция на критику жены** he moved over to the couch and began looking over a newspaper—it was his usual reaction to his wife's criticism [1, 3, 4, 5, 6]

• **Вот это да!** [4] *see* **вот**

это[2] *particle; used for emphasis, especially in questions;* **Это ты сказал мне о лекции?** Was it you who told me about the lecture?; **Как это ты не пойдёшь?** What do you mean you're not going?; **тебя ведь не наказали, это меня наказали** after all, you were not punished—I was the one who was punished [1, 3, 4, 5, 6]

этот [эта, это, эти; *acc. fem.* эту; *gen.* этого, этой, этих; *prep.* (на) этом, этой, этих; *dat.* этому, этой, этим; *instr.* этим, этой, этими] **1.** *pronominal adj.* this; that; **эта тетрадь** this notebook; **«У вас есть третий том его произведений?» — «Нет, этого тома у меня нет»** "Do you have the third volume of his works?" "No, I don't have that volume"; **на этот раз** this time; **в это время** at that time; **2.** *used as a pronoun;* this one; **мне нравятся такие фильмы, как этот** I like movies like this one [1, 4, 5]

• **что-то в этом роде** [5] *see* **род**

Ю

юг south; **поехать на юг** (*indicating direction toward the south*) go south; (*referring to the resorts located in the south of Russia*) go to the South [1]

юность *fem.* youth; young age [5, 6]

юный *adj.* [юн, юна, юны] young; youthful [6]

юрист lawyer; attorney [3]

Я

яд poison; venom [4]

ядерный *adj.* nuclear [5]

язык[1] [*gen.* языка] (*part of the body*) tongue [3]

• **длинный язык 1.** *чей* (s.o.'s) big mouth; (s.o.'s) loose tongue; **2. у** + *gen.;* **у него длинный язык** he talks too much; he has a big mouth/ a loose tongue [3]

язык[2] [*gen.* языка] language; tongue [3, 6]

ясно *adv.* [*compar.* -ée & -éй] **1.** clearly; clear; distinctly; intelligibly; **говори громко и ясно** speak loudly and clearly/ loud and clear; **он ясно слышал её голос** he distinctly heard her voice; **ясно излагать свои мысли** express one's thoughts intelligibly; **2.** *parenthetical; coll.* of course; surely; needless to say; it goes without saying; **работа хорошая, зарплата тоже, — он, ясно, согласится** the job is good and so is the pay—he surely will accept/ needless to say, he'll accept; **3.** *used predicatively;* (*dat.*); (sth.) is clear/ obvious/ apparent (to s.o.); one is clear (about sth.); **ему было ясно, что он с заданием не справится** it was clear/ obvious to him that he wouldn't be able to manage the task [1, 4]

• **Со мной (с тобой,** *etc.***) и так всё ясно.** My (your, *etc.*) case is open and shut. [4]

ясность *fem.* clarity; lucidity; **ясность мысли** clarity/ lucidity of thought; clarity/ lucidity of mind [6]

ясный *adj.* [ясен, ясна, ясны & ясны; *compar.* -ée & -éй] **1.** (*unclouded, free from mist, etc.*) clear; bright; **ясный день** clear day; **2.** (*obvious, unmistakable*) clear; **всё было ясно** everything was clear; **мне не всё было ясно** I wasn't clear about some things [4]

ящик box; case; (*of a desk; also* **ящик стола**) drawer [2]